Gebhard Hielscher
38mal Korea

SERIE PIPER
Band 5125

Zu diesem Buch

Geteilt wie Deutschland, doch ohne eigene Schuld, ist Korea mit seiner Nord-Süd-Konfrontation das fernöstliche Gegenstück zum europäischen Ost-West-Konflikt. Der 38. Breitengrad ist immer noch so undurchlässig wie der »Eiserne Vorhang« in seinen schlimmsten Zeiten. Aber der verbissene Wettbewerb der Systeme ist auch der Vater eines Wirtschaftsaufschwungs, der Südkorea zu einer der großen Exportnationen der Welt und Kim Il Sungs Nordkorea zu einem gleichermaßen beeindruckenden wie erschreckenden Schaufenster kommunistischer Selbstherrlichkeit gemacht hat.

Jahrhundertelang von China bevormundet, von Mongolen und Mandschus erobert, früher Kulturträger vom Festland nach Japan, aber bis 1945 für 40 Jahre japanische Kolonie, hat Korea gleichwohl seine nationale und kulturelle Identität behauptet. Vielfältige Zeugnisse einer großartigen Vergangenheit – wie die goldenen Kronen der Könige von Shilla, erlesene Seladonporzellane, Buchdruckkunst lange vor Gutenberg und eine reiche Literatur – begründen den Anspruch auf einen eigenen Platz zwischen China und Japan. Religionen und Weltanschauungen haben in Korea ihre Spuren hinterlassen: bodenständiger Schamanismus, Buddhismus, Konfuzianismus und Christentum.

Nationalistisch wie die Polen, mindestens so temperamentvoll wie die Italiener und noch fleißiger als die Japaner – wiedervereinigt würde das 60 Millionen Volk der Koreaner eine Hauptrolle in Fernost übernehmen.

Gebhard Hielscher, geboren 1935 in Tilsit/Ostpreußen. Jurastudium in Berlin und Freiburg. Lebt seit 20 Jahren im Fernen Osten, seit 1971 als Korrespondent der *Süddeutschen Zeitung* für Japan, Korea und Taiwan.

Gebhard Hielscher

38mal Korea

Mit 13 Abbildungen
von
Lukas Schwarzacher

Piper
München Zürich

Weitere »Panoramen der Welt«
in der Serie Piper:

Rolf Ackermann, 8mal Sardinien (5109)
Fritz René Allemann, 26mal die Schweiz (5106)
Harald R. Bilger, 111mal Südafrika (5102)
Fritz Böhm, 6mal Prag (5119)
Raymond Cartier, 50mal Amerika (5101)
Rudolph Chimelli, 9mal Moskau (5113)
Gerhard Dambmann, 25mal Japan (5104)
Tony Gray, 5mal Irland (5105)
Willy Guggenheim, 30mal Israel (5108)
Erich Helmensdorfer, 54mal Ägypten (5115)
Arnold Hottinger, 7mal Naher Osten (5127)
Toni Kienlechner, 12mal Italien (5110)
Rudolf Walter Leonhardt, 77mal England (5112)
Eka von Merveldt, 4mal Florenz (5130)
Alan Riding, 18mal Mexiko (5111)
Rüdiger Siebert, 5mal Indonesien (5116)
Klaus Viedebantt, 30mal Australien (5126)

ISBN 3-492-15125-6
Originalausgabe
September 1988

Umschlag: Federico Luci
Umschlagphoto: Mauritius, Mittenwald
Vorsatzkarten: Jutta Winter
Gesamtherstellung: Clausen & Bosse, Leck
Printed in Germany

Inhalt

Sternstunde in Baden-Baden

Jedes Land hat seine Sternstunden – Augenblicke der Geschichte, in denen Weichenstellungen erfolgen, die den Lauf der Dinge sprunghaft und nachhaltig verändern. Eine der Sternstunden Koreas schlug am 30. September 1981 im Kurhaus von Baden-Baden, als der dort tagende 84. Olympische Kongreß beschloß, die Olympischen Spiele 1988 nach Seoul zu vergeben.

Die Entscheidung war in mehrfacher Hinsicht überraschend: Seoul ist Hauptstadt in einem geteilten Land. Komplikationen waren also auch ohne das konkrete Vorbild des Boykotts der Moskauer Spiele von 1980 durch die USA und einige ihrer Verbündeten (darunter Südkorea) zu erwarten. Die innenpolitischen Verhältnisse in Südkorea waren zum Zeitpunkt der Abstimmung äußerst ungewiß. Exgeneral Chun Doo Hwan, durch einen Militärputsch auf Raten an die Macht gelangt, regierte erst ein gutes Jahr als ziviler Präsident. Die Opposition war im Wege der Notstandsverordnung aus dem politischen Leben verbannt worden. Studentenunruhen konnten jederzeit wieder ausbrechen. Würde das Entwicklungsland die wirtschaftliche und finanzielle Kraft haben, die im Laufe der Jahre ins Gigantische gestiegenen Kosten für die Ausrichtung einer Olympiade zu tragen? War es überhaupt sinnvoll und zu verantworten, der großenteils noch um die Sicherung ihrer grundlegenden Lebensbedürfnisse ringenden Bevölkerung solche vermeidbaren Belastungen aufzubürden? Seouls Konkurrent war die japanische Industriestadt Nagoya, deren Bewerbung zwar nicht durch eindeutige Garantieerklärungen der Regierung in Tokio abgesichert war, hinter der aber das Potential der drittgrößten Wirtschaftsmacht der Welt und die organisatorische Erfahrung der Tokioter Olympiade von 1964 standen. Trotz solcher Bedenken und Konkurrenten fiel die Entscheidung zugunsten von Seoul aus.

Nicht nur für Südkorea, sondern für die Koreaner allgemein bedeutet die Wahl Seouls zum Austragungsort der 24. Sommerspiele unendlich viel mehr als die mit dem riesigen Sportspektakel verbundene Ehre und das Prestige, wie ein kurzer Blick auf die Stationen der koreanischen Olympiade-Beteiligung belegt: Erstmals 1932 nahmen drei koreanische Sportler an einer Olympiade, den Sommerspielen in Los Angeles, teil, jedoch als Mitglieder der Nationalmannschaft von Japan. Denn Korea war seit 1910 japanische Kolonie. 1936 in Berlin gewann Son Ki Chung im Marathonlauf olympisches Gold und sein Landsmann Nam Sung Ryong in derselben Disziplin Bronze. Beide Medaillen schlugen zwar für Japan zu Buche, verhalfen aber den durch die Fremdherrschaft gedemütigten Koreanern zu neuem Selbstbewußtsein und einem Wiedererwachen ihres Nationalstolzes.

Im eigenen Namen beteiligte sich Korea an der Olympiade 1948 in London; knapp drei Jahre nach seiner Befreiung von japanischer Kolonialherrschaft. Da die Londoner Sommerspiele einen Tag vor der Ausrufung der Republik Korea zu Ende gingen, vertrat die koreanische Mannschaft noch immer keinen völkerrechtlich unabhängigen Staat und nur die südliche Hälfte der seit September 1945 geteilten Halbinsel. Bis zur Gründung der »Republik Korea« im Süden und der »Demokratischen Volksrepublik Korea« im Norden übten die amerikanische und die sowjetische Militärverwaltung in ihren jeweiligen Zonen südlich und nördlich des 38. Breitengrad die Souveränität über Korea aus.

Vierzig Jahre nach dem koreanischen Erfolg in Berlin gewann Südkoreas Olympiamannschaft 1976 in Montreal ihre erste Goldmedaille. Bronze hatte es schon 1948 in London gegeben, Silber 1956 in Melbourne. Ihren bisher größen Sieg erzielten die Südkoreaner 1984 in Los Angeles, wo sich ihre Mannschaft mit 19 Medaillen (je 6mal Gold und Silber, 7mal Bronze) den zehnten Platz in der Gesamtwertung erkämpfte.

Nordkorea ist im Olympiasport von Anfang an eigene Wege gegangen – mit einigem Erfolg: schon bei den Münchner Spielen 1972 gewann der Nordkoreaner Li Ho Jun eine Goldmedaille im Gewehrschießen. Auch in Montreal holte sich der Norden Gold. Dagegen schnitt Nordkorea bei der Moskauer Olympiade 1980 unerwartet schwach ab. Unter den errungenen fünf Medaillen befand sich keine goldene. Und die Teilnahme in Los Angeles verbot sich von selbst.

Die Wahl Seouls zum Austragungsort der Olympischen Spiele von 1988 krönt den bisherigen Weg Koreas aus der Schmach kolonialer Abhängigkeit zu wiedererlangter staatlicher Eigenständigkeit. Sie hat den Koreanern 24 Jahre nach der Tokioter Olympiade die Genugtuung verschafft, mit ihren früheren Herren gleichzuziehen. Viele Nordkoreaner dürften diese Genugtuung teilen. Denn bis zur Annexion der Halbinsel durch Japan im Jahre 1910 war Seoul über fünf Jahrhunderte lang die Hauptstadt von ganz Korea gewesen.

Nicht allein im Verhältnis zu Japan, ganz allgemein empfinden viele Koreaner die Entscheidung von Baden-Baden als eine Art internationaler Anerkennung ihrer – wenn auch geteilt – wiederauferstandenen Nation. Ist doch Seoul die zweite Metropole in Asien, der diese olympische Auszeichnung zuteil wurde.

Südkorea ist nicht mehr nur ein »Zweites Japan«, das wegen seiner wachsenden Wirtschaftskraft respektiert, wegen einer Fülle preiswerter Exporterzeugnisse von guter Qualität zunehmend gefürchtet und als aufnahmefähiger Markt für ausländische Erzeugnisse geschätzt wird. Koreas Kultur, Geschichte, Kunst und Sprache, bislang nur Themen für Ostasienexperten, stoßen seither auf breiteres Interesse.

Die Vergabe der Spiele nach Seoul war nicht zuletzt eine Aufforderung an die Machthaber in Süd- und Nordkorea, ihr Verhältnis zueinander zu überdenken. Hier ließe sich der von Politikern und Sportfunktionären so gern beschworene schöne Traum vom Sport als Brücke zu einer politischen Verständigung mit Leben erfüllen. Wer würde das den Koreanern nicht wünschen, diesem im Laufe des 20. Jahrhunderts durch Fremdherrschaft, Teilung und Bruderkrieg dreimal geschlagenen Volk.

Was geht uns Korea an?

Der Jesuitenmissionar Johann Adam Schall von Bell ist wahrscheinlich der erste Deutsche, der mit einem Koreaner in Berührung kam, und zwar in Peking. Schall stand als Direktor des Astronomischen Amtes von 1619 bis 1665 im Dienst des chinesischen Kaiserhofs und lernte während dieser Zeit den koreanischen Prinzen Sohyon kennen, der 1636 nach der Unterwerfung Koreas durch die Mandschus als Geisel nach China kam. Ein Bildnis Schalls im Museum der katholischen Märtyrerkirche in Seoul erinnert an diese frühe deutsch-koreanische Begegnung.

Der erste Deutsche, der koreanischen Boden betrat, war ebenfalls Missionar gewesen: ein protestantischer. Als Karl Friedrich August Gützlaff aus Pommern im Juli 1832 an Bord der britischen Fregatte *Lord Amherst* an der Westküste Koreas landete, kam er als Handelsreisender. Im Auftrag der Ostindischen Kompanie, die Großbritanniens Kolonialinteressen in Asien vertrat, bemühte er sich darum, vom koreanischen Königshof eine Handelserlaubnis zu erwirken. Bevor Gützlaff unverrichteterdinge wieder abreisen mußte, soll er noch einige Bibeln an die Bevölkerung verteilt haben.

Sehr viel unrühmlichere Spuren hinterließ der nächste deutsche »Besucher« in Korea, der Chinakaufmann Ernst Oppert. Er hatte schon mehrfach vergeblich versucht, Korea für den Handel mit dem Ausland zu »öffnen«. Zusammen mit einigen Spießgesellen beschloß Oppert, ein koreanisches Fürstengrab auszuplündern und den Leichnam zu entführen, um die einheimische Regierung zu erpressen. Im Sommer 1868 stach der bunte Haufen von Shanghai aus in See. Das Unternehmen scheiterte kläglich, trug Oppert bei den Koreanern jedoch den Ruf eines »preußischen Abenteurers« und »zwielichtigen Produkts... der westlichen Raffgier in Asien« ein (Wanne J. Joe).

Fünfzehn Jahre später hatte 1883 ein anderer Deutscher – Paul Georg von Möllendorff aus Brandenburg – wesentlichen Anteil am Zustandekommen des ersten »Freundschafts- und Handelsvertrags« zwischen Korea und dem Deutschen Reich, und zwar auf koreanischer Seite. Möllendorff war ein Jahr zuvor auf Empfehlung Chinas zum ersten westlichen Berater der koreanischen Regierung ernannt worden. In der Amtstracht eines koreanischen Beamten nahm der Deutsche an den Vertragsverhandlungen Koreas mit anderen westlichen Mächten teil. Unter seinem koreanischen Namen Mok In Dok ist Möllendorff in die koreanische Geschichte eingegangen.

Deutsche und Koreaner haben offenbar auch mit der Waffe gegeneinander gekämpft. Nach japanischen Quellen waren während des Zweiten Weltkriegs koreanische Einheiten an der Umzingelung der deutschen Truppen bei Stalingrad beteiligt. Kommandeur einer ihrer Kompanien soll kein Geringerer als Kim Il Sung gewesen sein, der spätere Staats- und Parteichef von Nordkorea. Wenn man diesen Quellen glauben darf, ist Kim für diesen Einsatz mit dem Stalin-Orden ausgezeichnet und zum Major der Roten Armee ernannt worden.

Die Teilung der beiden Länder als Folge des Krieges hat auch ihr Verhältnis zueinander gespalten. Seither bestehen vorwiegend Teilbeziehungen zwischen Westdeutschland und Südkorea sowie Ostdeutschland und Nordkorea. Der Zweite Weltkrieg kann auch als Wasserscheide für eine wesentliche Veränderung im zwischenmenschlichen Verkehr mit der fernöstlichen Halbinsel gelten. Waren es bis 1945 zumeist die Deutschen gewesen, die sich in Korea engagierten, so sind in der Nachkriegszeit viel mehr Koreaner nach Deutschland gekommen als umgekehrt, vor allem in die Bundesrepublik.

Dabei sind Ost-Berlin und Pyongyang schneller in Kontakt miteinander getreten als Bonn und Seoul. Schon am 7. November 1949, also genau einen Monat nach der Gründung der Deutschen Demokratischen Republik und ungefähr 15 Monate nach der Ausrufung der Demokratischen Volksrepublik Korea *(Choson Minjujui Inmin Konghwaguk)*, nahmen die beiden Staaten diplomatische Beziehungen zueinander auf. Und nach dem Koreakrieg (1950–1953) hat Ostdeutschland umfangreiche Wiederaufbauhilfe an Nordkorea geleistet. Der Wert dieser Hilfe wird allein für die Jahre 1954 bis 1956 auf 545,4 Millionen Rubel geschätzt. Damit lag die Deutsche Demokratische Republik unter den Geberländern nach China (1,32 Milliarden) und der Sowjetunion (1 Milliarde) an dritter Stelle. So hat die ostdeutsche Hilfe zum Wiederaufbau der Hafenstadt Hamhung an der Ostküste von Nordkorea maßgeblich beigetragen. Das *Neue Deutschland* bezeichnete Hamhung geradezu als ein »Symbol der Freundschaft und Zusammenarbeit« zwischen den beiden Staaten und schilderte in einem Bericht vom Mai 1984, wie Mitte der fünfziger Jahre ostdeutsche Baufachleute nach Hamhung kamen, »um den völlig zerstörten Ort wieder mit aufzubauen«. Die engen Beziehungen zu Hamhung, das inzwischen auch ein bedeutendes Industriezentrum Nordkoreas ist, bestehen fort.

Nordkorea spricht nicht gern über die Hilfe, die es aus dem Ausland bezogen hat und weiterhin erhält. Man möchte alles aus eigener Kraft geschafft haben. Eigenständigkeit und Unabhängigkeit sind der Kern aller Selbstdarstellung. Pyongyang ist folglich zurückhaltend mit der Veröffentlichung nachprüfbarer Wirtschaftsdaten. Amtlich bekanntgegeben wurde aber, daß sich Nordkorea seit 1961 von fremder *Kapital*hilfe freigemacht habe. In jenem Jahr sei der Anteil dieser Auslandshilfe an den Staatseinnahmen auf null gesenkt worden. 1954 habe er noch 33,4 Prozent, 1956 16,5 Prozent betragen. Was seit jener Zeit tatsächlich an Wirtschaftshilfe nach Nordkorea geflossen ist, läßt sich allenfalls aus den von den Geberländern veröffentlichten Daten erkennen. Die Deutsche Demokratische Republik gibt alljährlich Pauschalzahlen über den Handelsverkehr mit Nordkorea bekannt. Ob und wieviel Hilfe sie enthalten, ist aus solchen Zahlen nicht ersichtlich. In jedem Fall bewegt sich dieser Handel in sehr bescheidenen Grenzen und erreicht jeweils nur den Bruchteil eines Prozents vom gesamten DDR-Außenhandel. Das bilaterale Handelsvolumen pro Jahr ist von 32,5 Millionen sogenannten Valuta-Mark für 1955 bis 1983 auf 121,7 Millionen geklettert, wobei es erhebliche Schwankungen gab. Die Deutsche Demokratische Republik liefert »vor allem Werkzeugmaschinen, polygraphische Maschinen, Erzeugnisse der Elektronik, Elektrotechnik und anderer Bereiche der metallverarbeitenden Industrie sowie Kalidüngemittel und chemische Produkte«, wie *Neues Deutschland* berichtet hat, und bezieht aus Nordkorea »unter anderem Sintermagnesit für die metallurgische Industrie, Erzeugnisse aus Zink und Blei, Kadmium, Tabak und Konsumgüter«.

Man pflegt auch die wissenschaftliche Zusammenarbeit und den Kulturaustausch. So bestehen seit 1964 vertraglich geregelte Beziehungen zwischen den Akademien der Wissenschaften in

Ost-Berlin und Pyongyang. Kooperationsprojekte gibt es in den Bereichen Naturstoffchemie, solarterrestrische Forschung, Plasmaphysik, Mechanik und Katalysechemie. Germanistiklektoren aus Ostdeutschland unterrichten an der Kim-Il-Sung-Universität in Pyongyang, nordkoreanische Koreanistiklektoren an der Humboldt-Universität in Ost-Berlin. Studentenaustausch wird seit vielen Jahren praktiziert. In der frühen Aufbauphase nach dem Koreakrieg kamen wohl auch Nordkoreaner zur Facharbeiterausbildung in die DDR. Möglicherweise gab es zudem eine militärische Ausbildungshilfe. Kim Jong Il, der älteste Sohn und vorgesehene Nachfolger von Kim Il Sung, soll von 1958 bis 1960 die Militärakademie der DDR-Luftstreitkräfte besucht haben.

Vater Kim stattete der DDR erstmals im Juni 1956 einen offiziellen Besuch ab und erwiderte damit die Nordkorea-Reise von Ministerpräsident Otto Grotewohl im Jahr zuvor. Kim traf Ende Mai 1984 zum zweitenmal in Ost-Berlin ein, nachdem Erich Honecker im Herbst 1977 Pyongyang besucht hatte. Ein- bis zweihundert Nordkoreaner halten sich mehr oder weniger ständig in Ostdeutschland auf, als Angehörige der Botschaft – die Anfang der siebziger Jahre einen repräsentativen Neubau beziehen konnte – oder der Handelsvertretung, als Lehrpersonal oder zu Ausbildungszwecken. »Gegenwärtig bilden sich 72 Aspiranten und Studenten aus der KDVR (Koreanische Demokratische Volksrepublik) in der DDR weiter«, meldete *Neues Deutschland* im Mai 1984 in einem Bericht über die Ankunft von Kim Il Sung in Ost-Berlin. Die DDR-Kolonie in Nordkorea dürfte eher noch kleiner sein, schwillt aber manchmal in Zusammenhang mit der Lieferung von Industrieanlagen vorübergehend etwas an.

Auch die Bundesrepublik betreibt Handel mit Nordkorea. Das kann man schon im Straßenverkehr von Pyongyang feststellen, wo Mercedes-Limousinen (oder schwedische Volvos) die solcher Betreuung für wert erachteten ausländischen Gäste befördern. Der Umfang dieses Handels bewegt sich in ähnlich bescheidenen Größenordnungen wie mit der DDR, unterliegt aber noch stärkeren Schwankungen. Das Tief im westdeutsch-nordkoreanischen Handelsverkehr lag bei nur 45 Millionen DM für 1971. Danach stieg das Volumen eine Zeitlang kontinuierlich an, um plötzlich wieder stark zurückzufallen. 1980 gab es mit 400 Millionen einen ersten Höhepunkt, dann – nach einer Halbierung im folgenden

Jahr – 1982 das bisherige Hoch von fast 455 Millionen DM. Im Handel mit der Bundesrepublik hat Nordkorea seit 1978 ständig Überschüsse erzielt. Diese vorteilhafte Bilanz hat mit Pyongyangs Verzug bei der Begleichung von Rechnungen für frühere Lieferungen zu tun. Anders ausgedrückt: Die Bundesrepublik liefert nicht mehr auf Kredit, nimmt aber zusätzliche Warenlieferungen Nordkoreas anstelle von Zahlungen entgegen. Die Höhe der nordkoreanischen Schulden gegenüber der Bundesrepublik wurde per 1982 auf 270 Millionen Dollar geschätzt. 1975 sollen es erst etwa 150 Millionen gewesen sein.

Der Handel mit Nordkorea kann auch höchst unangenehme Überraschungen bergen, wie eine im Frühjahr 1985 aufgedeckte Affäre zeigt: In den beiden vorausgegangenen Jahren wurden insgesamt 87 amerikanische Kampfhubschrauber Hughes 500 nach Nordkorea exportiert – ein Teil davon unter Einschaltung der westdeutschen Firma Delta Avia Fluggeräte. Die Regierungen in Seoul und Washington reagierten verstimmt, weil die südkoreanischen Streitkräfte mit einem ähnlichen Hubschraubermodell ausgestattet sind, das aufgrund einer Lizenz der Firma Hughes Helicopter Company in Südkorea hergestellt wird. Die Affäre hat vorübergehend das Verhältnis zur Bundesrepublik belastet. Denn in den Denkkategorien des Ost-West-Konflikts – der in Korea ein Nord-Süd-Konflikt ist – sitzen Bonn und Seoul »im selben Boot«. Deutsche Waffenlieferungen an Nordkorea, das zwar nicht dem Warschauer Pakt angehört, aber gleichwohl der »anderen Seite« zugerechnet wird, verletzen die Spielregeln.

Die amtlichen Beziehungen zwischen der Bundesrepublik und Südkorea – offiziell Republik Korea *(Taehan Minguk)* – sind ziemlich spät und zunächst nur auf konsularischer Ebene aufgenommen worden. 1954 etablierte sich ein südkoreanischer Generalkonsul in Remagen. Er wurde abgelöst, als im Oktober 1956 gleichzeitig in Bonn und Seoul Generalkonsulate eingerichtet wurden, die ein Jahr später zu Gesandtschaften erhoben und im Oktober 1958 in vollwertige Botschaften umgewandelt wurden. Im selben Monat reiste Vizekanzler Ludwig Erhard nach Südkorea und eröffnete den Reigen gegenseitiger Regierungsvisiten, der mit dem Deutschlandbesuch von Präsident Park Chung Hee im Dezember 1964 und dem Gegenbesuch von Bundespräsident Heinrich Lübke im März 1967 erste Höhepunkte erlebte.

Park, ein ehemaliger Infanteriegeneral, war durch den Militärputsch vom 16. Mai 1961 an die Macht gekommen. In einem Buch zur Rechtfertigung der als »Militärrevolution« verbrämten Machtübernahme – das 1962 unter dem Titel *The country, the revolution and I* zur Verbreitung im Ausland auch in englischer Sprache veröffentlicht worden ist – widmet Park der Bundesrepublik eines von acht Kapiteln. Unter der Überschrift »Das Wunder am Rhein und das deutsche Volk« zeichnet er ein rosiges Bild fleißiger, aufopferungsvoller und ordnungsliebender Deutscher, die unter einem starken Führer (Konrad Adenauer) in schöner Solidarität für den wirtschaftlichen Aufstieg und die Wiedererlangung einer geachteten Stellung in der Welt arbeiteten. Mehr als eine Beschreibung der Bundesrepublik war dies ein Wunschbild dessen, wie sich Park den Aufstieg Koreas zum modernen Industriestaat vorstellte. Was der Präsident bei seinen Koreanern auszurotten trachtete, waren Ineffizienz, Schlamperei, Streitsucht und Korruption. Mit seiner Schilderung, wie erfolgreich die Deutschen die großzügige Hilfe der USA für ihren Wiederaufbau eingesetzt hatten, übte Park indirekte Kritik am bisherigen Umgang der Südkoreaner mit ihrer nicht weniger reichlichen Hilfe aus Amerika.

Eine 1970 veröffentlichte Sammlung von Parks Reden beginnt mit einer Ansprache, die er nach der Rückkehr aus Deutschland im Dezember 1964 gehalten hat. Darin beschreibt Park seine Reiseeindrücke – Hauptstationen waren Bonn, Berlin, Frankfurt und München – unter der Devise »Ergebnis von Anstrengungen, kein Wunder«. Das Thema Fleiß wird erneut herausgestellt.

Parks Darstellung des deutschen Volkscharakters ist noch verklärend, aber seine Beobachtungen sind nun differenzierter; wenngleich stets mit einer Lehre für Korea verbunden. Manches davon ist allzu durchsichtig. So, wenn er ausführlich berichtet, wie ihm Bundespräsident Lübke vorgeschwärmt habe, die braven deutschen Studenten seien nur ein einziges Mal zu einer politischen Demonstration auf die Straße gegangen und das sei schon 1919 gewesen. Heinrich Lübkes Idylle sollte bald auch in Deutschland nicht mehr stimmen. Für Park Chung Hee war das ein Thema von brennender Aktualität. Die südkoreanischen Studenten hatten im April 1960 durch tagelange Massendemonstrationen den Diktator Syngman Rhee gestürzt und machten nun dem autoritären Park-Regime schwer zu schaffen. Auf ähnlicher Wellenlänge bewegen sich Parks Märchenerzählungen über die deutschen Arbeiter, die beschlossen hätten, bis zur Gesundung der Wirtschaft nicht zu streiken, und keine Lohnerhöhung zu verlangen, solange nicht die eigene Firma blühe. Park hat in seinem Reich echte Gewerkschaften niemals geduldet.

Mehr Realitätssinn beweisen die Beobachtungen über das Berufsausbildungswesen in der Bundesrepublik. Park ist beeindruckt von den Ausbildungsstätten der von ihm besuchten Unternehmen Demag, Siemens und AEG. In (Süd)Korea gebe es nur eine vergleichbare Einrichtung: die mit technischer Hilfe der Bundesregierung auf dem Gelände der technischen Fachhochschule Inha in der Hafenstadt Inchon errichtete Facharbeiterschule mit 470 Ausbildungsplätzen. Inchon, heute praktisch ein Vorort von Seoul an der Westküste, ist durch eine verwegene Landeoperation der UN-Truppen im Koreakrieg berühmt geworden und mittlerweile mit mehr als 1,2 Millionen Einwohnern die viertgrößte Stadt in Südkorea. »Ich wünschte, es gäbe mehr solcher Schulen«, hat Präsident Park 1964 in seiner »Deutschland-Rede« über die Facharbeiterschule von Inchon gesagt. Später ist dann, wiederum mit technischer Hilfe der Bundesrepublik, ein Berufsausbildungszentrum für 390 Lehrlinge an der Südküste in Pusan entstanden, dem bedeutendsten Hafen und der zweitgrößten Stadt Südkoreas mit rund 3,4 Millionen Einwohnern. Die Regierung in Seoul hat der Ausbildung von Facharbeitern und sonstigen Spezialisten seither sehr viel mehr Aufmerksamkeit gewidmet, und das mit beachtlichem Erfolg: Bei den internationalen Berufswettbewerben, einer alle ein bis zwei Jahre stattfindenden »Ausbildungs-Olympiade« für über 30 Handwerks- und Industrieberufe, an der sich die Republik Korea seit 1967 beteiligt, sind die Südkoreaner seit 1977 regelmäßig Mannschaftssieger geworden. Auch 1985 gewannen sie unter 18 Teilnehmerländern wieder die meisten Medaillen vor Japan, Taiwan und der Bundesrepublik Deutschland.

Ein anderes Gebiet, das von Parks Beobachtungen in der Bundesrepublik profitierte, ist die Denkmalspflege. Seoul hatte bereits 1962 ein Gesetz zum Schutz der nationalen Kulturgüter erlassen, das die Erfassung und Erhaltung wertvoller Kunstgegenstände, historisch bedeutsamer Gebäude und Landschaften, aber auch überlieferter Kunstfertigkeiten aller Art vorsieht. Der rechtliche

Rahmen war also vorhanden. Nur fehlten die nötigen Mittel. Genauer gesagt, bei den Haushaltsentscheidungen wurde der Förderung ehrgeiziger Industrialisierungsprogramme allzuoft Vorrang vor »unproduktiven« kulturellen Belangen eingeräumt. Das hat sich mittlerweile gründlich geändert. Sehr beachtliche Anstrengungen werden unternommen, um durch Ausgrabungen, Museumsbauten, Restaurierung historischer Stätten oder Wiederbelebung alter Künste und Gebräuche das großartige kulturelle Erbe Koreas am Leben zu erhalten. Zugleich wurde damit ein entscheidender Beitrag zur Klärung der eigenen kulturellen Identität zwischen China und Japan geleistet. Heute besteht Südkoras Eigenwerbung im Ausland zu einem erheblichen Teil aus kultureller Selbstdarstellung.

Parks Bereitschaft, von den Deutschen zu lernen, ist wie sein reichlich verklärtes Deutschlandbild auch bei vielen seiner Landsleute anzutreffen, vor allem bei Koreanern der älteren Generation, die noch einen wesentlichen Teil ihrer Erziehung während der japanischen Kolonialherrschaft erhalten haben. Das hängt damit zusammen, daß Tokios Erziehungspolitik gegenüber Korea seit den dreißiger Jahren dazu überging, die Themenbereiche England und Amerika im Schulunterricht einzuschränken und mit negativen Vorzeichen zu versehen, während umgekehrt die Beschäftigung mit dem zunächst als Japan gegenüber wohlwollend eingestuften und später mit ihm verbündeten Deutschland gefördert wurde. Hier liegt auch eine der Ursachen für die Rolle, die Deutsch als Fremdsprache in Korea – wie in Japan – lange Zeit gespielt hat und, in verminderter Form, noch spielt.

Eine nach dem Krieg eingetretene Entwicklung, die Deutsche und Koreaner über alle Entfernungen hinweg und trotz einer grundverschiedenen Vorgeschichte verbindet, ist das gemeinsame Schicksal der Teilung. Allgemein gilt das allerdings nur zwischen der Bundesrepublik und Südkorea. Das liegt an dem gespaltenen Verhältnis der DDR zur Wiedervereinigung, während Nordkorea – vielleicht sogar stärker als der Süden – seit eh und je die Vereinigung der koreanischen Halbinsel fordert, natürlich unter anderen Vorzeichen.

Wenn auch die offizielle Politik Ost-Berlins heute – im Gegensatz zu früher, was oft vergessen wird – von einer Wiedervereinigung Deutschlands nichts wissen will, unterstützt sie gleichwohl die Wiedervereinigungspolitik Pyongyangs. So erklärte Erich Honecker während der bereits erwähnten Reise nach Nordkorea 1977 auf einer Kundgebung in Pyongyang seinen Gastgebern: »Wir unterstützen entschieden die Politik Ihres Landes für eine selbständige und friedliche Wiedervereinigung.«

Die gegenwärtige Deutschlandpolitik Ost-Berlins zwingt auch Nordkorea, in der Frage der Behandlung geteilter Staaten mit zwei Zungen zu reden. Kim Il Sung hat diese Politik einer dauerhaften Spaltung für Deutschland und der Wiedervereinigung für Korea auf jener Kundgebung zu Ehren Honeckers folgendermaßen begründet: Nach dem Krieg hätten die Westmächte unter Verletzung internationaler Vereinbarungen über die Demilitarisierung und Entnazifizierung Deutschlands in dessen westlichem Teil den Militarismus wiederbelebt und einen monopolkapitalistischen Staat gegründet. Die Gründung eines sozialistischen Arbeiter- und Bauernstaates im östlichen Teil Deutschlands sei unter diesen Umständen völlig richtig gewesen und »gut sowohl für das deutsche Volk als auch für die Völker der Welt«. Es entspreche auch den Interessen und Wünschen des deutschen Volkes und der europäischen Völker, die Teilung aufrechtzuerhalten. Die Politik der sozialistischen Einheitspartei sei daher richtig, folgerte Kim und behauptete, »das Volk der DDR will, daß Deutschland aus zwei Staaten besteht, während das koreanische Volk die Wiedervereinigung seines Landes fordert«.

Im Vergleich zu derlei verkrampften Solidaritätsübungen zwischen Ost-Berlin und Pyongyang tun sich Bonn und Seoul bei diesem Thema sehr viel leichter. Die Wiedervereinigungpolitik von Bonn und Seoul weist manche Parallelen auf. Das gilt sowohl für den zunächst von beiden Regierungen geltend gemachten Alleinvertretungsanspruch als auch für die später vollzogene Wandlung zu einer Politik des Dialogs mit der anderen Seite. Der westdeutschen Ostpolitik folgte mit nur geringer Verzögerung der Versuch einer südkoreanischen Nordpolitik. Die Ergebnisse sind allerdings bisher nicht vergleichbar. Der Graben der Teilung ist in Korea viel tiefer als in Deutschland, wo es zwar eine Berliner Blokkade gab, aber keinen Bruderkrieg wie in Korea. Mit Staunen, Wehmut und schmerzlicher Sehnsucht verfolgen viele Koreaner das inzwischen erreichte Ausmaß der amtlichen und privaten Kontakte zwischen den Deutschen in West und Ost. Und nachdem man sich in Seoul – wegen der anderen Vorgeschichte – lange Zeit dagegen gesträubt hatte, Parallelen zur Wiedervereinigungspolitik der Bundesrepublik anzuerkennen, pflegen das Bundesministerium für Innerdeutsche Beziehungen und das von einem Minister geleitete südkoreanische Amt für Nationale Vereinigung seit vielen Jahren einen besonders engen und regelmäßigen Gedankenaustausch.

Gegenseitige Anteilnahme wegen des gemeinsamen Schicksals der Teilung ist sicherlich die wichtigste Einzelursache für das unter Deutschen und Koreanern vielfach anzutreffende Gefühl, man stehe sich irgendwie nahe. Daneben gibt es eine angesichts der Entfernungen und kulturellen Unterschiede erstaunliche Vielfalt an konkreten und persönlichen Beziehungen.

So leben in der Bundesrepublik zur Zeit etwa 17 000 Südkoreaner, oft schon seit Jahren. Das sind zwar mehr als die rund 16 000 Japaner. Bedenkt man, daß Japan dreimal soviel Einwohner hat wie Südkorea – über 120 Millionen gegenüber gut 40 Millionen –, so ist das eine beachtliche Zahl. In umgekehrter Richtung liegen die Dinge etwas anders: wenig mehr als 500 Bundesbürger leben gegenwärtig in Südkorea, hingegen über 3000 in Japan.

Bergarbeiter und Krankenschwestern aus Südkorea gehörten zu den frühen Gastarbeitern in der Bundesrepublik. Ende der fünfziger Jahre fehlten dem westdeutschen Kohlenbergbau etwa 60 000 Bergleute. Seit 1957 waren aus dem Fernen Osten einige Hundert japanische Bergleute in verschiedenen Zechen des Ruhrgebiets beschäftigt worden. 1963 wurden aufgrund einer bilateralen Regierungsvereinbarung die ersten Bergleute aus Südkorea eingeflogen. Ihre Zahl wuchs im Lauf der Jahre schnell an. Dann brach die erste Erdölkrise herein. Im Dezember 1973 verfügte die Bundesregierung einen allgemeinen Anwerbestopp für ausländische Arbeitnehmer. Und als der damalige Arbeitsminister (und frühere Bergarbeiterführer) Walter Arendt im Oktober 1974 Südkorea besuchte, mußte er seinen Gastgebern eröffnen, daß mit der Einstellung weiterer Bergleute nicht mehr zu rechnen sei. Alles in allem waren 6341 Kumpels aus Südkorea zum befristeten Einsatz ins Ruhrgebiet gekommen. Manche von ihnen heirateten deutsche Frauen und blieben für immer. Die anderen kehrten in die Heimat zurück oder wanderten weiter in andere Länder.

Minister Arendt hatte auch eine gute Nachricht: An Krankenschwestern aus Südkorea bestand weiterhin Bedarf. Für ihre Berufsgruppe galt eine Ausnahmeregelung. Im gesamten Bundesgebiet arbeiteten damals fast 7000 koreanische Krankenschwestern in mehr als 450 Krankenhäusern. Viele Bundesbürger haben ihre ersten menschlichen Kontakte zum fernen Korea am Krankenbett angeknüpft.

Doch weder ihr freundliches Wesen noch die größte Einsatzbereitschaft konnten verhindern, daß es den Krankenschwestern aus Südkorea genauso erging wie zuvor den Bergleuten. Im April 1978 beschloß eine Bund-Länder-Kommission die sogenannte »Anweisung zur Unterbindung der Neuanreise ausländischer Krankenschwestern und Krankenpflegehelferinnen«. Nach Schätzungen der Deutschen Krankenhausgesellschaft waren zu diesem Zeitpunkt noch ungefähr 5600 südkoreanische Krankenschwestern in der Bundesrepublik beschäftigt. Die letzten waren 1976 neu angeworben worden. Es gibt keine amtlich ermittelte Gesamtzahl, doch schätzen Regierungsstellen in Seoul, daß seit den sechziger Jahren insgesamt etwa 10 000 Krankenschwestern aus Südkorea in bundesdeutschen Krankenhäusern tätig gewesen sind. Von ihnen sind rund 4000 in die Heimat zurückgekehrt und weitere 1000 nach Österreich, der Schweiz, Amerika oder in nordafrikanische Länder weitergewandert. Demgemäß müßten noch ungefähr 5000 dieser Koreanerinnen in der Bundesrepublik leben, wo sie entweder weiter in ihrem Beruf arbeiten oder durch Heirat ansässig geworden sind.

Das Krankenschwesternprogramm hatte in der Bundesrepublik viele Fürsprecher. Auch die Regierung in Seoul stand der Auslandstätigkeit sehr positiv gegenüber. Denn viele der in Deutschland arbeitenden Schwestern schickten einen Teil ihres Verdienstes an ihre Angehörigen daheim. Das bedeutete harte Devisen für Südkorea. Aus diesem Grund fördert Seoul bis auf den heutigen Tag systematisch den »Export« von Arbeitskräften.

Etwa die Hälfte der nach Deutschland entsandten Südkoreanerinnen hat in der Heimat niemals als Krankenschwester gearbeitet und vor der Ausreise eine auf deutsche Bedürfnisse zugeschnittene Kurzausbildung als Krankenpflegerin erhalten. Rückkehrerinnen aus der Bundesrepublik durften in Südkorea erst nach Bestehen einer Zusatzprüfung als einfache Krankenschwester arbeiten. Nur sehr wenige haben diese Prüfung bestanden.

Die Mehrzahl der heimgekehrten Koreanerinnen kann nicht mehr als Krankenschwester arbeiten. Viele wollen das auch gar nicht. Sie ziehen eine Beschäftigung mit besseren Arbeitsbedingungen vor oder suchen mit ihren Sprachkenntnissen in einer deutschen Firma unterzukommen. Das Goethe-Institut in Seoul bietet einen Sprachkurs an, der speziell auf die Beschäftigung in deutschen Unternehmen zugeschnitten ist. Das Goethe-Institut stellt auch den Raum für die Zusammenkünfte zur Verfügung, die allmonatlich von einem Freundeskreis der aus der Bundesrepublik zurückgekehrten Krankenschwestern organisiert werden. Dieser Freundeskreis, *Ujong-Hoe*, ist 1976 gegründet worden und hält Kontakt zu ungefähr 2000 Rückkehrerinnen. Die Hälfte von ihnen sind Mitglieder dieser Selbsthilfeorganisation geworden, die bei der Stellensuche, Familienproblemen oder bei der Erledigung von Schriftverkehr mit Deutschland mit Rat und Tat zur Seite steht. Von den koreanischen Behörden gab es so gut wie keine Wiedereingliederungshilfen. Die Ujong-Hoe hat sich darüber hinaus zu einer willkommenen Anlaufstelle für geselliges Zusammensein entwickelt. Als Büro dient eine umgebaute Garage. Eine Zweigstelle gibt es in Pusan.

Sehr viel größeres Interesse zeigten gewisse koreanische Amtsstellen an ihren Landsleuten, solange sich diese noch in der Bundesrepublik aufhielten. Gemeint ist die politische Überwachung der in Deutschland lebenden Koreaner durch den südkoreanischen Geheimdienst. Ursprünglich nach amerikanischem Vorbild *Chungang Chongboguk* (Central Intelligence Agency) genannt und im Ausland unter der englischen Abkürzung KCIA bekannt, wurde diese durch ihre brutalen Foltermethoden weltweit in Verruf geratene Einrichtung 1981 in »Amt für Nationale Sicherheitsplanung« umgetauft. Die unter Koreanern übliche Bezeichnung lautet *Ankibu*. Zu seinen Hauptaufgaben gehört die Überwachung aller Kontakte mit Nordkorea. Das geschieht in Deutschland durch die in der südkoreanischen Botschaft in Bonn und in den drei Generalkonsulaten in Hamburg, Frankfurt und West-Berlin im Gewande von Diplomaten oder Konsularbeamten stationierten Geheimdienstagenten – die sogenannten legalen Residenten – sowie durch das ihnen unterstellte Netz von Spitzeln innerhalb der koreanischen Kolonie.

Ausmaß und Methoden dieser Überwachungstätigkeit wurden

schlagartig bekannt, als im Juni 1967 eine Anzahl in West-Berlin oder in der Bundesrepublik lebender Südkoreaner spurlos verschwanden. Was mit ihnen geschehen war, wurde erst offenbar, als die Sicherheitsbehörden in Seoul einige Zeit später die Aufdekkung eines angeblich von Ost-Berlin aus operierenden nordkoreanischen Spionagerings und die Verhaftung von insgesamt siebzig in Deutschland, Frankreich, Österreich und den USA lebenden südkoreanischen Staatsangehörigen bekanntgaben. Vierunddreißig Personen wurde wegen angeblicher Spionage für Nordkorea und Verstoßes gegen Südkoreas Staatssicherheitsgesetze der Prozeß gemacht. Unter den Angeklagten befanden sich 17 Südkoreaner, die vom KCIA gewaltsam aus der Bundesrepublik entführt oder durch eine Mischung aus Täuschungen und Drohungen zur Rückkehr in ihre Heimat veranlaßt worden waren. Bereits im Dezember 1967 erklärte das Landgericht Seoul sämtliche Angeklagten für schuldig, verurteilte drei von ihnen zum Tode und verhängte gegen die übrigen hohe Freiheitsstrafen.

Die Entführungsaffäre stürzte die bis dahin sehr freundschaftlichen, oft geradezu herzlichen Beziehungen zwischen Bonn und Seoul in eine tiefe Krise. Die Bundesregierung protestierte gegen die Verletzung der deutschen Souveränität und forderte die Rückführung aller entführten Koreaner nach Deutschland. Die Regierung in Seoul ließ zwar einige der vergleichsweise weniger hart Bestraften alsbald frei – darunter die Frau des Komponisten Isang Yun –, weigerte sich aber, den weiter gehenden Forderungen zu entsprechen. Daraufhin setzte Bonn bereits zugesagte Entwicklungshilfekredite aus und unterbrach den Kulturaustausch mit Südkorea. Erst im Januar 1969 begann Seoul einzulenken. Bald darauf wurden der Komponist Yun und einige weitere Inhaftierte freigelassen. Als Bundesaußenminister Walter Scheel im Mai 1970 Südkorea einen Kurzbesuch abstattete, um einen Schlußstrich unter die Affäre zu ziehen, erhielt er die Zusage, daß auch der letzte noch Inhaftierte – der ursprünglich zum Tode verurteilte, später zu lebenslanger Haft »begnadigte« Physiker Chong Kyu Myong – im Laufe des Jahres auf freien Fuß gesetzt würde. Mit der Erfüllung dieses Versprechens war der Fall zumindest auf Regierungsebene abgeschlossen.

Die frühere Unbefangenheit im Umgang miteinander war jedoch nachhaltig gestört. Die durch diesen Vorfall offenbar gewordenen dunkleren Seiten der südkoreanischen Innenpolitik hatten in der Bundesrepublik ein *politisches* Interesse an dem bis dahin so fernen Land geweckt. An die Stelle der eher abstrakten Sympathie für Südkorea wegen des gemeinsamen Schicksals der Teilung trat eine konkrete Anteilnahme an den innenpolitischen Auseinandersetzungen in Südkorea um Demokratie, Menschenrechte und eine glaubwürdige Politik gegenüber dem Norden.

In der Tat gehört seit der Entführungsaffäre von 1967 die Bundesrepublik nach Japan und den USA zu jenen Staaten, deren Bemühungen um die Sicherung der grundlegenden Menschenrechte und um die Durchsetzung von mehr Demokratie in Südkorea besonderes Gewicht zukommt. Und die Unterstützung, welche die deutschen Kirchen, Jugendverbände, Gewerkschaften, Parteien und Massenmedien den politisch Verfolgten oder sozial Benachteiligten in Südkorea zukommen lassen, gibt vielen von ihnen den Mut und die Kraft, weiterzumachen auch im Angesicht von oft brutalsten Polizeistaatsmethoden, und hat manchen das Leben gerettet. Für andere ist die Bundesrepublik ein Ort der Zuflucht geworden, an dem sie auf bessere Tage in der Heimat warten können. Denn die meisten südkoreanischen Kritiker der Regimes von Syngman Rhee (1948–1960), Park Chung Hee (1961–1979) oder Chun Doo Hwan (1980–1987) sind weder Kommunisten noch prokommunistisch eingestellt, wie diese autoritären Herrscher und ihre Sicherheitsorgane nicht müde wurden zu behaupten, und wollen mit dem totalitären Regime von Kim Il Sung nichts zu tun haben. Wie die 1967 aus Deutschland entführten Koreaner erfahren mußten, genügt es allerdings nicht immer, in die Bundesrepublik zu kommen, um vor weiterer Verfolgung sicher zu sein. Einige besonders gefährdete Südkoreaner haben daher zu ihrer eigenen Sicherheit die deutsche Staatsangehörigkeit angenommen, wie zum Beispiel der Komponist und langjährige Professor an der Berliner Hochschule für Musik Isang Yun. Yun, der mit Unterbrechungen schon seit 1957 in West-Berlin lebt, ist gleichwohl in seinem Herzen »ein Koreaner geblieben«.

Die Einzelheiten der Entführungsaffäre von 1967 sind nur bruchstückhaft bekanntgeworden, weil die meisten Betroffenen es vorzogen zu schweigen. Isang Yun ist einer der wenigen, die dieses Schweigen gebrochen haben. Er hat die abenteuerlichen Umstände seiner Entführung und die traumatischen Erlebnisse während seiner Haftzeit in Südkorea enthüllt. Im Gespräch mit der Schriftstellerin Luise Rinser, das 1977 unter dem Titel *Der verwundete Drache, Dialog über Leben und Werk des Komponisten* in Buchform veröffentlicht wurde, schildert Yun außerdem ausführlich seinen Lebensweg als Musiker zwischen den Kulturen von Orient und Okzident.

Yun hatte sich schon in seiner Heimat als Komponist einen Namen gemacht und war 1956 mit dem Kulturpreis von Seoul, dem bedeutendsten Südkoreas, ausgezeichnet worden, bevor er im selben Jahr nach Paris ging. »Mir war klar, daß ich nach Europa gehen mußte. Nur in Europa konnte ich lernen, was ich lernen wollte.« Nämlich westliche Musiktheorie, Zwölftonmusik, die Werke der Komponisten der sogenannten Wiener Schule, Schönberg, Webern und Alban Berg. Nach einem schwierigen Jahr am Pariser Konservatorium ging Yun 1957 zu Boris Blacher nach Berlin. Blacher war selber in China aufgewachsen, hatte Verständnis für asiatische Musik.

West-Berlin wurde für Isang Yun zur zweiten Heimat. »Ich bin ebensosehr Europäer wie Koreaner«, hat er zu Luise Rinser gesagt, »und ich bin mitten im europäischen Musikleben.« In Europa, vorwiegend in Deutschland, sind die meisten und die bedeutendsten seiner Werke entstanden und uraufgeführt worden. Im Werdegang der Oper *Die Witwe des Schmetterlings* kommt diese enge Beziehung zwischen dem koreanischen Komponisten und seiner deutschen Wahlheimat auf geradezu schmerzhaft symbolische Weise zum Ausdruck: Yun hatte ungefähr ein Drittel der Oper vor seiner Entführung aus Deutschland komponiert. Auf Druck von deutscher Seite hin erhielt er später die Erlaubnis, im Gefängnis in Seoul an der Oper weiterzuarbeiten. Dort hat er in seiner nur mit einer Holzpritsche ausgestatteten, selbst im eiskalten koreanischen Winter ungeheizten Zelle das Werk im Februar 1968 vollendet. Dabei mußte der damals Fünfzigjährige zeitweilig befürchten, dies werde seine letzte Komposition sein. Denn die Staatsanwaltschaft hatte gegen Yun die Todesstrafe beantragt. Yuns Frau, Lee Su Ja, die im selben Gefängnis saß, ohne daß ihr Mann zunächst davon wußte, hat die Partitur nach Deutschland gebracht. Die Uraufführung der Oper fand am 23. Februar 1969 in Nürnberg statt – ohne den Komponisten, der in seiner Gefängniszelle im fernen Seoul ausharren mußte. Als Yun endlich freigelassen wurde, sagte er bei der Rückkehr nach Berlin zu den wartenden Reportern: »Ich freue mich, wieder in Deutschland zu sein. Hier ist der Ort, wo ich menschlich und künstlerisch eine Heimat fand.«

Noch im selben Jahr erhielt Isang Yun den Auftrag, für das Kulturfestival der Olympischen Spiele von 1972 in München eine Festoper zu schreiben. Die Wahlheimat Deutschland öffnete dem Komponisten aus Korea das Tor zur Welt. Die Galapremiere von Yuns Oper *Sim Tjong* im Münchner Nationaltheater in der Inszenierung von Günther Rennert und mit Wolfgang Sawallisch am Dirigentenpult geriet zu einem Musikereignis, über das weltweit berichtet wurde. Yuns kultureller Brückenschlag zwischen Asien und Europa erfuhr allgemeine Anerkennung.

Längst werden die Werke von Isang Yun auch in seiner Heimat aufgeführt und studiert, und zwar auf beiden Seiten der Demarkationslinie. »Südkorea weiß jetzt, daß man mir Unrecht getan hat«, meinte Yun bei einem Gespräch mit dem Verfasser im Frühjahr 1985. Und in Nordkorea sei vor einiger Zeit sogar ein Isang-Yun-Musikinstitut gegründet worden. Seoul und Pyongyang bemühen sich gleichermaßen um Koreas berühmtesten Komponisten. Der aber will sich nicht politisch vereinnahmen lassen. »Ich bin zwar in Südkorea geboren, aber ich betrachte Nord und Süd gleichermaßen als mein Vaterland.« Und falls Korea nicht zu Yuns Lebzeiten wiedervereinigt wird, möchte er »auf der Demarkationslinie« begraben werden.

Intellektuelle sind neben Bergarbeitern und Krankenschwestern die dritte Gruppe von Koreanern, die maßgebend dazu beigetragen hat, daß ihre geographisch so ferne und kulturell so andersartige Heimat uns in den letzten Jahren sehr viel näher gerückt ist. Und natürlich hat diese kulturelle Verflechtung ein Gegenstück in Korea. Von den vielen Koreanern, die in Deutschland studiert haben und, mitgeprägt durch diese Erfahrung, nun in ihrer Heimat auf den verschiedensten Gebieten tätig sind, haben es einige zu beträchtlicher Prominenz und Einfluß gebracht: wie etwa Kardinal Stephan Kim, der höchste Würdenträger der zwei Millionen Katholiken Südkoreas. Kim hat in Münster studiert und spricht fließend deutsch. Oder Rhee Kyu Ho, der in Tübingen promoviert hat, nach einer langen Karriere als Hochschullehrer zunächst als Wiedervereinigungsminister in die Regierung geholt wurde und nach der Machtübernahme von Chun Doo Hwan drei Jahre lang

Kultusminister mit Zuständigkeit für den kritischen Hochschulbereich war, bevor Chun ihn als Generalsekretär des Präsidialamts ins Blaue Haus, den Amtssitz des Staatspräsidenten, holte. Vom Vorzimmer der Macht wechselte Rhee 1985 auf den für die Regierung in Seoul neben Washington wichtigsten Botschafterposten in Tokio.

Die deutsche Sprache spielte bisher in Südkorea eine überraschend große Rolle. Bis zum Beginn der achtziger Jahre nahm Deutsch im südkoreanischen Bildungswesen unter den Fremdsprachen nach Englisch, doch vor Japanisch, Französisch und Chinesisch den zweiten Platz ein. An den Oberschulen, die wie in Amerika auf drei Jahre (10. bis 12. Klasse) begrenzt sind, ist Englisch Pflichtfach; es steht jedem frei, eine zweite Fremdsprache hinzuzuwählen. Im Jahr 1980 entschieden sich noch 58 Prozent für Deutsch, 24 Prozent für Japanisch und 18 für Französisch. Inzwischen dürfte die japanische Sprache der deutschen den Rang abgelaufen haben. Angesichts der großen Bedeutung des Nachbarlandes für Korea ist das nicht weiter verwunderlich. Es gibt aber auch einen ganz konkreten und sehr pragmatischen Grund für das Vordringen des Japanischen: Seit 1986 wird nämlich bei der in Südkorea üblichen Aufnahmeprüfung für die Universität eine zweite Fremdsprache verlangt. Japanisch ist mit dem Koreanischen verwandt und daher für Koreaner viel leichter zu lernen als europäische Sprachen. Außerdem erscheinen in Japan viele Bücher, für die sich die koreanischen Studenten interessieren.

Auf der populären Ebene hat besonders der Sport dazu beigetragen, neue Brücken zwischen den beiden Völkern zu schlagen, und zwar unabhängig von den Olypmpischen Spielen in Seoul. Viele Bundesbürger üben sich regelmäßig in Taekwondo, dem traditionellen koreanischen Kampfsport, und jeder Deutsche Fußballfreund kennt zumindest einen koreanischen Namen – Bum Kun Tscha (Cha Bum Kun), den glänzenden Torschützen von Eintracht Frankfurt und danach Bayer Leverkusen. »Er ist in seiner Heimat so populär wie bei uns Beckenbauer«, hat Bayer-Trainer Dettmar Cramer einmal über seinen Schützling gesagt. Dort erwarten Südkoreas größten Fußballstar auch ähnliche Aufgaben.

Ein besonderes Gewicht in den deutsch-koreanischen Beziehungen kommt dem Handelsverkehr zu. Für Südkorea ist die Bundesrepublik der bedeutendste Handelspartner in Europa. Das bilaterale Handelsvolumen hat 1981 zum erstenmal die Grenze von 3 Milliarden DM überschritten. In US-Dollar ausgedrückt ist der Wert der südkoreanischen Ausfuhren in die Bundesrepublik in den letzten beiden Jahrzehnten (1965–1984) von jährlich 3 auf 924 Millionen Dollar hochgeschnellt. Die Exporte aus der Bundesrepublik nach Südkorea wuchsen im selben Zeitraum kaum weniger eindrucksvoll von 16 auf 794 Millionen. Dabei waren es in den frühen Jahren immer die Deutschen, die Überschüsse erzielten. Seit 1973 aber haben die Südkoreaner die Oberhand. Nur noch einmal, 1979, gab es eine – fast – ausgeglichene Handelsbilanz. Viele südkoreanische Firmen haben Niederlassungen in der Bundesrepublik, etwa fünfzig allein in Düsseldorf. Die Präsenz bundesdeutscher Unternehmen in Südkorea konzentriert sich mehr auf die Hauptstadt Seoul, wo es seit 1981 eine Deutsch-Koreanische Industrie- und Handelskammer gibt.

Der rasch wachsende Handel mit der Bundesrepublik ist nur ein Ausschnitt aus dem Gesamtbild des beeindruckenden Aufstiegs von Südkorea zu einer der großen Exportnationen der Erde. Der politische Wille und die wirtschaftliche Energie, die hinter dieser Leistung stehen, beziehen ihre Motivierung zu einem erheblichen Teil aus dem Wettbewerbsdenken gegenüber Nordkorea. Diese Konkurrenz der Systeme beflügelt auch den Norden zu größten wirtschaftlichen Anstrengungen. Man stelle sich einmal vor, zu welchen Höchstleistungen die Koreaner als geeintes Volk fähig sein müßten, wenn die Energien der beiden verfeindeten Staaten auf ihrer geteilten Halbinsel nicht gegeneinander, sondern auf ein gemeinsames Ziel gerichtet wären.

Brücke zwischen Japan und dem Festland

Neben den Landmassen Chinas und der Sowjetunion wirkt Korea wie ein unbedeutender Vorsprung am Ostrand des asiatischen Kontinents. Vergleicht man das Land hingegen mit Japan, so erweist sich die koreanische Halbinsel mit ihren rund 221 000 Quadratkilometern als fast so groß wie die japanische Hauptinsel Honshu. In Europa wäre Großbritannien ohne Nordirland eine vergleichbare Größenordnung.

Korea hat nur zwei unmittelbare Nachbarn, China und die Sowjetunion. Die Grenze mit China verläuft zu einem großen Teil am Yalu-Fluß entlang, der auf koreanisch Amnok-Kang heißt und nach Westen hin ins Gelbe Meer mündet. Die koreanisch-chinesische Grenze ist mit etwa 1300 Kilometern länger als die Nord-Süd-Ausdehnung der koreanischen Halbinsel, während die Grenze zur Sowjetunion am Nordostzipfel Koreas nur gut 16 Kilometer ausmacht. Grenzfluß ist hier der nach Süden ins Japanische Meer einmündende Tumen, den die Koreaner Tuman-Gang nennen.

Als dritter Nachbar Koreas gilt Japan, dessen Südinsel Kyushu nur 206 Kilometer vom südkoreanischen Festland entfernt ist. Von der Hafenstadt Pusan bis zur japanischen Insel Tsushima – durch den Sieg der Japaner über die Russen in der Seeschlacht von 1905 berühmt geworden – beträgt die Entfernung sogar nur rund fünfzig Kilometer. Zwischen Pusan und der japanischen Hafenstadt Shimonoseki verkehrt mehrmals in der Woche eine Fähre. Es ist die billigste, wenn auch nicht mehr die schnellste Verbindung zwischen beiden Ländern und die einzige, bei der man sein Auto mitnehmen kann.

Von Europa aus gesehen liegt Korea östlich von Sibirien und der Mongolei. Zwischen dem 33. und dem 43. Grad nördlicher Breite gelegen, ist es geographisch ungefähr wie Griechenland, Süditalien, Spanien oder der nordafrikanische Küstenstreifen von Tunis bis Casablanca einzuordnen. Was also erwartet den Besucher in Korea? Tatsächlich gibt es dort lange, strenge Winter ebenso wie heiße, aber schwüle Sommer. Korea ist je nach Jahreszeit mal ein sehr nördliches – oder östliches –, dann wieder ein ganz südliches

Land. Das gilt übrigens auch fürs Atmosphärische. Wer zur warmen Jahreszeit anreist, mag sich ans Mittelmeer versetzt fühlen. Herbst und Winter erinnern eher an den Nordosten Deutschlands, an Skandinavien oder an Polen und Rußland.

Koreas kontrastreiches Wetter wird durch den ständigen Wettstreit zwischen Festland- und Meeresklima bestimmt. Im äußersten Norden, wo die Festlandeinflüsse am stärksten sind, dauert der Winter ein halbes Jahr; in den Südprovinzen nur drei Monate. Auf der am weitesten südlich gelegenen Insel Cheju, die sich im Sommer durch ein subtropisches Klima auszeichnet, fällt der Winter ganz aus. Dort herrscht zu dieser Jahreszeit Herbstwetter. Und während die nördliche Grenzstadt Chunggangjin mit Temperaturen bis zu minus 43,6 Grad den koreanischen Kälterekord beanspruchen kann, schwankt das Thermometer in Seoul im kalten Januar um 5 Grad unter Null – kann aber auch mal bis minus 20 ausschlagen; auf Cheju-Do liegt der Januardurchschnitt bei 7,5 Grad über dem Gefrierpunkt. Im heißesten Monat August steigen die Temperaturen in Korea auf bis zu 40 Grad im Schatten. Regionale Unterschiede gibt es lediglich in der Dauer der sommerlichen Hitzewelle und beim Grad der Luftfeuchtigkeit. Diese Zeit erträgt man am besten in den Bergen oder an der Küste. Der Sommer ist auch die Hauptregenzeit. Etwa 70 Prozent der jährlichen Niederschlagsmenge entfallen auf die Monate Juni bis September, wobei Häufigkeit und Heftigkeit des Regens nach Norden hin abnehmen. Vorwiegend im Spätsommer verursachen taifunartige Regenfälle oft große Überschwemmungen und richten beträchtlichen Schaden an. Koreas schönste Jahreszeiten sind Frühling (April, Mai) und Herbst (Oktober, November).

Berge, das Meer und Tausende von Inseln bestimmen die koreanische Landschaft. Die Halbinsel besteht zu etwa 75 Prozent aus Hügel- und Bergland. Die Berge steigen zur Ostküste hin und nach Norden an. Koreas höchster Gipfel, der erloschene Vulkan Paektu-San mit 2744 Metern, liegt im Norden an der Grenze zu China. Der höchste Berg in Südkorea ist der 1950 Meter hohe Halla-San auf Cheju-Do. Berühmte Ausflugsziele und in vielen Liedern und Gedichten besungen sind der Sorak-San (1708 Meter), eine halbe Tagesreise östlich von Seoul, und der Kumgang-San (1529 Meter), nahe der Demarkationslinie in Nordkorea gelegen. Die beiden Berge, weniger als hundert Kilometer voneinander entfernt, gehören politisch heute zu anderen Welten, sind aber geographisch Teil desselben Taebaek-Gebirges, das sich über weite Teile der koreanischen Ostküste, zwischen der Hafenstadt Wonsan im Norden und Pusan im Süden, erstreckt.

Die meisten Inseln sind den zerklüfteten Küsten im Westen und Süden der Halbinsel vorgelagert und gehören zum Staatsgebiet von Südkorea. Im Jahrbuch der südkoreanischen Nachrichtenagentur Yonhap Tongshin wird ihre Zahl mit 3579 genau angegeben, Regierungspublikationen sprechen allgemein von 3000 oder 3400 Inseln. In jedem Fall ist ihre Zahl beträchtlich, und einige dieser Inseln verdienen es durchaus, besonders hervorgehoben zu werden.

Rund hundert Kilometer vor der Südwestspitze der Halbinsel liegt Cheju-Do, mit 1825 Quadratkilometern die größte Insel Koreas. Auf ihr leben eine halbe Million Menschen. Zusammen mit fünfzig vorgelagerten und zumeist unbewohnten Inseln ist Cheju-Do eine von neun südkoreanischen Provinzen. Im späten 13. Jahrhundert wurde Cheju-Do von den Mongolen erobert. Mongolenfürst Kublai Khan soll sie als Sprungbrett für einen seiner – schließlich gescheiterten – Eroberungszüge nach Japan benutzt haben. Von der hundertjährigen Mongolenherrschaft sind die in diesen Breiten sonst kaum anzutreffende Pferdezucht und sprachliche Spuren im Dialekt der Inselbewohner übriggeblieben. Die früheste Beschreibung der Insel aus westlicher Feder stammt von dem Holländer Hendrik Hamel, dessen Schiff 1653 auf der Fahrt von Taiwan nach Nagasaki am Südzipfel von Cheju-Do gestrandet war. Heute wird die Insel planmäßig als sommerliches Ferienparadies erschlossen. Neben der vulkanischen Berglandschaft des seit bald tausend Jahren erloschenen Halla-San und der subtropisch üppigen Blütenpracht locken vor allem die kilometerlangen Badestrände und vielfältige Spiel- und Sportmöglichkeiten Urlauber vom koreanischen Festland und aus Japan an. Zu den eigenartigen Reizen der Insel gehören die berühmten Taucherinnen von Cheju-Do, die *Haenya*. Auf der Suche nach Algen, Muscheln oder Seeigeln tauchen diese Meeresfrauen bis zu dreißig Meter tief. Nur zum Luftholen oder um ihre Fangkörbe zu entleeren, kommen sie kurz an die Oberfläche. Viele Stunden lang arbeiten die Frauen in diesem Rhythmus, und das zu jeder Jahreszeit. Zum Schutz gegen Auskühlung trugen sie früher weiße Baumwollanzüge. Heutzutage ist schwarzes Gummizeug üblich. Die Taucherarbeit ist schwer und erfordert jahrelange Übung. Die echten Haenya sind meist älter und ausgezehrter, als es die Touristenwerbung vorgaukelt. Mit ihrem Verdienst haben sie oft die Familie ernährt, während die Männer Haus und Kinder versorgten – Matriarchat auf koreanisch.

Kanghwa-Do, mit 293 Quadratkilometern die kleinste unter den fünf großen Inseln des Landes, spielt in Mythologie und Geschichte Koreas eine denkwürdige Rolle. Etwa sechzig Kilometer westlich von Seoul und strategisch günstig vor der Einmündung des Han-Flusses ins Gelbe Meer gelegen, ist die Insel seit 1972 durch eine Brücke mit dem Festland verbunden und von Seoul aus in anderthalb Autostunden erreichbar.

Nach der Überlieferung soll Koreas mythologischer Urvater Tangun Wangom im Jahr 2333 v. Chr. dort einen Altar errichtet haben. In Anknüpfung an diese Legende wird bei sportlichen Großveranstaltungen in Südkorea nach olympischem Vorbild eine heilige Flamme auf dem Mani-Berg im Süden von Kanghwa-Do entzündet und von Fackelträgern zur Wettkampfstätte gebracht. In historische Zeit zurück reicht die Geschichte des Chondung-Sa, eines der ältesten und bedeutendsten buddhistischen Tempel Koreas, der gegen Ende des 4. Jahrhunderts auf dieser Insel erbaut wurde. Die heutigen Tempelgebäude sind sehr viel neueren Datums. Doch wurde die chinesische Tempelglocke bereits im 11. Jahrhundert gegossen. Und die den Tempel umgebenden Festungsmauern stammen ebenso wie viele andere Befestigungsanlagen auf der Insel aus dem 13. Jahrhundert. Zu jener Zeit hatte sich König Kojong auf der Flucht vor den Mongolen nach Kanghwa-Do zurückgezogen und dort bis zu seinem Tod fast vierzig Jahre lang ausgeharrt. Sein Grabmal und ein rekonstruierter Palast erinnern an diesen 23. König der Koryo-Dynastie. Damals entstanden auf Kanghwa-Do auch jene 81 258 hölzernen Druckstöcke buddhistischer Schriften, die, als *Tripitaka koreana* bekannt, in der Welt nicht ihresgleichen haben und zu den wertvollsten Kunstschätzen buddhistischer Kultur zählen. Sechzehn Jahre währte die Schnitzarbeit, mit der die Mönche von Chondung-Sa seinerzeit die Hilfe Buddhas gegen die Mongoleninvasion zu erflehen suchten. Die meisten der kostbaren Druckstöcke werden seit vierhundert Jahren in einem eigens dafür errichteten Gebäude im

Tempelkomplex des berühmten Haein-Sa in den Bergen bei Taegu auf dem koreanischen Festland aufbewahrt.

Während der Mandschu-Invasion des 17. Jahrhunderts diente Kanghwa-Do dem koreanischen Königshaus wiederum als Zufluchtstätte, wurde aber von den Eindringlingen erobert. Das Königreich Korea wurde Vasallenstaat von Mandschu-China. Im 19. Jahrhundert war die Insel das Ziel verschiedener Strafaktionen westlicher Mächte: zuerst kamen 1866 die Franzosen, um für die Hinrichtung einer Anzahl französischer Missionare in Korea Rache zu nehmen. Ihnen folgten 1871 die Amerikaner. Sie wollten die Zerstörung ihres Handelsschiffs *General Sherman*, das fünf Jahre zuvor bei dem Versuch, unerlaubt den Taedong-Fluß hinauf nach Pyongyang zu fahren, von den Koreanern in Brand gesetzt und mit Mann und Maus vernichtet worden war, nicht ungestraft hinnehmen. 1875 tauchte erstmals ein japanisches Kanonenboot auf. Ein Jahr später erzwangen die Japaner durch Entsendung von sechs Kriegsschiffen Verhandlungen mit der koreanischen Regierung über die Öffnung des Landes für Handel und Verkehr. Der im Februar 1876 unterzeichnete Vertrag von Kanghwa war der erste Schritt auf dem Weg zur späteren Annexion Koreas durch das Kaiserreich Japan.

Zwischen Korea und Japan umstritten ist der Besitz der beiden Tok-Inseln, die zusammengenommen kleiner sind als Norderney und unterhalb des 38. Breitengrads rund hundert Kilometer vor der koreanischen Ostküste liegen. Japan hatte die Inseln, die auf japanisch Take-Shima heißen, nach dem Sieg im japanisch-russischen Krieg von 1904/5 seinem Staatsgebiet einverleibt. Nach der Befreiung von japanischer Kolonialherrschaft hat Südkorea erstmals im Januar 1952 seinen Anspruch auf diese Inseln angemeldet, als der damalige Präsident Syngman Rhee seine sogenannte Friedenslinie verkündete. Diese sollte die Fischfangrechte gegenüber Japan abgrenzen und definierte die Tok-Inseln als Teil des koreanischen Hoheitsgebiets. Japan protestierte und schickte im Juni 1953 zwei Kriegsschiffe zu den Inseln. Südkorea reagierte mit der Entsendung eigener Kriegsschiffe und nahm die bis dahin nicht dauerhaft bewohnten Felseninseln durch Stationierung von Militär faktisch in Besitz. Der südkoreanisch-japanische Vertrag von 1965 über die Aufnahme diplomatischer Beziehung klammert die Frage aus, doch verständigten sich Seoul und Tokio in einem begleitenden Notenwechsel darauf, eine friedliche Lösung des Konflikts anzustreben. Der Streit um die Inseln erhitzt von Zeit zu Zeit die Gemüter auf beiden Seiten.

Die Tausende von Inseln verdoppeln die etwa 8700 Kilometer lange Küste der koreanischen Halbinsel auf knapp 17 000 Kilometer – eine erstaunliche Zahl für ein Land, das in seiner größten Ausdehnung gerade 1000 Kilometer erreicht. Zum Vergleich: Die größere Bundesrepublik Deutschland besitzt 4231 Kilometer Landgrenzen und 572 Kilometer Küste.

Koreas stark zerklüftete Küste hat sich im Zuge der Landesentwicklung vielfach verändert. Dabei ist das Land insgesamt gewachsen. Allein Südkorea hat sein Gebiet seit 1945 durch künstliche Landgewinnung von rund 94 000 auf über 99 000 Quadratkilometer vermehrt. Das ist ein Zugewinn von mehr als fünf Prozent der Gesamtfläche.

Was den Deutschen Rhein und Elbe, das sind für die Koreaner Han und Taedong. Koreas längster Strom ist der als Grenzfluß zu China schon erwähnte Yalu. Mit seinen 790 Kilometern ist er immer noch kürzer als der deutsche Teil des Rheins (865 km). Die Flüsse Han und Taedong verdanken ihren Nimbus der Nähe zu den beiden koreanischen Metropolen Seoul und Pyongyang, die nicht nur die Hauptstädte der zwei Teilstaaten Süd- und Nordkorea sind. Vielmehr war Seoul bis zur Annexion der Halbinsel durch die Japaner über fünf Jahrhunderte hinweg die Hauptstadt des letzten koreanischen Königreichs. Und Pyongyang ist unbestritten die älteste aller koreanischen Hauptstädte. Dort soll der legendäre Tangun das erste Reich auf koreanischem Boden, Choson, begründet haben, das sich historisch bis ins 4. vorchristliche Jahrhundert zurückverfolgen läßt.

Kulturnation Korea

Der früheste überlieferte Name für Korea ist Choson. Bereits in vorchristlicher Zeit existierte im Norden der Halbinsel ein Reich dieses Namens, das heute als Alt-Choson bezeichnet wird, um es von dem gleichnamigen Königreich der Yi-Dynastie (1392–1910) zu unterscheiden. In der westlichen Umschreibung ist neben Cho*son* auch Cho*sun* üblich, während die Japaner von Cho*sen* und die Chinesen von Chao Hsien sprechen. Das Wort leitet sich aus den chinesischen Schriftzeichen für »Morgen« und »Frische« her, weshalb Korea häufig das »Land der Morgenfrische« genannt wird. Neben den Schriftzeichen weist diese Bedeutung auf chinesische Namensgebung hin: Das Land der Morgenfrische liegt dort, wo die Sonne aufgeht, im Osten von China. Kultur und Geschichte Koreas sind von Anbeginn und auf vielfältige Weise eng mit China verflochten.

Die 1984 in der Bundesrepublik gastierende Ausstellung »Kunstschätze aus Korea« präsentierte als älteste Ausstellungsstücke etwa 5000 Jahre alte dünnwandige Gefäße mit Ritz- und Kerbdekor aus der jüngeren Steinzeit. Dann gab es »einen zeitlichen Sprung bis zur Bronzezeit (um 400 v. Chr., früher oder später)«, wie die Kunstkritikerin Doris Schmidt im Feuilleton der *Süddeutschen Zeitung* anmerkte. Dieselbe Ausstellung war zuvor durch Japan und Amerika gewandert, allerdings unter dem kulturpolitisch ehrgeizigen Titel »5000 Jahre koreanische Kunst«. Korea mochte nicht hinter China und Japan zurückstehen.

In der Tat hat sich die kulturelle Identität Koreas im Spannungsfeld zwischen diesen beiden Nachbarländern entwickelt. Dabei haben die Koreaner von China empfangen und an Japan, wenn man einmal von den letzten hundert Jahren absieht, gegeben. Daß sie die fremden Einflüsse zu einer durchaus eigenständigen und höchst reizvollen, spezifisch koreanischen Kultur verarbeitet haben, wurde im Ausland lange Zeit übersehen. Erst die systematische Ausgrabung der Königs- und Adelsgräber der koreanischen Reiche Koguryo, Paekche und Shilla in diesem Jahrhundert hat zur weltweiten Anerkennung einer eigenständigen koreanischen Kultur geführt. Die meisten Gräber datieren aus dem ersten Jahrtausend christlicher Zeitrechnung. Ältere Funde aus der Bronze- und Eisenzeit bezeugen außerdem, daß es in den letzten vier Jahrhunderten v. Chr. auf der koreanischen Halbinsel neben chinesischen und nordasiatischen Einflüssen schon frühe Formen koreanischer Kultur gegeben hat.

Der Anspruch, von einer 5000jährigen koreanischen Geschichte zu sprechen, war aus dem berühmtesten Mythos über die Entstehung Koreas, der Tangun-Legende, abgeleitet worden. Der Ursprung dieser Legende, die den Koreanern etwa so vertraut ist wie den Deutschen ihr Nibelungenlied, ist unklar. In schriftlicher Form ist sie erst seit dem späten 13. Jahrhundert nachweisbar, und zwar im *Samguk Yusa* (»Überlieferungen der drei Reiche«), einer von zwei erhaltenen Schriftquellen über die Vor- und Frühgeschichte des Landes. Die andere, *Samguk Sagi* oder »Chronik der drei Reiche«, stammt aus dem 12. Jahrhundert. Das in beiden Werktiteln enthaltene Wort *Samguk* ist ein fester Begriff und bezeichnet die zweite Epoche der koreanischen Geschichte, das Zeitalter der drei Königreiche von Koguryo, Paekche und Shilla. Im *Samguk Yusa* ist diese Epoche, die sich bis in die zweite Hälfte des 7. Jahrhunderts erstreckt, Gegenstand des ersten von insgesamt fünf Büchern, während das zweite Buch dem vereinigten Königreich von Großshilla (bis 935) gewidmet ist. Die drei übrigen Bücher schildern das Vordringen des Buddhismus nach Korea – nach der Überlieferung schon im späten 4. Jahrhundert – und behandeln vorwiegend buddhistische, aber auch einige konfuzianische Themen.

Der Verfasser des *Samguk Yusa* war ein berühmter buddhistischer Mönch, dessen Namen in westlicher Umschrift mit Ilyon oder Iryon wiedergegeben wird. Er wurde 1206 in Kyongju geboren – über Jahrhunderte hinweg die Residenz der Könige von Shilla und heute eine Provinzstadt im Südwesten – und starb hochangesehen im Alter von 83 Jahren. Sein Grabstein verzeichnet die Titel vieler Schriften, nicht aber das *Samguk Yusa*, das wohl erst nach Ilyons Tod von einem seiner Schüler herausgegeben wurde. Ilyons Autorenschaft gilt jedoch, von einigen Zusätzen abgesehen, als gesichert.

Das *Samguk Yusa* ist chinesisch geschrieben, da die Koreaner bis zur Entwicklung ihrer Hangul-Schrift im 15. Jahrhundert keine eigene Schriftsprache besaßen. Erst in neuerer Zeit wurde das Werk in modernes Koreanisch übertragen. Und 1972 veröffentlichte die Yonsei-Universität in Seoul eine englische Übersetzung. Danach hat sich die Gründung Koreas folgendermaßen zugetragen:

Der König des Himmels hatte einen Sohn mit dem koreanischen Namen Hwan Ung, der unter den Menschen zu leben begehrte. Hwan Ung stieg mit 3000 Getreuen zum Taebaek-San – ein überlieferter Name für das Myohyang-Gebirge im heutigen Nordkorea – hinab und nahm den Titel Himmlischer König an *(Chon Wang)*. An der Spitze seiner Minister unterwies er das Volk in 369 nützlichen Künsten wie Landwirtschaft und Heilkunde, lehrte es die Grundsätze der Moral und verkündete das Gesetz. Zu jener Zeit lebten in einer Höhle eine Bärin und eine Tigerin. Sie baten den König, er möge sie in Menschen verwandeln. Der König gab den beiden Tieren Beifuß und Knoblauch mit der Belehrung, sie sollten diese heilige Nahrung zu sich nehmen und hundert Tage lang das Sonnenlicht meiden. Die Bärin folgte den Anweisungen und verwandelte sich in eine Frau. Die Tigerin aber, die den königlichen Rat nicht befolgt hatte, blieb, was sie war. Der König heiratete die Bären-Frau, und sie gebar ihm einen Sohn, der den Namen Tangun erhielt.

Nach dieser Vorgeschichte folgt der entscheidende Satz der Tangun-Legende: »Im 50. Jahr der Herrschaft des Kao von Tang mit der Jahresdevise Kyong-In kam Tangun nach Pyongyang, errichtete dort seine königliche Residenz und verlieh seinem Königreich den Namen Choson.« Tangun soll 1500 Jahre lang regiert haben, bis der König Wu von Chou den Kija zum Nachfolger bestimmte. Daraufhin habe Tangun sich im Alter von 1908 Jahren in einen Berggott verwandelt.

In seinem *Samguk Yusa* zitiert Ilyon unter Berufung auf ein altes chinesisches Buch eine zweite Version der Tangun-Legende ohne die Vorgeschichte vom Himmelskönig und seiner Bären-Frau. Nach einer weiteren chinesischen Quelle aus der Zeit der Tang-Dynastie (618–907), die Ilyon ebenfalls erwähnt, habe Korea ursprünglich Kojuk-Kuk (etwa Reich des einsamen Bambus) geheißen, sei aber vom Kaiser der Chou-Dynastie anläßlich der Inthronisierung Kijas Choson genannt worden.

Die koreanische Halbinsel zur Zeit der drei Königreiche (5. Jh. n. Chr.)

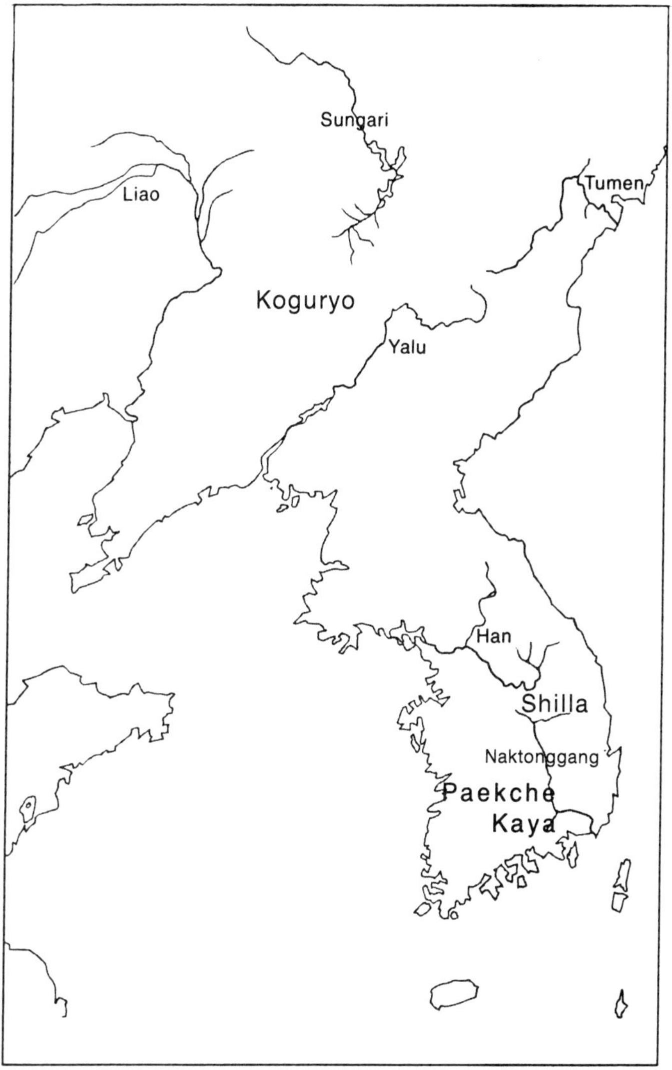
Sungari
Liao
Tumen
Koguryo
Yalu
Han
Shilla
Naktonggang
Paekche
Kaya

Allen drei Versionen gemein ist, daß sie vielfältige Bezüge auf das alte China enthalten. So handelt es sich bei Kao von Tang um den legendären chinesischen Kaiser Yao, dessen fünfzigstes Herrschaftsjahr angeblich dem Jahr 2333 v. Chr. entspricht. Und Tanguns vermeintlicher Nachfolger Kija gilt als chinesischer Edelmann aus der Endphase der Shang-Dynastie (die nach der Überlieferung von 1766–1122 v. Chr. gedauert hat, aber von Historikern etwa vom 15.–11. Jahrhundert datiert wird). Mit Wu von Chou oder dem Kaiser der Chou-Dynastie ist ein Herrscher der chinesischen Chou-Dynastie gemeint (nach der Überlieferung 1122–221 v. Chr, historisch etwa 11.–3. Jahrhundert). Begründer dieser Dynastie war Chou Wu Wang, chinesisch für König Wu aus dem Hause Chou. Aus dem überlieferten Datum für den Beginn seiner Herrschaft wird abgeleitet, daß Kija im Jahre 1122 den Thron von Choson bestiegen haben soll. Die Vorgeschichte um den herabgestiegenen Himmelssohn bestätigt die historisch vielfach belegte Unterwerfung und Kolonisierung früher koreanischer Stämme durch die kulturell überlegenen Chinesen.

Die Verwandlung der Bärin läßt auf eine religiöse Rolle, wahrscheinlich als Totem-Tier, schließen. Bären gibt es noch heute in den koreanischen Bergen, vor allem im Norden. Auch Tiger lassen sich bis in unser Jahrhundert nachweisen. Die koreanische Spezies dieser asiatischen Raubkatze gehört zur Gattung Panthera Tigris Altaica, die gemeinhin Sibirischer Tiger genannt wird. In der koreanischen Kunst ist der Tiger seit Urzeiten ein beliebtes Motiv: er ziert eine Bronzespange aus dem 1. oder 2. vorchristlichen Jahrhundert, findet sich auf Grabfresken der Koguryo-Zeit (etwa 1.–7. Jahrhundert) und ist auf zahlreichen Rollbildern der Yi-Dynastie dargestellt. Sagen und Märchen schildern den Tiger nicht so sehr als furchterregendes Raubtier, sondern als listige Großkatze, bisweilen gar als Helfer des Menschen. So wird begreiflich, warum die Koreaner einen lachenden Tiger zum Maskottchen der Olympiade 1988 erkoren und ihm den Kosenamen *Hodori* (Tigerchen) gegeben haben.

Das Königreich Alt-Choson erfuhr seine größte Nord-Süd-Ausdehnung zwischen den Flüssen Liao und Taedong. Die Wiege der koreanischen Kultur stand also in einem Gebiet, das sich zunächst von Pyongyang bis zum Yalu erstreckte und zeitweilig über diesen hinweg auch den größten Teil der heute chinesischen Halbinsel Liaotung umfaßte. Historisch nachweisbar ist Alt-Choson seit dem 4. vorchristlichen Jahrhundert, was frühere Anfänge nicht ausschließen muß. In chinesischen Schriftquellen taucht der Name Choson seit dem 7. Jahrhundert auf. Umstritten ist, ob Choson als politische oder als geographische Bezeichnung verwendet worden ist. Die Koreaner wurden von den Chinesen bald wieder hinter den Yalu – und seit dem 3. Jahrhundert offenbar bis zum Taedong – zurückgedrängt. Im Jahre 108 v. Chr. geriet Alt-Choson vollends unter chinesische Herrschaft. Die Eroberer teilten das Gebiet in vier Kolonien auf, von denen die bedeutendste – Lolang, koreanisch Nangnang oder Naknang – sich mehr als vier Jahrhunderte lang behaupten konnte.

Auch dem *Samguk Yusa* lassen sich Hinweise darauf entnehmen, daß die Ursprünge des ersten koreanischen Reiches dichter an der christlichen Zeitenwende liegen, als die Tangun-Legende glauben machen will. Nach den Aufzeichnungen des Ilyon soll Koguryo von einem Sohn Tanguns, König Tongmyong, gegründet worden sein. Dessen Herrschaft aber brach, auf den westlichen Kalender umgerechnet, erst im Jahr 37 v. Chr. an.

Darstellungen der koreanischen Geschichte beginnen oft mit dem Zeitalter der drei Reiche und behandeln Alt-Choson ziemlich pauschal als Teil der Vor- oder Frühgeschichte. Nach dem heutigen Stand der koreanischen Geschichtswissenschaft – die in Süd- und Nordkorea allerdings in mancher Hinsicht zu widersprüchlichen Ergebnissen gelangt – erscheint es einleuchtender, die drei Reiche bereits einer zweiten Epoche der Geschichte Koreas zuzuordnen und Alt-Choson als die Anfangsperiode anzusehen.

Die überlieferten Entstehungsdaten der drei Reiche – Shilla im Jahre 57, Koguryo 37 und Paekche 18, sämtlich v. Chr. – sind nicht haltbar. Auch die Reihenfolge stimmt nicht. Shilla ist unbestritten als letztes der drei Reiche entstanden. Ob man Koguryo vor Paekche den Vortritt läßt oder umgekehrt, hängt davon ab, wie man das alte Königreich Puyo im Nordosten der Mandschurei am Sungari-Fluß einordnet: als Teil von Koguryo, weil es später von diesem geschluckt wurde, als Vorläufer von Paekche, weil dieses im Gebiet des heutigen Südkorea gelegene Königreich offenbar von Flüchtlingen aus Puyo gegründet oder beherrscht wurde (Paekches letzte Hauptstadt hieß Puyo und lebt heute noch unter diesem Namen als Kleinstadt im südkoreanischen Cholla Pukto fort), oder als selbständiges Königreich, das möglicherweise älter ist als Koguryo und vielleicht sogar älter als Alt-Choson? Im äußersten Süden der koreanischen Halbinsel, im Gebiet des Naktong-Flusses, existierte zwischen dem 1. und 6. Jahrhundert n. Chr. noch das kulturell hochstehende, aber militärisch schwach entwickelte Kaya-Reich, das rege Beziehungen zu Japan und China unterhielt, bevor es 562 von seinem nordöstlichen Nachbarn Shilla erobert wurde. Es gab also in der zweiten historischen Epoche Koreas nicht nur die vielzitierten drei, sondern vier Reiche.

Die Anfänge von Koguryo sind nicht genau bekannt. Denkbar ist, daß dieses bedeutende Königreich aus einer Abspaltung von Puyo hervorgegangen ist. Jedenfalls sprach man in Koguryo die Puyo-Sprache. Kulturgeschichtlich reichen Koguryo und Puyo in die koreanische Bronzezeit zurück. Die Koguryo-Stämme waren kriegerische Reiter, die im ersten vorchristlichen Jahrhundert vom Nordufer des Yalu südwärts bis an die Mündung des Han vordrangen, nach Westen hin den im Liaotung-Gebiet ansässigen Chinesen das Land streitig machten und ihrem Reich schließlich diese Halbinsel einverleibten. Im Norden eroberten sie das Territorium von Puyo bis tief in die Mandschurei und stießen über den Tumen-Fluß im Osten vor. In seiner Blütezeit vom 5. bis 7. Jahrhundert war das Koguryo-Reich erheblich größer als die gesamte koreanische Halbinsel in ihren heutigen Grenzen – jedoch um mehrere hundert Kilometer nach Norden verschoben.

Koguryo kannte seit Beginn der christlichen Zeitrechnung ein Wahlkönigtum. Das erbliche Königtum als Ausdruck eines fest etablierten Staatswesens wurde mit Kukjo eingeführt, nach der Überlieferung bereits der sechste König von Koguryo und angeblich als Siebenjähriger anno 53 auf den Thron gekommen. Kukjo erhielt postum den Namen Taejo, der sehr viel später auch zwei anderen koreanischen Königen nach dem Tode verliehen wurde: Wang Kon, dem Begründer des Koryo-Reiches (935–1392), und Yi Song Kye, Begründer der Yi-Dynastie (1392–1910). Bei allen dreien wird Taejo mit denselben chinesischen Zeichen geschrieben, die großer *(Tae)* Vorfahr, Ahne, Stammvater oder Begründer *(Jo)* bedeuten. Das spricht dafür, daß Kukjo alias Taejo als der eigentliche Begründer Koguryos anzusehen ist, zumal auch Kukjo Reichsgründer heißt. Dann wäre der Beginn einer staatlichen Existenz Koguryos ins 1. Jahrhundert n. Chr. zu datieren.

Im Zuge seiner Expansion verlagerte sich das politische Zentrum Koguryos allmählich nach Süden. Die erste Hauptstadt befand sich unmittelbar am Nordufer des Yalu und hieß Kungnae (auch Kuknae geschrieben). Die Chinesen nannten diese Gegend Tung Kou (Donggu im Bezirk Chian der südmandschurischen Provinz Jilin in der VR China). In diesem Gebiet gibt es Tausende von Gräbern aus der Koguryo-Zeit. Dort wurde im vorigen Jahrhundert (1882) ein aus dem frühen 5. Jahrhundert stammender Gedenkstein an König Kwanggaeto wiederentdeckt, der sich als einer der bedeutendsten Funde für die Erforschung der Frühgeschichte von Koguryo, Korea und Ostasien erwies. Auf dem mehr als sechs Meter hohen Stein, sind mit etwa 1800 chinesischen Schriftzeichen – von denen allerdings 260 völlig unleserlich geworden sind – Überlieferungen zur Entstehung des Koguryo-Reiches sowie die wichtigsten Lebensdaten und Taten dieses bedeutenden Herrschers eingemeißelt. Kwanggaeto, der 19. König von Koguryo, hat in seiner zwanzigjährigen Regierungszeit (391–412) nicht weniger als sieben Kriege geführt und ist im Alter von 39 Jahren gestorben. Die drei Schriftzeichen, aus denen sich die Kurzform seines postum verliehenen Namens zusammensetzt, weisen auf die Art seiner Leistungen für Koguryo hin: Kwanggaeto war danach ein »Erweiterer« und »Öffner«, modern ausgedrückt ein »Expansionist«, und soll, so rühmt der Gedenkstein, auf seinen Feldzügen 64 Festungen und 1400 Ortschaften erobert haben.

Im ausgehenden 4. Jahrhundert wurde die königliche Residenz des Koguryo-Reichs erstmals nach Pyongyang verlegt, das sich in den folgenden fünfzig Jahren diese Stellung mit anderen Städten teilen mußte, bis König Changsu, der Sohn und Nachfolger von Kwanggaeto, es im Jahre 427 zur Hauptstadt seines aufstrebenden Reiches erkor.

Koguryo ist im Kampf mit verschiedenen koreanischen und chinesischen Stämmen und Reichen groß geworden. Im Jahre 313 hat es die Chinesen aus dem Kerngebiet von Alt-Choson um Pyongyang vertrieben und die dort seit über vierhundert Jahren bestehende chinesische Kolonie Lolang zerschlagen. Anfang des 5. Jahrhunderts eroberte König Kwanggaeto die heute chinesische Halbinsel Liaotung (koreanisch Yodong). König Changsu expandierte während seiner langen Herrschaft (413–491, die chinesischen Schriftzeichen seines Namens bedeuten tatsächlich langes Leben) vor allem nach Süden hin gegen Paekche. Seit dem Ende des 6. Jahrhunderts wandte Koguryo seine Aufmerksamkeit wieder dem chinesischen Nachbarn im Westen zu und drang verschiedentlich in das Gebiet jenseits des Liao-Flusses vor. Im Laufe des 7. Jahrhunderts mobilisierten chinesische Kaiser der Sui- und Tang-Dynastien immer wieder riesige Heere, um gegen Koguryo zu Felde zu ziehen. Nicht weniger als neunmal wurden die chinesischen Angreifer zurückgeschlagen. Erst ihr zehnter Angriff, im Bündnis mit den aus dem Süden der koreanischen Halbinsel anrückenden Heerscharen des erstarkenden Königreichs Shilla, hatte Erfolg: nach einmonatiger Belagerung wurde 668 die Hauptstadt Pyongyang erobert und zerstört. König Kojang geriet in chinesische Gefangenschaft. Das war der Untergang Koguryos.

Von der fast siebenhundertjährigen Geschichte dieses Königreichs sind nur wenige Zeugnisse erhalten geblieben, hauptsächlich im Umkreis der beiden Koguryo-Hauptstädte Kungnae und Pyongyang. Nahe dem Fundort des Gedenksteins an Kwanggaeto befindet sich eine Reihe bedeutender Grabmäler, darunter zwei aus sorgfältig behauenen Granitblöcken errichtete Stufenpyramiden von 13 und 18 Meter Höhe. Es ist umstritten, welche davon das Grabmal des Kwanggaeto ist. Äußerlich besser erhalten ist die als Grabmal des Generals (Changgun-Chong) bezeichnete kleinere Pyramide, die eine besonders geräumige Grabkammer (von sechs mals sechs Meter Grundfläche und fast derselben Höhe) aufweist. Während die Grabkammer der größeren Pyramide nur ungefähr halb so groß ist. Dieses sogenannte Grab des Großen Königs (Taewang-Nung) verdankt seinen Namen der übereinstimmenden Inschrift auf Fragmenten von Dachziegeln und Backsteinen der zerstörten Pyramidenspitze, die in der Nähe des Grabmals gefunden wurden. Der aus zehn chinesischen Schriftzeichen bestehende Text bedeutet »Möge das Grab des Großen Königs so beständig und dauerhaft sein wie ein Berg.«

Die Grabkammern dieser Pyramidengräber waren leer, ähnlich wie die meisten anderen bisher von Archäologen geöffneten Gräber aus der Koguryo-Zeit. Offensichtlich sind sie schon vor Jahrhunderten geplündert worden. Historisch und kunstgeschichtlich ergiebiger als die Grabpyramiden waren einige Erdhügelgräber, beherbergen sie doch einen Schatz, der nicht so leicht fortzuschleppen war: Wände und Decken der aus Granitblöcken gebauten und ungefähr drei mal drei Meter messenden Grabkammern sind mit bunten Freskomalereien verziert, die oft erstaunlich gut erhalten sind, obwohl sie aus dem 5. und 6., ausnahmsweise sogar aus dem 4. Jahrhundert stammen. Berühmt sind die Wandmalereien im sogenannten Grabmal der Tänzer (Muyong-Chong), das Szenen aus dem höfischen Leben in Kungnae wiedergibt: Zwei Besucher mit kahlgeschorenen Köpfen – vermutlich Priester –, die mit einem von Ochsen gezogenen Wagen angereist sind, werden von einem sitzenden Mann empfangen, wahrscheinlich das Abbild des Bestatteten. Dienerinnen tragen Speisen herbei. Musikanten spielen auf, und eine Gruppe Tänzerinnen wiegt sich, die überlangen Ärmel schwingend, in lebhafter Bewegung – nach ihnen haben die modernen Entdecker der Fresken das Grabmal benannt. Eine Jagdszene zeigt Reiter auf galoppierenden Pferden beim Bogenschießen sowie Jagdhunde, flüchtende Hirsche, Tiger und Vögel. Die Decke ist mit buddhistischen und taoistischen Symbolen und Flammenmustern ausgeschmückt. Von ähnlicher Qualität sind die Fresken in dem nach einer Szene mit zwei nackten Ringkämpfern benannten Grabmal der Ringer (Kakchi-Chong). Wertvolle Wandmalereien wurden auch im sogenannten Dreikammer-Grabmal (Samshil-Chong) und im Grabmal der vier Götter (Sashin-Chong) entdeckt.

Während die Gräber aus dem alten Kungnae heute auf chinesischem Gebiet liegen und daher für koreanische Staatsangehörige nicht ohne weiteres zugänglich sind, können zumindest die Nordkoreaner eine Reihe nicht weniger beeindruckender Grabmäler aus der Koguryo-Zeit in der Nähe ihrer Hauptstadt bewundern. Diese Gräber stammen zumeist aus dem 6. und 7. Jahrhundert. Hervorragende Beispiele befinden sich in Uhyon-Ri, Sammyon-Ri, Nai-Ri, Chinpa-Ri und in Chinji-Dong. Die Fresken im Grabmal der zwei Säulen (Sangyong-Chong) in Chinji-Dong, Kreis Yonggang, setzen thematisch die Tradition der Gräber von Kungnae fort. Bei den Grabfresken in Uhyon-Ri, Kreis Kangso, treten neue Motive in den Vordergrund. Die Wände der Grabkammern sind mit farbigen Tieren, kosmisch-religiösen Symbolträgern, geschmückt: im Norden windet sich eine Schlange um eine schwarze Schildkröte, der blaue Drache prangt an der Ostseite, ein roter Phönix im Süden und ein weißer Tiger im Westen. Eine weitere

Besonderheit ist hier, daß die Farben unmittelbar auf die sorgfältig geglättete Oberfläche der Granitblöcke aufgetragen sind, die nicht mehr wie bei den älteren Gräbern zuerst mit Kalk grundiert worden ist. Im reichhaltigen Deckendekor finden sich neben Lotusblüten und Geißblatt, Feen, Dämonen und allerlei Fabeltieren als weitere Neuigkeit Darstellungen von Sonne und Mond. In ähnlichem Stil und in besonders gut erhaltenen, geradezu leuchtenden Farben sind die Grabkammern von Sammyon-Ri, Kreis Kangso, ausgemalt. Die eleganten Fresken in den Gräbern von Chinpa-Ri folgen inhaltlich der gleichen Thematik.

Bei Ausgrabungen in Taesongsan am Stadtrand von Pyongyang legte man die Fundamente eines stattlichen Säulenpalasts frei, dessen Hauptgebäude ungefähr neunzig Meter lang gewesen sein muß. Dieser und andere Funde bestätigen, daß sich die spätere Residenz der Könige von Koguryo tatsächlich im Gebiet der heutigen Hauptstadt von Nordkorea befunden hat, wobei der Palast nach einiger Zeit von Taesongsan auf einen Hügel im jetzigen Stadtzentrum verlegt wurde, auf dem nun das Revolutionsmuseum steht.

Südlich von Pyongyang, in der Nachbarprovinz Hwanghae, stieß man im Kreis Anak eher zufällig auf eine Anzahl von Gräbern, die sich durch inhaltlichen Reichtum und Farbenfrische der Fresken sowie durch hohes Alter auszeichnen. Es sind die am meisten südlich gelegenen von allen bisher entdeckten Grabstätten des Koguryo-Reiches. Von den nach der Reihenfolge ihrer Öffnung numerierten Gräbern in Anak fand besonders Nummer drei große Beachtung. Es wird auf das Jahr 357 datiert. Seine Grabmalereien gehören damit zu den ältesten Koreas und des Fernen Ostens überhaupt.

Das Königreich Paekche ist vermutlich nach Koguryo, aber vor Shilla entstanden. Doch sind, wie bereits erwähnt, zuverlässige Informationen über seine Anfänge spärlich. Das überlieferte Entstehungsdatum von Paekche (18 v. Chr.) ist genauso fiktiv wie die Gründungsdaten von Koguryo und Shilla. In der Geschichtsforschung wird zum Teil die Auffassung vertreten, Paekche sei historisch nachweisbar erstmals im 3. Jahrhundert n. Chr. unter König Koi hervorgetreten. Nach der Überlieferung soll Koi von 234 bis 285 regiert haben und bereits der achte König von Paekche gewesen sein. Andere Historiker setzen den Beginn eigenständiger

Staatlichkeit Paekches mit der Regierungszeit von König Kunchogo an, der nach der traditionellen Zählweise als 13. König gilt, von 346 bis 374 geherrscht und wohl erstmals das erbliche Königtum durchgesetzt hat. Einigkeit herrscht in der Geschichtsforschung darüber, daß auf dem Gebiet von Paekche unter dem Namen Mahan ein lockerer Stammesverband existierte. Mahan war der westlichste von drei solchen Verbänden, die sich vermutlich schon seit vorchristlicher Zeit im Süden der koreanischen Halbinsel jenseits des Han-Flusses gebildet hatten. Die beiden anderen hießen Pyonhan – in der Mitte angesiedelt und später im Kaya-Reich aufgegangen – und Chinhan, der an der Südostküste das Gebiet bewohnte, aus dem sich später das Königreich Shilla entwickelt hat.

Die drei Stammesverbände werden oft unter der Sammelbezeichnung *Samhan* (drei Han) zusammengefaßt. Und die gleichlautende Endsilbe *Han* wird mit demselben chinesischen Schriftzeichen geschrieben, das nach der Teilung Koreas 1945 von den Südkoreanern für die amtliche Bezeichnung ihres Staates wieder aufgegriffen wurde. Die gewöhnlich als Republik Korea ins Deutsche übersetzte Staatsbezeichnung lautet auf koreanisch *Taehan Minguk* oder Großes Land des Han-Volkes. Koreaner aus dem Süden der Halbinsel nennen ihre Heimat im formlosen Umgang *Hanguk* (Han-Land) im Gegensatz zum unter Nordkoreanern üblichen *Choson*. Beide meinen damit im Zweifelsfall das gesamte Gebiet der koreanischen Halbinsel.

Das Zentrum von Paekche lag zunächst in der Han-Ebene. Übrigens wird der Fluß Han mit einem anderen Schriftzeichen geschrieben als in Samhan oder Hanguk. Die königliche Residenz befand sich irgendwo im Süden von Seoul (Seoul bedeutet Hauptstadt). Im *Samguk Yusa* werden als frühe Hauptstädte von Paekche Wire (oder Wirye) und Hansan genannt. Beide Orte müssen in der Nähe des Han-Flusses gelegen haben und waren wohl nicht sehr weit voneinander entfernt. Hansan entspricht wahrscheinlich dem heutigen Kwangju südlich von Seoul in der an die Hauptstadt angrenzenden Provinz Kyonggi. Hier wurden noch Reste alter Festungsmauern gefunden. Manchmal wird die Hauptstadt von König Kunchogo Hansong genannt. *Song* heißt Burg oder Festung. Das Wort taucht auch bei anderen Hauptstadtnamen wie Kungnae oder Pyongyang gelegentlich als Zusatz auf, wird im folgenden aber nur wiedergegeben, sofern es fester Namensbestandteil geworden ist wie im Fall der heute in Nordkorea gelegenen Stadt Kaesong. Hansong wäre also mit Han-Festung oder Festung am Han (Fluß) zu übersetzen. Der Name wird hier erwähnt, weil die Geschichte des Königreichs Paekche gewöhnlich nach dem Namen der jeweiligen Hauptstadt in die drei Perioden Hansan oder Hansong (bis 475), Ungjin oder Kongju (475–538) sowie Sabi oder Puyo (538–660) eingeteilt wird.

Im 4. Jahrhundert erlebte Paekche seine größte geographische Ausdehnung, als König Kunchogo seine Heere nach Norden gegen Koguryo führte und im Jahre 371 Pyongyang eroberte. Nun beherrschte Paekche fast die gesamte Westküste der koreanischen Halbinsel. Ein gutes Jahrhundert später drehte König Changsu von Koguryo den Spieß um und eroberte 475 Hansan, die Hauptstadt von Paekche, dessen König Kaero dabei sein Leben verlor. Kaeros Sohn Munju konnte entkommen und wählte Ungjin, das heutige Kongju in Chungchong Namdo rund hundert Kilometer südlich von Seoul, zu seiner neuen Hauptstadt. König Song (523–553) war diese Lage offenbar nicht sicher genug, denn er verlegte seine Residenz weiter in südwestlicher Richtung nach Sabi (oder Saja), das heute noch unter dem Namen Puyo als Provinzstadt fortlebt. Gegen Ende seiner Regierungszeit gelang es König Song, den westlichen Teil der an Koguryo verlorengegangenen Han-Ebene zurückzuerobern. Doch wurde Paekche dieses Gebiet sogleich von seinem östlichen Nachbarn Shilla wieder abgenommen. Als sich dieser 562 das Kaya-Reich einverleibte, war Paekche auf dem Land vollständig von Shilla eingeschlossen und sein Niedergang besiegelt. Nach und nach verlor es weitere Gebiete an seinen ständig mächtiger werdenden Nachbarn. Mit der Niederlage von König Uija gegen Shilla und das mit ihm verbündete Tang-China im Jahre 660 endete noch vor dem Untergang Koguryos die Existenz von Paekche als selbständiges Königreich.

Das kulturelle Erbe Paekches wurde in Korea vom siegreichen Shilla übernommen und weitergeführt. Kulturgeschichtlich noch folgenreicher war Paekches Außenwirkung. Der Bochumer Japanologe Bruno Lewin umschreibt sie in seinem *Kleinen Wörterbuch der Japanologie* mit der knappen Feststellung, »Paekche war Japans treuer Verbündeter in Korea... Vom 4. Jahrhundert bis in die Nara-Zeit (710–784) blieb es wichtigster Vermittler der kontinentalen chinesischen Kultur nach Japan.« Paekche, von den Japanern Kudara genannt, hat nicht nur chinesische, sondern zu einem erheblichen Teil auch eigenständige koreanische Kultur vermittelt. Dennoch fällt es vielen Japanern immer noch schwer zu akzeptieren, daß die koreanische Kultur zu jener Zeit weiter entwickelt war als ihre eigene. Inzwischen haben sie diese Wahrheit sogar aus dem Munde ihres Tenno zur Kenntnis nehmen müssen. Anläßlich des ersten Staatsbesuchs eines koreanischen Staatsoberhaupts in Japan erklärte der Tenno am 6. September 1984 gegenüber dem südkoreanischen Präsidenten Chun Doo Hwan: »Unser Land hat im Wege des Austausches mit Ihrem Land viele Dinge gelernt. Zum Beispiel ist es eine bedeutsame Tatsache, daß zur Zeit der Staatsbildung unseres Landes im 6. und 7. Jahrhundert eine Vielzahl von Menschen Ihres Landes übers Meer zu uns gekommen sind und die Menschen unseres Landes in Wissenschaft, Kultur, Technik und anderem unterwiesen haben.«

Die erste nachweisbare Beziehung zwischen Paekche und Japan entwickelte sich im 4. Jahrhundert, wobei unklar ist, welcher Stamm oder welches Reich im heutigen Gebiet von Japan der Partner von Paekche war. Japan als Landesname existiert erst seit dem 7. Jahrhundert und ist eine Abwandlung der chinesischen Aussprache für dieselben zwei Schriftzeichen, die japanisch Nippon oder Nihon und koreanisch Ilbon ausgesprochen werden und Ursprung der Sonne bedeuten. Die früheste Bezeichnung entstammt chinesischen Quellen und wurde mit einem Schriftzeichen geschrieben, das von den Chinesen Wo, von den Japanern aber Wa oder Yamato ausgesprochen wurde. Das Wo-Land soll aus vielen verschiedenen »Staaten« bestanden haben, unter denen sich im 3. Jahrhundert Yamatei mit der legendären Königin Himiko besonders hervortat. Die genaue Lage des Yamatei-Reichs ist umstritten. Sowohl Kyushu, die Korea am nächsten gelegene der vier japanischen Hauptinseln, als auch das zentraljapanische Gebiet um Japans erste feste Hauptstadt Nara mit der alten Provinz Yamato werden von Historikern für möglich gehalten.

Um die Stellung Paekches auf der koreanischen Halbinsel zu konsolidieren, suchte König Kunchogo den Kontakt zum Ausland, und zwar besonders zu Südchina und zu Japan. Kunchogo bemühte sich erfolgreich um japanische Militärhilfe gegen den Rivalen Shilla. Im Jahre 369 sollen erstmals japanische Soldaten von

Kaya aus gegen Shilla vorgegangen sein. Danach bestand für lange Zeit entweder in Kaya selbst oder auf Tsushima, der in der gleichnamigen Meerenge gelegenen Insel, eine Art militärischer Stützpunkt der Japaner, dessen Status allerdings genauso umstritten ist wie Japans Verhältnis zum Kaya-Reich oder der Einfluß Koreas auf das frühe Japan. Überspitzt geht es bei diesem Streit um Fragen wie: Gab es schon damals in Korea eine japanische Kolonie? Oder umgekehrt: Hatten die Koreaner in der Frühzeit Kolonien in Japan, zum Beispiel in Kyushu? Welcher Anteil der Adels- und Führungsschicht im frühen Japan war koreanisch? Kamen gar die – oder wenigstens einige der – Vorfahren des japanischen Kaiserhauses aus Korea?

Die meisten dieser Fragen sind bis heute ungelöst und werden auch nicht so schnell gelöst werden. Denn die dazu erforderliche gemeinsame Auswertung aller noch vorhandenen Quellen durch Experten für die Frühgeschichte Chinas, Koreas und Japans steckt erst in den Anfängen und wird zusätzlich durch nationale Empfindlichkeiten von Koreanern und Japanern im Verhältnis zueinander behindert.

Einig ist man sich hingegen darüber, daß Koreaner aus Paekche den Japanern die chinesische Schrift, den Buddhismus, Konfuzianismus und viele andere Elemente der Festlandkultur vermittelt haben. Die Kultur der sogenannten Asuka-Zeit Japans (552–645) gilt geradezu als japanischer Ableger der Paekche-Kultur. Schon König Kungusu (375–383) soll mit dem koreanischen Gelehrten Wang-In Paekches erste »Kulturmission« nach Japan entsandt haben. Wang-In, den die Japaner Wani Sensei (Meister Wani) nennen, hat den Yamato-Hof in chinesischer Klassik unterwiesen und gilt, zusammen mit seinem Landsmann Achikki, als Übermittler der chinesischen Schrift nach Japan. Zu den chinesischen Klassikern, die auf diese Weise ihren Weg nach Japan fanden, dürften auch konfuzianische Schriften gehört haben. Ungefähr zu dieser Zeit war der Buddhismus gerade erst über China nach Korea gelangt, zunächst nach Koguryo (372) und bald darauf (384) nach Paekche. Seine Weitergabe nach Japan erfolgte sehr viel später unter König Song (523–553). Dieser bedeutende Paekche-Herrscher und seine Nachfolger haben eine Vielzahl von Kulturmissionen nach Japan geschickt, wo sie, modern ausgedrückt, Entwicklungshilfe beim Aufbau eines zentralisierten Beamtenstaats nach chinesischem Vorbild leisteten. Später kamen viele Flüchtlinge aus Paekche nach Japan. Der spezifisch koreanische Einfluß machte sich dort besonders in den Künsten bemerkbar, von der Baukunst und Bildhauerei bis zu Töpferei, Tanz und Musik. Viele berühmte Kunstwerke der japanischen Frühzeit sind zugleich Zeugnisse der späten Paekche-Kultur.

Das 660 als selbständiges Königreich untergegangene Paekche hat natürlich auch in Korea seine Spuren hinterlassen, vor allem im Umkreis der beiden Hauptstädte Ungjin und Sabi. Im Sommer 1971 stießen Bauarbeiter bei der Reparatur einer Grabanlage aus der Paekche-Zeit in Kongju auf eine geheimnisvolle Mauer, die sich bei genauerer Untersuchung als Teil des völlig unberührten Grabmals von König Munyong (auch Muryong oder Muyong) herausstellte. Munyong (501–523) war nach der Überlieferung der 25. König von Paekche. Die Ausgrabungsarbeiten unter Leitung von Professor Kim Won Yong, dem späteren Direktor des Nationalmuseums in Seoul, förderten einen solchen Reichtum an Schätzen zutage, daß die Regierung dafür in Kongju, einer Stadt von nur 40000 Einwohnern, eigens ein neues Museum errichten ließ. Die kostbarsten und schönsten der mehr als 2500 Grabbeigaben sind dort zu besichtigen, darunter goldener Kronenschmuck von höchster Eleganz, königliche Ohrgehänge und Haarnadeln aus feinster Goldarbeit, Jadesteine mit minuziös ziselierten Goldhütchen, silberne Armreife der Königin mit reichhaltigem Dekor und einer eingravierten Jahresdevise, die 520 unserer Zeitrechnung entspricht, ein üppig verziertes Bronzemedaillon und eine Steinplatte aus dem Jahr 525, in die der Name des Königs, sein Todesjahr und der Begräbnistag eingemeißelt sind. Nur wenige Kilometer vom Museum entfernt ist das Grabmal selber zur Besichtigung hergerichtet. Über eine Treppe gelangt man ins Innere des mächtigen Grabhügels. Die gewölbte Grabkammer ist aus vielfach mit Mustern versehenen Backsteinen gebaut, offenbar nach südchinesischem Vorbild. Hingegen hat man bisher keine Vorbilder für den prächtigen Goldschmuck gefunden. Vieles davon ist einzigartig, also wohl koreanischen Ursprungs.

Es gibt zahlreiche gut erhaltene Grabhügel aus der Paekche-Zeit im Gebiet von Kongju, darunter – nach der Größe zu schließen – auch mehrere Königsgräber. Doch waren ihre Grabkammern, als die Archäologen kamen, längst ausgeplündert. Die Entdeckung des Grabmals von König Munyong rückte das bis dahin berühmte sogenannte Ziegelgrab von Songsan-Ri in den Schatten, eine bis in viele Einzelheiten getreue Nachbildung eines Grabmals, das in Changsha in Südchina entdeckt wurde und aus dem Jahre 499 stammt. In den Bergen bei Kongju sind auch Reste von Befestigungsanlagen aus der Paekche-Zeit erhalten geblieben.

Von Kongju nach Puyo sind es 35 Kilometer. Die letzte Residenz der Könige von Paekche wird heute viel stärker mit dem untergegangenen Reich identifiziert als Kongju: Wer den Spuren von Paekche nachgehen will, fährt nach Puyo, darunter alljährlich fast 100 000 Besucher aus Japan auf der Suche nach den Wurzeln ihrer alten Asuka-Kultur. Japanische Buddhisten haben Puyo eine Tempelglocke gestiftet, als Zeichen des Danks für die Übermittlung des Buddhismus nach Japan.

Im Zentrum von Puyo, heute einer Stadt von 160 000 Einwohnern, stehen auf der Rasenfläche eines Parks zwei Monumente: eine Statue von eigentümlich urigem Charme mit einem flachen, mondgesichtigen Kopf und eine wuchtige, fünfstöckige Steinpagode von gut acht Meter Höhe. Es sind Überbleibsel eines alten buddhistischen Tempels, des Chongnim-Sa, der einst an der Stelle des jetzigen Parks stand. Die Pagode ist eines von zwei aus der Paekche-Zeit erhalten gebliebenen Bauwerken dieser Art. Die andere erhebt sich auf dem Gelände des Miruk-Tempels in der Nachbarprovinz Cholla. Sie gilt als älter (wahrscheinlich Anfang 7. Jahrhundert), ist viel größer, aber zum Teil zerstört. Die Pagode des Miruk-Sa bestand ursprünglich aus sieben Stockwerken und war ein richtiges Gebäude mit Innenräumen. Aus mannshohen Granitblöcken sorgfältig zusammengefügt, mißt der noch vorhandene sechsstöckige Nordostteil über 14 Meter.

Die viel bescheidenere, eher wie ein großes Grabdenkmal wirkende Pagode des Chongnim-Tempels in Puyo ist hingegen fast vollständig erhalten. Sie birgt eine Inschrift des Generals Su Ting Fang, der bei der Eroberung von Puyo anno 660 die chinesischen Truppen befehligt hatte. So ist dieses ursprünglich als Tempelschmuck errichtete Bauwerk, das nach dieser Inschrift Paekche-Befriedungs-Pagode genannt wird, zugleich ein historisches Dokument des Untergangs von Paekche. Das eigentliche Siegesdenkmal der chinesischen Eroberer steht heute am Eingang des Museums von Puyo.

Über die Eroberung von Paekche durch die verbündeten Heere von Tang-China und Shilla berichtet der Mönch Ilyon in seinem *Samguk Yusa* unter Berufung auf nicht näher bezeichnete koreanische Quellen: Kaiser Kao Tsung von der Tang-Dynastie habe 130000 Truppen mit 1900 Schiffen übers Meer nach Korea geschickt, während König Muryol von Shilla ein Heer von 50000 Soldaten unter dem Kommando von General Kim Yu Shin in Richtung Paekche in Bewegung gesetzt habe. Die Truppenstärke der Verteidiger wird nur im Zusammenhang mit ihrem General Kye Paek erwähnt, der 5000 Mann in die letzte Schlacht vor den Toren von Puyo geführt habe und im Kampf gefallen sei. Die Zahlen der Angreifer dürften stark übertrieben sein. Die offizielle Tang-Chronik gibt keine Auskunft darüber. Puyo wurde in einer Zangenbewegung angegriffen: im Westen von See her stieß die chinesische Flotte vor, die sich bei der Insel Tokchok im Golf von Namnyang (dem heutigen Inchon) mit der sicherlich viel kleineren Flotte Shillas vereinigt hatte und von dort zur Mündung des Kum-Flusses segelte, wo ein Teil der Truppen – vor allem die Kavallerie – an Land ging, während der Rest der Flotte unter Ausnutzung der Gezeiten flußaufwärts in Richtung Puyo vordrang. Gleichzeitig marschierte das Landheer Shillas von Osten her gegen die Paekche-Hauptstadt. Die ganze Operation dauerte wohl mehrere Monate. Paekches letzter König Uija und Kronprinz Yung wurden gefangengenommen und laut Ilyon zusammen mit zwei weiteren Prinzen, »achtundachtzig hohen Beamten und Generälen und 12807 Bürgern von Paekche« als Geiseln nach Changan, der Hauptstadt von Tang-China, mitgeführt. Uija starb im Exil, Yung kehrte einige Zeit später als Statthalter der Tang-Dynastie in die nunmehr chinesische Provinz Paekche zurück – was nicht gerade im Sinne von Shilla war.

Eine Legende, die auch im *Samguk Yusa* wiedergegeben ist, erzählt, beim Herannahmen der feindlichen Truppen hätten sich mehrere Hundert – nach einer populären Version sogar dreitausend – Hofdamen des Paekche-Königs von einer Felsenklippe in den Kum-Fluß gestürzt, der früher Fluß des weißen Pferdes (Paengma-Gang) hieß und an dieser Stelle heute noch so genannt wird. Sie wollten den Siegern nicht in die Hände fallen. Die Felsenklippe ist unter dem Namen Nakhwa-Am bekannt, was soviel wie Fels der fallenden Blumen bedeutet. Die bunten Gewänder der hinabstürzenden Hofdamen sollen, so will es die Sage, aus der Ferne wie fallende Blütenblätter ausgesehen haben. In neuerer Zeit hat man am Nakhwa-Am einen sechseckigen Pavillon im Stil der Paekche-Architektur errichtet. Er gilt als einer der schönsten Aussichtspunkte Koreas.

Natürlich hat auch Puyo seine Königsgräber. Sie liegen etwas außerhalb der Stadt in Nungsan-Ri und sind sämtlich von Grabräubern ausgeplündert worden. In der Umgebung von Puyo findet sich eine Vielzahl kleinerer Hügelgräber mit einer oder mehreren Urnen. Unter dem Einfluß des Buddhismus hatte sich in Paekche allmählich die Feuerbestattung ausgebreitet. Einige der bisher ausgegrabenen Urnen enthielten Grabbeigaben.

Anders als Koguryo hat Paekche eine Anzahl buddhistischer Skulpturen hinterlassen. Die Buddhafiguren weisen starke Ähnlichkeit mit südchinesischen Kunstwerken auf und zeichnen sich durch einen sehr eigentümlichen freundlich-milden Gesichtsausdruck, das sogenannte Paekche-Lächeln, aus. Ein besonders beeindruckendes Beispiel ist die einschließlich ihres Kopfschmucks fast drei Meter hohe Hauptfigur der in einen Bergfelsen im Kreis Sosan bei Puyo gemeißelten Dreiergruppe aus der ersten Hälfte des 7. Jahrhunderts. Mit seinen weit geöffneten Augen strahlt dieser Buddha eine Wärme aus, der sich der Betrachter nicht entziehen kann. Einige kleine Statuen aus Stein oder Goldbronze, die im Gebiet von Puyo gefunden wurden und aus dem 6. oder 7. Jahrhundert stammen, befinden sich heute im Nationalmuseum in Seoul.

Das Museum in Puyo, dessen moderne Betonarchitektur der alten Holzbauweise von Paekche nachempfungen ist, beherbergt neben den Grabfunden aus der Umgebung eine umfangreiche Sammlung irdener Gefäße und Steingut aller Art, darunter eine Fülle von Dachziegeln mit Lotusmuster und reichhaltig dekorierte Backsteinplatten von großer Eleganz. Im Garten des Museums stehen und liegen steinerne Reste von Paekche-Bauten, die einen Eindruck vom Stilreichtum und hohen handwerklichen Stand der damaligen Baukunst vermitteln. Man fühlt sich an griechische Tempel oder auch an Bauwerke der europäischen Renaissance erinnert. Die Nachbildung eines königlichen Grabmals versetzt den Besucher zurück in jene glanzvolle Epoche koreanischer Geschichte, die vor über 1300 Jahren ein so abruptes Ende fand.

Shilla schafft die erste Vereinigung Koreas

Unter den frühen koreanischen Reichen gebührt Shilla eine Sonderstellung. Zwar hat sich dieses Reich kulturell vergleichsweise spät entwickelt. Doch gelang es ihm erstmals, den größten Teil der koreanischen Halbinsel in ihren gegenwärtigen Grenzen unter seiner Herrschaft zu vereinigen. Aus heutiger Sicht war Shilla damit der erste gesamtkoreanische Staat, während Alt-Choson, Koguryo, Paekche und Kaya nie über den Status koreanischer Regionalstaaten hinauskamen. Die durch Shilla herbeigeführte staatliche Einheit blieb mit kurzen Unterbrechungen bis zur Teilung Koreas im Jahre 1945 erhalten. Im übrigen wissen wir über Shilla sehr viel mehr als über die anderen Reiche, weil es immerhin bis ins frühe 10. Jahrhundert fortbestanden hat und sein Untergang mehr das Ergebnis innerer Zerfallserscheinungen als die Folge fremder Eroberung und der damit einhergehenden Zerstörungen war.

Auch Shilla hat als Regionalmacht angefangen. Sein Aufstieg begann mit der Einverleibung Kayas 562 und setzte sich ein Jahrhundert danach mit den Siegen über Paekche (660) und Koguryo (668) fort. Damit war die Einigung freilich nicht vollendet. Shilla mußte sich nun der verbündeten Chinesen erwehren, mit deren Hilfe es die beiden koreanischen Rivalen besiegt hatte. In diesem ungleichen Bündnis zwischen dem riesigen China der Tang-Dynastie und dem vergleichsweise kleinen, aber ehrgeizigen Königreich am Südostrand der koreanischen Halbinsel hatten die Chinesen Shilla offenbar die Rolle des Junior-Partners zugedacht. China hatte es zunächst nur auf Koguryo abgesehen. Shilla wiederum – durch häufige Überfälle des mit Japan verbündeten Paekche irritiert – suchte chinesischen Beistand vor allem gegen Paekche. Shilla-Prinz Chunchu, der spätere König Muryol (654–661), war deshalb 648/9 in die Tang-Hauptstadt Changan gereist und hatte vom Tang-Kaiser Tai Tsung die Zusage erhalten, China werde Gebietsansprüche Shillas bis hinauf zum Taedong-Fluß anerkennen. Hier sollte später tatsächlich die Nordgrenze des vereinigten Shilla zu China verlaufen.

Kaiser Tai Tsung hat diese Zusage gewiß nicht grundlos gegeben. Ein Faktor war wohl die in bitteren Erfahrungen gewonnene Erkenntnis, daß die Militärmacht der Tang-Dynastie allein nicht ausreichte, um Koguryo, den lästigen Nachbarn im Nordosten, zu bezwingen. Vielleicht hatte Prinz Chunchu auch versprochen, Shilla werde sich der Oberhoheit des Tang-Hofes unterwerfen. Königin Chindok (647–654), die damalige Herrscherin von Shilla, hat bald darauf dem nächsten Tang-Kaiser Kao Tsung eine Botschaft in Gedichtform übersandt, die sich – nach dem in Ilyons *Samguk Yusa* wiedergegebenen Wortlaut – wie eine Unterwerfungshymne liest. Der Kaiser soll ihr daraufhin den Titel Herrscher von Kerim verliehen haben (Kerim ist einer der frühen Namen für Shilla.) Etwa seit dieser Zeit haben die Könige von Shilla – und später die Monarchen der nachfolgenden Dynastien Koreas – zur Legitimierung ihrer Herrschaft um die Bestätigung durch den jeweiligen Kaiser von China nachgesucht.

Daß die verbündeten Streitkräfte von Tang-China und Shilla zuerst Paekche eroberten, hatte verschiedene Ursachen. 655 war Paekche gemeinsam mit Koguryo wieder einmal in Shilla eingefallen und im selben Jahr ein erneuter Versuch der Chinesen gescheitert, Koguryo zu unterwerfen. Während Paekche militärisch allmählich Ermüdungserscheinungen zeigte, konnte Koguryo bis 659 zwei weitere Angriffe Chinas erfolgreich abwehren. König Muryol soll daraufhin vorgeschlagen haben, zunächst gegen das schwächere Paekche vorzugehen. Mit ihrem Sieg über Paekche nahmen Tang-China und Shilla dem stärkeren Koguryo zugleich den einzigen möglichen Bündnispartner.

Die Rechnung ging auf – jedenfalls für die Chinesen. Kaum waren Paekche und Koguryo erobert, wurden chinesische Garnisonen errichtet, Statthalter im Namen des Tang-Hofes eingesetzt und die Verwaltung nach dem Vorbild chinesischer Provinzen umgebildet. Selbst der König von Shilla wurde im eigenen Reich zum Statthalter des Kaisers von China deklariert. Auch wenn die damit beanspruchte Unterwerfung unter chinesische Oberhoheit nicht durch eine Stationierung chinesischer Truppen untermauert wurde – also gewissermaßen nur auf dem Papier bestand –, regte sich in Shilla Widerstand. Shilla fühlte sich als einer der Sieger. Im übrigen war die Errichtung dauerhafter chinesischer Garnisonen in den Gebieten von Paekche und Koguryo kaum mit der vom Tang-Kaiser Tai Tsung gegebenen Zusage zu vereinbaren, China werde Shillas Gebietsansprüche in Korea südlich von Pyongyang anerkennen.

Shilla war nicht bereit, sich auf diese Weise abspeisen zu lassen. Inzwischen war König Munmu (661–680) seinem Vater Muryol auf dem Thron gefolgt und begann, sich auf eine Konfrontation mit China vorzubereiten. Im Jahre 671 ging Shilla zum Angriff über und vertrieb die Chinesen zunächst aus Paekche und bis 676 auch aus dem Südteil von Koguryo. Nach der Zerstörung der chinesischen Garnison in Pyongyang zog es seine Truppen bis zu jener vereinbarten Grenzlinie im Süden der 668 dem Erdboden gleichgemachten letzten Hauptstadt des Koguryo-Reiches zurück. Der Taedong wurde zum Grenzfluß. Formell erkannte Tang-China die neuen Machtverhältnisse auf der koreanischen Halbinsel allerdings erst im Jahre 735 an.

Die Geschichte des Königreichs Shilla zerfällt mithin in zwei Perioden – die Zeit vor und nach der Einigung Koreas. Bis zum Jahr 668 spricht man von Shilla oder Alt-Shilla, danach zur besseren Unterscheidung von Groß- oder vom Vereinigten Shilla (Tong-Il Shilla).

Die historischen Anfänge von Shilla werden gewöhnlich in die Mitte des 4. nachchristlichen Jahrhunderts datiert. Zu dieser Zeit etablierte sich im Gebiet der heutigen Stadt Kyongju ein Stammesführer namens Namul (oder Naemul) als Maripkan von Saro. Der Titel *Maripkan* entsprach dem eines Königs. Namul, nach der überlieferten Zählweise angeblich der 17. König von Shilla, ist der Begründer der Kim-Dynastie. Bis dahin hatten in Saro abwechselnd die Familien Kim, Pak und Sok den Herrscher gestellt. Kim und Pak (vielfach Park geschrieben) gehören heute zu den häufigsten Familiennamen in Korea. Der Staatsname Shilla wurde erst im 6. Jahrhundert angenommen, wahrscheinlich unter König Pophung, der für seine Regierungszeit außerdem einen Ära-Namen nach chinesischem Vorbild einführte. Pophung (514–539), der erstmals den in anderen koreanischen Reichen üblichen Königstitel *Wang* führte, war wohl der bedeutendste unter den frühen Shilla-Königen. Während seiner Herrschaft wurden wichtige Grundlagen der staatlichen Ordnung geschaffen: ein Rechtssystem verkündet, die Rangordnung der höheren Beamten festgelegt sowie eine Art Wehrministerium eingerichtet. König Pophung war es auch, der den in Shilla bis dahin verfolgten buddhistischen

Mönchen die Erlaubnis gab, ihre fremdartige Religion zu praktizieren und zu verbreiten. Mit der Verfügung, daß die Könige von Shilla sich ihre Gemahlinnen hinfort aus dem Haus Pak zu wählen hatten, gewährte Pophung der zweitstärksten Familie des Reiches eine Teilhabe an der Macht und sicherte die Kim-Dynastie im Innern.

Die große Expansion nach außen erfolgte unter Pophungs Neffen und Nachfolger, König Chinhung (540–575), dessen Ära-Name sehr passend *Kaeguk* (Öffnung) lautete. Unter seiner Herrschaft dehnte sich Shilla nach Norden bis über den Han-Fluß hinaus aus und verleibte sich im Südwesten das Kaya-Reich ein.

Chinhung sicherte seine Eroberungen durch den Bau von Festungen an strategisch wichtigen Punkten, zum Beispiel kontrollierte die Festung Tanghan die Bucht von Inchon und eröffnete Shilla den Seeweg nach China. Der König ließ ein bis zwei Meter hohe Grenzsteine aufstellen, von denen noch vier erhalten sind. Der älteste steht in Changnyong im südkoreanischen Kyongsang Namdo, an der einstigen Westgrenze Shillas, und stammt aus dem Jahr 561. Die drei anderen markieren die damalige Nordgrenze. Ihre Inschriften geben – soweit lesbar – wichtige Aufschlüsse über die Organisation der Staatsverwaltung in der zweiten Hälfte des 6. Jahrhunderts. Der König präsidierte einem Großrat der Adligen, der in regelmäßigen Abständen in der Hauptstadt Kumsong tagte, und über alle wichtigen Fragen zu befinden hatte. Die Entscheidungen des Adelsrats mußten einstimmig gefaßt werden. Der König hatte somit keine absolute Macht. Unterhalb des großen Adelsrats, dessen Mitglieder alle aus dem Kernland von Shilla stammten, bestand eine nach Aufgabengebieten geteilte und nach genauen Rangstufen unterschiedene, also vertikal und horizontal gegliederte Zivilverwaltung. Die Verwaltung der eroberten Gebiete unterstand Militärgouverneuren, die aus der Hauptstadt entsandt wurden. Auch die höheren Amtsträger der Zivilverwaltung in den neuen Provinzen kamen von der Zentrale.

Noch in die Zeit König Chinhungs fällt die Entstehung einer Einrichtung, die anderswo in Korea oder überhaupt im Fernen Osten nicht ihresgleichen hatte, und in der weiteren Entwicklung von Shilla eine große Rolle spielen sollte: des adligen Jugendkorps der »Blumenritter« oder »Blumenjugend« (Hwarang). Training von Körper und Geist, Unterweisung in den Kriegskünsten und in der Gruppendisziplin, aber auch Teilnahme an den überlieferten religiösen Riten gehörten zum Erziehungsprogramm der jungen Aristokraten. Die Hwarang war ein elitärer Jugendorden, in dem der Führungsnachwuchs des Shilla-Staats herangebildet wurde. Viele bedeutende Heerführer und Herrscher sind daraus hervorgegangen, darunter zwei Schlüsselfiguren der Einigung Koreas im 7. Jahrhundert, General Kim Yu Shin und Prinz Chunchu, der spätere König Muryol.

Als Richtschnur für die Erziehung der Hwarang setzten sich die berühmten Fünf Gebote (Sesok Ogye) des buddhistischen Mönches Wongwang durch. Wongwang, der den Ehrentitel *Popsa* (Lehrer des Rechts) trug und zur Regierungszeit von König Chinpyong (579–631) lebte, hatte während eines längeren Aufenthalts in China neben den buddhistischen Schriften auch die Lehren des Konfuzius studiert. Wongwangs Fünf Gebote sind überwiegend konfuzianisch geprägt: die Hwarang-Mitglieder sollen ihrem König treu dienen, die Eltern ehren, ihren Freunden die Treue bewahren, vor dem Feind nicht zurückweichen. Nur ein Gebot – nicht willkürlich zu töten, weder Mensch noch Tier – verrät buddhistisches Gedankengut.

Konfuzianische Lehren, schon im 4. Jahrhundert in Koguryo und Paekche eingeführt, haben seit jener Zeit in ganz Korea Verbreitung gefunden. Ihr Einfluß ist auch heute noch überall spürbar – in den hierarchischen Strukturen von Staat und Gesellschaft, im Patriarchatsprinzip am Arbeitsplatz, in der Respektsbezeugung der Kinder gegenüber Eltern und Großeltern oder überhaupt zwischen jüngeren und älteren Familienmitgliedern sowie in der Sprache, die in einer für Europäer schwer nachvollziehbaren Weise all diesen Abstufungen Rechnung trägt.

Der frühe Shilla-Staat verdankte seinen Aufstieg nicht zuletzt seinem schlagkräftigen Heer und einer für die damalige Zeit hoch entwickelten und leistungsfähigen Kriegsflotte. Der hohe Stand seines Militärwesens kam ihm auch nach der Einigung Koreas zugute. Das Königreich glich die strategisch ungünstige Lage seiner Hauptstadt Kumsong dadurch aus, daß es in allen neun Provinzen, in die das Staatsgebiet nach der Einigung aufgeteilt worden war, Truppen stationierte und eine ständige Streitmacht in Kumsong unterhielt. Die Verwaltung der Provinzen, zunächst den örtlichen Militärgouverneuren unterstellt, wurde später auf zivile Beamte übertragen.

Die Zivilverwaltung war nicht weniger straff organisiert. Aus der ursprünglich wohl personengebundenen, später erblichen Zuweisung bestimmter Ämter an einzelne Adelsfamilien entwickelte sich allmählich ein Beamtensystem. Der Zugang zu diesen Ämtern und Rängen spiegelte die Machtverhältnisse in Shilla, einem vom Adel beherrschten, aristokratisch ausgerichteten Ständestaat, wider. Die höchsten Ämter und Ränge waren den Mitgliedern des Königshauses, den Familien Kim und Pak vorbehalten. Eine bestimmte Herkunft war auch Voraussetzung für die Ernennung zu einem der Regierungsämter. Damit sicherte das Beamtensystem der Aristokratie die Macht im Staate. Das Element des vererbbaren Standes wurde im Laufe der Zeit durch die Einführung einer Art Verdienstadel zurückgedrängt. Gegen Ende des 8. Jahrhunderts kam nach chinesischem Vorbild ein Prüfungssystem für die Staatsbeamten in Anwendung. Die Kandidaten wurden je nach ihrem Kenntnisstand in den chinesischen Klassikern bewertet. Das Prüfungssystem hat jedoch anders als in China bei der Ämterbesetzung in Shilla niemals eine große Rolle gespielt. Eine Durchlässigkeit der ständischen Ordnung durch den Erwerb von staatlichen Bildungszertifikaten wurde nicht zugelassen.

Bemerkenswert ist hingegen die Flexibilität, mit der die eroberten Gebiete in das Beamtensystem Shillas integriert wurden: Der ansässige Adel konnte in den Provinzen zumindest in die unteren Ränge der Zivil- und Militärverwaltung aufsteigen. Angehörige der ehemaligen Herrscherhäuser wurden mit dem Status von Prinzen in der Hauptstadt Kumsong angesiedelt.

Aller Grund und Boden, ursprünglich wohl Gemeinbesitz, wurde zunächst vom Königshaus beansprucht. Privater Grundbesitz entstand erst durch die Vergabe von Lehen – an mächtige Adlige oder später als königliche Stiftungen an buddhistische Tempel und Klöster. Im Laufe der Jahrhunderte gelangten immer größere Teile des Landes in Privatbesitz. Dabei erwiesen sich besonders die wachsenden Ländereien der Tempel und Klöster – bald die zweitgrößten Grundbesitzer nach dem Königshaus – als problematisch, weil religiöse Stiftungen von der Steuerpflicht befreit waren.

Der Buddhismus, in Koguryo und Paekche am Ende des 4. Jahrhunderts etabliert, ist vergleichsweise spät nach Shilla gelangt, hat sich dort allerdings schnell und gründlich ausgebreitet. Noch bis zum frühen 6. Jahrhundert wehrte sich der Adel im Verein mit den Anhängern des heimischen Schamanismus verbissen gegen die wiederholten Versuche des Königshauses, die fremdartige Religion ins Land zu lassen. Der Religionskonflikt gipfelte schließlich in der von einem widerwilligen König Pophung nur unter beträchtlichem Druck angordneten Hinrichtung des buddhistischen Mönches Yi Cha Ton im Jahre 527. Mit seinem Opfertod ebnete dieser frühe koreanische Glaubensmärtyrer dem Buddhismus den Weg ins Shilla-Reich.

Auf dem weiten Weg von Indien über China nach Korea hatte der Buddhismus schon mancherlei Veränderungen erfahren. Diese Anpassungsfähigkeit erwies sich auch in Shilla als sehr hilfreich, wo eine Vielzahl heimischer Götter und Geister und manche schamanistischen Riten in den neuen Glauben integriert wurden. Alsbald setzten sich die Könige an die Spitze der buddhistischen Hierarchie, und der Buddhismus wurde Staatsreligion.

Eine Vielzahl von Tempeln wurde gegründet. Und Hunderte von Mönchen reisten zum Studium der buddhistischen Lehre nach Tang-China, einige besonders eifrige drangen sogar bis nach Indien vor. Ihre in Fragmenten erhaltenen Reiseberichte sind wichtige Beiträge zur Geschichte des Buddhismus.

Buddhistische Dichter spielten eine wichtige Rolle bei der Entwicklung einer eigenständigen koreanischen Literatur. Da die Koreaner keine Schrift besaßen, erfolgten die frühesten schriftlichen Aufzeichnungen – etwa auf dem Gedenkstein für König Kwanggaeto – auf chinesisch. Allmählich entwickelten sie eine Methode, um mit Hilfe chinesischer Schriftzeichen koreanische Worte niederzuschreiben. Das geschah zunächst in der Form, daß man die Schriftzeichen nach ihrer Originalbedeutung, aber in der Reihenfolge des koreanischen Satzbaus und ohne Rücksicht auf die chinesische Aussprache niederschrieb. Das Ergebnis mußte wegen der völlig andersartigen Sprachen unbefriedigend bleiben. Als sehr viel ergiebiger erwies sich der Gebrauch chinesischer Schriftzeichen mal nach ihrer Bedeutung und dann wieder nach ihrer Aussprache. Auf diese Weise konnte man auch koreanische Worte oder Formen ohne inhaltliche Bedeutung, etwa Endungen, ausdrücken.

Diese sogenannte Idu-Methode wurde im 8. Jahrhundert von dem Shilla-Gelehrten Sol Chong systematisch vervollständigt. Sol Chongs Herkunft ist – zumindest indirekt – Thema eines frühen koreanischen Gedichts über einen Mönch in Liebesnot, für das der berühmte buddhistische Priester Wonhyo (617–686) Pate gestanden haben soll. Nach der Überlieferung wurde Wonhyos Ruf am Königshof erhört, und er erhielt die Hand der verwitweten Prinzessin Yosok. Aus dieser Verbindung soll Sol Chong hervorgegangen sein. Die Episode symbolisiert zugleich die Befreiung der buddhistischen Mönche in Shilla vom Gebot der Keuschheit. Auch im modernen Korea gibt es verheiratete und im Zölibat lebende Mönche.

In dem ältesten erhalten gebliebenen koreanischen Gedicht in Idu-Umschreibung, dem vermutlich während der Regierungszeit des Shilla-Königs Chinpyong entstandenem »Sodong Yo« (auch Lied des Mattung genannt), geht es ebenfalls um die Gefühle, genauer gesagt um die Liebe des Prinzen Mattung aus Paekche zu der Shilla-Prinzessin Sonhwa. Witz und erstaunliche Toleranz verrät das berühmte Lied des Choyong – eines mächtigen Shilla-Adligen – aus dem 9. Jahrhundert. In modernes Deutsch übertragen, hat das Gedicht etwa folgenden Wortlaut:

> Nach fröhlichem Zechen bis tief in die Nacht
> In der monderleuchteten Hauptstadt
> Kehr ich nach Hause zurück und find
> In meinem Bett vier Beine.
> Zwei wähnte ich mein.
> Wem gehören die andern zwei?
> Zwei waren mein.
> Was nun, da sie mir genommen?

Man war, so scheint es, im Shilla-Reich kein Freund von Traurigkeit. Das gilt neben Wein und Weib ebenso für den Gesang. Außer der förmlichen Hofmusik chinesischen Ursprungs und religiösen Gesängen teils chinesischer (Konfuzianismus), teils indischer (Buddhismus) oder koreanischer (Schamanismus) Herkunft gab es durchaus auch Formen von Unterhaltungs- und Volksmusik. Der Kulturhistoriker Wanne J. Joe (*Traditional Korea: A Cultural History*) nennt als in Shilla gebräuchliche Musikinstrumente verschiedene Lauten, Bambusflöten, Trommeln und Klappern. Am berühmtesten und heute noch in Gebrauch ist die zwölfsaitige Kayagum oder Kaya-Laute. Sie stammt, wie ihr Name sagt, ursprünglich aus dem Königreich Kaya. Als dieses 562 von Shilla erobert wurde, soll König Chinhung Gefallen am Lautenspiel von Meister Uruk aus Kaya gefunden haben. Fast zweihundert Kompositionen habe es in Shilla allein für die Kayagum gegeben, darunter ein Dutzend von Meister Uruk.

Kyongju, die Stadt der Königsgräber

Wer als Reisender nach Südkorea kommt und nicht allzuviel Zeit mitbringt, sollte neben Seoul wenigstens eine andere Stadt besuchen – Kyongju, das »Freilichtmuseum koreanischer Kultur«. Die Hauptstadt von Kyongsang Pukto ist mit Eisenbahn oder Bus in einem halben Tag zu erreichen. Die Autobahnbusse verkehren stündlich, der Expresszug *Saemaul* zweimal täglich nach Kyongju. Man kann auch komplette Touren mit einer oder mehrerer Übernachtungen in modernen Hotels von Seoul aus buchen.

Der Weg lohnt sich. Denn erst Kyongju verschafft dem Besucher die historische Perspektive, aus der die Zehnmillionenstadt Seoul mit ihrem Menschengewühl, dem Verkehrsgedränge, den modernen Hochhäusern und breiten Boulevards und all ihrer asiatischen Buntheit und Betriebsamkeit richtig zu begreifen ist. Wer Kyongju nicht gesehen hat, kann nur schwer ermessen, auf welchem historischen und kulturellen Fundament das moderne Korea gewachsen ist.

Als ich Kyongju Anfang der siebziger Jahre zum erstenmal besuchte, war es noch eine staubige, verschlafene Provinzstadt. Bauersfrauen aus der Umgebung boten am Straßenrand ihre Feldfrüchte an. Übervoll bepackte Lastkarren und Trecker mit Anhängern bestimmten das Tempo des Verkehrs. Das einzige größere Hotel lag in der Hwarang-Straße, die vom Bahnhof ins Zentrum führt. Was Kyongju von anderen Provinzstädten unterschied, waren die merkwürdigen Hügel, die zehn, fünfzehn oder auch zwanzig Meter hoch zwischen den einstöckigen, oft ziemlich schäbigen Wohnhäusern hervorragten. Viele der Hügel waren mit Sträuchern bewachsen, auf dem einen oder anderen hatten die Anlieger Obstbäume angepflanzt. Kindern dienten sie als Spielgelände, die Hausfrauen aus der Nachbarschaft breiteten dort ihre Wäsche oder Paprikaschoten zum Trocknen aus. Die Einwohner von Kyongju schenkten ihnen wenig Beachtung. Zwar wußte man, daß es Grabhügel aus alter Zeit waren. Und die besonders großen galten als Königsgräber. Von einigen Hügeln etwas außerhalb des Stadtzentrums war auch bekannt, welcher König oder welche Königin dort begraben sein sollte, weil es in der Nähe Grabsteine mit ihren Namen gab. Andere wurden nach der Überlieferung bestimmten Herrschern des Shilla-Reiches zugeschrieben. Aber eine richtige Vorstellung von den unermeßlichen Schätzen, die diese uralten Hügelgräber bargen, hatte – mit Ausnahme einiger Historiker und Archäologen – eigentlich niemand.

Dabei hatte man in den zwanziger Jahren mehr oder weniger zufällig schon einige sehr bemerkenswerte Funde gemacht. So war man 1921 bei Bodenarbeiten für einen Hausbau in der Stadtmitte von Kyongju auf eine prächtige Königskrone aus purem Gold und auf eine Fülle kostbarster Beigaben gestoßen, die Fachleute später um das Jahr 500 datierten. Das Grabmal ist seither als Goldkronen-Grab (Kumgwan-Chong) bekannt. Zwei weitere Kronen, ebenfalls aus Gold, wurden 1924 im sogenannten Goldlocken-Grab (Komryon-Chong) gefunden. Alle drei Kronen und die wertvollsten Beigaben – zum Beispiel ein gut anderthalb Meter langer und mit reichem Zierrat behängter Goldgürtel aus dem Goldlocken-Grab – befinden sich heute im Nationlmuseum in Seoul.

Die systematische Ausgrabung der Hügelgräber von Kyongju begann 1973. Das war wahrscheinlich gut so. Denn in den zwanziger Jahren stand Korea bekanntlich unter japanischer Kolonialherrschaft, und die kostbarsten Fundstücke wären vermutlich nach Japan gewandert und für Korea verloren gewesen. Doch hatten die Kolonialherren kein Interesse daran, mehr solcher Zeugnisse einer großartigen, alten koreanischen Kultur zutage zu fördern. Nach damaliger Lesart hatte die koreanische Kultur im Vergleich zur japanischen minderwertig zu sein. Goldene Kronen hat man in Japan bis auf den heutigen Tag nirgendwo gefunden; übrigens auch in China nur vereinzelt. Die Goldschätze der Shilla-Könige sind in der Tat einzigartig. Der Name ihrer alten Residenz war, wie die Ausgrabungen in Kyongju und Umgebung beweisen, keineswegs Schall und Rauch: Kumsong bedeutete nämlich »Goldene Festung«.

Ein viertelstündiger Spaziergang vom Bahnhof aus in südwestlicher Richtung führt den Besucher zu dem 1975 eröffneten und in der Welt wohl einmaligen »Park der Hügelgräber« (Kobun Kongwon), eine Ansammlung von etwa zwanzig großen Grabhügeln. Ihre sorgfältig gepflegte Oberfläche ist mit Rasen bedeckt. Asphaltierte Fußwege, am Abend von modernen Lampen beleuchtet, führen zwischen diesen künstlichen Hügeln hindurch. Von den unansehnlichen Wohnhäusern, die hier früher standen, ist keine Spur übriggeblieben. Sie wurden abgerissen. Statt spielender Kinder schlendern nun Spaziergänger oder Gruppen von schaulustigen Koreanern und Ausländern durch den Gräber-Park. Hauptattraktion ist ein »Mausoleum zum Reinspazieren« – der Grabhügel Nummer 155. Als sich koreanische Archäologen im Auftrag der Regierung 1973 daranmachten, dieses vergleichsweise bescheidene Grab von etwa 50 Meter Durchmesser und knapp 13 Meter Höhe zu öffnen, war das Unternehmen als ein Testfall für die Ausgrabung des sehr viel größeren und daher als Königsgrab geltenden Hügels Nummer 98 gedacht. Man wollte für das ehrgeizige Vorhaben erst einige Erfahrungen sammeln.

Wider Erwarten erwies sich bereits Hügel Nummer 155 als ein Volltreffer. Aus den Trümmern der Grabkammer konnten über 11 000 Grabbeigaben geborgen werden, darunter eine besonders schöne goldene Königskrone mit prächtig gearbeiteter Innenkappe und flügelartigen Diademen, dazu ein reich verzierter goldener Gürtel, viel Jade- und Goldschmuck, zwei Schwerter, allerlei Gerät und eine Vielzahl Töpfe, Teller und Gefäße. Die größte Aufregung aber verursachte die Entdeckung farbig bemalter Birkenrinde, die als Sattelschmuck des königlichen Pferdes diente. Es waren die ersten und schönsten ganz weniger Malereien, die aus der Shilla-Zeit erhalten geblieben sind. Die eleganten Linien eines weißen Pferdes, das gen Himmel zu fliegen scheint, beflügelten die Archäologen, dem Hügel Nummer 155 den Namen »Grabmal des himmlischen Pferdes« (Chonma-Chong) zu geben. Welcher König hier bestattet wurde, konnte bisher nicht bestimmt werden, wenngleich das Grab, dessen Schätze heute im staatlichen Museum von Kyongju zu bewundern sind, ins 5. bis 6. Jahrhundert datiert wird. Eine Hälfte des Grabmals ist als Museum ausgebaut. Die 143 wichtigsten Grabbeigaben sind so naturgetreu rekonstruiert, daß der Besucher einen unmittelbaren Eindruck von Ort, Lage und Zustand dieser unermeßlichen Kostbarkeiten zum Zeitpunkt ihrer Entdeckung gewinnt. Die Originale im Museum von Kyongju wirken um so großartiger.

Der inzwischen geöffnete Grabhügel Nummer 98, der auch Hwangnam Taechong (Hwangnam Großgrab) genannt wird und mit seiner Höhe von über 22 Metern und einem Durchmesser von bis zu 120 Metern das größte Doppelgrab in Kyongju ist, hat wiederum zwei prächtige Goldkronen – vermutlich von einem König und seiner Gemahlin im 4. Jahrhundert – und überreichlich Grabschätze aus Gold und Silber, Bronze und Eisen, Glas und Lack sowie Steingut preisgegeben. Ebenso ergiebig war die Ausgrabung des Hügels Nummer 4 in einer Gruppe von Gräbern, die König Michu (nach der Überlieferung 262–284) zugeschrieben werden: die dortigen Funde werden allerdings dem 5. und 6. Jahrhundert zugeschrieben. Außerhalb des Gräber-Parks hat besonders die Suche auf dem Grund des künstlichen Sees Anap-Chi zur Entdekkung kunstgeschichtlich bedeutsamer Funde geführt. Diesen See hatte der Shilla-König Munmu im Jahre 674 zur Feier der Unterwerfung von Paekche und Koguryo anlegen lassen.

Über die Ausgrabungen des Nordteils von Hügel Nummer 98 liegt inzwischen ein reich bebilderter Bericht vor, der im Herbst 1985 veröffentlicht wurde. Auch ohne Kenntnis der koreanischen Sprache kann man anhand der Fotos und Zeichnungen – und eines Verzeichnisses aller Bildunterschriften in englischer Sprache – den Verlauf der umfangreichen Ausgrabungsarbeiten genau verfolgen und sich einen Eindruck von Reichtum und Qualität der hier gefundenen Grabschätze verschaffen. Was hier von den koreanischen Archäologen an Schätzen zutage gefördert wurde, kann nur mit dem Wort märchenhaft einigermaßen zutreffend beschrieben werden. Eine Auswahl dieser Kostbarkeiten ist im Museum von Kyongju zu bewundern.

Aus den Gräbern von Kyongju sind bisher zehn goldene oder goldbronzene Königskronen geborgen worden. Von den über dreihundert registrierten Grabhügeln im Gebiet der alten Shilla-Hauptstadt hat man erst etwa ein Dutzend geöffnet. Die Ausgrabungen stehen noch am Anfang. Kein Wunder, daß die koreanische Archäologie, früher eine von den Universitäten des Landes eher stiefmütterlich behandelte Disziplin, seit Beginn der systematischen Ausgrabungen in den siebziger Jahren einen Aufschwung erlebt. Archäologie ist ein beliebtes Studienfach geworden und hat sich gewissermaßen zu *der* Nationalwissenschaft entwickelt. Die an den Ausgrabungen unmittelbar beteiligten Professoren und Studenten befinden sich oft in einem Geisteszustand, den man durchaus als eine Art historischer »Goldrausch« bezeichnen kann. Man muß sich vor Augen halten, daß die Koreaner ihre eigene Vergangenheit ausgraben und in den Gräbern ihrer Könige außer den mit Händen greifbaren Schätzen auch ein neues kulturelles Nationalbewußtsein gefunden haben.

Kyongju findet natürlich deshalb mehr Interesse als die Hauptstädte der anderen frühen Königreiche, weil die besondere Bauart der Shilla-Gräber ihre Ausplünderung durch spätere Generationen erschwert oder verhindert hat: Im Gegensatz zu den Grabkammern in Koguryo und Paekche, die in der Regel aus großen Steinquadern gefügt und mit Eingängen versehen waren, so daß man leicht ins Innere gelangen konnte, bestanden die Grabkammern in Shilla aus Holz. Darüber wurden viele Lagen Steine geschichtet und das Ganze durch einen möglichst großen Erdhügel gesichert. Eingänge waren nicht vorgesehen. Im Laufe der Jahre vermoderte das Holz und die Grabkammer stürzte schließlich ein und begrub den Holzsarg und die in und um ihn herum plazierten Grabbeigaben unter sich. Dabei gingen zwar die meisten Steingut- und Glasgefäße zu Bruch und viele der metallenen Beigaben wurden flachgedrückt. Doch wie die Ausgrabungen gezeigt haben, blieben sie gleichwohl in erstaunlich guter Verfassung, und das oft über anderthalb Jahrtausende. Wer an diese Schätze heranwollte, mußte die oft riesigen Erdmassen des Grabhügels abtragen – keine Arbeit, die sich unbemerkt im Dunkel einer Nacht oder auch nur in ein paar Tagen bewerkstelligen ließe.

Kyongju ist nicht nur eine »Goldgräberstadt« besonderer Art. Eindrucksvoll sind auch andere Zeugen der großartigen Vergangenheit der alten Shilla-Metropole, die in ihrer Glanzzeit eine runde Million Einwohner beherbergte und in jener Zeit zu den größten Städten der Welt zählte. Prächtige Paläste und Gärten, großartige Tempel und Pagoden zierten das Stadtbild sowie die nähere und weitere Umgebung. Manches davon ist erhalten geblieben und läßt erahnen, welch hohen Stand Kultur und Kunst im Shilla-Reich erreicht hatten.

Eines der eigenartigsten, berühmtesten und ältesten Baudenkmäler Koreas ist ein gut neun Meter hoher Turm, der sich wie ein Flaschenhals nach oben verjüngt und zum Himmel hin offen ist. Etwa in halber Höhe befindet sich eine viereckige Öffnung, die nicht als Fenster, sondern – mit Hilfe einer Leiter – als Eingang diente. Der aus angeblich 365 – für jeden Tag im Jahr einen –, in Wirklichkeit aus 362 Granitquadern gebaute Turm Chomsongdae steht in der Nähe des Gräber-Parks und gilt als die älteste erhaltene Sternwarte des Orients. Nach dem *Samguk Yusa* wurde sie während der Regierungszeit von Königin Sondok (632–647) errichtet. Andere Quellen datieren das Baujahr sogar genau auf 647.

Eine Viertelstunde östlich des Bahnhofs von Kyongju erhebt sich das älteste Bauwerk der Shilla-Zeit, der dreistöckige Rest einer ursprünglich wohl fünf- oder sechsstöckigen Steinpagode des im dritten Regierungsjahr von Königin Sondok anno 634 errichteten Punhwang-Tempels. Steinerne Wächterfiguren sichern die fensterartigen Nischen im Erdgeschoß, liegende Löwen schützen die vier Ecken des Fundaments. Die Pagode erweckt den Eindruck, aus Backstein gebaut zu sein, doch handelt es sich um eigens zurechtgehauenes Andesit-Gestein. Offenbar wollte man die Wirkung der damals in Tang-China beliebten Backstein-Bauweise nachahmen.

Steinerne Pagoden und Fundamente sind so gut wie alles, was von den mehr als sechzig buddhistischen Tempeln in Kyongju übriggeblieben ist. Etwas besser steht es um die Tempel und Heiligtümer in den umliegenden Bergen und Tälern. Wer sich ein Bild von der Pracht und Größe buddhistischer Tempel jener Epoche machen will, sollte den etwa 15 Kilometer südöstlich von Kyongju am Fuße des Toham-Berges gelegenen Pulguk-Sa aufsuchen. Er ist mit Taxi, Bus oder Bahn in einer knappen halben Stunde zu erreichen. Dieser »Tempel des buddhistischen Landes«, der wie die meisten großen Tempel in Korea eher einem Kloster entspricht, wurde im frühen 6. Jahrhundert, bald nach der Zulassung des Buddhismus im Shilla-Reich, gegründet. Die jetzige Anlage stammt in ihren Grundzügen und steinernen Bestandteilen aus der Mitte des 8. Jahrhunderts. Sie wird Kim Tae Song zugeschrieben, dem ersten Minister von König Kyongdok (742–764), und war vermutlich um ein Mehrfaches größer als der gegenwärtige, in seinen Ausmaßen immer noch sehr beeindruckende Tempelkomplex. Die Holzbauten des Pulguk-Tempels sind im Laufe von zwölf Jahrhunderten häufig abgebrannt und wiederaufgebaut worden und durchweg neueren Datums. Berühmt sind am Pulguk-Sa vor allem der zweistöckige Unterbau mit den über steinerne Gewölbe errichteten Treppen sowie die beiden Steinpagoden im Haupthof des Tempels – eine davon wuchtig und schmucklos, die andere verziert und von eleganter Leichtigkeit.

So gut wie vollständig erhalten geblieben ist der ein paar Kilometer weiter an der Ostseite des Toham-Berges gelegene Grottentempel Sokkuram, der ebenfalls aus der Mitte des 8. Jahrhunderts stammt und auf denselben Kim Tae Son zurückgeht. Durch einen nach Osten zum Meer hin offenen Vorraum gelangt man in eine runde Halle mit gewölbtem Dach, in deren Mitte ein aus weißem Granit gehauener, samt Podest etwa fünf Meter hoher Buddha thront. Mehr als dreißig Relieffiguren von Buddhaschülern und Schutzgottheiten zieren die Wände der Rundhalle und den Vorraum. Sokkuram gilt als eines der großartigsten frühen buddhistischen Kunstwerke Ostasiens und ist seit seiner Wiederentdekkung in diesem Jahrhundert das Ziel eines ständigen Stroms buddhistischer Pilger und Kunstliebhaber aus aller Welt. Viele von ihnen kommen schon zum Sonnenaufgang, wenn die Morgenröte dem weißen Buddha ein farbiges Gewand verleiht.

In der Kyongju-Ebene geben die schier unzähligen Hügelgräber dieser kulturgeschichtlich so fruchtbaren Landschaft ihr unvergleichliches Gepräge. Im Süden der alten Hauptstadt gibt es eine Gruppe von fünf Grabhügeln (O Nung), die als Ruhestätte der ersten Könige von Shilla einschließlich des legendären Reichsgründers Pak Hyokkose gelten. Ihm ist die neben den Gräbern Mitte des 18. Jahrhunderts errichtete Gedächtnishalle gewidmet. Eine Öffnung dieser Gräber wäre von besonderem historischen Interesse, erhofft man sich doch Aufschluß über den wirklichen Zeitpunkt der Gründung des Königreichs Shilla.

Zum Ausklang dieses Abstechers in die alte Hauptstadt der Shilla-Könige sei noch auf eine buddhistische Tempelglocke hingewiesen, die sich im Vorhof des Museums von Kyongju befindet. Es ist ohne Übertreibung eine der größten, schönsten und ältesten Bronzeglocken der Welt. Laut ihrer Inschrift wurde sie im siebten Regierungsjahr von König Hyegong oder 771 gegossen und wiegt über 72 Tonnen. Sie ist über dreieindrittel Meter hoch und hat einen Durchmesser von mehr als zwei Metern. Wie alle buddhistischen Glocken wird sie mit einem balkenartigen Klöppel von außen geschlagen. Der Klang dieser Glocke, die einst im nahen Pongdok-Tempel hing, soll vierzig Meilen weit zu hören sein. Ihre Oberfläche ist mit vielfältigen Dekors von Lotusblüten und Geißblättern, Arabesken, Ranken und schwebenden Engeln geschmückt, die diesem kolossalen Meisterwerk fast etwas wie Eleganz und Leichtigkeit verleihen. Es gibt nur eine ältere, wenn auch mit 1,67 Meter erheblich kleinere Glocke in Korea. Sie stammt aus dem Jahre 725, ist ähnlich reich dekoriert und hängt seit dem 15. Jahrhundert im Sangwon-Tempel auf dem Berg Odae in der Provinz Kangwon. Der Klang dieser Glocke ist vielen Koreanern vertraut: Zum Jahreswechsel oder an Buddhas Geburtstag wird er in Funk und Fernsehen übertragen.

Koryo = Korea

Die kulturellen Glanzleistungen haben das Shilla-Reich nicht vor dem politischen Verfall bewahren können. Seit dem Ende des 8. Jahrhunderts war die durch Vergabe von Lehen und sonstigen Privilegien bewirkte Erosion der Zentralgewalt nicht mehr aufzuhalten. Unter König Hyegong (765–779) kam es erstmals zu regelrechten Aufständen, die sich über Jahre hinzogen. Die Bauern, von den konkurrierenden Gewalten der Zentralregierung und lokaler Machthaber gleich doppelt ausgebeutet, verließen ihre Höfe und schlossen sich marodierenden Banden oder den Privatarmeen lokaler Potentaten an. Gegen Ende des 9. Jahrhunderts entluden sich die sozialen Spannungen in einem Bauernaufstand.

Anno 892 rief sich ein Offizier bäuerlicher Herkunft im Gebiet des heutigen Cholla Pukto zum König von Neu-Paekche aus. Und im Jahre 901 eroberte ein Rebellenführer aus Shillas königlicher Familie die Stadt Songak – das heutige Kaesong nördlich des 38. Breitengrads – und proklamierte sich zum König von Neu-Koguryo. Ihm schloß sich ein dritter Rebell namens Wang Kon, Abkömmling einer Kaufmannsfamilie, an. Als Wang Kon in Neu-Koguryo bis zum ersten Minister aufgestiegen war, stürzte er den König, nahm selbst den Thron ein und nannte sein Reich Koryo. Das war, im Jahre 918, der Beginn einer Dynastie, die fast fünf Jahrhunderte lang über Korea herrschen sollte.

Koryo und Neu-Paekche konsolidierten und expandierten ihre Herrschaftsgebiete zu Lasten des Shilla-Reichs, das auf sein Kerngebiet vor der Vereinigung der drei Reiche im 7. Jahrhundert reduziert wurde. Shilla unterwarf sich Ende 935 kampflos dem Herrscher von Koryo, der seinerseits das von Machtkämpfen geschüttelte Neu-Paekche niederwarf. Die Reise des letzten Shilla-Königs, Kyongsun, nach Songak besiegelte den Untergang der Shilla-Dynastie und markiert zugleich den Aufstieg von Koryo zum neuen koreanischen Einheitsstaat.

Wang Kon, gewöhnlich mit seinem postumen Ehrentitel als König Taejo bezeichnet, machte in einer versöhnlichen Geste den letzten Shilla-König zu seinem höchsten Minister und nahm eine von dessen Töchtern zur Frau. Das wertete die eigene Herkunft auf und verlieh seiner Herrschaft einen Schein von Legitimität. Zur weiteren Stabilisierung seiner Macht verfolgte Taejo eine gezielte Heiratspolitik. Geradezu systematisch ehelichte der neue König die Töchter der wichtigsten lokalen Machthaber in seinem Reich und brachte es im Laufe der Jahre auf 29 Ehefrauen. Nur einige von ihnen lebten im Königspalast in der Hauptstadt Kaegyong, dem alten Songak. Die meisten blieben in ihrer Heimat und wurden von Taejo lediglich auf seinen Rundreisen durchs Land »besucht«. Für die Familien dieser auswärtigen Königinnen bedeutete die Verbindung zum neuen Herrscherhaus die Anerkennung ihrer lokalen Machtstellung und zugleich den Aufstieg in die oberste Führungs- und Adelsschicht des Koryo-Reichs.

Der Name Koryo ist eine Kurzform von Koguryo. In der chinesischen Schreibweise fällt bei der Kurzform das mittlere von drei Schriftzeichen weg. Auf dieses Koryo geht die bei uns übliche Landesbezeichnung Korea zurück. Es wäre denkbar, daß schon der venezianische Weltreisende Marco Polo (1254–1324) die Kenntnis des Landesnamens aus dem Fernen Osten nach Europa vermittelt hat, da Korea zu seiner Zeit Koryo hieß. Gesichert ist, daß der Name Koryo in Missionsberichten über die japanische Invasion der koreanischen Halbinsel gegen Ende des 16. Jahrhunderts auftaucht, obwohl sich das Land zu jener Zeit bereits Choson nannte.

Für König Taejo war der Name seines Reiches ein politisches Programm: Er wollte die alten Koguryo-Gebiete jenseits des Taedong-Flusses zurückgewinnen, auf die Shilla nach der Unterwerfung Koguryos und der Vertreibung von Tang-China ohne Not verzichtet hatte. In diesem politischen Vakuum hatten Reste der geschlagenen Koguryo-Armee im Verein mit tungusischen Stämmen 699 ein neues Reich gegründet, das sie zuerst Chin und ab 713 Parhae (oder Palhae, chinesisch Pohai) nannten. In seiner Blütezeit erstreckte sich dieses Reich, das sich ebenfalls als Nachfolger von Koguryo betrachtet hatte und bisweilen den Namen *Koryo-Kuk* (Koryo-Land oder Land der Koryo) verwandte, bis zum Amur-Fluß hoch im Norden. Parhae bestand mehr als zwei Jahrhunderte und wurde 926 von den tungusischen Khitan vernichtet. Die nach Koryo flüchtenden Mitglieder der vorwiegend koreanischen Oberschicht wurden dort mit offenen Armen aufgenommen. An Parhae erinnert heute noch die Bucht von Pohai vor der chinesischen Nordostküste.

König Taejo von Koryo hatte im Zuge seiner Nordpolitik schon bald nach der Machtübernahme den Taedong-Fluß überschritten und begann 919 mit dem planmäßigen Wiederaufbau und der Neubesiedlung von Pyongyang, das er neben der eigentlichen Residenz in Kaesong zu seiner »westlichen Hauptstadt«, Sogyong, aufwertete. Taejo stieß weiter nach Norden bis zum Chongchun-Fluß vor und ließ in den eroberten Gebieten eine Vielzahl neuer Befestigungen anlegen. Der geplante Vormarsch bis zum Yalu aber scheiterte am hartnäckigen Widerstand der Khitan, die von ihrer Basis im Liao-Flußbecken aus ein mächtiges Reich aufgebaut hatten und nun ihrerseits begannen, Koryo zu bedrängen. Taejos Nachfolger mußten sich zahlreicher Angriffe der Khitan erwehren, bis die verfeindeten Nachbarn schließlich im Jahre 994 Frieden machten. Koryo sicherte sich den Westteil der heutigen Provinz Pyongan in Nordkorea und konnte seine Nordgrenze damit erstmals bis zum Yalu-Fluß (Amnok-Kang) vorschieben. Aber der Frieden hielt nicht lange vor. 1010 und 1018 drangen riesige Invasionsheere der Khitan erneut tief ins Koryo-Reich ein, um 1019 im »Großen Sieg bei Kyuju« vernichtend geschlagen zu werden. Koryo aber, durch Erfahrung gewitzt, verließ sich nicht auf den neuen Frieden mit dem Khitan-Reich Liao und begann 1033 mit dem Bau einer Festungsmauer zum Schutz seiner Nordgrenze. Diese »Koreanische Mauer« erstreckte sich über mehrere hundert Kilometer vom Grenzfluß Yalu quer durch die koreanische Halbinsel bis zur Ostküste und war in ihren wesentlichen Teilen 1044 fertiggestellt.

Im Innern entwickelte sich Koryo nicht nach den Vorstellungen seines Begründers. König Taejo hatte ein Testament hinterlassen, das folgende bemerkenswerte Passage enthält:

»Wir östliche Menschen haben in der Vergangenheit die Methoden der Tang (-Chinesen) bewundert und unsere Institutionen und gesellschaftlichen Sitten nach dem Vorbild der Tang geformt, aber wir leben in einem Land, das ganz anders ist als ihres. Und der Charakter unserer beiden Völker ist sehr verschieden. Es gibt daher keinen Grund, die chinesischen Methoden allzu maßlos nachzuahmen.«

Trotz Taejos Warnung vor chinesischer Überfremdung und ungeachtet seines Rufs nach größerer kultureller Eigenständigkeit der Koreaner stürzte sich Koryo in der zweiten Hälfte des 10. Jahrhunderts unter den Königen Kwangjong (950–975) und Songjong (982–997) in eine beispiellose Sinifizierung des gesamten öffentlichen sowie vieler Bereiche des privaten Lebens. Ziel dieser Pauschalübernahme des chinesischen *way of life* war die Stärkung der zentralen Regierungsgewalt unter der Führung des Königshauses. Gemäß dem konfuzianischen Staatsmodell wurde der Beamtenapparat bürokratisiert, der Zugang zu einer Vielzahl von Staatsämtern einem Prüfungssystem unterworfen und der Status des Militärs den hohen Zivilbeamten nachgeordnet. Bestimmte Entscheidungen des Königs wurden ebenfalls Gegenstand institutioneller Kontrollen. Die Bezahlung der Amtsträger erfolgte durch die genau geregelte Zuteilung von Land, das – von Ausnahmen abgesehen – nach Beendigung der Amtstätigkeit zurückzugeben war.

Die Regierung unterhielt in der Hauptstadt ein stehendes Heer, das gegen Ende des 10. Jahrhunderts aus mehr als 45 000 Mann bestand. Diese wurden aus der bäuerlichen Bevölkerung rekrutiert – und zwar auf erblicher Basis – und ernährten sich aus den Erträgen staatlicher Ländereien. Das Heer nahm auch polizeiliche Aufgaben wahr. Die Befehlshaber der verschiedenen Truppeneinheiten waren in einem Generalsrat, dem *Chungbang*, zusammgefaßt, der sich später zu einem politischen Machtfaktor entwickeln sollte.

Militärisch gesichert und politisch stabil entwickelte sich Koryo im 11. und 12. Jahrhundert zu einem wirtschaftlich und kulturell blühenden Staatswesen. Die Landwirtschaft produzierte große Überschüsse an Reis, die in staatlichen Speichern gelagert wurden. Das Grundnahrungsmittel Reis diente auch als Steuerzahlungsmittel. Koreanische Seidenstoffe und Keramik entwickelten sich neben traditionellen Exportgütern wie Gold- und Silbererzeugnissen, Papier und Tierfellen zu begehrter Handelsware. Auch koreanischer Ginseng, eine ursprünglich aus China bekannte Heilpflanze, muß sich besonders in der Koryo-Zeit einen guten Ruf erworben haben. Denn die Koreaner nennen ihn heute noch *Koryo Insam*, obwohl die Verwendung von Koryo mit der Bedeutung »Korea« oder »koreanisch« sonst nicht üblich ist. Angelockt von dem reichhaltigen Warenangebot besuchten Scharen von chinesischen Händlern, hin und wieder sogar arabische Kaufleute, den Haupthandelshafen von Koryo, die Stadt Yesong an der Mündung des gleichnamigen Flusses ins Gelbe Meer. Den Händlern aus Koryo wiederum gewährte die südliche Sung-Dynastie Zollermäßigung in chinesischen Häfen, ein Zeichen bevorzugter Behandlung.

Im Laufe des 12. Jahrhunderts erfanden koreanische Kaufleute erstmals ein System der doppelten Buchführung – rund dreihundert Jahre früher als der italienische Franziskanermönch Pacioli.

Die größte künstlerische Leistung dieser Epoche war wohl die berühmte Koryo-Keramik, vor allem das feine Seladonporzellan mit der unnachahmlichen grün-blauen Glasur, das die Koreaner *Chongja* (blaues Porzellan) nennen. Ursprünglich aus Sung-China eingeführt, wurde diese Glasurtechnik von den Koreanern so verfeinert und weiterentwickelt, daß die koreanischen Seladone bald auch in China höher geschätzt wurden als die eigenen Erzeugnisse. Ein chinesischer Gelehrter jener Zeit nannte in einer Aufzählung der zehn großartigsten Dinge auf der Welt nur *ein* nicht chinesisches Erzeugnis – die »Geheime Farbe« von Koryo-Seladon. Aus den Gräbern der Koryo-Zeit konnten Zehntausende von Seladongefäßen geborgen werden. Die schönsten Exemplare befinden sich in verschiedenen öffentlichen und privaten Sammlungen in Süd- und Nordkorea sowie im Ausland, vor allem in Japan. Einen guten Überblick über die Vielfalt der Formen und Muster und die verschiedenen Entwicklungsphasen des Seladonporzellans – von klassisch schönen Gefäßen ohne Dekoration bis zum feinsten Unterglasurdekor in der von den Koreanern geschaffenen Einritz- und Einlegetechnik oder der die ganze Oberfläche mit unzähligen Rissen überziehenden Bruchmusterung – kann man sich im Nationalmuseum in Seoul verschaffen.

Die Kunst des Buchdrucks erlebte im Korea der Koryo-Zeit großen Aufschwung und schließlich den entscheidenden Durchbruch – mehr als zwei Jahrhunderte vor Johannes Gutenbergs bahnbrechender Tat. Man hat lange geglaubt, Tang-China sei der Wegbereiter der Druckkunst gewesen, als es wahrscheinlich im 8. Jahrhundert das Verfahren, mit Hilfe eines Druckstempels und Tinte einen Abdruck auf Papier herzustellen, erfand. Möglicherweise müssen sich die Chinesen diese Erfinderehre mit den Koreanern des Vereinigten Shilla-Reichs teilen. In den sechziger Jahren hat man in der Nähe von Kyongju eine gedruckte Sutra aus der ersten Hälfte des 8. Jahrhunderts entdeckt. Die über sechs Meter lange Schriftrolle war in eine aus dem Jahre 751 stammende Steinpagode des Pulguk-Sa eingemauert und gilt als das älteste erhaltene Druckschriftstück. Gedruckt wurde, damals wie später in Koryo, mit Holzplatten, in die Schriftzeichen eingeschnitzt waren.

Berühmt sind die bereits erwähnten *Tripitaka koreana*, eine Zusammenstellung aller damals bekannten und zugänglichen buddhistischen Schriften. Das 1251 fertiggestellte Mammutwerk war bereits das dritte seiner Art, nachdem zwei frühere Vorhaben der Zerstörung zum Opfer gefallen waren. Die Herstellung der ersten koreanischen *Tripitaka* mit Druckstöcken für 5048 buddhistische Schriften war 1021 begonnen worden und hatte sechzig Jahre gedauert. Ein zweiter Anlauf wurde 1086 unternommen.

Etwa seit dem 10. Jahrhundert wurden in Koryo in zunehmendem Maße auch die chinesischen Klassiker gedruckt. Im Zuge der von den Königen Kwangjong und Songjong betriebenen Ausrichtung des öffentlichen Lebens am chinesischen Vorbild wuchs der Bedarf an konfuzianischem Schrifttum, das die Grundlage der Ausbildung zum höheren Staatsbeamten darstellte.

Nachdem unter Kwangjong (958) das Prüfungssystem für höhere Staatsbeamte eingeführt worden war, baute König Songjong 992 die Zentrale Lehranstalt in der Hauptstadt zu einer nationalen Universität aus, die er *Kukchagam* nannte. Im Jahre 1101 wurde der Universität eine eigene Druckabteilung angegliedert. König Yejong (1106–1122) erweiterte die Universität, unterteilte die klassischen Studien in Sachbereiche und fügte neue Fachgebiete hinzu. Sein Nachfolger Injong (1123–1146) ließ in den Provinzstädten kleinere Schulen errichten, bei denen mehr die praktische Fachausbildung im Vordergrund stand. Buddhistische Tempelschulen sorgten für die elementaren Bildungsbedürfnisse der ländlichen Bevölkerung. Seit dem 11. Jahrhundert entstanden Privatschulen, die von ehemaligen Hofbeamten nach Beendigung ihres Staatsdienstes betrieben wurden.

Das Universitätsstudium endete mit dem Staatsexamen (Kwago). Es gab drei verschiedene Abschlüsse: ein literarisches Examen, bei dem Gedichte verfaßt und Aufsätze über aktuelle politische Fragen geschrieben wurden, eine Prüfung der Kenntnisse und des Verständnisses der konfuzianischen Schriften und Lehre sowie eine Art Fachexamen für Recht, Medizin, Arithmetik, Geographie oder Kalligraphie. Mit dem Fachabschluß erwarb der Student die Qualifikation eines Beamten der unteren Ebene; er war grundsätzlich allen freien Bürgern zugänglich. Für die beiden anderen Examen bestand dieser freie Zugang rein theoretisch, da ein erfolgreicher Abschluß einen so hohen Kenntnisstand der chinesischen Sprache voraussetzte, daß praktisch nur Angehörige der gebildeten Schichten – fast ausschließlich Adlige – dafür in Frage kamen. So förderte das Prüfungssystem die Herausbildung eines konfuzianisch geprägten Bildungsadels und bewahrte die Exklusivität dieser den Staat mehr und mehr durchdringenden Oberschicht.

Der Zugang zu den beiden erstgenannten Abschlußarten wurde streng überwacht und war zahlenmäßig auf jeweils dreißig erfolgreiche Kandidaten begrenzt. Sie erhielten ihr Abschlußdiplom aus der Hand des Königs und wurden mit einem entsprechenden Posten und einer Landzuweisung belohnt. Bis zum Ende der Koryo-Dynastie hatten die literarische Prüfung ungefähr 6200 Kandidaten bestanden, das schwierigere konfuzianische Examen nur rund 450 Prüflinge.

Koryos blühende Buchdruckkunst kam auch der Entwicklung einer eigenen koreanischen Literatur zugute, wenngleich Schriftsprache das Chinesische war und chinesische Vorbilder Darstellungsform und inhaltliche Gestaltung anfänglich stark beeinflußten. Größere Eigenständigkeit zeigt die in der Koryo-Zeit beliebte Form des lyrischen oder balladenartigen Langgedichts (Changga). Zwei bereits erwähnte – berühmte »Sachbücher« sind sind aus der Koryo-Zeit erhalten geblieben: das *Samguk Sagi* und das *Samguk Yusa*. Das *Samguk Sagi* wurde im Jahre 1145 von dem konfuzianischen Gelehrten und Hofbeamten Kim Pu Shik (1075–1151) und einigen seiner Zeitgenossen im Stil einer chinesischen Geschichtschronik geschrieben. In seinen fünfzig Kapiteln finden sich neben der chronologischen Darstellung der drei Königreiche Koguryo, Paeckche und Shilla Aufsätze über konfuzianische und buddhistische Riten, das Zeremoniell bei Hofe, über Musik, Kleidung, Fahrzeuge, Häuser und Georgraphie. Außerdem enthält dieses älteste noch vorhandene Geschichtsbuch Koreas – dessen historische Zuverlässigkeit allerdings von sehr unterschiedlicher Qualität ist – eine schematische Darstellung des Verwaltungsapparates sowie Lebensläufe bedeutender Personen. Das schon mehrfach zitierte *Samguk Yusa* ist in den Jahren 1281 bis 1283 entstanden und im wesentlichen von dem buddhistischen Mönch und Gelehrten

Ilyon (1206–1289) verfaßt worden. Doch beruht der überlieferte Text auf Druckstöcken aus dem Jahre 1512.

Das *Samguk Yusa* ist noch mit Hilfe geschnitzter Holzplatten gedruckt worden, obwohl die Koreaner zu jener Zeit bereits den Buchdruck mit beweglichen Lettern aus gegossenem Metall erfunden hatten. Die genauen Anfänge dieser epochalen Erfindung liegen im dunkeln, auch hatten die Chinesen zuvor, wenngleich erfolglos, mit beweglichen Lettern aus Ton experimentiert. In Korea war die neue Technik spätestens 1232 in Gebrauch; dieses Datum wird von der koreanischen Geschichtswissenschaft als die Geburtsstunde der modernen Buchdruckkunst angesetzt. Von dort gelangte sie bald nach Sung-China. Das älteste mit der neuen Technik gedruckte Buch, ein buddhistischer Klassiker mit dem Titel *Chikchi Shimgyong*, befindet sich in der französischen Nationalbibliothek in Paris und wurde dort in den siebziger Jahren unseres Jahrhunderts von koreanischen Wissenschaftlern entdeckt. Auf dem Schlußblatt des Buches ist vermerkt, daß es mit beweglichen Metallbuchstaben während der Regierungszeit des Königs Woo von Koryo in der königlichen Druckerei auf dem Gelände des Hungdok-Tempels gedruckt worden ist, und zwar nach westlicher Umrechnung im Jahre 1337.

Die herausragenden kulturellen Leistungen von Koryo sind zu einer Zeit entstanden, da die politischen Verhältnisse im Lande nicht mehr die gewohnte Stabilität aufwiesen. Frühe Krisenzeichen gab es bereits in der ersten Hälfte des 12. Jahrhunderts, als Intrigen eines mächtigen Provinzfürsten gegen König Injong 1126 die politischen Ambitionen einer Gruppe unter Führung des buddhistischen Mönches Myochong weckte, die mit der konfuzianischen Hofkamarilla einen Machtkampf provozierte. Als Myochong anno 1135 in Sogyong (der westlichen Hauptstadt) ein selbständiges »Kaiserreich« ausrief, besorgte der schon genannte Kim Pu Shik die Niederschlagung des Aufstands, so daß der Hof bald wieder fest in der Hand der Konfuzianer war. Wie kein anderer verkörperte Kim Pu Shik den Führungstyp der chinesisch geprägten Oberschicht: hochangesehener konfuzianischer Gelehrter, einflußreicher politischer Hofbeamter und zugleich, obwohl der Herkunft nach Zivilist, ein erfolgreicher Heerführer.

Doch der Glanz dieser Epoche hielt nur noch eine Generation. Der wegen ihrer Zurücksetzung durch die Zivilisten aufgestaute

Ärger der Militärs entlud sich 1170 in einem Putsch, in dessen Gefolge das gesamte bisherige Regierungssystem umgestülpt wurde. Der König mußte zugunsten seines Bruders abdanken, die Militärs besetzten alle Ämter und Posten, und der Offiziersrat Chungbang übernahm die Regierung.

Zwischen den rivalisierenden Militärs brachen alsbald offene Machtkämpfe aus, die sich über Jahre und Jahrzehnte hinzogen und erst zur Ruhe kamen, als einer von ihnen, Choe Chung Hon, im Jahre 1196 das Heft in die Hand nahm. Die Militärherrscher aus dem Hause Choe, die sich bis 1258 an der Macht hielten, entwickelten selber keinerlei Ehrgeiz auf den Thron, sondern begnügten sich damit, das Königshaus nach ihrem Belieben zu manipulieren.

Die Mongolen kommen

Seit Koryo im frühen 11. Jahrhundert mit dem Khitan-Reich Liao Frieden geschlossen und sein Staatsgebiet mit einer Schutzmauer gesichert hatte, herrschte an der Nordgrenze einige Jahrzehnte lang Ruhe. Doch gegen Ende des Jahrhunderts begann sich hoch im Norden, aus der oberen Flußebene des Sungari in der Mandschurei heraus, ein aggressiver Jurdschen-Stamm zu regen, die Wenyen. Im Jahre 1104 fielen sie in Koryo ein und schlugen das ihnen entgegentretende Heer vernichtend. Erst drei Jahre später gelang es dem von König Yejong in Pyongyang zusammengestellten Expeditionskorps, die Wenyen vorübergehend wieder zu vertreiben. Nach weiteren Grenzkämpfen aber entschloß sich Koryo, Frieden zu machen. Nun wandten sich die Jurdschen-Heere gegen Liao. Anno 1115 rief Jurdschen-Führer Wu Yu Tzu (auch Akuta genannt) ein eigenes Kaiserreich namens Chin aus, das unverzüglich Liao mit Krieg überzog und – mit Unterstützung von Sung-China – innerhalb eines Jahrzehnts vernichtete. Als nächstes griff das Chin-Reich 1126 China an, zerstörte die Sung-Hauptstadt Kaifeng und nahm den Kaiser gefangen. Doch konnte ein Bruder des Kaisers nach Süden entkommen, wo er im folgenden Jahr in Hangchou eine neue Hauptstadt begründete. Dieses chinesische Reich wird als südliches Sung bezeichnet, die frühere Phase der Dynastie bis zur Eroberung von Kaifeng als nördliches Sung.

Die Beziehungen zwischen den Nachbarstaaten Sung, Chin und Koryo sind von Interesse, weil sie einiges über die relative Machtstellung von Koryo sagen. Im Friedensvertrag von 1141, der den Kriegszustand zwischen Chin und Sung beendete, wird die südliche Sung-Dynastie eindeutig als Vasall eingestuft und das Chin-Reich als Herr. Koryos Beziehungen zum Chin-Reich waren und blieben abweisend. Immerhin konnte Chin seine koreanischen Nachbarn zwingen, ihre offiziellen Beziehungen zur südlichen Sung-Dynastie abzubrechen. Gleichwohl blühten, wie schon dargestellt, Koryos Handels- und Kulturbeziehungen zu Sung-China, wobei anders als zur Zeit der Tang-Dynastie und des Königreichs Shilla – als vorwiegend die Koreaner nach China reisten – nun vielfach chinesische Kaufleute und Gelehrte nach Koryo kamen. Koryo war der Juniorrolle entwachsen. Den nachfolgenden Absturz in die mongolische Fremdherrschaft aber teilte es mit China.

In den Mongolen erwuchs den Koreanern – und Chinesen – im 13. Jahrhundert ein neuer und viel gefährlicherer Feind als es die Khitan und Jurdschen gewesen waren. Zu Beginn des 13. Jahrhunderts schickten sich die mongolischen Stämme unter ihrem Führer Dschingis Khan an, mit einem Reiterheer von vielleicht 250000 Soldaten die Welt zu erobern. Tatsächlich gelang es, im Laufe weniger Jahrzehnte eines der größten Reiche zu errichten, das die Weltgeschichte kennt. Es umfaßte ganz Zentralasien und erstreckte sich von Korea über China bis nach Südrußland und Persien.

In Ostasien wandten sich die Mongolen zuerst nach Süden gegen das Chin-Reich, eroberten 1215 dessen letzte Hauptstadt, das heutige Peking, und bis 1234 das ganze Reich. Koryo wurde zunächst verschont, leistete aber erstmals Tributzahlungen bis 1224, als die Koreaner einen Abgesandten des mongolischen Hofes töteten, was den Abbruch aller Beziehungen zur Folge hatte. Die Quittung bekam Koryo mit einiger Verzögerung, weil die Mongolen ihre Kräfte auf den 1227 begonnenen Eroberungskrieg gegen die südliche Sung-Dynastie in China konzentrierten. 1231 schlug die Stunde der Abrechnung. Ein Mongolenheer unter Salita fiel in Koryo ein und drang bis zur Hauptstadt Kaegyong vor. Mit einem Berg Geschenke gelang es dem Königshof, die Mongolen zum Abzug zu bewegen. Doch hinterließ Salita in den nordwestlichen Grenzprovinzen eine Anzahl mongolischer Statthalter.

In der richtigen Erwartung, daß die Mongolen wiederkommen würden, ordnete die Militärregierung unter Choe Ui die Verlegung der Hauptstadt auf die Insel Kanghwa vor der Einmündung des Han ins Gelbe Meer an. Tatsächlich führte Salita seine Truppen 1232 erneut nach Koryo. Doch war das völlig seeuntüchtige Mongolenheer nicht in der Lage, zu der kaum einen Kilometer – bei Ebbe sogar nur hundert Meter – vom Festland entfernten Insel überzusetzen. Während seine Truppen plündernd durchs Land zogen, wurde Salita vom Pfeil eines koreanischen Mönchsoldaten tödlich getroffen. Seines Führers beraubt zog das Mongolenheer unverrichteterdinge wieder ab.

Unter anderen Führern und mit neuen Heeren fielen die Mongolen in der Folgezeit fast jährlich über Koryo her und plünderten das einst blühende Land völlig aus. Kanghwa blieb uneinnehmbar. Die Lage änderte sich erst, als sich innerhalb der Koryo-Regierung die Machtverhältnisse verschoben. Dort hatten die Zivilbeamten wieder an Einfluß gewonnen und befürworteten eine Kapitulation, um den Krieg zu beenden. Sie konspirierten erfolgreich für die Wiederherstellung der königlichen Autorität. Im Jahre 1258 wurde Choe Ui, der letzte Regierungschef aus der Choe-Sippe, ermordet und König Kojong in seine alten Rechte eingesetzt. Zum Friedensschluß kam es aber erst unter seinem Nachfolger König Wonjong (1260–1274), der 1264 bei Kublai Khan um Frieden nachsuchte. Als Unterpfand seiner Vertragstreue entsandte der König seinen ältesten Sohn an den Mongolenhof.

Die Militärs zu Hause aber hatten sich mit der neuen Lage nicht wirklich abgefunden und setzten 1269 König Wonjong ab, der in ihren Augen nun ein Verbündeter der Mongolen war. Daraufhin schickte Kublai Khan den koreanischen Kronprinzen mit einem mongolischen Heer nach Koryo und verhalf Wonjong zur Rückkehr auf den Thron. Es war das erste Mal in historischer Zeit, daß ein koreanischer König seinen Thron einer auswärtigen Macht zu verdanken hatte. Damit war ein problematischer Präzedenzfall geschaffen worden.

Anders als in China – wo Kublai Khan sich 1280 unter dem Namen Yüan Shih Tsu zum Kaiser ausrufen ließ und die Yüan-Dynastie begründete – begnügten sich die Mongolen in Koryo damit, ihre Herrschaft indirekt auszuüben. Während ihres vierzigjährigen Kampfes gegen die Koreaner hatten sie auch einige Gebiete direkt annektiert, vor allem die grenznahen Provinzen im Norden von Koryo, aber auch Cheju-Do im Süden. Die Insel war den Mongolen als Stützpunkt für die geplante Eroberung Japans wichtig.

Die Teilnahme an den beiden Eroberungszügen gegen Japan wurde Koryo sehr direkt aufgezwungen. Ein Ivasionsheer von 40 000 Mann, darunter 15 000 Koreaner, stach 1274 von der südkoreanischen Küste aus in See. Die 900 Schiffe der riesigen Kriegsflotte hatten die Koreaner bauen müssen. Die mongolisch-koreanischen Truppen zerstörten zunächst die japanischen Stützpunkte auf Tsushima und Iki und landeten dann im Gebiet des heutigen Fukuoka, an der Nordküste von Kyushu. Ein Taifun kam

den Verteidigern zu Hilfe und zerstörte einen Großteil der Invasionsflotte, woraufhin die Mongolen ihren Eroberungsversuch abbrachen.
Im Jahr 1280, nach der endgültigen Unterwerfung Chinas, kamen die Mongolen auf ihre Japan-Ambitionen zurück und errichteten in Kaegyong eine Außenstelle für die »Eroberung des Ostens«. Koryo-König Chungyol (1275–1308) mußte persönlich die Leitung übernehmen. Die zweite Japaninvasion 1281 wurde gleichzeitig von südchinesischen und südkoreanischen Häfen aus unternommen, wobei Cheju-Do als Vorposten diente. Es war eine gigantische Operation. Die mongolisch-koreanische Armada bestand aus 4400 Schiffen, die ein Invasionsheer von 140 000 Mann gen Japan trug. Fast zwei Monate lang tobten die Kämpfe. Dann griffen die Naturgewalten ein: Zum zweitenmal zerstörte ein Taifun die feindliche Flotte. Die Japaner nannten ihn erleichtert *Kamikaze* (Wind der Götter).

Trotz der beiden Mißerfolge blieb das Amt zur Eroberung des Ostens weiter bestehen und verwandelte sich im Laufe der Jahre von einer Außenstelle der Mongolen in Koryo in eine Art Nebenregierung. Über sie konnte man unter Umgehung der eigenen Regierung Kontakt zum mongolischen Hof in Peking aufnehmen – für die Mongolen eine ideale Möglichkeit, rivalisierende Interessen in Koryo gegeneinander auszuspielen.

Zur Kontrolle von Koryo bedienten sich die Mongolen einer Reihe indirekter Herrschaftsinstrumente von beträchtlicher Wirksamkeit. So wurde die Heirat koreanischer Thronfolger mit mongolischen Prinzessinnen institutionalisiert. Die Kronprinzen von Koryo, die von Kindheit an bis zu ihrer Inthronisierung am Hof in Peking zu leben hatten, befanden sich praktisch ihr Leben lang unter mongolischer Kontrolle. Durch diese kombinierte Heirats- und Geiselpolitik wurde das koreanische Königshaus »mongolisiert« und demoralisiert.

Von Koryo zu Choson

Hatten die Mongolen zuerst Peking und große Teile Chinas erobert, bevor es ihnen gelang, auch Korea zu unterwerfen, befreite der Sturz der Yüan-Dynastie im Jahre 1368 zugleich Koryo vom Joch der fremden Herren. Die Mongolen zogen sich in ihr Ursprungsland zurück, wo sie die nördliche Yüan-Dynastie begründeten, die nur einige Jahrzehnte fortbestand.

Koryo-König Kongmin (1352–1374) nutzte den sich abzeichnenden Machtverfall der Yüan-Dynastie, um den mongolischen Einfluß Schritt für Schritt zurückzudrängen. Als erstes löste er das Amt zur Eroberung des Ostens auf, stellte die alten koreanischen Regierungsämter wieder her und säuberte Verwaltung und Militär von mongolentreuen Führungskräften. 1356 begannen die Koryo-Truppen damit, die mongolischen Garnisonen in den grenznahen Provinzen zu vertreiben, und gewannen schließlich den größten Teil der Nordostgebiete bis hinauf zum alten Grenzfluß Yalu zurück. Bei diesen militärischen Aktionen tat sich ein Offizier namens Yi Cha Chun besonders hervor. Zum Dank ernannte Kongmin ihn zum neuen Militärkommandeur der Region. Yis Sohn, Yi Song Kye, sollte später die koreanische Yi-Dynastie begründen. Als die Yüan-Dynastie in Peking stürzte, schickte Kongmin unverzüglich ein Heer unter Yi Song Kye über den Yalu hinweg nach Norden. Die Koryo-Truppen eroberten bis 1379 fast die gesamte Liaotung-Halbinsel, die früher einmal zum Gebiet von Koguryo gehört hatte, konnten sich dort jedoch auf Dauer nicht halten.

Daheim war Kongmin letzten Endes nicht stark genug, den durch die Mongolen groß gewordenen Teil des koreanischen Adels vollends zu entmachten. Der letzte bedeutende Monarch dieser Dynastie fiel einem Attentat zum Opfer. Als willfähriges Werkzeug setzte man seinen zehnjährigen Sohn auf den Thron.

Neben internen Konflikten hatte Koryo in diesen Jahren unter einem lästigen äußeren Feind zu leiden – den Seeräubern aus Japan. Mitte des 14. Jahrhunderts entwickelten sich diese *Waegu* (japanisch Wako) für Korea – und die chinesischen Küstenregionen – zu einer ständigen Landplage. Die Koryo-Regierung entsandte ab 1366 insgesamt vier Missionen nach Japan, um die dortigen Machthaber zu einem Eingreifen zu veranlassen. Doch gab es in Japan damals praktisch keine Zentralregierung, das Land befand sich im Bürgerkrieg. Allein in den dreizehn Jahren, als der Sohn des ermordeten Kongmin König von Koryo war, zählten die Koreaner nicht weniger als 378 Wako-Überfälle. Die japanischen Piraten benutzten Tsushima als Stützpunkt. Ihre Angriffe nahmen zusehends kriegsmäßige Formen an und beschränkten sich bald nicht mehr nur auf die Küsten. Entlang den Flußläufen drangen sie erst zu Hunderten und später zu Tausenden immer tiefer ins Landesinnere ein. Zeitweilig besetzten sie die Insel Kanghwa vor der Han-Mündung und bedrohten sogar die Koryo-Hauptstadt Kaegyong.

Erst mit Hilfe neuer Waffen konnten sich die Koreaner der Wako-Plage erwehren. Die Kenntnis von dem in China offenbar schon in vorchristlicher Zeit bekannten Schießpulver war spätestens während der Koryo-Dynastie nach Korea gelangt, doch wußten die Koreaner nicht, wie man es herstellt. Choe Mu Son, dem Sohn eines Staatsbeamten, gelang es, das von den Chinesen sorgfältig gehütete Geheimnis zu entschlüsseln. Choe entwickelte eine Reihe von Waffen und wurde 1377 zum Leiter des Amtes zur Herstellung von Feuerwaffen bestellt. Hier wurden vermutlich die ersten mit Feuerwaffen ausgestatteten Kriegsschiffe der Welt gebaut. Mit seiner modern ausgerüsteten Kriegsflotte konnte Koryo 1380 vor der Mündung des Kum-Flusses ungefähr fünfhundert japanische Piratenschiffe vernichten. Das war die Wende im Krieg gegen die Wako. Als die Koryo-Flotte 1389 auch den Piratenstützpunkt auf Tsushima zerstörte, hatten die Koreaner eine Zeitlang Ruhe vor den japanischen Eindringlingen. Neben Choe Mu Son, der bei der Seeschlacht von 1380 zum stellvertretenden Befehlshaber der Koryo-Flotte ernannt worden war, zeichnete sich Yi Song Kye im erfolgreichen Kampf gegen die Japaner besonders aus.

Yi, inzwischen einer der mächtigsten Heerführer in Koryo mit seiner eigenen schlagkräftigen Privatarmee, spielte in den Auseinandersetzungen um Koryos Verhältnis zu China eine Schlüsselrolle. Die neue Ming-Dynastie in Peking hatte die mongolenfeindliche Politik von König Kongmin begrüßt und bald Beziehungen zu Koryo aufgenommen. Diese Haltung schlug schnell in Feindseligkeit um, als nach Kongmins Ermordung der am Hof von Kaegyong wieder zu Macht gekommene promongolische Adel Kontakte zur nördlichen Yüan-Dynastie anknüpfte. Kaiser Ming Tai Tzu weigerte sich, den neuen König von Koryo anzuerkennen und schickte sich an, über den Yalu nach Süden vorzudringen und die Nordostgebiete zurückzuerobern. Dem suchte Koryo durch einen erneuten Einmarsch in die chinesische Halbinsel Liaotung zuvorzukommen. Zwei Heere brachen im Frühjahr 1388 nach Norden auf, eines davon unter dem Kommando von Yi Song Kye.

Heerführer Yi hielt nichts von einem Feldzug gegen China. Nachdem er zunächst dem Marschbefehl Folge geleistet hatte, vollzog Yi Song Kye am Grenzfluß Yalu eine Kehrtwendung und marschierte zurück gegen die eigene Hauptstadt. Er zwang den König zugunsten von dessen Sohn auf den Thron zu verzichten, und vertrieb den promongolischen Hofadel aus der Regierung. Mit Hilfe seiner neokonfuzianischen Berater machte sich der neue starke Mann daran, die überfällige Landreform durchzusetzen und die darniederliegende Wirtschaft wiederaufzubauen. Die alten Landregister wurden verbrannt, und nachdem Yi den Oberbefehl über die reorganisierte Armee übernommen und seine beiden wichtigsten Berater, Chong To Chon und Cho Chun, zu seinen Stellvertretern ernannt hatte, wurde 1391 das Reformgesetz verkündet. Im Jahr darauf folgte der bereits vollzogenen Machtübernahme die Krönung: König Kongyang wurde zur Abdankung gezwungen und Yi Song Kye usurpierte den Thron.

Die konfuzianische Yi-Dynastie

Yi Song Kye war der erste von insgesamt 27 Königen dieser bis 1910 – dem Jahr der Annexion Koreas durch Japan – regierenden Dynastie und wird gewöhnlich Taejo genannt wie Wang Kon, der Begründer des Koryo-Reiches. König Taejo aus der Yi-Dynastie kann auch als Yi Taejo identifiziert werden.

Seine Weigerung gegen Ming-China in den Krieg zu ziehen, hatte Yi Song Kye in Koryo an die Macht gebracht. So kann es nicht überraschen, daß er sich sogleich um die Herstellung guter Beziehungen zur Ming-Dynastie bemühte. Kaiser Ming Tai Tzu hatte seine Pläne zur Eroberung der koreanischen Grenzprovinzen fallengelassen, bezweifelte allerdings die Legitimation der neuen Yi-Dynastie. Taejo schickte eine Gesandtschaft mit kostbaren Geschenken nach Peking und ersuchte den Kaiser, unter zwei Vorschlägen einen Namen für das neue Königreich in Korea zu wählen – Choson oder Hwaryong. Nach den diplomatischen Gepflogenheiten jener Zeit erklärte der König damit seine Bereitschaft, sich und sein Land der chinesischen Oberhoheit zu unterstellen und die unterbrochenen Tributzahlungen wiederaufzunehmen. Der Kaiser entschied sich für Choson und gewährte dadurch der Yi-Dynastie die gewünschte Anerkennung. Hwaryong (Yonghung in Nordkorea) war der Name des Geburtsorts von König Taejo.

Taejo, mit 57 Jahren König geworden, blieb nur sechs Jahre (1392–1398) auf dem Thron, bevor er abdankte und sich in ein buddhistisches Kloster zurückzog. In dieser kurzen Zeitspanne –zu der man noch die vier Jahre seit der Machtübernahme hinzurechnen muß – wurden die Weichen für eine tiefgreifende Umwälzung in der koreanischen Geschichte gestellt, deren Auswirkungen noch heute überall im Lande zu spüren sind: Die Entmachtung des Buddhismus als Institution und Lehre sowie die Neuordnung von Staat und Gesellschaft nach neokonfuzianischen Vorstellungen.

Auch die früheren koreanischen Dynastien hatten ihre staatliche und gesellschaftliche Ordnung in vielfältiger Weise in Anlehnung an chinesische – konfuzianische – Vorbilder gestaltet.

Doch stand diesen Einflüssen als mächtiges Gegengewicht der Buddhismus gegenüber, dessen Lehre und Institutionen von vielen koreanischen Königen ganz bewußt als Herrschaftsinstrumente eingesetzt worden waren. Im Laufe der Jahrhunderte hatte sich im Verhältnis zum Konfuzianismus eine Art »Arbeitsteilung« herausgebildet, die der Gelehrte und Hofbeamte Choe Sung No gegen Ende des 10. Jahrhunderts folgendermaßen umschrieben hat: »Die Ausübung des Buddhismus dient der geistigen Erziehung, und die Ausübung des Konfuzianismus dient dem Regieren des Staates. Die geistige Erziehung bereitet den Menschen auf das Jenseits vor, und den Staat zu regieren, ist eine Sache des Hier und Heute.«

Die Koexistenz der beiden Geistesschulen wurde bereits in der Endphase der Koryo-Dynastie erschüttert. Eines der Ziele des Landreformgesetzes von 1391 war es gewesen, die Macht der buddhistischen Klöster zu brechen. Das Gesetz aus der Feder von Cho Chun, einem der beiden engsten Berater Yis, bestimmte, daß der umfangreiche Landbesitz aller Klöster, deren Gründung nicht staatlich sanktioniert worden war – und das war die Mehrzahl –, vom Staat beschlagnahmt wurde. Etwa gleichzeitig mit Chos Landreform eröffnete Chong To Chon, Rektor der staatlichen Universität und der zweite Hauptberater von Yi Song Kye, den Frontalangriff gegen die buddhistische Lehre, die er als abergläubisch und schädlich diffamierte. Der Buddhismus verdumme das Volk und führe die Welt in die Irre.

Cho Chun und Chong To Chon waren überzeugte Neokonfuzianer. Sie verfochten die Lehren des Konfuzius – den die Koreaner Kongja nennen – in der vom chinesischen Philosophen Chu Hsi (1130–1200) zu einem systematischen Denkgebäude mit metaphysischen Bezügen weiterentwickelten Form. Der Kern dieser Lehre, die im 13. Jahrhundert nach Korea gelangt war und bis ins 19. Jahrhundert die alles beherrschende Weltanschauung blieb, ist die Wechselbeziehung zwischen Sein und Sollen, die durch die beiden chinesischen Grundbegriffe *chi* und *li* ausgedrückt wird. *Li* ist der anzustrebende Zustand der Vollkommenheit, der als eine Art Urprinzip allen Dingen, Lebewesen und vor allem den Menschen innewohnt, gewissermaßen ihr eigentliches Wesen darstellt, während *chi* den konkreten unvollkommenen Zustand, die mit Mängeln behaftete jeweilige Erscheinungsform, bezeichnet.

Aus dem Spannungsverhältnis zwischen diesen beiden Kräften werden anhand von Beispielen aus der chinesischen Frühgeschichte Verhaltensmuster für alle Lebenslagen abgeleitet und in einer voluminösen Kommentar-Literatur immer weiter entwikkelt. Auch der Staat muß sich moralisch verhalten und sich in der Tagespolitik ebenso wie bei grundlegenden Reformen ständig bemühen, seinem *li* möglichst nahe zu kommen. Könige oder Kaiser herrschen nicht absolut. Ihr Handeln ist an den konfuzianischen Lehrsätzen zu messen, wie sie von den schriftgelehrten Hofbeamten ausgelegt werden. Soweit die Theorie.

Yi Song Kye hat als König die Politik der Entmachtung des Buddhismus konsequent weitergeführt. Die den Klöstern nach der Landreform verbleibenden Ländereien, bislang steuerfrei, wurden nun der Besteuerung unterworfen und für die Priesterweihe buddhistischer Mönche ein staatliches Zulassungsverfahren vorgeschrieben. Zugleich führte die Regierung eine Vielzahl konfuzianischer Riten ein und machte die Errichtung von Hausaltären zur Ahnenverehrung für jedermann zur Pflicht. Die Begräbnissitten wurden neu geordnet – insbesondere die buddhistische Totenverbrennung abgeschafft – sowie Ehe- und Familienverhältnissen das strenge Reglement der konfuzianischen Lehre auferlegt. Das Heiratsverbot unter Verwandten und Versippten wurde stark ausgeweitet, Polygamie und die Wiederheirat von Witwen erschwert. Die Verschärfung der hierarchischen Ordnung innerhalb der Familie – der Jüngere sollte dem Älteren gehorchen, die Frau dem Manne untertan sein – hatte auch eine spürbare Verschlechterung der Stellung der Frau zur Folge.

Es entbehrt nicht einer gewissen Ironie, daß derselbe König, der den Buddhismus in Korea vom Podest einer Quasi-Staatsreligion gestürzt hatte, am Ende seines Lebens in einem buddhistischen Kloster Zuflucht suchte. Die antibuddhistische Politik wurde indes von Taejos Söhnen fortgesetzt und verschärft. König Taejong (1401–1418) tat sich dabei besonders hervor. Er verfügte die Auflösung aller Klöster mit Ausnahme jener 242, die durch förmliche Zulassung legitimiert waren, und verbannte die buddhistischen Mönche aus den Städten. Deshalb liegen in Korea bis auf den heutigen Tag so viele buddhistische Tempel tief in den Bergen versteckt. Das Vermögen der aufgelösten Klöster wurde zugunsten des Staates eingezogen, buddhistische Schriften verbrannt und wohl auch viele buddhistische Kunstwerke zerstört. Manches konnte vor dem staatlichen Zugriff bewahrt und nach Japan in Sicherheit gebracht werden, wo sich heute mehr buddhistische Kunstschätze aus Koryo befinden als in Korea.

König Sejong reduzierte die Vielfalt der buddhistischen Sekten auf zwei (Son und Kyo), ließ über zweihundert Tempel und Klöster schließen und setzte den übriggebliebenen enge Grenzen für ihren Landbesitz und die zulässige Zahl von Leibeigenen. Gegen Ende seines Lebens kehrte auch dieser König reuevoll zum Buddhismus zurück und ließ sogar – trotz heftigster Proteste der konfuzianischen Hofbeamten – auf dem Gelände des Königspalasts einen buddhistischen Tempel errichten. Unter den späteren Herrschern der Yi-Dynastie sind besonders König Sejo (1455–1468) und Königin Yun Munjong (1545–1553 Regentin für ihren minderjährigen Sohn, danach bis zu ihrem Tode 1565 weiterhin sehr einflußreich bei Hofe) als Förderer des Buddhismus hervorgetreten, der vorübergehend wieder etwas aufblühte. Die im öffentlichen Leben vorherrschende Rolle des Konfuzianismus blieb davon unberührt. Der Buddhismus überlebte vorwiegend als »private« Religion weltabgewandter Frömmigkeit und Gelehrsamkeit sowie als Tröster der vom Konfuzianismus gesellschaftlich zurückgesetzten Frauen. Außerdem dienten die buddhistischen Klöster und Tempel so manchem politisch Verfolgten als Zufluchtsstätte – und tun das zum Teil heute noch.

Im konfuzianischen Choson-Staat der Yi-Dynastie wurden Ordnung und überschaubare Verhältnisse groß geschrieben. So verfügte bereits König Taejong im frühen 15. Jahrhundert für alle männlichen Bürger ab dem 16. Lebensjahr die Ausweispflicht. Die hölzernen Ausweistafeln (Hopae) waren ständig mitzuführen und enthielten Angaben wie Namen, Geburtsdatum, Standeszugehörigkeit und Wohnsitz des Inhabers. Die Maßnahme sollte sicherstellen, daß die Bauern nicht ihre Dörfer verließen und dienstpflichtige Männer jederzeit zu Fronarbeit und Wehrdienst herangezogen werden konnten. Dank Taejong kann sich Korea rühmen, einer der Pioniere des modernen Polizeistaates zu sein. Auch diese Tradition ist ungebrochen, und zwar, wenn auch in unterschiedlichem Maße, auf beiden Seiten des 38. Breitengrades.

Taejo und Taejong kommt das Verdienst zu, Seoul zur Hauptstadt von Korea gemacht zu haben. Alsbald nach Begründung der

Yi-Dynastie wurde beschlossen, im Gebiet von Hanyang am Han-Fluß einen neuen Königspalast samt den erforderlichen Befestigungsanlagen zu bauen. Als frühestes Datum für den Einzug König Taejos und seines Hofstaats wird das Jahr 1394 genannt, manche Quellen sprechen auch von 1395 oder 1396. Taejos Sohn und Nachfolger Chongjong ist bereits 1399 wieder in die alte Koryo-Hauptstadt zurückgekehrt. Erst nachdem dessen jüngerer Bruder zwei Jahre später als König Taejong den Thron bestiegen hatte, fielen die Würfel endgültig zugunsten von Hanyang, dem heutigen Seoul.

Hangul – eine »Volksschrift«

Von den Königen der Yi-Dynastie gilt vielen Koreanern Sejong als der Größte; nicht, weil er große Eroberungskriege geführt oder viele siegreiche Schlachten geschlagen hätte, sondern wegen der bahnbrechenden kulturellen und bedeutenden administrativen Leistungen während seiner gut dreißigjährigen Regierungszeit (1418–1450). Besonderes Augenmerk verdient eine kulturelle Großtat, deren Konsequenzen erst in diesem Jahrhundert voll wirksam geworden sind: die Erfindung einer eigenen koreanischen Schrift.

Wer an deutschen Hochschulen Koreanisch studieren will, wird gewöhnlich an die sinologische Abteilung verwiesen. Nun sind zwar Koreanisch und Japanisch eng miteinander verwandt, doch haben beide Sprachen mit dem Chinesischen ursprünglich nichts zu tun. Mit der Übernahme der chinesischen Schriftzeichen wurden auch sprachliche Elemente aus dem Chinesischen in Korea und Japan aufgenommen, vor allem in den Wortschatz.

Koreaner und Japaner haben auf der Grundlage chinesischer Schriftzeichen im Laufe der Jahrhunderte verschiedene Schreibweisen entwickelt, um die vom Chinesischen stark abweichenden Laute und Formen der eigenen Sprache besser ausdrücken zu können. Hierzu zählen die koreanischen Idu-, Hyangchal-, und Kugyol-Systeme und die japanischen Kana-Schriften. Während die beiden phonetischen Silbenschriften der Japaner, Katakana und Hiragana, vereinfachende Ableitungen aus chinesichen Schriftzeichen darstellen und heute in der Regel zusammen mit diesen in einer komplexen Mischschrift verwendet werden, ist das koreanische Hangul eine völlig eigenständige Neuentwicklung, die, von König Sejong veranlaßt, am 9. Oktober 1446 dem Volk übergeben wurde. Zur Erinnerung an dieses Ereignis hat Südkorea den 9. Oktober zum gesetzlichen Feiertag erklärt. Die moderne Stadthalle von Seoul heißt nach diesem König »Sejong Kulturzentrum«. Und im Park des Toksu-Palasts zeigt ein Denkmal *Sejong Taewang* (König Sejong den Großen), wie er, auf seinem Thron sitzend, ein aufgeschlagenes Buch auf den Knien, die rechte Hand belehrend erhebt. Das Buch enthält die umfangreichen Erläuterungen, mit denen das Hangul-Alphabet dem koreanischen Volk vor über fünfhundert Jahren vorgestellt wurde. Im Vorwort des königlichen Erlasses legt Sejong seine Motive dar:

»Die Laute unserer Sprache unterscheiden sich von denen Chinas und lassen sich nicht einfach in die chinesische Schrift übertragen. Wenn daher einer meiner unwissenden Untertanen den Wunsch hat, seine Gedanken auszudrücken, so ist er dazu in vielen Fällen am Ende nicht in der Lage. Aus Mitgefühl mit unserem Volk haben wir eine neue Schrift aus 28 Buchstaben erfunden, auf daß ein jeder sie leicht erlernen und zum eigenen Nutzen im täglichen Leben anwenden kann« (Ki-Baik Lee, *A New History of Korea*).

Die Hangul-Schrift ist sprach- und kulturgeschichtlich von besonderem Interesse, weil sie systematisch, nach wissenschaftlichen Gesichtspunkten, entwickelt worden ist. Im Entwurf der einzelnen Buchstaben fanden zum Beispiel die verschiedenen Stellungen der Lippen und anderen menschlichen Sprechwerkzeuge bei der Aussprache der entsprechenden Laute Berücksichtigung. Ursprünglich bestand das koreanische Alphabet aus 17 Konsonanten und 11 Vokalen. In der heute gebräuchlichen Standardisierung von 1933 gibt es nur noch 24 Grundbuchstaben – 14 Konsonanten und 10 Vokale –, aus denen weitere 15 Buchstaben zusammengesetzt werden. Mit diesen insgesamt 39 Schriftzeichen lassen sich alle Laute der koreanischen Sprache erfassen. Obwohl Hangul eigentlich eine Buchstabenschrift ist, werden in der Regel zwei, drei oder vier Buchstaben über- oder nebeneinander zusammengeschrieben, die so entstehenden Buchstabenblöcke entsprechen koreanischen Silben. In diesem Sinne kann Hangul auch als eine Art Silbenschrift angesehen werden. Über den persönlichen Anteil von König Sejong an dieser Erfindung gehen die Ansichten auseinander. Manche Historiker schreiben Sejong das Verdienst zu, er habe die 28 Buchstaben »geschaffen« oder »erfunden« und sei dabei von Gelehrten der Akademie der Weisen (Chiphyonjon) »unterstützt« worden. Andere sehen in ihm in erster Linie den Initiator, der die Entwicklung einer Buchstabenschrift anordnete und das Forschungsergebnis der Gelehrten guthieß und durchsetzte. Fest steht, daß der König sich selber intensiv mit Sprachstudien befaßte und daß der Verkündung des neuen Alphabets jahrelange Vorarbeiten der Akademie vorausgegangen waren, die vom König veranlaßt und überwacht wurden. Auch hatte Sejong die Akademie überhaupt erst in die Lage versetzt, solche Arbeiten durchzuführen, indem er die aus der Koryo-Zeit überlieferte Einrichtung namens *Chiphyonjon* (Halle der versammelten Weisen) reaktivierte und zu einer Mischung aus Forschungsinstitut und Verwaltungsakademie aufwertete. Die Akademie hielt Seminare für den Königshof ab und veranstaltete Fortbildungskurse für höhere Staatsbeamte, sie veröffentlichte Kommentare zu den chinesischen Klassikern, machte Vorschläge für Gesetze und Verwaltungsreformen und war für die Aufzeichnung und Herausgabe der amtlichen Staatschronik zuständig. Die zuerst zehn, später zwanzig auf Zeit berufenen Mitarbeiter der Akademie – gewissermaßen die intellektuelle Elite unter den höheren Staatsbeamten – verfaßten auch Sachbücher, etwa über chinesische und koreanische Medizin oder Anbaumethoden in der Landwirtschaft, gaben Landkarten von Korea heraus und führten im Auftrag des Königs wissenschaftliche Untersuchungen durch, zum Beispiel zur Messung der Höhe des Nordpols, oder bewältigten konkrete Aufgaben, wie die Erarbeitung eines neuen Kalenders oder die Entwicklung einer eigenen Schrift.

Für das letztgenannte Vorhaben wurde schon bald nach der Thronbesteigung Sejongs eine Arbeitsgruppe aus den besten Sprachgelehrten des Landes gebildet. Nach mehr als zwanzigjähriger Arbeit präsentierten die Gelehrten schließlich im Dezember 1443 dem König ihren Schlußbericht. Bis zur offiziellen Einführung des neuen Alphabets als »richtige Laute zur Unterweisung des Volkes« (Hunmin Chongum) wurden die 28 Buchstaben weitere drei Jahre auf ihre Tauglichkeit geprüft. Konfuzianische Abhandlungen und buddhistische Schriften, aber auch ein landwirtschaftliches Lehrbuch wurden mit Hilfe von Hangul ins Koreanische übersetzt. Gedichte zum Ruhm des Königshauses wurden koreanisch verfaßt und in Hangul niedergeschrieben. Niedere Beamte ohne viel klassisch-chinesische Vorbildung wurden in der neuen Schrift unterwiesen und mußten ihre frisch erworbenen Kenntnisse sogleich an andere weitergeben, um zu prüfen, ob Hangul wirklich leicht zu erlernen war.

Offensichtlich waren die Prüfungsergebnisse zufriedenstellend. Widerstände kamen aus einer ganz anderen Richtung. Ein Teil der gelehrten Beamten und des gebildeten Adels wehrte sich gegen den drohenden Verlust ihres Bildungsmonopols. Das Erlernen von bis zu 50000 chinesischen Schriftzeichen war, wie bereits dargelegt, Privileg einer dünnen Oberschicht, deren Mitglieder nach Bestehen der vorgeschriebenen Staatsprüfungen die wichtigen Ämter im Staate besetzten. Die Beherrschung der chinesischen Schrift war exklusives Herrschaftswissen.

Aufgrund der vorwiegend chinesisch geprägten Bildungsinhalte identifizierte sich diese Oberschicht in starkem Maße mit China. Eine koreanische Schrift konnte nur eine Lockerung dieser Bindungen an China zur Folge haben. Manchem klassisch-chinesisch gebildeten Koreaner mußte die Einführung von Hangul als ein Abwenden vom großen Lehrmeister erscheinem, als Verzicht auf höhere Bildung, vielleicht sogar wie ein Identitätsverlust. So jedenfalls sah es Choe Man Li, der, obwohl selber Akademie-Gelehrter, 1444 in einer Denkschrift an König Sejong gegen die Einführung von Hangul polemisierte. Er nannte das neue Alphabet eine »Vulgärschrift« (Onmun) und wetterte, »jetzt eigens diese Vulgärschrift zu schaffen, heißt, daß wir uns von China abwenden und mit den Barbaren identifizieren« (zit. n. engl. Übers. v. G. Ledyard in: *Inside Guides: Republic of Korea*). Mit »Barbaren« meinte Choe Völker wie die Mongolen, Japaner oder Tibetaner. Nur ihresgleichen hätte eigene Schriftzeichen, also andere als die Chinesen.

Sejong setzte sich über solche Widerstände hinweg, steckte Choe Man Li sogar zeitweilig ins Gefängnis und versah die neue Schrift mit der Autorität eines königlichen Erlasses. Sodann errichtete er ein Amt für Veröffentlichungen in Hangul, das sogleich eine rege Publikationstätigkeit entfaltete. Zur Bezeichnung der neuen Schrift wurde offenbar ganz bewußt der Ausdruck *Onmun* verwendet, mit dem Choe Man Li sie noch geschmäht hatte. Er konnte auch positiv als »Volksschrift« verstanden werden.

Als erste bedeutende Veröffentlichung in Hangul war ein Jahr vor dem Erlaß vom 9. Oktober 1446 unter dem Titel *Yongbi Ochon-Ka* (»Lieder auf fliegende Drachen«) eine Sammlung jener schon erwähnten Gedichte zum Ruhm des Königshauses erschienen. Das Jahr 1445 kann als der Beginn einer in Sprache und Schrift selbständig gewordenen koreanischen Literatur angesehen werden. Allerdings blieb Chinesisch weiterhin das dominierende Ausdrucksmittel der gebildeten Oberschicht. Unter den Hofdamen und allgemein bei den Frauen der Oberschicht aber, deren

Bildung in den chinesischen Klassikern begrenzt war, fand die neue Schrift schnell Verbreitung in Briefen und Tagebüchern. Im Laufe der Zeit entstand daraus eine eigene Literaturgattung. Die amtlichen Dokumente des Staates und der Verwaltungsbehörden wurden weiterhin auf chinesisch verfaßt, doch ging man bald dazu über, zusätzlich eine Hangul-Version anzufertigen, vor allem dann, wenn der Inhalt etwa einer Steuerverordnung oder einer Anleitung für den Ackerbau eine möglichst große Verbreitung finden sollte. Hier bediente sich der Staat der neuen Schrift als Herrschaftsinstrument.

Umgekehrt entdeckten die des Chinesischen nicht mächtigen Volksschichten schnell die Möglichkeit, die ihnen das Hangul-Alphabet in die Hand gab, um ihren Unmut gegenüber der Obrigkeit zu artikulieren. So erschienen nur drei Jahre nach dem Hangul-Erlaß die ersten kritischen Wandplakate, in denen einzelne Minister des Königs angegriffen wurden. Als der tyrannische König Yonsan (1494–1506) gegen Ende seiner Herrschaft einen in Hangul geschriebenen Brief erhielt, der die Auswüchse seines Regimes kritisierte, verbot er kurzerhand die weitere Verwendung der Schrift und befahl, alle in Hangul verfaßten Schrifstücke zu vernichten. Doch war ihre Verbreitung mit solchen Zwangsmaßnahmen längst nicht mehr aufzuhalten.

Die Tragweite der Hangul-Erfindung für die Entwicklung der koreanischen Sprache und des Bewußtseins einer spezifisch koreanischen Kultur vor dem Hintergrund des über viele Jahrhunderte hinweg dominierenden chinesischen Einflusses kann in mancher Hinsicht mit der Bedeutung von Martin Luthers Bibelübersetzung für die Entwicklung der deutschen Sprache und Literatur sowie der kulturellen Identität der Deutschen unter den vom Christentum geprägten Völkern Europas verglichen werden. Und ähnlich wie in Korea das Chinesische neben der neuen, leicht lernbaren Volksschrift bis ins 19. Jahrhundert hinein wichtigstes Kommunikationsmittel der klassisch gebildeten Oberschicht blieb, fand nach Luther das Lateinische als Amtssprache in der katholischen Kirche oder in bestimmten Wissenschaften noch lange Zeit neben dem Deutschen Verwendung.

Hangul hat nicht zuletzt bei der Herausbildung eines koreanischen Nationalbewußtseins eine Schüsselrolle gespielt, besonders in der Auseinandersetzung mit dem anderen großen Nachbarn Japan. Das zeigte sich erstmals in Ansätzen während der Hideyoshi-Invasion gegen Ende des 16. Jahrhunderts, als das bedrängte koreanische Königshaus seine Aufrufe an die Bevölkerung in Hangul verfaßte. Vor allem während der japanischen Kolonialherrschaft in Korea (1910–1945) stellte der Kampf um die Erhaltung von Hangul eine der Säulen im Widerstand gegen die fortschreitende Japanisierungspolitik dar. In der Endphase dieser Politik wurde Japanisch zur einzig zulässigen öffentlichen Sprache in Korea erklärt. An den Schulen durfte nur noch auf japanisch unterrichtet werden. Zeitungen und Zeitschriften in koreanischer Sprache waren verboten. Zudem wurden die Koreaner praktisch gezwungen, ihre Namen zu japanisieren oder japanische Namen anzunehmen.

Zum Zeitpunkt der Befreiung im August 1945 sollen im Süden 78 Prozent aller Koreaner über zwölf Jahre Analphabeten gewesen sein, im Norden waren es 2,3 Millionen Menschen, und nur 35 Prozent der Kinder im schulpflichtigen Alter sollen tatsächlich die Schule besucht haben – Ausdruck und Folge der restriktiven Schulpolitik der Japaner.

Die nach der Befreiung von den Regierungen in Süd- und Nordkorea propagierte Verwendung von Hangul diente sowohl der Wiederherstellung der kulturellen Identität als auch der Anhebung der Allgemeinbildung. Allerdings blieben auch die jahrhundertelang verwendeten chinesischen Schriftzeichen auf der Strecke. Ihr Gebrauch wurde stark eingeschränkt, zum Teil verboten.

Mehr als vierzig Jahre nach Kriegsende bahnt sich hier eine Normalisierung an. An südkoreanischen Schulen und Universitäten darf wieder Japanisch unterrichtet werden – als zweite Fremdsprache nach dem Englischen. Und Seouls rasch zunehmende Kontakte zu Peking haben auch der Beschäftigung mit dem Chinesischen – als modernem Kommunikationsmittel für die bilateralen Beziehungen ebenso wie als Zugang zur eigenen Kulturgeschichte – neue Impulse gegeben.

In Nordkorea hatte nach 1945 zunächst eine Tendenz bestanden, die »alten« chinesischen Fremdwörter durch »neue« russische zu ersetzen. Dank den enger werdenden Beziehungen zur Volksrepublik China verschwanden diese Berührungsängste gegenüber dem Chinesischen allmählich. Allerdings behält Pyongyang die Beschäftigung mit der eigenen Vergangenheit, soweit diese sich nur mit Hilfe der chinesischen Sprache erschließen läßt, einem begrenzten Kreis von politisch als zuverlässig erachteten Experten vor. Das Studium des zuerst völlig verpönten Japanischen, aber auch das Erlernen aller anderen Fremdsprachen – einschließlich des Russischen – kann über die hierfür erforderliche Zulassung zu den Fremdsprachensonderschulen, die alternativ zu den allgemeinen Schulen bestehen, nach Bedarf gesteuert werden. Im öffentlichen Leben werden in Nordkorea grundsätzlich nur die Hangul-Buchstaben verwendet, während Südkorea sich in dieser Frage mittlerweile pluralistisch gibt: die staatlichen Organe und die der Regierung nahestehenden Zeitungen benutzen in der Regel nur Hangul, private Einrichtungen ziehen häufig eine Mischschrift aus den gebräuchlichsten chinesischen Schriftzeichen und Hangul vor. Man schätzt, daß südkoreanische Studenten heutzutage wieder mindestens 1000 bis 2000 chinesische Schriftzeichen beherrschen, ältere Koreaner mit vergleichbarem Bildungsniveau eher mehr.

Die Yangban-Gesellschaft

Was der Gentleman in England und der Samurai für Japan, das ist im Falle Koreas der Yangban – der zu seiner Zeit in der Gesellschaft des Landes tonangebende Repräsentant der Oberschicht. Auch wenn dieser Adelstyp statistisch gesehen natürlich nur einen Bruchteil der jeweiligen Bevölkerung ausmachte, hat er doch in einer Weise die Maßstäbe gesetzt und stilgebend gewirkt, daß er in der Sicht des Auslands oft als Prototyp seines Landes angesehen wurde und zum Teil noch wird.

Der Begriff *Yangban* tauchte erstmals in der Koryo-Zeit auf und ist eine Zusammenfassung von *Tongban* (Ostgruppe) und *Soban* (Westgruppe), womit die zivile und militärische Führungsschicht der damaligen Regierung, also die höheren Beamten und die Offiziere umschrieben wurden. Im alten Korea wie in Japan wurden nach chinesischem Vorbild Ämter und Ränge vielfach indirekt durch Ortsbezeichnungen gekennzeichnet. So gab es Minister zur Rechten oder Linken (Seite des Königs), ähnlich wie sich im modernen demokratischen Parteienstaat aus der Sitzordnung im englischen Parlament die Begriffe »links« und »rechts« zur Bezeichnung des politischen Standorts der Parteien entwickelt haben. Außer dem Begriffspaar Tongban/Soban gab es später auch die inhaltlich direktere Aufteilung der koreanischen Führungsämter in *Munban* (Zivilgruppe) und *Muban* (Militärgruppe). Yangban bedeutet nichts weiter als »beide Gruppen« und umfaßt somit die gesamte staatliche Führungsschicht.

Im Shilla-Reich wurde der Zugang zur koreanischen Führungsschicht fast ausschließlich durch Macht und Herkunft bestimmt. Als neues Auswahlkriterium unter der zahlenmäßig stark anwachsenden Oberschicht kam in der Koryo-Zeit die – in Form bestandener Staatsprüfungen nachweisbare – Bildung hinzu. Mit Beginn der Yi-Dynastie verlagerten sich die Gewichte endgültig auf Herkunft und Bildung, wobei die Herkunft über die Zulassung zur Prüfung entschied, während das Abschneiden im Staatsexamen die berufliche Karriere wesentlich bestimmte. Die Prüfungen zu den führenden Ämtern standen nur männlichen Abkömmlingen von Yangban offen, die damit ein Monopol auf die Macht im

Staate erhielten, jedenfalls unterhalb des Königs und der mit Angehörigen aus dem Königshaus besetzten Posten.

Das nach chinesisch-konfuzianischem Muster gestaltete Bildungssystem wurde durch eine koreanisch-aristokratische Komponente wesentlich verändert. Nach der Lehre des Konfuzius und seiner Interpreten waren die Staatsprüfungen grundsätzlich allen freien und rechtschaffenen Bürgern zugänglich, was für eine gewisse gesellschaftliche Durchlässigkeit sorgte. Die koreanische Variante schloß die Mobilität zwischen den Ständen seit der Yi-Dynastie bewußt und konsequent aus. Choson war ein feudalistischer Ständestaat in Reinkultur. Seine starre Gesellschaftsstruktur blieb in ihren Grundzügen bis ins 19. Jahrhundert erhalten und wirkt noch heute in vielfältiger Weise nach.

Die Choson-Gesellschaft gliederte sich in vier Stände mit den Yangban als Oberschicht. Ihnen folgte ein zahlenmäßig schwacher Mittelstand, zu dem die niederen Beamten und eine Reihe qualifizierter Berufe gehörten. Für diese Schicht bürgerte sich seit dem späten 16. Jahrhundert die Bezeichnung *Chungin* ein, was soviel wie »Leute der Mitte« bedeutet. Die freien Bauern stellten die Mehrheit der Bevölkerung und bildeten den Kern des dritten Standes, der abwechselnd *Sangmin* (das gemeine – oder gewöhnliche – Volk), *Yangmin* (das gute Volk, die als Freie Geborenen) oder *Yangin* (die freien Leute) genannt wurde. Hier soll zur besseren Unterscheidung nur die Bezeichnung Sangmin verwendet werden. Der unterste Stand hieß *Chonmin* (das niedere Volk) und umfaßte die Sklaven und diskriminierte Berufsgruppen.

Die Gesellschaftsordnung von Choson war darauf ausgerichtet, die Bedürfnisse des Staates und der ihn repräsentierenden Yangban-Klasse zu befriedigen. Insofern ist es angebracht, von einer Yangban-Gesellschaft zu sprechen.

In der Frühzeit der Yi-Dynastie gab es nicht mehr als 820 Posten des höheren Dienstes. Höchstes Regierungsorgan unterhalb des Königs war der Staatsrat, der die aus den »Sechs Ministerien« bestehende Regierung beaufsichtigte. Nach chinesischem Vorbild gab es Ministerien für Personal, Steuern, Kultus, Militär, Justiz und öffentliche Arbeiten. Eine sehr interessante Einrichtung waren die sogenannten Drei Ämter (Samsa): das Amt der Sonderberater (Hongmun-Kwan – Nachfolger der Akademie der Weisen), das Amt des Generalinspekteurs (Sahombu) und das Amt des Generalzensors (Saganwon). Die beiden letztgenannten Ämter hatten die Aufgabe, die Tätigkeit von Regierung und Verwaltung zu überwachen. Dem Zensor oblag es, den König höchstpersönlich zu »zensieren«, wenn dieser die konfuzianischen Gebote des »guten Regierens« mißachtet hatte – eine sicher nicht ganz ungefährliche Aufgabe.

Das Land war in acht Provinzen aufgeteilt, an deren Spitze jeweils ein Gouverneur stand, dessen Amtszeit bewußt auf ein Jahr bemessen war. Das sollte verhindern, daß sich der Gouverneur in seinem Amtsbezirk eine eigene Machtbasis aufbaut. Die Provinznamen der frühen Yi-Dynastie haben sich mit einer Ausnahme bis heute unverändert erhalten. Allerdings wurden fünf der Provinzen später aufgeteilt, wobei zum Beispiel aus der alten Provinz Cholla (Cholla-Do) an der Südwestspitze der koreanischen Halbinsel als neue Einheiten die Nordprovinz Cholla (Cholla Pukto) und die Südprovinz Cholla (Cholla Namdo) hervorgingen. Unterhalb der Provinzen gab es Städte, Landkreise und Dörfer. Die Landräte wurden auf fünf Jahre ernannt und durften nicht aus ihrem Landkreis stammen. Ein Gegengewicht zu diesem auswärtigen Regierungsbeamten bildete der »Heimatrat« (Hyangchong), der die Yangban-Interessen im Landkreis vertrat.

Im Vergleich zu dem ziemlich exklusiven Zivildienst bot die militärische Laufbahn immerhin 4000 Yangban-Stellen. Die meisten Posten gab es in der Hauptstadt, wo die Yangban-Söhne nicht nur in Führungspositionen, sondern auch als Elitesoldaten dienten. Jeder der fünf Stadtbezirke hatte ein Wachregiment, deren Aufgabe die Bewachung des Königshauses und der königlichen Paläste, der Regierung und sonstiger hoher Amtsträger und natürlich der Hauptstadt insgesamt war. Die fünf Bezirkskommandos waren in einem gemeinsamen Hauptquartier zusammengefaßt. Außerhalb der Hauptstadt gab es in jeder Provinz mindestens je ein Heeres- und Flottenkommando, in besonders gefährdeten Provinzen zwei. Strategisch bedeutsame Orte wurden zur befestigten Garnison ausgebaut. Bei den Provinztruppen stellten die Yangban nur die Offiziere. Die Masse der Soldaten waren wehrpflichtige Bauern der Sangmin-Klasse. Der unterste Stand der

Westlicher Hut – koreanische Kleidung:
Ein alter Koreaner begegnet der modernen Welt

Chonmin wurde nur in Ausnahmesituationen zum Wehrdienst herangezogen.

Zur Besetzung der zahlreichen militärischen Posten bediente man sich ebenfalls eines geregelten Prüfungsverfahrens, dessen Tradition allerdings viel kürzer war als die der Zivildienstprüfungen. Diese Prüfung stand in der Praxis außer den Yangban auch den Angehörigen des zweiten, bisweilen sogar besonders fähigen Bewerbern des dritten Standes (Chungin und Sangmin) offen. Geprüft wurde in Theorie (chinesische Klassiker, darunter besonders die militärischen Texte) und Praxis (Bogenschießen, Speerwurf, Reiten und andere Kriegskünste).

Trotz ähnlichen Aufbaus war das große Zivilexamen sehr viel exklusiver als die Militärprüfung. Entsprechend größer war sein Prestigewert. Wie gering der Eigenwert des Militärs eingeschätzt wurde, mag man zum Beispiel daraus ersehen, daß die Landräte und Provinzgouverneure, auch wenn sie persönlich über keinerlei militärische Qualifikationen verfügten, gleichzeitig den Oberbefehl über die in ihrem Amtsbezirk stationierten Landtruppen ausübten. Nur bei der Kriegsflotte blieben die Kommandostellen erfahrenen Seeoffizieren vorbehalten. Auch die Minister der Regierung in Seoul dienten vielfach zugleich als Heerführer. Ändert man den Blickwinkel, wird man feststellen, daß Korea schon vor fünfhundert Jahren das Konzept der politischen Führung des Militärs praktiziert hat – in Kriegszeiten nicht immer zu seinem Vorteil –, das sich in Europa und Amerika erst als Teil des modernen Demokratieverständnisses durchgesetzt hat (und in den kommunistisch regierten Ländern ein Kind des 20. Jahrhunderts ist).

Der Yangban von Choson war nach eigenem Selbstverständnis ein Zivilist und im Idealfall zugleich ein konfuzianischer Schriftgelehrter. Das Militär verachtete er, und auf technische Berufe schaute er genauso herab wie auf Künstler und Handwerker aller Art.

Auch im Staatsdienst strebte der Yangban nur in die Führungspositionen. Die Hilfs- und Fachbeamten rekrutierten sich ebenso wie die unteren Führungskader der Streitkräfte außerhalb der Hauptstadt aus dem Mittelstand der Chungin. Viele dieser Posten waren erblich. Eine Reihe Positionen, die Spezialkenntnisse erforderten, wurden aufgrund staatlicher Fachprüfungen besetzt. Solche Prüfungen gab es für Dolmetscher, für das Personal des ärztlichen Hofamts sowie der Stern- und Wetterwarte, außerdem für verschiedene Tätigkeitsbereiche des Justizministeriums.

Der Yangban lebte vorzugsweise in der Hauptstadt, sofern er nicht gerade auf einem Provinzposten Dienst tat. War er »arbeitslos«, also ohne ein staatliches Amt, so zog er sich in der Hoffnung auf bessere Tage auf seinen Landsitz zurück. Zusammen mit dem konfuzianischen Bildungsmonopol bildete der Landbesitz die Basis für Macht und Einfluß der Yangban-Klasse in Choson.

Wie schon kurz erwähnt wurde, war der Begründung der Yi-Dynastie eine Landreform vorausgegangen. Das Landreformgesetz von 1391 hatte den König – von bestimmten Ausnahmen abgesehen – zum alleinigen Eigentümer von Grund und Boden gemacht. Ausnahmen gab es für die Grenzprovinzen im Norden (wo die Regierung im Zuge ihrer Siedlungs- und Grenzsicherungspolitik den Soldaten und Neubauern Grundeigentum gewährt hatte und weiter gewähren wollte), für die Hauptstadt-Provinz Kyonggi (deren Land zur Verteilung an Regierungsbeamte und verdiente Untertanen zur Verfügung stehen sollte) und für die zugelassenen Klöster und Tempel. Den wenigen freien Bauern, die eigenes Land bewirtschafteten, wurde dieses zwar nicht weggenommen, doch konnten sie kein neues Land hinzuerwerben.

Die Landreform hatte außer der Entmachtung des landbesitzenden Adels zum Ziel, die Einnahmen des Staates aus Bodensteuer und Pacht durch Vermehrung der verfügbaren Landmenge zu erhöhen und damit die Zentralgewalt zu stärken. Andererseits sollte die Belastung der kleinen Landpächter durch Festlegung zulässiger Höchstgrenzen vermindert werden.

Die ehrgeizigen Ziele der Landreform wurden nur zu einem geringen Teil erreicht und im Laufe der Zeit durch gesetzliche Neuregelungen verwässert oder ganz aufgehoben. Die Reform scheiterte am vorgegebenen Interessenkonflikt der Yangban. Als Staatsbeamte sollten sie Gesetze durchführen, die in krassem Gegensatz zu ihren Interessen als Grundbesitzer standen. Wie nicht anders zu erwarten, obsiegte ihr privater Nutzen; die Yangban wurden die neuen Großgrundbesitzer.

Zur Bewirtschaftung ihrer Ländereien bedienten sie sich der freien Bauern, vor allem aber der Leibeigenen. Zu Beginn des 15. Jahrhunderts gab es in Choson ungefähr 200 000 Sklaven; das entsprach etwa zehn Prozent der damaligen Gesamtbevölkerung.

Es gab zwei Arten von Leibeigenen, sogenannte *Solgo Nobi*, die zum Haushalt ihres Besitzers gehörten, und *Wego Nobi*, die ihren Besitzern regelmäßige Geldzahlungen schuldeten und sich als billige Arbeitskraft verdingten, zum Beispiel als Landarbeiter. Der Lohn für Sklavenarbeiter war sehr viel niedriger als der für freie Bauern.

Sklaven konnten verkauft, verschenkt, vererbt oder ausgeliehen werden. Es gab einen regelrechten Sklavenmarkt mit festen Tarifen. Der Sklavenbesitz beschränkte sich nicht auf die Yangban. So waren viele der von der Regierung oder den Provinzbehörden beschäftigten Handwerker ihrer rechtlichen Stellung nach Leibeigene. Ähnlich wie die auswärtigen Sklaven der Yangban lebten die Leibeigenen der öffentlichen Ämter für sich, führten also wirtschaftlich betrachtet selbständige Haushalte. Auch ging es ihnen in der Regel besser als den Privatsklaven. Verschiedene Könige veranlaßten, daß Leibeigene des Hofes zu freien Bürgern erklärt wurden. Bekannt ist die Sklavenbefreiung unter König Sunjo im Jahre 1801. Förmlich abgeschafft wurde die Sklaverei erst 1894.

Außer den Leibeigenen zählte eine Reihe gesellschaftlich geächteter oder geringgeschätzter Berufe zur untersten Klasse der Chonmin: Schlächter, Gerber und Korbflechter, Wanderschauspieler, *Kisaeng* (Unterhalterinnen) und *Mudang*, die zumeist weiblichen Schamanen Koreas.

Der Chonmin-Status hatte auch gewisse Vorteile. Die Angehörigen dieser Unterschicht unterlagen weder den strengen Regeln des oft sehr aufwendigen konfuzianischen Familienrituals, noch wurden sie in Friedenszeiten zu dem für den dritten Stand der Sangmin so belastenden Fron- und Militärdienst herangezogen.

Es war dieser dritte Stand, der durch seine Steuerzahlungen, Tributleistungen, Fronarbeit und Wehrdienst das wirtschaftliche Rückgrat der Yangban-Gesellschaft von Choson bildete. Laut Gesetz schuldete ein Sangmin dem Staat sechs Tage Frondienst im Jahr. In der Praxis wurde ein Vielfaches davon gefordert. Alle öffentlichen Arbeiten – vom Straßen- und Festungsbau oder der Errichtung und Unterhaltung von Staudämmen und Bewässerungsanlagen bis zur Pflege der Königsgräber – wurden im Wege des Frondienstes erledigt. Fronarbeit war ebenso wie der Wehrdienst ein Leben lang zu leisten. Allerdings konnte man sich dem Wehrdienst durch Zahlung einer Wehrsteuer entziehen. Dieses Verfahren wurde Mitte des 15. Jahrhunderts unter König Sejo in der Weise geregelt, daß ein oder zwei Wehrpflichtige einen tatsächlich zum Wehrdienst eingezogenen Soldaten zu unterhalten hatten. Dieser Unterhalt wurde nicht durch Geldzahlungen – der Geldverkehr war in Choson lange Zeit unterentwickelt –, sondern durch die Lieferung von Sachgütern geleistet, in erster Linie Baumwolltuch. In ähnlicher Weise konnte man auch den Frondienst durch Sachleistungen abgelten.

Neben Fronarbeit und Wehrdienst mußten die Sangmin außerdem eine Ertragssteuer auf ihre landwirtschaftliche oder sonstige Tätigkeit sowie eine Tributsteuer in Sachwerten leisten. Besonders die Tributsteuer war eine schwere Bürde. Sie wurde von der Regierung für die einzelnen Regionen des Landes festgesetzt und dann auf die tributpflichtigen Einwohner umgelegt.

Die Bauern mußten in der Regel die Hälfte der Ernte als Pacht an den Landbesitzer abführen. Außerdem war für alles bebaute Lande eine Steuer zu entrichten. Der wegen der Erfindung der Hangul-Schrift gerühmte König Sejong hat sich auch als aufgeklärter Steuerpolitiker hervorgetan und nach umfangreichen Vorarbeiten im Jahre 1444 eine bahnbrechende Reform der Landsteuer in Kraft gesetzt: Das Ackerland wurde für die Festsetzung der Steuer nach Ertragskraft (sechs verschiedene Stufen) und Erntejahr (neun Varianten) sehr differenziert bewertet. Wanne J. Joe berichtet, daß die Voruntersuchungen für dieses Reformgesetzt sich über nahezu 16 Jahre erstreckt haben und dafür »160 000 erfahrene Bauern und Provinzbeamte zu Rate gezogen wurden«. Diese für damalige Verhältnisse erstaunliche Anstrengung hat sich offenbar gelohnt. Jedenfalls wurde das neue Erhebungsverfahren, von geringfügigen Änderungen abgesehen, jahrhundertelang angewendet.

Unter dem Einfluß konfuzianischer Vorbehalte gegen Geldgeschäfte, Händler und Profit war der Handel im Choson-Reich stark eingeschränkt und wenig entwickelt. Eine begrenzte Zahl von Kaufleuten aus dem Sangmin-Stand erhielt die Erlaubnis, die Yangban-Klasse mit den lebensnotwendigen Waren zu beliefern. In Seoul gab es zunächst nur sechs solcher amtlich zugelassenen Geschäfte, die sämtlich an der Chong-No (Glockenstraße) lagen, heute noch eine der wichtigsten Geschäftsstraßen und Verkehrsadern, die das Stadtzentrum in west-östlicher Richtung durchschneidet. Preise, Maße und Gewichte wurden von der Regierung kontrolliert, die aber von den Händlern keine Steuern erhob: nach konfuzianischen Vorstellungen hätte solches Steuergeld »gestunken«. Diese Händler – die in mancher Hinsicht an die Einrichtung der Hoflieferanten in Europa erinnern – hatten sich im Gegenzug für ihre Zulassung quasi verpflichten müssen, die oft kostspieligen staatlichen Festlichkeiten mitzufinanzieren und zur Unterhaltung der öffentlichen Gebäude beizutragen. Außerdem hatten sie auf Anforderung die Regierung kostenlos mit ihren Waren zu beliefern. Die Erlaubnis bezog sich jeweils nur auf den Handel mit bestimmten Waren, zum Beispiel Seidenstoffe oder Baumwolltuch, Papierwaren oder Fischerzeugnisse.

Wie kaum anders zu erwarten, entstanden im Laufe der Zeit eine Vielzahl anderer Geschäfte zur Versorgung der breiten Bevölkerung. Sie hatten keine amtliche Zulassung, wurden aber geduldet, wenn auch nicht immer und allerorten, und brauchten – welch paradiesischer Zustand! – keinerlei Steuern zu zahlen. Außerdem entwickelten sich überall im Lande Wochenmärkte, wo Bauern und wandernde Händler ihre Waren feilboten oder tauschten. Die Regierung, die anfangs die Entstehung dieser Märkte zu verhindern gesucht hatte, beschränkte sich schließlich darauf, ihre Zahl (einer pro Bezirk) zu begrenzen und ihren Betrieb zu regulieren (nur alle fünf Tage). Außerhalb der Markttage blieb die Bevölkerung auf fliegende Händler angewiesen, die von alters her durchs Land zogen.

Auch der früher so lebhafte Warenverkehr mit dem Ausland wurde streng reguliert. Amtlich zugelassen war praktisch nur der Tributhandel mit China, wobei Choson bestimmte Waren in genau vorgeschriebener Qualität und Menge lieferte und im Gegenzug chinesische Erzeugnisse erhielt. Der Handel mit Japan unterlag großen Schwankungen und kam zeitweilig fast zum Erliegen. Und für einen ganzen Katalog von Waren galt ein striktes Ausfuhrverbot.

Ständisch geordnet im Innern und abgeschirmt nach außen, war die Yangban-Gesellschaft von Choson darauf angelegt, den konfuzianischen Staat gemäß den Vorstellungen der chinesischen und koreanischen Neokonfuzianer zu verwirklichen. Eine zentrale Rolle spielte darin die Familie. Wie der König als Vater der Nation über seinen Untertanen thronte, war der Vater die höchste Autorität in der Familie. Alle übrigen Mitglieder schuldeten ihm Gehorsam, wobei die Pflichten des Sohnes gegenüber dem Vater im Mittelpunkt der Erziehung standen. Vater bedeutete in diesem Fall: der älteste Mann im Hause. An zweiter Stelle stand die Mutter, die nur ihrem Mann untertan war. Unter Geschwistern hatten die Jungen Vorrang vor den Mädchen, die älteren vor den jüngeren. Wie genau diese Abstufungen vorgenommen wurden, läßt sich an der bis auf den heutigen Tag üblichen und für unsere Verhältnisse sehr komplizierten Bezeichnung der Familienmitglieder erkennen. So heißt der ältere Bruder aus der Sicht eines jüngeren Bruders *Hyong*, für die jüngere Schwester *Opa*. Die ältere Schwester ist für den jüngeren Bruder die *Nuna*, für eine jüngere Schwester die *Onni*. Jüngere Geschwister werden ohne Unterschied des Geschlechts als *Tongsaeng* bezeichnet, wobei das Wort für »männlich« (*Nam*) oder »weiblich« (*Yo*) vorangestellt wird, sofern es auf das Geschlecht ankommt. Ein jüngerer Bruder heißt also *Nam-Dongsaeng*, die jüngere Schwester *Yo-Dongsaeng*.

Die korrekte Bezeichnung der Verwandten ist geradezu eine Wissenschaft, und es kostet selbst Koreaner viel Mühe, diese Begriffe richtig zu erlernen. Mit Onkel und Tante, Vetter oder Kusine ist es da nicht getan. Neben Geschlecht und Alter kommt es auf den Verwandtschaftsgrad sowie darauf an, ob es sich um Verwandte mütterlicherseits oder väterlicherseits handelt. Hinsichtlich des Alters wiederum ist nicht allein der eigene Blickwinkel ausschlaggebend, sondern auch, ob es sich zum Beispiel bei einem Onkel um den jüngeren oder älteren Bruder des Vaters oder der Mutter handelt.

Die Rangordnung innerhalb der Familie ließ sich auch an der vorgeschriebenen Trauerzeit – zwischen 3 und 27 Monaten – für die Toten ablesen. Am längsten trauerte man um die Eltern oder den ältesten Sohn. Die kürzeste Trauerzeit galt bei Vettern dritten Grades – die zugleich die Grenze der »engeren« Familie darstellten – als angemessen. Bei der Entscheidung, welche der fünf Trauerzeiten im konkreten Fall anzuwenden war, wurden außer dem Verwandtschaftsgrad das Geschlecht oder der Familienstand zum Zeitpunkt des Todes berücksichtigt, ferner ob der oder die Tote ehelich oder unehelich (von einer Konkubine) geboren war. Die große Sorgfalt, die man auf solche Fragen verwandte, hängt mit der zentralen Stellung des Ahnenkults im neokofuzianischen Ritual zusammen. Begräbnis und Totenopfer gehörten – neben Mündigkeitsfeier und Hochzeit – zu den vier wichtigsten Familienriten. Zumindest von einem Yangban erwartete man, daß er all diese Riten und Regeln genau befolgte. Bei den Chungin und Sangmin ging es weniger streng und aufwendig zu. Die unterste Klasse war, wie schon erwähnt, frei von solchen Verpflichtungen. In ihr hat sich manches ältere Brauchtum, zum Beispiel die buddhistische Totenverbrennung, länger gehalten, auch aus ökonomischen Gründen.

Die Übernahme der neokonfuzianischen Familienordnung hatte eine schwerwiegende Zurücksetzung der Frau zur Folge, die im Laufe der Jahrhunderte weiter verschärft wurde. Die Diskriminierung begann schon mit der Geburt: war das Kind ein Mädchen, wurde es auf den Fußboden gelegt, während ein Knabe auf eine Matratze gebettet wurde. Im Alter von sieben Jahren wurden Jungen und Mädchen getrennt, auch innerhalb der Familie. In der Erziehung ging man gesonderte Wege. Die Buben besuchten die öffentlichen Schulen, die Mädchen wurden zu Hause auf ihre Rolle als gehorsame Ehefrau und Schwiegertochter, fleißige Hausfrau und aufopferungsvolle Mutter vorbereitet. Mit 14 Jahren wurden sie verheiratet (die Jungen schon mit 15). Frühe Ehen waren erwünscht, da das konfuzianische Ideal die Vier-Generationen-Familie war. Bei der Heirat wurde der Familienname der Frau in das Familienregister ihres Mannes eingetragen, während im Familienregister ihres Vaters nur vermerkt wurde, mit wem sie verheiratet war. Damit war sie aus der eigenen Familie ausgeschieden, ohne in die neue Familie als vollwertiges Mitglied aufgenommen worden zu sein. Sie zählte nur als Mutter eventueller Kinder, und hier wieder ausschließlich der männlichen. Dementsprechend durfte der Mann seine Frau zu ihrer Familie zurückschicken, wenn sie ihm keine Kinder gebar. Die Frage, wer für die Unfruchtbarkeit der Ehe verantwortlich war, wurde automatisch zu Lasten der Frau beantwortet. Starb der Mann, so durfte ab 1477 die Frau nicht wieder heiraten. Die Witwe hatte ihrem ersten und einzigen Mann ein Leben lang treu zu bleiben (oft zog sie es vor, sich selber das Leben zu nehmen – ein ehrenhafter Tod, der als Beweis besonderer Treue gewertet wurde). Im umgekehrten Fall wurde verwitweten Männern die Wiederheirat nahegelegt, besonders dann, wenn die erste (oder letzte) Frau keinen lebenden Stammhalter hinterlassen hatte.

Die konfuzianische Großfamilie umfaßte bis zu »vier Generationen unter einem Dach«. Die engere Verwandtschaft reichte bis zum achten Grad. Doch der neokonfuzianische Koreaner fühlte sich, vor allem wenn er ein Yangban war, auch seiner Sippe verbunden, deren Rahmen sehr viel weiter gesteckt war. Wer vom selben Stammvater abstammte, gehörte grundsätzlich dazu. In der weitesten Fassung des Begriffs waren alle Träger desselben Familiennamens miteinander versippt. Weil das bei den häufigeren Namen allzu viele waren, unterschied man nach verschiedenen Zweigen desselben Namens. Es wurde eifrig Ahnenforschung betrieben, um die eigene Herkunft nachzuweisen. Bis zum Ende des 16. Jahrhunderts hatten die meisten Yangban ihren Stammbaum, berichtet Han Woo-Keun (*The History of Korea*).

Die Sippen waren als Verband organisiert. Sie hatten ihre eigenen Regeln, später sogar schriftliche Statuten. Man traf sich zu Hochzeiten oder Begräbnissen, bei Mündigkeitsriten oder Ahnenfeiern. Die männlichen Vorfahren wurden bis in die vierte Generation an bestimmten Tagen im Jahr geehrt. Übrigens fühlte sich die Sippe auch bis zur vierten Generation verpflichtet, Verbindlichkeiten ihrer Vorfahren zu begleichen. Das war man der Ehre des gemeinsamen Namens schuldig. Ansehen, Einfluß und Wohlstand der eigenen Sippe zu mehren, war ein Anliegen jedes aufrechten Neokonfuzianers. Es gab auch so etwas wie eine soziale Sippensolidarität. Man zahlte Beiträge in eine gemeinsame Kasse, die dazu diente, in Not geratenen Sippenangehörigen zu helfen. Und oft siedelten sich Familien einer Sippe im selben Dorf, Ort oder Stadtteil an.

Damit das Ganze nicht in eine große Inzucht ausartete, wurde 1461 erstmals formell festgelegt, daß Abkömmlinge desselben Stammes einander nicht heiraten durften. Diese Vorschrift betraf alle Koreaner, die denselben Familiennamen trugen und außerdem derselben Linie dieses Namens entstammten, was durch einen örtlichen Bezug bestimmt wurde (zum Beispiel Kim aus Kimhae oder Lee aus Chonju). Mit anderen Worten, für Mitglieder desselben Zweiges derselben Sippe bestand Eheverbot. In einem Erlaß aus dem Jahre 1669 wurde dieses Verbot sogar auf alle Träger desselben Familiennamens ausgedehnt, doch hat sich die allzu weitgehende Vorschrift niemals vollständig durchgesetzt. Formell aufgehoben wurde sie erst 1905.

Nach dem heute in Südkorea geltenden Bürgerlichen Gesetzbuch sind noch immer alle Ehen nichtig, die zwischen Verwandten bis zum achten Grad – bis zu Vetter und Kusine dritten Grades – geschlossen wurden. Dabei sind die gesellschaftlichen Anschauungen eher strenger als das Gesetz. Eheschließungen zwischen Brautleuten mit demselben Familiennamen erfahren vielfach Mißbilligung, selbst wenn keine erkennbaren Verwandtschaftsbeziehungen nachzuweisen sind. So wirkt die neokonfuzianische Moral der Yangban-Gesellschaft von Choson auch im späten 20. Jahrhundert fort.

Die japanische Invasion und ein koreanischer Seeheld

In seinen auswärtigen Beziehungen war Choson zunächst ganz auf China ausgerichtet. Der »Segen« des großen Nachbarn war zu Anfang besonders aus innenpolitischen Gründen erwünscht gewesen, weil die neuen Herrscher von Korea im Vergleich zur alten Koryo-Aristokratie Emporkömmlinge waren. Eine Unterwerfung unter chinesische Kontrolle war damit nicht beabsichtigt, und es wäre irreführend, hier einfach von einem Vasallenverhältnis wie während der Mongolenherrschaft im 13./14. Jahrhundert zu sprechen. Der koreanische Hof betrachtete China aus freien Stükken als »Großen Bruder«, den man in Notzeiten um Hilfe angehen konnte – ähnlich wie etwa die heutigen Westeuropäer sich darauf verlassen, daß ihnen im Ernstfall Amerika zur Hilfe kommt. Nur hatten die Chinesen damals keine Militärstützpunkte in Korea.

Für Korea war China *der* natürliche Verbündete. Diese Vorstellung stützte sich auf drei Tatbestände – die geographische Nähe Chinas, die schon fast erdrückende Größe des benachbarten Riesenreichs und schließlich die lange Tradition Chinas als Quelle kultureller, technischer sowie gesellschaftlicher Neuerungen.

Die konsequente Umgestaltung des Choson-Staats nach neokonfuzianischem Vorbild ist ein herausragendes Beispiel dieses prägenden Einflusses der chinesischen Kultur. Zur konfuzianischen Weltordnung gehörte aber auch der Anspruch des Kaisers von China, die höchste Institution auf Erden zu sein, jedenfalls in dem den Chinesen damals zugänglichen Teil der Welt. Daraus leitete sich der allgemeine Grundsatz ab, die kleineren Nachbarländer hätten der Großmacht China zu dienen. Die Koreaner nannten dieses Konzept *Iso Sadae*. Es ist üblich, das Verhältnis Chosons zu Ming-China als Sadae-Diplomatie zu kennzeichnen – *Sadae* bedeutet »dem Großen dienen« –, obwohl darunter inhaltlich zu verschiedenen Zeiten eine sehr unterschiedliche Politik zu verstehen ist.

Alsbald nach der Errichtung der Ming-Dynastie 1368 hatte der neue Kaiser von China die Nachbarländer zur Unterwerfung und Tributleistung aufgefordert. Die »Unterwerfung« bestand in der Regel in einem Schreiben, das unter der entsprechenden chinesischen Jahresdevise datiert war und in dem der Absender den Empfänger in Peking als »Kaiser« adressierte. Empfand der Kaiser den Ton des Briefes als hinreichend unterwürfig und stimmten ihn die den Brief begleitenden Geschenke gnädig, so bestätigte er den Briefschreiber als »König« seines Landes und schenkte ihm ein königliches Siegel. Im Falle Koreas verweigerten die Ming-Kaiser den ersten beiden Herrschern der Yi-Dynastie die Bestätigung als König, weil Choson nicht bereit war, der chinesischen Forderung nach Repatriierung von Flüchtlingen im Grenzgebiet am Yalu nachzukommen. Mit anderen Worten, statt das gewünschte Verhalten zu erzwingen, beschränkte sich China darauf, sein Mißfallen durch Vorenthaltung einer Gunstbezeigung zum Ausdruck zu bringen, während die beiden koreanischen Könige auch ohne den Segen aus Peking durchaus in der Lage waren, ihr Land zu regieren. Offenbar ließen es die Koreaner bisweilen an der gebotenen Untertänigkeit fehlen, wie aus entsprechenden Rügen der Chinesen zu entnehmen ist. Erst Taejong, der dritte Yi-Monarch, erhielt schließlich vom chinesischen Kaiser Patent und Siegel als König von Choson. Peking erkannte damit nur die Realitäten an. Denn die Yi-Dynastie war längst fest etabliert.

Auch bei den Tributleistungen muß man genauer hinsehen, will man ihre Bedeutung für das Verhältnis der beiden Nachbarländer zueinander nicht mißverstehen. Hierbei handelte es sich keineswegs um eine einseitige Leistung, vielmehr war die chinesische Seite gehalten, sich mit einer angemessenen Menge »Geschenke« erkenntlich zu zeigen. Art und Höhe der Tributleistungen waren ebenso wie die zu erwartenden Geschenke Gegenstand von Verhandlungen. Wirtschaftlich gesehen handelte es sich um einen staatlich geregelten Warenaustausch, wobei China seine Machtstellung dazu nutzte, der anderen Seite möglichst vorteilhafte Bedingungen abzupressen. Diese Interpretation ergibt sich auch daraus, daß Ming-China zugleich mit der Forderung nach Tributleistungen von den Nachbarländern ein Verbot jeglichen privaten Handelsverkehrs mit dem Ausland erließ. Kurz, der (Tribut-) Handel wurde zum Staatsmonopol erklärt. Außerdem war es chinesischen Schiffen untersagt, ausländische Häfen anzulaufen. Der Warenverkehr wurde also in beiden Richtungen von ausländischen Schiffen über designierte Häfen abgewickelt. Im übrigen war sich China durchaus bewußt, daß der Tributhandel auch den

Nachbarländern Vorteile brachte, was sich daran erkennen läßt, daß Peking widerspenstige Nachbarn zeitweilig mit der Unterbrechung der Tributverkehrs »bestrafte«.

Der erste Ming-Kaiser hatte pro Land nur alle drei Jahre eine Tributmission zugelassen. Aber schon in der Endphase von Koryo entsandten die Koreaner jedes Jahr eine Mission nach China. Später wurde die Frequenz auf koreanisches Drängen auf drei oder vier Missionen im Jahr erhöht. Anlässe waren Kalendertermine wie Neujahr, Sonnenwende, Geburtstage des Kaisers oder Kronprinzen sowie bedeutende dynastische Ereignisse wie Tod oder Thronbesteigung des Herrschers in China oder Choson. Der durch den Tributhandel abgewickelte Warenverkehr war beträchtlich, beschränkte sich aber auf betimmte Produktgruppen. So lieferte Choson vor allem Pferde, Felle und Pelze sowie Stoffe und Ginseng und bezog aus China in erster Linie Seide, Porzellan, Medikamente und Bücher. Zu Beginn der Yi-Dynastie hatten die Koreaner auch Gold und Silber geliefert. Andererseits verlangten die Chinesen bisweilen wie zur Zeit der Mongolenherrschaft ein Kontingent Jungfrauen oder Eunuchen. Dieser gelegentliche Menschenhandel trug am ehesten die Züge einer entwürdigenden Abhängigkeit und beschränkte sich auf Zeiten, in denen Choson entweder geschwächt war oder aber spezielle Gefälligkeiten von Ming-China begehrte. Umgekehrt hatte Choson chinesische Schwächephasen dazu genutzt, seine Grenze im Norden wieder bis an den Yalu vorzuschieben und endgültig zu kosolidieren.

Chosons Beziehungen zu Japan waren vorwiegend kommerzieller Natur, wurden aber immer wieder durch das leidige Piratenunwesen belastet. Als die Seeräuber einige Zeit nach Begründung der Yi-Dynastie wieder zu einer Bedrohung wurden, schickte Choson 1419 eine Strafexpedition nach Tsushima, dem Hauptstützpunkt der Piraten. Choson hatte die Insel zeitweilig sogar annektiert und der Provinz Kyongsang am Südostrand der koreanischen Halbinsel zugeschlagen.

Auf Drängen der Fürsten von Tsushima gestattete König Sejong nach einiger Zeit die Wiederaufnahme des regulären Handels mit Japan. Zwei, später drei Häfen an der koreanischen Südküste – in der Nähe der heutigen Hafenstädte Pusan und Ulsan sowie an der Mündung des Naktong-Flusses – wurden für japanische Handelsschiffe geöffnet. Japanische Händler durften dort eigene Niederlassungen errichten. Doch nahmen die Aktivitäten der Japaner bald so überhand, daß Sejong im Jahre 1433 mit dem Fürsten von Tsushima vereinbarte, die Zahl der japanischen Handelsschiffe auf fünfzig pro Jahr zu begrenzen. Der Vertrag beschränkte außerdem die Menge an Reis oder Sojabohnen, die ein Schiff laden durfte, und regelte die Beglaubigung und sonstigen Formalitäten des koreanisch-japanischen Handels über Tsushima.

Der Vertragshandel über Tsushima wurde ebenso wie der Warenverkehr zwischen Choson und Ming-China in Form von Tributleistungen und Gegengeschenken abgewickelt, nur daß diesmal der König von Choson der Empfänger und der Fürst von Tsushima der Tributpflichtige war. Bevor Händler aus Japan ihre Ware in einem der drei koreanischen Häfen anlanden konnten, mußte der Schiffskapitän sich zunächst durch Paß und Siegel des Fürsten von Tsushima ausweisen. Die Japaner lieferten Erze wie Silber, Kupfer und Blei, ferner Schwefel und andere Chemikalien sowie Farbstoffe, Kräuter und Gewürze. Sie bezogen aus Korea außer Reis und Sojabohnen Baumwoll- und Hanfstoffe, Tierfelle und Ginseng, buddhistische Schriften und sonstigen Bücher, Tempelglocken und bestickte Sitzkissen.

In Japan war der Bedarf an Waren aus Choson so groß, daß sich neben dem offiziellen Vertragshandel zahllose illegale Handelskanäle entwickelten, bis hin zum Wiederaufleben offener Piraterei. Auch die Zahl der in den designierten Handelshäfen residierenden Japaner nahm ständig zu und erreichte um die Mitte des 15. Jahrhunderts rund 2000 – amtlich zugelassen waren sechzig Familien. die Ausweitung des Warenverkehrs führte allmählich zu Versorgungsschwierigkeiten in der einheimischen Bevölkerung. Ein Beispiel mag illustrieren, um welche Größenordnungen es dabei ging: gegen 1480 verschifften japansiche Händler alljährlich mehr als 200 000 Ballen Baumwolltuch aus Choson. Versuche der koreanischen Regierung, den ausufernden Warenfluß einzudämmen, stießen auf heftigen Widerstand. Es kam zu bewaffneten Auseinandersetzungen und schließlich im Jahre 1510 zu regelrechten Unruhen in den japanischen Handelsniederlassungen. Daraufhin schickte die Regierung Truppen, schlug den Aufstand nieder und unterband den gesamten Handelsverkehr. Erst zwei Jahre später fand sich König Chungjong auf Bitten des Fürsten von Tsushima bereit, die Handelsbeziehungen wiederaufzunehmen, allerdings in sehr viel geringerem Umfang. Zwei Häfen waren für nicht mehr als 25 japanische Handelsschiffe pro Jahr geöffnet, auch die zulässige Reismenge pro Schiff wurde halbiert, und nur in einer Hafenstadt war es den Japanern hinfort gestattet, eigene Handelsniederlassungen zu unterhalten.

Im Jahre 1541 brachen in der Japanersiedlung erneut Unruhen aus, und 1555 überfielen japanische Seeräuber in einer kriegsmäßig aufgezogenen Operation die südwestliche Küstenprovinz Cholla. Die Regierung von Choson schickte Truppen an die Küste, die sie mit einem ständigen Grenzschutzkommando sicherte, ließ die verbliebenen Niederlassungen der Japaner schließen und setzte dem gesamten Vertragshandel ein Ende. Die regulären Beziehungen zwischen Japan und Choson kamen praktisch zum Erliegen.

Japan befand sich zu dieser Zeit modern ausgedrückt im »Bürgerkrieg«. Es gab keine funktionierende Zentralregierung mehr. Samurai-Heere der verschiedenen Fürstentümer kämpften gegeneinander. Schließlich gelang es dem aus einfachen Verhältnissen aufgestiegenen Heerführer Toyotomi Hideyoshi (1536–1598), das Land unter seiner Herrschaft zu einigen. Kaum hatte Hideyoshi seine Machtstellung im Inneren konsolidiert, richtete er seinen Blick nach auswärts. Im Jahre 1587 entsandte er den Fürsten von Tsushima an den Königshof in Hanyang, um von Choson Tribut zu fordern. König Sonjo (1567–1608) lehnte unter Hinweis auf Chosons Beziehungen zu China ab. Drei Jahre später schickte Hideyoshi seinen Botschafter erneut nach Hanyang. Diesmal begehrte er freien Durchzug für seine Armee. Hideyoshi hatte sich nämlich in den Kopf gesetzt, auf dem Landweg über Korea China zu erobern.

Das japanische Ansinnen war für Choson gänzlich unannehmbar. Der Gedanke, die im Neokonfuzianismus verwurzelte Yi-Dynastie könnte Hilfestellung zur Eroberung ihres Lehrmeisters China geben, mußte König Sonjo und seinen Beratern als zutiefst unmoralisch erscheinen. Außerdem hielten die Koreaner ein solches Vorhaben für so wahnwitzig, daß sie nicht glauben mochten, es könnte in die Tat umgesetzt werden.

Aber Hideyoshi meinte es bitter ernst. Er ließ eine Flotte bauen und mobilisierte ein Riesenheer von über 150 000 Mann. Als sich die Frühlingsstürme des Jahres 1592 gelegt hatten, stach die gigantische Armada von Kyushu aus in See. Nach dem Mondkalender landete die Vorhut der Japaner am 13. oder 14. April an der südkoreanischen Küste unweit von Pusanpo (Pusan). Die nur von schwachen Kräften besetzten Befestigungsanlagen waren schnell überrannt. Das japanische Heer setzte sich in drei Marschsäulen nach Norden in Bewegung. Am 3. Mai konnte General Konishi Yukinaga an der Spitze seiner Truppen durch das Osttor – das wiederaufgebaute Tong Daemun im heutigen Seoul – in Hanyang einmarschieren. Die Hauptstadt von Choson ergab sich ohne Widerstand.

König Sonjo hatte in höchster Not den Kaiser von China um Hilfe ersucht und sich mit seinem Hofstaat nach Pyongyang abgesetzt. Als die japanischen Eroberer ihm auch dorthin folgten, floh Sonjo weiter bis zum Grenzfluß Yalu. Während General Konishi seine Truppen bei Pyongyang Rast machen ließ, führte Kato Kiyomasa, der andere bedeutende Feldherr der Japaner, sein Invasionsheer über Hanyang an die Ostküste und drang bis zum Tumen im äußersten Nordosten der koreanischen Halbinsel vor.

Der Ming-Kaiser schickte ein Entsatzheer aus der Mandschurei. Die rund 50 000 chinesischen Soldaten unter ihrem Feldherrn Li Ju Sung erreichten Pyongyang im Juli, doch gelang es ihnen erst ein halbes Jahr später, die japanischen Besatzungstruppen aus der Stadt zu vertreiben. Es dauerte dann noch bis Oktober 1593, bevor König Sonjo in seine Hauptstadt heimkehren konnte. Sein Palast, der damals schon fast zweihundert Jahre alte Kyongbok-Kung, war größtenteils zerstört – von Koreanern. Im Jahr zuvor, als König Sonjo vor den heranrückenden Japanern geflohen war, hatten sich die Leibeigenen in Hanyang erhoben und viele Regierungsgebäude in Brand gesteckt. Zunächst ging es ihnen wohl nur um die Vernichtung der Sklavenregister, doch dabei ist es nicht geblieben. Es erscheint angebracht, diesen Vorgang eigens zu erwähnen, weil sich viele koreanische Texte auf den mißverständlichen Hinweis beschränken, der Palast sei während der japanischen Invasion zerstört worden.

Aus der Hauptstadt vertrieben und in zunehmendem Maße von koreanischen Partisanen und Freischärler-Armeen bedrängt, die sich überall in den besetzten Gebieten gebildet hatten, zog sich das Invasionsheer an die Südküste Koreas zurück. Ein Teil der Japaner igelte sich dort in Dauerstellungen ein, die übrigen kehrten in ihre Heimat zurück.

Der Zusammenbruch der japanischen Offensive war nicht zuletzt darauf zurückzuführen, daß die im Gegensatz zu den Landtruppen sehr erfolgreiche koreanische Kriegsflotte den japanischen Nachschub weitgehend abgeschnitten hatte. Das war im wesentlichen das Werk des 1591 zum Marinekommandeur zur Linken in der Provinz Cholla ernannten Yi Sun Shin. Admiral Yi und seine »Schildkrötenschiffe« (Kobukson) haben Seekriegsgeschichte gemacht. Und wenn die Koreaner ihren größten Seehelden gern den »koreanischen Lord Nelson« nennen, so wäre es eigentlich angemessen, den Bezwinger der Napoleonischen Flotte als »britischen Admiral Yi« zu bezeichnen. Nelson hat schließlich zweihundert Jahre später gewirkt als Yi. Die Leistungen der beiden sind durchaus vergleichbar, auch der Einfluß ihrer Erfolge auf den Lauf der Geschichte war von ähnlicher Tragweite. Yi ereilte sein Schicksal am 9. November 1598, sein Trafalgar hieß Noryang.

Das Hauptquartier des Kommandeurs zur Linken befand sich in der heutigen Hafenstadt Yosu, etwa in der Mitte der koreanischen Südküste. Admiral Yi hatte sofort nach Übernahme seines Kommandos begonnen, die Kriegsflotte der linken Region von Cholla-Do auszubauen und durch häufige Übungen seetüchtig zu machen. Anders als die herrschende Meinung am Königshof nahm er die Gefahr eines drohenden Überfalls aus Japan offenbar ernst. Tatsächlich war das erste seiner so gefürchteten Schildkrötenschiffe vor der Landung des japanischen Invasionsheeres in Korea einsatzbereit.

Die legendären *Kobukson* verdanken diesen Namen ihrer äußeren Form: Das geschlossene Schiffsdeck war gewölbt und gepanzert wie der Rücken einer Schildkröte. Außerdem führten die Schiffe am Hauptmast eine Flagge mit dem chinesischen Schriftzeichen für Schildkröte, das auf koreanisch *Kobuk* ausgesprochen wird. Yis erstes Schildkrötenschiff war 24 Meter lang und maß an seiner breitesten Stelle kaum mehr als fünf Meter. Sein Boden war flach und ohne Kiel. Zur Fortbewegung dienten neben kleineren Segeln acht bis zehn Ruder auf jeder Seite. Das gab dem Schiff große Manövrierfähigkeit und erlaubte es, feindliche Schiffe mit beträchtlicher Geschwindigkeit zu rammen. Der Drachenkopf am Bug spie Schwefeldämpfe aus, um den Gegner im Nahkampf zu verwirren oder sich selber einzunebeln. Ein Schildkrötenschiff war für damalige Verhältnisse schwer bewaffnet. Das nach alten Beschreibungen rekonstruierte Exemplar im Museum des Admiral Yi gewidmeten Schreins in Asan ist mit zwanzig Kanonen bestückt, davon zwei am Bug. Andere Beschreibungen sprechen von mehreren Dutzend Kanonen; eine alte Zeichnung zeigt vier Rohre am Bug und eine große Zahl Schießluken an den Seiten. Die Besatzung bestand aus ungefähr 160 Mann. Die Einstiegsluken im Deck waren von innen verschließbar, das Deck mit Eisenplatten gepanzert und zusätzlich durch eiserne Stacheln gegen das Entern geschützt. Praktisch unverwundbar und uneinnehmbar, konnte ein Schildkrötenschiff dem Gegner großen Schaden zufügen und muß seinerzeit, wenn es Schwefeldampf speiend und wild um sich schießend mitten in die feindliche Flotte hineinfuhr, auf die Japaner fast wie ein Seeungeheuer gewirkt haben.

Es entspricht nicht den Tatsachen, daß die Koreaner, wie oft behauptet wird, damals als einzige über gepanzerte Schiffe verfügten. Der portugiesische Jesuitenmissionar Rodrigues, der im Sommer 1592 Hideyoshi in Nagoya besuchte, hat berichtet, daß er im Hafen der Stadt mit Eisenplatten gepanzerte Schiffe besichtigt habe. Wie Michael Cooper in seiner Biographie *Rodrigues The Interpreter* schreibt, handelte es sich allerdings um nicht sehr seetüchtige Truppentransporter, die den koreanischen Schildkrötenschiffen deutlich unterlegen gewesen seien. Die Zahl der Kobukson war auch sehr viel geringer als man aufgrund späterer Gemälde von den Seeschlachten gegen die Japaner vermuten könnte. In Wirklichkeit gab es außer dem Kommandoschiff des Admirals höchstens eine Handvoll weiterer Schildkrötenschiffe.

Um so erstaunlicher ist es, wie erfolgreich Admiral Yi gegen die zahlenmäßig weit überlegene japanische Flotte operierte. Der Admiral hat über seine Seeabenteuer ziemlich genau Buch geführt. Sein in chinesischer Schrift aufgezeichnetes Kriegstagebuch liegt auch in englischer Übersetzung vor. Das *Nanjung Ilgi* (Kriegstagebuch) von Admiral Yi Sun Shin ist zugleich eine zeitgeschichtliche Fundgrube von unschätzbarem Wert, die vielfältigen Aufschluß über die Lebensgewohnheiten, Umgangsformen und Anschauungen der Yangban-Gesellschaft des frühen Choson gibt und dem Leser eine Vorstellung vom Funktionieren des damaligen Staatsapparats vermittelt.

Eine der größten Seeschlachten des Krieges wurde zu Beginn

des siebten Monats im Jahr des Drachen – der Jahresdevise für 1592 moderner Zeitrechnung – in der Nähe der Insel Hansan ausgetragen. Yis Flotte von 90 Schiffen traf auf drei japanische Flotten, von denen zwei über zusammen 110 Schiffe verfügten (70 und 40), während die Stärke der dritten nicht mehr festzustellen ist. Laut Yis Bericht an den Königshof zerstörten oder eroberten die Koreaner rund 110 Schiffe und töteten 250 Japaner, die sämtlich geköpft wurden. Als eigene Verluste werden 19 Tote und 100 Verwundete angegeben. Gegen Ende des achten und zu Beginn des neunten Monats überfielen die Koreaner den Hafen Pusanpo, wo 470 japanische Schiffe vor Anker lagen, von denen etwa 100 zerstört wurden. Damit war die Hoffnung der Japaner zunichte gemacht, ihrem Landheer den dringend benötigten Nachschub zu bringen. Admiral Yi hatte den Japanern die Seeherrschaft abgerungen. Im achten Monat 1593 wurde Yi Sun Shin in Anerkennung seiner großen Verdienste zum Oberkommandierenden der koreanischen Kriegsflotte in den drei Südprovinzen Cholla, Kyongsang und Chungchong ernannt.

Der Krieg war inzwischen in eine neue Phase eingetreten. Über den Kopf der Koreaner hinweg hatten die Chinesen Friedensverhandlungen mit den Japanern aufgenommen und eine Gesandtschaft nach Nagoya, dem Hauptquartier des japanischen Machthabers Hideyoshi, geschickt. In einem auf den 27. Juni 1593 datierten Brief an den Kaiser von China forderte Hideyoshi die vier südlichen Provinzen Koreas, also die südliche Hälfte der Halbinsel, für Japan. Außerdem begehrte er eine kaiserliche Prinzessin als Gemahlin für den japanischen Tenno und verlangte, daß der König von Korea einen Sohn und zwei Minister als Geiseln nach Japan schicke.

Im Oktober 1593 überbrachte eine zweite chinesische Gesandtschaft die Antwort des Ming-Kaisers. Sie fiel ganz anders aus, als der Taiko oder Großfürst von Japan – wie Hideyoshi sich damals nannte – es sich vorgestellt hatte. Ohne auf die Friedensbedingungen einzugehen, verlangte der Kaiser von China den Abzug der japanischen Truppen aus Korea und die Wiederherstellung friedlicher Beziehungen zu der Halbinsel. Zugleich bot er die Wiederaufnahme des Handelsverkehrs zwischen China und Japan an. Im Falle des Einverständnisses mit diesen Bedingungen sei sein Gesandter ermächtigt, Hideyoshi als König von Japan zu bestätigen.

Das war nichts anderes als die Aufforderung, sich der chinesischen Oberhoheit zu unterwerfen.

Entsprach ein solches Ansinnen dem chinesischen Selbstverständnis, so war es für Hideyoshi ein Schlag ins Gesicht. In höchstem Zorn befahl der Taiko, für einen neuen Feldzug gegen Korea (und China) zu rüsten. Im Frühjahr 1597 war es soweit. Ein zweites Mal setzten die Japaner mit 100000 Mann nach Korea über. Doch diesmal waren die Koreaner besser vorbereitet. Auch die Chinesen waren schneller zur Stelle. So wurde der japanische Vormarsch über Cholla-Do im Südwesten nach einigen Anfangserfolgen rund 75 Kilometer vor Seoul gestoppt.

Im Gegensatz zur ersten Invasion schlug sich die japanische Kriegsflotte zunächst besser als die Landtruppen. Die Japaner brachten der koreanischen Flotte im Juli 1597 unweit von Hansan-Do eine geradezu vernichtende Niederlage bei.

Wie konnte so etwas passieren? Admiral Yi war im Februar 1597 verhaftet worden, weil er sich dem Befehl widersetzt hatte, eine japanische Flotte auf offenem Meer anzugreifen. Ein Japaner hatte den Koreanern die Ankunft der Flotte »verraten«, ihnen in Wirklichkeit aber eine gezielte Fehlinformation gegeben. Yi traute der Sache nicht und büßte seine Befehlsverweigerung mit Amtsenthebung und Festnahme. Zwar kam Yi Sun Shin dank einflußreicher Fürsprecher bei Hofe bald wieder frei, wurde aber zunächst als rangloser Soldat dem Oberbefehlshaber des Landheeres zugewiesen.

Marschall Kwon Yul, dem als obersten Befehlshaber aller koreanischen Streitkräfte auch die gesamte Kriegsflotte unterstand, zog nach der Niederlage Yi Sun Shin zu Rate. Ergebnis: Yi sollte die Lage an der Südküste inspizieren und Gegenmaßnahmen vorschlagen. Das war der Beginn seiner Rehabilitierung.

Unter dem dritten Tag des achten Monats berichtet Yis Tagebuch vom Eintreffen eines königlichen Boten, der ihm den Erlaß mit der Wiedereinsetzung in seine früheren Ämter überbringt. Yi Sun Shin bestätigt den Empfang mit Wachs und Siegel. Gegen Ende des achten Monats verzeichnet Yi die erste Feindberührung. Die überraschend aufgetauchten Japaner können vertrieben werden. »Mehr als fünzig unserer Schiffe beteiligten sich an der Verfolgung.« Das ist alles, was Yi hat.

Mit sogar nur einem Dutzend Kriegsschiffe errang der rehabilitierte Admiral am 16. Tag des neunten Monats 1597 in der Straße von Myongnyang am Südwestzipfel der Halbinsel einen seiner berühmtesten Siege. Unter geschickter Ausnutzung der heftigen Strömung dieser Meerenge, in die der ortskundige Yi die japanische Flotte hineingelockt hatte, gelang es den Koreanern, 33 von über 130 feindlichen Schiffen zu zerstören.

Nach dieser Niederlage stellten die Japaner ihre Versuche ein, auf dem Seeweg zur Hauptstadt von Choson vorzudringen. Die Koreaner machten sich daran, neue Kriegsschiffe zu bauen. Mittlerweile war auch eine große chinesische Flotte eingetroffen. Im Herbst 1598 verfügten Admiral Yi und sein chinesischer Kollege gemeinsam über mehr als 500 Schiffe.

In Japan neigte das Leben von Toyotomi Hideyoshi seinem Ende zu. Bevor er starb, hatte der Taiko seinen mächtigsten Vasallen – Tokugawa Ieyasu, den späteren Begründer der Tokugawa-Dynastie, die Japan bis zum Jahre 1867 regieren sollte – angewiesen, für eine geordnete Rückführung der japansichen Truppen aus Korea zu sorgen. Bis das vollbracht war, sollte sein Tod geheimgehalten werden.

Die Absetzbewegungen der Japaner blieben in Korea natürlich nicht verborgen. Am achten Tag des elften Monats berichten Yi Sun Shins Eintragungen über einen Besuch beim chinesischen Admiral Chen Lien. Der Kollege habe vorgeschlagen, »daß wir schnell aufs offene Meer hinaussegeln, um den Seeweg des Gegners nach Hause abzuschneiden und zu blockieren«. Das geschah dann auch in den folgenden Tagen.

Yi Sun Shins Kriegstagebuch endet mit dem 17. Tag des elften Monats 1598. Nichts deutet darauf hin, daß er am folgenden Tag die letzte große Seeschlacht dieses Krieges bestreiten und dabei selber zugrunde gehen wird. Aus anderen Quellen ist bekannt, daß Yis Flotte – vermutlich gemeinsam mit der chinesischen – in der Nacht vom 18. auf den 19. November 1598 in der Meerenge von Noryang unweit der heutigen Hafenstadt Yosu eine japanische Flotte von ungefähr 500 Schiffen überfiel, von denen mehr als 200 versenkt oder sonst zerstört worden sein sollen. Über das Ende von Admiral Yi berichtet der Historiker Sohn Pow-Key in seiner Einführung zu den Kriegstagebüchern: »Der Sieg war fast errungen, als eine feindliche Kugel ihn zufällig unter dem linken Arm traf. Er fiel aufs Deck, sein gezogenes Admiralsschwert in der

Hand. Er rief seinen Neffen Wan und seinen Sohn Hoe zu sich und sagte, ›Weint nicht, gebt meinen Tod nicht bekannt. Schlagt die Trommel, blast die Trompete und schwenkt die Fahne zum Angriff. Wir sind noch im Kampf. Erledigt den Feind bis zum letzten‹.« So sei, schreibt Sohn, »der große Kapitän der koreanischen Marine wie Nelson in der Stunde seines endgültigen Sieges gefallen«.

Als »Herzog von Treue und Tapferkeit« könnte man den koreanischen Titel *Chungmu-Kong* übersetzen, den König Sonjo seinem gefallenen Admiral als postume Ehrung verlieh. Chungmu heißt in Erinnerung an den Seeheld eine hübsche Hafenstadt an der Südküste gegenüber der Hansan-Insel, wo Yi einen seiner größten Siege errang. Zahlreich sind die Yi-Denkmäler überall im Lande. In Seoul bewacht eine gewaltige Bronzestatue des Admirals an der Sejong-No den Zugang zum Regierungsviertel. Das siebenbändige Original der Kriegstagebücher, ein Band mit Yis Kriegsberichten an den Königshof sowie eine Reihe persönlicher Gebrauchsgegenstände werden heute im »Schrein zu Ehren des Patriotismus« (Hyongchung-Sa) in Asan zwei Autostunden südlich von Seoul aufbewahrt. In dem bekannten Badeort in Chungchong Namdo befand sich der Sitz der Familie Yi, dort liegt der Admiral auch begraben. Der erste Hyongchung-Schrein war anno 1706 auf dem Familiengrundstück errichtet worden. Der heutige Bau stammt aus den sechziger Jahren unseres Jahrhunderts, nachdem das ganze Gelände unter Präsident Park Chung Hee zum Nationalheiligtum erklärt worden war. Bei dieser Gelegenheit wurde auch das Wohnhaus, in dem Yi seine Jugend verbracht hat, restauriert und ein neues Museum gebaut, in dem neben den Tagebüchern das erwähnte Modell eines Schildkrötenschiffes zu besichtigen ist.

Hideyoshis Sprung aufs asiatische Festland war gescheitert. Aber die Japaner hinterließen ein verwüstetes und ausgeblutetes Land und nahmen im Laufe des siebenjährigen Krieges eine Fülle koreanischer Kunstschätze in ihre Heimat mit. Die Zerstörungen waren in den am längsten besetzten südlichen Küstenprovinzen besonders verheerend. Ihnen fielen fast alle aus dem Shilla-Reich erhalten gebliebenen Holzgebäude in der alten Hauptstadt Kyongju und Umgebung zum Opfer. Sehr schmerzhaft war der Verlust von drei der vier königlichen Archive, nur das in Chonju in der Provinz Cholla überstand den Krieg unversehrt. Manche der damals geraubten Kunstschätze werden heute noch in den Museen süd- und westjapanischer Provinzstädte aufbewahrt. Von dort hatte Hideyoshi die meisten Truppen für sein Invasionsheer rekrutiert. Eine reiche Sammlung befindet sich im Privatmuseum der Familie Tokugawa in der Nähe von Nagoya – Tokugawa Ieyasu hatte nach dem Tod von Hideyoshi die Macht in Japan übernommen –, darunter Tausende von Büchern und kupferne Druckstöcke aus Korea.

Unter den Zehntausenden koreanischen Kriegsgefangenen, die nach Japan verschleppt wurden, befanden sich viele Handwerker und Künstler. Sie haben auf die kulturelle Entwicklung Japans großen Einfluß ausgeübt. Das gilt im besonderen Maße für die Keramikkunst und die Porzellanherstellung. Viele der später weltberühmten »japanischen« Marken wurden in Wirklichkeit von koreanischen Töpfern in Japan begründet. Das bekannteste Beispiel ist das Aritaporzellan. Der Koreaner Yi Sam Pyong (japanisch Ri Sam Pei) hat 1616 in der Nähe des Ortes Arita große Kaolinvorkommen entdeckt und damit den Anstoß zu der in Japan bis dahin kaum entwickelten Porzellanherstellung gegeben. Holländische Handelsschiffe brachten das Aritaporzellan nach Europa, wo es sich alsbald größter Beliebtheit erfreute. Nach dem Ort seiner Verschiffung, dem Hafen von Imari, nannte man es auch Imariporzellan. Die Keramikschalen der japanischen Teezeremonie waren ganz wesentlich von koreanischen Töpfermeistern und deren heimatlicher Volkskunsttradition beeinflußt.

Bei der Pariser Weltausstellung 1867 erregte eine japanische Porzellanmarke, das weiße Satsuma, beträchtliches Aufsehen. Das Fürstentum Satsuma – auf dem Gebiet der heutigen Provinz Kagoshima – hatte sich mit einem eigenen Beitrag unabhängig vom japanischen Regierungspavillon an der Ausstellung beteiligt. Solche Extravaganzen konnten sich die Fürsten von Satsuma leisten, weil sie aus dem Export ihres Porzellans über eigene Deviseneinnahmen verfügten. Leiter der fürstlichen Porzellanmanufaktur von Satsuma war damals ein gewisser Chin Ju Kan, dessen Vorfahren aus der koreanischen Provinz Cholla stammten und der schon in der zwölften Generation die aus seiner Heimat mitgebrachte Tradition weiterführte. Das Satsumaporzellan war von koreanischen Töpfern begründet worden, die ein Satsuma-Feldherr im Koreafeldzug gefangengenommen hatte. Shiba Ryotaro, ein durch die Bearbeitung historischer Stoffe berühmt gewordener japanischer Schriftsteller hat ein Dorf in Kagoshima aufgespürt, in dem noch heute die Nachfahren von ursprünglich 17 koreanischen Töpferfamilien aus Cholla-Do leben. Am Beispiel des mittlerweile 14. Chin Ju Kan hat Shiba in seiner Novelle »Unvergeßliche Heimat« (*Kokyo Bojigataku Soro*) das Schicksal dieser Koreaner in Japan nachgezeichnet. Die unfreiwilligen Einwanderer wurden in ihrer neuen Umgebung nicht schlecht behandelt: Der Fürst von Satsuma verlieh allen 17 Familien den Samuraistatus, so daß sie in Japan zur Oberschicht gehörten. Aus einer dieser Familien sollte dreieinhalb Jahrhunderte später sogar ein Außenminister des japanischen Kaisereichs hervorgehen (Togo Shigenori, Oktober bis September 1942 und April bis August 1945).

Genauere Angaben über das Ausmaß des menschlichen »Technologietransfers« im Zuge von Hideyoshis Invasion sind nicht überliefert, doch wird die Anzahl der verschleppten koreanischen Kriegsgefangenen auf 50 000 bis 60 000 geschätzt. Wenn nur zehn Prozent davon über besondere Fertigkeiten oder Kenntnisse verfügten, so ergäbe das immerhin 5000 bis 6000 koreanische »Entwicklungshelfer« – eine stattliche Zahl. Einer dieser Gefangenen, der vermutlich aus der Yangban-Schicht stammende konfuzianische Gelehrte Kang Hang, soll maßgeblich zur Verbreitung der Lehre des Chu Hsi in Japan beigetragen haben. Hideyoshis Nachfogler, Tokugawa Ieyasu, erhob diese in Korea vorherrschende Denkschule des Neokonfuzianismus, die in Japan »Shushigaku« genannt wird, zur Staatsphilosophie der von ihm begründeten und fast drei Jahrhunderte überdauernden Tokugawa-Dynastie.

Der siebenjährige Krieg wurde mit beträchtlicher Grausamkeit geführt – auf beiden Seiten, wie Admiral Yis Tagebücher enthüllen. Vor dem Hintergrund der japanischen Eroberungskriege im 19. und 20. Jahrhundert ist es üblich geworden, die Grausamkeit des japanischen Invasionsheeres hervorzuheben. Als Beispiel wird gewöhnlich jener »Ohren-Grabhügel« auf dem Gelände des Hoko-Tempels (Hoko-Ji) in Kyoto genannt. Dort sollen die abgeschnittenen Ohren und Nasen von über 30 000 getöteten Koreanern begraben sein. Das ist offenbar keine bloße Gruselgeschichte. Bei ihrer Bewertung sollte man berücksichtigen, daß es damals keineswegs ungewöhnlich war, getöteten Feinden den Kopf abzuschlagen. Die Köpfe der Toten wurden entweder aufgespießt und zur Schau gestellt oder als Siegestrophäe mitgenommen. Die abgeschnittenen Ohren und Nasen waren als Beweis der japanischen Kriegserfolge in Korea gedacht, weil man schlecht Tausende von abgeschlagenen Köpfen nach Japan zurückbringen konnte. Das Makabre an dieser Geschichte ist, daß Hideyoshis Truppen die Ohren und Nasen der Getöteten offenbar wie Wintergemüse »eingelegt« haben müssen, um sie für die lange Reise »haltbar« zu machen...

Man wird, ohne die Japaner besonders verteidigen zu wollen, auch Vorbehalte gegen die von Koreanern gern vorgebrachte These anmelden müßen, der Invasionskrieg des Hideyoshi beweise besondere Aggressionsgelüste der Japaner, sei gewissermaßen nur das Vorspiel zu den späteren Eroberungskriegen gegen das asiatische Festland im 19. und 20. Jahrhundert. Dazwischen lagen immerhin fast dreihundert Jahre, in denen kein japanischer Soldat in kriegerischer Absicht seine Heimat verlassen hat. Kaum ein europäisches Volk kann in der neueren Geschichte eine ähnlich lange Periode der Friedfertigkeit gegenüber seinen Nachbarn aufweisen, auch nicht das geopolitisch am ehesten mit Japan vergleichbare britische Inselreich. Hideyoshi hat den Feldzug gegen Korea und China plötzlich und selbstherrlich beschlossen. So berichtet Michael Cooper in seiner Biographie des Rodrigues, daß »nur Hideyoshi selber« dieses Vorhaben mit Enthusiasmus betrieb, aber niemand es wagte, ihn auf die möglicherweise verheerenden Konsequenzen hinzuweisen. Cooper stützt sich dabei auf einen Brief des Jesuitenmissionars Alessandro Valignano, der ab 1573 Inspektor der Japan-Mission war und schrieb, »alle Adligen sind bestürzt über Korea, aber sie sagen alle ›gut, gut‹, denn Hideyoshi hat gesagt, daß er jeden, der dagegen ist, umbringen will«. Die einfachen Soldaten hatten sowieso keine Wahl, ob sie den Koreafeldzug mitmachen wollten oder nicht.

Skepsis ist auch gegenüber Darstellungen angebracht, die den Eindruck erwecken, als hätten die Koreaner einen nationalen Krieg gegen die Japaner geführt. Ein nationalstaatliches Bewußtsein im modernen Sinne dürfte zu jener Zeit kaum entwickelt gewesen sein. Deshalb ist auch die Verwendung moderner Begriffe wie »national« in der Übersetzung der Kriegstagebücher von Admiral Yi mit Vorsicht zu genießen. Sicherlich hat der jahrelange Kampf gegen die fremden Eindringlinge dazu beigetragen, das Identitätsgefühl der Koreaner zu stärken, und damit eine wichtige Voraussetzung für die Entwicklung eines koreanischen Nationalbewußtseins geschaffen.

Einiges davon hat sich in der aus der Kriegserfahrung heraus entstandenen Literatur niedergeschlagen, etwa in der Ballade vom großen Frieden, die Pak No Kye anno 1598 geschrieben hat. Anderes hat in den Heldenepen des Krieges überlebt, zum Beispiel in der berühmten Geschichte von der patriotischen Kisaeng Chu Non Gae – gewöhnlich ohne ihren Familiennamen Non Gae genannt – aus Chinju, die während der feindlichen Siegesfeier nach der Eroberung der Stadt einen betrunkenen japanischen General umarmte und mit ihm zusammen von einer Felsklippe am Ufer des Nam-Flusses hinab in den Tod sprang. Diese Geschicht ist deshalb von Interesse, weil die berufsmäßigen Unterhalterinnen oder Kisaeng Koreas zu jener Zeit alle aus dem Sklavenstand stammten. Non Gae ist vermutlich die erste Chonmin-Frau, die aufgrund persönlicher Leistung in die koreanische Geschichte eingegangen ist. In einem zu ihren Ehren errichteten Schrein in Chinju – einer traditionsreichen und reizvollen Stadt von 230 000 Einwohnern 135 Kilometer westlich von Pusan – wird alljährlich am letzten Tag des nach dem alten Mondkalender sechsten Monats ein Gedächtnisritual zelebriert.

Koreaner aller Stände – Yangban ebenso wie Mönche, Gemeine oder Sklaven – haben sich als »rechtschaffene Krieger« (Uibyong) im Kampf gegen die Japaner hervorgetan. Im modernen Sprachgebrauch waren das Guerillakämpfer. Viele der Anführer dieser frühen Widerstandsbewegung sind namentlich bekannt, ihre Taten aufgezeichnet. Manche werden heute noch als Lokalpatrioten verehrt. Auch sie waren Wegbereiter eines zukünftigen koreanischen Nationalismus.

Sie alle überragt die Gestalt des Yi Sun Shin, der fast vierhundert Jahre nach seinem Tod erneut dazu beiträgt, den Koreanern Stolz und Selbstvertrauen einzuflößen. Gerade weil er seine Schlachten gegen die Japaner gewonnen hat – und nicht zum Beispiel gegen Chinesen oder Mongolen –, ist Admiral Yi der koreanische Nationalheld schlechthin. Denn es waren die Japaner, die während ihrer Kolonialherrschaft von 1910 bis 1945 den Nationalstolz der Koreaner am tiefsten verletzt haben. Hinzu kommt, daß Yi seine Siege über die Japaner nicht nur persönlichem Mut und strategischem Weitblick, sondern auch der technischen Überlegenheit seiner Kriegsschiffe zu verdanken hatte. Die Erinnerung daran ist Balsam für die noch immer nicht ganz verheilten Wunden, die Japans Kolonialherren, gestützt auf die Macht der schnelleren Modernisierung ihres Landes im 19. Jahrhundert, der koreanischen Seele zugefügt hatten. Das Gedenken an Yis glänzende Leistungen gibt den Koreanern Kraft, wenn sie sich heute anschikken, mit den Japanern technologisch gleichzuziehen und sie eines Tages gar auf dem einen oder anderen Gebiet zu übertreffen. Im übrigen ist Admiral Yi auch in Japan durchaus anerkannt. Die Koreaner zitieren dazu gern einen Ausspruch, der dem japanischen Seehelden Admiral Togo, Sieger über die Ostseeflotte des russischen Zarenreiches in der Seeschlacht von Tsushima 1905, zugeschrieben wird, »Sie können mich mit Nelson vergleichen, aber nicht mit Yi Sun Shin. Der war zu bedeutend.«

Vasall der Mandschus

Im Kampf gegen die japanischen Invasoren mußte sich Choson zugleich eines anderen Feindes erwehren, der das Königreich von Norden her bedrängte. Die Mandschus – zum tungusischen Volksstamm der Jurdschen gehörig – hatten sich in dem Gebiet zwischen Yalu im Süden und Amur im Norden unter ihrem Anführer Nurhaci (1559–1626) zu einem mächtigen Reich zusammengeschlossen, das seit den achtziger Jahren des 16. Jahrhunderts die koreanische Nordgrenze bedrohte.

Doch das Hauptinteresse der Mandschus galt Ming-China, gegen Choson unternahmen sie zunächst nur eine Reihe von Grenzüberfällen, die von den Koreanern mehr oder weniger erfolgreich abgewehrt wurden. Nurhaci schickte eine Gesandtschaft zu dem an die Nordgrenze seines Reiches geflohenen König Sonjo und bot sogar Hilfe gegen die Japaner an. Das Angebot wurde auf Intervention Chinas zurückgewiesen. Als die Chinesen Truppen von der Liaotung-Halbinsel in den Kampf gegen Hideyoshis Heere nach Korea entsandten, begann Nurhaci die dadurch gefährlich geschwächten Vorposten des Ming-Reiches im Südwesten der Mandschurei anzugreifen.

Chosons Haltung gegenüber den Mandschus war zunächst zwiespältig. Während König Sonjo – in Erwiderung der chinesischen Hilfe gegen Japan – die Abwehrkämpfe der Ming-Kaiser gegen die Mandschus soweit wie möglich unterstützt hatte, scheute sein Sohn und Nachfolger Kwanghae-Gun (1608–1623) vor einer direkten Konfrontation mit dem aggressiven Nachbarn im Norden zurück. So kam Choson anno 1618 der chinesischen Aufforderung zur Unterstützung eines Feldzugs gegen Nurhaci nach und schickte ein Heer von 10000 Mann, doch nutzte der Heerführer der Koreaner die erstbeste Gelegenheit, um sich den Mandschus zu ergeben. Das verschaffte Choson für einige Jahre Ruhe an der Nordgrenze.

Die Lage änderte sich, als nach Kwanghae-Guns Sturz König Injo (1623–1649) den Thron bestieg. Injo brach alle Beziehungen zu den Mandschus ab und kehrte zur traditionellen Außenpolitik loyaler Ming-Gefolgschaft zurück. Die Quittung für diesen Kurswechsel bekam Choson im Jahre 1627: eine 30000 Mann starke Mandschu-Armee überquerte den Yalu, eroberte Pyongyang und erreichte in kürzester Zeit die Hauptstadt Hanyang.

Wie zur Zeit des Mongoleneinfalls suchte der koreanische Königshof wieder Zuflucht auf der Insel Kanghwa. Das nach den Verheerungen des Krieges mit Japan geschwächte Choson war nicht in der Verfassung, Widerstand zu leisten. König Injo zog es vor, schnell Frieden zu machen. Das lag auch im Interesse der Mandschus, die ihre Kampfkraft für den geplanten Feldzug gegen China schonen wollten. In den Friedensverhandlungen verpflichtete Nurhacis Sohn Abahai, der inzwischen Khan geworden war, Choson, das Mandschu-Reich als »älteren Bruder« anzuerkennen. Für den Angriff auf Ming-China verlangte er zwar nicht die Entsendung von Soldaten, jedoch die Lieferung von Getreide und Kriegsschiffen.

Der Frieden sollte nur von kurzer Dauer sein. Die Mandschus blieben den Koreanern ständig auf den Fersen. 1632 ließen sie noch bestehende Rücksichten auf die Gefühle des Yi-Hofes fallen und forderten anstelle des 1627 vereinbarten »brüderlichen« Unterordnungsverhältnisses die klare Unterwerfung unter ihre Oberhoheit. Choson sollte ein Vasallenstaat des Mandschu-Reiches werden, das sich im Sinne der konfuzianischen Lehre bereits in der Vaterrolle sah. Im Jahre 1636 beanspruchte Abahai für sich den Titel Großkhan, was rangmäßig dem Kaiser von China entsprechen sollte, und gab seiner Dynastie den Namen Ching.

König Injo lehnte ab. Für ihn und seinen chinesisch-konfuzianisch gebildeten Hofstaat waren die Mandschus Barbaren und ihre Ching-Dynastie in Shenyang (Mukden) kein Ersatz für die Ming-Kaiser in Peking. Diesmal war Injo entschlossen zu kämpfen. Und als Abahai 1636 eine Gesandtschaft nach Choson schickte, um Unterwerfung und Tribut anzumahnen, gab man ihr statt dessen eine Abschrift der Mobilisierungsanordnung des Königs.

Die Antwort ließ nicht lange auf sich warten. Abahai überschritt am 4. Januar 1637 an der Spitze seines 100000 Mann starken Heeres den zugefrorenen Yalu und fiel in Korea ein. Binnen zwei Wochen stieß die Vorhut bis zur Hauptstadt vor. Der Hofstaat konnte noch nach Kanghwa-Do fliehen, König Injo, vom Fluchtweg abgeschnitten, mußte sich mit einer kleinen Streitmacht auf eine Fliehburg in den Bergen zurückziehen. Die zum

Teil restaurierte Befestigungsmauer der Namhan Sansong (Festung am südlichen Han-Berg), die sich ähnlich der berühmten chinesischen Mauer über Bergrücken und Täler erstreckt, ist noch in viereinhalb Kilometer Länge erhalten und kann von Seoul aus mit Bus oder Auto in südöstlicher Richtung schnell erreicht werden. Auf diesem historischen Boden sollen schon die Könige von Paekche Befestigungsanlagen errichtet haben.

Vierzig Tage hatte König Injo in seiner Bergfestung ausgehalten, da ließen die Mandschus ihm mitteilen, daß sie die Insel Kanghwa gestürmt hätten und sich der ganze Hofstaat samt Königin und Prinzen in ihrer Hand befände. Diese Nachricht brach Injos Widerstandswillen. Am 24. Februar streckte er die Waffen und begab sich ins Lager des Feindes. Es war ein »Gang nach Canossa«. Injo mußte sich in einer der entwürdigendsten Szenen der koreanischen Geschichte vor Großkhan Abahai – alias Kaiser Ching Tai Tsung nach der chinesischen Lesart – neunmal niederwerfen, dem siegreichen Eroberer Vasallentreue geloben und das bisherige Treueverhältnis zu Ming-China widerrufen. Damit nicht genug: Abahai verlangte nun die Gestellung von Truppen und Kriegsschiffen gegen Ming-China, jährliche Tributzahlungen sowie die Überlassung von Kronprinz Sohyon und einem weiteren Königssohn als Geiseln.

Mit der Unterwerfung Chosons hatten die Mandschus die Bedrohung ihrer Flanke auf dem Vormarsch nach China beseitigt. Das von inneren Unruhen erschütterte Ming-Reich wurde eine leichte Beute. Die Eroberer konnten kampflos und fast wie Befreier in Peking einziehen. Sie proklamierten ihre Ching-Dynastie als neue Beherrscher des Reichs der Mitte. Abahai hat diesen Triumph nicht mehr erlebt. Sein sechsjähriger Sohn Fu Lin wurde am 30. Oktober 1644 unter dem Namen Shun Chih zum ersten Ching-Kaiser von China ausgerufen. Bis zu seiner Mündigkeit führte Prinz Dorgon, einer der Söhne des ersten Mandschu-Königs Nurhaci, als Regent die Staatsgeschäfte. Bis zum Sturz der Monarchie durch Sun Yat Sens bürgerliche Revolution 1911 stellte die Ching-Dynastie 267 Jahre lang alle chinesischen Kaiser – und überlebte damit sogar die Yi-Dynastie von Choson.

Die Machtübernahme der Mandschus in Peking hat als vermutlich einziger Europäer der schon erwähnte Jesuitenmissionar Johann Adam Schall von Bell aus Köln miterlebt. Schall hatte bereits dem letzten Ming-Kaiser als astronomischer Berater gedient. Unter dem neuen Regime wurde er noch vor Ablauf des Jahres 1644 vom Regenten Dorgon zum Direktor des Astronomischen Amtes am Kaiserhof ernannt, eine Tätigkeit, die Schall jahrelang ausfüllte und in deren Verlauf er zu einem der engsten Vertrauten des jungen Kaisers Shun Chih aufstieg.

Niedergang, Reformen und Parteien

Vier Invasionen in knapp einem halben Jahrhundert hatten Korea ausgeblutet wie Deutschland der Dreißigjährige Krieg. Neben den furchtbaren Opfern an Menschenleben und der Vernichtung vieler unersetzlicher Kulturgüter erwiesen sich die verheerenden Schäden in der Landwirtschaft und der Verlust der meisten Boden- und Steuerregister als besonders verhängnisvoll. Reis war das Hauptnahrungsmittel der Koreaner, doch die Reiserzeugung war fast völlig zum Erliegen gekommen. Es dauerte viele Jahre, bevor eine ausreichende Ernährungsbasis wiederhergestellt war.

Der Reisanbau bildete zudem die Grundlage des staatlichen Steuersystems. Das zum Zweck der Steuererhebung registrierte Land betrug nach dem Abzug der Japaner weniger als ein Drittel des Bestands vor der Hideyoshi-Invasion. Da im konfuzianischen Choson so gut wie jede wirtschaftliche Betätigung mehr oder weniger in staatlichen Händen lag, kann man sagen, daß das Land bereits durch den Krieg mit Japan volkswirtschaftlich auf ein Drittel seiner selbst reduziert worden war. Es sollte mehr als hundert Jahre dauern, bevor der staatlich erfaßte Bestand an steuerpflichtigem Grund und Boden auch nur die Hälfte des Vorkriegsstandes erreichte. Ein Datenvergleich ergibt zum Beispiel für das Jahr 1719 erst einen Anteil von 49 Prozent.

Ursache für die sehr langsame Überwindung der Kriegsfolgen war nicht allein das Ausmaß der Zerstörungen. Hinzu kam, daß der Zusammenbruch der staatlichen Verwaltung von der privilegierten Führungsschicht dazu mißbraucht wurde, ihren Besitz an – steuerfreien – Ländereien maßlos zu vermehren. Hauptsünder waren das Königshaus und seine vielen Nebenlinien. Und selbst staatliche Stellen und Provinzbehörden bedienten sich unter den verschiedensten Vorwänden großzügig mit steuerfreiem Landbesitz. Diese Praktiken waren hinterher nicht mehr rückgängig zu machen und setzten sich in dieser oder jener Form fort. Während zum Beispiel zwischen 1719 und 1769 die Gesamtmenge der landwirtschaftlichen Nutzfläche dank Neulandgewinnung und Ausbau des Bewässerungssystems um beinahe 16 Prozent zunahm, ging die Fläche des der Steuerpflicht unterliegenden Bodens in derselben Zeitspanne sogar um fast vier Prozent zurück. Gleichzeitig sank der Anteil des steuerpflichtigen Bodens an der gesamten Ackerbaufläche von 68 auf 57 Prozent.

Die zwangsläufige Konsequenz war, daß die Belastung der Steuerzahler bis ins Unerträgliche wuchs. Nur im Wege einer grundlegenden Steuerreform konnte man diese Mißstände abzubauen versuchen. Die ersten Schritte in diese Richtung wurden 1608 mit dem Erlaß eines Gesetzes zur gleichmäßigen Bodenbesteuerung (Taedong-Pop) unternommen. Dieses neue Gesetz wurde zunächst probeweise in einer der acht Provinzen in Kraft gesetzt. Später kamen weitere Provinzen hinzu, und es dauerte ein ganzes Jahrhundert, bevor das Anwendungsgebiet auf sämtliche Landesteile mit Ausnahme der beiden nördlichen Grenzprovinzen – für die in vieler Hinsicht Sonderregelungen galten – ausgedehnt worden war. Die neue Bodensteuer, die wahlweise in Reis oder dem Gegenwert in Baumwollstoff oder – erstmalig – Geldmünzen entrichtet werden konnte, trat an die Stelle der Tributpflicht. Für sich genommen bewirkte das Gesetz bei den meisten Steuerzahlern eine Entlastung. Da der Steuersatz gleichmäßig pro Flächeneinheit festgesetzt war, kamen die Besitzer ertragreichen Ackerlandes besser weg als solche mit unfruchtbarem Boden. Auch brachte das Gesetz keine Lösung der Finanznöte des Staates.

In mancher Hinsicht bedeutsamer war ein neues Wehrsteuergesetz, das 1750 in Kraft trat. Dieses Gesetz über die einheitliche Dienstpflicht (Kyunyok-Pop) war insofern bahnbrechend, als es erstmals alle wehrtauglichen Männer zwischen 16 und 60 Jahren erfaßte, ohne Rücksicht auf ihre Klassenzugehörigkeit. Widerstand regte sich auf seiten der bislang von der Wehrpflicht freigestellten Yangban, die erst im Gegenzug für die Zusage, daß das Gesetz auch für die Nebenlinien des Königshauses gelten sollte, nachgaben. Die neue Steuer wurde auf einen Ballen Stoff pro Mann und Jahr festgesetzt. Theoretisch war das eine Halbierung der alten Wehrersatzsteuer, da die Regierung jedoch gleichzeitig eine Reihe weiterer Steuern neu einführte, blieb von der Entlastung bei der Wehrsteuer kaum etwas übrig.

Die Invasionskriege der Japaner und Mandschus hatten nicht nur die Grundlagen des alten Steuersystems von Choson zerstört. Auch die Fundamente der Yangban-Gesellschaft wurden ernsthaft erschüttert, mit nachhaltigen Folgen für das Gesamtgefüge des neokonfuzianischen Staates. Die Regierung selber wirkte dabei fleißig mit. Ihrer Steuereinnahmen weitgehend beraubt, andererseits wegen der Folgelasten des Krieges mit erheblichen zusätzlichen Kosten belastet, verfiel sie auf den Gedanken, staatliche Amtstitel zu verkaufen. Diese verhängnisvolle Praxis begann schon 1593, ein Jahr nach der ersten Hideyoshi-Invasion, und nahm lawinenartig zu. Die Titel brachten den Erwerbern zwar keine Ämter, doch konnte man sich mit ihnen zumeist den bisher so exklusiven Yangban-Status kaufen.

Die Yangban haben sich von der Vermarktung ihres Standes niemals vollständig erholt. Die Vorstellung, daß der Yangban-Status letzten Endes käuflich sei, war nicht mehr aus der Welt zu schaffen. Am Ende erging es dem »Herrenstand« von Choson nicht anders als dem deutschen »Herrn«: Er degenerierte zu einer bürgerlichen Anrede.

Parallel zur Entwertung der Yangban setzte am anderen Ende der gesellschaftlichen Skala die Aufwertung der Chonmin ein. Wiederum lieferte die Invasion der Japaner den Anlaß, und die Regierung schaffte die Voraussetzung, indem sie begann, die bisher vom Wehrdienst freigestellten Angehörigen der Unterschicht in größerer Zahl zum Militär einzuziehen. Auf diese Weise konnten sich die Chonmin in den Stand freier Bürger hochdienen, also Sangmin werden. Auch diese Neuerung überdauerte die Kriege. Während der Herrschaft von König Injo sollen sich über 100000 Chonmin durch Ableistung des Militärdienstes emanzipiert haben, berichtet Wanne J. Joe, unter König Sukchong (1675–1720) sogar 200000. Bedenkt man, daß sich die Gesamtbevölkerung Chosons nach der Volkszählung von 1669 auf etwa fünf Millionen Menschen belief und die Hauptstadt weniger als 200000 Einwohner zählte, so sind das gesellschaftliche Verschiebungen von beachtlicher Größenordnung. Allerdings sollte es bis 1801 dauern, bevor die Regierung ihre Sklavenregister verbrannte und damit die verbliebenen Leibeigenen pauschal zu freien Bürgern (Sangmin) machte. Sehr viele können es nicht mehr gewesen sein, da in den amtlichen Registern von 1655 nur noch etwa 190000 Regierungssklaven verzeichnet waren. Es blieb das Problem der privaten Leibeigenen, deren Zahl in der ersten Hälfte des 17. Jahrhunderts ungefähr 400000 betragen und in der Folgezeit ebenfalls weiter abgenommen hatte. Ihre Befreiung kam erst 1894 mit der vollständigen Aufhebung der Sklaverei – übrigens »nur« dreißig Jahre nach dem entsprechenden Beschluß des amerikanischen Kongresses.

Wenngleich die Kriege mit den Japanern und Mandschus die Flügel- und Richtungskämpfe am Königshof von Choson gewiß nicht ausgelöst haben – zur Intensivierung dieser Erscheinung, welche die Yi-Dynastie bis zu ihrem Untergang kennzeichnen sollte, haben sie wesentlich beigetragen. In der Rückschau kann man dieser Entwicklung durchaus eine positive Seite abgewinnen und von der Herausbildung politischer Parteien sowie vom Parteienstreit um die Macht im Staate sprechen. Choson litt eben schon frühzeitig unter den Problemen des modernen Parteienstaats...

Als König Sonjo 1590 eine Delegation nach Japan schickte, um auszukundschaften, was Hideyoshi mit Korea und Japan wirklich vorhatte, kehrten die koreanischen Botschafter mit widersprüchlichen Nachrichten zurück: der Delegationsleiter zeigte sich sehr besorgt über die japanischen Invasionsvorbereitungen, während sein Stellvertreter berichtete, es gäbe keine Anhaltspunkte für einen japanischen Überfall auf Korea. Am Königshof schenkte man der optimistischen Lagebeurteilung größeren Glauben. Der Delegationsleiter gehörte bei Hofe zur Westpartei, der Stellvertreter war ein Mann der Ostpartei. Was an verspäteten und unzureichenden Kriegsvorbereitungen auf koreanischer Seite schließlich unternommen wurde – darunter die Berufung von Admiral Yi Sun Shin zum Marinekommandeur zur Linken in der Provinz Cholla –, geschah auf Empfehlung eines Angehörigen der Südpartei.

Der Sturz von Kwanghae-Gun zugunsten des neuen Königs Injo im Jahre 1623 war ebenfalls Folge eines Machtkampfs von Parteien – zwischen den Anhängern der Großen Nordpartei und der Westpartei. Das Ergebnis war ein radikaler Kurswechsel in der Außenpolitik: vom vorsichtigen Taktieren zwischen den Kontrahenten zur offenen Unterstützung der Ming und Konfrontation mit den Mandschus.

Der Anfang einer Herausbildung dauerhafter »Parteien« wird gemeinhin auf das Jahr 1575 datiert, als sich im Zuge eines hartnäckigen Machtkampfes um Stellenbesetzungen die Unterscheidung der rivalisierenden Gruppen in *So-In* und *Tong-In* einbürgerte. Wörtlich übersetzt bedeuten diese Bezeichnungen

Westleute und Ostleute, was auf den Wohnsitz des jeweiligen Anführers im Westteil und Ostteil der Hauptstadt zurückgeht. In ähnlicher Weise entstanden die Namen für die *Nam-In* (Südleute) und *Pug-In* (Nordleute), die aus einer Spaltung der Tong-In hervorgegangen waren und sich ihrerseits später in verschiedene Untergruppen aufspalteten. Auch die So-In teilten sich wiederholt in neue Untergliederungen, von denen besonders zwei eine Rolle spielen sollten, die *Noron* (ältere Lehre) und *Soron* (jüngere Lehre). Es würde zu weit führen, die Entwicklung dieser Gruppen hier zusammenhängend darzustellen, ein paar allgemeine Anmerkungen mögen genügen. Im übrigen werden die einzelnen Parteien dort behandelt, wo es zum besseren Verständnis als sinnvoll erscheint.

Diese Gruppen werden häufig – in Anlehnung an die *factions* der englischsprachigen Korea-Literatur – als Faktionen bezeichnet. Wenn hier von Parteien gesprochen wird, so deshalb, weil es sich um mehr oder weniger selbständige Gruppen handelt, während der Ausdruck Faktion im deutschen Sprachgebrauch eher die unselbständige Gruppierung innerhalb einer Partei, also den Parteiflügel, umschreibt. Die seit dem späten 16. Jahrhundert in Choson aktiven Parteien sind natürlich nicht unmittelbar mit einer modernen politischen Partei vergleichbar, erfüllen jedoch im wesentlichen dieselbe Aufgabe, nämlich die Interessenvertretung ihrer Anhänger durch Einflußnahme auf Stellenbesetzungen, Meinungsbildung und Entscheidungsprozesse. Da in Choson, von der Endphase der Yi-Dynastie einmal abgesehen, nur die Angehörigen des Yangban-Standes Zugang zu allen wichtigen staatlichen Ämtern hatten – die unteren Stände hatten zunächst überhaupt keine politischen Rechte –, waren die Parteien reine Yangban-Parteien. Ihr Einfluß beschränkte sich aber nicht auf den Königshof, die Regierung oder sonstige Behörden in der Hauptstadt, sondern konnte sich bis in die entlegenste Dienststelle auf dem Lande erstrecken.

Eine Konsequenz der Herausbildung dieser Parteien war, daß sich im Laufe der Zeit die Gewohnheit entwickelte, alle wichtigen Posten möglichst nur noch mit Parteifreunden zu besetzen und die Anhänger anderer Parteien aus ihren Ämtern zu entfernen. In diesem Sinne gab es bereits Regierungsparteien und Oppositionsparteien, Regierungswechsel und »Säuberungen«. Wer in einem politischen Streit eine maßgebliche Rolle gespielt hatte und unterlag, lief Gefahr, hingerichtet oder auf eine einsame Insel verbannt zu werden. Solche Intransigenz wurde vom Sieger gewöhnlich mit der »richtigen« Auslegung der Lehren des Konfuzius begründet. »Man ging davon aus, daß es immer nur eine richtige Politik gab und alles andere falsch war. Es gab daher keine Möglichkeit, in einem Meinungsstreit zu vermitteln.« So hat der Historiker Han Woo-Keun die Handlungsweise der Politiker in Choson auf die orthodoxe Geisteshaltung des Konfuzianismus zurückgeführt. Dieselbe Kompromißlosigkeit kennzeichnet die politischen Auseinandersetzungen im modernen Korea, und zwar sowohl zwischen den verfeindeten Staaten im Norden und Süden der Halbinsel wie auch zwischen Regierung und Opposition innerhalb Südkoreas.

Regierungswechsel im Sinne einer Ablösung der herrschenden Partei durch eine andere fanden entweder anläßlich eines Wechsels auf dem Thron statt, oder ein König nahm einen bestimmten Vorgang – zum Beispiel einen Meinungsstreit – zum Anlaß, um seine Gunst von der Regierungspartei auf die Opposition zu übertragen und dieser damit zur Regierungsübernahme zu verhelfen. Es konnte daher auch vorkommen, daß eine Partei den Regierungswechsel selber inszenierte, wie das beim Staatsstreich von 1623 geschehen ist.

Die Politisierung der Staatsverwaltung stellte den Yangban-Stand vor neue Probleme. Der Staatsdienst war ursprünglich neutral gewesen. Wer sich mit den vorgeschriebenen Prüfungen qualifiziert hatte, dem stand ohne Rücksicht auf seine politische Gesinnung eine entsprechende Dienststelle zu. Da die Zahl der Yangban sehr viel schneller zunahm als die staatlichen Stellen, wurde diese »Beschäftigungsgarantie« mit der Zeit immer mehr ausgehöhlt. Es kam hinzu, daß seit dem Ende des 15. Jahrhunderts – den Anfang machte der kapriziös-diktatorische Herrscher Yonsan-Gun 1498 – eine größere Anzahl Yangban aufgrund politischer Säuberungen ihre Stellen verloren hatten. Mit der Etablierung politischer Parteien im späten 16. Jahrhundert war die Amtsentfernung oppositioneller Yangban zur Regel geworden. Für viele der Betroffenen bedeutete der Verlust ihres Amtes den wirtschaftlichen Niedergang. Wer zu gegebener Zeit das »falsche Parteibuch« hatte, konnte von vornherein seine Hoffnung auf eine Stelle begraben.

Einen Ausweg – aus Neigung oder aus wirtschaftlicher Notwendigkeit – bot die Lehrtätigkeit. Es gehörte längst zur Tradition, daß die neokonfuzianisch gebildeten Yangban nach dem Ende ihrer öffentlichen Laufbahn auf ihrem Landsitz private Schulen errichteten, in denen sie ihre Erfahrungen und Einsichten weitergaben. Im Laufe des 16. Jahrhunderts entstanden neben den staatlichen Provinzschulen als alternative Wirkungsstätte für stellungslose Yangban die unter dem Sammelbegriff *Sowon* bekannt gewordenen konfuzianischen Akademien.

Die Sowon waren Privatschulen; doch sie entstanden oft mit dem Segen des Staates und erhielten vielfach dessen Unterstützung. Eine der ersten, 1543 von einem Landrat in der Provinz Kyongsang errichtet, verdankte ihren Ruhm einem ihrer Rektoren, einem gewissen Yi Hwang, dem es gelungen war, der Akademie eine persönliche Widmung des Königs zu verschaffen. Yi Hwang alias Toegye (1501–1570) gilt als der wohl größte Philosoph der neokonfuzianischen Lehre in Korea. Mit der Widmung des Königs, *So-Su So-Won* (Studienakademie), waren wahrscheinlich königliche Geschenke verbunden: der Monarch stiftete der Akademie Land, Leibeigene sowie Bücher und befreite ihre Studenten von Steuerpflicht und Wehrdienst. So war es kaum verwunderlich, daß sich auch andere Akademien um solche Gunst bemühten – oft mit Erfolg.

Die Zahl der Sowon nahm rasch zu: von gut hundert zu Beginn des 17. Jahrhunderts auf mehr als 650 Mitte des 19. Jahrhunderts; davon erfreuten sich rund 40 Prozent einer königlichen Widmung und der damit einhergehenden Vergünstigungen. Jede dieser Akademien war einem – oder mehreren – konfuzianischen Weisen geweiht, für den ein Schrein errichtet wurde. Die vielleicht dreißig Studenten einer Sowon stammten ebenso wie die Dozenten alle aus der Umgebung; so entstand eine lokale Bildungstradition mit hochschulähnlichem Charakter.

Die Sowon verdankten ihren Aufstieg hauptsächlich der Politisierung des Staatsdienstes. Andererseits trugen sie wesentlich zu einer Zementierung dieser Verhältnisse bei. Denn sie waren zugleich sozusagen die Kaderschulen der Parteien. Hier wurde nicht Neokonfuzianismus an sich gelehrt, sondern ganz bewußt eine bestimmte Denkschule kultiviert, in der Regel die vom Akademiegründer oder die vom speziellen Sowon-Weisen vertretene Auslegung der Lehre. Die Absolventen waren mithin von vornherein parteiisch. Tatsächlich erstreckten sich die Auseinandersetzungen zwischen den Parteien bisweilen ganz unmittelbar auf die Akademien, etwa wenn eine regierende Partei die Schließung einer Sowon der Opposition erzwang, was häufiger vorkam. Bei passender Gelegenheit versuchte man dann an anderer Stelle eine Neugründung.

Trotz aller Auslegungsunterschiede und Richtungskämpfe hielten die Sowon durchaus an der überlieferten Lehre des Neokonfuzianismus fest. Sie waren ein Bestandteil der herrschenden Ordnung im Choson der Yi-Dynastie. Ganz in diesem Sinne hat unlängst ein offenbar mit den gesellschaftlichen Veränderungen im heutigen Südkorea unzufriedener ehemaliger Lehrer eine Sowon im Stil der »guten alten Zeit« in Kwangju eröffnet, der Provinzhauptstadt von Cholla Namdo. Im traditionellen Choson-Kostüm und gegen gutes Geld unterweist er dort nostalgische Zeitgenossen oder deren Kinder in chinesischen Klassikern, konfuzianischen Weisheiten und altmodischer Disziplin.

Westkontakte und Shilhak-Bewegung

Es gab in Choson aber auch andere Kräfte. So entstand seit dem frühen 17. Jahrhundert eine intellektuelle Reformbewegung, die der klassischen Lehre des Neokonfuzianismus und damit der verbindlichen Staatsphilosophie äußerst skeptisch gegenüberstand und nach neuen Lösungen für die politischen, gesellschaftlichen, wirtschaftlichen und wissenschaftlichen Probleme der damaligen Zeit suchte. Sie wird – im Gegensatz zu neokonfuzianischen Denkschulen wie *Yehak* (Lehre von den Sitten und Gebräuchen) und *Songnihak* (Lehre von Natur und Prinzip) – als *Shilhak* (auch *Silhak* oder *Sirhak*) bezeichnet, was man als praktische Lehre oder reale Wissenschaft übersetzen kann.

Der geistige Anstoß zur Shilhak-Bewegung ist im wesentlichen von außen gekommen, und das heißt im Fall Koreas zumeist China. Doch diesmal ist es weniger das chinesische Vorbild – obwohl auch das eine Rolle gespielt hat – als vielmehr die vorwiegend über China hergestellte Berührung mit dem europäischen Geistesleben und der europäischen Technik, also mit dem, was die Koreaner die westliche Wissenschaft (Sohak) nennen, wozu sie damals auch das (katholische) Christentum zählten.

Die Begegnung von Kronprinz Sohyon mit dem deutschen Missionar Schall von Bell in Peking wurde schon erwähnt. Es gab aber noch frühere Kontakte. Ein koreanischer Kriegsgefangener der Hideyoshi-Invasion wurde in Japan an den italienischen Jesuiten Francesco Carletti verkauft, der ihn auf den Namen Antonio Corea getauft und anno 1606 nach Italien mitgenommen hat. Vermutlich war er der erste Koreaner, der nach Europa gelangte. Der erste Europäer, der nachweislich koreanischen Boden betrat, war der portugiesische Jesuitenmissionar Gregorio de Cespedes, der vielleicht schon 1592, spätestens aber 1597 das japanische Invasionsheer unter Konishi Yukinaga nach Korea begleitete. Über seinen Aufenthalt in Choson ist wenig überliefert. Im Jahre 1627 oder 1628 strandete ein holländisches Schiff an der Küste der koreanischen Insel Cheju. Die drei überlebenden Seeleute Dierk Gijsbertz, Jan Pieter Verbast und Jan Janse Weltenvree wurden in die Hauptstadt gebracht und von den Koreanern in Dienst genommen, die von ihnen Herstellung und Gebrauch europäischer Waffen lernen wollten. Zwei der Holländer fielen später im Kampf gegen die Mandschus. Der dritte – Weltenvree, der den koreanischen Namen Pak Yon angenommen hatte – heiratete eine Koreanerin und erhielt aufgrund seiner Fähigkeit im Kanonengießen ein militärisches Amt im Rang eines Chungin. Er blieb in Korea und hatte 1653 Gelegenheit, mit Landsleuten zusammenzutreffen, als wiederum ein holländisches Schiff, die *Sperwer*, an der Küste von Cheju-Do Schiffbruch erlitt und Weltenvree zu den dreißig Überlebenden geschickt wurde.

Die Schiffbrüchigen wurden in die Hauptstadt gebracht, wo man ihnen im Chinesenviertel Quartiere zuwies. Später wurden die Holländer einer militärischen Einheit zugeteilt und in verschiedene Garnisonen in der Küstenprovinz Cholla versetzt. Von dort aus gelang acht von ihnen 1666 die Flucht nach Nagasaki in Japan. Einer, Hendrik Hamel, schrieb nach seiner Rückkehr in die Heimat einen Bericht über seine Erlebnisse und Beobachtungen in Choson. Das Buch wurde 1672 ins Deutsche übersetzt und ist – abgesehen von den Briefen des Jesuitenmissionars Gregorio de Cespedes – der erste Augenzeugenbericht eines Europäers über Korea.

Was die Koreaner von solchen Schiffbrüchigen über Europa erfuhren, war eher zufällig, hing es doch vom Bildungsstand und den persönlichen Fähigkeiten ab. Sehr viel systematischer und umfassender war dagegen der Informationsaustausch mit den zumeist hochgebildeten europäischen Missionaren in China, zu denen die Koreaner anläßlich ihrer häufigen Gesandtschaften an den chinesischen Kaiserhof Kontakt aufnahmen. Schon zu Beginn des 17. Jahrhunderts, gegen Ende der Regierungszeit von König Sonjo, hatte ein koreanischer Gesandter eine Landkarte von Europa aus Peking mitgebracht. Den ersten schriftlichen Niederschlag fanden die Begegnungen mit Europa im *Chibong Yusol*, einer enzyklopädischen Sammlung von fast dreieinhalbtausend Essays über die verschiedensten Wissensgebiete aus dem Jahre 1614. Ihr Verfasser Yi Su Kwang (1563–1628) gilt als einer der ersten Shilhak-Gelehrten und behandelt unter der Vielzahl seiner Themen auch England, Frankreich, europäische Feuerwaffen sowie eine Abhandlung von Matteo Ricci – dem italienischen Begründer der Jesuitenmission in China – über den Katholizismus.

Sehr ergiebig war ein Zusammentreffen zwischen dem koreanischen Gesandten Chong Tu Won und dem portugiesischen Jesuitenmissionar Rodrigues in der ostchinesischen Hafenstadt Tengchow (Penglai) auf der Shantung-Halbinsel, das von beiden Seiten bezeugt ist. Rodrigues hat dem Gesandten eine große Anzahl von Geschenken für den König von Choson mitgegeben. Die vollständige Liste ist in der genannten Biographie von Michael Cooper wiedergegeben und enthält eine Reihe ins Chinesische übersetzter Abhandlungen europäischer Autoren über den westlichen Kalender, Astronomie, die Geographie der Welt, Sitten und Gebräuche Europas, Erläuterungen der Funktionsweise eines Fernrohrs sowie europäischer Feuerwaffen, ferner zwei Himmelskarten mit Nord- und Südpol, fünf Weltkarten, ein Fernrohr, eine Sonnenuhr zur Messung von Zeit, Himmelsrichtungen, Sonnen- und Mondverlauf, eine Uhr, die »zwölf Stunden lang von alleine schlägt«, sowie zwei Musketen, die mindestens doppelt so schnell schossen, wie die damals in Choson gebräuchlichen Feuerwaffen, und offenbar auch eine Kanone.

Die Bedeutung dieser Geräte und Schriften aus Europa ist seinerzeit von den Koreanern sehr unterschiedlich bewertet worden. Abgesehen von den Waffen, deren Verwendbarkleit sofort erkannt wurde, faßte man diese fremden Gaben am Königshof weniger als Hilfsmittel zur praktischen Nutzanwendung denn als exotische Kuriositäten oder erbauliche Spielereien auf. Ganz anders die Reaktion der Shilhak-Gelehrten. Die Landkarten von Europa und die geographischen Abhandlungen aus eurozentrischer Sicht öffneten ihnen die Augen dafür, daß China, als kulturelles Vorbild und großmächtiges Reich der Mitte bislang kaum in Frage gestellt, vielleicht doch nicht der absolute Mittelpunkt der Welt war, daß es daneben andere Länder und Kulturen gab, mit denen zu beschäftigen sich lohnen könnte. Die im Vergleich zum chinesischen Kalender genaueren Kalenderberechnungen der Europäer und deren präzisere Meßinstrumente bildeten dafür gewiß einen Anreiz. Die Lehren des Christentums, auch wenn man sie nicht übernehmen wollte und manche der christlichen Dogmen für völlig absurd hielt, zeigten den Gelehrten, daß es außer dem alles abweichende Denken geradezu erdrückenden Lehrgebäude des Konfuzianismus noch andere Denksysteme von hohem moralischem Anspruch gab.

Wie sehr sich dank solchen Anstößen von außen das Denken zumindest der Shilhak-Gelehrten von Choson veränderte, kann man am Beispiel von Yi Ik (alias Songho, 1681–1763) erkennen. Besonders an seinem Hauptwerk *Songho Sasol*, einer um 1720 fertiggestellten Sammlung von mehr als dreitausend Essays. Yi Iks Vater war schon 1677 mit einer koreanischen Gesandtschaft in Peking gewesen, der Sohn kannte einen Großteil der von den Jesuiten vermittelten europäischen Literatur, darunter auch die Geometrielehre des griechischen Mathematikers Euklid. Yi Ik war fasziniert von Euklids Raumvorstellungen und von den perspektivischen Darstellungen in westlichen Gemälden, denen die Chinesen nichts Vergleichbares entgegenzustellen hätten. Das von Schall von Bell für den chinesischen Kaiserhof erarbeitete Kalendersystem empfahl Yi Ik als das perfekteste aller Systeme anstelle des in Choson gebräuchlichen chinesischen Kalenders zu übernehmen. Auch die Vorstellung, daß die Erde rund und die Kontinente von Ozeanen umgeben seien, wie das die europäischen Landkarten zeigten, leuchtete Yi Ik ein, weil sie, wie er meinte, nicht auf erdachten Konzepten beruhte wie die Kosmologie der Chinesen, sondern aus der Beobachtung der Natur gewonnen, also induktiv nachgewiesen sei.

Hingegen lehnte Yi Ik die christlichen Vorstellungen von Himmel und Hölle oder von der Wiedergeburt Christi als völlig unwissenschaftlich ab. Den gleichen naturwissenschaftlich-kritischen Maßstab wandte er auf die Geschichte an mit dem Ergebnis, daß er die Überlieferungen zur Entstehung Koreas – die Tangun-Legende – als erster koreanischer Gelehrter ins Reich der Mythologie verwies und Geschichte ganz nüchtern als Folge von Ereignissen in Raum und Zeit begriff. Aufgabe der Geschichtswissenschaft sei es, Beweise dafür zu sammeln, was sich wo und wann in welcher Form zugetragen habe. Yi Ik setzte sich damit in diametralen Gegensatz zum konfuzianischen Geschichtsverständnis, das Geschichte als eine Folge moralischer Lehrstücke oder unmoralisch-abschreckender Beispiele für die Nachwelt präsentierte.

Das konfuzianisch-konservative Herrschaftssystem Chosons war im 18. Jahrhundert nicht bereit, die umwälzenden Gedanken eines modernen Geistes wie Yi Ik zu akzeptieren. Die Essaysammlung *Songho Sasol* durfte zu seinen Lebzeiten nicht gedruckt werden. Sie wurde erst im 20. Jahrhundert vollständig veröffentlicht.

Vielen Shilhak-Gelehrten erging es nicht besser. Zahlreiche Reformvorschläge wurden von der Regierung für nicht praktikabel erklärt oder unterdrückt. Zu den wenigen Ausnahmen gehörte eine Kalenderreform, die allerdings auch erst erfolgte, nachdem der Große Bruder China sich dazu entschlossen hatte.

Die Hauptwirkung der Shilhak-Bewegung bestand darin, Korea geistig auf die Öffnung zur ganzen Welt und auf die Moderne vorzubereiten. Bis dahin war jedoch ein weiter Weg zurückzulegen. Außerdem haben die Shilhak-Gelehrten auf verschiedenen Gebieten die Grundlagen für eine eigenständige koreanische Forschung geschaffen. Und ihre konkreten Anregungen und Verbesserungsvorschläge haben wesentlich zur Produktivitätssteigerung in der Landwirtschaft – zum Beispiel durch systematische Bewässerung oder die Einführung neuer Düngemittel – und zur Anwendung neuer Techniken in vielen Bereichen des Handwerks, aber auch im täglichen Leben beigetragen.

Im übrigen ist es faszinierend zu beobachten, wie ungefähr zur selben Zeit, da in Europa mit der Aufklärung der Aufbruch in die Moderne einsetzte – wenn man zum Beispiel die koreanischen Enzyklopädisten Yi Su Kwang und Yi Ik mit ihren europäischen Kollegen vergleicht: die französische Enzyklopädie von Diderot und d'Alembert kam ab 1751 heraus, die Encyclopedia Britannica ab 1768, das erste deutsche Universallexikon (von Zedler) erschien ab 1731, ein Vorläufer des Brockhaus seit 1796 –, im fernen, von der Außenwelt weitgehend abgeschlossenen Korea ähnliche geistige Strömungen hervortraten und daß zwischen beiden Erscheinungen sogar ein gewisser Zusammenhang bestand.

Im Zentrum der Reformvorschläge stand die Landwirtschaft, das Rückgrat der kommerzfeindlichen Wirtschaftsordnung des konfuzianischen Choson. Yo Hyong Won (alias Pangye, 1622 bis 1673) gilt als Pionier auf diesem Gebiet. Viele seiner Schriften wurden vernichtet, doch das Hauptwerk, die 1670 fertiggestellte Essaysammlung *Pangye Surok*, ist erhalten geblieben. Seine Vorschläge zu Bodenreform, Erziehungswesen, Militärdienst oder Steuersystem basierten auf eigenen Beobachtungen und Untersuchungen. Seine Grundeinstellung kommt in dem Satz zum Ausdruck: »Daß die Leute Selbstmord begehen oder Abtreibungen vornehmen, ... ist nicht ihr Verschulden. Die Ursache liegt darin, daß sich der Boden in den Händen weniger befindet«

(Ingeborg Göthel, *Geschichte Koreas*). Yo Hyong Won schwebte ein Agrarstaat vor, in dem die große Masse der Bevölkerung als Pächter von Regierungsland selbständig ihre Felder bewirtschaftet, dem Staat Steuern zahlt und verschiedene Dienstleistungen erbringt. Öffentliche Ämter sollten nach dem Prinzip der Chancengleichheit ohne Rücksicht auf Status und Herkunft besetzt und das – letzten Endes nur auf die Bedürfnisse der Yangban zugeschnittene – Prüfungssystem abgeschafft werden.

Yi Ik vertrat später in der Agrarpolitik ähnliche Vorstellungen, ging aber gesellschaftspolitisch einen Schritt weiter und forderte in seiner Schrift *Kwagu-Rok* (etwa: Betrachtungen zur Lage der Benachteiligten) die Beseitigung von Klassenschranken und Sklaverei.

In derselben Denktradition bewegte sich auch Chong Yak Yong (1762–1836), der allerdings anders als die meisten Shilhak-Reformer im Zuge seiner Studien europäischen Geistesguts zum katholischen Glauben übergetreten war. Dafür wurde er 1801 auf 18 Jahre in den äußersten Südwesten nach Kangjin verbannt. Den Rest seines Lebens verbrachte er im Quasi-Exil in der dortigen Provinzhauptstadt Kwangju. In diesen dreieinhalb Jahrzehnten überwiegend unfreiwilliger Zurückgezogenheit produzierte er mehr als fünfhundert Schriften, darunter die berühmte Trilogie *Kyongse Yupyo* (etwa: Entwurf einer gerechten Staatsordnung), *Mongmin Shinso* (Ermahnungen für das Regieren des Volkes) und *Humhum Shinso* (Betrachtungen über eine neue Strafjustiz). Chong Yak Yong gilt vielen als der größte unter den Shilhak-Gelehrten, in seinen politischen Vorstellungen war er in vieler Hinsicht sicherlich der radikalste.

Chong Yak Yong kritisierte das bestehende Regierungssystem und forderte die Einführung eines Wahlkönigtums mit der Möglichkeit einer Absetzung des Monarchen, falls dieser nicht zum Wohle des Volkes wirke und dessen Unterstützung verloren habe. Auch verlangte er eine Beseitigung der erblichen Privilegien des Adels und die Ausmerzung der weit verbreiteten Korruption in der Staatsverwaltung. Ausgangspunkt seiner Vorstellungen zur Bodenreform war die Feststellung: »Wer nicht unmittelbar auf dem Feld arbeitet, soll kein Land erhalten« (Göthel). Das lief unter anderem auf eine Enteignung der adligen Grundbesitzer hinaus, denn nach der neokonfuzianischen Gesellschaftsordnung durfte ein Yangban keine Landarbeit verrichten. Die Bewirtschaftung der Felder sollte nicht Sache des einzelnen Bauern, sondern die eines ganzen Dorfes sein. Chong Yak Yong propagierte, modern ausgedrückt, ein Genossenschaftswesen mit Leistungsprinzip. Im übrigen setzte er sich für die Einführung neuer technischer Verfahren und rationeller Arbeitsmethoden auf allen Gebieten ein, von der Landwirtschaft über Handwerk und Wohnungsbau bis hin zum Militärwesen, und demonstrierte sein Vertrauen in die moderne Wissenschaft, indem er sich selber eine Pockenschutzimpfung verabreichte, um ihre Einführung in Choson zu propagieren.

Hatten Yi Ik und noch Chong Yak Yong die Abschaffung des Geldes gefordert, um die durch Wucherzinsen der Geldverleiher zum Verkauf ihrer Äcker gezwungenen Bauern zu retten, so befürwortete eine bestimmte Denkschule innerhalb der Shilhak-Bewegung im Gegenteil die Ausweitung aller wirtschaftlichen Aktivitäten einschließlich des Handels und des Geld- und Kreditwesens. Man bezeichnet sie als die Schule der nördlichen Wissenschaft (Pukhak-Pa), wobei mit Norden das China unter den Mandschus gemeint ist. Diese wurden von den traditionsbewußten Yangban, die sich als Wahrer der altchinesischen Tradition verstanden, verachtet. So kleideten sich die Yangban von Choson weiterhin in der – in China von den Mandschus abgeschafften – Tracht des Ming-Adels und trugen ihr Haar in einem Kopfknoten, während die Mandschus den Chinesen befohlen hatten, sich nach Mandschu-Art einen Zopf wachsen zu lassen und das Haupt zu rasieren.

Die Schule der nördlichen Wissenschaft nahm sich das neue Mandschu-China zum Vorbild, das sie auf Reisen kennengelernt hatte, und empfahl die Übernahme der dort – zum Teil aus Europa – eingeführten modernen Wirtschaftsformen und technischen Neuerungen. Statt des frugalen Lebensideals der Konfuzianer forderte sie wachsenden Wohlstand für alle durch mehr Handel und Produktion. Im Grunde genommen predigten die Anhänger dieser Schule die Segnungen der Konsumgesellschaft.

Eine der Wurzeln des Reformeifers dieser Gruppe waren die Benachteiligungen, unter denen manche ihrer Vertreter zu leiden hatten: Viele von ihnen stammten zwar von Yangban-Vätern ab, hatten aber Konkubinen zur Mutter. Auch wenn man sich den Status eines Yangban inzwischen kaufen konnte und die Schule der nördlichen Wissenschaft sich im übrigen der besonderen Gunst von König Chongjo (1776–1800) erfreute, galten solche »Mischlinge« in der noch sehr standesbewußten höheren Gesellschaft Chosons als nicht von makelloser Herkunft. Ein anderes gemeinsames Merkmal war ihr großstädtischer Hintergrund. Bei ihnen standen nicht das Dorf und der Bauer im Mittelpunkt, sondern der städtische Lebenszuschnitt.

Als Vorläufer dieser Denkschule kann Yu Su Won (1695–1755) angesehen werden, der acht Jahre politischer Haft dazu genutzt hatte, ein Buch zu schreiben (*Uso*, etwa: Müßige Notizen), in dem er in Frage- und Antwortform ein System von Reformvorschlägen für das politische, gesellschaftliche, kulturelle und vor allem das wirtschaftliche Leben entwickelt. Er trat für die Ausweitung des Handels und dessen grundsätzliche Förderung durch die Regierung ein.

Hauptschriften der Schule der nördlichen Wissenschaft sind die beiden Pekinger Tagebücher (*Yongi*) von Hong Tae Yong (1731–1783) und Yi Tong Mu (1741–1792), das Yeholer Tagebuch (*Yolha Ilgi* – in Yehol befand sich die Sommerresidenz der Mandschu-Kaiser) von Pak Chi Won (1737–1805), dessen Veröffentlichung von der damaligen Regierung unterdrückt wurde und erst in diesem Jahrhundert nachgeholt werden konnte, und das *Pukhak–Ui* (Abhandlung über die nördliche Wissenschaft) von Pak Che Ka (1750–1815), auf dessen Titel die Bezeichnung dieser Denkschule zurückgeht.

Pak Che Ka war nicht nur ein Freund und der berühmteste Schüler des besonders durch seine literarischen Werke bekannt gewordenen Pak Chi Won, sondern diente auch als Bibliothekar in der von König Chongjo geschaffenen Palastbibliothek (Kyujanggak). Seine 1779 fertiggestellte Abhandlung über die nördliche Wissenschaft hatte Pak Che Ka für den König geschrieben. Darin vertrat er – neben den oben schon allgemein dargelegten Auffassungen dieser Denkschule zu Handel und Wirtschaft – die Ansicht, daß beschäftigungslose Yangban genauso wie die Angehörigen anderer Stände produktive Arbeit leisten sollten, und zwar einschließlich der bisher verpönten körperlichen Arbeit. Im übrigen schlug er pragmatisch-unbefangen vor, europäische Missionare nach Choson einzuladen, damit sie junge Koreaner in westlicher Technologie unterweisen könnten. Vor dem Christentum brauche man keine Angst zu haben, da es mit seinen Vorstellungen von Himmel und Hölle dem seit vielen Jahrhunderten heimischen Buddhismus vergleichbar sei.

Die nüchtern zielgerichtete Art, mit der hier die als hilfreich empfundenen Seiten des christlichen Kulturkreises für die Modernisierung Koreas nutzbar gemacht werden sollten, kennzeichnete auch das Verhalten dieser Denkschule zu China. Anders als die neokonfuzianischen Yangban waren die Gelehrten der Schule der nördlichen Wissenschaft in erster Linie prokoreanisch, und wenn sie empfahlen, moderne Entwicklungen aus China zu übernehmen, so geschah das nicht, um China zu kopieren, sondern weil es ihnen als nützlich für die Weiterentwicklung von Choson erschien. Mit anderen Worten, sie waren – wie alle Shilhak-Reformer – koreanische Nationalisten.

Dieses neue Bewußtsein nationaler Identität führte auch zu einer Überprüfung der bisherigen koreanischen Geschichtsschreibung. So urteilte zum Beispiel Pak Chi Won über das berühmte *Samguk Sagi*, der Verfasser habe nur die chinesischen Geschichtsbücher abgeschrieben und daraus zusammengetragen, was er über Korea finden konnte. Die Rolle von Yi Ik als Pionier eines neuen kritischen Geschichtsverständnisses wurde schon erwähnt. Es war dessen Freund und Schüler An Chong Pok (1712–1791), der mit seinem »Abriß der Geschichte des Ostreichs« (*Tongsa Kangmok* – Ostreich, nämlich das Reich im Osten von China, koreanisch Tongguk, eine von alters her gebräuchliche Bezeichnung Koreas) das grundlegende Werk dieser neuen eigenständigen koreanischen Geschichtsforschung schuf. Das Buch behandelt in zwanzig Kapiteln die Geschichte der koreanischen Halbinsel von ihren Ursprüngen bis zum Ende der Koryo-Zeit. In einem Folgeband (*Yolcho Tonggi*, etwa: Gesamtdarstellung der Herrschaftsfolge) brachte An Chong Pok seine Geschichte Koreas dann noch auf den aktuellen Stand.

Eine neue Sicht der Dinge entwickelte auch der Historiker Yi Kung Ik (alias Yollyoshil, 1737–1806), der sich in seinen »Berichten von Yollyoshil« (*Yollyoshil Kisul*) anstelle der bis dahin üblichen amtlichen Betrachtungsweise der Geschichte mit dem König im Mittelpunkt auf die Lebensverhältnisse der Menschen außerhalb des Königshofes konzentrierte und sich dabei vorzugsweise auf nichtamtliche Schilderungen von Zeitgenossen stützte.

Der besondere Beitrag von Han Chi Yun (1765–1814) zur koreanischen Geschichtsforschung bestand darin, daß er in seiner »Geschichte des Reiches östlich des Meeres« (*Haedong Yoksa*) die vorher zumeist vernachlässigte Frühgeschichte der koreanischen Halbinsel einer kritischen Überprüfung unterzog.

Vor dem Hintergrund dieser Beschäftigung mit der eigenen Geschichte wurde auch die Frage nach den Grenzen der koreanischen Identität neu gestellt. Das heißt, man interessierte sich auf einmal wieder für den Grenzraum im Norden zur Mandschurei hin. In diesem Sinne verwandte Yi Chong Hwi (1731–1797) in seiner »Geschichte des Ostreichs« (*Tongsa*) besondere Mühe darauf, die Ausdehnung und Aktivitäten des alten Koguryo-Reichs in den Gebieten jenseits des Yalu-Flusses zu untersuchen. Yu Tuk Kong (1748–1807) ging noch einen Schritt weiter und widmete seine »Untersuchung über Parhae« (*Parhae-Ko*) ausschließlich jenem Nachfolgereich von Koguryo, das vom Ende des 7. bis ins frühe 10. Jahrhundert in dem Riesengebiet nördlich des Taedong-Flusses bis hinauf zum Amur bestanden hatte. Yu Tuk Kongs Buch gab den Anstoß zu verschiedenen Theorien, wonach die Wiege der koreanischen Kultur sehr viel weiter im Norden gestanden hätte als Chosons Nordgrenze am Yalu. Daß zumindest einige der koreanischen Stämme ursprünglich vom hohen Norden her in die koreanische Halbinsel vorgedrungen und schließlich dort seßhaft geworden sind, ist heute herrschende Meinung.

Parallel zu den historischen Studien erblühte auch die moderne Geographie. Die Koreaner hatten sich schon seit vielen Jahrhunderten intensiv mit der Struktur ihres Landes befaßt. Die Vorstellung, daß kosmische Kräfte die Erde durchziehen und je nach Ort und Konstellation einen segensreichen oder aber verhängnisvollen Einfluß auf die Menschen ausüben können, hatte eine Quasi-Wissenschaft entstehen lassen, die Geomantik, die durch Untersuchung von Bodenbeschaffenheit, Grundwasserströmung und andere Naturerscheinungen ermitteln sollte, ob ein bestimmter Ort günstig oder ungünstig für ein Bauvorhaben sei. Es ist eine Mischung aus mehr oder weniger gesicherten Daten der Natur, Wahrsagerei und Aberglaube, die bei vielen Koreanern heute noch eine gewisse Rolle spielt. Einmal abgesehen von ihren Zielsetzungen, hatte die Geomantik schon frühzeitig den Sinn der Koreaner für geographische Tatbestände geschärft, so daß sie für die neue

Wissenschaft der Geographie, die mit Hilfe der Jesuitenmissionare in China aus Europa nach Choson gelangt war, nicht schlecht vorbereitet waren.

Unter den zahlreichen Verfassern geographischer Werke ragt Yi Chung Hwan (1690 bis mindestens 1750) mit seiner koreanischen Landeskunde *Taengni Chi* (etwa: Ausgewählte Ortsbeschreibungen) hervor. Sie beruht auf eigenen Nachforschungen, die er auf ausgedehnten Reisen durch alle acht Provinzen Chosons unternommen hat. Während der beschreibende erste Teil des zweibändigen Werks, das auch unter dem Titel *Paryok Chi* (Beschreibung der acht Regionen) bekannt ist, in Stil und Inhalt weitgehend der herkömmlichen Praxis folgt, hat der zweite, wertende Teil neue Maßstäbe gesetzt. In diesem Band beurteilt Yi Chung Hwan gewissermaßen die Lebensqualität der von ihm beschriebenen Orte. Als Kriterien wählte er die verkehrsmäßige Erschließung, das Warenangebot am Ort, die Bevölkerungsstruktur oder die Fruchtbarkeit des Bodens.

Als bedeutendster Kartograph etablierte sich Kim Chong Ho (etwa 1800–1864), der aufgrund eigener Vermessungen im Jahre 1834 die erste moderne Landkarte der koreanischen Halbinsel fertigstellte, die sogenannte *Chonggu To* (Karte der blauen Berge). 1861 folgte eine sehr viel ausführlichere Version, die berühmte *Taedong Yojido* (Große Landkarte des Ostreichs), zu der Kim Chong Ho drei Jahre später noch einen umfangreichen Kommentar veröffentlichte.

Hangul-Literatur und Genremalerei

Ein Großteil der Shilhak-Schriften war in Chinesisch verfaßt, der klassischen Bildungssprache der koreanischen Oberschicht. Auf ihrer Suche nach der eigenen, koreanischen Identität stießen die Shilhak-Gelehrten fast zwangsläufig auf Hangul, das Mitte des 15. Jahrhunderts unter König Sejong entwickelte Alphabet. Shin Kyong Jun (1712–1781) verhalf mit seiner Arbeit über die Phonetik der wissenschaftlichen Beschäftigung mit Hangul zu akademischem Ansehen, Yu Hui (1773–1837) setzte diese Tradition mit seiner Abhandlung über die Volksschrift und einer »Untersuchung über den Wortschatz« (*Mulmyong-Go*) der koreanischen Sprache fort.

Allmählich begannen auch die Yangban, sich der Hangul-Schrift zu bedienen, zum Beispiel für formlose Notizen oder Briefe unter Freunden und besonders beim Verfassen von *Shijo* (auch *Sijo*), einer aus dem Chinesischen hervorgegangenen Form von Kurzgedichten, die mit dem japanischen Haiku oder den Aphorismen der europäischen Literatur verglichen werden kann. Damit wandelten sich allmählich Inhalt und Stil, und es entstand das *Sasol Shijo* (erzählendes Shijo), das keinen strengen Stilregeln mehr unterliegt und viel länger ist als die traditionellen Vierzeiler. Es ist die koreanische Variante der Ballade.

Auch der Kreis der Verfasser erweiterte sich mit der Zeit um Angehörige der Mittelklasse, Volksdichter aus den unteren Gesellschaftsschichten und professionelle Unterhalterinnen. Die beiden ältesten noch erhaltenen Shijo-Sammlungen – das *Chonggu Yongon* (Ewige Worte von den blauen Hügeln) aus dem Jahre 1728 und das 1763 fertiggestellte *Haedong Kayo* (Lieder vom Osten des Meeres) – wurden jeweils von niederen Beamten aus dem Chungin-Stand herausgegeben, Kim Chon Taek und Kim Su Chang.

Die Ausweitung der Autorenschaft hatte eine Erweiterung des Themenkreises zur Folge. Anstelle der vielfach sterilen Weltbetrachtungen adliger Autoren im Stil der chinesischen Klassiker bezogen diese Texte ihren Stoff aus der Erlebniswelt der unteren Gesellschaftsschichten. Dabei ging es um Liebesgeschichten über Standesgrenzen hinweg oder um Konflikte mit neureichen Händlern und wohlhabenden Großbauern. Berühmt sind die Kurzgeschichten-Sammlungen *Chonggu Yadam* (Erzählungen von den blauen Hügeln) und *Tongpae Naksong* (Wiedergabe mündlicher Überlieferungen des Ostvolkes). Unter den Gedichtsammlungen sind besonders *Sodae Pungyo* (Volkslieder aus friedvoller Zeit), 1737 von Ko Shi On herausgegeben, und die im Abstand von jeweils sechzig Jahren veröffentlichten Folgebände zu nennen.

Die größte Umwälzung in der koreanischen Literatur bewirkte das Zusammentreffen dieser drei neuen Elemente: den von volkstümlichen Autoren für ein breites Publikum in Hangul geschriebenen Roman. Als erstes Werk dieser Art gilt *Hong Kil Ton-Chon* (Die Geschichte des Hong Kil Ton) von Ho Kyun (1569–1618) aus dem frühen 17. Jahrhundert. Hong Kil Ton, der Held des Romans, ist der Sproß eines Yangban mit einer Leibeigenen. Er läuft von zu Hause weg, weil er die Diskriminierung durch die Familie seines Vaters nicht länger ertragen kann. Als Anführer einer Gruppe Gleichgesinnter, darunter viele frühere Bauern, durchstreift dieser koreanische Robin Hood das Land, um korrupte Beamte zu entlarven, Ungerechtigkeiten aufzudecken und unermüdlich die Ausbeutung der Schwachen und Armen zu bekämpfen. Den Häschern des Staates entkommt er immer wieder durch die Fähigkeit, sich unsichtbar zu machen. Als die Regierung schließlich nachgibt, die schlechten Gesetze ändert und Hong Kil Ton zum Minister ernennen will, zieht sich dieser zusammen mit seinen Kumpanen auf eine ferne Insel zurück, wo er eine »gerechte« Gesellschaftsordnung errichtet.

Kuun Mong (Der Traum von den neun Wolken), ein moralisierender Erbauungsroman von Kim Man Chung (1637–1692), erzählt von einem buddhistischen Mönch, der, des Klosterlebens überdrüssig, draußen in der Traumwelt seiner Sehnsüchte nacheinander acht verschiedene Frauen – von einer Prinzessin bis zum Zimmermädchen – heiratet und schließlich als neuntes Erlebnis ein ruhmreicher Heerführer wird. Am Ende ist der Mönch so übersättigt, daß er reumütig in die strenge Disziplin des Klosterlebens zurückkehrt.

Olympiastadion in Seoul

Personenkult auf südkoreanisch: Chun Doo Hwan läßt sich als Oberbefehlshaber der Streitkräfte feiern

FAMILY GROUP
PERFORMANCE

건군 36

Besonders volkstümlich waren Liebesromane wie »Die Geschichte der Sukhyang« (*Sukhyang-Chon*) oder »Traum der Jade-Kammer« (*Ongnu Mong*) und natürlich *Chunhyang-Chon* oder »Die Geschichte der Chunhyang«. Romeo und Julia heißen in Korea Mong Nyong und Chunhyang. Der Verfasser ihrer seit dem frühen 18. Jahrhundert von Bänkelsängern, den *Kwangdae*, verbreiteten Liebesgeschichte ist unbekannt. Doch gehört Chunhyang-Chon zu den populärsten Stoffen der auf Jahrmärkten im 18. und 19. Jahrhundert so beliebten Volkskunstgattung des Geschichtenerzählens oder *Pansori*. Noch heute ist die Geschichte fester Bestandteil nicht nur der koreanischen Literatur, sondern auch des allgemeinen Bildungsguts. Natürlich war das Thema Gegenstand mehrerer Film- und Fernsehbearbeitungen.

Es gibt verschiedene Versionen der Chunhyang-Geschichte, auch von der Romanfassung. Das Grundmuster der Handlung ist aber überall gleich: Chunhyang, die Tochter einer Kisaeng, einer professionellen Unterhalterin aus dem untersten Stand, verliebt sich in Mong Nyong, den Sohn eines Yangban, dessen Vater Landrat von Namwon im Süden der Provinz Cholla ist. Die beiden würden gern heiraten, aber das ist wegen ihres Standesunterschieds völlig ausgeschlossen. Sie gehen heimlich die Ehe miteinander ein und schwören sich ewige Treue. Mong Nyongs Vater wird durch einen neuen Landrat abgelöst, einen Ausbund an Raffgier und Korruption, der sofort ein Auge auf die schöne Chunhyang wirft. Als Chunhyang, deren Name Frühlingsduft bedeutet, sich dem Landrat verweigert, versucht dieser, sich die junge Frau durch Ausnutzung seiner Machtstellung gefügig zu machen. Weil auch das nicht zum Ziel führt, soll Chunhyang sterben. Am Tage der Hinrichtung erscheint in Namwon ein Geheiminspektor des Königs. Er enthüllt die Korruption und den Machtmißbrauch des Landrats und läßt ihn und seine Komplizen verhaften. Chunhyang wird im letzten Augenblick gerettet. Hinter dem königlichen Abgesandten verbirgt sich, man ahnt es schon, niemand anders als Mong Nyong, der in der Hauptstadt das Staatsexamen mit höchsten Ehren bestanden hatte und zum königlichen Geheiminspektor ernannt worden war. Diese Einrichtung gab es in Choson tatsächlich. Die mit beträchtlichen Vollmachten ausgestatteten Emissäre des Königs sollten der überhandnehmenden Korruption entgegenwirken. Ins Reich der Fabel gehört die königliche Sondergenehmigung, die es dem Geheiminspektor und seiner Chunhyang am Ende der Geschichte schließlich ermöglicht, ganz offiziell zu heiraten. Die beiden werden glückliche Eltern von fünf Kindern.

Wird in Chunhyang-Chon die Treue einer Frau niederer Herkunft zu ihrem adligen Geliebten besungen – und damit die Ungerechtigkeit des Klassensystems sowie allerlei Mißstände im Staate angeprangert –, so geht es in *Shim Chong-Chon* (Die Geschichte der Shim Chong) um die aufopferungsvolle Treue einer Tochter zu ihrem Vater. Dieses Hohelied konfuzianischer Familientugenden ist ebenfalls zunächst als Pansori berühmt geworden und hat zahlreiche Bearbeitungen erlebt. Sein Verfasser ist unbekannt. Derselbe Stoff liegt der schon erwähnten Oper *Sim Tjong* zugrunde, die Isang Yun – die koreanische Reihenfolge des Namens lautet Yun I Sang – für das Kulturfestival der Münchener Olympiade von 1972 komponiert hat.

Ironische, oft beißende Kritik an unfähigen, nutzlosen, heruntergekommenen oder bösartigen Yangban war das Thema zahlreicher Pansori, Essays, Shijos und Romane dieser Zeit. Bahnbrechend für dieses Genre der Hangul-Literatur waren die Satiren von Pak Chi Won, dem bereits in Zusammenhang mit der Schule der nördlichen Wissenschaft genannten Shilhak-Gelehrten. Die Kritik am Yangban-Stand beschränkte sich gewöhnlich auf die Männer, während ihre Frauen bisweilen als Heldinnen herausgestellt wurden, etwa in der »Geschichte der treuen Witwe Pak aus Hamyang« (*Yollyo Hamyang Pak Shi-Chon*) von Pak Chi Won oder in der von einem unbekannten Autor verfaßten »Geschichte des Yi Chun Pung« (*Yi Chun Pung-Chon*).

Eine andere Gattung von Populärliteratur waren die Heldenromane. Ausgelöst durch die leidvollen Erlebnisse während der Invasionskriege der Japaner und Mandschus, befriedigten sie das Bedürfnis nach Wiederherstellung des verletzten Selbstwertgefühls durch die Darstellung fantastisch ausgeschmückter Heldentaten im Kampf gegen die fremden Eindringlinge. Bekanntes Beispiel ist *Imjin-Nok* (Imjin-Aufzeichnungen) über den Krieg mit Japan, der 1592 im Jahr des Drachens (Imjin) begonnen hatte und daher auch Imjin-Krieg genannt wird.

Die Popularisierung der Romane über den Kreis der Yangban hinaus war nur möglich, weil das Drucken von Büchern sich seit dem 17. Jahrhundert zu einem normalen Gewerbe entwickelte. In der Hauptstadt, später auch in den größeren Provinzstädten, entstanden kleine private Druckereien, sogenannte *Panggak*, deren Kundschaft bald in allen Bevölkerungskreisen zu finden war; jedenfalls soweit es sich um Veröffentlichungen in Hangul handelte. Viele dieser Druckereien verwendeten, offenbar aus Kostengründen, anstelle von gegossenen Metallettern aus Holz geschnitzte oder aus Lehm gebackene Drucktypen. Unter den Büchern der Lokaldruckereien erfreuten sich seit dem frühen 19. Jahrhundert die volkstümlichen Romane größter Verbreitung. Man hat bisher über hundert Titel dieser pauschal als *Panggak-Hon* (Bücher von Lokaldruckereien) bezeichneten Volksromane aus der damaligen Zeit gefunden.

In der bildenden Kunst gab es ähnlich wie in der Literatur eine Abwendung von den durch die klassische Adelsbildung vorgegebenen China-Themen nach Art der idealisierten Fantasielandschaften und die Hinwendung zu Themen aus dem koreanischen Alltagsleben sowie zu Darstellungen der heimatlichen Landschaft mit ihren Pflanzen und Tieren. Als Pionier einer eigenständigen koreanischen Landschaftsmalerei gilt der Hofmaler Chong Son (Künstlername Kyomjae, 1676–1759), der ähnlich wie ein Shilhak-Geograph mit dem Skizzenbuch durchs Land reiste und aufzeichnete, was er sah. Eines seiner berühmtesten und originellsten Werke ist die mit Tusche auf einen halbrunden Fächer gepinselte »Gesamtansicht des Kumgang«. Der Betrachter meint, die vielfach zerklüfteten Gipfel des Diamanten-Gebirges (Kumgang-San) aus der Vogelperspektive oder aus dem Fenster eines Flugzeugs zu sehen. Dieses Gebirge liegt unmittelbar nördlich des 38. Breitengrades und ist neuerdings ins Gerede gekommen, weil die Nordkoreaner zu seinen Füßen einen Staudamm bauen, der vom Süden als Bedrohung empfunden wird. Das Fächerbild vom Diamanten-Gebirge befindet sich heute im Kansong-Museum der bildenden Künste in Seoul.

Shin Yun Pok (Hyewon, 1758–ca. 1820), ein Schüler von Chong Son, und Kim Hong To (Tanwon, 1760–ca. 1820) gelten als die größten Namen der Genremalerei ihrer Zeit. Dabei spezialisierte sich Shin auf die städtische Oberschicht mit einer Vorliebe für Frauen. Berühmt sind seine Yangban-Szenen in Gesellschaft von Kisaeng, Bilder von jungen Mädchen auf der Schaukel oder von Wäscherinnen am Fluß. Kim hingegen schaute dem einfacheren Volk im Alltag zu, etwa einem Bauern beim Pflügen, jungen Ringern und ihrem Publikum beim Wettkampf, einem Schmied in der Werkstatt oder Bauhandwerkern bei der Errichtung eines Hauses. Viele dieser Bilder werden ebenfalls im Kansong-Museum aufbewahrt.

Für einen Europäer schwer nachzuvollziehen ist die Herausbildung eines eigenen, sehr kraftvollen koreanischen Stils chinesischer Kalligraphie durch Kim Chong Hui alias Wandang oder Chusa (1786–1856), der nach dem einen der beiden Künstlernamen Chusa-Stil (Chusa-Che) genannt wird. Bei der Entwicklung einer Hangul-Kalligraphie taten sich besonders die Frauen hervor, was kaum überrascht, da sie sich auch als erste und am unbefangensten der neuen Schrift bedient hatten. Allerdings blieben sie oft anonym.

Katholizismus und Christenverfolgung

Die ersten Koreaner, die mit dem Christentum in Berührung kamen, waren während der Hideyoshi-Invasion von 1592/97 als Kriegsgefangene nach Japan verschleppt worden und hatten sich dort katholisch taufen lassen. Mindestens neun von ihnen starben später im Zuge der japanischen Christenverfolgung den Märtyrertod. Zusammen mit dem Invasionsheer der Japaner war auch erstmals ein Jesuitenmissionar – der schon genannte Portugiese Gregorio de Cespedes – nach Korea gelangt. Doch blieb sein Besuch für die Ausbreitung des Christentums in Korea ohne Folgen. Es waren vielmehr die Shilhak-Gelehrten von Choson, die rund hundert Jahre später der abendländischen Glaubenslehre Zutritt zum Land der Morgenfrische verschafften. Ihnen erschien die Wissenschaft der Europäer, die sie bei den Jesuitenmissionaren in China kennengelernt hatten, als ein Bestandteil des Christentums. Beides zusammen war für sie die westliche Wissenschaft, *Sohak*. Sie hätten auch christliche Wissenschaft sagen können.

Christliches Gedankengut war erstmals mit der bereits erwähnten 1614 fertiggestellten Enzyklopädie *Chibong Yusol* (Chibongs gesammelte Essays) von Yi Su Kwang alias Chibong in Korea verbreitet worden.

In dem auf gebildete Mönche und den Adel beschränkten Leserkreis solcher Bücher erregte die fremde Religion zunächst allenfalls ein intellektuelles Interesse. Die kritische Haltung gegenüber dem Ahnenkult, einer der Säulen des Konfuzianismus, löste sogar heftigen Widerspruch aus. Sehr viel bereitwilligere Aufnahme fand die christliche Lehre in den niederen Ständen, denen die wichtigsten katholischen Glaubenssätze durch volkstümliche Verse nahegebracht wurden. Schon Mitte des 18. Jahrhunderts hatten viele Bauern in der nordwestlichen Küstenprovinz Hwanghae als Anhänger des neuen Glaubens den Ahnenkult aufgegeben. Gegen Ende des Jahrhunderts war die christliche Lehre bereits über Kyonggi-Do und Chungchong-Do bis nach Cholla-Do im Süden vorgedrungen und hatte besonders in den breiten Bevölkerungsschichten der Sangmin und Chonmin kräftige Wurzeln geschlagen. Ein Großteil der Gläubigen waren Frauen, darunter auch viele unverheiratete Mädchen, die sich nach der konfuzianischen Etikette nicht in der Öffentlichkeit zeigen durften und daher oft als Ehefrauen verkleidet an den Gottesdiensten teilnahmen.

Das Christentum konnte sich in Choson zunächst ungehindert ausbreiten. Während der langen Herrschaft von König Yongjo (1724–1776) ließ man die frühen koreanischen Christen vor allem deshalb gewähren, weil sie sich auf die unteren Volksschichten beschränkten und aus eigenem Antrieb, also ohne eine möglicherweise bedrohliche Einflußnahme ausländischer Missionare, zu ihrem Glauben gefunden hatten.

Diese Ausgangslehre veränderte sich, als der Yangban Yi Sung Hun (1756–1801) seinen Vater im Herbst 1783 in einer Gesandtschaft nach Peking begleitete und sich dort von dem französischen Bischof Alexandre de Gouvea katholisch taufen ließ. Yis Heimkehr im Frühjahr 1784 gilt als Geburtsstunde des Katholizismus in Korea. Das zweihundertjährige Jubiläum dieses Ereignisses nahm Papst Johannes Paul II. zum Anlaß, Südkorea im Mai 1984 einen Besuch abzustatten.

Yi Sung Hun, der in Peking den christlichen Taufnamen Petrus erhalten hatte, war ein Anhänger der in der Regierung als Minderheit geduldeten, politisch eher der Opposition zuzurechnenden Südpartei. Bald nach der Rückkehr aus China begann Yi, viele seiner Yangban-Freunde zu taufen. Heimlich traf man sich zu gemeinsamen Gottesdiensten. Zu dieser Gruppe gehörten zahlreiche Schüler des Shilhak-Enzyklopädisten Yi Ik, aber auch einige Angehörige der zahlenmäßig kleinen, jedoch bedeutsamen Mittelklasse der Chungin. Als die Sache ruchbar wurde, griff die Regierung ein und erließ im Jahre 1785 erstmals ein Verbot der fremden Religion. Sie beschlagnahmte und verbrannte christliche Schriften und unterband ihre weitere Einfuhr. Auch wurde den Teilnehmern koreanischer Gesandtschaften nach Peking jeder Kontakt mit christlichen Missionaren und der Besuch von Kirchen untersagt. Der Benediktinerabt Norbert Weber berichtet in seinen Reiseerinnerungen an Korea, die 1923 unter dem Titel *Im Land der Morgenstille* veröffentlicht wurden, über einen ersten Fall von Christenverfolgung. Einer aus der kleinen Christenschar um Yi Sung Hun, dessen Namen Weber mit Thomas Kim angibt, sei 1785 wegen seines Glaubens schrecklich gefoltert worden und später in der Verbannung an den Folgen der Folter gestorben. Kim sei der »erste Märtyrer Koreas« gewesen.

Doch Yi Sung Hun und seine Freunde ließen sich durch solche Maßnahmen nicht beirren. Im Jahre 1787 beschlossen sie die Gründung einer christlichen Kirche in Choson und ernannten Kwon Il Shin zu ihrem »Bischof«. Als die koreanischen Christen später bei der katholischen Diözese in Peking um Anerkennung ihrer Kirche nachsuchten, erlebten sie ihre erste Enttäuschung mit der römischen Amtskirche. Größer noch war die Betroffenheit über die kompromißlose Härte, mit der ihre Anfrage zur offiziellen Haltung gegenüber dem Ahnenkult beantwortet wurde. Der Papst hatte bereits 1742 entschieden, daß die konfuzianische Ahnenverehrung mit dem Christentum unvereinbar sei. Dementsprechend wurden die Riten zur Ehrung der Vorfahren in der Stellungnahme aus Peking als heidnische Bräuche verdammt, mit denen ein Christ nichts zu schaffen habe. Einige Yangban-Mitglieder wandten sich daraufhin vom neuen Glauben wieder ab. Dem Wunsch der koreanischen Christen nach Entsendung von Missionaren wurde freilich entsprochen. Als erstem ausländischen Missionar gelang es im Winter 1794/95 dem in aller Form zum katholischen Priester geweihten Chinesen Chou Wen Mu, über den zugefrorenen Yalu heimlich nach Korea einzureisen.

In der Frage der Ahnenverehrung war es in Choson schon 1791 zum ersten schweren Zusammenstoß zwischen Katholizismus und Konfuzianismus gekommen. Yun Chi Chung, ein Yangban aus Cholla-Do, hatte für seine tote Mutter statt der vorgeschriebenen konfuzianischen Trauerfeier ein christliches Begräbnis veranstaltet. Zuvor hatte er die Ahnentafeln seiner Vorfahren verbrannt – für orthodoxe Konfuzianer ein besonders verabscheuungswürdiges Verbrechen, das zugleich die Grundlagen der staatlichen Ordnung in Frage stellte. Yun Chi Chung wurde zum Tode verurteilt und zusammen mit seinem Schwager Kwon Sang Yon hingerichtet. Es waren die ersten Exekutionen der Christenverfolgung in Korea.

Es sollte viel schlimmer kommen, als die Haltung zum Katholizismus in den wiederauflebenden innenpolitischen Parteienstreit geriet. Eine schaurige, in Korea bis heute unvergessene Hofintrige brachte die Lawine ins Rollen. König Yongjo, der am längsten regierende Monarch der Yi-Dynastie, hatte seinen mit einer Konkubine gezeugten zweiten Sohn zu seinem Nachfolger erkoren. Kronprinz Sada war der regierenden Noron-Partei ein Dorn im Auge, weil er ihre Gegner von der Soron-Partei gegenüber kirchlicher Kritik verteidigt hatte. Durch allerlei Machenschaften gelang es der Noron-Partei, Sada bei seinem Vater anzuschwärzen und diesen zu überzeugen, daß der Kronprinz einen Umsturz plane. Der erboste König befahl, seinen Sohn auf besonders grausame Weise hinzurichten: Er wurde in eine hölzerne Reiskiste gesperrt und diese in der glühenden Sommerhitze des Jahres 1762 im Palastgarten aufgestellt. Es soll drei Wochen gedauert haben, bevor der 27jährige Kronprinz tot war. Der Tatort ist noch heute hinter dem Sonin-Tor des Changgyong-Palasts in Seoul zu besichtigen.

Unberechenbar wie das Schicksal ist, fiel ausgerechnet einem Sohn des ermordeten Kronprinzen nach dem Tode König Yongjos die Nachfolge zu. Für den neuen Herrscher Chongjo kam nun die Stunde der Vergeltung. Alle in seinen Augen Mitschuldigen wurden hingerichtet oder verbannt. Unter den verbannten Hofbeamten befanden sich viele Anhänger des orthodoxen Flügels der Noron-Partei, der ein härteres Vorgehen gegenüber den Christen für notwendig hielt.

Diese Leute sahen ihre Chance, als anstelle von Chongjos Sohn und Nachfolger, dem erst zehn Jahre alten König Sunjo (1800–1834), zunächst die Witwe König Yongjos – die als Zwölfjährige mit dem fünfzig Jahre älteren Mann verheiratet worden war – regierte. Die Regentin unterstützte die Noron-Partei. Vermutlich hatte sie bei der Intrige gegen Kronprinz Sada, Yongjos außerehelichen Sohn, ihre Hand mit im Spiel gehabt. Im übrigen bot der Vorwurf, dem aus konfuzianischer Sicht ketzerischen Christenglauben anzuhängen, einen guten Vorwand zur Beseitigung politischer Gegner. Viele Anhänger der Südpartei waren nämlich katholisch geworden oder sympathisierten zumindest mit der fremden Lehre.

So waren die Weichen neu gestellt. Im Namen der Regentin wurde unverzüglich ein verschärftes Verbot gegen die »abartige« Religion erlassen. Und diesmal machte man mit der Durchsetzung ernst. Noch vor Ablauf des ersten Regierungsjahres des Kindkönigs Sunjo wurde eine Anzahl prominenter Anhänger des katholischen Glaubens öffentlich enthauptet. Der Hauptschlag erfolgte im Jahr darauf: mit der historischen Katholikenverfolgung von

1801. Mehr als dreihundert Christen wurden hingerichtet oder erlagen der Folter. Der chinesische Missionar Chou Wen Mu stellte sich freiwillig den Behörden in der Hoffnung, dadurch ein weiteres Blutvergießen abwenden zu können. Während der sechs Jahre seiner unermüdlichen Missionstätigkeit in Choson soll die Zahl der koreanischen Glaubensbrüder auf 10000 angestiegen sein. Die Verfolgung machte selbst vor dem Königshaus nicht halt: Ein Yi-Prinz sowie dessen Frau und Schwiegertochter wurden zum Selbstmord gezwungen.

Im Herbst des Jahres 1801 lieferten die Christen selber der Regierung eine willkommene Rechtfertigung ihrer Verfolgungsmaßnahmen. An der Grenze zu China wurden zwei Boten mit einem Brief an den französischen Bischof der Diözese Peking abgefangen. Darin erbat ein ehemaliger Mitarbeiter von Pater Chou, ein Koreaner namens Hwang Sa Yong, französische Waffenhilfe zum Schutz der Katholiken von Choson. Frankreich sollte ein Kriegsschiff nach Korea schicken, um die Beendigung der Christenverfolgung zu erzwingen und eine unbehinderte Missionsarbeit zu ermöglichen. Der verhängnisvolle Brief sollte der Regierung noch viele Jahrzehnte zur Rechtfertigung ihrer Christenverfolgung und des Einreiseverbots für ausländische Missionare dienen. Der Zusammenhang zwischen Kreuz und Kanonen war dokumentiert.

Neue Machtverschiebungen am Königshof verschafften den Katholiken zeitweilig etwas Erleichterung. Die Regentin starb 1805. Und Kim Cho Su, der schon ein enger Vertrauter von König Chongjo gewesen war, gelang es, seine Tochter dem jungen König Sunjo zu vermählen und damit für sich und seine Familie – die Kims aus Andong – beherrschenden Einfluß zu gewinnen. Kim vertrat in der Christenfrage einen gemäßigten Standpunkt.

Die Lage der Christen verschärfte sich erneut mit der Verdrängung der Kims durch die Familie Cho aus Pungyang, die eine orthodoxe Politik verfolgte. Den Anlaß zu diesem Machtwechsel bot die Erkrankung von König Sunjo, woraufhin der Kronprinz 1827 als Regent eingesetzt wurde. Die Kronprinzessin stammte aus der Familie Cho. Im selben Jahr kam es in der Hauptstadt wieder zu Christenverfolgungen. Auch unter dem folgenden König Hongjong (1834–1839) konnten sich die Chos an der Macht behaupten.

Für diese Art des »Regiments der Anverwandten«, das mit der

Machtübernahme durch die Kims aus Andong begonnen hatte und in mehreren »Regierungswechseln« während des ganzen 19. Jahrhunderts die Machtverhältnisse am Königshof von Choson bestimmen sollte, bürgerte sich der Begriff *Sedo Chongchi* ein. Ausgangsbasis für den Machtzugriff der Verwandten war, daß nach dem Tod des letzten Königs ein minderjähriger Thronfolger installiert und diesem bis zur Volljährigkeit ein Regent beigegeben wurde.

Im Jahre 1831 erklärte Papst Gregor XVI. Choson zu einer eigenständigen Diözese unter der Zuständigkeit der Pariser Auslandsmission. Vorher hatte die koreanische Halbinsel der Jesuitenmission in Nanking (ab 1660) und später der in Peking (ab 1702) unterstanden. Der von Gregor ernannte erste Bischof von Choson, ein Franzose, starb vor Erreichen seines Ziels an der Grenze zu Korea. Dem ihm nachgeschickten Pater Petrus Philibert Maubant gelang es Anfang 1836 als erstem französischen Missionar, sich über den Yalu ins Land zu schmuggeln. Zwei weitere Missionare folgten 1837, darunter Laurentius Marie-Joseph Imbert als Bischof. Als im Frühjahr 1839 eine neue Verfolgungswelle einsetzte, wurden die drei französischen Priester gefaßt. Bischof Imbert, der erste von Rom eingesetzte Oberhirte der Koreaner, der tatsächlich in Korea amtiert hat, wurde ebenso wie seine beiden Landsleute enthauptet. Sie waren die ersten Europäer, die der Christenverfolgung in Korea zum Opfer fielen.

Die Katholiken unternahmen einen neuen Anlauf, als im Jahre 1845 Andreas Kim Tae Gun als erster Koreaner von dem französischen Bischof Jean Ferreol in Shanghai zum Priester geweiht wurde. Noch im selben Jahr gelang es Kim zusammen mit dem Bischof und einem weiteren französischen Missionar, heimlich in Cheju-Do zu landen. Pater Kim wurde bald festgenommen, in die Hauptstadt gebracht und im September 1846 hingerichtet.

Drei Jahre später kam mit König Cholchong (1849–1863) erneut die Familie Kim aus Andong an die Macht. Die Christen konnten wieder aufatmen. Zwar bestand das Verbot gegen die fremde Religion fort, wurde aber kaum noch durchgesetzt, was zum Teil auch auf die schwierigen innenpolitischen Verhältnisse jener Zeit zurückzuführen war. Die katholische Kirche Koreas blühte auf. Die Zahl der Gläubigen verdoppelte sich von 11 000 im Jahre 1850 auf mehr als 23 000 per 1865. Das Schwergewicht hatte sich von den adligen Yangban wieder auf die mittleren und unteren Bevölkerungsschichten verlagert. »Was die Koreaner zum Katholizismus hinzog, war vor allem das Bekenntnis zur Gleichheit, der Glaubenssatz, daß alle Menschen gleichermaßen Kinder Gottes seien«, schreibt der Historiker Ki-Baik Lee.

Bischof Ferreol schuf die organisatorischen Grundlagen der katholischen Kirche in Korea. Die Hauptstadt und ihre Umgebung wurden in einzelne Gemeinden gegliedert und jeder von ihnen einer der mittlerweile zwölf französischen Missionare zugeteilt. Ein Priesterseminar entstand in der Provinz Chungchong. Kirchliche Schriften bis hin zu Botschaften des Papstes konnten gedruckt und fast unbehindert verteilt werden.

Der nächste Regierungswechsel brachte ein grausames Erwachen aus dieser Idylle. König Cholchong hatte keinen männlichen Erben hinterlassen. Zum Thronfolger wurde ein Nachkomme von König Yongjo bestimmt, ein zwölfjähriger Knabe, der postum den Namen Kojong erhielt und im Laufe seiner langen Regierungszeit (1864–1907) auf tragische Weise in den Niedergang der Yi-Dynastie und Koreas verstrickt war. Regent wurde Kojongs Vater Yi Ha Ung, der den Amtstitel *Hungson Taewon-Gun* erhielt. Obwohl es durchaus üblich war, den Regenten-Vätern den Rang eines Taewon-Gun zu verleihen – was soviel wie Prinz des Großen Hofes bedeutete –, ist Konjongs Vater als *der* Taewon-Gun in die Geschichte Koreas eingegangen. Denn er war die beherrschende Figur seiner Zeit. Der Taewon-Gun sollten im Jahre 1866 die fürchterlichsten Christenverfolgungen der koreanischen Kirchengeschichte entfesseln, in deren Verlauf an die 10000 Katholiken ihr Leben verloren, aber auch neun französische Missionare sterben mußten einschließlich der beiden Bischöfe Simeon François Berneux und Nicolaus Antoine Daveluy.

Über die Motive und Umstände, die den Taewon-Gun zur Verfolgung der Christen veranlaßten, gibt es in der Geschichtsforschung unterschiedliche Auffassungen. Nach der Darstellung des koreanischen Historikers Han Woo-Keun war der Taewon-Gun ein orthodoxer Konfuzianer, der die Uhr der Geschichte zurückdrehen und wieder Verhältnisse wie zur Frühzeit der Yi-Dynastie herstellen wollte. Die Christenverfolgung war für Han nur die »erste böse Frucht der Politik konfuzianischer Orthodoxie und internationaler Isolierung«. Um loszuschlagen, mußte der Taewon-

Gun nur auf die Zahl und den Einfluß der Katholiken aufmerksam gemacht werden. Und dies besorgte anno 1866 ein Katholik und früherer Regierungsbeamter namens Nam Chong Sam durch seinen »unbesonnenen Vorschlag«, mit Hilfe der französischen Missionare Frankreich um militärische Hilfe gegen Rußland zu bitten, das damals an der Nordgrenze von Choson aufgetaucht war. Übrigens wurde Nam eines der ersten Opfer der Christenverfolgung von 1866.

Bei Ki-Baik Lee erscheint die Politik des Taewon-Gun gegenüber den Christen als weit weniger selbstbestimmt und zielgerichtet. Er sei »überredet worden, der vom obersten Staatsrat Cho Tu San und anderen hohen Beamten propagierten Ausschließungspolitik zu folgen«, und habe dann im Frühjahr 1866 eine umfassende Verfolgungsaktion gegen die Christen begonnen. In der Sicht von Ki-Baik Lee hat der Taewon-Gun auf eine bestimmte Situation reagiert, während Staatsrat Cho der eigentliche Überzeugungstäter und die treibende Kraft bei der Christenverfolgung gewesen sei. Das würde auch zur politischen Tradition der Cho-Familie passen.

Ähnlich sieht auch Wanne J. Joe die Rolle des Taewon-Gun. Dieser habe aufgrund des Vorschlags von Nam Chong Sam darum gebeten, ein Treffen mit den Missionaren zu arrangieren. Daß die Katholiken nicht sofort darauf eingegangen seien, habe das Mißvergnügen des Taewon-Gun erregt, »der sich daraufhin vom ausdrücklichen Anti-Katholizismus seiner Minister beeinflussen ließ. Wahrscheinlich, um den Konsens in der Regierung aufrechtzuerhalten oder aus Sorge, sein Flirt mit den Katholiken könnte in einem Fiasko enden, bei dem er sein Gesicht verlieren würde«, habe der Taewon-Gun die blutige Christenverfolgung veranlaßt.

Die 1866 begonnene Aktion zog sich über mehrere Jahre hin. Aber nach dem Abgang des Taewon-Gun 1873 hörten die Hinrichtungen und die systematische Verfolgung der noch verbliebenen Katholiken auf. Die lange Leidensgeschichte der Katholiken in Korea fand im Mai 1984 ihre kirchliche Krönung, als Papst Johannes Paul II. während seines Südkorea-Besuchs in einer beispiellosen Gruppenkanonisierung 103 Märtyrer heiligsprach, die zwischen 1838 und 1866 in Korea für ihren Glauben gestorben waren, darunter jenen ersten koreanischen Priester Andreas Kim und zehn französische Missionare. Nach der Anzahl seiner Heiligen nimmt

Korea damit innerhalb der katholischen Kirche nach Italien, Spanien und Frankreich den vierten Platz ein.

Seit den achtziger Jahren des vorigen Jahrhunderts entstand dann aufgrund der Choson von Amerika, Japan und den europäischen Mächten aufgedrängten Verträge eine neue Lage. Immer mehr westliche Ausländer kamen ins Land, darunter 1884 der Amerikaner Horace Newton Allen. Er war Arzt und Presbyterianer und gilt als der erste protestantische Missionar in Korea.

Hundert Jahre später sollten allein im Süden der Halbinsel – der kommunistische Norden gestattet derzeit weder Christen noch Buddhisten oder Konfuzianern eine freie Entfaltung – mehr als fünf Millionen Koreaner einer von 69 protestantischen Sekten angehören und gut anderthalb Millionen sich zum katholischen Glauben bekennen. Zusammen entspricht das fast einem Fünftel der Bevölkerung von Südkorea. Rein statistisch ist das Christentum damit ungefähr so stark wie der Buddhismus, während die Zahl der registrierten Anhänger des Konfuzianismus nicht einmal mehr eine Million erreicht. Neben den Philippinen ist Korea das einzige Land Ostasiens, in dem das Christentum wirklich Fuß gefaßt hat und eine bedeutende Rolle in der Gesellschaft spielt, zumal es die Koreaner selber waren, die den fremden Glauben ins Land geholt haben. Das verleiht den koreanischen Christen eine den Buddhisten oder Konfuzianern durchaus vergleichbare Legitimation im Lande und stärkt ihr Selbstbewußtsein. Christen sind in Korea keine Außenseiter, sondern leben mitten in der Gesellschaft. Ein Mann wie Kardinal Stephan Kim Su Hwan genießt zudem außerhalb seiner Kirche hohes Ansehen und ist als moralische Autorität weithin anerkannt – auch, wenngleich zuweilen widerwillig, bei den von ihm häufig kritisierten staatlichen Organen.

Verfall, Auflehnung und neue Hoffnung: Tonghak

Das 19. Jahrhundert hatte Choson eine neue »Regierungsform« beschert: die Herrschaft der Anverwandten des Königs. Die Kontrolle der Macht durch eine einzige Familie, ob sie nun Kim oder Cho, Yi oder Min hieß, hatte zur Folge, daß andere Yangban-Familien von den Regierungsämtern ausgeschlossen blieben. Das System der Staatsprüfungen verlor seine letzte Existenzberechtigung. Wer nicht zur jeweils regierenden Sippe gehörte, konnte sich den Zugang zu Amt und Würden nur erkaufen oder erschleichen. Korruption, Günstlingswirtschaft oder Resignation kennzeichneten den endgültigen Niedergang des Yangban-Standes.

Der Fisch verfault vom Kopfe her, sagt ein asiatisches Sprichwort. Wenn die Führungsschicht ihre Aufgaben nicht mehr erfüllt, zerfällt bald auch der sie tragende gesellschaftliche und wirtschaftliche Unterbau. Die systematische Ausbeutung der Bauern durch korrupte Beamte erreichte ein solches Ausmaß, daß viele Familien ihre Höfe verließen, Dörfer verwaisten, ganze Landstriche verödeten.

Viele der herumstreifenden Bauern formierten sich zu bewaffneten Banden, welche die Häuser und Speicher korrupter Beamter, reicher Kaufleute oder wohlhabender Großgrundbesitzer überfielen und ausplünderten. Manche dieser Räuberbanden kamen hoch zu Roß. Sie schossen mit Musketen um sich und waren deshalb als »Feuerbanditen« (Hwajok) gefürchtet. Andere bewegten sich auf Ruderbooten oder kleinen Segelschiffen fort, man nannte sie »Wasserbanditen« (Sujok). Andere Banden bezogen ihren Namen von der Region, in der sie ihr Unwesen trieben, oder von ihrem Anführer oder Vorbild.

Die nächste Stufe im fortschreitenden Zerfallsprozeß der öffentlichen Ordnung waren organisierte Aufstände mit politischen Zielen, bei denen die Bauern in aller Regel nur noch das Fußvolk stellten. Die Führung lag zumeist in den Händen ehemaliger Yangban.

Der erste große Aufruhr brach 1811 in der Provinz Pyongan aus und wird nach seinem Anführer Hong Kyong Nae-Aufstand genannt. Hong und seine politischen Freunde, darunter brotlose

Yangban und oppositionelle Gelehrte, aber auch einige vermögende Kaufleute, hatten ihr Vorhaben jahrelang vorbereitet. Ihr Hauptmotiv war Unzufriedenheit über die allgemeine Vernachlässigung ihrer Region durch die Regierung. Hong und seine Standesgenossen meinten damit ganz konkret die offenkundige Benachteiligung der Yangban aus Pyongan bei der Besetzung öffentlicher Ämter. Horden umherstreifender Bauern waren leicht zum Mitmachen zu bewegen. Eine Hungersnot nach schlechter Ernte sorgte für zusätzliche Unzufriedenheit. Die Aufständischen schlugen an mehreren Orten gleichzeitig los und eroberten ganze Landstriche im Norden des Chongchon-Flusses, bevor Hong Kyong Nae seine erste Niederlage erlitt und sich mit 3000 seiner Gefolgsleute in der Bergfestung Chongju verschanzte. Nach hunderttägiger Belagerung gelang es den Regierungstruppen im April 1812, die Festung zu stürmen. Hong Kyong Nae und ein Großteil der Aufständischen fielen im Kampf.

Der Aufstand war niedergeschlagen, aber Reste der Aufständischen hielten Pyongan und die Nachbarprovinzen bis 1817 in Unruhe. Auch in anderen Landesteilen gärte es. 1813 rebellierte die Inselprovinz Cheju-Do. Wieder mußte die Regierung Soldaten schicken. Auch hielt sich hartnäckig das Gerücht, daß Hong Kyong Nae in Wirklichkeit noch am Leben sei. Noch 1816 zog in seinem Namen eine Räuberbande unter Führung eines ehemaligen Mönches durch das Land.

Die Natur schien sich mit der Regierung gegen die Bauern verschworen zu haben: 1812 und 1813 wurde die koreanische Halbinsel von langen Dürreperioden heimgesucht, die entsetzliche Hungersnöte auslösten. Zwischen 1810 und 1832 verwüsteten große Überschwemmungen fast alljährlich eine Provinz – 1820 war das ganze Land davon betroffen. 1821 brach, aus China eingeschleppt, eine fürchterliche Cholera-Epidemie aus, die drei Sommer lang wütete. Von der Regierung kam so gut wie keine Hilfe, die Menschen blieben auch in größter Not sich selbst überlassen. Wie viele Menschenleben diese Katastrophen im Laufe der Zeit gefordert haben, kann man nur ahnen. Aus den wenigen vorhandenen Bevölkerungsdaten jener Zeit geht hervor, daß zwischen 1807 und 1837 die Einwohnerzahl von Choson um mehr als 800000 auf 6,75 Millionen zurückgegangen ist.

Ausbeutung und Aufstände, Naturkatastrophen, Seuchen und

Hungersnöte, und das alles über Jahrzehnte hinweg, hatten in der vielfach gepeinigten Bevölkerung Endzeitstimmung und zugleich Sehnsucht nach einer besseren Welt aufkommen lassen. Wahrsager und Propheten, Untergangsapostel und Heilsprediger hatten Hochkonjunktur. Der Schamanismus erlebte eine neue Blüte. Die – meist weiblichen – Schamanen, die Mudang, zogen von Dorf zu Dorf und fanden regen Zulauf.

Die seelische Not vieler Menschen in dieser Zeit bereitete auch den Boden für das Vordringen des Christentums. Die fremden Einflüsse aus dem fernen Westen waren keineswegs überall willkommen. Die Vorbehalte beschränkten sich nicht auf die Regierung oder besonders orthodoxe Konfuzianer. Seit die westlichen Mächte sich anschickten, nach China und Japan nun auch Choson für ihre wirtschaftlichen und politischen Interessen zu öffnen, und das mit höchst zweifelhaften Mitteln, hatte die Abneigung gegen die Fremden aus dem Westen auch in der breiten Bevölkerung Fuß gefaßt.

So ist es kein Zufall, daß Choe Che U (1824–1864), der Begründer einer neuen Religion und politisch-sozialen Volksbewegung, seine Lehre *Tonghak* nannte – die östliche Wissenschaft. Choe stammte aus Kyongju, ehedem Hauptstadt des alten Shilla-Reiches, doch nun eine abgelegene Provinzstadt in Kyongsang-Do. Sein Vater war ein verarmter Yangban, die Mutter – eine Witwe, die nach dem neokonfuzianischen Sittenkodex nicht wieder heiraten durfte – verdiente sich ihren Lebensunterhalt als wandernde Händlerin. Mit zwanzig Jahren verbrannte Choe alle seine konfuzianischen Bücher und machte sich auf die Wanderschaft, auf der Suche nach der Wahrheit und einer gerechteren Welt. Nach zehn Jahren kehrte er in die Heimat zurück, wo er weitere fünf Jahre in den Bergen in der Umgebung von Kyongju mit Meditieren und Fasten zubrachte. Im Jahre 1860 war es dann soweit: Choe Che U verkündete seine neue Religion, der er den Namen Tonghak gab. Seine Nachfolger würden sie später in *Chondo-Gyo* umtaufen, die Lehre des göttlichen Wegs.

Der Religionsstifter machte sich unverzüglich daran, die theoretischen und praktischen Grundlagen für die Verbreitung seines Glaubens zu schaffen. Innerhalb von nur drei Jahren gelang es Choe Che U, in 14 Städten seiner Heimatprovinz Gemeinden zu gründen. Kyongsang-Do geriet weitgehend unter Tonghak-Einfluß. Die Regierung war über die rasche Ausbreitung der neuen Religion so beunruhigt, daß sie Choe und zwanzig seiner Jünger 1863 verhaften ließ. Ihnen wurde der Prozeß gemacht und Choe wegen Irreführung der Bevölkerung und Verbreitung aufrührerischer Lehren zum Tode verurteilt. Zugleich wurde seine Religion verboten.

Wenn die Regeirung gehofft hatte, die Tonghak-Bewegung werde sich, ihres Führers beraubt, bald auflösen, so hatte sie sich gründlich verrechnet. Choe hatte vorgesorgt und einen seiner Jünger zum Nachfolger bestimmt. Choe Shi Hyong (1827–1898), der neue Führer, erwies sich als ein umsichtiger Organisator und ebenso unerschrockener wie unermüdlicher Verfechter der Tonghak-Lehre. Er ging in den Untergrund und konnte binnen kurzer Zeit das Netz der Gemeinden bis nach Kyonggi-Do ausdehnen, der Provinz, in der die Hauptstadt des Reiches lag. Tonghak hatte damit im südlichen Landesteil Fuß gefaßt. Choe Shi Hyong ordnete die hinterlassenen Schriften des »großen göttlichen Lehrers« (Taeshinsa), wie der tote Tonghak-Begründer nun ehrfürchtig genannt wurde, zu zwei Büchern – das auf chinesisch verfaßte *Tonggyong Taejon* (Große Sammlung der Tonghak-Schriften) und das in Hangul geschriebene *Yongdam Yusa* (Hinterlassene Lieder vom Drachenteich) – und ließ sie heimlich drucken. Sie dienten hinfort als die Bibeln des neuen Glaubens. Der Märtyrertod hatte der Lehre von Choe Che U noch mehr Überzeugungskraft verliehen.

Was war an Tonghak so anziehend, daß Tausende von Menschen riskierten, sich zu der verbotenen Lehre zu bekennen? Eine gewisse Ähnlichkeit mit dem Christentum läßt sich nicht leugnen, obwohl Choe Che U seine Lehre bewußt in Gegensatz zur »westlichen Wissenschaft« gesetzt hatte: die Gleichwertigkeit jedes einzelnen Menschen vor Gott unabhängig von Herkunft, Stand oder Geschlecht. Frau und Mann, Sklave, Kisaeng, Bauer oder Yangban – sie alle sollten gleich sein vor Gott, und das nicht erst im Jenseits, wie die katholischen Priester predigten, sondern schon hier auf dieser Erde. Denn Choes Gott Hananim lebte im Menschen, seine Existenz setzte den Menschen voraus. Gott existierte nur durch den menschlichen Geist. Gott und Mensch waren ein und dasselbe.

Genauso wie das Christentum negierte Tonghak die ständische Ordnung des Konfuzianismus und war daher im ursprünglichen

Sinn des Wortes revolutionär. Kein Wunder, daß die Regierung die Bewegung mit ähnlicher Strenge verfolgte wie das Christentum. Tatsächlich war ein zentraler Vorwurf im Prozeß gegen Choe Che U und seine Jünger, der Gott der Tonghak-Lehre sei im Grunde genommen derselbe wie der Gott der Christen. Für Choe Che U war dies wahrscheinlich der schmerzlichste Vorwurf. Denn eines seiner Hauptanliegen war es gewesen, die fremden Einflüsse aus dem Westen mit seiner Lehre von Korea fernzuhalten. Die Tonghak-Bewegung sollte später immer wieder darauf bestehen, ihren Begründer von diesen falschen Vorwürfen zu rehabilitieren.

Choe Che U war sich durchaus bewußt, daß seine Lehre eine Mischung aus vielen anderen Religionen darstellte und bekannte sich ausdrücklich dazu, Anleihen beim Konfuzianismus, Buddhismus und Taoismus – also drei »östlichen« Lehrsystemen – gemacht zu haben. Die stärksten Elemente von Tonghak aber kamen aus den beiden Religionen, deren Urheberschaft er mehr oder weniger verleugnete, aus dem Christentum und aus dem bodenständigen und besonders in der ländlichen Bevölkerung stark verwurzelten Schamanismus. Es waren aber gerade diese Elemente, die der Tonghak-Lehre den Zulauf der Bauern und Sklaven, der Frauen und aller sonstigen Diskriminierten verschaffte. Ihnen allen gab Tonghak neue Hoffnung.

Ein letztes Aufbäumen: Der Taewon-Gun

Choes Hinrichtung fiel in das erste Jahr der langen Herrschaft von König Kojong – 1864. Wirklicher Machthaber war der Taewon-Gun, der zielstrebig eine Politik zur Wiederherstellung einer starken Monarchie konfuzianischer Prägung verfolgte.

Zur Stabilisierung der neuen Machtverhältnisse besetzte der neue Herrscher alle wichtigen Regierungsämter mit fähigen Leuten aus den bisher oft vernachlässigten Regionen im Norden und Süden des Reiches und aus den vier wichtigsten Parteien – den sogenannten vier Farben (Sasaek) –, zum Teil setzte er sich auch über Standesgrenzen hinweg. Leistung und Befähigung waren wieder gefragt.

Der Regierungsapparat wurde reorganisiert. Der Staatsrat, in der Frühzeit der Yi-Dynastie wichtigstes Regierungsorgan, wurde reaktiviert und der Verteidigungsrat aufgelöst. Die Provinzgouverneure, die mittlerweile als beinahe selbständige Machtzentren neben der Regierung fungierten, wurden wieder unmißverständlich der zentralen Regierungsgewalt in der Hauptstadt unterstellt: Sie sollten nur auf Anweisung handeln. In der Steuerpolitik setzte der Taewon-Gun endlich durch, daß die Yangban zur Wehrsteuer herangezogen wurden. Ferner sorgte er dafür, daß das als Hilfsmaßnahme für die Bauern gedachte, aber im Laufe der Zeit zu einem notorischen Ausbeutungsinstrument entartete Reiskreditsystem – das den Bauern, wenn ihre Vorräte ausgegangen waren, bis zur nächsten Ernte Reis zinslos kreditieren sollte – wieder seinem ursprünglichen Zweck zugeführt wurde.

Besondere Energie verwandte der Taewon-Gun auf ein Vorhaben von großer symbolischer Bedeutung: den Wiederaufbau des 1592 von meuternden Koreanern niedergebrannten Königspalasts der Yi-Dynastie. Die großartige Anlage des Kyongbok-Palastes sollte im alten Glanz wiedererstehen und damit auch das konfuzianische Königreich Choson einiges von seinem längst verlorengegangenen Glanz zurückgewinnen. Die Bauarbeiten wurden bereits im zweiten Regierungsjahr König Kojongs in Angriff genommen und in einer unerhörten Kraftanstrengung bis 1867 zu Ende geführt.

Der ganze Palastkomplex umfaßte rund fünfhundert Gebäude, von denen jedoch die meisten während der japanischen Kolonialzeit (1910–1945) wieder abgerissen wurden. Die fremden Herren errichteten demonstrativ auf dem der Stadt zugewandten Gelände des königlichen Palasts das Granitmonstrum ihres Kapitolgebäudes. Was vom Kyongbok-Kung noch übriggeblieben war, wurde durch den Amtssitz der Kolonialregierung verdeckt und Einwohner wie Besucher der Hauptstadt auf diese Weise tagtäglich daran erinnert, wer in Choson das Sagen hatte. Viele Jahre nach der Befreiung ihres Landes haben die Koreaner diese auch visuelle Erniedrigung gelindert, als sie 1969 vor dem Kapitolgebäude – das seit 1986 das Nationalmuseum beherbergt – das Kanghwa-Mun rekonstruierten, jenes mächtige Tor, das früher als Haupteingang zum Königspalast gedient hatte und heute als eines der Wahrzeichen von Seoul gelten kann.

Die zehn erhalten gebliebenen Gebäude des vom Taewon-Gun wiederaufgebauten Königspalasts – besonders die Thronhalle Kunjong-Jon und die inmitten eines Lotusteichs gelegene Festhalle Kyonghoe-Ru – vermitteln dem Betrachter auch heute noch einen Eindruck von der Pracht und Größe des ursprünglichen Kyongbok-Kung. Allerdings bleibt die Wirkung wesentlich beeinträchtigt, solange nicht der ästhetisch und psychologisch belastende Fremdkörper des japanischen Kapitolgebäudes beseitigt wird.

Der Wiederaufbau des alten Königspalasts war der sichtbarste Ausdruck der nationalen Ambitionen des Taewon-Gun. Doch der Preis war hoch – wirtschaftlich und politisch. Zur Finanzierung des gigantischen Unternehmens führte die Regierung neue Steuern ein. Auch wurden viele tausend Menschen zu den Bauarbeiten dienstverpflichtet.

So brachte der Taewon-Gun binnen kurzer Zeit durch ein einziges Großprojekt fast die gesamte Bevölkerung gegen sich auf, stürzte die Staatsfinanzen in eine große Krise und setzte die Volkswirtschaft Belastungen aus, denen sie nicht gewachsen war. Das galt um so mehr, als der Regent zur gleichen Zeit die Armee modernisieren und die wichtigsten Festungsanlagen erneuern oder verstärken wollte. Auch in der Außenpolitik neigte der Taewon-Gun dazu, die Möglichkeiten des Königreichs Choson maßlos zu überschätzen. Sein starker Wille verdeckte ihm den Blick auf die

Realitäten. Was in der Nabelschau zeitweilig wie ein Wiederaufblühen des Reiches zu neuer Größe ausgesehen haben mag, stellte sich bald als nur ein letztes Aufbäumen der Yi-Dynastie vor ihrem Untergang heraus.

Als hätte er sich nicht schon genügend Feinde gemacht, nahm der Taewon-Gun bald sein nächstes Ziel ins Visier – die Sowon. Diese seit dem 16. Jahrhundert von Yangban ohne Staatsamt überall im Lande errichteten konfuzianischen Akademien waren dem Regenten aus zweierlei Gründen ein Dorn im Auge: ihr beträchtlicher Landbesitz war in der Regel steuerfrei, und die Studenten unterlagen ebensowenig wie die dort Beschäftigten weder der Steuer- noch der Dienstpflicht. Zum zweiten entzogen sich die Sowon der politischen Kontrolle durch die Regierung und waren häufig geistige Zentren der politischen Opposition.

Ab 1868 unterwarf der Taewon-Gun alle Sowon der Steuerpflicht. 1871 holte er zum entscheidenden Schlag aus und erzwang die Schließung sämtlicher Sowon mit Ausnahme von 47 für erhaltenswert erachtete Akademien. Das Vermögen der geschlossenen Schulen wurde eingezogen.

Die energischen Maßnahmen des Taewon-Gun mit dem Ziel, die unkontrollierte Macht der Yangban wenn nicht zu brechen, so doch wenigstens erheblich einzuschränken, fanden in den unteren Bevölkerungsschichten, die bisher am meisten unter der Willkür des Adels zu leiden hatten, viel Zustimmung. Die Yangban aber waren nun entschlossen, den Regenten zu stürzen, bevor er ihnen weiteren Schaden zufügen konnte. Die Gelegenheit bot sich 1873, als Königin Min – die Gemahlin von König Kojong – eine gegen den Taewon-Gun gerichtete kritische Denkschrift zum Anlaß nahm, die Beendigung seiner Regentschaft zu verlangen. Ein Chor von Kritikern schloß sich dieser Forderung an. Der Taewon-Gun mußte gehen. Doch bedeutete der Verlust des Amtes – wie sich zeigen sollte – keineswegs auch die Einbuße allen Einflusses auf die Politik in Choson.

Festung Korea

Der Versuch des Taewon-Gun, den konfuzianischen Zentralstaat im Innern zu stärken, diente nicht zuletzt dem Ziel, den von außen drohenden Gefahren besser widerstehen zu können. Das Vorgehen der westlichen Mächte in China und gegenüber Japan hatte in Choson tiefe Beunruhigung, ja Bestürzung hervorgerufen, und zwar keineswegs nur in der Führungsschicht, sondern ebenso in der breiteren Bevölkerung, wie die rasche Ausbreitung der antiwestlichen Tonghak-Bewegung unter den verarmten Bauern erkennen ließ.

Wenngleich das Hauptinteresse der westlichen Mächte in Ostasien sich zunächst auf China und Japan konzentrierte, so bekam doch auch Choson den wachsenden Druck von außen immer deutlicher zu spüren, wie eine ständig dichter werdende Kette von Zwischenfällen zeigte. 1832 war in Chungchong-Do an der Westküste erstmals ein englisches Handelsschiff, die *Lord Amherst*, vor Anker gegangen. An Bord befand sich jener zu Anfang erwähnte Karl Friedrich August Gützlaff. Gützlaffs Stippvisite blieb ohne erkennbare Konsequenzen. Festzuhalten bleibt aber, daß sich schon dieser frühe Kontaktversuch – er verteilte Bibeln und sonstige religiöse Schriften – durch jene aus koreanischer Sicht verdächtige Mischung von Kommerz und Mission auszeichnete.

Als nächstes kreuzte 1845 ein britisches Kriegsschiff über einen Monat lang vor der koreanischen Südküste. 1846 kamen drei französische Kriegsschiffe in besonderer Mission: Sie verlangten Genugtuung für die Hinrichtung von drei französischen Missionaren während der Christenverfolgung von 1839, wurden aber abgewiesen. 1854 tauchten zwei russische Kriegsschiffe an der Nordküste Chosons in der Provinz Hamgyong auf. Auf koreanischer Seite gab es Tote und Verletzte.

Die stärkere Verwicklung Englands und Frankreichs in China verschaffte den Koreanern vorübergehend eine Atempause, lieferte ihnen aber gleichzeitig erschreckenden Anschauungsunterricht von der schier unaufhaltsamen Macht der Europäer und der unerwarteten Schwäche und Hilflosigkeit Chinas. Die Briten hatten sich nach ihrem Sieg im Opiumkrieg (1839–1842) Hongkong abtreten lassen, der Frieden von Nanking sah zudem die Öffnung von fünf chinesischen Häfen für den Handel der Europäer vor. In den Verträgen von Tientsin (1858) und Peking (1860) wurden China zahlreiche neue Konzessionen aufgezwungen: die europäischen Mächte erhielten das Recht zur Einrichtung von Gesandtschaften in Peking. Ihre Staatsbürger durften unbehindert im Lande reisen, waren aber der chinesischen Gerichtsbarkeit entzogen und statt dessen ihrer eigenen Konsulargerichtsbarkeit unterstellt. Auch den christlichen Missionaren wurde die Freizügigkeit in China zugestanden. Elf weitere Häfen wurden für europäische Handelsschiffe geöffnet.

Für die Koreaner besonders schockierend war, daß der Kaiser von China seine Hauptstadt hatte verlassen und vor den Fremden bis nach Yehol jenseits der Großen Mauer fliehen müssen. Im übrigen lieferten die Bestimmungen des Vertrags von Peking den konfuzianischen Herren von Choson einen weiteren Beweis für den seit langem gehegten Verdacht, daß die Tätigkeit der christlichen Missionare aus Europa auf äußerst anstößige Weise mit der Machtpolitik und den Handelsinteressen der europäischen Mächte verknüpft war. Diese Erkenntnis dürfte mitverantwortlich gewesen sein für die systematische und grausame Verfolgung der koreanischen Christen im Jahre 1866.

Seit dem Beginn der sechziger Jahre des 19. Jahrhunderts nahm der Druck auf Korea wieder zu. Das zaristische Rußland hatte, die Schwäche Chinas ausnutzend, im Jahre 1860 den Mandschu-Kaiser zum Verzicht auf einen Teil der Mandschurei gezwungen. Durch diese folgenreiche Abtretung erlangte Rußland Zugang zum Japanischen Meer, wo es die Hafenstadt Wladiwostok gründete, und wurde Nachbar Koreas entlang der kurzen gemeinsamen Grenze am Tumen-Fluß. Ein erster Kontaktversuch über die Grenze hinweg wurde von Korea zurückgewiesen. Auch die erneute Entsendung von Kriegsschiffen – 1864 und 1865 – fruchtete nichts. Als die Russen 1865 einen zweiten Vorstoß machten, über den Tumen hinweg Handelsbeziehungen mit Choson zu eröffnen, löste das jene Kette von Ereignissen aus, die schließlich zur Christenverfolgung von 1866 führte.

Eine Reihe diplomatischer Initiativen der europäischen Mächte – von Japan und China aus – blieb ebenfalls erfolglos. Das Jahr 1866 bescherte Choson zudem die ersten größeren Zusammenstöße mit einer europäischen Macht – Frankreich – und mit den Vereinigten Staaten von Amerika. Für diese und spätere Zwischenfälle mit den westlichen Mächten münzten die Koreaner den Begriff *Yangyo* oder »westliche Störungen«.

Der Kontakt mit Amerika hatte zunächst ganz friedlich begonnen. Im Frühjahr lief das amerikanische Segelschiff *Surprise* vor der Nordwestküste Chosons auf Grund. Der Kapitän und seine Mannschaft ergaben sich den örtlichen Behörden. Zu ihrer Überraschung wurden die Amerikaner von den Koreanern sehr zuvorkommend behandelt und schließlich auf dem Landweg nach China abgeschoben. Das Verbot der Regierung, keinen Kontakt mit dem westlichen Ausland aufzunehmen, schloß die Rettung Schiffbrüchiger nicht aus.

Von ganz anderer Art war die Begegnung mit dem Handelsschiff *General Sherman* im Spätsommer 1866. Der mit zwei Kanonen bestückte Schoner segelte unter amerikanischer Flagge, hatte aber einen dänischen Kapitän. Die bunt zusammengewürfelte Besatzung, zu der auch Engländer und Chinesen gehörten, war schwer bewaffnet und soll es auf die koreanischen Königsgräber in der Umgebung von Pyongyang abgesehen haben. Es war mehr ein Piraten- als ein Handelsschiff. Die *General Sherman* war den Taedong aufwärts fast bis Pyongyang vorgedrungen, als sie am 21. August bei Ebbe auf Grund lief. Die Gezeiten sind an der Westküste Koreas so heftig, daß selbst der Wasserstand der Flüsse bei Ebbe und Flut erhebliche Unterschiede aufweist.

Auch diesmal wollten die örtlichen Behörden dem in Not geratenen Schiff zunächst mit Lebensmitteln und Wasser aushelfen und es dann zur unverzüglichen Rückkehr auffordern. Doch die fremden Eindringlinge kenterten das Boot des amtlichen Abgesandten, nahmen ihn gefangen und eröffneten auf die am Ufer versammelten Menschen das Feuer. Ohne die Anweisungen der Regierung oder das Eintreffen regulärer Truppen abzuwarten, griffen die Koreaner daraufhin den fremden Schoner an. Sie ließen mit brennenden Holzscheiten beladene Flöße auf das Schiff zutreiben und setzten die *General Sherman* in Brand. Der Kapitän und die gesamte Besatzung kamen um. Die beiden Kanonen sind erhalten und heute im Historischen sowie im Revolutionsmuseum von Pyongyang ausgestellt.

Ende September 1866 tauchten wieder fremde Schiffe vor Koreas Küsten auf. Drei Kriegsschiffe der von China aus operierenden französischen Ostasienflotte erschienen vor der Insel Kanghwa im Mündungsgebiet des Han und näherten sich flußaufwärts bis in Sichtweite von Hanyang. Man beließ es zunächst bei dieser Demonstration.

Bald darauf kreuzten die Franzosen mit einer Flotte von sieben Kriegsschiffen unter dem Kommando von Admiral Roze vor Kanghwa-Do auf. An Bord befanden sich siebenhundert Soldaten – vorwiegend Infanteristen – und ein Zivilist, Pater Ridel, der als eine Art Lotse diente. Ridel war einer von drei französischen Missionaren, die der Christenverfolgung von 1866 entkommen und nach China geflohen waren. In Peking hatten sie dem französischen Gesandten über die Hinrichtung ihrer neun Missionarskollegen berichtet und Strafmaßnahmen gefordert.

Der Tod der neun Franzosen war nur der – willkommene – Vorwand für die Entsendung der Kriegsflotte. Die Strafexpedition war von der Regierung in Paris angeordnet worden. Napoleon III. verfolgte in Korea offenbar weitergehende, nämlich koloniale Interessen. Ohne Vorwarnung begann die französische Flotte die Befestigungsanlagen der Insel Kanghwa zu beschießen. Danach gingen die Truppen an Land und stürmten die gleichnamige Stadt, historische Zufluchtsstätte koreanischer Könige vor ausländischen Invasoren. Die entscheidende Auseinandersetzung fand jedoch im Süden der Insel statt, wo sich die Koreaner – darunter mehrere Hundert Tigerjäger, die in aller Eile aus dem Norden herbeigeholt worden waren – in der Chongjok-Bergfestung verschanzt hatten. Sie brachten den Angreifern so schwere Verluste bei, daß Admiral Roze sich Ende Oktober entschloß, das Unternehmen abzublasen.

Aus dem ersten militärischen Konflikt mit einer westlichen Macht waren die Koreaner siegreich hervorgegangen. Der Taewon-Gun teilte seine Befriedigung über die erfolgreiche Abwehr des französischen Angriffs den Regierungen Chinas und Japans mit. Sodann ordnete er eine Verstärkung der Küstenbefestigungen an, ließ Kanonen gießen und an strategischen Punkten aufstellen.

Nach dem Verschwinden der *General Sherman* hatten die Amerikaner einiges unternommen, um herauszufinden, was dem Schiff zugestoßen war. Zweimal hatten sie Kriegsschiffe nach Choson geschickt, im Frühjahr 1867 die *Wachusett* und im März

1868 die *Shenandoah*, die sogar den Taedong hinauffuhr. Beide Missionen kehrten ohne Ergebnis zurück.

Es dauerte einige Zeit, bevor die amerikanische Regierung sich schlüssig wurde, ob sie die Sache auf sich beruhen lassen oder etwas unternehmen sollte. Schließlich entschied man sich für eine Intervention. Man wollte den Vorfall dazu benutzen, um die Regierung von Choson zur Öffnung ihrer Grenzen für den Verkehr mit dem Westen zu zwingen. Achtzehn Jahre nachdem die *Schwarzen Schiffe* des Commodore Perry im Juli 1853 erstmals vor der japanischen Küste Anker geworfen hatten, was im folgenden Frühjahr zum Abschluß des ersten Handelsvertrags zwischen Japan und den Vereinigten Staaten führte, war Amerika entschlossen, auch Korea zu »öffnen«. Am 23. Mai 1871 warfen fünf amerikanische Kriegsschiffe unter dem Kommando von Konteradmiral John Rodgers in den Gewässern vor Kanghwa-Do Anker. An Bord befanden sich mehr als 1200 Soldaten und der amerikanische Gesandte in Peking, Frederick F. Low. Als die Amerikaner eine Barkasse zur Insel entsandten, eröffneten die Koreaner aus ihren Festungskanonen das Feuer. Die Amerikaner antworteten mit einer Beschießung der Festungsanlagen. Mehrere Hundert Marineinfanteristen landeten auf der Südseite der Insel und konnten gegen den erbitterten Widerstand der Koreaner zwei Befestigungsanlagen erobern. Doch ein weiterer Landeversuch wurde von den Koreanern zurückgeschlagen. Daraufhin zogen die Amerikaner ihre gesamten Truppen von der Insel zurück und verließen mit ihrer Flotte die koreanischen Gewässer.

Für den Taewon-Gun war dies der zweite große Sieg im Kampf gegen die Choson bedrängenden Westmächte. Der Regent fühlte sich in seiner Haltung bestärkt, alle Kontakte mit Europäern und Amerikanern zurückzuweisen. Um auch die Bevölkerung bei der Stange zu halten, ließ er im Zentrum der Hauptstadt und an vielen anderen Orten Gedenksteine aufstellen, deren chinesische Inschrift sich sinngemäß etwa folgendermaßen übersetzen läßt: »Wer das Eindringen der westlichen Barbaren nicht entschlossen bekämpft, sondern sich mit ihnen einläßt, der verrät sein Land. Möge dies unseren Kindern und Kindeskindern zur ewigen Warnung gereichen. Verfaßt im Jahre des Tigers, errichtet im Jahre des Lamms.«

Spielball fremder Mächte

Was trotz jahrzehntelanger Bemühungen weder Engländern, Russen oder Deutschen noch Franzosen oder Amerikanern gelungen war, das schafften die Japaner in wenigen Jahren: Mit dem Vertrag von Kanghwa-Do erzwangen sie 1876 die Öffnung von drei koreanischen Häfen für den Handel mit Japan. Das war der Auftakt zu einer ganzen Serie von Verträgen, die im Laufe der nächsten zehn Jahre praktisch allen interessierten Ländern Zugang zu Korea verschafften.

Japan war seit seiner Öffnung durch die Amerikaner 1854 zunächst mit sich selbst beschäftigt gewesen. Erst mit der Meiji-Restauration von 1868 stabilisierten sich die innenpolitischen Verhältnisse so weit, daß sich das Land um seine Nachbarn kümmern konnte. 1870 schickte die neue japanische Regierung eine Gesandtschaft nach Choson, um die seit mehreren Jahrzehnten unterbrochenen amtlichen Kontakte wiederaufzunehmen. Die letzte Gesandtschaft aus Choson war 1811 nach Edo gereist, dem heutigen Tokio und damaligen Sitz der Shogunats-Regierung. Insgesamt zwölf koreanische Gesandtschaften hatten seit 1607, dem Jahr der Aufnahme von Beziehungen zur Tokugawa-Dynastie, in unregelmäßigen Abständen Japan besucht. Den Japanern waren Auslandsreisen seit den dreißiger Jahren des 17. Jahrhunderts verboten.

Als die Japaner mit westlichen Schiffen und westlich gekleidet in Choson erschienen, verweigerte die koreanische Regierung die Annahme der Beglaubigungsschreiben. 1872 kamen die Japaner wieder, diesmal mit zwei Kriegsschiffen. Ungerührt ließen die Koreaner Tokios Abgesandte monatelang vor der Südküste warten, bis sie schließlich unverrichteterdinge wieder abfuhren. In den Augen des Taewon-Gun hatte sich das Kaiserreich durch seine Modernisierung den fremden Vorbildern derart angepaßt, daß er mit diesem Japan genausowenig zu tun haben wollte wie mit den Westmächten. Aber die Tage des Regenten waren gezählt. Mit seiner Entmachtung 1873 war in Choson der schärfste Verfechter des Abschottungskurses aus dem Weg geräumt.

Andererseits verhärtete sich die Haltung der Japaner. Sie waren über die wiederholte Zurückweisung ihrer Kontaktversuche verärgert. Chosons Weigerung, die neue japanische Regierung anzuerkennen, wurde als Brüskierung empfunden. Nach seiner erzwungenen Öffnung entwickelte Japan sehr schnell eigene koloniale Ambitionen. Man hatte die Lektion von 1854 gründlich gelernt und wollte es den westlichen Mächten gleichtun, um von ihnen als ebenbürtiger Partner anerkannt zu werden. Dabei fiel das Augenmerk bald auf Korea. Seine Eroberung wurde in Japan Gegenstand heftiger Debatten, wobei sich die Auseinandersetzungen im sogenannten Seikan Ronso (Meinungsstreit um die Eroberung Koreas) mehr um das Wann als um das Ob drehten. Eine Minderheit unter Führung von Saigo Takamori und Itagaki Taisuke wollte schon 1873 losschlagen. Zwei Jahre später hielt auch die Mehrheit den Zeitpunkt für gekommen. In den Herbst- und Wintermonaten des Jahres 1875 provozierten japanische Kriegsschiffe eine Reihe Zwischenfälle in Kanghwa-Do sowie in Pusan, wo vorübergehend auch japanische Truppen landeten und die Koreaner in kleinere Gefechte verwickelten.

Im Februar 1876 schickte die japanische Regierung Kuroda Kiyotaka als Sonderbotschafter mit einer Flotte von sechs oder sieben Kriegsschiffen nach Kanghwa-Do. Unter dem Schutz von mehreren hundert Soldaten ging Kuroda in Kapkot südlich der Stadt Kanghwa an Land und forderte ultimativ die Aufnahme von Verhandlungen über den Abschluß eines »Freundschaftsvertrags«. Die von der Min-Familie beherrschte Regierung war hin und her gerissen, schickte aber schließlich einen Bevollmächtigten nach Kanghwa-Do, der nach kurzen Verhandlungen den von Kuroda mitgebrachten Vertragsentwurf fast unverändert unterzeichnete. In den folgenden Monaten akzeptierte die Min-Regierung noch eine Reihe von Zusatzabkommen.

Der Kanghwa-Do-Vertrag von 1876 entsprach inhaltlich weitgehend jenen ungleichen Verträgen, welche die westlichen Mächte dem im Opiumkrieg besiegten und durch den Taiping-Aufstand weiter geschwächten China aufgezwungen hatten und ging in mancher Hinsicht über die Bestimmungen des Japan 1854 von den Amerikanern aufgenötigten Vertrages hinaus. Damit geriet Japan in die nur scheinbar paradoxe Lage, zugleich zu den Opfern und den Sündern der Kolonialpolitik zu gehören.

Das Abkommen gestand Japan die Öffnung von drei koreanischen Häfen zu, wobei Tokio sogar das Recht erhielt, zwei dieser Häfen selber zu bestimmen. Neben dem vertraglich vereinbarten Pusan an der Südküste – einem der traditionellen Häfen für den Handel mit Japan – entschied sich Tokio für Wonsan an der nördlichen Ostküste – damals nur ein unbedeutendes Fischerdorf, aber im Hinblick auf russische Ambitionen in Korea von erheblicher strategischer Bedeutung und heute einer der wichtigsten Häfen Nordkoreas – sowie für Chemulpo, das heutige Inchon, an der Westküste in unmittelbarer Nähe der Hauptstadt von Choson.

In allen drei Hafenstädten durften die Japaner eigene Siedlungen errichten. Sie unterlagen nicht der koreanischen Gerichtsbarkeit und durften innerhalb ihrer Siedlungen die eigene Währung verwenden, andererseits koreanisches Geld nach Japan ausführen. Außerdem verzichtete Choson auf Jahre hinaus gegenüber Japan auf seine Zollhoheit. Derlei koloniale Privilegien lockten binnen kurzer Zeit Tausende japanische Händler ins Land, die sich in den drei Hafenstädten dank reger Geschäftstätigkeit eine monopolartige Vormachtstellung sicherten, der die einheimische Konkurrenz bald hilflos ausgeliefert war.

Auch die diplomatischen Sonderrechte, die sich Japan im Vertrag von Kanghwa-Do hatte zugestehen lassen, waren beträchtlich. So durfte Tokio zusätzlich zu seiner Gesandtschaft in der Hauptstadt Hanyang in den genannten drei Häfen diplomatische Niederlassungen unterhalten. Später erhielten die japanischen Diplomaten außerdem das Recht, überall in Choson umherzureisen.

Erhebliche außenpolitische Konsequenzen sollte eine wohlklingende Vertragsbestimmung erlangen, wonach Choson dieses Abkommen mit Japan als freier, souveräner und gleichberechtigter Staat eingehe. Die Tragweite dieser scheinbar unverfänglichen, in Wirklichkeit aber von japanischer Seite höchst raffiniert in ihren Vertragsentwurf eingebauten Feststellung wurde von der koreanischen Regierung zunächst nicht erkannt. Die Japaner entlockten den Koreanern damit die Zustimmung, nicht der Oberhoheit eines anderen Staates unterworfen zu sein – nämlich Chinas. Mit dieser Vertragsklausel schuf sich Tokio ein Rechtsinstrument, mit dem es irgendwelche Vorrechte Pekings in Korea bestreiten konnte – um seine eigenen Interessen auf der koreanischen Halbinsel um so ungehemmter zu verfolgen.

Fairerweise wird man einräumen müssen, daß Japan dem Königreich Choson zumindest auf dem Papier eine Gelegenheit verschaffte, sich aus den seit der Unterwerfung Koreas durch die Mandschus bestehenden rechtlichen Bindungen an China zu lösen, und daß Tokio sich im Falle eines Streits zwischen Choson und China quasi automatisch auf die Seite der Koreaner stellte. So hatte der Vertrag von Kanghwa-Do im Ergebnis durchaus zur Folge, daß Choson aus der selbstgewählten Beschränkung auf sein Satellitenverhältnis zu China herausgeholt wurde und erstmals gezwungen war, auf der Weltbühne internationaler Diplomatie im eigenen Namen aufzutreten.

Schon kurz nach dem Vertragsabschluß reiste Kim Ki Su 1876 als koreanischer Sonderbotschafter nach Japan, um zu beobachten, wie das Land die westliche Technologie adaptiert hatte. Eine weitere Mission fuhr 1880 unter Führung von Kim Koeng Chip nach Tokio. Im folgenden Jahr besichtigte eine größere Delegation zwei Monate lang Behörden, Schulen, Fabriken und Handelshäuser sowie polizeiliche und militärische Einrichtungen im ganzen Land. Ebenfalls 1881 reiste eine Gruppe von Studenten und Handwerkern unter Sonderbotschafter Kim Yun Shik nach China, um sich während eines längeren Aufenthalts in der regierungseigenen Rüstungsfabrik in Tientsin mit modernen Verfahren zur Waffenherstellung und grundlegender Rüstungstechnologie vertraut zu machen.

Chosons eigene Modernisierungspolitik wurde wesentlich durch zwei chinesische Schriften beeinflußt, die Kim Koeng Chip aus Japan mitgebracht hatte. Die eine stammte von dem chinesischen Botschaftsrat Huang Tsun Hsien in Tokio und trug den Titel »Eine Strategie für Korea«. Nach Huangs Ansicht ging Koreas größte Bedrohung vom zaristischen Rußland aus. Choson solle daher eine prochinesische Politik verfolgen, aber zugleich enge Vertragsbeziehungen zu Japan unterhalten und Amerika als Verbündeten gegen Rußland gewinnen. Im übrigen empfahl Huang die Aufnahme von Handelsbeziehungen zu den westlichen Ländern und die Einführung westlicher Technologien. Um diese zu erlernen, sollten junge Koreaner nach China und Japan geschickt und westliche Experten nach Korea eingeladen werden. Verfasser der zweiten Schrift war der chinesische Gelehrte Cheng Kuan Ying. Cheng vertrat die Auffassung, daß es zur Modernisierung von Ländern wie China oder Korea nicht ausreiche, nur die westliche Technologie einzuführen. Vielmehr müsse man auch die politischen und sonstigen Institutionen der westlichen Länder übernehmen, die diese Technologie hervorgebracht hatten.

König Kojong, der Huangs »Strategie« voller Interesse gelesen hat, ließ die Schrift in großer Zahl drucken und an die gebildete Oberschicht verteilen. Die Regierung – die den Vertrag von Kanghwa-Do in gewisser Weise als notwendiges Übel auf dem Weg zur Modernisierung Koreas akzeptiert hatte – erhoffte sich davon mehr Verständnis für ihre eigenen Reformpläne. Diese Rechnung sollte nicht aufgehen.

Die Mehrheit der gelehrten Yangban war gegen die Öffnung Koreas. Choe Ik Hyon – der Verfasser jener Denkschrift, die zum Sturz des Taewon-Gun geführt hatte – sprach für viele, als er den Vertrag von Kanghwa-Do als Verstoß gegen die elementaren Interessen Koreas bezeichnete. Auf die »Strategie für Korea« reagierten die Gelehrten mit einer Flut von kritischen Denkschriften, die alle im wesentlichen auf die Parole *Wijong Choksa* hinausliefen, mit der man schon die Christenverfolgung gerechtfertigt hatte, zu deutsch etwa »Verteidigung der Orthodoxie, Ablehnung der Häresie« oder volkstümlicher »Schützt die Rechtgläubigen, nieder mit den Ketzern«. Diese Verteidiger der heilen Welt des Konfuzianismus forderten eine Begrenzung des Personen- und Warenverkehrs mit dem Ausland. Auch sollten alle ausländischen Bücher erfaßt und vernichtet werden. Der Taewon-Gun hätte es kaum anders formuliert. Tatsächlich begannen seine Aktien wieder zu steigen.

Der ehemalige Regent zögerte nicht lange, die veränderte Lage für sich zu nutzen. Im September 1881 wurde ein Komplott gegen König Kojong aufgedeckt. Yi Chae Son, ältester Sohn des Taewon-Gun, sollte den Thron einnehmen und die beherrschende Familie von Königin Min entmachten. Yi und mehr als dreißig seiner Mitverschwörer wurden hingerichtet. Den Taewon-Gun verschonte man, weil er der Vater des regierenden Monarchen war.

Im Juli 1882 brach in der Armee eine Meuterei aus. Unmittelbarer Anlaß war die schlechte Versorgung der Soldaten. Sie plünderten das Haus des Kriegsministers, eines Verwandten der Königin, und setzten es in Brand, ebenso weitere Häuser von hohen Beamten. Als nächstes stürmten die Meuterer die Kaserne einer Eliteeinheit, die 1881 im Zuge einer Heeresreform geschaffen worden war. Sehr viel besser ausgestattet und versorgt als die herkömmlichen Streitkräfte, war zur Ausbildung dieser Einheit auch ein japanischer Offizier ins Land geholt worden. Hier vermischte sich der Ärger über die eigene schlechte Behandlung mit dem Widerstand gegen ausländische Einflüsse. Die Meuterer töteten Leutnant Horimoto, den japanischen Ausbilder, und verwüsteten die Kaserne. Einmal in Fahrt, griffen sie in den Abendstunden auch die japanische Gesandtschaft an. Das Gebäude wurde angezündet, acht Japaner kamen ums Leben. Dem Gesandten Hanabusa und seinen Mitarbeitern gelang mit Mühe die Flucht nach Chemulpo. Dort fanden sie zunächst freundliche Aufnahme. Als aber koreanische Soldaten von der Garnison in Chemulpo die Japaner angriffen, flohen diese auf See. Später übernahm ein britisches Schiff Hanabusa und seine Landsleute und brachte sie nach Nagasaki in Sicherheit. Die Meuterei hatte sich zu einem internationalen Konflikt entwickelt.

Am zweiten Tag der Meuterei nahmen die randalierenden Soldaten Kontakt zum Taewon-Gun auf, der sich zwar nach außen hin von der Revolte distanzierte, zugleich aber aus dem Hintergrund das weitere Vorgehen der Rebellen steuerte. Die meuternden Truppen, denen sich inzwischen notleidende Teile der Zivilbevölkerung angeschlossen hatten, stürmten Waffenlager, befreiten Gefangene, zertörten die Häuser von Angehörigen der Min-Familie und drangen auf der Suche nach der Königin sogar in den Palast ein.

In größter Not ließ König Kojong seinen Vater rufen und übertrug ihm wieder die Regierungsgeschäfte. Der Taewon-Gun, nach neunjähriger Zwangspause an die Macht zurückgekehrt, bildete unter Ausschaltung der Min-Familie eine neue Regierung und machte die Heeresreform sowie sonstige Neuerungen in der Verwaltung rückgängig. Die Meuterer hatten ihr Ziel erreicht und streckten die Waffen. Die alte Ordnung war fürs erste wiederhergestellt, jedenfalls im Innern.

Natürlich konnte Japan den Überfall auf seine Gesandtschaft und die Ermordung seiner Staatsbürger nicht einfach auf sich beruhen lassen. Gesandter Hanabusa kehrte mit vier Kriegsschiffen zurück. Eskortiert von japanischen Soldaten begab er sich nach Hanyang, um der koreanischen Regierung Tokios Forderung nach

Schadensersatz und Bestrafung der Schuldigen zu präsentieren. Es war das erstemal seit den Mandschu-Invasionen im 17. Jahrhundert, daß ausländische Truppen in die Hauptstadt einmarschierten. Der Taewon-Gun weigerte sich, den japanischen Gesandten zu empfangen. Daraufhin stellte Hanabusa der Regierung von Choson ein Ultimatum – er werde Chemulpo beschießen lassen, sofern seine Forderungen nicht binnen drei Tagen erfüllt würden – und zog sich auf seine Kriegsschiffe zurück.

China hatte die Meuterei aufmerksam verfolgt. Es fürchtete, Japan werde die Gelegenheit nutzen, um seine Stellung in Choson weiter zu stärken. Als der koreanische Sonderbotschafter Kim Yun Shik – der mit einer Studiendelegation und zu Vertragsverhandlungen in Tientsin weilte – den für die Beziehungen zu Choson zuständigen dortigen Provinzgouverneur, Li Hung Chang, um Hilfe ersuchte, zögerte Peking keinen Augenblick, eine stattliche Kriegsflotte und 4500 Soldaten nach Choson zu entsenden.

An der Spitze dieser Truppen marschierte General Wu Chang Ching in Hanyang ein und besetzte strategisch wichtige Positionen in der Hauptstadt. Nachdem sich die Chinesen auf diese Weise militärisch etabliert hatten, ergriffen sie auch politisch die Zügel: Der Taewon-Gun wurde kurzerhand gefangengenommen und auf einem der chinesischen Kriegsschiffe entführt. Der koreanischen Bevölkerung wurde mitgeteilt, der Kaiser habe den Taewon-Gun nach China befohlen, damit er sich wegen der jüngsten Unruhen rechtfertige. Des Taewon-Gun Rückkehr an die Macht hatte nicht einmal einen Monat gedauert. Königin Min konnte wieder in den Changdok-Palast einziehen, und ihre Familie übernahm erneut die Regierung.

Dieser »Regierungswechsel auf chinesisch« offenbarte schlagartig, daß Peking seine Truppen ausschließlich zur Sicherung seiner Interessen auf der koreanischen Halbinsel geschickt hatte. Mit diesem Auftreten als Ordnungsmacht negierte China den im Vertrag von Kanghwa-Do geltend gemachten Anspruch Chosons, ein souveräner Staat im Sinne des modernen Völkerrechts zu sein. Damit die Lage in der Hauptstadt unter ihrer Kontrolle blieb, belegten die Chinesen Hanyang mit einer 3000 Mann starken Garnison. Sie übernahmen auch die Ausbildung der nunmehr nach chinesischen Vorstellungen reorganisierten Streitkräfte von Choson.

Japan hatte sich nach dem Auftauchen der Chinesen auf eine

gemäßigtere Tonart umgestellt. Was hätten die dreihundert Soldaten des Gesandten Hanabusa auch gegen die Übermacht von 4500 Chinesen ausrichten können? Die koreanische Regierung zeigte sich nun verhandlungsbereit. Tokios Forderung nach Schadensersatz und Bestrafung entsprach auch chinesischen Vorstellungen von Recht und Ordnung. Im Vertrag von Chemulpo konnte Hanabusa den Koreanern das Recht zur Stationierung »einiger« Wachsoldaten in Hanyang zum Schutz der japanischen Gesandtschaften abtrotzen. Zunächst blieben etwa zweihundert Mann von Hanabusas Militäreskorte zurück. Für ihre Unterbringung hatte die koreanische Seite zu sorgen. Außerdem gestattete die Regierung die Öffnung eines weiteren Hafens für den Handel mit Japan und stimmte der Ausweitung der Reiserechte japanischer Händler im Umkreis der vertraglich geöffneten Hafenstädte zu. Die koreanische Seite verpflichtete sich auch, die auf Geheiß des Taewon-Gun aufgestellten Mahnsteine, mit denen die Bevölkerung vor dem Kontakt mit »westlichen Barbaren« gewarnt worden war, zu zerstören. Es sagt einiges über das damalige Selbstverständnis der Japaner, daß gerade sie an diesen Steinen Anstoß genommen hatten.

Auch China ließ sich 1882 in einem »Vertrag über den Handel zu Lande und auf See« neue Rechte in Choson einräumen, die es zwar aus der weiterhin beanspruchten Oberhoheit über Korea herleitete, in ihrer Substanz aber den von Japan und den westlichen Mächten geltend gemachten kolonialen Privilegien entsprachen. So erhielten chinesische Staatsbürger das Recht, sich überall in Choson niederzulassen, Geschäfte zu betreiben und sich frei im Lande zu bewegen. Dem Ansturm japanischer Händler folgte nur sechs Jahre später eine zweite, noch größere Welle chinesischer Geschäftsleute. Die Koreaner wurden im eigenen Land wirtschaftlich immer mehr an die Wand gedrückt. Choson war militärisch, politisch und wirtschaftlich zum Spielball chinesischer und japanischer Interessen geworden. Bald würden sich weitere Mächte an dem Spiel beteiligen.

Die Amerikaner hatten 1880 erneut versucht, durch Vermittlung der Japaner Kontakt zur koreanischen Regierung aufzunehmen. Doch lehnten die Koreaner ab. Daraufhin bot China seine guten Dienste an. Li Hung Chang hatte der koreanischen Regierung als Gegengewicht zum wachsenden Einfluß Japans den Abschluß von Verträgen mit Amerika und den europäischen Mächten empfohlen und um Entsendung eines Verhandlungsbevollmächtigten gebeten.

Flottillenadmiral Robert W. Shufeldt traf im März 1882 in Tientsin ein. Die Verhandlungen wurden ausschließlich zwischen Amerikanern und Chinesen geführt, die ihrerseits die Koreaner unterrichteten. Nach zwei Monaten war ein Vertragsentwurf ausgehandelt, der den Vereinigten Staaten die Eröffnung einer Gesandtschaft in Choson gestattete und – ähnlich wie in den anderen ungleichen Verträgen – amerikanischen Staatsbürgern die Exterritorialität zubilligte. Bedeutsam war ferner die Einführung einer Meistbegünstigungsklausel für den Handels- und Zollverkehr. Lis Versuch, im Vertragsentwurf eine Klausel unterzubringen, aus der eine chinesische Oberhoheit über Korea hervorging, scheiterte am Widerstand Shufeldts, der sich jedoch bereitfand, eine an den Präsidenten der Vereinigten Staaten gerichtete Erklärung des Königs von Choson über die besonderen Beziehungen Koreas zu China entgegenzunehmen.

Der amerikanisch-koreanische Handels- und Freundschaftsvertrag wurde am 22. Mai 1882 an Bord des amerikanischen Dampfschiffs *Swatara* im Hafen von Chemulpo unterzeichnet. Der Vertrag ist bedeutsam, weil er das Grundmuster lieferte, dem die europäischen Mächte beim Abschluß entsprechender Abkommen mit dem Königreich Choson folgten. Bereits zwei Wochen später wurde ein britisch-koreanischer und am 30. Juni ein deutsch-koreanischer Vertrag unterzeichnet. Beide waren durch Vermittlung Chinas ausgehandelt worden. Doch wurden sie von den Regierungen in London und Berlin nicht akzeptiert. Washington aber ratifizierte den mit Shufeldt abgeschlossenen Vertrag und schickte zum Austausch der Ratifikationsurkunden am 19. Mai 1883 als ersten amerikanischen Gesandten General Lucius H. Foote nach Hanyang. Rangmäßig war Foote den Gesandten in Peking und Tokio gleichgestellt.

Möllendorff alias Mok In Dok

Korea hatte in seiner langen Geschichte immer nur mit seinen Nachbarn verkehrt. Für den – durch ständig neue Vertragsverhandlungen notwendig gewordenen – Umgang mit Amerikanern und Europäern fehlte es den Koreanern an Erfahrung. Deshalb bat die Regierung von Choson China um die Entsendung von Beratern. Li Hung Chang, Chinas de facto Außenminister in Tientsin, empfahl den chinesischen Diplomaten Ma Chien Chang – einen ehemaligen katholischen Priester, der zuletzt Konsul in der japanischen Hafenstadt Kobe gewesen war – sowie überraschenderweise einen Deutschen, den preußischen Juristen und Sinologen Paul Georg von Möllendorff.

Möllendorff traf im Dezember 1882 in Korea ein und blieb drei Jahre. Er wurde zeitweilig einer der einflußreichsten Berater von König Kojong und bekleidete neben anderen Funktionen das Amt eines Staatssekretärs im neugeschaffenen Außenministerium. So vertrat dieser Deutsche in koreanischen Diensten die Regierung von Choson bei Vertragsverhandlungen mit Italien, Rußland, Japan, Großbritannien und Deutschland.

Hundert Jahre nach dem Eintreffen Möllendorffs in Choson wurde in Seoul ein deutsch-koreanischer »Möllendorff-Ausschuß« ins Leben gerufen, der sich mit der Rolle dieses ungewöhnlichen Mannes und seinem Beitrag zur Modernisierung Koreas beschäftigte. Das Goethe-Institut in Seoul widmete Möllendorff im Oktober 1982 ein dreitägiges Seminar, auf dem koreanische Wissenschaftler und der deutsche Ausschußvorsitzende Walter Leifer, damals Kulturreferent an der Bonner Botschaft in Seoul, ihre Erkenntnisse über Wirken und Nachwirkung von Mok In Dok – so der koreanische Name Möllendorffs – austauschten. (Dem Vortragsmanuskript Leifers sind die meisten hier verwendeten Lebensdaten Möllendorffs entnommen.)

1847 in Zehdenick in der Uckermark geboren, hatte der junge Möllendorff an der Universität Halle Rechtswissenschaft und Sinologie studiert, bevor er 1869 nach China reiste und in den chinesischen Zolldienst eintrat, der damals unter britischer Leitung stand. Möllendorff arbeitete in Shanghai, Hankow (im heutigen Wuhan aufgegangen) und Kiukiung. 1874 wechselte er als Dolmetscher in den deutschen diplomatischen Dienst über und arbeitete in verschiedenen Konsulaten in China und in der Gesandtschaft in Peking. Nach einem Heimaturlaub 1877, bei dem er die Pfarrerstochter Rosalie Holthausen heiratete, zog er mit seiner Frau nach Tientsin, wo er am deutschen Konsulat tätig war. Dort lernte er Li Hung Chang kennen, damals einer der mächtigsten Männer Chinas. Vermutlich hat Lis Einfluß Möllendorff 1882 dazu veranlaßt, den deutschen diplomatischen Dienst zu quittieren und wieder in chinesische Dienste zu treten. Nach einer Übergangszeit in Shanghai kehrte er nach Tientsin zurück, wo er für Li Hung Chang zu arbeiten begann.

Leifer hat in den Archiven des Auswärtigen Amtes einen Bericht des deutschen Konsuls in Tientsin vom 30. November 1882 gefunden, in dem dieser Berlin über die chinesischen Pläne zur Entsendung zweier Berater nach Korea unterichtet. Für einen der beiden Posten sei der »seitherige kaiserliche Dolmetscher Herr P. G. von Möllendorff« engagiert. »Derselbe erhält seine politischen Direktiven von dem hiesigen stellvertretenden Handelssuperintendenten Li Hung-Tschang (Li Hung Chang) und dafür ist ihm auch ein Minimal-Einkommen sowie im Falle seines Todes eine entsprächende Entschädigung für seine Ehefrau zugesichert. Andererseits soll er aber auch dem Könige von Korea als Beirath in seinen Verhandlungen mit den Ausländern und bei Einführung europäischer Einrichtungen dienen.«

Möllendorff reiste mit dem Schiff nach Korea und ging am 10. Dezember 1882 im heutigen Inchon an Land. Am 26. Dezember erhielt er seine erste Audienz beim König. Das Hofprotokoll schrieb die Verwendung der chinesischen Sprache vor. Doch erwirkte der Deutsche die Erlaubnis, auch eine kurze Ansprache auf Koreanisch zu halten, das er zu erlernen begonnen hatte. Möllendorff wurde – ebenso wie der chinesische Berater – zum stellvertretenden Leiter des Auswärtigen Amtes von Choson ernannt. Die Zuständigkeit dieser Behörde erstreckte sich neben dem diplomatischen Verkehr auch auf die auswärtigen Handelsbeziehungen

Martialisches Gehabe: in Panmunjom …

… und in Seoul

und den Zolldienst. Es war eines von zwei »Superministerien«, die im Zuge der Reform des Regierungsapparats nach Entführung des Taewon-Gun geschaffen worden waren: Außenamt (Weamun) und Innenamt (Neamun).

Mit der Ernennung zum Staatssekretär, der bald darauf noch die Berufung zum Generalinspekteur des koreanischen Zolldienstes folgte, war auch die Erhebung in den zweithöchsten Rang der Beamtenhierarchie verbunden. Dementsprechend wurde Möllendorff mit dem Titel *Champan* – in Verbindung mit seinem koreanischen Namen Mok Champan – angesprochen, was ihn dem hohen Hofadel gleichstellte. Er erhielt die nach dem Hofprotokoll für seine Position vorgeschriebene koreanische Amtskleidung einschließlich kranichbesticktem Brustschild und Mandarinshut. Der König schenkte Möllendorff eine eigens für ihn errichtete, seiner hohen Stellung angemessene Residenz. Eine Urkunde vom 1. Mai 1883 machte Mok Champan zum ersten europäischen Hausbesitzer in Chosons Hauptstadt.

Wie vielseitig Möllendorff eingesetzt wurde, kann man daran erkennen, daß er im März 1884 – zu dieser Zeit hatte er seinen Posten im Außenministerium bereits aufgegeben – zum Direktor der neuen Münzprägeanstalt ernannt wurde und später mehrere Monate als Staatssekretär des Arbeitsministeriums und des Kriegsministeriums diente. Der Deutsche ergriff auf vielen anderen Gebieten Initiativen. So schlug er eine Schulreform vor, deren Ziel es war, für die damals schätzungsweise zehn Millionen Einwohner Koreas 800 Volksschulen, 24 Mittelschulen und eine Reihe von höheren Fachschulen einzurichten. Die chinesische Schrift sollte im Schulunterricht vollständig abgeschafft und durch das koreanische Hangul-Alphabet ersetzt werden. Auch für die Modernisierung der Finanzverwaltung, des Rechtswesens und verschiedener Bereiche der Wirtschaft legte Möllendorff Reformvorschläge vor und holte ausländische Fachleute für Seidenraupenzucht und landwirtschaftliche Anbaumethoden, für die industrielle Herstellung von Glas, Keramik und Porzellan sowie für den Aufbau eines modernen Münzwesens ins Land.

Eines der ersten diplomatischen Ereignisse nach seinem Amtsantritt war die Ratifizierung des amerikanisch-koreanischen Vertrags. Im Juni unterzeichneten die Italiener ihren Vertrag mit Korea, einen Monat später die Russen. Das Zarenreich hatte seinen

Gesandten in Peking, Karl Waeber, zu den Verhandlungen nach Choson geschickt. Er sollte dort später noch eine Rolle spielen. Viel Mühe mußte Möllendorff darauf verwenden, die Japaner zum Verzicht auf die ihnen 1876 im Vertrag von Kanghwa-Do zugestandene Zollfreiheit für ihre Waren zu bewegen. Das neue Abkommen mit Japan wurde im Juli 1883 abgeschlossen und trat im November in Kraft. Zur Unterzeichnung des deutschen Vertrags mit Korea am 26. November – am selben Tag unterschrieben auch die Briten – kam Eduard Zappe, Generalkonsul in Yokohama, mit der kaiserlichen Korvette *Leipzig* aus Japan herüber.

Mit dem Austausch der Ratifikationsurkunden – zugleich die erste Amtshandlung von Kapitän zur See Zembsch als Generalkonsul des Deutschen Reichs in Choson – trat der deutsch-koreanische Handels- und Freundschaftsvertrag am 18. November 1884 in Kraft. Gegenüber dem ursprünglichen Vertragsentwurf von 1882 sah er vor allem niedrigere Zollsätze vor, wovon – dank der Meistbegünstigungsklausel – auch die Amerikaner profitierten. Das Königreich Choson entsandte zunächst keinen Vertreter nach Berlin.

In der »Ära Möllendorff« wurde auch mehrfach mit Frankreich verhandelt. Allerdings gab es Schwierigkeiten wegen der illegal in Korea tätigen Patres. Paris wollte für sie die Missionsfreiheit durchdrücken, die Regierung von Choson war dazu unter keinen Umständen bereit. Man einigte sich erst 1886 auf einen Vertrag, wobei die Koreaner in diesem Punkt unnachgiebig blieben.

Möllendorff geriet 1884 beim sogenannten Kapshin-Putsch (Kapshin Chongbyon, Kapshin ist die Jahresbezeichnung für 1884) auch in den Strudel der innenpolitischen Auseinandersetzungen. Der Kapshin-Putsch – sein genauer Ablauf, seine Bedeutung, die Rolle der einzelnen Verschwörer und besonders Art und Ausmaß der japanischen Beteiligung – ist noch immer sehr umstritten. Das hängt vor allem mit dem Mangel an zuverlässigen Quellen zusammen, weshalb einer detaillierten, aber parteiischen Darstellung vielfach mehr Glauben geschenkt wird, als sie bisweilen verdient, nämlich der von Mitverschwörer Kim Ok Kyun im japanischen Exil verfaßten »Kapshin-Chronik«. Um ein ausgewogeneres Bild bemühen sich eine Untersuchung des amerikanischen Historikers und Koreaspezialisten Harold F. Cook sowie ein Gemeinschaftswerk der politischen Wissenschaftler und Koreaexperten C. I. Eugene Kim und Han-Kyo Kim.

Ein Bankett des Postministers, eines der Verschwörer, war der Auftakt zu dem Massaker, mit dem die chinatreuen Regierungsmitglieder aus dem Weg geräumt werden sollten. Kim Ok Kyun und Pak Yong Hyo, beide enge Berater von König Kojong, bemächtigten sich unter einem Vorwand des Herrscherpaares und forderten im Namen des Königs die unverzügliche Rückführung des Taewon-Gun und die Beendigung des Tributverhältnisses zu China. Statt dessen beendeten die Chinesen den Traum vom unabhängigen Choson mit Waffengewalt. Die Japaner mußten wiederum ihr Heil in der Flucht suchen, und mit ihnen setzten sich auch die führenden Köpfe der Verschwörung nach Japan ab.

Die »Verschwörer« des Kapshin-Putsches bildeten den aktiven Kern einer Reformbewegung, die allgemein unter dem Sammelbegriff *Kaehwa-Dang* bekannt ist, was soviel wie Öffnungs- oder Aufklärungspartei bedeutet, aber auch als Fortschrittspartei übersetzt wird. Ihre Anhänger wollten Korea schnell und tiefgreifend modernisieren – wie es Japan seit der Meiji-Restauration von 1868 vorgeführt hatte – und damit zugleich seine staatliche Unabhängigkeit sichern. Sie sahen ihre Gegner in China, dessen Bevormundung sie abschütteln wollten, und in der die Regierung beherrschenden Familie von Königin Min. Zwar betrieben auch die Mins eine begrenzte Reformpolitik, aber sie richteten sich dabei ganz nach dem traditionellen Vorbild China, auf dessen Wohlwollen ihre Regierung seit dem Sommer 1882 angewiesen war.

Die Kaehwa-Reformer fanden Verständnis und auch Unterstützung bei König Kojong, soweit dessen begrenzte Macht oder Entschlossenheit reichte. So schickte Kojong viele der späteren Führer dieser Reformbewegung zu ausgedehnten Studienaufenthalten oder in offizieller Mission nach Japan. Einige ihrer Reformvorschläge konnten auch mit Unterstützung des Königs verwirklicht werden. Dazu gehörte der Aufbau eines modernen Postwesens ebenso wie die Einrichtung eines Kultur- und Informationsamts der Regierung. Dieses Amt gab ab Oktober 1883 dreimal monatlich die *Hansong Sunbo* heraus (Hansong Zehntageszeitung). Darin konnten Kim Ok Kyun und andere für ihre Reformideen werben. Die *Hansong Sunbo* war die erste regelmäßig erscheinende Zeitung Koreas, wurde allerdings nach dem Kapshin-Putsch sofort verboten. Eine nach japanischen Ausbildungsmethoden aufgestellte Truppeneinheit mußte auf Einspruch der Mins schon lange vor dem Putsch wieder aufgelöst werden.

In der von der Min-Sippe beherrschten Regierung blieben die Kaehwa-Reformer eine schwache Minderheit. In der allgemeinen Öffentlichkeit fanden ihre radikal wirkenden Vorstellungen noch wenig Verständnis. Ohne ausreichende eigene Machtbasis im Lande suchten Kim und seine Freunde daher Unterstützung im Ausland. Amerika, von König Kojong mehrfach um Entsendung von politischen Beratern und militärischen Ausbildern gebeten, war nicht interessiert. Zu Europa bestanden kaum noch Beziehungen, China kam nicht in Frage, also blieb nur Japan.

Das Verhältnis der Kaehwa-Reformer zu Japan war komplex. Kim Ok Kyun und seine Freunde hielten engen Kontakt zu Fukuzawa Yukichi, einem der bedeutendsten Meiji-Reformer außerhalb der Regierung. Fukuzawa hat den Koreanern viele Anregungen gegeben und ihnen außerdem materiell geholfen, auch bei den Putschvorbereitungen. Über die durch andere Quellen belegte, offenbar recht beachtliche materielle Hilfe schreibt Kim Ok Kyun in seiner Chronik kein Wort. Fukuzawa verfolgte mit seiner Hilfe aber andere Absichten als Kim Ok Kyun. Die Modernisierung Koreas und seine Befreiung von chinesischer Bevormundung waren für Fukuzawa kein Selbstzweck. Sie sollten vielmehr Japan dienen, seine Macht und seinen Einfluß in Asien stärken. Fukuzawa half also nicht aus asiatischer Solidarität, sondern als japanischer Nationalist. Kim und seine Freunde haben das wohl nicht ganz durchschaut.

Es ist üblich, den Kapshin-Putsch einfach als ein gescheitertes oder gar als von vornherein zum Scheitern verurteiltes Unternehmen einzustufen. Das ist kaum gerechtfertigt. Es war nicht selbstverständlich, daß die Chinesen so unverfroren sein würden, in den koreanischen Königspalast einzudringen, auf die japanischen Wachsoldaten zu schießen und den König zeitweilig gefangenzunehmen. Die Verschwörer und Takezoe, Japans Gesandter in Hanyang, der sich eigenmächtig an dem Unternehmen beteiligte, hatten nicht völlig abwegig darauf spekuliert, daß China wegen seiner Auseinandersetzungen mit Frankreich um Annam / Vietnam davor zurückscheuen würde, in Korea einen weiteren Konflikt, diesmal mit Japan, zu riskieren. Immerhin ist es den Verschwörern gelungen, sechs von sieben Zielpersonen ihrer Attentatsliste umzubringen. Insgesamt hatten die Putschisten also eine beachtliche »Erfolgsquote« aufzuweisen.

Man hat die Putschisten auch als Außenseiter abqualifiziert oder ihnen vorgeworfen, sie hätten es versäumt, sich eine Massenbasis aufzubauen. Von Außenseitern kann angesichts ihrer hohen Positionen und der wohlwollenden Förderung durch König Kojong überhaupt keine Rede sein. Gegenüber der herrschenden Min-Sippe waren sie natürlich eine Minderheit. Dennoch wurde ihr Putsch ja nicht von den Min niedergeschlagen, sondern von den Chinesen. Und was die fehlende Massenbasis anging, so verfügte die – wegen Korruption und Willkür verhaßte – Min-Regierung bestimmt nicht über breite Unterstützung in der Bevölkerung. Doch das Schicksal Chosons wurde nicht mehr von Koreanern entschieden, sondern von Chinesen und Japanern. Und diesmal hatten die Chinesen noch die stärkeren Bataillone.

Nachdem Yüan Shih Kai mit seinen Soldaten dem Putsch ein rasches Ende bereitet hatte, wurden die Putschisten im Namen des Königs zu Hochverrätern erklärt. Kojong war – ob der Macht oder seinem Gewissen folgend, ist nicht bezeugt – wieder voll auf die chinesische Linie eingeschwenkt.

Nun folgte die diplomatische Abrechnung des Zwischenfalls. Die von den Chinesen wiedereingesetzte Min-Regierung beschuldigte Japan der Einmischung in ihre internen Angelegenheiten und verlangte, daß Gesandter Takezoe zur Rechenschaft gezogen und die nach Japan geflohenen Putschisten an Korea ausgeliefert werden, damit sie dort vor Gericht gestellt werden könnten. Tokio verweigerte beides und forderte seinerseits Entschädigung für die Hinterbliebenen der nach Niederschlagung des Putsches von aufgebrachten Koreanern getöteten Japaner und für die Zerstörung des japanischen Gesandtschaftsgebäudes. Außenminister Inoue Kaoru fuhr persönlich nach Choson und brachte, um Tokios Forderungen Nachdruck zu verleihen, zwei Bataillone japanischer Infanteristen mit. Sie landeten in Chemulpo und marschierten mit Inoue nach Hanyang. In dem nach nur einer Woche im Januar 1885 abgeschlossenen Vertrag von Hansong mußte Choson nicht nur Schadensersatz und die Bestrafung der Schuldigen versprechen, sondern obendrein die Kosten für Bau und Unterhalt einer Kaserne für 1000 japanische Wachsoldaten übernehmen – damit wurde eine entsprechende Erhöhung der japanischen Stationierungstruppen zugestanden – und sich außerdem bei Japan entschuldigen. Die Auslieferung von Kim Ok Kyun und seinen Freunden wurde von Inoue erneut abgelehnt.

Inmitten von Gerüchten, es könnte zwischen Japan und China in Korea zum Krieg kommen, reiste der japanische Ministerpräsident Ito Hirobumi zu schwierigen Verhandlungen nach China und vereinbarte mit Li Hung Chang im April 1885 den Vertrag von Tientsin. Darin kamen beide Länder überein, ihre Truppen und militärischen Ausbilder aus Choson zurückzuziehen, und sich gegenseitig zu informieren, falls eine der Vertragsparteien die erneute Entsendung von Soldaten nach Korea für notwendig erachten sollte. Der Regierung von Choson wurde nahegelegt, zur Modernisierung ihrer Streitkräfte ausländische Militärberater einzuladen, die aber weder Japaner noch Chinesen sein sollten. Alles in allem hatte Japan seine höchst anfechtbare Verwicklung in den Kapshin-Putsch in einen beachtlichen diplomatischen Erfolg umgemünzt. Der Vertrag von Tientsin stellte militärisch den vor der Meuterei vom Juli 1882 bestehenden Zustand wieder her. Korea aber wurde durch diesen Vertrag zum bloßen Objekt konkurrierender Interessen von Japan und China reduziert.

Auch Möllendorff wurde in die diplomatische Abwicklung des Kapshin-Putsches hineingezogen. Er erhielt zusammen mit einem hochrangigen koreanischen Beamten den Auftrag, zur Erfüllung der im Vertrag von Hansong übernommenen Verpflichtungen eine »Entschuldigungsgesandtschaft« nach Tokio zu leiten. Man stelle sich das einmal vor: ein ursprünglich von den Chinesen in Dienst genommener Deutscher reiste nach Japan, um sich dort im Namen der Regierung von Choson zu entschuldigen.

Es waren schließlich Möllendorffs Kontakte zu den Russen, die zum abrupten Ende seiner ungewöhnlichen Tätigkeit in Korea führten. Das Zarenreich hatte nach dem Inkrafttreten des russisch-koreanischen Vertrags im Jahre 1884 seinen bisher in Peking stationierten Gesandten, den schon genannten Karl Waeber, nach Hanyang geschickt und damit zugleich das große Interesse des Zaren an Korea demonstriert. Waeber bemühte sich von Anfang an und mit wachsendem Erfolg um gute Kontakte zum Königshof. Er empfahl den Koreanern das Zarenreich als Gegengewicht zu dem überhandnehmenden Einfluß Japans und Chinas. Waebers Chance schien gekommen zu sein, als der Vertrag von Tientsin der

Regierung von Choson nahelegte, ausländische Militärberater zu berufen, die weder Japaner noch Chinesen waren. Warum sollten es keine Russen sein? Tatsächlich hatte Möllendorff schon seit Ende 1884 im Auftrag des Königs geheime Gespräche mit Waeber geführt und später während seiner Japanreise die Kontakte zu den Russen fortgesetzt.

Die verstärkten Aktivitäten Rußlands hatten noch eine andere europäische Macht auf den Plan gerufen: Großbritannien. In kolonialer Selbstherrlichkeit besetzte die britische Marine im April 1885 ohne jeden Rechtstitel drei Inseln vor der Südküste Koreas – die von den Koreanern Komun-Do genannt werden, aber auch unter dem Namen des englischen Stützpunkts als Port Hamilton bekannt sind – und begann, dort Befestigungen anzulegen sowie Küstenbatterien zu installieren. Die strategische Bedeutung der auf halbem Wege zwischen der Küste und Cheju-Do gelegenen Inseln bestand darin, daß man von dort aus allen von Osten kommenden Schiffen den Zugang zur Westküste Koreas und damit auch zum Chinesischen Meer verwehren konnte. Die Russen erfaßten die Situation sofort. Ihr Gesandter Waeber protestierte unverzüglich und drohte, falls sich herausstellen sollte, daß die Engländer mit dem stillen Einverständnis Chinas gehandelt hätten, werde Rußland im Gegenzug nicht näher bezeichnetes koreanisches Gebiet besetzen. Auch Choson protestierte.

Nur zögernd brachte China als Vermittler Rußland und England an den Verhandlungstisch. Mühsam schleppten sich die Gespräche hin. Erst als die Russen den Grundsatz akzeptierten, daß es keinem anderen Land gestattet sei, koreanisches Gebiet zu besetzen, fanden sich die Briten bereit, Komun-Do zu räumen. Doch ließen sie sich dazu bis 1887 Zeit. London war es gelungen, den russischen Ambitionen in Choson einen Riegel vorzuschieben. Auch bei diesen Verhandlungen war Korea wieder nur Objekt ausländischer Interessengegensätze gewesen.

Der Streit um die Komun-Inseln hatte die allgemeine Aufmerksamkeit erstmals auf die russischen Aktivitäten in Korea gelenkt. Möllendorffs Geheimverhandlungen kamen ins Gerede. Abgesehen von den Befürchtungen, daß man Rußland womöglich allzu große Zugeständnisse gemacht habe, regte sich innerhalb der Regierung auch Widerstand gegen das Verfahren der Gespräche. Besonders Kim Yun Shik, der zuständige Außenminister, fühlte sich übergangen und mobilisierte andere Regierungsmitglieder und sogar das diplomatische Korps. Schließlich sah sich König Kojong genötigt, sich von dem ursprünglich von ihm selber gutgeheißenen Unternehmen zu distanzieren. Vermutlich auf Veranlassung, zumindest mit dem Einverständnis Chinas verlangte die Regierung nun Möllendorffs Abberufung. Die Chinesen kamen diesem Begehren bereitwillig nach. Es konnte ihnen nicht gleichgültig sein, daß der zur Wahrung ihrer Interessen nach Choson entsandte Deutsche sich mit den Russen zusammengetan hatte, um ein Gegengewicht zu dem Einfluß Chinas (und Japans) zu schaffen. Möllendorff hatte ihr Vertrauen verloren. Am 25. November 1885 verließ nach fast genau drei Jahren der erste westliche Berater der Regierung von Choson die koreanische Hauptstadt unter nicht gerade glücklichen Umständen und kehrte nach Tientsin zurück, dem Ausgangspunkt seines koreanischen Abenteuers.

Möllendorff hat, von einigen Reisen abgesehen, den Rest seines Lebens in China verbracht und ist dort 1901 in Ningbo gestorben, wo er wieder im Zolldienst tätig war. Er hinterließ eine Vielzahl wissenschaftlicher Arbeiten. Die Nationalbibliothek in Peking (Beijing) hat sie in einem 1932 veröffentlichten Katalog erfaßt. Zwei Jahre vorher war in Deutschland Möllendorffs Biographie erschienen, verfaßt von der Witwe Rosalie unter Auswertung seiner Briefe und Tagebücher. Die Tagebücher, die in der Deutschen Staatsbibliothek in Berlin aufbewahrt wurden, sind im Zweiten Weltkrieg verlorengegangen.

Der Tonghak-Aufstand führt zum Krieg um Korea

Als Ersatz für Möllendorff schickte China den früheren amerikanischen Konsul Owen N. Denny nach Hanyang. Aber auch er schwenkte bald auf einen prorussischen Kurs ein. Von zweifelhaftem Nutzen für China war Li Hung Changs Entscheidung, den drei Jahre vorher entführten Taewon-Gun im Herbst 1885 nach Choson zurückkehren zu lassen: gegen den energischen Widerstand von Königin Min und ihrer Sippe.

Den Chinesen ging es kaum mehr darum, was die Koreaner wollten. Sie trachteten ihren eigenen Willen in Korea durchzusetzen. Eine wesentliche Rolle spielte dabei Yüan Shih Kai, der neue Generalbevollmächtigte für die Wahrnehmung der politischen und wirtschaftlichen Interessen Chinas in Choson, dem man bewußt nicht den Titel eines Gesandten gegeben hatte, um seine Stellung gegenüber den anderen ausländischen Diplomaten herauszuheben. Yüan, bei seiner Ernennung erst 26 Jahre alt und zuvor schon als Truppenkommandeur unter General Wu in Korea hervorgetreten, sollte später in China vorübergehend ins Rampenlicht der Geschichte treten: Nach dem Sturz der Mandschu-Dynastie wurde er 1912 erster Staatspräsident der Republik China, versuchte dann allerdings, die Monarchie wiederherzustellen und rief sich selber am 1. Januar 1916 unter dem Namen Hung Hsien zum Kaiser von China aus. Der neue Kaiser erlebte bereits nach 83 Tagen seinen Sturz und ist noch im selben Jahr gestorben.

In Korea hat Yüan Shih Kai sehr viel nachhaltiger gewirkt. Von 1885 bis 1894 herrschte er in Choson wie der Hochkommissar einer Kolonialmacht oder – in den Worten von C. I. Eugene Kim und Han-Kyo Kim – wie ein »chinesischer Vizekönig von Korea«. Im ersten Jahr auf seinem neuen Posten versuchte Yüan sogar, König Kojong mit Gewalt zu stürzen. Der Anlaß war die Aufdekkung frischer Kontakte zu den Russen. Daraufhin veranlaßte Yüan Shih Kai die Regierung von Choson zu einer Mitteilung an alle ausländischen Gesandten, daß koreanische Schriftstücke ohne Stempel des Außenministeriums hinfort gegenstandslos seien. Außenminister war der zum prochinesischen Flügel zählende Kim Yun Shik.

Es glückte Rußland erst 1888, einen Handelsvertrag mit dem Königreich Choson abzuschließen. Der Vertrag öffnete den Russen den Hafen von Kyonghung am Grenzfluß Tumen. Die Russen konnten dort eine Siedlung mit exterritorialem Status errichten und erhielten unbegrenzte Verkehrsrechte auf dem Fluß. In bestimmten Grenzgebieten am oberen Yalu wurde ihnen Holz zu schlagen gestattet. Weitergehende Wünsche nach Anlaufrechten zur Versorgung russischer Schiffe in Wonsan an der Ostküste sowie einer Insel in der Nähe von Pusan scheiterten am chinesischen Widerstand.

Als Choson 1887 seinen ersten permanenten Gesandten nach Japan schickte, warnte Yüan Shih Kai König Kojong, daß wichtige außenpolitische Entscheidungen der vorherigen Zustimmung durch Li Hung Chang – Chinas de facto Außenminister – bedürften. Beim nächsten Gesandten, diesmal nach Amerika, verhinderte Yüan mangels chinesischer Genehmigung bereits die Abreise. Notgedrungen bat Choson nun China um Erlaubnis, in Amerika und in Europa koreanische Gesandtschaften zu unterhalten. Sie wurde nur unter schwerwiegenden Auflagen erteilt: die Koreaner sollten sich vor Ort als erstes beim Vertreter Chinas melden, diesem bei diplomatischen Empfängen den Vortritt lassen und wichtige Fragen zuerst mit ihm besprechen. Als Pak Chong Yang, Chosons erster Gesandter in Washington, sich nicht um diese Regeln kümmerte, hielten die Chinesen seinen für Europa bestimmten Kollegen in Hongkong fest und machten ihm soviel Ärger, daß der Mann es vorzog, wieder umzukehren. So blieb Korea wegen chinesischer Einmischung weiterhin ohne diplomatische Vertretung in Europa. Der Vorgang erregte ein solches Aufsehen, daß das Diplomatische Korps in Hanyang bei der chinesischen Regierung protestierte und die Abberufung von Yüan Shih Kai verlangte. Aber Li Hung Chang dachte nicht im entferntesten daran, auf seinen forschen Vertreter in Choson zu verzichten. Den Japanern sollte es viele Jahre später gelingen, Yüan abzuschieben. Aber dazu mußten sie erst einen Krieg gegen China gewinnen.

Auf wirtschaftlichem Gebiet gelang es den Chinesen, ihre Position in Korea kräftig auszubauen, vor allem zu Lasten der Japaner. Japan und China waren bei weitem die wichtigsten Warenlieferanten Koreas. Wenn man die Gesamtexporte der beiden Länder nach Korea gleich hundert setzt, so stieg der chinesische Anteil zwischen 1885 und 1892 von 19 auf 45 Prozent und der japanische ging von 81 auf 55 Prozent zurück. Während bei den Einfuhren Koreas Japan und China bis 1893 mit 50 und 49 Prozent praktisch gleichgezogen hatten, nahm Japan bei der Ausfuhr eine dominierende Stellung ein. 1893 gingen 91 Prozent der koreanischen Exporte nach Japan und nur 8 Prozent nach China. Diese Zahlen belegen auch, wie gering der Anteil anderer Länder am Koreahandel zu jener Zeit war. Nur Rußland spielte mit rund einem Prozent in beiden Richtungen überhaupt eine Rolle. Indirekt aber waren europäische Länder durchaus beteiligt. So stellten britische Stoffe anfangs den Löwenanteil der koreanischen Einfuhren dar: doch sie wurden von chinesischen oder japanischen Händlern eingeführt, die ihre Ware von britischen Lieferanten in Shanghai bezogen.

Wertmäßig war Gold der wichtigste Exportartikel Koreas, gefolgt von Reis und anderen landwirtschaftlichen Erzeugnissen. Japan war der größte Abnehmer von Gold und Getreide. Der Goldexport unterlag in Korea damals keinen Beschränkungen, was sich die Japaner zunehmend zunutze machten. Korea leistete einen bedeutenden Beitrag zur Finanzierung der japanischen Wirtschaftsreform, sehr zum eigenen Schaden.

Wie geschwächt Japans Stellung in Korea seit dem gescheiterten Putsch von 1884 politisch war, zeigte ein Streit um japanische Schadenersatzforderungen aus einem Exportembargo für Sojabohnen. Erst nachdem Tokio Peking um Hilfe gebeten hatte, erkannte die Regierung von Choson die japanischen Forderungen an.

Der Streit beleuchtete zugleich ein Problem, daß den Koreanern immer mehr zu schaffen machte: das Aufkaufen ganzer Ernten durch japanische Händler. Außer Sojabohnen ging es hauptsächlich um Reis. Gegen Übereignung zukünftiger Ernten gewährten die Händler den Bauern Kredit und kassierten dafür zusätzlich hohe Zinsen. Die zwangsläufigen Folgen waren: weitere Verarmung der Bauern und Verknappung des für die Versorgung der koreanischen Bevölkerung verfügbaren Getreides. Ausfuhrverbote allein konnten das Problem nicht lösen.

Die Lage spitzte sich besonders in der Südwestprovinz Cholla gefährlich zu, als diese Kornkammer Chosons 1888 und 1889 von einer schweren Dürrekatastrophe heimgesucht wurde. Die Verschlechterung der Zahlungsfähigkeit der Bauern von Cholla-Do bescherte den Staatsfinanzen herbe Einbußen. Die Regierung antwortete mit verschärfter Steuereintreibung.

Cholla-Do war – zusammen mit den angrenzenden Provinzen Chungchong und Kyongsang – das Zentrum der religiösen Tonghak-Bewegung, die unter ihrem neuen Führer Choe Shi Hyong ein gut organisiertes Gemeindenetz aufgebaut hatte. Viele Tonghak-Anhänger waren Bauern.

Als der Gouverneur von Chungchong-Do 1892 gegen die Bewegung vorging, kam es zu zahlreichen Protestversammlungen, die bald auch auf Cholla-Do übergriffen. Die erste größere Kundgebung fand im Dezember 1892 in Samnye statt. Die mehreren Tausend Teilnehmer verlangten eine Einstellung der Verfolgung und die Rehabilitierung des Tonghak-Begründers. Unter dem Eindruck dieser mächtigen Demonstration stellten die Behörden die Verfolgung ein und verwiesen die Beschwerdeführer an den König. Am 1. April 1893 erließ König Kojong ein Dekret, in dem er die Tonghak-Führer unter Androhung der Todesstrafe aufforderte, ihren Irrglauben aufzugeben und wieder die Lehren des Konfuzianismus zu befolgen.

Daraufhin beriefen die Tonghak-Führer eine Versammlung ihrer Anhänger nach Poun in der Provinz Chungchong ein. Es kamen über 20000 Menschen – für eine ländliche Versammlung in damaliger Zeit eine ungeheure Zahl. Ein militanter Flügel verlangte, für die Durchsetzung der Forderungen zu kämpfen: es reiche nicht mehr aus, sich auf religiöse Ziele zu beschränken. Die Ausbeutung der Bauern müsse beendet, korrupte Beamte sollten zur Rechenschaft gezogen und die Kontakte mit dem Ausland abgebrochen werden. In Poun erscholl nun auch der Ruf nach »Vertreibung der japanischen und westlichen Eindringlinge«.

Einer der Sprecher des militanten Flügels war Chon Pong Jun aus Kobu in Cholla-Do. Er entstammte einer verarmten Yangban-Familie, hatte viele Schriften der Shilhak-Gelehrten gelesen und sympathisierte mit manchen Ideen der Kaehwa-Reformer. Als Vorsteher der Tonghak-Gemeinde von Kobu war er der Sprecher der Bauern in den Auseinandersetzungen mit dem Landrat. Chon Pong Jun organisierte etwa 1000 Bauern aus der Umgebung zu einer Kampfgruppe und marschierte mit ihnen im Februar 1894 in der Kreisstadt Kobu ein. Das Bauernheer besetzte das Landratsamt, stürmte das Zeughaus und verteilte den Reis aus den öffentlichen Speichern an die Bevölkerung. Schließlich nahmen die Bauern einige Beamte gefangen. Der Landrat hatte rechtzeitig entkommen können. Nachdem sie sich auf diese Weise Genugtuung verschafft hatten, kehrten die Bauern wieder in ihre Dörfer zurück.

Aufgeschreckt durch die Nachricht von diesem Bauernaufstand, schickte die Regierung einen Vertreter nach Kobu, der den Vorfall untersuchen sollte. Ihm fiel nichts Besseres ein, als eine Liste von Tonghak-Anhängern anfertigen und einige der Leute hinrichten zu lassen. Für die Ursachen der Unzufriedenheit interessierte sich der Abgesandte der Regierung nicht. Chon Pong Jun brachte dieses Vorgehen die letzte Gewißheit, daß von der Regierung keine Gerechtigkeit zu erwarten war. Die Bauern mußten sich selber helfen. Er sandte Grußbotschaften an die Tonghak-Gemeinden in der Umgebung und forderte sie auf, sich in Kobu zu versammeln, um gemeinsame Aktionen zu planen. Und viele Tausende kamen. Der Tonghak-Aufstand von 1894 – nach der koreanischen Jahresbezeichnung des Mondkalenders auch »Kabo-Bauernkrieg« genannt – hat einen Prozeß ausgelöst, der Korea schließlich in die dunkelste Periode seiner Geschichte stürzte, die japanische Kolonialherrschaft.

Nördlich von Kobu schlugen die Aufständischen auf dem Paek-San ihr Lager auf. Chon Pong Jun wurde zum obersten Anführer gewählt. Auf seiner Fahne stand der Wahlspruch *Poguk Anmin,* etwa »Rettet das Reich, sorgt für das Volk«. Damit war der ganze Anspruch dieser Bewegung schlagwortartig zusammengefaßt. »Das Volk ist die Wurzel des Reiches. Wenn die Wurzel verdorrt, wird das Reich vergehen«, hatte Chon in einem Aufruf formuliert.

Das Tonghak-Heer setzte sich nach Süden in Bewegung und eroberte eine Kreisstadt nach der anderen. Wie Chon Pong Jun es schon im Februar in Kobu gemacht hatte, holte man sich überall die Waffen aus den Zeughäusern und verteilte den Reis aus den öffentlichen Speichern. Mit jedem Sieg nahm die Zahl der Kämpfer zu. Das Bauernheer war auf über 10000 Mann angeschwollen, als die Regierungstruppen die Aufständischen zum großen Gefecht stellten. Doch das Bauernheer erwies sich als stärker. Durch diesen Sieg ermutigt, marschierten die Aufständischen nach Chonju. Am 31. Mai 1894 zogen sie in die Provinzhauptstadt ein.

Niemand, so schien es, konnte das Tonghak-Heer mehr aufhalten. Der Aufstand hatte bereits auf die Nachbarprovinzen Chungchong und Kyongsang übergegriffen.

Für die Regierung war die Eroberung einer ihrer Provinzhauptstädte ein äußerst bedrohlicher Vorgang. Hinzu kam, daß Chonju eines jener vier königlichen Archive beherbergte, in denen die Annalen der Yi-Dynastie aufbewahrt wurden. Stammten doch die Vorfahren der Yi-Könige ursprünglich aus dieser Stadt, bevor sie nach Hamhung im Norden Koreas übergesiedelt waren. Zur Unterscheidung von den vielen anderen Familien des Namens Yi heißt das Königshaus Yi von Chonju. Daß gerade diese Stadt in den Händen von Aufständischen war, hat vielleicht den König zum Einlenken bewogen: Er ließ den Provinzgouverneur absetzen, den Landrat von Kobu verhaften und versprach, korrupte Beamte zu entfernen und alle Beschwerden der Einwohner von Cholla-Do gewissenhaft zu prüfen. Auf solches Zuckerbrot folgte bald die Peitsche: Die Stadt wurde von Regierungstruppen umzingelt und beschossen. Die Aufständischen erlitten schwere Verluste, auch gelang es ihnen nicht, die Belagerungstruppen zu vertreiben. So einigte man sich schließlich auf einen Waffenstillstand. Ohne größere Zwischenfälle zogen die Aufständischen ab, lösten die Kampfverbände auf und kehrten – unbehelligt von den Regierungstruppen – in ihre Dörfer zurück.

Die Aufständischen hatten zwar ihre Waffen niedergelegt, aber sie warteten nicht untätig ab, ob die königlichen Versprechen erfüllt würden oder nicht. Sie gingen sofort daran, in allen 53 Kreisen der Provinz Cholla Ortsausschüsse zur Abstellung von Mißständen zu bilden. Diese Ausschüsse waren mit Tonghak-Anhängern besetzt und sollten den Landräten Empfehlungen geben. Als Dachorgan diente ein entsprechender Ausschuß in Chonju, der von Chon Pong Jun geleitet wurde und wohl dem Provinzgouverneur beigeordnet war. Die wirkliche Natur dieser Ausschüsse und ihre Kompetenzen sind unter Historikern umstritten.

Überliefert ist aber ein Zwölfpunkteprogramm, das den Tonghak-Anhängern als Richtschnur für die von ihnen geforderte Umgestaltung der Gesellschaft diente und das der Regierungsseite offenbar im Verlauf der Waffenstillstandsverhandlungen in Chonju mitgeteilt worden ist. Daß die Regierung die Verwirklichung all dieser Forderungen zugesagt haben soll, wie der Tonghak-Anhänger O Chi Yong in seiner »Tonghak-Geschichte« geltend macht, ist schwer vorstellbar. Das Programm umfaßte folgende Einzelforderungen (zit. n. Ki-Baik Lee):

1. Beseitigung des Mißtrauens zwischen Regierung und Provinzbewohnern und Zusammenarbeit bei Verwaltungsfragen, 2. Genaue Untersuchung und strenge Bestrafung der Verfehlungen korrupter Beamter, 3. Strenge Bestrafung Wohlhabender, die ihren Reichtum durch Erpressung und Gewalt erworben haben, 4. Bestrafung ungehörigen Benehmens von Yangban und Anwärtern, 5. Verbrennen der Sklavenregister, 6. Verbesserung der Behandlung von Angehörigen der sieben verachteten Berufe und Abschaffung der Pyongyang-Hüte als Kopfbedeckung der Geächteten, 7. Erlaubnis der Wiederheirat für junge Witwen, 8. Abschaffung aller nicht ausdrücklich zugelassenen Steuern und Abgaben, 9. Beendigung der Einstellung von Beamten nach regionaler Herkunft oder Parteizugehörigkeit und Förderung der Begabten, 10. Schwere Bestrafung aller Leute, die heimlich mit auswärtigen Banditen in Verbindung stehen, 11. Erlaß aller gegenüber öffentlichen oder privaten Stellen bestehenden Schulden, 12. Gleichmäßige Verteilung des Bodens.

Daß die Regierung über diesen Forderungskatalog zutiefst beunruhigt war, versteht sich von selbst. Von den Bauern und anderen benachteiligten Schichten wurden die Reformpläne und die konkreten Erfolge der Tonghak-Bewegung in Cholla-Do mit großer Begeisterung aufgenommen. Die Nachrichten darüber drangen über die Zentralprovinzen Kyonggi, Kangwon und Hwanghae bis in den hohen Norden nach Pyongan-Do und Hamgyong-Do vor. Überall in Choson erscholl der Ruf nach ähnlichen Reformen. Die Tonghak-Bewegung war drauf und dran, eine das ganze Land erfassende mächtige Strömung hervorzurufen, die das Zeug zu einer regelrechten Revolution hatte.

Wann man in der Hauptstadt Kenntnis von dem Zwölfpunkteprogramm von Chonju erhielt, ist nicht genau bekannt. Zweifellos hatte die Regierung eine Vorstellung von dem, was sich da im Süden des Landes zusammenbraute: Bereits am 1. Juni 1894, ersuchte sie – zunächst formlos in einem Gespräch mit Yüan Shih Kai, zwei Tage später auch schriftlich – China um Hilfe. Gegen die Warnungen vieler Stimmen in der Regierung entschied sich der König für den traditionellen Ausweg aus der Krise. Diese Entscheidung macht deutlich, daß Kojong, als er zur gleichen Zeit auf einige Forderungen der Tonghak-Führer von Cholla-Do einging, nicht wirklich zu einer Verständigung mit den Aufständischen kommen wollte, sondern taktiert hatte, um Zeit bis zum Eintreffen der Chinesen zu gewinnen.

Der Hilferuf aus Korea wurde von China nur zu gerne erhört. Er bot dem Reich der Mitte eine willkommene Gelegenheit, die beanspruchte Oberhoheit durch einen militärischen Einsatz zu untermauern. Peking entsandte zunächst 1500 Soldaten und zwei Kriegsschiffe nach Choson. Zugleich informierte Li Hung Chang die japanische Regierung von der geplanten Aktion, wie es der Vertrag von Tientsin vorschrieb.

Tokio war nicht weniger glücklich über diese Entwicklung der Dinge. Die Schwächung der japanischen Stellung in Korea hatte der Regierung herbe Kritik eingebracht. Nationalistische Kreise und besonders der Generalstab des Heeres drängten immer stärker auf eine Intervention. Die Entführung von Kim Ok Kyun aus dem japanischen Exil und seine Ermordung in Shanghai im März 1894 hatten Stimmung gegen die koreanische und chinesische Regierung gemacht, die man beide hinter dem Anschlag vermutete. König Kojongs Hilfsgesuch an Peking in Verbindung mit dem japanisch-chinesischen Vertrag von Tientsin lieferte die Rechtfertigung für eine Rückkehr der japanischen Truppen nach Choson. Nun bot sich Tokio die Chance, China und der Welt die Früchte der Meiji-Reformen zu demonstrieren. Japan fühlte sich stark genug, seine Muskeln spielen zu lassen. Die endgültige Vertreibung der Chinesen aus Korea war nur das Nahziel. In Wirklichkeit ging es um Japans Aufstieg zur asiatischen Großmacht.

Der japanisch-chinesische Krieg begann zunächst ganz undramatisch. Die ersten chinesischen Truppen landeten am 8. Juni in der Bucht von Asan etwa hundert Kilometer südlich der Hauptstadt. Zwei Tage später traf eine Vorhut von vierhundert japanischen Soldaten in Chemulpo ein und marschierte nach Hanyang. An diesem 10. Juni schlossen die Tonghak-Führer in Chonju ihren Waffenstillstand mit der Regierungsseite ab und begannen bald darauf, die Provinzhauptstadt zu räumen.

Viel zu spät begriff die koreanische Regierung, was sie mit ihrem voreiligen Hilfsgesuch an China angerichtet hatte. Ohne jede Wirkung verhallte ihre öffentliche Erklärung, die Hauptstadt der

Provinz Cholla sei wieder unter Regierungskontrolle und die ausländischen Truppen sollten unverzüglich heimkehren. Im Gegenteil, es trafen immer mehr fremde Soldaten ein. Die Zahl der zwischen Chemulpo und der Hauptstadt konzentrierten japanischen Truppen erreichte bald 4000, die Mannschaftsstärke des chinesischen Expeditionskorps im Raum Asan überstieg 2000.

Auch China, das sich eine solche Reaktion Tokios wohl nicht vorgestellt hatte, zeigte sich besorgt und schlug vor, beide Länder sollten ihre Truppen wieder abziehen. Japan dachte nicht daran, darauf einzugehen und schickte statt dessen weitere Militäreinheiten nach Korea. Die Chinesen sahen sich nun genötigt, ihr Truppenkontingent in Choson weiter zu erhöhen.

Im Juli wurde es ernst. Japan hatte, um seinem weiteren Vorgehen einen Schein von Berechtigung zu verleihen, China vorgeschlagen, beide Länder sollten gemeinsam den koreanischen Staatsapparat reformieren, um zukünftige Aufstände zu verhüten. Erwartungsgemäß lehnte China ab. Parallel dazu drängte der japanische Gesandte in Hanyang, Otori Keisuke, die Regierung von Choson, die – von Tokio empfohlenen – Reformen in Angriff zu nehmen. Ferner stellte Otori den Koreanern ein Ultimatum, binnen 48 Stunden alle Verträge mit China zu kündigen. Nach Ablauf der Frist besetzten japanische Truppen in den frühen Morgenstunden des 23. Juli 1894 den Königspalast und zwangen König Kojong, die Regierung zu entlassen und eine neue Regierung unter Führung des Taewon-Gun zu ernennen. Den Vater des Königs hatten seine Entführung nach China und die drei Jahre seines unfreiwilligen Exils so verbittert, daß er sich sogar bereitfand, den Japanern gegen die Chinesen zu helfen. Als eine ihrer ersten Maßnahmen erklärte die neue Regierung das Sonderverhältnis Chosons zu China für beendet. Gesandter Otori hatte dem Taewon-Gun außerdem die Genugtuung zugedacht, den Einfluß der Min-Sippe auf die koreanische Regierung auszumerzen. Und so geschah es auch. Gleichzeitig mit der Sicherung der Staatsspitze entwaffneten die Japaner die koreanischen Truppen in Hanyang und Umgebung.

Am 25. Juli griffen die Japaner die in der Bucht von Asan liegende chinesische Flotte an. Einigen der chinesischen Kriegsschiffe gelang es zu entkommen, die anderen wurden versenkt. Die von Hanyang aus nach Süden marschierenden japanischen

Landtruppen besiegten bei Asan und Kongju das chinesische Expeditionskorps am 29. Juli. Teile der chinesischen Truppen konnten nach Norden entkommen, wo sie sich später in der Nähe von Pyongyang mit Verstärkungen, die auf dem Landweg über den Yalu eingetroffen waren, reorganisieren konnten. Fürs erste waren die Chinesen als Machtfaktor ausgeschaltet. Japan hatte Ende Juli so gut wie freie Hand in Korea. Am 1. August wurde – Ordnung muß sein – eine Kriegserklärung nachgeschoben. Begründung: China hätte die Reformbemühungen Japans in Korea behindert.

Der Reformausschuß der neuen koreanischen Regierung hatte am 26. Juli seine Arbeit aufgenommen. Als Vorsitzender fungierte Kim Hong Chip, der 1880 – noch unter dem Namen Kim Koeng Chip – als einer der ersten Koreaner nach dem Abschluß des Vertrags von Kanghwa-Do Japan besucht hatte und mit der Überzeugung zurückgekehrt war, daß Choson sich ebenso wie Japan modernisieren müsse. Einige Mitglieder des Ausschusses stammten aus dem Kreis der Kaehwa-Reformer. Zehn Jahre nach dem Scheitern ihres ersten Anlaufs sollten sie an Reformen mitwirken, die ihnen im wesentlichen selber vorgeschwebt hatten – nun aber als Handlanger der Japaner. Deren Ziel war natürlich nicht die Sicherung der Unabhängigkeit durch Modernisierung Koreas, sondern im Gegenteil die Schaffung einer effizienten Infrastruktur, die ihnen eine bessere Kontrolle und Ausbeutung des Landes erlaubte. Die Regierung in Tokio hatte den Rahmen ihrer Politik gegenüber Choson so abgesteckt, daß Korea zwar nominell unabhängig bleiben, aber dem permanenten »Schutz« Japans unterliegen und seine direkte oder indirekte »Unterstützung« erhalten sollte. Die neue koreanische Regierung sah sich mithin am 20. August 1894 genötigt, einen Vertrag über ein »ewiges Bündnis« mit Japan zu unterzeichnen. Am 26. August folgte dann noch ein Militärbündnis, das Korea zum Beistand Japans in seinem Krieg gegen China verpflichtete.

Laut Vertrag willigte Korea ein, bei seinen internen Reformen japanische Ratschläge zu berücksichtigen. Konkret bedeutete das, daß der Reformausschuß unter Kim Hong Chip »Empfehlungen« des japanischen Gesandten praktisch wie Direktiven behandeln mußte. Dennoch entsprachen die von dem Ausschuß in den ersten drei Monaten seiner Existenz beschlossenen mehr als zweihundert

Reformerlasse zu einem erheblichen Teil den Anliegen koreanischer Reformkräfte wie der Kaehwa-Gruppe oder der Tonghak-Bewegung.

Eine zweite Reformphase begann Ende Oktober 1894 mit dem Eintreffen des neuen japanischen Gesandten Inoue Kaoru. Die Entsendung dieses Mannes, der zuvor Außenminister gewesen war, wirkte äußerlich als Aufwertung von Tokios Gesandtschaft in Hanyang, bedeutete aber eine Verschärfung des japanischen Drucks auf Korea. Inoue erzwang eine Umgestaltung des Regierungsapparats. Der bisherige Staatsrat wurde in ein Kabinett (Naegak) umgewandelt mit einem Ministerpräsidenten (Chongni Taeshin) an der Spitze. Diesen Posten erhielt Kim Hong Chip, der schon als Vorsitzender des Reformausschusses und Staatsratsmitglied wie ein Regierungschef gewaltet hatte. Auf Veranlassung Inoues – der selber an den Kabinettssitzungen teilnahm – berief der König zwei Hauptakteure des Kapshin-Putsches aus dem Exil heraus ins Kabinett: Pak Yong Hyo wurde Innenminister, und So Kwang Bom erhielt das Justizressort. Jedem Minister wurde ein japanischer »Berater« zugeteilt. Die neu etablierte Regierungsform machte den Reformausschuß überflüssig. Über weitere Reformen konnte das Kabinett entscheiden. In der zweiten Reformphase wurden mehr als vierhundert Erlasse, Gesetze oder Verordnungen beschlossen.

Zur Absegnung der neuen Staatsordnung mußte sich der König am 7. Januar 1895 von japanischen Polizisten eskortiert zum Chong-Myo begeben, dem konfuzianischen Schrein, in dem die Seelen aller Yi-Könige verehrt werden, und dort in Anwesenheit von Königin Min und dem Taewon-Gun, des Kronprinzen und der Regierung 14 Grundsätze verlesen, die hinfort als Grundgesetz von Choson Geltung hatten. Nach Han Woo-Keun handelte es sich dabei um folgende Punkte:

1. Korea ist ein souveräner Staat und von China völlig unabhängig, 2. Die Thronfolge wird gesetzlich festgelegt, 3. Der König steht an der Spitze der Regierung, die Königin und sonstige Verwandte sind von der Regierungsmacht ausgeschlossen, 4. Die finanziellen und sonstigen Angelegenheiten des Königshauses werden getrennt von den Regierungsgeschäften verwaltet, 5. Die Aufgaben und Kompetenzen jedes Staatsamtes werden genau definiert, 6. Steuern können nur durch Gesetz auferlegt werden,

7. Alle finanziellen Angelegenheiten unterliegen ausnahmslos der Kontrolle durch das Finanzministerium, 8. Die Ausgaben der Behörden sollen reduziert werden, 9. Zur Ordnung der Finanzen wird jedes Jahr ein Staatshaushalt aufgestellt, 10. Die Aufgaben und Kompetenzen der Kommunalverwaltung werden gesetzlich definiert, 11. Begabte Personen sollen ins Ausland geschickt werden, um die Entwicklung und Anwendung moderner Wissenschaft und Technologie zu studieren, 12. Eine Armee wird auf der Grundlage der Wehrpflicht geschaffen, 13. Für das Zivilrecht und das Strafrecht werden neue Gesetzbücher geschaffen, 14. Regierungsstellen sollen nur auf der Grundlage der Befähigung und ohne Rücksicht auf die Standesherkunft besetzt werden.

Inhaltlich entsprachen die 14 Punkte durchaus Vorstellungen von moderner Staatsverwaltung in einer konstitutionellen Monarchie, wie sie zur damaligen Zeit zum Beispiel in Deutschland und – seit den Meiji-Reformen – in Japan vertreten wurden. Kolonialpolitische Züge sind nicht zu erkennen. Punkt eins richtete sich zwar gegen China und sollte Japan machtpolitisch den Zugriff auf Korea erleichtern, war als solcher aber weder kolonialistisch noch antikoreanisch.

Ähnliches läßt sich von den meisten anderen Reformen sagen. In erster Linie initiiert, um Tokio bei der Verfolgung seiner Interessen in Korea zu nützen, leiteten sie im Ergebnis die überfällige Modernisierung Koreas ein. Die Gesamtheit der damals von japanischer Willenskraft unter wesentlicher koreanischer Beteiligung eingeleiteten Modernisierungsmaßnahmen wird gewöhnlich als Kabo-Reformen (Kabo Kyongjang) bezeichnet, obwohl der Begriff eigentlich enger ist: *Kabo* ist der koreanische Jahresnahme für 1894 nach dem Mondkalender. Auch wenn viele der Reformen später wieder rückgängig gemacht und andere erst mit erheblicher Verzögerung verwirklicht worden sind, haben sie doch die Richtung der weiteren Entwicklung in Korea vorgezeichnet. Interessant ist, daß auch Nordkorea diese Reformen vergleichsweise positiv beurteilt: »Obwohl diese Umwandlungen den aggressiven Absichten des japanischen Kapitalismus entsprachen, der sie förderte und bei ihrer praktischen Umsetzung Hilfe leistete, waren die Kabo-Reformen, die im gewissen Sinne eine Widerspiegelung der dringlichen Forderungen des koreanischen Volkes darstellten, ihrem Wesen nach bürgerliche Reformen, die in einem bestimmten

Maße mit der allgemeinen Entwicklung der koreanischen Gesellschaft übereinstimmten« (zit. n. Göthel aus der »Geschichte der koreanischen Philosophie«, Pyongyang 1966).

Abgesehen von den schon genannten 14 Punkten sahen die Kabo-Reformen unter anderem vor: Anstelle der sechs traditionellen Zuständigkeitsbereiche des Staatsrats traten sieben Ministerien des neuen Kabinetts – mit Ressorts für auswärtige Angelegenheiten, Inneres, Finanzen, Justiz, Erzichung, Verteidigung sowie unter einem Dach Landwirtschaft, Handel und Industrie – sowie das königliche Hofamt (Kungnaebu). Alle Ministerien wurden einheitlich gegliedert. Die Beamten bekamen ihre Gehälter in Geld statt der bis dahin überwiegenden Sachleistungen, und die vorgeschriebene Dienstkleidung wurde wesentlich vereinfacht.

Die größeren Provinzen wurden aufgeteilt, anstelle der traditionellen acht entstanden dreizehn Provinzen. Die alten Namen wurden beibehalten, aber statt Provinz (Do) Nordprovinz (Pukto) oder Südprovinz (Namdo) angehängt. Die Provinzgouverneure verloren ihrer gerichtlichen und militärischen Kompetenzen. Das Gerichtswesen wurde unabhängig von der Verwaltung neu organisiert mit Bezirksgerichten und einem Berufungsgericht in der Hauptstadt. Die für den Handel mit dem Ausland geöffneten Hafenstädte bekamen besondere Handelsgerichte. Die Umgestaltung machte auch vor der Polizei nicht halt: die Zuständigkeit in den Provinzen lag nun beim Gouverneur, während die Hauptstadt ein eigenes Polizeipräsidium erhielt. Im Bereich des Strafrechts wurden manche der bis dahin üblichen Methoden wie die Folter, um Geständnisse zu erpressen, oder die Sippenhaft bei schweren Verbrechen zumindest dem Buchstaben nach abgeschafft. Auf dem zivilrechtlichen Sektor schaffte die Einführung eines Mindestalters für die Eheschließung – 16 Jahre für Frauen, 20 bei Männern – neue Verhältnisse. Allen Witwen wurde gestattet, sich wieder zu verheiraten, was über die entsprechende Forderung der Tonghak-Bewegung – nur für junge Witwen – noch hinausging. Eine Änderung des Adoptionsrechts ermöglichte unehelichen Söhnen die Fortführung des Familienstammbaums ihrer Väter. Die Abschaffung aller rechtlichen Standesunterschiede versetzte der im Laufe der Jahrhunderte morbid gewordenen konfuzianischen Yangban-Gesellschaft zumindest auf dem Papier den Todesstoß. Die tatsächliche Durchsetzung sollte sich als sehr viel schwieriger erweisen. Auch die endgültige und ausnahmslose Abschaffung der Sklaverei wurde erst mit den Reformen von 1894 erreicht.

Die Neuordnung des Militärwesens beschränkte sich im wesentlichen darauf, daß die bestehenden Einheiten – kaum mehr als 3000 Mann – dem Verteidigungsminister unterstellt wurden. Die Ausbildung der Palastwache wurde dem amerikanischen Militärattaché überlassen. Japan konnte kein Interesse daran haben, in Choson eine starke Armee aufzubauen, sicherte sich aber die Kontrolle über die koreanischen Streitkräfte.

Besonders reformbedürftig war Chosons chaotisches Finanzwesen. Jetzt wurde erstmals eine einheitliche Finanzverwaltung geschaffen, die unter der strikten Kontrolle des Finanzministeriums (Takchibu) stand. Steuern sollten grundsätzlich nur noch in Geld erhoben werden – was große Probleme hervorrief, weil es noch keine Banken gab und besonders die Bauern Schwierigkeiten hatten, ihren Reis zu Geld zu machen. Auch das Münzwesen wurde vereinheitlicht und völlig neu geordnet. Silber galt als neuer Standard. Da Edelmetalle nicht in ausreichender Menge vorhanden waren – und Papiergeld zunächst nicht durchzusetzen war –, behalf man sich anfangs mit japanischen Münzen. Die Vielfalt der regional verschiedenen Maße und Gewichte wurde zumindest theoretisch standardisiert, die Durchsetzung der neuen Einheitsnormen erwies sich als ein äußerst mühsames Unterfangen.

Das neue Prüfungssystem für die Besetzung der Beamtenstellen unterhalb der politischen Ernennungen behielt von den überlieferten Fächern nur Chinesisch und Kalligraphie bei. Als neue Prüfungsfächer kamen Koreanisch (noch nicht Japanisch), Mathematik, Politische Wissenschaften, Komposition (Schreibstil) und Internationale Beziehungen hinzu sowie für die mit Fachleuten zu besetzenden Positionen die entsprechenden Spezialfächer.

Der Reformprozeß erstreckte sich mit einigen Unterbrechungen über fast zwei Jahre – von Juli 1894 bis zum Frühjahr 1896. Die erste Unterbrechung verursachte im Herbst 1894 ein erneuter Tonghak-Aufstand, der sich diesmal in erster Linie gegen die Japaner richtete.

Auch der Taewon-Gun hatte wieder seine Hand im Spiel. Nachdem er seine persönlichen Ziele erreicht hatte – die Min-Sippe war von der Macht vertrieben worden, Chinas »Vizekönig« Yüan Shih Kai hatte es vorgezogen, aus Hanyang zu verschwinden, die chinesischen Händler wurden aus der Hauptstadt und den von japanischen Truppen kontrollierten Teilen Koreas deportiert –, regte sich wieder der alte Widerwille gegen die Japaner, zumal die von ihnen propagierten Reformen die konfuzianische Gesellschaftsordnung zu zerstören drohten. Wieder einmal schmiedete er Pläne, seinen ungeliebten Sohn Kojong vom Thron zu stürzen und durch einen seiner Enkel zu ersetzen. Er sandte Boten zu den Tonghak-Führern und ermunterte sie zum Marsch auf die Hauptstadt. Gleichzeitig nahm er offenbar Kontakt zu den chinesischen Truppen auf, die sich im Norden des Landes in der Gegend von Pyongyang verschanzt hatten. Das Komplott wurde aufgedeckt und gab dem japanischen Gesandten Inoue die Handhabe, den Taewon-Gun im Frühjahr 1895 zu entmachten.

Der zweite Tonghak-Aufstand begann im Oktober 1894 mit der Erhebung von rund 100 000 Bauern in Cholla-Do. In der nördlichen Nachbarprovinz Chungchong sammelte sich ebenfalls ein stattliches Bauernheer. Über Nonsan wälzte sich die riesige Tonghak-Armee nach Norden in Richtung Hauptstadt. In anderen Provinzen überfielen Tonghak-Kampfeinheiten japanische Militärstützpunkte und Versorgungseinrichtungen. Die überraschten Japaner, deren Hauptmacht zur Verfolgung der chinesischen Truppen nach Pyongyang marschiert war, mußten einen Teil ihrer Streitkräfte zurückholen. Anfang November stießen die durch koreanische Einheiten verstärkten Japaner bei Kongju auf das Bauernheer. Sieben Tage dauerte die erbitterte Schlacht. Die nur notdürftig bewaffneten Bauern konnten sich trotz ihrer zahlenmäßigen Überlegenheit gegen das modern ausgerüstete und gut trainierte Berufsheer der Japaner nicht behaupten. Das Tonghak-Heer mußte sich unter großen Verlusten nach Süden zurückziehen. Die Japaner setzten den Bauerntruppen nach und brachten ihnen bei Taein in Cholla-Do eine weitere schwere Niederlage bei. Sie verfolgten selbst die versprengten Einheiten bis an die Südküste Koreas. Wo immer sie ihrer habhaft werden konnten, fingen sie die flüchtenden Tonghak-Soldaten und töteten sie. Der Aufstand war niedergeschlagen, aber die Tonghak-Bewegung lebte im Untergrund weiter. Choe Shi Hyong war es erneut gelungen, in die Berge zu entkommen.

Im September 1894 hatten die Japaner bei Pyongyang die Chinesen vernichtend geschlagen. Sie vertrieben die restlichen chinesischen Truppen aus Korea, drangen über den Yalu hinweg nach China ein und besetzten die Liaotung-Halbinsel. In einer Reihe von Seeschlachten vernichtete ihre Kriegsmarine den größten Teil der chinesischen Flotte, besetzte die Marinestützpunkte Lushun (Port Arthur) an der Spitze der Liaotung-Halbinsel und Weihai auf der Shantung-Halbinsel und eroberte die Insel Taiwan (Formosa). Das militärisch geschlagene China mußte um Verhandlungen nachsuchen. Im Friedensvertrag von Shimonoseki vom April 1895 ließ sich Japan die Liaotung-Halbinsel, Taiwan und die Pescadores-Inseln abtreten, hohe Reparationen zusagen und feierlich bestätigen, daß Korea ein völlig unabhängiger Staat sei und Tributzahlungen oder sonstige Formalitäten, aus denen ein Abhängigkeitsverhältnis zu China hergeleitet werden könne, ein für allemal beendet seien.

Mit dem Erwerb der Liaotung-Halbinsel verfolgte Tokio unter anderem das Ziel, Korea durch den eingeschobenen japanischen Korridor gegen weitere chinesische Interventionen auf dem Landweg zu sichern. Einige der europäischen Mächte mit Interessen in China empfanden den japanischen Besitz der Liaotung-Halbinsel als unerträgliche Bedrohung der chinesischen Hauptstadt. Rußland, Frankreich und Deutschland intervenierten gemeinsam gegen Japan und nötigten Tokio diesen Teil seiner Kriegsbeute wieder ab. Für die von ihrem Sieg über China berauschten Japaner war das eine bittere Demütigung.

Diese überraschende Wende der Dinge blieb nicht ohne Folgen für Korea. Das japanische Kabinett beschloß, seine Reformpolitik in Korea abzubrechen und den Gesandten Inoue aus Hanyang abzuberufen. Die Schwächung der japanischen Stellung in Korea zog eine Regierungsumbildung nach sich, bei der nun wieder die an die Macht drängende Königin Min und ihre Familie tatkräftig mitwirkten. Diesmal hatte sich die Königin mit den Russen und dem prorussischen Flügel der koreanischen Führungsschicht verbunden. König Kojong, der zu Möllendorffs Zeiten schon einmal die russische Karte gespielt hatte, schwenkte schnell auf die neue Linie ein, bedauerte, daß er sich für die Reformpläne der Japaner hergegeben hatte und ernannte einige prorussische Politiker zu Ministern.

Als Anfang September Exgeneral Miura Goro als Tokios neuer Gesandter in Hanyang eintraf, befand er sich in keiner beneidenswerten Lage. Im Gegensatz zu seiner Heimatregierung, die nun auch den größten Teil der japanischen Truppen aus Korea abziehen wollte, war Miura entschlossen, den Spieß wieder umzudrehen, notfalls auf eigene Faust und mit Gewalt: Der japanische Gesandte plante die Ermordung der Königin von Choson, weil sie den japanischen Interessen im Wege stand.

Wer etwas gegen Königin Min unternehmen wollte, konnte in der Regel der Unterstützung des Taewon-Gun sicher sein. Tatsächlich fand sich der alte Intrigant bereit, an dem Komplott mitzuwirken und sich erneut von den Japanern an die Macht bringen zu lassen. In den frühen Morgenstunden des 8. Oktober 1895 wurde die Königin von gedungenen Mördern niedergestochen, mit Kerosin übergossen und angezündet. Min Myong Song war bei ihrer Ermordung 43 Jahre alt und hatte Kojong vier Söhne und eine Tochter geboren. Sie war zu ihren Lebzeiten eine höchst umstrittene und von vielen gehaßte Frau gewesen, die politisch oft eine größere Rolle gespielt hatte als der König. Ihre Ermordung durch die Japaner hat Königin Min zu einer nationalen Märtyrerin gemacht. Am Nordrand des den Kyongbok-Palast umgebenden Parks wurde 1954 ein Denkmal errichtet, das die Stelle markiert, an der die Königin den Tod fand, und eine Inschrift Syngman Rhees trägt, des ersten Präsidenten Südkoreas nach der Befreiung.

Die Regierung in Tokio erfuhr von dem Komplott durch einen Bericht des japanischen Militärattachés in Hanyang. Inoue Kaoru wurde zur Untersuchung der Angelegenheit nach Hanyang geschickt. Über seinen Gesandten in Petersburg ließ Tokio der russischen Regierung versichern, daß die japanische Regierung von den Putschplänen nichts gewußt hätte. Gesandter Miura, sein Sekretär Sugimura und 46 weitere Japaner wurden in ihrer Heimat angeklagt, aber mangels Beweisen hinsichtlich ihrer konkreten Beteiligung an dem Komplott im Januar 1896 freigesprochen.

Die koreanische Regierung durfte die Wahrheit über die Ermordung der Königin nicht bekanntgeben. Zur Irreführung der Öffentlichkeit wurden einige Koreaner als mutmaßliche Täter vor Gericht gestellt und hingerichtet. Das Kabinett unter Ministerpräsident Kim Hong Chip nahm bald wieder seine Modernisierungsmaßnahmen auf. Das Militär wurde reorganisiert, die Palastwache in die regulären Streitkräfte einbezogen. Man begann mit dem Aufbau eines umfassenden Volksschulsystems, wobei die Hauptstadt den Anfang machte. Die Pockenimpfung für kleine Kinder wurde eingeführt. Der Postdienst wurde auf alle größeren Städte ausgeweitet und anstelle des Mondkalenders der westliche Kalender eingeführt.

In ihrem ungestümen Reformeifer beschloß die Regierung im November, daß die koreanischen Männer ihr Haar nach westlicher Manier kurz zu tragen hätten. Die verheirateten Koreaner sollten ihren auf dem Kopf hochgebundenen Haarknoten abschneiden. Dieser Haar-Erlaß löste eine ungeheure Welle der Empörung aus. »Lieber lasse ich mir den Kopf abschneiden als die Haare«, soll Choe Ik Hyon ausgerufen haben, jener konfuzianische Gelehrte, der 1876 in einem berühmten Memorandum an den König von einem Vertrag mit Japan abgeraten hatte. Mit ihrem Haar-Erlaß waren die Reformer einen Schritt zu weit gegangen. An ihm entzündete sich der Widerstand gegen das gesamte Reformprogramm und die von vielen Koreanern abgelehnte Überfremdung. Mittlerweile waren auch Gerüchte über das Schicksal der Königin im Umlauf.

Die explosive Stimmung entlud sich seit Anfang 1896 in einer Vielzahl von lokalen Erhebungen und Überfällen auf japanische Einrichtungen oder koreanische Kollaborateure. Ausgehend von den Tonghak-Hochburgen Cholla-Do und Chungchong-Do, bildeten sich im ganzen Land Partisanengruppen, die sich in Erinnerung an die Widerstandskämpfer während der Hideyoshi-Invasion *Uibyong* (rechtschaffene Krieger) nannten. Ähnlich wie die Tonghak-Heere rekrutierten sie sich aus Bauern, wurden oft von verarmten Adligen geführt und waren schlecht bewaffnet. Sie bestanden in der Regel nur aus einigen hundert Mann; das machte es für die Regierung oder die Japaner sehr viel schwieriger, ihrer Herr zu werden. Die Uibyong sollten bis weit ins 20. Jahrhundert hinein eine Rolle spielen.

Der nächste Schlag gegen Japan kam von russischer Seite. In einer Nacht-und-Nebel-Aktion wurden am 11. Februar 1896 König Kojong und der Kronprinz in Sänften aus dem Kyongbok-Palast herausgeschmuggelt und in die russische Gesandtschaft gebracht. Der König, seit Oktober 1895 praktisch ein Gefangener der Japaner, hatte nur zu gern in seine »Entführung« eingewilligt.

Die Japaner wurden von der Aktion völlig überrascht, waren zu diesem Zeitpunkt jedoch nicht bereit, sich auf einen offenen Konflikt mit Rußland einzulassen. Also blieb ihnen nichts anderes übrig, als gute Miene zum bösen Spiel zu machen und von einem Tag auf den anderen einen dramatischen Verlust an Einfluß hinzunehmen: Es war das Siegel des Königs, das den Erlassen der Regierung bisher ihre Autorität verliehen hatte. Der König aber war in russischem Gewahrsam. Im Namen des Königs wurde nun verfügt, daß Ministerpräsident Kim Hong Chip und weitere Regierungsmitglieder projapanische Verräter seien, die man festnehmen und hinrichten solle. Kim und zwei seiner Minister wurden gelyncht.

Die neue prorussische Regierung verkündete als eine ihrer ersten Maßnahmen eine Amnestie für alle aus Protest gegen den Haar-Erlaß und die Ermordung von Königin Min begangenen Gewalttaten und entließ alle japanischen Berater und Ausbilder. Sie wurden bald durch russische ersetzt. Außerdem bekam Hanyang eine russische Sprachschule. Der Köng residierte weiterhin in der russischen Gesandtschaft, als sei Choson ein russisches Protektorat.

Das Kaiserreich Groß-Han wird japanische Kolonie

Japan fand sich erstaunlich schnell mit der neuen Lage ab. Nach japanisch-russischen Gesprächen in Tokio und Hanyang unterzeichnete der japanische Gesandte Komuro Jutaro am 14. Mai 1896 zusammen mit seinem russischen Kollegen Waeber ein Papier – das Komuro-Waeber-Memorandum –, in dem Japan den neuen Status quo akzeptierte und den Russen sogar ausdrücklich zugestand, dieselbe Anzahl Soldaten in Korea zu stationieren. Am 9. Juni 1896 setzten der damalige russische Außenminister Lobanow-Rostowsky und der japanische Fürst Yamagata Aritomo – der zur Krönung von Zar Nikolaus II. nach Rußland gereist war – ihre Unterschriften unter das sogenannte Moskauer Protokoll, das außer einer Bestätigung des Komuro-Waeber-Memorandums eine Geheimabsprache enthielt. Darin war für den Fall einer Entsendung weiterer Truppen nach Choson vereinbart, daß zwischen japanischen und russischen Besatzern eine Pufferzone gebildet werden sollte. Praktisch wurde damit – ein halbes Jahrhundert vor der Teilung Koreas – die Möglichkeit einer Aufteilung der Halbinsel in eine russische und eine japanische Zone ins Auge gefaßt. Auch König Kojong hatte zur Krönung des Zaren einen Abgesandten nach Rußland geschickt, Min Yong Hwan, einen engen Verwandten der ermordeten Königin. Min vereinbarte mit Außenminister Lobanow einen Geheimvertrag, in dem Rußland Militär- und Finanzhilfe sowie weiteren Schutz versprach. Außerdem sicherte Lobanow dem Gesandten auf dessen ausdrücklichen Wunsch russischen Beistand für den Fall ernsthafter innerer Unruhen oder bei Verletzung der koreanischen Souveränität durch eine auswärtige Macht zu. Unter den damaligen Umständen konnte mit der »auswärtigen Macht« nur Japan gemeint sein. Im Oktober 1896 trafen russische Militärberater in Hanyang ein und übernahmen die Ausbildung der reorganisierten Palastwache.

Auf wirtschaftlichem Gebiet waren Min und Lobanow übereingekommen, daß zwischen Choson und Rußland eine telegrafische Verbindung hergestellt werden sollte. Aufgrund einer Intervention des russischen Gesandten zog die koreanische Regierung die 1894 an Japan vergebene Erlaubnis zum Bau einer Eisenbahnlinie von Hanyang nach Pusan zurück. Die – ebenfalls Japan erteilte – Konzession zum Bau der Bahnlinie von Hanyang nach Chemulpo wurde nunmehr einem Amerikaner zugeschlagen. Ein französisches Konsortium erhielt die Genehmigung zum Bau der Eisenbahnstrecke Hanyang–Uiju, einem Grenzort am Yalu in der Nähe der Westküste. Wo irgend möglich, wurden die Japaner rausgedrängt, oft auf russische Initiative hin.

Der rasch steigende Einfluß der Russen gefiel nicht allen Koreanern. Es mehrten sich die Stimmen, welche die Rückkehr des Königs in seinen Palast forderten. Am 20. Februar 1897 verließ Kojong nach gut einjährigem Aufenthalt die russische Gesandtschaft. Gesandter Waeber war klug genug, nicht ernsthaft zu widersprechen. Der König kehrte nicht in den Kyongbok-Kung zurück, sondern zog in den kleineren Kyongun-Palast – heute unter dem Namen Toksu-Gung bekannt und am Rathausplatz von Seoul gelegen. Offenbar fühlte er sich dort, in der Nähe verschiedener ausländischer Gesandtschaften, einschließlich der russischen, sicherer.

Um das durch Kojongs langen Aufenthalt in einer ausländischen Gesandtschaft in Mitleidenschaft gezogene Prestige des Herrscherhauses wieder aufzubessern, verfiel man auf den Gedanken, Chosons König (Wang) zum Kaiser (Hwangje) zu erheben und damit zumindest äußerlich eine Gleichstellung mit dem Kaiser von China und Japans Tenno herbeizuführen. Die Entscheidung fiel im August, und am 12. Oktober 1897 ließ sich König Kojong als Kaiser von *Taehan Cheguk* krönen, dem anstelle von Choson angenommenen neuen Landesnamen Kaiserreich Groß-Han. Hierbei griff man auf den Namen früher koreanischer Stämme zurück, die vor Beginn der christlichen Zeitrechnung im Süden der Halbinsel angesiedelt waren. Dieselbe Volksbezeichnung wurde 1948 bei der Gründung der Republik Korea wieder aufgegriffen, die auf koreanisch *Taehan Minguk* heißt, was soviel wie Land des Volkes von Groß-Han bedeutet. Die neue Landesbezeichnung und der Kaisertitel wurden von den Ländern, zu denen Korea damals amtliche Beziehungen unterhielt, ohne Widerspruch anerkannt.

Nach Kojongs Auszug aus der russischen Gesandtschaft hatte Japan das Komuro-Waeber-Memorandum und den nicht geheimen Teil des Moskauer Protokolls veröffentlicht. Zugleich teilte

Tokio der Regierung in Hanyang den Inhalt der japanischen Geheimabsprachen mit Rußland mit. Der Zweck war klar: Rußlands wirkliche Absichten in Korea sollten bloßgelegt, das Ansehen der russischen Regierung in Hanyang untergraben werden. Natürlich offenbarte Japan damit auch seine eigenen, aus koreanischer Sicht nicht weniger verwerflichen Ziele.

Dennoch verfehlte der Schritt nicht seine Wirkung. Als Gesandter Waeber anbot, weitere russische Ausbilder für die koreanischen Streitkräfte zu entsenden, lehnte Hanyang ab. Die Ablösung des verbindlichen, taktisch geschickten Waeber durch den arrogant auftretenden Alexis de Speyer sorgte dafür, daß der koreanisch-russische Umgangston schnell von wohlwollend-freundlich in distanziert-mißtrauisch umschlug. Mit seiner Drohung, alle russischen Berater abzuziehen, wenn es die koreanische Regierung weiterhin an der nötigen Botmäßigkeit fehlen lasse, gab Speyer den Anstoß dafür, daß Rußlands Vorzugstellung in Korea gut zwei Jahre nach Kojongs spektakulärer Flucht in die russische Gesandtschaft wieder verspielt war.

Zu dieser Zeit verhandelte in Tokio der russische Gesandte Rosen mit dem japanischen Außenminister Nishi über eine Abgrenzung der Interessen ihrer Länder in Korea. Kurz vorher hatte Rußland auf der Halbinsel Liaotung neue Tatsachen geschaffen und von China die Häfen Lushun und Talien (heute Dalian, japanisch Dairen) gepachtet sowie das Recht erworben, die beiden Städte an die Transsibirische Eisenbahn anzuschließen. Tokio war empört, weil es drei Jahre zuvor gezwungen worden war, diese Kriegsbeute herauszugeben. Nach mühsamen Verhandlungen unterzeichneten Außenminister Nishi und Gesandter Rosen am 25. April 1898 ein Protokoll, in dem Rußland zumindest indirekt Japans größere Wirtschaftsinteressen in Korea anerkannte. Hingegen war Rosen nicht bereit, Tokio politisch und militärisch freie Hand in Korea zuzubilligen. Insoweit blieben beide Länder, wie zwei Jahre früher vereinbart, gleichberechtigte Konkurrenten.

Schon bei Konjongs Auszug aus der russischen Gesandtschaft, erst recht bei der Aufwertung des Königs von Choson zum Kaiser von Groß-Han und nicht zuletzt beim Abzug der russischen Berater aus Korea hatte eine innenpolitische Bewegung eine wachsende Rolle gespielt: die Unabhängigkeitsgesellschaft oder *Tongnip Hyophoe*.

Initiator der Gesellschaft, die während ihres nicht einmal dreijährigen Bestehens an den Grundfesten der koreanischen Politik gerüttelt hat, war So Chae Pil alias Dr. Philip Jaisohn. Er hatte zu den Führern des Kapshin-Putsches gehört, die nach dem Scheitern ihres Umsturzversuchs nach Japan fliehen konnten, und war alsbald nach Amerika weitergewandert. Dort studierte er Medizin, nahm die amerikanische Staatsbürgerschaft an und eine Amerikanerin zur Frau, außerdem anglisierte er seinen Namen. Im Januar 1896 kehrte So Chae Pil nach Korea zurück, um für die Erhaltung der Unabhängigkeit des Landes sowie für Demokratie und Bürgerrechte, wie er sie in Amerika kennengelernt hatte, zu kämpfen.

Die unter starkem japanischen Einfluß stehende Regierung von Ministerpräsident Kim Hong Chip bot So Chae Pil einen Kabinettsposten an. So, der sich seine Bewegungsfreiheit erhalten wollte, war nur bereit, das Amt eines Beraters des machtlosen Geheimen Staatsrats anzunehmen. Im April 1896 gründete So als erste private Zeitung Koreas die *Tongnip Shinmun* (Unabhängigkeitszeitung), die zunächst an vier Tagen in der Woche und später täglich erschien. Drei der vier Seiten waren koreanisch geschrieben – und zwar in Hangul, so daß sie jedermann lesen konnte und um die koreanische Schrift weiter zu popularisieren – und eine auf englisch. Dementsprechend hatte die Zeitung auch einen englischen Namen (*Independent*). Ihr Leitsatz war: Korea den Koreanern. Die Erstausgabe erschien am 7. April.

Wenige Tage später rief So Chae Pil – ohne selber beizutreten – zusammen mit Gleichgesinnten die Unabhängigkeitsgesellschaft ins Leben, die ebenfalls eine Zeitschrift herausgab. Rekrutierten sich die Mitglieder der Gesellschaft zunächst aus reformerischen Kreisen der etablierten Führungsschicht einschließlich einiger amtierender und ehemaliger Regierungsbeamter, so stießen schnell Interessenten aus der breiten Bevölkerung zu, und nach drei Monaten sollen es an die 10000 gewesen sein.

Zur Mobilisierung der Bürger schlug die Unabhängigkeitsbewegung (Zeitung und Gesellschaft) konkrete Projekte vor: Am Westrand der Hauptstadt solle man an der Stelle, wo zuvor das Tor zur Begrüßung chinesischer Delegationen gestanden hatte, ein Unabhängigkeitstor errichten, ferner das Gästehaus zur Unterbringung chinesischer Gesandtschaften in eine Unabhängigkeitshalle umbauen. Besonders der Plan zum Bau des Unabhängigkeitstors fand enthusiastische Aufnahme und wurde von der Regierung unterstützt. Viele Bürger, hohe Beamte und die Königsfamilie spendeten Geld dafür. Schon im November konnte der Grundstein für das im Laufe eines Jahres fertiggestellte, an einen europäischen Triumphbogen erinnernde Tor gelegt werden. Das Tongnim-Mun (Unabhängigkeitstor) ist heute dank dem gleichnamigen Bahnhof der U-Bahn-Linie Nummer drei von Seoul gut zu erreichen. Die Unabhängigkeitshalle wurde im Mai 1897 eingeweiht und diente der Gesellschaft als Tagungsort.

Die Unabhängigkeitsbewegung beschränkte sich nicht auf symbolisch bedeutsame Gesten, sondern nahm auf die politische Entwicklung unmittelbar Einfluß. In der Frage einer Aufwertung von König und Reich mobilisierte sie die Öffentlichkeit. Und im Frühjahr 1898 organisierte die Unabhängigkeitsgesellschaft im Zentrum der Hauptstadt eine Massenkundgebung, auf der die Abberufung der russischen Berater sowie ein Verzicht auf weitere Konzessionen an ausländische Interessenten zur Ausbeutung koreanischer Bodenschätze gefordert wurde. Dabei geriet auch die bisherige Vergabepolitik der Regierung ins Kreuzfeuer scharfer Kritik.

Nicht zuletzt unter dem Druck dieser Versammlung hat die Regierung kurz darauf den Gesandten de Speyer beim Wort genommen und den Rückruf der russischen Berater verlangt. Aber die Regierung tat noch mehr: Sie beendete den Beratervertrag mit So Chae Pil und veranlaßte als Gegengewicht zur Unabhängigkeitsbewegung und willfähriges Regierungsinstrument die Gründung einer Kaiserlichen Gesellschaft (*Cheguk Hyophoe*).

Der Verlust von So Chae Pil und die Auseinandersetzungen mit der Regierung stürzten die Unabhängigkeitsgesellschaft zeitweilig in eine Krise. Die der Regierung nahestehenden Mitglieder zogen sich nun endgültig zurück, aber eine Reihe radikaler Aktivisten füllte die Lücken wieder auf. Unter ihnen war ein gewisser Yi Sung Man, der ein halbes Jahrhundert später der erste Staatspräsident von Südkorea werden sollte und im Westen unter seinem anglisierten Namen Syngman Rhee bekannt ist. Vorsitzender der reorganisierten Gesellschaft wurde Yun Chi Ho, ehemals Beamter im Erziehungsministerium, der europäische Staaten sowie Amerika besucht hatte.

Die Gesellschaft geißelte Mißstände in der Regierung und prangerte korrupte Amtsträger an. Immer deutlicher reklamierte sie eine Beteiligung an den Entscheidungsprozessen der Regierung. Kurz, sie benahm sich wie eine politische Partei. Als erstes Opfer ihrer Angriffe trat der Vizepräsident des Geheimen Staatsrats zurück. Danach schoß sich die Gesellschaft auf den Justizminister ein und verlangte gleich noch den Rücktritt fünf weiterer Minister. Um ihrer Forderung Nachdruck zu verleihen, organisierte die Unabhängigkeitsgesellschaft im Oktober 1898 eine Studentendemonstration vor dem Kaiserpalast. Die sechs Minister wurden entlassen.

Wenige Tage später präsentierten die Führer der Gesellschaft der Regierung einen Vorschlag zur Umwandlung des Geheimen Staatsrats in eine Beratende Versammlung, von deren fünfzig Mitgliedern die Hälfte gewählt werden sollte. Das war der erste Versuch in der Geschichte Koreas, so etwas wie eine gewählte Volksvertretung einzuführen.

Ende Oktober lud die Gesellschaft zu einer öffentlichen Versammlung ein, zu der tatsächlich mehrere Minister erschienen. Nach stundenlanger Diskussion einigte man sich auf eine Reihe von Grundsätzen, die an den Kaiser gerichtet waren und am 1. November 1898 in der Unabhängigkeitszeitung veröffentlicht wurden (zit. n. Ki-Baik Lee):

1. Amtsträger und Volk bestimmen, sich nicht von ausländischer Hilfe abhängig zu machen, sondern alles in ihren Kräften Stehende zu tun, um die kaiserlichen Vorrechte aufrechtzuerhalten, 2. Alle zwischen der koreanischen Regierung und Ausländern angefertigten Dokumente sollen von allen Staatsministern und dem Präsidenten des Geheimen Staatsrats unterzeichnet und gestempelt werden, 3. Niemand darf wegen eines Vergehens ohne öffentliches Gerichtsverfahren und Rechtsbeistand bestraft werden, 4. Das Recht zur Ernennung der Minister liegt beim König, aber nicht ernannt werden soll, wen das Kabinett mit Mehrheit mißbilligt, 5. Alle (öffentlichen) Einnahmequellen und Verfahren zur Steuererhebung sollen der Kontrolle des Finanzministeriums unterstellt werden, weder ein Ministerium oder Amt noch eine private Gesellschaft darf dies behindern, außerdem sollen jährliche Schätzungen und Bilanzen veröffentlicht werden, 6. Die bestehenden Gesetze und Vorschriften sind getreulich durchzuführen.

Inhaltlich liefen die Forderungen ebenso wie die früheren Bestrebungen auf die Herstellung einer konstitutionellen Monarchie und auf eine Begrenzung der staatlichen Allmacht und Willkür, also auf mehr Rechtsstaatlichkeit hinaus. Neu war die Betonung der nationalen Unabhängigkeit.

Kaiser Kojong, der sich schon im Juli bereitgefunden hatte, Yun Chi Ho und drei weitere Führer der Unabhängigkeitsgesellschaft zu Mitgliedern des Geheimen Staatsrats zu ernennen, schien auf die neuen Vorschläge einzugehen. Anfang November wurde die Reorganisation des Geheimen Staatsrats bekanntgegeben. Sein wahres Gesicht zeigte Kojong am 5. November, als die Regierung die Unabhängigkeitsgesellschaft für umstürzlerisch erklärte, ihre Auflösung verfügte und 17 ihrer Führer – Yun Chi Ho konnte untertauchen – verhaftete. Man warf ihnen vor, sie wollten die Monarchie abschaffen und in Korea eine Republik errichten.

Die Unabhängigkeitsbewegung, die gerade mit der Vorbereitung der Wahlen zum Geheimen Staatsrat beschäftigt gewesen war, reagierte mit tagelangen Protestdemonstrationen. Wieder gab die Regierung nach, ließ die Verhafteten frei und schickte einige Minister in die Verbannung. Als die Demonstrationen gleichwohl andauerten, wurden Schlägerbanden der Hausierergilde, die von der Kaiserlichen Gesellschaft mobilisiert worden waren, gegen die Demonstranten eingesetzt. Unter den Polizeikräften gab es zu viele Anhänger der Unabhängigkeitsbewegung. Die Hausierergilde, der straff organisierte Berufsverband der wandernden Händler, hatte in seiner fast zweihundertjährigen Geschichte stets ausgeholfen, wenn der König rief. Offiziell war die Gilde im Zuge der Kabo-Reformen zwar aufgelöst worden, doch der Zusammenhalt des Traditionsverbands war stark genug, um auch diesmal eine schlagkräftige Streitmacht zu bilden. Es kam zu erbitterten Straßenkämpfen mit den Anhängern der Unabhängigkeitsbewegung. Schließlich setzte die Regierung das ihr verbliebene Militär ein, um die Straßen zu räumen, und verbot alle weiteren Demonstrationen. Der Kaiser ordnete die Auflösung der Kaiserlichen Gesellschaft an und bekräftigte das Verbot der Unabhängigkeitsgesellschaft. Die Rädelsführer beider Seiten wurden festgenommen, darunter auch Syngman Rhee. Die Gefahr einer Revolution war abgewendet. Mit dem Ablauf des Jahres 1898 war die Unabhängigkeitsbewegung am Ende. Die Chance, die von ihr geweckten Energien im Volke für die Modernisierung des Landes und zur Erhaltung der staatlichen Unabhängigkeit zu nutzen, war vertan.

Verglichen mit dem von aufgeklärten Geistern aus der Oberschicht inszenierten Kapshin-Putsch oder den von Japan durchgesetzten Kabo-Reformen, aber auch anders als bei der von religiösem Eifer getragenen Tonghak-Bewegung war es So Chae Pil und seinen Freunden gelungen, breite Bevölkerungsschichten für eine zivile Reformbewegung zu mobilisieren, die das Zeug zu einer dauerhaften politischen Massenpartei hatte und sich anschickte, von der Hauptstadt allmählich auf die Provinz überzugreifen. Auch wenn die Unabhängigkeitsbewegung schließlich zerschlagen wurde, hat sie die politische Entwicklung Koreas doch ein großes Stück vorangebracht. Und sie hat den Koreanern das erste – und bis zum Neuanfang 1945 einzige – Experiment in Demokratie beschert.

Die morsche Ordnung des konfuzianischen Staates war zumindest äußerlich noch einmal hergestellt worden. Kojong hatte endlich seine Ruhe, nachdem 1898 auch der Taewon-Gun gestorben war. Das koreanische Kaiserreich erlebte die Jahrhundertwende im trügerischen Glanz moderner Errungenschaften: die ersten elektrischen Straßenbahnen fuhren 1899 durch die Hauptstadt, anno 1900 wurde mit der Fertigstellung einer modernen Eisenbahnbrücke über den Han die Bahnlinie nach Chemulpo eröffnet und der Postverkehr mit dem Ausland aufgenommen. Ab 1901 konnten sich in Hanyang Privathaushalte an das Stromnetz anschließen lassen. 1902 kamen die ersten modernen Banknoten in Verkehr. Die neuen Geldscheine hatten allerdings einen Schönheitsfehler: Sie stammten von der japanischen Daiichi Bank.

Das Geldinstitut war nur eine von zwanzig japanischen Bankniederlassungen in Korea. Mit dem Recht zur Ausgabe der neuen Banknoten hatte sie praktisch die Stellung der koreanischen Zentralbank erworben. Tatsächlich übte die Daiichi Bank bereits viele andere Funktionen einer Zentralbank aus: sie verwaltete die Zolleinnahmen und Regierungsanleihen, wickelte den Geldverkehr des Finanzministeriums ab und kaufte Edelmetalle wie Gold und Silber an.

Japans beherrschender Einfluß in Handel und Wirtschaft war seit dem Sieg über China trotz mancher Rückschläge unangefochten. China blieb zwar weiterhin ein wichtiger Handelspartner Koreas, aber ohne vergleichbaren politischen Einfluß. Und Rußland hatte wie die anderen westlichen Mächte nur an bestimmten Sektoren Interesse, nicht an einer systematischen Durchdringung der koreanischen Wirtschaft. Ein paar Zahlen und Beispiele mögen das verdeutlichen. Nach japanischen Unterlagen hatte Korea im Jahre 1900 nur drei ins Gewicht fallende Handelspartner: Japan, China und Rußland. In diesem Jahr bezog Korea mehr als 75 Prozent seiner Einfuhren aus Japan, weniger als 24 Prozent aus China und gut ein Prozent aus Rußland. Im Jahre 1896 waren in Korea 258 ausländische Firmen registriert, 210 davon waren japanisch. Seit den achtziger Jahren hatte sich Japan einen Großteil der Fischereirechte vor der koreanischen Küste gesichert, hier machten nur die Chinesen (an der Westküste) und die Russen (mit Walfangrechten an der Ostküste) Konkurrenz. Bei den Bergwerkskonzessionen gab es eine breitere Streuung. Rußland hatte sich 1896 eine Konzession zum Abbau von Steinkohle in der Provinz Hamgyong gesichert. Goldabbaurechte erwarben Amerika (1895 in der Provinz Pyongan), Rußland (1896 ebenfalls in Hamgyong-Do), Deutschland (1897 in der Provinz Kangwon), England (1898 auch in Pyongan-Do), Japan (1900 in der Provinz Chungchong) und Frankreich (1901 in Pyongan-Do).

Bis zur Jahrhundertwende war Japan zur führenden Wirtschaftsmacht in Korea aufgestiegen. Nun schickte es sich an, das Land auch politisch unter seine Kontrolle zu bringen. Der Boxeraufstand von 1900 in China hatte alle Mächte mit Interessen im Fernen Osten auf den Plan gerufen. Rußland hatte die Gelegenheit benutzt, die Mandschurei einschließlich der Liaotung-Halbinsel zu besetzen. Japan erwog einen Interessenausgleich und bot den Russen freie Hand in der Mandschurei gegen eigene Handlungsfreiheit in Korea an. Nach abschlägigem Bescheid aus Petersburg schloß Japan im Januar 1902 einen Vertrag mit Großbritannien, in dem beide Seiten die besonderen wirtschaftlichen und politischen Interessen in Korea beziehungsweise China anerkannten. Im Fall einer militärischen Intervention Englands in China oder Japans in Korea verpflichteten sich die Vertragsparteien zu gegenseitiger wohlwollender Neutralität und, falls eine dritte Partei eingreifen sollte, sogar zu gegenseitigem Beistand. Damit besaß Japan hinreichende Gewißheit, im Fall einer Intervention in Korea nur einen militärischen Gegner zu haben: Rußland.

Im Sommer 1903 nahmen Japan und Rußland noch einmal Verhandlungen miteinander auf, um ihre Interessengegensätze zu überbrücken. Tokio bestand auf gegenseitiger Handlungsfreiheit in bezug auf Korea und die Mandschurei. Petersburg forderte volle und exklusive Bewegungsfreiheit für Rußland in der Mandschurei, wollte Japan aber weiterhin nur begrenzte Rechte in Korea zugestehen. Besonders die Entsendung von Truppen bedürfe der vorherigen Mitteilung. Auch sollte das Gebiet nördlich des 39. Breitengrads zur neutralen Zone erklärt werden, die weder japanische noch russische Truppen betreten dürften.

Die Verhandlungen zogen sich bis Anfang Februar 1904 hin. Am 21. Januar hatte Hanyang in aller Form die Neutralität Koreas im Fall eines japanisch-russischen Konflikts bekräftigt. Aber Tokio war bereits entschlossen, im Streit mit Petersburg eine militärische Entscheidung herbeizuführen. Am 8. Februar schlug Japan los. Japanische Kriegsschiffe überfielen die in Port Arthur ankernde russische Fernostflotte. Gleichzeitig landeten japanische Truppen in Chemulpo (Inchon). Am folgenden Tag griff die japanische Marine die vor Chemulpo liegenden russischen Kriegsschiffe an. Ähnlich wie im japanisch-chinesischen Krieg folgte die förmliche Kriegserklärung erst nach Eröffnung der Kampfhandlungen am 10. Februar nach. Und genauso wie zehn Jahre früher begann auch dieser Krieg mit japanischen Überraschungssiegen.

Die in Chemulpo gelandeten Truppen waren sofort nach Hanyang weitermarschiert und hatten die strategisch wichtigen Positionen der Hauptstadt besetzt. Die Japaner nahmen unverzüglich »Verhandlungen« mit der koreanischen Regierung auf. Bereits am 23. Februar 1904 mußte der amtierende Außenminister Koreas ein Protokoll unterzeichnen, das den Rahmen der zukünftigen japanischen Herrschaft über das Kaiserreich Groß-Han absteckte. Artikel I verpflichtete Korea, zur »Verbesserung« seiner Verwaltung japanische »Beratung und Unterstützung« anzunehmen, also sich innenpolitisch hineinreden zu lassen. Nach Artikel IV mußte Korea den japanischen Streitkräften volle Unterstützung zukommen lassen und ihnen die Besetzung aller zur Abwendung einer »Bedrohung« durch Aggression von außen oder innere Unruhen für notwendig erachteten Lokalitäten gestatten. Das war der Freibrief zur zeitlich und räumlich unbegrenzten Besetzung. Andererseits war es Korea nicht gestattet, ausländische Hilfe – es sei denn von Japan – anzufordern. Damit wurde dem Staat die völkerrechtliche Selbständigkeit genommen. Unter diesen Umständen kam der japanischen Zusicherung in den Artikeln II und III, die Sicherheit des Kaiserhauses sowie die Unabhängigkeit und territoriale Unverletzlichkeit gewährleisten zu wollen, nur eine Beschwichtigungsfunktion zu: Diese durch die anderen Vertragsbestimmungen konterkarierten Floskeln sollten der koreanischen Regierung die Zustimmung zum Protokoll erleichtern und die Öffentlichkeit irreführen. Tatsächlich hielt sich der öffentliche Protest in Grenzen. Ein paar Bomben wurden geworfen, hohe Beamte verfaßten kritische Denkschriften an den Kaiser. Soweit man die Tragweite des Protokolls überhaupt erkannte, hoffte man wohl auf einen Sieg Rußlands.

Zugleich mit der Unterzeichnung des Protokolls zwang Japan die koreanische Regierung, sämtliche Verträge mit Rußland zu kündigen und alle Konzessionen zu widerrufen. Japan übernahm den Betrieb des gesamten Telegrafennetzes, beanspruchte volle Schiffahrtsrechte an den Küsten und auf den Flüssen und begann sogleich mit dem Bau der beiden strategisch wichtigen Eisenbahnlinien von Pusan nach Hanyang (Seoul) und von da nach Uiju am Unterlauf des Yalu. Zigtausende Koreaner wurden im Eiltempo und unter militärischer Aufsicht zum Eisenbahnbau gepreßt.

Im Mai 1904 beschloß die japanische Regierung ein Rahmenprogramm zur Durchführung der von Tokio beanspruchten politischen und militärischen »Schutzrechte« und zur Förderung seiner wirtschaftlichen Interessen in Korea: die Halbinsel solle auch nach einem Friedensschluß mit Rußland militärisch besetzt bleiben, auswärtige Beziehungen dürfe Hanyang hinfort nur mit der Zustimmung Tokios unterhalten, der koreanischen Regierung werden von Japan Berater für Auswärtiges und Finanzen zugeteilt, Japan wolle den Bau und den Betrieb aller wichtigen Bahn- und Telegrafenlinien selber übernehmen und sich weitere Bergbau-, Holzschlag- und Fischfangkonzessionen erteilen lassen, im übrigen sollten japanische Bauern zur Ansiedlung in Korea ermuntert werden.

Im August folgte eine Serie von »Vereinbarungen« mit der koreanischen Regierung. Danach wurden den Ministerien, der Polizei, dem kaiserlichen Hofamt japanische »Berater« zugeteilt. Die koreanischen Gesandten im Ausland wurden zurückgerufen und ihre Aufgaben den japanischen Auslandsvertretungen übertragen.

Im Dezember übernahm die japanische Gendarmerie, die ihrerseits dem Militär unterstellt war, die Aufsicht über die koreanische Polizei. Im Januar 1905 setzte Japan eine Währungs- und Finanzreform durch, die japanisches Geld zum gesetzlichen Zahlungsmittel in Korea machte. Im April übernahm es offiziell den Betrieb der Post-, Telefon- und Telegrafendienste.

Das Frühjahr 1905 brachte den Japanern den endgültigen Sieg über Rußland. Im Januar eroberten sie den russischen Marinestützpunkt Port Arthur. Im März besiegten die Japaner in einer großen Landschlacht bei Mukden (heute Shenyang) in der Mandschurei das russische Fernostheer. Im Mai schließlich vernichteten sie in der berühmten Seeschlacht von Tsushima die russische Ostseeflotte, die auf ihrer weiten Anreise von Europa den Umweg über Afrika hatte nehmen müssen, weil die – mit Japan verbündeten – Briten den Russen die Durchfahrt durch den Suezkanal verwehrt hatten. Damit war der japanisch-russische Krieg entschieden.

Gewitzt durch die Erfahrungen mit der Dreimächte-Intervention nach dem Sieg über China, verließ sich Japan diesmal nicht allein auf seine militärische Macht, sondern bemühte sich frühzeitig um eine diplomatische Absicherung der Ergebnisse des Krieges. Bereits im Januar 1905 hatte der japanische Gesandte in Washington Präsident Theodore Roosevelts uneingeschränkte Zustimmung zu Japans Koreaplänen erhalten. Roosevelt begrüßte sie als Gegengewicht zu den Expansionsbestrebungen des russischen Zarenreichs, außerdem hielt er die Koreaner für unfähig, sich gegen Japan zur Wehr zu setzen. Es kam noch ein anderer Gesichtspunkt hinzu. Im Juli besuchte der amerikanische Kriegsminister und spätere Präsident William H. Taft Tokio und vereinbarte mit dem japanischen Ministerpräsidenten Katsura ein diplomatisches Tauschgeschäft: Japan verzichtete auf Ambitionen in den Philippinen – die seit 1898 unter amerikanischer Oberhoheit standen – und bekam im Gegenzug freie Hand in Korea. In dem geheimen Taft-Katsura-Abkommen stellt der Amerikaner ausdrücklich fest, die »Herstellung einer Oberhoheit über Korea durch japanische Truppen in der Form, daß Korea ohne Zustimmung Japans keine auswärtigen Verträge eingehen wird«, sei das

»logische Ergebnis des gegenwärtigen Krieges« und »trüge unmittelbar zu einem dauerhaften Frieden im Osten bei«.

Als weitere Absicherungsmaßnahme kam Japan im August 1905 mit Großbritannien überein, als Gegenleistung für die gewünschte Handlungsfreiheit in Korea Londons Plänen in Indien nichts in den Weg zu stellen. Anders als noch 1902 war von der Unabhängigkeit und territorialen Unverletzlichkeit Koreas nicht mehr die Rede. England erkannte das Recht Japans an, in Korea alle »Maßnahmen der Beratung, Kontrolle und des Schutzes« zu ergreifen, die es zur Förderung seiner »überragenden politischen, militärischen und wirtschaftlichen Interessen für angemessen und notwendig erachtet«. Einziger Vorbehalt war, daß Japan nicht den Grundsatz gleicher Chancen für Handel und Industrie aller Länder in Korea verletzen dürfe. Diese Klausel bezweckte vor allem den Schutz der kommerziellen Interessen Englands in Korea.

Nun war Tokio bereit, den Kriegszustand mit Rußland zu beenden. Durch Vermittlung Präsident Roosevelts hatte eine japanische Delegation unter Führung von Außenminister Komura seit Juli Friedensverhandlungen mit den Russen geführt. In dem am 5. September 1905 unterzeichneten Vertrag von Portsmouth erkannte Rußland Japans »vorherrschende« Interessen in Korea an und versprach, gegen japanische »Schutzmaßnahmen« in Korea nicht zu intervenieren und auf jegliche Erwähnung einer koreanischen Souveränität in internationalen Verträgen zu verzichten. Japan trat in die Rechte aus dem russischen Pachtvertrag für Port Arthur und Talien ein und übernahm die russischen Eisenbahnkonzessionen samt Nebenrechten in der Mandschurei, während sich Rußland zum vollständigen Abzug seiner Truppen aus der Mandschurei verpflichten und obendrein die Südhälfte der Insel Sachalin an Japan abtreten mußte.

Japans Position als führende Großmacht in Ostasien war rundum anerkannt. Nun ging es daran, seine Stellung in Korea auszubauen. Als erstes setzte Japan eine Begrenzung der koreanischen Streitkräfte auf rund 8500 Mann einschließlich etwa 300 Offizieren durch. Zum Vergleich: die Mannschaftsstärke der japanischen Armee betrug um die 200000. Korea hatte keine Chance, sich Japan militärisch zu widersetzen. Gestützt auf seine Übermacht konnte Tokio so gut wie alle Forderungen durchsetzen.

Ende Oktober beschloß das Kabinett in Tokio den Entwurf eines

Protektoratsvertrags mit Korea und betraute Fürst Ito Hirobumi mit der Verhandlungsführung. Ito traf am 9. November in Hanyang ein. Doch empfing Kaiser Kojong den japanischen Sonderbotschafter erst am 15. November. Fast fünf Stunden lang rangen beide Seiten um Tokios Vertragsentwurf, ohne sich zu einigen. Kojong wollte wenigstens gewisse Formen staatlicher Unabhängigkeit bewahren und beanspruchte das Recht auf eigene diplomatische Vertretungen im Ausland, was Ito kategorisch ablehnte. Die nächste Aussprache fand mit Regierungsmitgliedern in der japanischen Gesandtschaft statt. Der amtierende Ministerpräsident Han Kyu Sol sprach sich entschieden dagegen aus, das seiner Souveränität schon weitgehend beraubte Land auch förmlich zum Protektorat zu machen. Einige Minister fürchteten um ihr Leben, falls sie den Vertrag unterschrieben. Dieses Treffen endete ebenfalls ergebnislos.

Die Zeitungen vom 17. November berichteten erstmals über die bis dahin geheimgehaltenen Verhandlungen. Das setzte Ito unter Zeitdruck, er mußte den Ausbruch von Protestdemonstrationen befürchten. Japanisches Militär exerzierte in einer unverfrorenen Machtdemonstration auf der Sejong-No, der breiten Aufmarschstraße zum alten Königspalast. Am Nachmittag tagte das Kabinett in Anwesenheit des Kaisers im Kyongun-Palast. Ministerpräsident Han und Außenminister Pak Che Sun rieten zur Ablehnung des Vertrags. Kojong zögerte, weil er die Japaner nicht provozieren wollte. Man kam zu keiner Entscheidung. Abends erschien Ito in Begleitung des kommandierenden Generals der japanischen Streitkräfte in Korea. Wieder verweigerte der Kaiser ihm die Audienz. Ito bestand nun darauf, jeden der sieben Minister einzeln zu befragen, und behauptete hinterher, eine Mehrheit von fünf hätte – zum Teil mit Änderungswünschen – zugestimmt. Nach japanischer Darstellung habe Kaiser Kojong die »Mehrheitsentscheidung« des Kabinetts schließlich gebilligt. Kojong hat das später bestritten. Der Vertrag wurde, nachdem Ito einige geringfügige Änderungen vorgenommen hatte, in der Nacht vom 17. auf den 18. November 1905 von Außenminister Pak und dem Gesandten Hayashi unterzeichnet.

Der Protektoratsvertrag bestand aus fünf Artikeln und einer Präambel. In der Präambel ist ein auf koreanischen Wunsch eingefügter Satz bedeutsam, der die unbegrenzte Vertragsgültigkeit wenigstens theoretisch relativiert, »bis der Augenblick kommt, zu dem erkannt wird, daß Korea nationale Stärke erlangt hat«. In Artikel I werden die auswärtigen Beziehungen Koreas der Leitung und Kontrolle des japanischen Außenministeriums unterstellt. Nach Artikel II verliert Korea das Recht zum Abschluß internationaler Verträge und tritt Japan in die Rechte und Pflichten aus den bestehenden Verträgen Koreas ein. Artikel III sieht die Stationierung eines japanischen Generalkommissars in der Hauptstadt und ihm unterstellter Kommissare in anderen für notwendig erachteten Orten, vor allem in den für den Handel mit dem Ausland geöffneten Hafenstädten vor. Der Generalkommissar sollte »in erster Linie« für die Unterhaltung der auswärtigen Beziehungen zuständig sein. Der koreanische Wunsch, durch einen Zusatz die Einmischung in die inneren Angelegenheiten auszuschließen, war von japanischer Seite ausdrücklich abgelehnt und nur mit dem scheinbaren Entgegenkommen des unverbindlichen »in erster Linie« beantwortet worden. Der Generalkommissar erhielt das Recht, auf seinen Wunsch jederzeit vom Kaiser in Privataudienz empfangen zu werden. Artikel IV bestimmt, daß frühere Abmachungen zwischen Japan und Korea nur insoweit in Kraft bleiben sollen, als sie diesem Vertrag nicht widersprechen. Artikel V war auf koreanischen Wunsch hinzugefügt worden und enthält eine Garantie der japanischen Regierung für Sicherheit und Würde des koreanischen Kaiserhauses.

Der Abschluß des Abkommens wurde erst verspätet am 23. November bekanntgegeben und löste zuerst in der Führungsschicht und alsbald auch in der Bevölkerung der Hauptstadt heftige Proteste aus. Ministerpräsident Han Kyu Sol trat zurück. Eine Flut von Denkschriften an den Thron – die traditionelle Form des Protests der konfuzianischen Gelehrten – verurteilte den Vertrag und verlangte schärfste Bestrafung für die »fünf Verräter«. Min Yong Hwan, Chefadjutant des Kaisers und einer der angesehensten Verwandten der ermordeten Königin Min, nahm sich das Leben und hinterließ ein flammendes Bekenntnis zur koreanischen Unabhängigkeit. Auch viele andere prominente Koreaner protestierten durch Selbstmord.

Die fünf Minister, die dem Vertrag zugestimmt hatten, erhielten japanische Leibwachen. Zwei von ihnen wurden trotzdem ermordet. Zwei anderen – darunter Pak Che Sun – steckte eine empörte Volksmenge ihre Häuser in Brand. Unbeirrt durch die öffentlichen Proteste teilte Japan allen Ländern, die Beziehungen zu Korea unterhielten, den Abschluß des Protektoratsvertrags mit. Daraufhin schlossen die auswärtigen Mächte nacheinander ihre Gesandtschaften in Hanyang, als erstes Amerika. Die entsprechende Verfügung von Außenminister Root datiert vom 24. November, also nur einen Tag nach der Bekanntgabe des Vertrags. Das koreanische Außenministerium wurde im Januar 1906 aufgelöst.

Fürst Ito, der erste Generalkommissar Japans in Korea, wurde mit einer für japanische Verhältnisse bis dahin einmaligen Machtfülle ausgestattet: er war unmittelbar dem Tenno, nicht dem Kabinett unterstellt, mußte seine Eingaben an den japanischen Kaiser allerdings je nach Angelegenheit über den Außenminister oder über den Ministerpräsidenten leiten. Dem Generalkommissar unterstanden die japanischen Truppen in Korea – damals anderthalb bis zwei Divisionen –, die Polizei und alle sonstigen Bediensteten der Besatzungsmacht einschließlich der den koreanischen Ministerien und sonstigen Dienststellen zugewiesenen Berater. Er konnte im eigenen Namen Verordnungen erlassen samt Strafbestimmungen zu ihrer Durchsetzung. Aus japanischer Sicht war der Generalkommissar für die Aufrechterhaltung von Ruhe und Ordnung in Korea verantwortlich und auch berechtigt, in innere Verwaltungsangelegenheiten einzugreifen, sofern ihm dies »zur Erfüllung seiner vertraglichen Verantwortung« notwendig erschien. Dies ergab sich nicht nur aus dem Protektoratsvertrag, sondern auch aus allen früheren Vereinbarungen, aus denen sich japanische Befugnisse in Korea ableiten ließen. Irgendwelche inhaltlichen Kompetenzbeschränkungen gab es nicht. Der Generalkommissar war fortan der eigentliche Herrscher in Korea.

Es ist üblich, den Beginn der japanischen Kolonialherrschaft in Korea auf 1910 zu datieren. In diesem Jahr hat Japan die koreanische Halbinsel annektiert mit der Absicht, sie allmählich so zu assimilieren, daß sie ein voller Bestandteil des japanischen Kaiserreichs werden würde. Japanische Kolonie aber ist Korea schon durch den Protektoratsvertrag von 1905 geworden.

Provinz Chosen

Fürst Ito hatte nicht gezögert, Kaiser Kojong und seine Regierung sehr direkt unter Druck zu setzen, um sein Verhandlungsziel durchzusetzen. Als Generalkommissar bemühte er sich hingegen, seine Regierungsgewalt nach Möglichkeit auf indirekte Weise auszuüben, also Koreaner vorzuschieben; ausgenommen in den Bereichen auswärtige Beziehungen, öffentliche Verkehrssysteme sowie Militärwesen, die unmittelbar von Japanern verwaltet wurden.

Ito beließ die koreanischen Minister im Amt. Einen Wechsel gab es nur an der Spitze; die Amtsgeschäfte des zurückgetretenen Ministerpräsidenten Han Kyu Sol wurden von Außenminister Pak Che Sun weitergeführt. Nach der Auflösung seines Ministeriums wurde Pak hauptamtlicher Regierungschef.

Der koreanische Kaiser hat vor und nach dem Abschluß des Protektoratsvertrags immer wieder versucht, auswärtige Hilfe gegen Japan zu mobilisieren. Im März 1905 berichtete der japanische Konsul in Shanghai, daß der dortige russische Gesandte einen vertraulichen Brief von Kojong erhalten habe. Im Oktober überbrachte der amerikanische Missionar Homer B. Hulbert seiner Regierung einen an Präsident Roosevelt gerichteten Brief Kojongs. Roosevelt lehnte es ab, Hulbert zu empfangen. Aber seine Tochter Alixe nahm eine Einladung an, auf ihrer Weltreise Korea zu besuchen, und wurde bei Hof mit größten Ehren empfangen. Ein kaiserlicher Abgesandter fiel bei der Abreise nach China, wo er um Beistand gegen Japan nachsuchen sollte, den Japanern in die Hände. Im Dezember reiste der letzte koreanische Gesandte in Frankreich nach Washington. Er wurde zwar vom amerikanischen Außenminister Elihu Root empfangen, konnte aber nichts für sein Land erreichen. Syngman Rhee reiste ebenfalls vergeblich mit einem kaiserlichen Hilferuf nach Amerika.

Im Januar/Februar 1906 druckten zwei Zeitungen – die englischsprachige *Korean Daily News* und die koreanische *Taehan Maeil Shinbo*, die beide von dem britischen Staatsbürger E. T. Bethell herausgegeben wurden – einen Brief von Kaiser Kojong, in dem dieser bestritt, den Protektoratsvertrag unterschrieben oder in irgend einer Form gebilligt zu haben, und die Stationierung eines japanischen Generalkommissars sowie die japanische Einmischung in Koreas innere Angelegenheiten als rechtswidrig bezeichnete. Nach den Erläuterungen der Redaktion soll es sich um eine Kopie des Briefs an Präsident Roosevelt gehandelt haben. Von den Japanern zur Rede gestellt, hat Kojong die Authentizität des Briefs zwar entschieden abgestritten, doch muß das unter den gegebenen Umständen nicht viel bedeuten. Die Japaner haben ihm wohl kaum geglaubt; sie verschärften nach diesem Vorfall ihre Kontrolle über die kaiserlichen Finanzen, um den Spielraum Kojongs für antijapanische Aktionen so weit wie möglich einzuschränken.

Internationales Aufsehen erregte eine andere Initiative des Kaisers: die heimliche Entsendung einer Delegation zur zweiten Haager Friedenskonferenz im Jahre 1907, auf der 47 Staaten vertreten waren. Der schon genannte Amerikaner Hulbert fungierte als Berater. Am 27. Juni präsentierten drei Koreaner – Yi Sang Sul, ehemaliger stellvertretender Ministerpräsident, Exrichter Yi Chun sowie Yi Wi Jong, vormals Sekretär an der koreanischen Gesandtschaft in Petersburg – ihre mit Unterschrift und Siegel Kojongs versehenen Beglaubigungsschreiben. Doch der Vorsitzende, ein Russe, verweigerte ihnen die Zulassung zur Konferenz, da Korea die Berechtigung verloren habe, im eigenen Namen auswärtige Beziehungen zu unterhalten. Rußland verhandelte zu dieser Zeit mit Japan über die Regelung ihrer konkurrierenden Interessen im Fernen Osten. Die Koreaner besuchten reihum die Delegationen der anderen Teilnehmerstaaten, aber niemand war bereit, sich für sie einzusetzen. Koreas Entmündigung war international sanktioniert.

Die in Den Haag öffentlich formulierte Kritik an Japans Kolonialpolitik gegenüber Korea und die dadurch ausgelösten Presseberichte in Europa und Amerika berührten Tokio äußerst peinlich. Die japanische Regierung beschloß, den Vorfall zum Anlaß zu nehmen, um nun auch in den inneren Angelegenheiten Koreas die direkte Regierungsgewalt zu übernehmen. Außenminister Hayashi wurde nach Hanyang geschickt, um Generalkommissar Ito bei der Durchsetzung entsprechender »Vereinbarungen« den Rücken zu stärken.

Ito fand auf koreanischer Seite Helfershelfer. Das kürzlich umgebildete Kabinett war nicht gut auf Kaiser Kojong zu sprechen. Der neue Ministerpräsident Yi Wan Yong hatte als Minister den Protektoratsvertrag von 1905 befürwortet. Zu seinen Kabinettskollegen gehörte Song Pyong Jun, ein Führer der *Ilchin-Hoe* oder Fortschrittsgesellschaft, einer einflußreichen projapanischen Organisation. Das Kabinett sah in der Haag-Affäre eine günstige Gelegenheit, um Kojong zur Abdankung zu zwingen. Noch vor dem Eintreffen des japanischen Außenministers forderte es den Kaiser auf, zugunsten des Kronprinzen auf den Thron zu verzichten, um eine »nationale Krise« abzuwenden. Kojong lehnte entrüstet ab, fand sich aber am 19. Juli 1907 bereit, einen Erlaß zu unterzeichnen, in dem der Kronprinz angewiesen wurde, anstelle des Kaisers zu handeln. Doch Kojong verstand darunter keine Abdankung.

Die koreanische Regierung – und mit ihr der japanische Generalkommissar – setzte sich über den kaiserlichen Vorbehalt souverän hinweg und beraumte für den folgenden Tag die Einsetzungszeremonie des 34 Jahre alten neuen Kaisers Sunjong an. Die Gerüchte von einer erzwungenen Abdankung des Kaisers lösten heftige Protestdemonstrationen aus. Es kam zu zahlreichen Zusammenstößen mit japanischer Polizei und Militär, woran sich auch koreanische Soldaten auf seiten der Demonstranten beteiligten.

Nachdem auf diese Weise vollendete Tatsachen geschaffen worden waren, gab Kojong seinen Widerstand auf und akzeptierte seinen Sohn als neuen Kaiser.

Während seiner langen Regierungszeit hatte er es oft an Entschlossenheit und Konsequenz fehlen lassen. Wie sehr Kojong zumindest in den letzten Jahren ein Bollwerk gegen die japanische Fremdherrschaft gewesen war, zeigte sich nach seinem Abgang: Der Vertragsentwurf, der den Japanern die Übernahme der direkten Regierungsgewalt einräumte, wurde am 24. Juli 1907 ohne Widerspruch von Ministerpräsident Yi Wan Yong unterzeichnet und von Kaiser Sunjong gebilligt. Mit dem Vertrag unterwarf sich die koreanische Regierung pauschal den Anweisungen des japanischen Generalkommissars und verpflichtete sich, die von ihm vorgeschlagenen Personen in den Staatsdienst zu übernehmen. Nach den gleichzeitig unterzeichneten Ausführungsbestimmungen hatte das zur Folge, daß in sämtliche Ministerien Japaner als Staatssekretäre berufen wurden. Das Amt des Kabinettchefs ebenso wie das des Leiters der polizeilichen Abteilung des Innenministeriums und andere Schlüsselpositionen waren mit Japanern zu besetzen. Ferner nahm Japan fast den gesamten Justizapparat in eigene Regie: die gut hundert Amtsgerichte und acht Landgerichte bekamen japanische Richter und Staatsanwälte.

Die Auflösung der koreanischen Streitkräfte vollzog sich nicht ganz reibungslos. Nach dem Selbstmord eines ihrer Kommandeure meuterten die Soldaten der beiden kaiserlichen Wachbataillone und lieferten den Japanern erbitterte Straßenkämpfe. Auch auf der Insel Kanghwa meuterten die dort stationierten Soldaten. Und in Wonsan kam ein ganzes Regiment dem Auflösungsbefehl zuvor und flüchtete in die Berge. Bis Anfang September war es den Japanern gelungen, alle regulären Einheiten der koreanischen Streitkräfte aufzulösen und die meisten Waffen einzuziehen. Allerdings schlug sich ein Großteil der ausgemusterten Soldaten zu den Partisanen in den Bergen – den Uibyong oder rechtschaffenen Kriegern –, die den Japanern noch zu schaffen machen sollten.

Nachdem die Armee zerschlagen war, machten sich die Japaner daran, auch die ehrwürdigste Institution Koreas nach ihren Vorstellungen umzugestalten: das Kaiserhaus. Zu seiner Krönung Ende August wurde Kaiser Sunjong in neue Gewänder gesteckt und ihm der traditionelle Haarknoten – für konservative Koreaner das Symbol konfuzianischer Tradition – abgeschnitten. Das Krönungszeremoniell wurde stark vereinfacht. Und statt der alten Hofmusik spielte eine moderne Militärkapelle europäische Weisen.

Im November 1907 wurde Kaiser Sunjong von seinem Vater getrennt und mußte in den Changdok-Palast umziehen. Im Changdok-Kung, der wohl prächtigsten unter den heute noch erhaltenen oder restaurierten Palastanlagen von Seoul, hatten die Könige von Choson jahrhundertelang residiert, bevor auf Geheiß des Taewon-Gun der Kyongbok-Palast als königliche Residenz wiederhergerichtet worden war. Exkaiser Kojong blieb nun allein im Kyongun-Palast zurück, der bei dieser Gelegenheit in Toksu-Gung umgenannt wurde. So heißt er noch heute.

Auf dem Feld der Außenpolitik hatte Tokios Diplomatie derweil die letzte auswärtige Bedrohung für eine unbehinderte Verfolgung ihrer Interessen auf der koreanischen Halbinsel beseitigen können: Am 30. Juli 1907 unterzeichneten der russische Außenminister A. P. Iswolskij und der japanische Gesandte in Petersburg, Motono Ichiro, ein Geheimabkommen, das gemäß seiner Präambel alle Mißverständnisse und möglichen Streitpunkte zwischen Rußland und Japan in bezug auf Korea, die Mandschurei und – ein neues Thema zwischen Tokio und Petersburg – die Mongolei ausräumen sollte. In Artikel II des Abkommens erkannte Rußland alle zu diesem Zeitpunkt bestehenden vertraglichen Vereinbarungen zwischen Japan und Korea an. Nun hatte Tokio endlich den seit langem begehrten russischen Freibrief für sein Vorgehen in Korea erhalten.

Daß Japan nach dem Sieg über Rußland innerhalb kurzer Zeit Korea zu seiner Kolonie machen konnte, hat neben den politischen Ursachen einen weiteren Grund, der in vielen koreanischen Darstellungen stark heruntergespielt wird, aber in den kritischen Jahren zwischen 1905 und 1910 eine gewichtige Rolle gespielt hat: die Bereitschaft einer erstaunlich großen Zahl Koreaner zur Kollaboration. Heutzutage wird gern der Eindruck erweckt, als hätten alle Koreaner die Japaner stets gehaßt. Davon kann überhaupt keine Rede sein. Seit der erfolgreichen Modernisierung durch die Meiji-Reformen ab 1868 war das benachbarte Inselreich für viele Koreaner das große Vorbild. Man wünschte sich Japan als Verbündeten sowohl gegen die westlichen Kolonialmächte als auch gegen die eigene unfähige, rückständige oder korrupte Regierung. Als Japan seine neugewonnenen Fähigkeiten ganz egoistisch gegen Korea einzusetzen begann, wandten sich naturgemäß viele der ehemaligen Bewunderer von ihm ab. Andere glaubten trotz der Enttäuschung weiterhin, daß eine nachhaltige Modernisierung Koreas nur im Zusammenspiel mit Japan zu verwirklichen sei. Anhänger dieser Denkschule waren bereit, dafür auch eine zeitweilige Unterwerfung unter Japan hinzunehmen – offenbar in der Erwartung, daß man sich später wieder würde freimachen können. Daneben gab es – und dies ist die unerfreuliche und aus heutiger Sicht beschämende Seite der Kollaboration – eine höchst beachtliche Zahl Koreaner, die schlicht ihren persönlichen Vorteil wahrnahmen und mit den Japanern zusammenarbeiteten.

Das Ausmaß dieser Kollaboration soll kurz dargestellt werden. In der Zeit von 1905 bis 1910 sind die schon kurz erwähnte Ilchin-Hoe oder Fortschrittsgesellschaft und ihre beiden Führer Song Pyong Jun und Yi Yong Gu zu nennen. Die Ilchin-Hoe wurde 1904 mit japanischer Unterstützung von Song Pyong Jun gegründet.

Ihr schloß sich bald ein Flügel der ansonsten überwiegend antijapanischen Tonghak-Bewegung an. Durch dessen Zehntausende Anhänger unter Führung des projapanischen Yi Yong Gu erhielt die Ilchin-Hoe, deren von Song rekrutierte Mitglieder vorwiegend aus der hauptstädtischen Aufsteigerschicht stammten, ihre ländliche Massenbasis. Song und Yi führten die Ilchin-Hoe nun gemeinsam, doch blieb Song der entscheidende Verbindungsmann zu Japan. Dieser pflegte enge Beziehungen zu dem rechtsradikalen Drahtzieher Uchida Ryohei, dem Vorsitzenden der ultranationalen *Kokuryu-Kai* (Gesellschaft des schwarzen Drachen, oft auch Amur-Gesellschaft genannt). Uchida verschaffte der Ilchin-Hoe eine üppige Geldspende und wurde ihr ständiger »Berater«.

Die erste große Aktion der Ilchin-Hoe war die Mobilisierung von rund 270000 Arbeitern für den ab Herbst 1904 forcierten Eisenbahnbau im Norden Koreas und später in der Mandschurei. Politisch trat die Gesellschaft, deren Mitglieder kurzgeschnittene Haare trugen, um ihre reformerische Grundhaltung zum Ausdruck zu bringen, durch eine Flut von Erklärungen – die zum Teil von Uchida stammten – und die Veranstaltung von Massenversammlungen hervor. Sie gab eine eigene Zeitung heraus, die *Kungmin Shinbo* (Nationalzeitung). An politischen Kampagnen sind vor allem drei zu nennen: 1905 zur Propagierung des Protektoratsvertrags mit Japan, 1907 mit dem Ziel, Kaiser Kojong zur Abdankung zu bewegen, und 1910 zur Unterstützung der Annexion Koreas durch Japan, die als »Zusammenschluß« der beiden Länder verbrämt wurde. Die Ilchin-Hoe hat sich auch in unzählige politische Streitfragen von geringerer Bedeutung eingemischt und war nicht zimperlich im Einsatz ihrer Mittel.

Ihr Verhältnis zur Regierung war zum Teil widersprüchlich. Das Kabinett von Pak Che Sun wurde von ihr oft kritisiert. Unter Ministerpräsident Yi Wan Yong zog Song Pyong Jun 1907 als Minister für Landwirtschaft, Handel und Industrie ins Kabinett ein.

Die Beziehungen zu den japanischen Dienststellen in Korea waren ähnlich gespalten wie diese selber: Anfangs war die Ilchin-Hoe – von Uchida Ryohei einmal abgesehen – vom japanischen Militär finanziell unterstützt worden. Seit Anfang 1907 aber wurde die Gesellschaft vom Generalkommissariat subventioniert. Gleichwohl nahm die Ilchin-Hoe auf Betreiben Uchidas ab Herbst 1908 eine kritische Haltung gegenüber Generalkommissar Ito ein, den sie als Hemmnis für eine zügige Annexion ansah. Song sollte, um eine Abberufung Itos zu erreichen, durch Rücktritt von seinem Ministeramt eine Kabinettskrise auslösen. Statt dessen akzeptierte er den ihm von Ito angebotenen Posten des Innenministers. Nachdem die Annexion vollzogen war, verfügten die Japaner selber die Auflösung der Ilchin-Hoe. Die Gesellschaft hatte ihren Zweck erfüllt.

Nach japanischen Unterlagen hatten die Organisation und ihre rund hundert Untergliederungen zuletzt mehr als 140000 Mitglieder. Zu ihren besten Zeiten sollen es sogar über eine Million gewesen sein. Die Ilchin-Hoe war die größte und einflußreichste koreanische Massenorganisation ihrer Zeit. Und gemessen an der damaligen Gesamtbevölkerung von etwa zehn Millionen Menschen bleibt es erstaunlich, wie viele Koreaner sich für Japan einspannen ließen.

Yi Yong Gu, der andere bedeutende Führer der Ilchin-Hoe, hat aus Verbitterung über die Zwangsauflösung der Gesellschaft einen Titel, den ihm die Japaner verleihen wollten, und eine hohe Geldspende ausgeschlagen. Laut Aussage seines Sohnes soll Yi, bevor er 1912 in Tokio starb, gesagt haben, »Ich war einer der verdammtesten Idioten der Welt. Ich bin scheinbar doch hereingelegt worden.«

Aber nicht nur die Kollaboration mit den Japanern, auch der Widerstand der Koreaner gegen die fremde Herrschaft erlebte in den ersten fünf Besatzungsjahren einen Aufschwung. Der Protest gegen den Protektoratsvertrag von 1905 hatte sich zunächst auf die Hauptstadt beschränkt. Im folgenden Jahr kam es auch in der Provinz zu bewaffneten Zusammenstößen mit den Japanern. Die Uibyong probten den Aufstand gegen die Kolonialherren. Min Chong Shik, vormals hoher Regierungsbeamter, organisierte in Chungchong-Do ungefähr fünfhundert bewaffnete Partisanen und hielt zeitweise die Stadt Hongsong und das umliegende Gebiet besetzt. Choe Ik Hyon, jener konfuzianische Gelehrte, der 1876 gegen den Vertrag von Kanghwa-Do gewettert hatte, erhob sich mit 4500 Widerstandskämpfern in der Provinz Cholla. Ein drittes Widerstandsnest entstand unter Führung von Shin Ul Sok, einem niederen Beamten, in Kyongsang-Do. Seine etwa 1000 Mann starke Truppe setzte den Japanern bis ins Jahr 1907 hinein zu.

Die Zwangsauflösung der koreanischen Armee im Herbst 1907

hatte den Uibyong neuen Zulauf gebracht. Die Überfälle auf japanische Einrichtungen und die bewaffneten Zusammenstöße mit den Besatzungstruppen und der Polizei nahmen sprunghaft zu. Allein für die Monate August bis Dezember 1907 verzeichnet die japanische Sicherheitsstatistik »Feindberührung« mit über 44 000 koreanischen Aufständischen. 1908 schwillt die Zahl auf fast 70 000 an, um im folgenden Jahr auf weniger als 26 000 zurückzufallen. 1910 sind es nur noch unter 20 000. Der Höhepunkt des koreanischen Widerstands war im Sommer 1908 überschritten worden.

Auf die Dauer hatten sich die nur sehr primitiv bewaffneten Uibyong gegen die bestens ausgestatteten und systematisch ausgebildeten japanischen Truppen nicht behaupten können. Wie groß das Ungleichgewicht war, läßt sich wiederum an den statistischen Aufzeichnungen der Japaner ablesen. Von 1906 bis 1910 wurden in diesen Kämpfen fast 18 000 Koreaner getötet, während in derselben Zeitspanne nur 136 Japaner ihr Leben verloren. Die hohe Zahl der koreanischen Opfer zeigt auch, mit welcher Härte die Japaner vorgingen. Es wurden kaum Gefangene gemacht. Ganze Dörfer wurden niedergebrannt, wenn der Verdacht bestand, daß man dort den Partisanen geholfen hatte. Das japanische Militär machte auch vor Missionsschulen und christlichen Kirchen nicht halt, wenn sich Schüler oder Gemeindemitglieder an antijapanischen Aktionen beteiligt hatten. Berichte über die Grausamkeit des japanischen Vorgehens veranlaßten seinerzeit sogar die britische Regierung zu amtlichen Nachforschungen.

Zu den spektakulären Einzelaktionen der Widerständler gehört das Attentat auf den bereits abgetretenen Generalkommissar Ito. Am 26. Oktober 1909 erschoß der Koreaner An Chung Gun auf dem Bahnhof von Harbin in der Mandschurei Fürst Ito Hirobumi. Zum Staatsbegräbnis in Tokio schickten Kaiserhaus und Regierung Koreas Abgesandte. An Chung Gun war ein junger Patriot aus der Provinz Hwanghae und auf den Namen Thomas katholisch getauft. Er wurde noch am Tatort verhaftet, vor Gericht gestellt, zum Tode verurteilt und 1910, dem Jahr der Annexion Koreas durch Japan, hingerichtet. An Chung Gun wird heute noch in ganz Korea als Nationalheld verehrt. Auf dem Nam-San in Seoul ist ihm eine Gedächtnishalle gewidmet.

Die Annexion Koreas wurde von Japan sorgfältig vorbereitet.

Die förmliche Entscheidung dazu hatte die Regierung in Tokio bereits am 9. Juli 1909 getroffen, wobei der genaue Zeitpunkt offengelassen wurde. Ein Jahr später verabschiedete das Kabinett die Entwürfe des Annexionsvertrags und der damit verbundenen Erlasse und Verordnungen. Natürlich wurde das alles zunächst geheimgehalten.

Ende Mai 1910 ernannte das Kabinett Kriegsminister Terauchi zum neuen Generalkommissar für Korea und erteilte ihm den Auftrag, die Annexion durchzuführen. Terauchi traf Ende Juli in Korea ein. Die japanische Militärpolizei – die gefürchtete *Kempei-Tai* – patrouillierte die Straßen der Hauptstadt, auch in der Provinz wurden die Sicherheitsvorkehrungen verschärft. Nach nur einwöchigen Geheimverhandlungen setzte Ministerpräsident Yi Wan Yong am 22. August 1910 seine Unterschrift unter den Annexionsvertrag. Terauchi unterschrieb für Japan.

In dem nur acht Paragraphen umfassenden Abkommen übertrug der Kaiser von Groß-Han alle koreanischen Souveränitätsrechte dem japanischen Tenno und akzeptierte die Zurückstufung der Yi-Kaiser auf den Rang von Königen sowie die Wiedereinführung des Namens Choson anstelle von Groß-Han. Japan gelobte, die königliche Familie, Hofbeamte und andere verdiente Koreaner ehrenvoll und angemessen zu versorgen. Es übernahm die gesamte Regierungsgewalt mit einem japanischen Gouverneur als höchster Autorität. Alle Verträge Koreas mit anderen Ländern verloren ihre Gültigkeit – eine Regelung von weitgehend deklaratorischer Bedeutung, da Korea seine außenpolitische Souveränität schon mit dem Vertrag von 1905 eingebüßt hatte –, während der Geltungsbereich der von Japan mit Drittländern abgeschlossenen Verträge sich hinfort auch auf Korea erstrecken sollte.

Korea war praktisch zur japanischen Provinz Chosen geworden – gemäß der japanischen Aussprache der chinesischen Schriftzeichen für Choson –, allerdings einer Provinz minderen Rechts, denn die japanische Verfassung galt nicht für Chosen, zwar wurden die Koreaner im Außenverhältnis fortan als japanische Staatsangehörige angesehen, hatten aber nicht dieselben Rechte. Sie waren »Japaner zweiter Klasse«.

Die Betroffenen erhielten von der neuen Lage mit einiger Verspätung am 29. August durch eine Proklamation Kaiser Sunjongs Kenntnis, in der dieser seinem Volk die »Verschmelzung« Koreas mit Japan und den Verzicht auf seinen Thron eröffnete. Am selben Tag wurde der bisherige Generalkommissar Terauchi zu Japans erstem Gouverneur von Chosen ernannt. Unmittelbar nach Unterzeichnung des Annexionsvertrags, aber vor seiner Bekanntgabe, waren alle Versammlungen verboten, alle Redaktionen koreanischer Tageszeitungen und Zeitschriften geschlossen und alle politischen Vereinigungen aufgelöst worden, einschließlich der projapanischen Ilchin-Hoe – sie hatte ihre Nützlichkeit überlebt, man brauchte sie nicht mehr. Alle polizeibekannten Japankritiker waren entweder festgenommen worden oder wurden unter ständige Polizeibeobachtung gestellt. So gab es in dieser Schicksalsstunde Koreas kaum offenen Widerstand, nur noch Resignation bis hin zu einigen Selbstmorden. Ein Großteil der Oberschicht aber arrangierte sich mit den japanischen Machthabern: 70 von 76 Koreanern, denen japanische Adelstitel mit entsprechenden Bezügen angeboten wurden, akzeptierten. Tausende von Yangban nahmen japanische Abfindungen an. Außerdem gewährten die Japaner aus Anlaß der Annexion fast 80 000 verdienten oder bedürftigen Koreanern – ausgewählten alten Leuten über Sechzig, Witwen und Waisen, pflichtbewußten Söhnen und Töchtern und tugendhaften Ehefrauen – genau abgestufte Geldgeschenke. Exkaiser Sunjong, letzter von 27 Monarchen der Yi-Dynastie, der den japanischen Titel eines Prinzen vom Shotoku-Palast erhielt, hatte vor allem die Sorge, daß sein Hofstaat nicht verkleinert und die von Japan zu zahlende Apanage nicht gekürzt werden würde.

Den in Korea lebenden Ausländern brachte die Annexion den Verlust ihrer bisherigen Exterritorialität. Sie wurden ebenso wie in Japan lebende Ausländer der japanischen Gerichtsbarkeit unterstellt, nachdem es Tokio endlich gelungen war, seine ungleichen Verträge mit dem Ausland zu revidieren. Ansonsten änderte sich wenig. Die geltenden Zollsätze für den Handel zwischen Korea und dem Ausland wurden für weitere zehn Jahre garantiert. Viele Ausländer begrüßten, daß in Korea nun »geordnete Verhältnisse« einziehen würden.

Japans Kolonialverwaltung in Korea zeichnete sich von Anfang an durch brutale Effizienz aus. Die wirtschaftliche Erschließung und Entwicklung des Landes diente der optimalen Ausbeutung im Interesse Japans. Sie war also nicht Selbstzweck, sondern Nebenprodukt egoistischer Ziele. Das mag aus heutiger Sicht als Selbstverständlichkeit erscheinen, bedarf aber der ausdrücklichen Klarstellung, weil viele ausländische Beobachter jener Zeit Japan sehr unkritisch als eine Art Wohltäter Koreas dargestellt haben. Eine rühmliche Ausnahme bildet die unter dem Titel *Modern Korea* 1944 in New York veröffentlichte Untersuchung von Andrew J. Grajdanzev. Der Autor verweist anhand einer Fülle von Daten überzeugend nach, daß Japans Entwicklungspolitik in Korea bis hin zur späteren Integrierung in die japanische Kriegswirtschaft ganz und gar auf japanische Interessen ausgerichtet war.

Rund vierzig Jahre japanischer Kolonialherrschaft haben in Korea aber auch Maßstäbe gesetzt, denen sich viele Koreaner bis heute nicht entziehen können. Die beiden Staaten, die sich nach 1945 auf koreanischem Boden gebildet haben, sind entweder im bewußten Kontrast zum japanischen Staatsapparat in Korea entstanden oder in mehr oder weniger bewußter Nachahmung. Das »Modell Japan« hat – im guten wie im bösen – eine prägende Wirkung entfaltet, die auch heute noch auf Schritt und Tritt zu spüren ist. Das gilt naturgemäß in stärkerem Maße für Südkorea, dessen Beziehungen zu Japan – vor allem wegen der Zugehörigkeit zum selben politischen Lager im Sinne des Ost-West-Konflikts – sehr viel intensiver sind, als im Fall Nordkoreas. Aber auch im Norden ist die ältere Generation unter japanischer Herrschaft aufgewachsen. Sie hat ihre politischen Auffassungen in der Auseinandersetzung mit Japan geformt. Erst das Vorrücken der Nachkriegsgeneration, die den Japanern sehr viel unbefangener gegenübertritt, in die Führungspositionen schafft hier allmählich neue Verhältnisse.

Oberste Ziele des japanischen Polizei- und Militärregimes waren die Sicherung von Ruhe und Ordnung – selbst in den Schulen trugen die japanischen Lehrer Uniform und Säbel –, die wirtschaftliche Ausbeutung des Landes und die kulturelle Assimilierung der Bevölkerung.

Eine wichtige Stütze der japanischen Kolonialverwaltung waren die Einwanderer aus Japan. Ihre Zahl hatte von 15 000 um die Jahrhundertwende bis 1905 auf über 42 000 zugenommen und vervierfachte sich in den fünf Jahren bis 1910 auf fast 172 000. Im folgenden Jahrzehnt verdoppelte sich diese Zahl nahezu, und 1940 erreichte die Quote der Japaner in Korea mit gut 708 000 oder 3,2 Prozent der Gesamtbevölkerung ihren Höhepunkt. Zum

Zeitpunkt der Befreiung Koreas am 15. August 1945 lebten rund 700000 Japaner im Land.

Ein anderer bedeutender Faktor war Landbesitz. Unmittelbar nach der Annexion hatte die japanische Kolonialverwaltung ein Landvermessungsamt eingerichtet. Zwei Jahre darauf schrieb ein Landvermessungsgesetz die Anmeldung und Spezifizierung aller Grund- und Bodenrechte innerhalb einer bestimmten Frist vor. Wer dieser Pflicht nicht nachkam oder die Frist versäumte, dessen Land verfiel dem Staat. Viele koreanische Bauern verloren auf diese üble Weise ihren Boden. Das hat viel böses Blut gemacht. Außerdem hatte Tokio aufgrund des Annexionsvertrags alle staatlichen Ländereien, den gesamten Landbesitz des Königshauses und alle staatlichen Sondervermögen wie Forstverwaltung, Post oder Bahn zu japanischem Besitz erklärt. 1930 besaß die japanische Kolonialverwaltung bereits 40 Prozent der gesamten Landfläche Koreas.

Beschäftigte die Kolonialverwaltung um 1910 etwa 15000 Personen, ohne Militär, aber einschließlich der Polizei, war ihre Zahl 1916 bereits auf über 42000 angewachsen, darunter mehr als 23000 oder rund 55 Prozent Japaner. Für 1936 sind fast 80000 öffentliche Bedienstete ausgewiesen, davon mehr als 52000 oder 59 Prozent Japaner, deren Zahl bis zur Befreiung auf rund 70000 anstieg. Zu Beginn der japanischen Kolonialherrschaft hatten die Koreaner fast nur niedrige Posten bekleidet, doch verbesserten sich ihre Chancen in den letzten Jahren wegen des kriegsbedingt steigenden Personalbedarfs der Japaner außerhalb Koreas. Der koreanische Anteil an den Beschäftigten im öffentlichen Dienst stieg gegen Ende auf ungefähr die Hälfte an.

Besonders aufschlußreich ist die Ausweitung des Polizeiapparats. Im Jahre 1906 war Korea noch mit 1700 Polizisten im ganzen Land ausgekommen, davon bereits 700 japanische »Berater«. 1911 waren es schon über 6000, je zur Hälfte Japaner und Koreaner. 1919 gab es mehr als 14000 Polizisten, darunter 42 Prozent Japaner (59 Prozent in Offiziersstellen). 1922 näherte sich die Gesamtzahl 21000 und der Anteil der Japaner 59 Prozent, in den Offiziersrängen sogar 73 Prozent. 1941 gab es schätzungsweise 60000 Polizisten im Land, das heißt auf je vierhundert Einwohner kam ein Ordnungshüter.

Neue Amtssprache Koreas wurde Japanisch. Die Hauptstadt

hieß nun Keijo statt Hanyang. Alle Ortsnamen wurden japanisiert. Man behielt in der Regel die bisher gebräuchlichen chinesischen Schriftzeichen bei, die nicht mehr koreanisch, sondern japanisch ausgesprochen wurden. So hieß zum Beispiel Pyongyang während der japanischen Kolonialzeit Heijo und die Hafenstadt Pusan Fusan.

Die Verbreitung japanischer Sprachkenntnisse war neben der sonstigen Indoktrinierung ein zentrales Ziel der Assimilierungspolitik. Hauptinstrument war das staatliche Erziehungswesen, das systematisch ausgebaut wurde, vor allem die Grundschule sowie Berufsschulen aller Art. Die Japaner nahmen die vielen Privatschulen unter zunehmend schärfere Kontrolle und schränkten den Besuch höherer Schulen für Koreaner bewußt ein. Auch gab es nur eine einzige moderne Hochschule, die Kaiserliche Universität Keijo, eine japanische Gründung, die 1926 die ersten Studenten aufnahm. Sie war die Vorläuferin der Staatlichen Universität Seoul, heute die angesehenste Hochschule Südkoreas. Eine Initiative der Koreaner, zur Erhaltung ihres kulturellen Erbes als Gegengewicht zur japanischen Assimilierungspolitik eine Privatuniversität zu gründen, war von der Kolonialregierung vereitelt worden.

Zum Zeitpunkt der Annexion besuchten etwa 20000 der insgesamt 13 Millionen Koreaner – es liegen für 1910 nur Schätzungen vor, die wahrscheinlich zu niedrig sind – eine staatlich registrierte Grundschule. Bis 1939 war die Zahl der koreanischen Grundschüler auf 1,2 Millionen hochgeschnellt, während die koreanische Bevölkerung auf mehr als 23 Millionen angewachsen war. Trotzdem ging erst rund ein Drittel der einschlägigen koreanischen Jahrgänge zur Schule. Während auf dieser Ebene die Japaner mit 93000 weniger als ein Zwölftel der koreanischen Schülerzahl erreichten, stellten sie von gut 50000 Oberschülern und fast 11000 Fachhochschülern jeweils mehr als 42 Prozent. Dagegen gab es bei den beinahe 21000 Berufsschülern ein koreanisches Übergewicht von fast 67 Prozent. Unter den 556 Studenten der Kaiserlichen Universität Keijo bildeten die 350 Japaner (63 Prozent) eine wiederum deutliche Mehrheit. Bessere Chancen auf eine akademische Ausbildung hatten Koreaner, wenn sie eine private Universität in Japan besuchten. Bis 1930 haben etwa 3000 Koreaner von dieser Möglichkeit Gebrauch gemacht.

Die Lehrpläne der sechsjährigen Grundschule geben Aufschluß

über die Ziele der japanischen Erziehungspolitik in Korea. Für die »Nationalsprache« Japanisch waren zwischen neun und zwölf Wochenstunden vorgesehen, für Koreanisch höchstens vier; der gesamte Schulunterricht wurde auf japanisch erteilt. Im Fach Geschichte wurde Korea nur als Teil der Geschichte Japans behandelt, die Koreaner sollten die eigene Geschichte vergessen. Auch im Erdkundeunterricht stand Japan im Mittelpunkt. Weitere Fächer waren: Rechnen (mit vorgeschriebener Begrenzung der Lernziele), Zeichnen, Singen, Nähen, körperliche Arbeit und Ethik. Im Ethikunterricht sollten die Koreaner zu Treue und Gehorsam gegenüber dem japanischen Kaiser und Staat erzogen werden. Die Chinesen hatten sich zumeist damit begnügt, von den Koreanern als ältere Brüder anerkannt zu werden. Japan wollte Korea in ein – konfuzianisches – Vater-Sohn-Verhältnis totaler Unterordnung zwingen.

Ein besonders trübes Kapitel japanischer Kolonialherrschaft war die Justiz. Durch eine in ihrer Anwendung auf Korea und auf Koreaner beschränkte Verordnung vom März 1912 wurde das Auspeitschen eingeführt. Von dieser entwürdigenden Strafe machte die japanische Polizei selbstherrlich und reichlich Gebrauch, speziell gegenüber politischen Gefangenen. Für diese Gefangenen hatten die Japaner in den sieben größten Städten des Landes zusätzliche Haftanstalten errichtet. Die meisten Verstöße gegen Vorschriften der Kolonialregierung wurden von der Polizei summarisch geahndet, also ohne Einschaltung der Gerichte.

Der koreanische Widerstand gegen die Kolonialherrschaft nahm im Laufe der Jahre zu. Im Ergebnis trug die – in den späteren Jahren noch forcierte – Assimilierungspolitik Japans wesentlich dazu bei, das koreanische Nationalbewußtsein zu stärken und den Koreanern ihre kulturelle Identität bewußtzumachen. Wenn auch keine ausländische Regierung bereit gewesen war, Korea bei der Erhaltung seiner Unabhängigkeit zu helfen, gab es durchaus Ausländer, die sich mit Herz und Energie für die koreanische Sache einsetzten.

Eine bedeutende Rolle spielte die amerikanische protestantische Mission, deren Sozial- und Bildungseinrichtungen großen Zulauf fanden, auch in der Provinz. Zumeist aufklärerisch, liberal und demokratisch, unterstützten viele Missionare die Unabhängigkeitsbestrebungen der Koreaner zumindest im verborgenen, um nicht ihre Ausweisung aus Korea zu riskieren. Viele Führer der koreanischen Unabhängigkeitsbewegung sind aus Missionsschulen hervorgegangen. Berühmte Namen unter den frühen amerikanischen Missionaren waren die Presbyterianer Horace N. Allen und Horace G. Underwood, die schon 1884 und 1885 nach Korea gekommen waren, und der Methodist Henry G. Appenzeller, der ebenfalls seit 1885 in Korea gewirkt hat.

Koreanische Christen hatten 1907 als Nachfolgeorganisation der zwangsaufgelösten Unabhängigkeitsgesellschaft die Neue Volksgesellschaft oder *Shinmin-Hoe* ins Leben gerufen. Sie propagierte die industrielle Entwicklung Koreas und gründete eine Keramikfabrik, errichtete Schulen und eröffnete Buchläden, um das koreanische Nationalbewußtsein zu stärken. Insgeheim bemühte sie sich, vom Ausland aus – einer ihrer Führer, An Chang Ho, hatte sich nach Amerika abgesetzt – bewaffnete Aktionen gegen die Japaner vorzubereiten. Im Gefolge eines angeblichen Attentatsversuchs auf Gouverneur Terauchi vom Dezember 1910 verhaftete die japanische Polizei rund sechshundert Koreaner, darunter fast die gesamte Führung der Shinmin-Hoe. Hundertfünf der Verhafteten wurden angeklagt, nur sechs schließlich zu Haftstrafen verurteilt. Die unerschrockene Selbstverteidigung und offene Herausforderung der Kolonialregierung durch die Angeklagten machte diesen »Fall der 105« zum ersten großen Schauprozeß des koreanischen Widerstands nach der Annexion. Aber die Shinmin-Hoe war praktisch zerstört und löste sich selber auf. Andere Gruppen setzten ihre Arbeit fort.

Das Gebiet von Kando (chinesisch: Chientao) auf der Nordseite des Paektu-Gebirges im südöstlichen Grenzgebiet der Mandschurei war schon seit Jahrhunderten von Koreanern besiedelt und wurde von Korea beansprucht, bis die japanischen Kolonialherren 1909 im Gegenzug für chinesische Eisenbahnrechte in der Mandschurei eigenmächtig darauf verzichteten. Um 1903 wurde die koreanische Bevölkerung im Kando-Gebiet auf rund 100000 geschätzt. Aus Korea geflüchtete Unabhängigkeitskämpfer errichteten hier 1911 eine Militärakademie, die Shinhung Mugwan Hakkyo, in der sie den Nachwuchs für den Partisanenkrieg gegen die Japaner in Korea ausbildeten. Ein weiteres Zentrum des koreanischen Widerstands im heutigen China bildete sich bei Shanghai, wo Shin Kyu Shik 1912 die *Tongje-Sha* (Unterstützungsgesellschaft auf Gegenseitigkeit) gründete und Kontakt zur chinesischen Revolutionsbewegung aufnahm. 1917 schickten die Koreaner in China eine Delegation zur Internationalen Konferenz Oppositioneller Sozialisten in Stockholm, um Unterstützung für ihren Unabhängigkeitskampf zu suchen. Auch zur Weltkonferenz Kleiner Nationen, die im selben Jahr in New York tagte, entsandten sie eine Abordnung.

Im russischen Grenzgebiet strömten die koreanischen Flüchtlinge nach Wladiwostok und in die Küstenregion von Sichote Alin. Bis 1910 hatte ihre Zahl rund 100000 erreicht. Es war die Ausgangsbasis für Partisanenüberfälle gegen die Japaner in der nordöstlichen Grenzprovinz Hamgyong Pukto. Doch wurden die Möglichkeiten grenzüberschreitender Aktionen stark eingeschränkt, nachdem Japan im Juni 1911 mit Rußland ein Abkommen über die gegenseitige Auslieferung von »Rechtsbrechern« geschlossen hatte. 1914 bildeten die Unabhängigkeitskämpfer Yi Sang Sol und Yi Tong Hwi in Sichote Alin unter dem Namen *Taehan Kwangbokkun Chongbu* (Regierung der Armee zur Rückgewinnung von Groß-Han) erstmals so etwas wie eine koreanische Exilregierung. Ihr Hauptanliegen war der Aufbau einer Partisanenstreitmacht für den Befreiungskampf gegen Japan. Als Sprachrohr der Koreaner im russischen Fernen Osten diente eine Anzahl eigener Zeitungen, unter denen die *Taedong Kongbo* die größte Rolle spielte. Als die japanische Armee 1918 über den Tumen vordrang und vorübergehend Wladiwostok besetzte, verhaftete sie, wie Göthel berichtet, auch eine Reihe koreanischer Kommunisten, darunter den »bekannten Funktionär« der Kommunistischen Partei der Sowjetunion A. P. Kim, der als Kommissar für Auswärtige Angelegenheiten des Volkskomitees beim Fernost-Sowjet »bedeutende Arbeit« geleistet habe. Vor seiner Hinrichtung durch die Japaner soll Kim ausgerufen haben: »Die Überzeugung, für die ich sterbe, wird nicht nur in Rußland triumphieren, sondern auch in Korea.«

In Amerika konzentrierten sich die koreanischen Auswanderer zunächst auf Hawaii, wo die ersten von ihnen 1903 eintrafen. Hier gründete Syngman Rhee 1909 die *Kungmin-Hoe* (Nationalgesellschaft), die als Dachorganisation der koreanischen Unabhängigkeitsbewegung ihr Hauptquartier alsbald auf den amerikanischen Kontinent verlegte und Zweigstellen in Mexiko, Shanghai, Wladiwostok und im mandschurischen Harbin errichtete. Neben Rhee war in der Gesellschaft besonders Pak Yong Man aktiv, der in seiner 1909 auf einer Farm in Nebraska gegründeten Korean Youth Army School Koreaner für den Partisanenkampf in der Heimat ausbildete. Ein anderer bedeutender Führer der Koreaner in Amerika war der im Zusammenhang mit der Shinmin-Hoe erwähnte An Chang Ho.

In Japan konzentrierte sich der koreanische Widerstand auf die in Tokio und anderen Städten lebenden Studenten, die sich ab 1916 in verschiedenen Verbänden organisierten. Im Herbst 1918 überraschte die japanische Polizei etwa fünfhundert koreanische Studenten bei einer illegalen Versammlung und verhaftete zwölf von ihnen als Rädelsführer. Doch ließen sich die Koreaner dadurch nicht entmutigen, sondern gründeten bald darauf als Dachverband den *Choson Chongnyon Tongnip-Tan* (Koreanischer Jugendbund für die Unabhängigkeit).

Der koreanische Widerstand oder die 1.-März-Bewegung

Am 18. Januar 1919 wurde im Schloß von Versailles die Friedenskonferenz eröffnet, die den Ersten Weltkrieg beenden sollte. Wenige Wochen später – am 8. Februar 1919 – versammelten sich in Tokio ungefähr sechshundert koreanische Studenten in den Räumen des koreanischen Christlichen Vereins Junger Männer und verfaßten ein Manifest, das die Wiederherstellung der Unabhängigkeit Koreas forderte. Die jungen Koreaner machten sich Hoffnungen, daß die vom amerikanischen Präsidenten Woodrow Wilson verkündeten Grundsätze für ein friedliches Zusammenleben der Völker – die erstmals in seiner Rede vom 8. Januar 1918 verkündeten und später weiterentwickelten berühmten »Vierzehn Punkte«, vor allem der Gedanke eines Selbstbestimmungsrechts der Völker – auch für das koreanische Volk Geltung erlangen und ihm helfen müßten, seine Freiheit wiederzubekommen.

Doch Japan saß in Versailles auf der Seite der Sieger, galt sogar als eine der fünf Hauptmächte (neben den Vereinigten Staaten von Amerika, Frankreich, Großbritannien und Italien). Warum sollte die japanische Regierung der Studentenresolution Beachtung schenken? In Korea aber fand sie ein großes Echo und wurde von vielen Menschen als Signal verstanden, den bisher zumeist im Untergrund geführten Unabhängigkeitskampf in die Öffentlichkeit zu tragen.

Einen weiteren Grund, warum sich die Dinge in Korea gerade zu dieser Zeit zuspitzten, lieferte am 22. Januar 1919 der Tod von Exkaiser Kojong – Gerüchte liefen um, die Japaner hätten ihn vergiftet – und das öffentliche Begräbnis, das auf den 3. März angesetzt war. Man erwartete, daß Zehntausende aus diesem Anlaß in die Hauptstadt kommen würden, um dem toten Monarchen, der trotz aller Schwächen und Schwankungen als Symbol des Widerstands gegen Japan verehrt wurde, das letzte Geleit zu geben.

Diesen Umstand wollte sich die Widerstandsbewegung zunutze machen und beschloß, zwei Tage vor dem Begräbnis im zentral gelegenen Pagoda-Park eine friedliche Demonstration zu veranstalten und vor der versammelten Volksmenge die Unabhängigkeit Koreas zu verkünden. Ende Februar trafen sich Abgesandte der wichtigsten religiösen Gruppen – die mangels Parteien oder sonstigen politischen Organisationen zusammen mit Schülern und Studenten den Kern des Widerstands bildeten – und einigten sich auf eine von Choe Nam Son entworfene langatmige, pathetische »Unabhängigkeitserklärung«. Sie wurde von 33 »Vertretern des koreanischen Volkes« unterzeichnet. Sechzehn der Unterzeichner waren Christen, vorwiegend presbyterianische Protestanten, und von ihren Gemeinden gewählt. Ein ehemals projapanischer Tonghak-Führer namens Son Pyong Hi war der prominenteste unter weiteren 15 Unterzeichnern, die sich zur *Chondo-Gyo* oder Lehre des himmlischen Weges bekannten, wie sich die Tonghak-Bewegung seit Dezember 1905 nannte. Schließlich auch zwei buddhistische Mönche, der eine war Han Yong Un, Verfasser der berühmten Schrift »Über die Wiederbelebung des koreanischen Buddhismus« (*Choson Pulgyo Yushin-Non*) aus dem Jahr 1913.

Die Erklärung beginnt mit dem Satz: »Wir verkünden hiermit die Unabhängigkeit Koreas und die Freiheit des koreanischen Volkes.« Sie wurde in 20000 Exemplaren im ganzen Lande verteilt. Kopien wurden außerdem an die Friedenskonferenz in Versailles, an den Präsidenten der Vereinigten Staaten und an die japanische Regierung geschickt. Erstaunlicherweise gelang es, all diese Vorbereitungen geheimzuhalten.

Am 1. März 1919 um 14 Uhr versammelten sich die Unterzeichner im Restaurant Taehwa-Gwan im Zentrum der Hauptstadt, die Schüler und Studenten im nahe gelegenen Pagoda-Park, wo sich alsbald eine vieltausendköpfige Menge einfand. Ob die Unterzeichner von vornherein an der öffentlichen Kundgebung nicht hatten teilnehmen wollen oder ob sie sich, wie Göthel schreibt, »erschrocken über ihr eigenes Vorprellen und vor allem über die kampfbereite Haltung der Volksmassen« in das Restaurant zurückzogen, bleibt rätselhaft. Fest steht, daß die »Volksvertreter« sozusagen unter Ausschluß der Öffentlichkeit tagten, nach der förmlichen Verlesung ihrer Erklärung in Hochrufe auf die koreanische Unabhängigkeit ausbrachen – und dann per Telefon das Polizeipräsidium verständigten, um sich verhaften zu lassen. Offenbar vertrauten sie auf den Beistand der in Versailles versammelten Mächte, vor allem Amerikas, und hofften auf die Einsicht Japans, sich freiwillig aus Korea zurückzuziehen. Der Gedanke an eine gewaltsame Erhebung hatte ihnen – in ihrer Mehrzahl Kirchenmänner – gewiß ferngelegen.

Auch ohne die Anwesenheit der Unterzeichner entfachte die Verlesung der Unabhängigkeitserklärung im Pagoda-Park eine Massendemonstration, wie sie die Japaner seit der Errichtung ihrer Kolonialherrschaft nicht erlebt hatten. Zehntausende zogen Fahnen schwingend bis spät in die Nacht durch die Straßen der Hauptstadt und riefen *Choson Tongnip Manse* (Lang lebe die Unabhängigkeit Koreas). Geschäftsinhaber schlossen ihre Läden, Straßenbahnschaffner und Eisenbahner traten in den Ausstand. Von allen Seiten bekamen die Demonstranten Zulauf. Allein in der Hauptstadt sollen es rund 300000 Menschen gewesen sein. Zugleich kam es fast überall im Lande zu ähnlichen Kundgebungen.

Die »Bewegung des 1.3.« (Sam-Il Undong: Dreieins-Bewegung), wie die Koreaner die landesweiten Demonstrationen vom 1. März 1919 nennen, kam für die Japaner völlig überraschend. Kaum eine koreanische Stadt blieb unbeteiligt, selbst auf die Dörfer griff sie über. Nach der japanischen Polizeistatistik gab es zwischen Anfang März und Ende Mai fast 1500 Demonstrationen oder Zusammenstöße, an denen mehr als zwei Millionen Koreaner beteiligt waren. Die Bewegung des 1. März war wirklich eine das ganze Land ergreifende Volksbewegung.

Die Japaner reagierten schnell. Bereits am 2. März verhängten sie den Ausnahmezustand, setzten Polizei und Militär gegen die Demonstranten ein, nahmen Massenverhaftungen vor und forderten militärische und polizeiliche Verstärkung aus Japan an. Drei Monate brauchten die Kolonialherren, um die ursprünglich friedliche, unter dem Eindruck der japanischen Gegenmaßnahmen jedoch in Gewaltaktionen umschlagende Erhebung des koreanischen Volkes niederzuschlagen. Die Grausamkeit, mit der die Ordnungskräfte dabei – auch gegen die vielen aktiv beteiligten Schüler und Frauen – vorgingen, ist in Korea unvergessen, der damals entfachte Haß auf die Japaner noch immer wirksam. Was sich in diesen drei Monaten abgespielt hat, lassen schon die nüch-

Die Eleganz höfischer Architektur
Der nüchterne Alltag beim Einkauf

ternen Zahlen der Kolonialbehörden erkennen: von März bis Mai wurden 7509 Koreaner getötet, 15961 verwundet und 46948 festgenommen – für das Jahr 1919 verzeichneten die Japaner sogar mehr als 140000 Verhaftungen –, 715 Häuser wurden zerstört oder in Brand gesteckt, desgleichen 47 Kirchen und 2 Schulen. Die koreanischen Zahlen sind zum Teil wesentlich höher. Sogar Lenin soll sich zu den japanischen Terrormaßnahmen in Korea geäußert haben. Göthel zitiert ihn mit dem Satz, »Hier vereinigen sich alle Methoden des Zarismus und alle modernen Errungenschaften der Technik mit einem rein asiatischen Foltersystem von unerhörter Brutalität.«

Patriotische Denkmäler in Süd- und Nordkorea halten die Erinnerung an den Volksaufstand von 1919 und seine grausame Niederschlagung wach. Eines steht im Pagoda-Park in Seoul, der als nationale Wallfahrtstätte hergerichtet wurde. Historische Dokumente und Relikte des Freiheitskampfes gegen die Japaner befinden sich in der am 15. August 1987 – dem 42. Jahrestag der Befreiung Koreas – eröffneten Unabhängigkeitshalle auf dem Berg Huksong südlich von Seoul.

Die Unabhängigkeitsbewegung von 1919 hat ihr unmittelbares Ziel verfehlt: Die Japaner dachten gar nicht daran, ihre koreanische Kolonie aufzugeben. Dennoch hat diese nationale Erhebung des koreanischen Volkes vielfältige Wirkungen entfacht. Vor allem hat sie das Bewußtsein der Koreaner nachhaltig verändert, das heißt ein allgemeines, das ganze Volk umfassende Nationalbewußtsein im modernen Sinne geschaffen. Der Historiker Han Woo-Keun hat das so formuliert: »Die Bewegung des 1. März umfaßte Menschen aller Gesellschaftsschichten und Altersgruppen, und die Unabhängigkeitserklärung, mit der sie begann, sah einen modernen unabhängigen Staat mit demokratischer Verfassung vor. Seit dieser Zeit betrachteten sich die Koreaner als Bürger einer Nation mit gemeinsamer Loyalität und dem gemeinsamen Wunsch nach Freiheit, der unter der japanischen Unterdrückung nur immer stärker wurde.«

Ein weiteres wichtiges Ergebnis war im April 1919 die Bildung einer provisorischen Regierung in Shanghai mit Syngman Rhee als Ministerpräsidenten. Nach den März-Ereignissen aus der Heimat geflohene Koreaner hatten sich hier zusammen mit Exilkoreanern aus China, Rußland, Amerika und Japan eingefunden und nach längeren Beratungen eine vorläufige Verfassung beschlossen, die am 2. September verkündet wurde. Sie sah eine demokratische Republik mit einem gewählten Präsidenten, gesetzgebender Versammlung, unabhängiger Justiz und grundlegenden Bürgerrechten vor. Kirche und Staat sollten getrennt, die Adelsprivilegien abgeschafft und anstelle einer regulären Armee eine Miliz gebildet werden. Als Staatsbezeichnung entschied man sich für *Taehan Minguk*, den Namen, den seit 1948 Südkorea führt und der gemeinhin mit Republik Korea übersetzt wird. Zum ersten Präsidenten der provisorischen Regierung wurde wiederum Syngman Rhee gewählt, der neben Kim Ku, seinem späteren Nachfolger, und An Chang Ho in Shanghai eine führende Rolle spielte.

Als eine ihrer ersten Amtshandlungen entsandte die Exilregierung im Mai 1919 Kim Kyu Shik nach Paris, wo er vor den zu Friedensvertragsverhandlungen versammelten Mächten für die Unabhängigkeit Koreas plädieren sollte. Doch es erging dem »Botschafter«, der von niemandem anerkannten »Regierung« Koreas nicht besser als den Abgesandten von Kaiser Kojong 1907 in Den Haag. Mehr Erfolg hatte ein im August 1919 nach Luzern entsandter Vertreter: Dort verabschiedete die Internationale Sozialistenkonferenz eine Resolution, in der die Unabhängigkeit Koreas gefordert wurde. Im selben Monat erschien die Erstausgabe der Unabhängigkeitszeitung (*Tongnip Shinmun/Independence News*), des Sprachrohrs der Exilregierung. 1920 begann eine in Shanghai eingerichtete Militärakademie mit der Ausbildung von Offizieren für den Befreiungskampf. Die Exilregierung nahm Kontakt zu den koreanischen Widerstandskämpfern in der Mandschurei und im sowjetischen Fernen Osten auf, die 1922 einem gemeinsamen Hauptquartier in Antung (Andong) auf der chinesischen Seite der Yalu-Mündung unterstellt wurden. Ein Netz von Vertrauensleuten in Korea sorgte für den Austausch von Informationen und beschaffte die erforderlichen Finanzmittel. Im Auftrag der Exilregierung stellte eine historische Kommission unter Leitung von An Chang Ho Materialien zur koreanischen Geschichte, insbesondere über die Besetzung Koreas durch Japan und das Kolonialregime, zusammen und sorgte für ihre Veröffentlichung.

Die Unabhängigkeitsbewegung hatte bemerkenswerte gesellschaftliche Veränderungen zur Folge. Nicht nur die Studenten kehrten auf die politische Bühne zurück, sondern jetzt gesellten sich auch die Schüler zumindest der älteren Jahrgänge hinzu. Die aktive Beteiligung vieler Frauen und Mädchen an den Demonstrationen gegen die Japaner war eine völlig neue Entwicklung. Hier wirkte sich die Erziehung an den christlichen Schulen aus. Und schließlich begann die koreanische Arbeiterschaft ab 1919 eine politische Rolle zu spielen.

Es hatte in Korea seit der Jahrhundertwende immer wieder kleinere Streiks gegeben, doch blieben sie stets auf den einen oder anderen Betrieb beschränkt. Die personelle Basis war schwach. Es gab nur wenige Großbetriebe, und die Arbeiter waren nicht organisiert. 1918/19 betrug die Zahl aller koreanischen Arbeiter 150000, davon weniger als ein Drittel Industriearbeiter. Die meisten arbeiteten in Kleinbetrieben mit fünf bis zehn Beschäftigten. Und selbst die Industriearbeiter waren oft Bauern, die sich für eine bestimmte Zeit verdingten, um ihre Schulden abzutragen. Nach Göthel gab es 1910 10000 Bergarbeiter. Richtige Stammbelegschaften bildeten sich zuerst bei der Eisenbahn und bei den Hafenarbeitern.

Ende 1910 hatte die japanische Kolonialverwaltung eine Verordnung erlassen, welche die Gründung und den Betrieb von Unternehmen genehmigungspflichtig machte. Diese sogenannte Firmen-Verordnung wurde später verschärft. 1915 kam eine Verordnung zur Regulierung der Industrie in Korea hinzu. Mit diesem Kontrollinstrumentarium förderte die Kolonialverwaltung die Entwicklung japanischer Industrieunternehmen in Korea und sorgte zugleich dafür, daß koreanische Betriebe klein gehalten wurden. Entsprechend sank zwischen 1911 und 1917 der Anteil des einheimischen Kapitals an Industrieunternehmen von 17 auf 12 Prozent, während der japanische von 32 auf 80 Prozent stieg. Als natürliche Folge solcher Besitzverhältnisse richteten sich die meisten Arbeitskämpfe in Korea gegen japanische Unternehmer. Die koreanische Arbeiterbewegung entwickelte sich im wesentlichen in der Auseinandersetzung mit fremden Herren. Und der Kampf um bessere Arbeitsbedingungen vermischte sich frühzeitig mit dem Widerstand gegen das Kolonialregime.

Politische Einflüsse aus dem Ausland kamen hinzu. Nachrichten über den Erfolg der Russischen Revolution von 1917 gelangten über koreanische Partisanen bald auch nach Korea. Im Gebiet von Sichote Alin schlossen sich die Anhänger der Sowjets zu einem

Bund koreanischer Sozialisten zusammen. Andere – wie der später von den Japanern bei ihrem Überfall auf Wladiwostok hingerichtete A. P. Kim – arbeiteten in der Regionalverwaltung des neuen Sowjetstaats mit oder kämpften in der Roten Armee.

Die Zahl der Arbeitskämpfe in Korea erreichte 1919, besonders in den Monaten März und April, erstmals eine Größenordnung von politischem Gewicht: mehr als hundert Streiks, an denen rund 11 000 Arbeiter beteiligt waren. Diese Streiks waren nicht zuletzt politisch motiviert. Göthel schätzt aufgrund »unvollständiger statistischer Angaben«, daß die Aufständischen sich »zu 10 Prozent aus Arbeitern, zu 50–60 Prozent aus Bauern und zu rund 20 Prozent aus Schülern und Intellektuellen« zusammensetzten. Der Rest seien Händler, Handwerker, kleine Unternehmer und andere gewesen.

Das Vorgehen der Kolonialmacht in Korea rief auch einen Wandel in der Einstellung des Auslands gegenüber Japan hervor. Hatte man seinen Aufstieg zu einer modernen Industriemacht in Europa und Amerika vielfach mit Wohlwollen verfolgt, Japans Siege über China und Rußland mit Staunen und nicht ohne Bewunderung zur Kenntnis genommen und die Annexion der koreanischen Halbinsel als logische Konsequenz und im Grunde segensreich für die Koreaner angesehen, so weckten die Ereignisse von 1919 Zweifel und Mißtrauen. Westliche Presseberichte verurteilten die Unterdrückungspraktiken als unmenschlich. Besonders in Amerika ging man zunehmend auf Abstand zu Tokio. Japan hatte im Ausland an Ansehen verloren. Die japanische Öffentlichkeit erfuhr erst spät, daß die Koreaner unter der »wohlwollenden Fürsorge« des japanischen Kaiserreichs nicht so glücklich und zufrieden waren, wie das die Kolonialverwaltung der heimischen Bevölkerung in ihren amtlichen Jahresberichten vorgegaukelt hatte. Es ist bezeichnend, daß die Veröffentlichung dieser Berichte nach dem Märzaufstand unterbrochen wurde. Erst 1922 erschien wieder ein solcher Rechenschaftsbericht, in Form eines Sammelbandes für die Jahre 1918 bis 1921.

Nach dem Volksaufstand der Koreaner ergriff Tokio eine Reihe von politischen Maßnahmen, um ähnlichen Entwicklungen vorzubeugen und wohl auch, um sein internationales Ansehen wieder aufzupolieren. In ihrer Mehrzahl waren die Maßnahmen zwar rein kosmetischer Natur oder liefen in ihrer Substanz auf eine

Verschärfung der Kolonialherrschaft hinaus. Aber es gab auch wirkliche Zugeständnisse und manche Erleichterungen für die koreanische Bevölkerung.

Admiral Saito Makoto wurde im August 1919 zum neuen Gouverneur von Chosen ernannt. Er verkündete eine japanische »Kulturpolitik« für Korea und machte eine Reihe von recht verheißungsvollen Versprechungen. Das Programm ist von Interesse, weil es ein Eingeständnis der Japaner darstellt, daß und wo ihre bisherige Kolonialpolitik im argen lag. Nach einer bei Grajdanzev wiedergegebenen Zusammenstellung versprach Saito:

1. Der Posten des Gouverneurs soll nicht nur dem Militär, sondern auch Zivilisten offenstehen, 2. Keine Diskriminierung von Koreanern, 3. Vereinfachung der Gesetze und Vorschriften, 4. Zügige Durchführung der Staatsgeschäfte, 5. Dezentralisierung der Macht, 6. Revision der kommunalen Verwaltungsstruktur, 7. Achtung der einheimischen Kultur und Gebräuche, 8. Rede-, Versammlungs- und Pressefreiheit, 9. Erweiterung der Schulbildung und Entwicklung der Industrie, 10. Reorganisation der Polizei, 11. Ausweitung der medizinischen und sanitären Dienste, 12. Anleitung der öffentlichen Meinung, 13. Chancen für Begabte, 14. Freundschaft zwischen Japanern und Koreanern.

Punkt 1 blieb ein leeres Versprechen. Auch die folgenden Gouverneure waren Militärs, bis zum bitteren Ende 1945. Mißt man die Punkte 2 und 13 an der Beschäftigungspolitik der Kolonialverwaltung, so läßt sich bei der Besetzung der höheren Posten in den folgenden Jahren nicht nur keinerlei Verbesserung erkennen, vielmehr nahm die Verdrängung von Koreanern durch Japaner noch zu. In der Verwaltung gab es einige Änderungen von unterschiedlichem Gewicht. So wurde die bisherige Uniformpflicht und das Tragen von Säbeln oder Degen für Staatsbeamte abgeschafft und dadurch das Erscheinungsbild der weiterhin vom Militär kontrollierten Kolonialverwaltung »zivilisiert«. Gouverneur Saito gab einige seiner umfassenden Kompetenzen an die – zumeist japanischen – Provinzgouverneure ab.

Im kommunalen Bereich wurden zumindest die wohlhabenden Koreaner an der Verwaltung beteiligt, indem man die Stadt- und Gemeinderäte in Wahlkörperschaften umwandelte. Das Wahlrecht war an die Höhe der Steuerzahlungen geknüpft. Wie wirksam damit die Japaner die Einflußnahme der Koreaner begrenzten, kann man daran erkennen, daß von den 120 gewählten Stadträten mehr als 75 Prozent Japaner waren, obwohl diese nur 25 Prozent der städtischen Bevölkerung stellten.

Zum 7. Punkt in Saitos Programm fallen Grajdanzev in seiner sehr kritischen Bestandsaufnahme nur zwei Beispiele ein: die Erlaubnis, die Toten nach alter koreanischer Sitte wieder auf familieneigenem Grund und Boden zu bestatten, und die Aufhebung des Verbots der Tierschlachtung nach überlieferter koreanischer Methode. Doch wird man hier fairerweise die Reformen im Presse- und Publikationswesen, auf dem Erziehungssektor sowie in der allgemeinen Kulturpolitik berücksichtigen müssen, um zu einem ausgewogeneren Urteil zu gelangen.

Eine der folgenreichsten Konzessionen war die Erteilung von Zeitungslizenzen an Koreaner, davon drei in der Hauptstadt. Zwei dieser Blätter, die 1920 gegründeten *Tong-A Ilbo* (Ostasien-Zeitung) und *Choson Ilbo* (Korea-Zeitung), waren bis zu ihrem Verbot 1940 sichtbarstes und wirksamstes Instrument des kulturellen und nationalen Selbstbehauptungswillens. Das Zugeständnis, daß diese Zeitungen in Hangul-Schrift, durchsetzt mit chinesischen Schriftzeichen, gedruckt werden durften, trug wesentlich dazu bei, Hangul am Leben zu erhalten. Die Zeitungen hatten ständig mit der japanischen Zensur zu kämpfen, eine unablässige Herausforderung an den Widerstandsgeist der Koreaner. Verhaftungen, Strafen, Beschlagnahmungen ganzer Ausgaben sowie zahlreiche Publikationsverbote über längere Zeiträume markieren den Weg dieser Blätter während der Kolonialzeit. Ein berühmter Vorfall waren Fotos von Son Ki Chung, des koreanischen Goldmedaillengewinners im Marathonlauf bei der Berliner Olympiade 1936 – die Zeitungen hatten das japanische Emblem auf dem Hemd des Siegers, der nur als Mitglied der japanischen Mannschaft teilnehmen durfte, wegretuschiert und wurden mit unbefristeter Schließung belegt, die bei der *Tong-A Ilbo* erst im Juni des folgenden Jahres aufgehoben wurde.

Tong-A Ilbo und *Choson Ilbo* gelten heute als die angesehensten Zeitungen Südkoreas. Die Erfahrungen mit der japanischen Zensur kamen ihnen auch nach 1945 zugute. Unter den autoritären Regimes von Syngman Rhee, Park Chung Hee und Chun Doo Hwan wurde die Pressefreiheit zeitweise kaum weniger eingeschränkt als während der Kolonialzeit, diesmal von Koreanern.

In dem Schwarzweißgemälde der japanischen Kolonialzeit in Korea gab es beachtenswerte Grautöne. Das gilt besonders für den Bereich der Privatschulerziehung. Hier war trotz aller Kontrollen manches möglich, was an den öffentlichen Schulen undenkbar gewesen wäre. Ab 1919 entstanden überall im Lande private Abendschulen für Erwachsene ohne Schulbildung. Arbeiter, Bauern, aber auch Frauen und Jugendliche wurden kostenlos in Hangul und Rechnen unterrichtet. Ab 1928 organisierten die Zeitungen *Tong-A Ilbo* und *Choson Ilbo* Sommerkurse für die ländliche Bevölkerung. Studenten gingen in den Semesterferien auf die Dörfer, um den Bauern Lesen und Schreiben beizubringen. Das Programm hatte großen Zulauf, bis es 1935 von der Kolonialverwaltung verboten wurde.

Die Beschäftigung mit Hangul entwickelte sich ganz allgemein zum wichtigsten Instrument der Koreaner, um ihrem Nationalbewußtsein Ausdruck zu verleihen. 1921 wurde die Gesellschaft zur Erforschung der koreanischen Sprache (Chosono Yongu-Hoe, ab 1931 in Chosono Hakhoe oder Studiengesellschaft für die koreanische Sprache umbenannt) gegründet. Sie gab die Monatszeitschrift *Hangul* heraus und stellte Regeln für den einheitlichen Gebrauch des koreanischen Alphabets und für die Übertragung von Fremdworten ins Koreanische auf. Außerdem bereitete sie die Herausgabe eines umfassenden Lexikons der koreanischen Sprache vor und begann, den 9. Oktober zur Erinnerung an den Erlaß von König Sejong im Jahre 1446 als »Hangul-Tag« zu feiern. Die Studiengesellschaft für die koreanische Sprache wurde 1942 von den Japanern aufgelöst. Der 9. Oktober wird heute in Südkorea als nationaler Feiertag begangen. Dort kam 1957 das »Große Lexikon« der koreanischen Sprache mit 164 125 Stichworten in sechs Bänden heraus.

Die zwanziger Jahre erlebten eine neue Blüte koreanischer Geschichtsschreibung, man wollte die kulturelle und nationale Eigenständigkeit Koreas auch wissenschaftlich untermauern. Titel wie »Tragische Geschichte Koreas« (*Hanguk Tongsa*) oder »Blutige Geschichte der koreanischen Unabhängigkeitsbewegung« (*Hanguk Tongnip Undong Chi Hyolsa*) von Pak Un Shik machten keinen Hehl aus der Grundhaltung des Verfassers. Autoren wie Pak und Shin Chae Ho, die Japan offen kritisierten, konnten ihre Werke allerdings nur in China veröffentlichen, wohin sie ins Exil gegangen waren.

Das riskanteste Zugeständnis von Saitos »Kulturpolitik« war die Bereitschaft, in gewissem Umfang die Abhaltung öffentlicher Versammlungen und die Gründung von Vereinen und Gesellschaften zu gestatten. Die Koreaner machten von diesen Möglichkeiten regen Gebrauch, bis die Japaner zu Beginn der dreißiger Jahre die Daumenschrauben wieder anzogen.

Als erste bedeutende Arbeiterorganisation Koreas wurde im April 1920 in der Hauptstadt der Arbeiterwohlfahrtsverein (Nodong Kongje-Hoe) mit etwa 30000 Mitgliedern gegründet. Daraus ging zwei Jahre später die Koreanische Arbeitervereinigung (Choson Nodong Yonmaenghoe) hervor. Eine zwiespältige Haltung nahmen die Kolonialbehörden gegenüber dem im April 1924 gegründeten Allgemeinen Gesamtkoreanischen Arbeiter- und Bauernverband (Chon-Choson Nonong Chongdongmaeng) ein, der 147 Untergliederungen mit mehr als 25000 Mitgliedern vertrat: Die Organisation, in der der frühere Wohlfahrtsverein aufgegangen war, wurde nicht direkt verboten, jedoch viele ihrer Versammlungen untersagt. Im selben Monat entstand als Zusammenschluß von 224 Jugendgruppen mit 43000 Mitgliedern der Allgemeine Koreanische Jugendverband (Choson Chongnyon Chongdongmaeng).

Am 17. April 1925 wurde, natürlich illegal und geheim, im chinesischen Restaurant Asawon im Zentrum der koreanischen Hauptstadt die Kommunistische Partei Koreas (Choson Kongsan-Dang) gegründet, einen Tag später als Untergliederung der Partei der Kommunistische Jugendverband Koreas (Koryo Kongsan Chongnyon-Hoe). Im Ausland hatte es einige Vorläufer gegeben. Im Mai 1921 war in Shanghai eine Kommunistische Partei Koreas (Koryo Kongsan-Dang) entstanden, und zwar durch Umbenennung der 1918 in Chabarowsk von Exilkoreanern unter Führung von Yi Tong Hwi gegründeten Koreanischen Sozialistischen Partei. Yi wurde jetzt Vorsitzender der Koryo Kongsan-Dang, die unter den frühen kommunistischen Organisationen der Koreaner gewöhnlich als Shanghai-Gruppe identifiziert wird im Gegensatz zur sogenannten Irkutsk-Gruppe, die aus der koreanischen Sektion der Kommunistischen Partei von Irkutsk hervorgegangen ist und sich 1919 in Gesamtrussische Koreanische Kommunistische Partei (Chonro Han-In Kongsan-Dang) umbenannt hatte.

Beide Gruppen haben im Untergrund kommunistische Zellen in

Korea aufgebaut, in Konkurrenz zueinander und mit einer Japan-Gruppe, Koreanern, die in Japan studiert hatten. Bei der Parteigründung 1925 arbeiteten alle drei Flügel zusammen. Die Irkutsk-Gruppe hatte zunächst die Oberhand und stellte den Vorsitzenden, sie beherrschte nicht nur den Jugendverband, sondern auch den Allgemeinen Gesamtkoreanischen Arbeiter- und Bauernverband, während der Allgemeine Koreanische Jugendverband unter dem Einfluß der Shanghai-Gruppe stand.

Die führende Kraft in der frühen kommunistischen Bewegung Koreas war unstreitig Yi Tong Hwi, ein ehemaliger Offizier der koreanischen Armee aus Hamgyong Namdo in Nordkorea, der sich 1911 nach Rußland abgesetzt hatte und im Raum Chabarowsk Kontakt zu russischen Kommunisten bekam. Von der 1919 auf Initiative Lenins gegründeten Komintern erhielt Yi erhebliche finanzielle Mittel. Da Yi damit nicht nur die koreanischen, sondern auch japanische und chinesische Kommunisten unterstützte, handelte er wie ein Komintern-Vertreter für den Fernen Osten. Diese Gelder waren bald Anlaß zu heftigen Auseinandersetzungen sowohl mit der koreanischen Exilregierung in Shanghai als auch mit der Irkutsk-Gruppe.

Während die Shanghai-Gruppe im wesentlichen aus Exilkoreanern bestand, die wieder in ihre Heimat zurückkehren wollten, setzte sich die Irkutsk-Gruppe aus koreanischen Auswanderern zusammen, die – zum Teil schon im 19. Jahrhundert – die russische Staatsangehörigkeit angenommen hatten. In der ideologischen Ausrichtung unterschieden sich beide Gruppen kaum. Ihre Auseinandersetzungen beruhten auf einem reinen Machtkampf, wobei der Komintern die Schlüsselrolle zufiel.

Die Choson Kongsan-Dang wurde 1926 als vollwertiges Mitglied in die Komintern aufgenommen und damit anerkannt. Die erste kommunistische Partei auf koreanischem Boden hat sich nur wenige Jahre halten können. Allein in vier großen Verhaftungsaktionen zwischen November 1925 und August 1928 wurden fast 1000 Parteimitglieder festgenommen, darunter die meisten Führungskader. Dennoch unternahmen die koreanischen Kommunisten bis Ende 1932 immer neue Versuche, die Partei zu reaktivieren. Die Initiative dazu ging bis 1928 von Korea aus, ab 1929 von den Exilkoreanern in der Mandschurei und zuletzt, ab 1931, von Shanghai.

Den Höhepunkt legaler Organisationstätigkeit mit unverhüllt politischer Zielsetzung bildete im Januar 1927 die Gründung der *Shingan-Hoe*, was sich sinngemäß etwa mit Gesellschaft der neuen Mitte übersetzen läßt. Hier fanden sich Kommunisten und konservative Nationalisten, Arbeiter, Bauern, Bürgerliche, Intellektuelle und Vertreter der Religionen in einer gemeinsamen Front von links bis rechts zusammen. Was die Kolonialbehörden bewogen hat, die Bildung dieser rasch expandierenden Vereinigung mit Volksfrontcharakter zu gestatten, ist bis heute umstritten.

Die Shingan-Hoe ist vor dem Hintergrund der Ereignisse anläßlich der Trauerfeier für Exkaiser Sunjong am 10. Juni 1926 entstanden. Sunjong war im April gestorben, und die Polizei hatte umfassende Vorkehrungen getroffen, damit sich nicht Abläufe wiederholten wie 1919 am Vorabend des Begräbnisses von Kojong. Die Führung der Kommunistischen Partei hatte beschlossen, Sunjongs Begräbnis zum Anlaß für eine Neuauflage der großen Demonstrationen von 1919 zu nehmen. Anfang Juni wurden heimlich über 50000 Flugblätter in den wichtigsten Städten des Landes verteilt. Das Vorgehen bei den geplanten Demonstrationen wurde mit Jugendorganisationen und Studentengruppen abgesprochen. Der Polizei gelang es, einen Teil dieser Vorbereitungen wenige Tage vor dem Begräbnis aufzudecken, einige der Beteiligten zu verhaften und viele der Flugblätter zu beschlagnahmen.

Dennoch kam es am Tage des Begräbnisses, als sich Zehntausende in den Straßen der Hauptstadt drängten, zu zahlreichen Demonstrationen. Wo immer der Trauerzug sich seinen Weg durch die Menge bahnte, brachen die Leute in Hochrufe auf die koreanische Unabhängigkeit aus. Häufig – und das war neu – erschollen auch Hochrufe auf die Kommunistische Partei. Demonstranten schwenkten die verbotene koreanische Flagge, vielfach auch die rote Fahne der Kommunisten. Und viele Koreaner sahen und lasen zum erstenmal kommunistische Flugblätter. Es kam zu Zusammenstößen mit der Polizei und zu Verhaftungen. Es waren die größten öffentlichen Demonstrationen seit 1919, aber sie waren in keiner Weise mit dem Volksaufstand vom 1. März vergleichbar.

Die Erfahrungen und Konsequenzen der Aktion motivierten das linke und das rechte Lager der politisch aktiven Koreaner dazu, ein Bündnis miteinander einzugehen und gemeinsam die Gesellschaft der neuen Mitte zu gründen. Die Kommunisten hatten einsehen müssen, daß sie allein zu schwach waren, das ganze Volk gegen die Japaner zu mobilisieren. Die Parteiführung lag nun in den Händen der Japan-Gruppe, die aus Tokio Volksfrontideen mitgebracht hatte. Die konservativen Nationalisten wiederum wollten die offenbar unbändige Energie der Kommunisten dazu benutzen, um ihre seit dem Aufstand von 1919 erlahmten Kräfte wiederzubeleben.

In der Anfangsphase hatten die Konservativen in der Shingan-Hoe die Oberhand. Der Zulauf war beträchtlich. Binnen zwei Jahren gab es 138 Zweigstellen mit rund 37 000 Mitgliedern. Die Ziele der Gesellschaft waren unter den gegebenen Umständen ziemlich allgemein formuliert und doch unmißverständlich: Erweckung des politischen und wirtschaftlichen Bewußtseins der Koreaner, Stärkung ihrer nationalen Solidarität, Absage an jede Form von Opportunismus. Konkret forderte die Shingan-Hoe eine Beendigung der Ausbeutung der Koreaner, die Aufhebung einer Vielzahl von Beschränkungen, ein Erziehungssystem, das den koreanischen Bedürfnissen entsprach, zum Beispiel auch die Erlaubnis zum Studium des wissenschaftlichen Marxismus-Leninismus.

Im April 1929 beschloß eine Delegiertenkonferenz die Änderung der Führungsstruktur. Im neuen Vorstand hatte der linke Flügel das Übergewicht. Zum Vorsitzenden wurde der Rechtsanwalt Ho Hon gewählt, der sich durch die Verteidigung der nach dem 1. März 1919 angeklagten Unabhängigkeitskämpfer einen Namen gemacht hatte.

Seit Jahren mehrten sich die Proteste gegen das diskriminierende Erziehungssystem. In der Zeit von 1925 bis 1928 hatten an insgesamt 45 Schulen die Schüler gestreikt. Nach einem Zwischenfall in Kwangju, der Hauptstadt von Cholla Namdo, sprang der Funke über: am 30. Oktober 1929 waren einige koreanische Schulmädchen von japanischen Mittelschülern angepöbelt worden. Daraufhin kam es zu Schlägereien zwischen Schülern beider Seiten, die sich zu regelrechten Straßenkämpfen ausweiteten. Als nur die Koreaner zur Verantwortung gezogen wurden – es gab etwa 400 Festnahmen –, griff der Schülerprotest auf andere Städte über und erfaßte schließlich das ganze Land. Die Shingan-Hoe schaltete sich ein. Sie schickte einen Untersuchungsausschuß nach

Kwangju, und sie organisierte Protestversammlungen, auf denen das japanische Vorgehen bei der Niederschlagung der Demonstrationen und bei der Vernehmung der festgenommenen Schüler angeprangert wurde. Als sie schließlich Großkundgebungen in der Hauptstadt organisieren wollte, erließ die Polizei ein Versammlungsverbot und verhaftete Ho Hon und die anderen kommunistischen Mitglieder des Vorstands wegen Anstiftung zum Aufruhr.

Auf einer Delegiertenkonferenz im Mai 1931 erzwangen die Kommunisten durch Mehrheitsbeschluß die Auflösung der Gesellschaft. Die Konservativen hätten die Organisation gern am Leben gehalten. Durch ihre unüberwindbaren Meinungsverschiedenheiten hatten die Koreaner selber der Shingan-Hoe nach gut vierjährigem Bestehen den Garaus gemacht.

Wenige Monate später, im September 1931, begann die japanische Kanto-Armee (chinesisch: Kwantung- oder Guandong-Armee) mit der Besetzung der Mandschurei. Das war der erste Schritt auf dem Weg zum Krieg gegen China. Für die japanischen Streitkräfte in dem ab März 1932 als Marionettenstaat Mandschukuo reorganisierten Territorium wurde Korea zum strategisch wichtigsten Nachschub- und Aufmarschgebiet. Die Experimente der »Kulturpolitik« waren nicht mehr gefragt. Es kam nur noch darauf an, für Ruhe und Ordnung zu sorgen und Chosens Rohstoffe und Menschen möglichst wirksam für die japanische Kriegswirtschaft zu nutzen.

Auf koreanischer Seite war Saitos »Kulturpolitik« vom harten Kern unversöhnlicher Japan-Gegner von Anfang an als leere Propaganda und gefährliche Augenwischerei kompromißlos abgelehnt worden. Von ausländischen Stützpunkten aus operierende Terroristenvereinigungen wie die Rechtschaffene Bruderschaft (Uiyol-Tan) von Kim Won Bong oder das Patriotische Korps (Aeguk-Tan) von Kim Ku verübten eine Vielzahl von Bombenanschlägen gegen Japaner oder japanische Einrichtungen. Im Januar 1932 unternahm Yi Pong Chang von der Aeguk-Tan in Tokio einen Attentatsversuch auf den Tenno. Kaiser Hirohito blieb unverletzt. Im April desselben Jahres warf Yun Pong Kil während einer Geburtstagsfeier für den Tenno in Shanghai eine Bombe, die zahlreiche japanische Offiziere und hohe Zivilbeamte tötete oder verwundete.

Von anderer Größenordnung waren die koreanisch-japanischen

Zusammenstöße im nördlichen Grenzraum zur Mandschurei. Partisanenüberfälle gehörten im Kando-Gebiet zum Alltag. Aber es gab auch größere Kampfeinheiten der Koreaner, die dem japanischen Militär regelrechte Gefechte lieferten. Bereits 1920 sollen koreanische Truppen in zwei Begegnungen auf der mandschurischen Seite der Grenze zuerst bei Fengwutung ein Bataillon und dann bei Ching-Shan-Li sogar ein Regiment der Japaner besiegt haben.

Der Vertrag von Chientao, in dem die Japaner 1909 gegenüber China auf koreanische Ansprüche auf das Kando-Gebiet verzichtet hatten, unterstellte die in diesem Landstrich lebenden Koreaner der chinesischen Gerichtsbarkeit. Nach der Annexion Koreas beanspruchte Japan auf einmal diese Gerichtsbarkeit für sich mit der Begründung, die Koreaner seien nun japanische Staatsangehörige und hätten Anspruch auf Exterritorialität in China. Die Chinesen beugten sich dieser Logik und gestanden dem japanischen Konsulat durch Vertrag vom Mai 1915 die Gerichtsbarkeit zu. Japan ging es zum einen darum, besser gegen die Koreaner im Grenzgebiet vorgehen zu können, zum anderen wollte Tokio seine Brückenköpfe in der Mandschurei erweitern.

Unter dem Vorwand, Staatsangehörige schützen zu müssen, schickte Japan immer häufiger polizeiliche oder militärische Kommandos von Korea aus in die Mandschurei. Umgekehrt setzten die Koreaner in Kando ihre Partisanenüberfälle auf japanische Einrichtungen in Korea fort. Um diesen ständigen gegenseitigen Grenzverletzungen Einhalt zu gebieten, kamen die Polizeibehörden beider Seiten im Juni 1925 überein, daß die Japaner auf eigene grenzüberschreitende Aktionen verzichteten, wenn ihnen die Chinesen Amtshilfe bei der Verfolgung von Koreanern leisteten. Diese nach dem japanischen Unterhändler benannte Mitsuya-Vereinbarung war ein schwerer Schlag für die koreanischen Widerstandskämpfer in der Mandschurei, die China bisher als ihren stillschweigenden Verbündeten gegen Japan angesehen hatten.

Die neue Lage zwang die Partisanen, entweder in den Untergrund zu gehen oder auf sowjetisches Gebiet überzuwechseln. Im Ergebnis ging die Partisanentätigkeit zurück. Eine Ausnahme bildeten die Kommunisten. Nach der polizeilichen Statistik verübten diese in der Zeit von 1924 bis 1930 in der Mandschurei insgesamt 961 Anschläge, an denen 3872 Partisanen beteiligt waren. Der schwerste Zwischenfall fand am 30. Mai im Kando-Gebiet statt. Einer der Anführer dieser Aktion hieß Kim Il Sung. Doch gab es verschiedene Koreaner im Widerstand, die diesen Namen trugen, oft als Pseudonym. Der spätere Staats- und Parteichef von Nordkorea hat jegliche Beteiligung bestritten und die ganze Aktion als Auswuchs eines »ruchlosen sektiererischen Abenteurertums« verurteilt. Auch die chinesischen Kommunisten, welche die Serie der koreanischen Gewaltaktionen in der Mandschurei zunächst gutgeheißen und finanziell unterstützt hatten, haben sich später distanziert. Von den nationalkonservativen Koreanern wurden die kommunistischen Überfälle, die sich allzuoft gegen die eigenen Landsleute richteten, scharf kritisiert.

Ende November waren die kommunistischen Kräfte erschöpft. Die meisten Partisanen waren mittlerweile verhaftet worden oder umgekommen. Nach der japanischen Besetzung der Mandschurei im September 1931 formierte sich der Widerstand neu, wobei die Chinesen, soweit sie nicht mit dem japanischen Marionettenstaat Mandschukuo kollaborierten, wieder gemeinsame Sache mit den Koreanern gegen die Japaner machten. Das Rückgrat des bewaffneten Widerstands bildete zunächst die von den chinesischen Kommunisten geführte Nordöstliche Revolutionsarmee des Volkes, in der chinesische Kommunisten, Nationalchinesen und Koreaner vereint waren.

Nach Beilegung schwerer Konflikte zwischen Chinesen und Koreanern – dem sogenannten Minsaeng-Dan-Zwischenfall, bei dem viele koreanische Kommunisten chinesischen Säuberungen zum Opfer fielen – wurde die Revolutionsarmee Anfang 1936 unter Einbeziehung anderer noch bestehender Guerillaeinheiten unter dem Namen Antijapanische Vereinigte Nordostarmee reorganisiert. Die Koreaner wurden bewußt besser gestellt und Kim Il Sung, der spätere Staatschef von Nordkorea, zum Kommandeur der dritten Division in der zweiten Armee innerhalb der Nordostarmee ernannt. Mit ganzen 24 Jahren – Kim wurde am 15. April 1912 geboren – konnte er sich als Divisionskommandeur General nennen.

Aber im Reiche Kim Il Sungs liest man es anders. Nach der *Modern History of Korea* von Kim Han Gil soll Kim Il Sung bereits im April 1932 im mandschurischen Antu eine Antijapanische Guerillaarmee des Volkes gegründet haben, die dann im März

1934 als Koreanische Revolutionäre Volksarmee reorganisiert worden sei, natürlich jeweils mit Kim als Oberbefehlshaber. Ab Juni 1935 habe diese Armee unter Führung von Kim bei einer Expedition in die nördliche Mandschurei eine Vielzahl von Siegen über die Japaner errungen. Ferner sei im Mai 1936 als erste Organisation der Antijapanischen Nationalen Einheitsfront die Gesellschaft zur Wiederherstellung des Vaterlands gegründet und Kim zu ihrem Vorsitzenden gewählt worden.

Offenbar empfindet Kim es als Makel, Partisan unter chinesischem Oberbefehl gewesen zu sein. Dazu paßt auch, daß in den amtlichen Lebensläufen verschwiegen wird, daß Kim seine Erziehung auf einer chinesischen Mittelschule in Kirin abgeschlossen hat. Auch mit der angeblich von Kim Il Sung gegründeten und befehligten Guerillatruppe ist das so eine Sache. Die Koreanische Revolutionäre Volksarmee war trotz ihres Namens eine von National-Konservativen geführte Partisanenarmee, die mit Kommunisten nichts im Sinn hatte. Ihr Führer hieß Yang So Pong. Nicht viel besser steht es um die angeblich von Kim geführte Nationale Einheitsfront, die offenbar als Beweis dafür herhalten soll, daß Kim schon in jungen Jahren nicht nur über militärische, sondern auch über herausragende politische Führungsqualitäten verfügte. Zwar gab es zu jener Zeit vorübergehend eine Gesellschaft der Koreaner in der Mandschurei zur Wiederherstellung des Vaterlands, doch hat Kim darin keine Rolle gespielt. Ein angeblich von ihm verfaßtes Zehnpunkteprogramm der Gesellschaft erweist sich als eine dreiste Fälschung, indem man einige Punkte des – noch erhaltenen und inhaltlich eindeutig nationalkonservativen – Originaltextes durch kommunistische Thesen ersetzt hat.

Solche unverfrorenen Fabrikationen der Nordkoreaner lassen den Verdacht aufkommen, auch das ganze Heldenepos von Kims Partisanenkämpfen gegen die Japaner könnte ein Produkt geltungsbedürftiger Phantasie sein, wie das von der südkoreanischen Propaganda gern behauptet wird. Doch dank der buchhälterischen Genauigkeit, mit der die japanischen Behörden in Korea und in der Mandschurei ihre Operationen gegen den koreanischen Widerstand und ganz besonders gegen die Kommunisten aufgezeichnet haben, gibt es zahlreiche Beweise für Kims Wirken als Partisanenführer.

Danach ist Kim Il Sung, dessen Namen die Japaner Kin Nichi Sei aussprechen, besonders in den Jahren 1935 bis 1940 hervorgetreten. Als Widerstandskämpfer gegen die Japaner hat Kim Il Sung durchaus eine beachtliche, aber nicht die entscheidende Rolle gespielt. Es gab eine ganze Reihe anderer koreanischer Generäle in der chinesisch geführten Nordostarmee, darunter sogar eine Frau, Yi Hong Kwang. Am Ende hat sich Kim – wahrscheinlich Anfang 1941 – mit den Resten seiner geschlagenen Truppe in die Sowjetunion abgesetzt. Auch darüber schweigen Kims nordkoreanische Biographen. Daß er bis 1945 unter sowjetischen Vorgesetzten in Moskaus Roter Armee gedient hat, ist in Nordkorea genauso tabu wie seine langen Jahre bei den Chinesen. Offenbar hat Kims Stolz unter diesen Abhängigkeiten gelitten. Ihre Verleugnung ist vermutlich der psychologische Schlüssel zu dem überzogenen Nationalismus der späteren Jahre und zu der unrealistischen *Juche*-Ideologie totaler Eigenständigkeit, die Kim Il Sung zum Staatsdogma von Nordkorea erhoben hat.

Neben den koreanischen – und chinesischen – Partisanen war auch die koreanische Zivilbevölkerung in der Mandschurei für die Japaner ein ernst zu nehmender Faktor. Die Einwanderung aus Korea hatte von Jahr zu Jahr sprunghaft zugenommen. 1927 lebten bereits 560000 Koreaner in der Mandschurei, 1931 waren es schon 800000, und bis 1940 stieg ihre Zahl auf 1,45 Millionen an. Allein im Kando-Gebiet lebten zu dieser Zeit mehr als eine Million Koreaner.

Die meisten Umsiedler waren verarmte Bauern, Opfer der japanischen Landwirtschaftspolitik in Korea. Die Mehrzahl der koreanischen Bauern lebte als Pachtbauern in ärmsten Verhältnissen. Die meisten Bauernhöfe in Korea waren winzig. Zwei Drittel der Pachtbauern hatten weniger als 1 Hektar Ackerland zur Verfügung. Fast die Hälfte verdiente weniger als den notwendigsten Lebensunterhalt. Zehntausende verließen ihre Höfe und fristeten ein armseliges Leben in den Bergen, wo sie durch Brandroden kleine Anbauflächen für den einmaligen Getreideanbau schafften. 1939 gab es 340000 solcher Nomadenbauern. Andere wanderten aus. Wieder andere erhoben sich gegen die Grundbesitzer, von denen die größeren in der Regel Japaner waren. Im Jahre 1922 hatten 2500 Bauern auf diese Weise gegen die herrschenden Verhältnisse aufbegehrt, 1930 waren es schon 13000, fünf Jahre später 58000 und 1937 mehr als 77500.

Seit Beginn der dreißiger Jahre betrieb die japanische Kolonialverwaltung Schwerindustrie und chemischen Industrie, vor allem im nördlichen Korea mit seinem Rohstoffreichtum. Von 1931 bis 1936 wurden in Korea mehr als 1300 neue Unternehmen gegründet. 1939 gab es dort schon fast 7000 Industriebetriebe, bei Kriegsende waren es rund 15 000. Die Kapazität der Kraftwerke wurde in der Zeit von 1931 bis 1940 mehr als verzwölffacht und erreichte 1944 beinahe 6 Millionen Kilowattstunden. Die meisten Großbetriebe gehörten japanischen Konzernen, besonders Mitsubishi und Mitsui. Bei der Entwicklung einer Eisen- und Stahlindustrie leistete der deutsche Krupp-Konzern technische Hilfe. 1924 hatte der Anteil der Schwerindustrie an der Gesamtproduktion Koreas erst 12 Prozent betragen, 1943 erreichte er 49 Prozent.

Mit dem Aufbau der Groß- und Schwerindustrie, die vor allem als Zulieferer der japanischen Kriegswirtschaft diente, ging eine rasante Zunahme der Arbeiterschaft einher. Hatte es 1918/19 in Korea erst ungefähr 150 000 Arbeiter gegeben, stieg ihre Zahl bis 1945 auf über zwei Millionen. Auch die Arbeitskämpfe nahmen an Häufigkeit, Ausmaß und Heftigkeit zu. Koreanische Arbeiter bekamen weniger als die Hälfte des Lohns ihrer japanischen Kollegen. So arbeiteten 1931 noch 47 Prozent der koreanischen Arbeiter länger als zwölf Stunden am Tag. In Japan waren es ein Jahr zuvor nur noch 0,3 Prozent gewesen.

Der bedeutendste Arbeitskampf der zwanziger Jahre war der sogenannte Generalstreik von Wonsan, der im September 1928 in einer englischen Erdölraffinerie begann und sich schnell ausbreitete, bis sich schließlich rund 3000 Arbeiter von 24 Betrieben beteiligten. Je länger er dauerte, desto größere Aufmerksamkeit erregte der Arbeitskampf auch im Ausland. Aus Japan, China und der Sowjetunion, sogar aus Frankreich trafen Solidaritätsbotschaften oder Spenden ein. Im April 1929 konnte endlich ein Kompromiß gefunden werden, der die Streikenden in die Fabriken zurückbrachte. Den Arbeitern hatte die Aktion gezeigt, daß sie nicht völlig wehrlos waren und mit Solidarität etwas erreichen konnten. Allerdings wurden die Kontrollen nach der Besetzung der Mandschurei so verschärft, daß kaum noch Spielraum für größere Arbeitskämpfe blieb.

Mit der Ernennung von General Minami Jiro zum Gouverneur von Chosen im August 1936 begann die letzte und schlimmste

Phase der japanischen Kolonialpolitik. Minami war Oberbefehlshaber der Kanto-Armee gewesen, welche die Mandschurei erobert hatte und sich anschickte, bald ganz China mit Krieg zu überziehen. Der Ausbruch von Feindseligkeiten zwischen Japan und China im Juli 1937 machte Korea zum Hinterland der japanischen Streitkräfte. Von nun an herrschte dort der permanente Ausnahmezustand.

Unter dem Motto »Japan und Korea sind eins« leitete Minami eine Assimilierungspolitik ein, die nicht nur den koreanischen Widerstand endgültig brechen, sondern die Koreaner darüber hinaus zur vollständigen Aufgabe ihrer Eigenständigkeit zwingen sollte. Was Tokio schon bei der Annexion Koreas 1910 zum Programm erhoben hatte, sollte nun gewaltsam durchgesetzt werden.

Durch Erlaß wurden die Koreaner ab 1937 verpflichtet, in der Schule oder am Arbeitsplatz, bei Versammlungen oder im Kino, kurzum, bei allen Menschenansammlungen folgenden Eid auf den Tenno zu leisten: »Wir sind Untertanen des großjapanischen Kaiserreichs. Wir werden aus vollem Herzen der Majestät des Kaisers die Treue halten. Wir werden mit Ausdauer und Härte ein starkes und tapferes Volk werden.« Außerdem hatte jedermann in den Shinto-Schreinen der japanischen Staatsreligion zu beten. Besonders die Christen weigerten sich hartnäckig, dieser Anordnung zu folgen, und wurden bald reihenweise verhaftet. 1938 wurde Koreanisch im Schulunterricht verboten, einzig zulässige Unterrichtssprache war fortan Japanisch. Im selben Jahr wurde der »freiwillige« Militärdienst für Koreaner eingeführt. Im Jahr darauf erging ein Erlaß, der den Koreanern vorschrieb, ihre herkömmlichen Namen abzulegen und japanische Namen anzunehmen.

Ebenfalls 1939 begann die Kolonialverwaltung, Koreaner zur auswärtigen Arbeit – vorwiegend in Japan – einzuziehen, einer zunächst noch etwas kaschierten Form der Zwangsarbeit. Ab 1942 wurden die Rekrutierungsmethoden immer rabiater. Man machte regelrecht auf arbeitsfähige Koreaner Jagd. Seit 1944 wurden sie ganz direkt aufgrund der Dienstpflichtverordnung zur Zwangsarbeit eingezogen. Allein in Korea waren bei Kriegsende mehr als 2,6 Millionen Zwangsarbeiter im Einsatz.

Von 1943 an wurden koreanische Studenten zum Wehrdienst herangezogen und viele junge Frauen als »Unterhalterinnen« für japanische Soldaten verschleppt. Die Zahl dieser Zwangsprostituierten wird auf bis zu 200 000 geschätzt. 1944 wurde für Koreaner die allgemeine Wehrpflicht eingeführt. Einschließlich der sogenannten Freiwilligen haben nach japanischen Daten fast 230 000 Koreaner in der japanischen Armee Wehrdienst geleistet. Weitere 150 000 wurden als Zwangsarbeiter in Frontnähe eingesetzt. Tausende sind für die Kolonialmacht gefallen.

Die Behandlung der Koreaner in Japan stellt ein besonders trübes Kapitel dar. Am Ende des Zweiten Weltkriegs lebten beinahe 2,4 Millionen Koreaner im damaligen Staatsgebiet von Japan (ohne Korea und Taiwan, aber einschließlich der Insel Sachalin). Ungefähr ein Drittel war als Zwangsarbeiter aus Korea verschleppt worden. Sie alle hatten als diskriminierte Minderheit einen schweren Stand.

Soweit die Koreaner nicht zwangsweise nach Japan gekommen waren, hatte sie – von den Studenten abgesehen – in der Regel wirtschaftliche Not ins Land gebracht. Bis in die späten dreißiger Jahre kamen jährlich 100 000 bis 150 000 Koreaner nach Japan. 1939, als die Rekrutierung von koreanischen Arbeitern begann, sprang die Zahl auf mehr als 300 000 und bewegte sich in den Folgejahren immer um 400 000. Abzüglich der Rückwanderer lebten 1940 schon über eine Million Koreaner in Japan. Bei Kriegsende waren es dann gut doppelt so viele. Die meisten koreanischen Arbeiter wurden in Japan wie Sklaven oder Häftlinge unter ständiger Aufsicht und menschenunwürdigen Bedingungen in Bergwerken, Munitionsfabriken, im Straßenbau oder kriegswichtigen Industriebetrieben eingesetzt. Viele Tausende haben die Schinderei nicht überlebt, Hunderttausende ihre Heimat wegen der späteren Teilung Koreas nicht wiedergesehen. Noch heute leben fast 700 000 Koreaner in Japan – eine schwierige Hypothek aus der Kolonialzeit.

1945: Die Stunde Null

Gut drei Monate nach dem Deutschen Reich, am 15. August 1945, kapitulierte Japan. Die Rundfunkansprache, in welcher der Tenno sein fassungsloses Volk aufforderte, »das Unerträgliche zu ertragen« und sich in die Niederlage zu fügen, löste unter den Koreanern Jubelstürme aus. Endlich würden sie wieder frei und unabhängig sein. Dreieinhalb Jahrzehnte nach der Annexion sollte Korea als selbständiger Staat wiederauferstehen.

Aber wie sollte er aussehen? Einziger Anhaltspunkt war ein Satz in der 1943 veröffentlichten Kairoer Erklärung: »Die obengenannten drei großen Mächte sind eingedenk der Unterjochung des koreanischen Volkes entschlossen, daß Korea zu gegebener Zeit frei und unabhängig werden soll.« Die Regierungschefs der drei Mächte, Vereinigte Staaten, Großbritannien und China – Roosevelt, Churchill und Chiang Kai Shek –, waren in Kairo zusammengetroffen, um ihr weiteres Vorgehen gegenüber Japan zu beraten.

Die Kairoer Erklärung war in Korea bekannt. Anfang 1944 war eine von der koreanischen Exilregierung angefertigte Übersetzung in mehreren tausend Exemplaren eingeschmuggelt worden. Sie enthielt eine – vielleicht beabsichtigte – Ungenauigkeit: die Formulierung »zu gegebener Zeit« (*in due course*) war im Sinne von »unverzüglich« ins Koreanische übertragen worden. Nach der japanischen Kapitulation erwarteten die Koreaner, daß sie in kürzester Zeit wieder »frei und unabhängig« sein würden, vielleicht schon in wenigen Tagen, spätestens nach einigen Wochen.

General Abe Nobuyuki, Tokios letzter Gouverneur von Chosen, hatte in Erwartung der Kapitulation einige Tage vor der Tenno-Rede Kontakte zu koreanischen Politikern aufgenommen, um die Machtübergabe vorzubereiten. Einer, den der Verdacht der Kollaboration nicht schreckte, war Yo Un Hyong, ein ehemaliger Kommunist, der inzwischen der gemäßigten Linken zugerechnet wurde. Yo erklärte sich am 15. August unter bestimmten Bedingungen zur Übernahme der Regierungsgeschäfte bereit und bildete sogleich einen Ausschuß zur Vorbereitung der Staatsgründung (Konguk Chunbi Wiwonhoe, abweichend von der koreanischen Bezeichnung gewöhnlich als Ausschuß zur Vorbereitung der Unabhängigkeit Koreas übersetzt), setzte sich selbst als Vorsitzenden ein und ernannte den gemäßigt Konservativen An Chae Hong zum Stellvertreter.

In den folgenden Wochen entstanden im ganzen Land lokale Selbstverwaltungsorgane, während Yos zentraler Vorbereitungsausschuß daranging, einen Regierungsapparat aufzubauen. Für den 6. September wurde ein Kongreß der Volksvertreter in die Hauptstadt einberufen, die den japanischen Namen Keijo abgelegt hatte und sich nun Seoul nannte. Die über tausend Delegierten beschlossen die Gründung der Volksrepublik Korea, *Choson Inmin Konghwaguk*, und wählten einen Gesetzgebenden Volksausschuß, der mit der Regierungsbildung beauftragt wurde. Noch am selben Tag entledigte er sich dieser Aufgabe, und drei Wochen nach der japanischen Kapitulation gab es auf koreanischem Boden wieder eine nationale Regierung.

Aus Protest gegen Yos sozialistischen Kurs war An Chae Hong noch aus dem Vorbereitungsausschuß ausgeschieden und hatte am 1. September die Koreanische Volkspartei (Choson Kungmin-Dang, auch Koreanische Nationalpartei) gegründet. Ans Nachfolger im Ausschuß wurde Ho Hon, der ehemalige Vorsitzende der Shingan-Hoe. Der Kongreß der Volksvertreter war ganz von den Linken gesteuert worden. Als einer ihrer führenden Köpfe erwies sich der Altkommunist Pak Hon Yong, der schon kurz nach der Befreiung Koreas aus dem Untergrund aufgetaucht war und am 12. September zum Vorsitzenden der wiedergegründeten Kommunistischen Partei Koreas gewählt wurde. Die Liste der neuen Regierungsmitglieder ließ ein Volksfrontbündnis vermuten – mit Rechten wie Syngman Rhee und Kim Ku als Präsident und Innenminister, Yo als Vizepräsident und Ho als Ministerpräsident –, doch existierte es nur auf dem Papier. Denn Rhee, Kim und andere Rechte hielten sich noch im Ausland auf und waren gar nicht gefragt worden, während die tatsächlichen Machtpositionen, durch die anwesenden Minister oder die Stellvertreter der Abwesenden, fest in linker Hand waren. Diese eindeutig linke Schlagseite wäre allein kein Grund, der Regierung die Legitimation abzusprechen.

Von den Amerikanern war im August in Korea nichts zu sehen. Dagegen waren die Russen zur Stelle. Die Sowjetunion hatte Japan noch am 8. August den Krieg erklärt und kam damit einem Versprechen nach, das Stalin im Februar 1945 auf der Konferenz von Jalta auf amerikanisches Drängen gegeben hatte. Am 10. August landeten die ersten sowjetischen Truppen an der Ostküste Koreas nahe der Hafenstadt Chongjin. Innerhalb 14 Tagen erreichte ihre Vorhut Pyongyang. Schnell drang die Rote Armee weiter in Richtung Süden vor, hielt aber gut fünfzig Kilometer nördlich der Hauptstadt inne.

Der Traum von einem freien, unabhängigen Korea wurde erstmals am 2. September erschüttert, als nach der Unterzeichnung der japanischen Kapitulationsurkunde auf dem amerikanischen Schlachtschiff *Missouri* der Befehl Nummer eins des alliierten Oberbefehlshabers für den Fernen Osten, General Douglas MacArthur, bekanntgegeben wurde. Danach hatten sich die japanischen Streitkräfte in Korea nördlich des 38. Breitengrades den Sowjets und südlich davon den Amerikanern zu ergeben. Am 7. September verkündete MacArthur dem koreanischen Volk: »Alle Regierungsgewalt über das koreanische Territorium südlich des 38. Grades nördlicher Breite und dessen Bevölkerung wird einstweilen unter meinem Befehl ausgeübt.« Das bedeutete nicht nur eine Teilung des Landes in zwei Besatzungszonen, sondern auch die erneute Entmündigung des koreanischen Volkes.

Die Teilung Koreas wird gemeinhin auf die seit dem Ende des Zweiten Weltkriegs in Europa offen zutage tretenden Gegensätze zwischen Amerika und der Sowjetunion zurückgeführt. In Wirklichkeit erfolgten die wesentlichen Weichenstellungen sehr viel früher, und zwar in vollem Einvernehmen der beiden Großmächte.

Die Formulierung in der Kairoer Erklärung, nach der Korea »zu gegebener Zeit« frei und unabhängig werden solle, hieß nicht: automatisch zum Zeitpunkt der Befreiung von japanischer Kolonialherrschaft. Den drei Mächten schwebte vielmehr eine Art Treuhandschaft über Korea vor, an der auch die Sowjetunion beteiligt werden sollte. Als Roosevelt und Churchill in Teheran mit Stalin zusammentrafen, um eine Zusammenarbeit zu erörtern, vertrat der amerikanische Präsident die Auffassung, daß Korea vor Erlangung seiner vollen Unabhängigkeit einer längeren »Lehrzeit« bedürfe, die er auf »vielleicht vierzig Jahre« veranschlagte. Bei einer Begegnung zwischen Roosevelts Sonderbeauftragtem Harry Hopkins und Stalin am 28. Mai 1945 sprach Hopkins von 25 Jahren oder weniger, mindestens aber fünf bis zehn Jahren

Treuhandschaft und ging ausdrücklich von einer Viermächtekontrolle durch die USA, Großbritannien, China und die Sowjetunion aus.

Auf der Potsdamer Konferenz wurde das alliierte Vorgehen in Korea offenbar nur auf der Expertenebene behandelt. Washington war zu dieser Zeit noch ganz mit Japan beschäftigt. Moskau konnte daher den Eindruck gewinnen, daß die Amerikaner den Russen in Korea weitgehend freie Hand lassen würden. Das amerikanische Interesse an Korea erwachte erst, als Tokio am 10. August seine Bereitschaft signalisierte zu kapitulieren, sofern das japanische Kaiserhaus erhalten bleibe. Zu diesem Zeitpunkt waren die sowjetischen Truppen bereits an der Nordostküste Koreas gelandet.

An diesem 10. August 1945 wurden die Weichen für die Teilung Koreas entlang des 38. Breitengrads gestellt, und zwar von den Amerikanern. Im Zuge einer Sitzung des Koordinationsausschusses des Außen-, Kriegs- und Marineministeriums in Washington erteilte der damalige Staatssekretär im Kriegsministerium, John McCloy, zwei jungen Offizieren den Auftrag, binnen einer halben Stunde einen Vorschlag zur Aufteilung Koreas in zwei Zonen vorzulegen, damit die Entwaffnung der japanischen Streitkräfte durch sowjetische und amerikanische Truppen erfolgen könne. Die Offiziere, die für Korea Schicksal spielen sollten, waren die beiden Obersten Dean Rusk – später US-Außenminister – und Charles Bonesteel, der nachmalige Oberkommandierende der US-Streitkräfte in Korea. Rusk und Bonesteel schlugen den 38. Grad nördlicher Breite vor.

Rusk hat dazu in einem Memorandum vom Juli 1950 – nach Ausbruch des Koreakrieges – festgestellt, er habe den 38. Breitengrad gewählt, weil damit die Hauptstadt Seoul zur amerikanischen Zone gehören würde. Diese Teilungslinie habe im übrigen so weit nördlich gelegen, daß die Amerikaner, deren Truppen erst drei Wochen danach in Korea landen konnten, sie »im Falle sowjetischen Widerspruchs« nicht hätten erreichen können. Der 38. Breitengrad war für die Amerikaner eine Maximalforderung. Rusk zeigte sich daher »etwas überrascht«, als die Sowjets dem amerikanischen Vorschlag zustimmten.

Als der amerikanische Generalleutnant John R. Hodge am 8. September 1945 mit einigen Einheiten bei Inchon an Land ging, war der Jubel der Koreaner über das Ende der Fremdherrschaft weitgehend verflogen. Denn die ersehnten Befreier vom japanischen Joch kamen zugleich als neue Besatzungsmacht. Das war kein guter Einstieg.

Zu ihrer Begrüßung hatte die provisorische Regierung der Volksrepublik Korea eine Delegation von drei englischsprechenden Koreanern nach Inchon geschickt. Hodge weigerte sich, sie zu empfangen. Mit einer koreanischen »Regierung« wollte er nichts zu tun haben. Washingtons Haltung war in dem folgenden Satz des alliierten Oberkommandos festgelegt: »Die Politik der Vereinigten Staaten schließt eine amtliche Anerkennung oder politische Nutzbarmachung jeder sogenannten koreanischen provisorischen Regierung oder sonstigen politischen Organisation durch die Streitkräfte der Vereinigten Staaten aus.« Der amerikanische General und seine Vorgesetzten waren überhaupt nicht darauf vorbereitet gewesen, eine Rolle in Korea zu spielen. Auch dieser Umstand zeigt, wie wenig Interesse Washington ursprünglich an Korea gehabt hatte.

Für die Besatzungspolitik gegenüber Japan hatten die Amerikaner genaue Richtlinien ausgearbeitet. Das führte dazu, daß Hodge mangels spezieller Instruktionen für Korea auf diese Richtlinien zurückgreifen mußte. Aus demselben Grund duldeten Hodge und seine Leute den Fortbestand der japanischen Kolonialverwaltung für eine Übergangszeit – um Zeit für den Aufbau ihrer eigenen Verwaltung zu gewinnen. Für die Koreaner war all das eine unerträgliche Herabsetzung, die ihre Einstellung zur amerikanischen Militärregierung von Anfang an schwer belastete.

Hodge zog am 9. September 1945 mit einer Vorhut seiner Truppen in Seoul ein, wo er die Kapitulation der japanischen Streitkräfte südlich des 38. Breitengrads entgegennahm. Als neuer Militärgouverneur und damit Chef der amerikanischen Militärregierung in (Süd-)Korea nahm Generalmajor Archibald V. Arnold seinen Sitz im zentralen Regierungsgebäude, über dem nun das amerikanische Sternenbanner flatterte. Eine Fremdherrschaft war nahtlos in die andere übergegangen.

Noch gab es in Seoul die Regierung von Yo Un Hyongs Volksrepublik Korea. Nach einer kurzen Phase unsicherer Koexistenz, in der die amerikanische Militärverwaltung immer deutlicher auf Abstand ging, sprach General Hodge am 10. Oktober einer koreanischen Regierung in seinem Befehlsbereich die Existenzberechtigung ab, um am 12. Dezember 1945 »jegliche versuchte Betätigung als Regierung« klipp und klar für »rechtswidrig« zu erklären. Der erste Versuch der Koreaner, nach Jahrzehnten der Fremdherrschaft eine eigene demokratische Regierung zu bilden, war von den Amerikanern abgewürgt worden.

Nicht viel besser erging es der 1919 in Shanghai gegründeten koreanischen Exilregierung, die sich nach der japanischen Kapitulation Hoffnungen machte, in der befreiten Heimat die Macht zu übernehmen oder zumindest daran beteiligt zu werden.

Die Exilregierung hatte seit 1940 ihren Sitz in Chungking, wohin die nationalchinesiche Regierung vor den Japanern zurückgewichen war. Die ursprünglich als Koalition von links bis rechts gebildete Exilregierung hatte sich schon bald nach ihrer Gründung hoffnungslos zerstritten. Als erste hatten sich die Kommunisten zurückgezogen. 1925 mußte Syngman Rhee das Präsidentenamt an Kim Ku von der extremen Rechten abgeben. Dessen Anhänger besetzten nach und nach alle wichtigen Ämter, so daß die Exilregierung praktisch zu einer Parteiorganisation Kim Kus degenerierte. Nach Ausbruch des japanisch-chinesischen Kriegs 1937 und besonders seit der Übersiedlung nach Chungking konnte sie ihre politische Basis wieder erweitern. Es gelang ihr, eine beachtliche militärische Streitmacht aufzubauen, die zusammen mit den Chinesen gegen die Japaner kämpfte. Und nach dem japanischen Überfall auf Pearl Harbor erklärte die koreanische Exilregierung am 9. Dezember 1941 Japan in aller Form den Krieg. Allerdings schaffte sie es bis zuletzt nicht, die diplomatische Anerkennung anderer Regierungen zu erlangen, nicht einmal in ihrem Gastland China.

Als erster prominenter Exilpolitiker kehrte Syngman Rhee am 16. Oktober 1945 unter merkwürdigen Umständen nach Korea zurück. Hodge und die amerikanische Militärregierung in Korea wollten den für seine antikommunistische Haltung bekannten Rhee offenbar als Gegengewicht zu Yo Un Hyong und dessen linke Volksrepublik Korea einsetzen, während das Außenministerium in Washington Komplikationen mit der Sowjetunion befürchtete. Die amerikanische Politik war zu diesem Zeitpunkt noch an einer Verständigung mit den Sowjets interessiert, während beim Militär bereits das Konfrontationsdenken um sich griff. So weigerte sich General MacArthur entschieden, die Sowjetunion an der Besetzung Japans zu beteiligen. Sein sogenanntes alliiertes Oberkommando war von Anfang an eine rein amerikanische Angelegenheit. Nur an den Kriegsverbrecherprozessen in Tokio konnten die Russen teilnehmen. Am 38. Breitengrad, wo sich amerikanische und sowjetische Soldaten gegenüberstanden, gab es keine Verbrüderungsszenen wie einige Monate zuvor in Torgau an der Elbe.

Die Militärs konnten das Außenministerium in Washington zunächst einmal überspielen. Rhee wurde in Korea mit großem Bahnhof empfangen. Da seine Ankunft vorher wie ein bedeutendes Ereignis angekündigt worden war, fand sich eine größere Menschenmenge zu seiner Begrüßung ein. General Hodge und Militärgouverneur Arnold begleiteten den Politiker zu seiner ersten Pressekonferenz. Bei den Koreanern mußte zwangsläufig der Eindruck entstehen, Rhee sei der Kandidat der Amerikaner, zumal sie die Vorbehalte des State Departments nicht kannten.

Sehr viel unauffälliger verlief die Heimkehr der ersten 15 Vertreter der Exilregierung. Nachdem sie eine Erklärung unterschrieben hatten, daß sie nicht als Regierung, sondern als Privatpersonen nach Korea zurückkehrten, brachte sie am 23. November ein Militärflugzeug aus China. Zwar zeigte die amerikanische Militärregierung im Umgang mit Kim Ku und seinen Leuten weniger Berührungsängste als gegenüber Yo Un Hyongs Volksrepublik – die man, auf japanische Einflüsterungen hin, nur zu bereitwillig als kommunistische Verschwörung ansah –, doch im Ergebnis teilte die rechte Exilregierung das Schicksal der linken Volksrepublik: für die von den Koreanern autonom entwickelten Regierungsstrukturen hatten die Amerikaner bei der Neugestaltung der politischen Verhältnisse in ihrem Machtbereich keinerlei Interesse.

Ganz anders das Vorgehen der Russen: Die Sowjets nutzten geschickt die von den Koreanern nach der japanischen Kapitulation auch nördlich des 38. Breitengrads spontan gebildeten Volksausschüsse und steuerten die politische Entwicklung aus dem Hintergrund, ohne selber eine förmliche Militärregierung zu bilden.

Im Gegensatz zu den Amerikanern, denen sich die Japaner widerstandslos ergaben, mußte die Rote Armee die sowjetische Besatzungszone militärisch erobern; zuerst durch die Niederringung der japanischen Kanto-Armee in der Mandschurei, danach gegen den erbitterten Widerstand der japanischen Truppen im Norden Koreas. Die Rote Armee kann mit Recht behaupten, sie habe Nordkorea bis zum 38. Breitengrad von der japanischen Kolonialherrschaft befreit. Pikanterweise wird ihr dieser Anspruch in erster Linie von den nordkoreanischen Kommunisten streitig gemacht – aus vordergründigen Motiven.

Im Westen wird vielfach angenommen, daß die sowjetische Führung Kim Il Sung von vornherein als ihren zukünftigen Mann in Nordkorea vorgesehen hatte, ähnlich wie Walter Ulbricht für Ostdeutschland. Diese Vermutung ist bisher genauso unbewiesen wie die kommunistische Behauptung, die Amerikaner hätten von langer Hand geplant, Syngman Rhee als ihre »Marionette« in Südkorea einzusetzen. Dae-Sook Suh bezeichnet es in seiner detaillierten Untersuchung *The Korean Communist Movement* als »höchst fragwürdig«, daß die Russen die dauerhafte Teilung Koreas vorausgesehen und sich bereits vor ihrem Einmarsch für Kim entschieden haben. Neben dem zeitlichen Vorsprung von einem Monat hatten die Sowjets zwar den Vorteil, daß sie im Fernen Osten über Zehntausende Sowjetbürger koreanischer Herkunft verfügten, so daß sie in ihrer Besatzungszone schneller Fuß fassen konnten als die Amerikaner im Süden. Daraus folgt aber noch nicht, daß sie schon mit einem fertigen Konzept nach Korea gekommen sind. Und was Kim Il Sung angeht, so fällt auf, daß die Sowjets ihn erst am 14. Oktober 1945, drei Monate nach ihrem Einmarsch, der nordkoreanischen Öffentlichkeit präsentiert haben.

Die Teilung der Halbinsel in zwei Besatzungszonen und die Weigerung der Amerikaner, die aus dem Vorbereitungsausschuß hervorgegangene Volksrepublik Korea anzuerkennen, hatte zur Folge, daß sich die Volksausschüsse nördlich des 38. Breitengrads ein eigenes Dachorgan schufen, den Provisorischen Volksausschuß der Fünf Provinzen. Ausschußvorsitzender war der bürgerlich-konservative Presbyterianerdiakon Cho Man Shik. Von seinen zwei Stellvertretern gehörte einer zum bürgerlichen Lager, der andere war Kommunist. Unter diesem Ausschuß entwickelte sich im November 1945 als eine Art vorläufiger Regierung das Amt für die Verwaltung der Fünf Nordkoreanischen Provinzen

(Pukchoson Odo Haengjongguk). Das Amt hatte zehn Abteilungen, deren Leiter jeweils ein sowjetischer Berater zugeteilt wurde, in der Regel Sowjetbürger koreanischer Herkunft.

Wegen Meinungsverschiedenheiten mit den Sowjets wurde Cho Man Shik im Dezember 1945 kaltgestellt. Die Auseinandersetzungen innerhalb des linken Lagers hatten schon früher begonnen. Chos kommunistischer Stellvertreter Hyon Chun Hyok wurde Ende September in Pyongyang am hellichten Tage ermordet. Hyon bekam ein Staatsbegräbnis, doch wurde kein ernsthafter Versuch unternommen, den Mord aufzuklären. Vorwürfe, daß Kim Il Sung – eventuell in Zusammenspiel mit den Russen – hinter der Ermordung Hyons stand, sind unbewiesen. Einzelheiten über diese Vorwürfe finden sich bei Dae-Sook Suh.

Vom 10. bis 13. Oktober tagten in Pyongyang, dem administrativen Zentrum der sowjetischen Zone, kommunistische Delegierte aus den fünf Provinzen und beschlossen nach heftigen Kontroversen die Errichtung eines Nordkoreanischen Organisationskomitees der Kommunistischen Partei. Nach heutigem Selbstverständnis gilt der 10. Oktober 1945 als Gründungsdatum der Kommunistischen Partei Nordkoreas, und Kim Il Sung wird als ihr Gründer hingestellt. Damit wird der Eindruck erweckt, als sei Kim Il Sung schon im Oktober 1945 zum Führer der Kommunistischen Partei Koreas gewählt worden. In Wirklichkeit wurde er erst am 17. Dezember 1945 zum Vorsitzenden des Organisationskomitees gewählt.

Die nächste Stufe auf dem Weg zum allmächtigen Führer Nordkoreas erklomm Kim Il Sung am 8. Februar 1946, als er zum Vorsitzenden des Provisorischen Volksaussschusses von Nordkorea gewählt wurde. Die Streichung der »Fünf Provinzen« in der Bezeichnung des bei dieser Gelegenheit erneut umgestalteten obersten Regierungsorgans der sowjetischen Besatzungszone läßt bereits den Wandel von einem Provisorium zu einem längerfristig etablierten Regime für die Nordhälfte der koreanischen Halbinsel erkennen. Die Teilung hatte sich zu diesem Zeitpunkt schon weitgehend verfestigt. Ab Februar 1947, als auch das Wort »Provisorisch« fiel, hieß die Regierung schlicht Volksausschuß von Nordkorea.

In Südkorea hatte Syngman Rhee seine erste öffentliche Kundgebung am 20. Oktober 1945 dazu benutzt, die Sowjetunion heftig anzugreifen und die Aufteilung Koreas entlang des 38. Breitengrads zu kritisieren. Am selben Tag hielt ein hoher Beamter des amerikanischen Außenministeriums in New York eine Rede über »Die Nachkriegsperiode im Fernen Osten«, in der die alliierten Treuhandpläne für Korea erstmals öffentlich erörtert wurden. Ihr Bekanntwerden löste in Korea einen Sturm der Entrüstung aus. Ungerührt von den Protesten der Koreaner beschlossen die Außenminister der Vereinigten Staaten, Großbritanniens und der Sowjetunion in Moskau, daß Korea einer auf fünf Jahre begrenzten Treuhandverwaltung dieser drei Mächte sowie Chinas unterstellt werden sollte. Das am 27. Dezember 1945 in Moskau veröffentlichte Communiqué sah außerdem vor, daß eine provisorische koreanische Regierung zu bilden sei und daß die Durchführung der Moskauer Vereinbarungen einem gemeinsamen amerikanisch-sowjetischen Ausschuß übertragen werden sollte.

Die Konferenz der Außenminister in Moskau war die letzte Gelegenheit, bei der es den westlichen Alliierten und der Sowjetunion gelang, sich über ihre Politik gegenüber Korea zu verständigen. Andererseits war der Widerstand gegen die Treuhandpläne der letzte Anlaß, zu dem sich Koreaner fast aller politischen Richtungen von der äußersten Rechten bis zur radikalen Linken einschließlich eines Teils der Kommunisten zu gemeinsamem Handeln zusammenfanden.

Anfang Januar 1946 signalisierten die Sowjets den koreanischen Kommunisten, daß die Moskauer Beschlüsse zu unterstützen seien. In Nordkorea war Cho Man Shik, der bürgerliche Vorsitzende des Volksausschusses der Fünf Provinzen, wegen seines Widerstands gegen die Treuhandpläne der Alliierten seit Dezember unter Hausarrest gestellt. In Südkorea schalteten die meisten Kommunisten am 2. Januar auf den Moskauer Kurs um. An der Treuhandfrage schieden sich innenpolitisch von nun an die Geister: die Kommunisten in Nord und Süd unterstützten in ihrer Mehrzahl die Moskauer Vereinbarungen, die Bürgerlichen und die Nationalisten waren zumeist entschieden dagegen. In Südkorea nutzten Kim Ku und Syngman Rhee die Auseinandersetzungen über die Treuhandpläne, um sich gegen die nach der Befreiung zunächst dominierenden Linken zu profilieren und ihre in viele Gruppen zersplitterten Anhänger in einer breiten Koalition zusammenzufassen.

Der Streit um die Treuhandverwaltung hat die Teilung Koreas erst wirklich besiegelt. Die Delegationen der amerikanischen und sowjetischen Militärverwaltung, die am 18. Januar 1946 in Seoul zusammentrafen, um die Einsetzung eines gemeinsamen Ausschusses vorzubereiten, konnten sich gerade noch auf eine Entschließung über den Austausch von Postsachen einigen. Der Ausschuß selber, der in zwei Sitzungsperioden vom 20. März bis 6. Mai 1946 und vom 21. Mai bis 18. Oktober 1947 in der alten Hauptstadt tagte, zerstritt sich von Anfang an hoffnungslos über der Frage, welche politischen Gruppen an der provisorischen koreanischen Regierung zu beteiligen seien.

Die Sowjets wollten nur Befürworter der alliierten Treuhandverwaltung für Korea akzeptieren und alle Politiker und Parteien ausschließen, die sich aktiv an den Protestdemonstrationen gegen die Moskauer Beschlüsse beteiligt hatten. Das wäre auf eine linke, von den Kommunisten beherrschte Regierung und damit auf eine Ausweitung des sowjetischen Einflusses auf ganz Korea hinausgelaufen. Die Amerikaner bestanden auf der Einbeziehung aller politischen Richtungen, unabhängig von deren Haltung zur Treuhandfrage. Im Ergebnis machten sie sich damit – trotz aller Meinungsverschiedenheiten beim Thema Treuhandverwaltung – zum Fürsprecher des bürgerlichen Lagers und der rechten Nationalisten, die im Süden Koreas allmählich die Oberhand gewannen. Auch das amerikanische Außenministerium identifizierte sich nun, wie schon zuvor die amerikanische Militärverwaltung, mit der antisowjetischen Haltung der südkoreanischen Rechten.

Der von außen aufoktroyierten Spaltung entsprach seit dem Frühjahr 1946 auch die geographisch deckungsgleiche Aufteilung der Koreaner in zwei politisch verfeindete Lager. Der in Europa entstandene Ost-West-Konflikt war als Nord-Süd-Konfrontation nach Fernost verpflanzt worden. Für diese Entwicklung, welche die Teilung weiter verfestigt hat, tragen auch die Koreaner selber ein Stück Verantwortung.

Getrennte Wege für Nord und Süd

Von nun an gingen Süd- und Nordkorea getrennte Wege. Im Süden verfolgten die amerikanische Militärregierung und das Außenministerium in Washington eine kaum oder gar nicht miteinander abgesprochene und daher oft widersprüchliche Koreapolitik. General Hodge hatte sich ganz entschieden gegen die Treuhandpläne ausgesprochen, war jedoch in Washington mit seiner Meinung nicht gehört worden. Im Juli erhielt er Anweisung, eine Koalition von gemäßigten politischen Kräften zustande zu bringen, deren zentrale Figuren Kim Kyu Shik und Yo Un Hyong sein sollten.

Yo, der nun von Washington als gemäßigter Linker eingestuft wurde, war der Initiator jener Volksrepublik Korea gewesen, die von der amerikanischen Militärregierung in Korea ein halbes Jahr vorher zerschlagen worden war. Kim, der gemäßigten Rechten zugerechnet, war ein alter Unabhängigkeitskämpfer, der schon die glücklose koreanische Delegation zur Friedensvertragskonferenz von Versailles geleitet hatte, zeitweilig Vizepräsident und zuletzt Vizepremier der koreanischen Exilregierung in China gewesen war und in der Kabinettsliste der Volksrepublik als Außenminister vorgesehen war.

Bevor Washington allzu spät seine Liebe für die gemäßigten Kräfte entdeckte, hatten sich in der kaum überschaubaren Fülle von Parteien und politischen Gruppen Südkoreas die radikaleren Elemente schon breitgemacht: vor allem auf der rechten Seite des politischen Spektrums. Hier ragten unter den Anwärtern auf eine politische Führungsrolle zwei Köpfe heraus, Syngman Rhee und Kim Ku.

In den ersten Monaten nach der Befreiung Koreas hatten sich in Seoul neben der schon erwähnten Kommunistischen Partei Koreas unter Pak Hon Yong und der gemäßigt linken Koreanischen Volkspartei von Yo Un Hyong im rechten bürgerlichen Lager zwei bedeutendere Gruppierungen herausgebildet, die von An Chae Hong geführte Nationalpartei und, als politischer Arm der sogenannten Posong-Gruppe von Kim Song Su, die Demokratische Partei Koreas (Hanguk Minju-Dang) mit dem Kim-Vertrauten

Song Chin U an der Spitze. Die Posong-Gruppe hatte sich um die gleichnamige Fachhochschule gebildet, Vorläuferin der angesehenen Korea- oder Koryo-Universität in Seoul. Treibende Kraft der Gruppe war Kim Song Su, ein nationalbewußter Unternehmer und Erzieher, der einer wohlhabenden Grundbesitzerfamilie in Cholla Pukto entstammte und Mitbegründer der ab Dezember 1945 wieder aufgelegten Tageszeitung *Tong-A Ilbo* war. Die Posong-Gruppe hatte es im August abgelehnt, aus der Hand der Japaner die Macht zu übernehmen, sah sich nun jedoch zusammen mit der Exilregierung in China am ehesten legitimiert, die neue koreanische Regierung zu bilden. Theoretisch hätte sich die Demokratische Partei also mit Kim Ku verbünden müssen, dem letzten Präsidenten der Exilregierung.

Tatsächlich aber gelang es Syngman Rhee, die Demokraten auf seine Seite zu ziehen. Er hatte den zeitlichen Vorsprung vor Kim Ku bei der Rückkehr in seine Heimat dazu genutzt, noch im Oktober 1945 einen Zentralrat zur schnellen Verwirklichung der Unabhängigkeit Koreas zu gründen, der sich zu einem lockeren Sammelbecken der Rechten entwickelte. Mitte Dezember schlossen sich koreanische Wirtschaftskreise zu einem Förderkreis für die finanzielle Unterstützung einer Übergangsregierung zusammen und benannten Rhee als Empfänger der Gelder. Und im Februar 1946 berief General Hodge auf Vorschlag von Rhees Zentralrat, der sich kurz vorher als Nationalvereinigung für die schnelle Verwirklichung der Unabhängigkeit Koreas reorganisiert hatte, einen koreanischen Beraterausschuß mit Rhee als Vorsitzendem.

Mit solchem Rückhalt reiste Syngman Rhee durchs Land und mobilisierte die Bevölkerung. Im Herbst 1946 rühmte sich seine Nationalvereinigung, bereits sieben Millionen Mitglieder geworben zu haben. Auch wenn das stark übertrieben gewesen sein dürfte, war jedenfalls nicht zu bestreiten, daß es Rhee gelungen war, eine Massenbasis aufzubauen.

Auch Kim Ku war nicht untätig gewesen. Da die von ihm geführte Exilregierung von den Amerikanern in Korea verboten worden war, diente ihm die 1930 in Shanghai gegründete und nun in der Heimat wiederbelebte Unabhängigkeitspartei als organisatorische Basis. Kim Ku wurde im März 1946 zu ihrem Vorsitzenden gewählt. Später bildete er mit Anhängern seiner Partei eine sogenannte Nationalversammlung, deren Hauptziel die Bekämpfung der Treuhandpläne der Alliierten war.

Unter den Kommunisten Südkoreas hatten sich nach den Beschlüssen der Moskauer Konferenz zunehmend Einflüsse aus dem Norden bemerkbar gemacht. Im Februar 1946 gründeten verschiedene prokommunistische Organisationen im Süden eine Demokratische Nationale Front, welche die Position Pyongyangs in der Treuhandfrage unterstützte und sich später auch andere nordkoreanische Forderungen zu eigen machte. Am ersten Jahrestag der Befreiung im August verlangten sie außer einer Verwirklichung der Moskauer Beschlüsse die »Übergabe der Macht an das werktätige Volk« und eine Bodenreform nach nordkoreanischem Muster.

Die amerikanische Militärregierung reagierte sehr argwöhnisch auf alle Versuche der sowjetischen oder der nordkoreanischen Kommunisten, ihren Einfluß auf die amerikanische Besatzungszone auszudehnen. Bereits im Frühjahr 1946 kam es zu ersten Verhaftungen, einige linke Zeitungen wurden verboten. Das wiederum trieb viele Kommunisten und manche andere Linke im Süden ins Lager der Nordkoreaner. Zwischen Amerikanern und Kommunisten in Korea entstanden Feindbilder, die sich durch die nachfolgenden Ereignisse schnell verhärten sollten und bis heute fortbestehen.

Vor diesem Hintergrund mußte das Bemühen von General Hodge, nach der anfänglichen Favorisierung des als rechts geltenden Syngman Rhee auf einmal eine Koalition aus gemäßigten Politikern der Mitte zustande zu bringen, die Koreaner weiter verwirren. Während Hodge ein lockeres Bündnis unter Beteiligung von Kim Kyu Shik und sogar dem zunächst abweisenden Yo Un Hyong zusammenschweißte, wurden die Arbeiter unruhig. Es begann damit, daß die Eisenbahnergewerkschaft höhere Reisrationen, mehr Lohn und weitere Verbesserungen verlangte. Als die Militärregierung die Forderungen ignorierte, legten die Eisenbahner am 25. September 1946 ihre Arbeit nieder. Die allgemeine Notlage der unter großen Versorgungsschwierigkeiten und einer galoppierenden Inflation leidenden Bevölkerung und die unnachgiebige Haltung der Militärregierung verschafften den streikenden Arbeitern breite Sympathien. Aus Solidarität legten die Ar-

Solche »Mars-Menschen« schützen den Staat vor seinen Bürgern

五人展
미도파 가을상품

beiter anderer Branchen ebenfalls die Arbeit nieder, so daß der Streik immer weitere Kreis zog – und den Kommunisten Gelegenheit gab, mit antiamerikanischen Parolen ihren Einfluß auszuweiten. Aber auch die Rechtsradikalen nutzten die Stunde, um die Mitglieder ihrer Gegengewerkschaften auf die streikenden Arbeiter loszuhetzen. Es kam zu gewalttätigen Auseinandersetzungen in den Betrieben und zu Straßenschlachten. Die Polizei nahm ungefähr 2000 streikende Arbeiter fest.

In Taegu, der drittgrößten Stadt Südkoreas, wuchs sich eine Konfrontation zwischen einigen Hundert Demonstranten und der Polizei am 1. Oktober, bei der ein Polizist schwer verletzt und ein streikender Arbeiter erschossen wurde, zu einem Volksaufstand aus. Die aufgebrachten Menschenmassen stürmten das Polizeipräsidium, bemächtigten sich des Waffenlagers und brachten jeden Polizisten um, dessen sie habhaft werden konnten, oft auf grausame Weise. Polizisten wurden aus ihren Wohnungen, verwundete Polizisten aus Krankenhausbetten gezerrt und erschlagen. In dieser Gewaltorgie verloren 53 Polizisten ihr Leben. Das Chaos fand erst nach Verhängung des Kriegsrechts und Truppeneinsatz in der Stadt ein Ende.

Welche Rolle die Kommunisten bei den Streiks in Taegu und bei den nachfolgenden Unruhen gespielt haben, läßt sich nicht mehr feststellen. Schon während der japanischen Kolonialherrschaft waren sie bei Arbeitskämpfen erfolgreich aktiv gewesen. Das spricht für eine Verwicklung in den Eisenbahnerstreik. Hingegen war ihre Basis in der allgemeinen Bevölkerung schwach. Der gegen die Polizei gerichtete Gewaltausbruch in Taegu war offensichtlich spontan. Doch wäre es eine unzulässige Vereinfachung, schon im Herbst 1946 »kommunistisch« in Südkorea einfach mit »pronordkoreanisch« gleichzusetzen.

Inmitten dieser Unruhen, die in den folgenden Wochen noch auf zahlreiche Städte übergriffen, sich fast überall gegen die Polizei entluden und auf beiden Seiten viele Todesopfer forderten, legte die von Kim Kyu Shik geführte Mitte-Links-Koalition Anfang Oktober 1946 Vorschläge zur Wiedervereinigung Koreas vor und empfahl in Übereinstimmung mit »Anregungen« der US-Militärregierung die Schaffung einer provisorischen gesetzgebenden Versammlung.

Hodge »folgte« dieser Empfehlung, und die Militärregierung

erließ unverzüglich eine Verordnung, in der Zustandekommen, Größe und Zusammensetzung, Funktionen und Kompetenzen der geplanten Körperschaft, aber auch das Vetorecht der Besatzungsmacht gegen alle ihre Beschlüsse niedergelegt waren. Danach sollte die eine Hälfte der insgesamt neunzig Mitglieder gewählt, die andere von der Militärregierung ernannt werden. Merkwürdigerweise enthielt die Verordnung keine genaue Vorschriften darüber, auf welche Weise die 45 Wahlmitglieder zu wählen seien. Zwar sollte die Wahl »geheim« sein, die für eine demokratische Legitimierung der Versammlung entscheidende Frage aber, wer wahlberechtigt sei, blieb unbeantwortet. Zur Anwendung kam daher das »geltende Recht« – das während der japanischen Kolonialherrschaft erlassene Wahlgesetz. Wahlberechtigt war damit eine kleine Zahl männlicher Bürger, die nachweislich einen vorgeschriebenen Mindeststeuersatz entrichtet hatten. Während der noch im Oktober in aller Eile und zum Teil unter bürgerkriegsähnlichen Verhältnissen durchgeführten »Wahlen« fehlte auch jede wirksame Wahlaufsicht. Henderson (*Korea: The Politics of the Vortex*) berichtet, daß in manchen Wahlbezirken die örtlichen Bürgermeister einfach irgendwelche Honoratioren oder gar sich selbst benannten.

Offenbar aus Sorge, daß freie, allgemeine und gleiche Wahlen dem linken Lager einen hohen Stimmenanteil einbringen könnten, verzichtete die amerikanische Militärregierung auf diese erste und daher besonders wichtige Gelegenheit, die Koreaner mit den Spielregeln der parlamentarischen Demokratie vertraut zu machen und die Bevölkerung ernsthaft an den Entscheidungsprozessen zu beteiligen. Das »Wahl«ergebnis fiel entsprechend aus. Außer zwei linken Abgeordneten von der Insel Cheju wurden nur Rechte »gewählt«. Als Hodge zum Ausgleich 30 der 45 von ihm zu ernennenden Abgeordneten aus dem Lager der politischen Mitte und der gemäßigten Linken nahm, boykottierte die Demokratische Partei monatelang die Sitzungen, so daß Südkoreas erstes »Parlament« erst im Dezember 1946 zusammentreten konnte. Kim Kyu Shik wurde zum Vorsitzenden gewählt. Die Legitimation der Provisorischen Gesetzgebenden Versammlung war von Anfang an heftig umstritten und blieb es auch bis zu ihrem frühen Ende.

Parallel zur Errichtung dieses fragwürdigen Parlaments begann die amerikanische Militärregierung damit, die höheren Verwaltungsfunktionen schrittweise Koreanern zu übertragen, denen jeweils ein amerikanischer »Berater« zugeteilt wurde – ein inzwischen historisches Verfahren indirekter Kontrolle, dessen sich auch die Sowjets in ihrer Besatzungszone bedienten. Im Februar 1947 berief die Militärregierung den Vorsitzenden der Nationalpartei, An Chae Hong, zum Leiter der Zivilverwaltung. Als Gegenstück zum Militärgouverneur war er gewissermaßen der erste koreanische »Regierungschef« in der amerikanischen Zone, während die koreanischen Abteilungsleiter als Vorläufer von Ministern gelten konnten. Im Juni wurde die bisherige Militärregierung schließlich in Provisorische Regierung von Südkorea umbenannt.

Im Mai 1947 war der amerikanisch-sowjetische Ausschuß zur Durchführung der Moskauer Beschlüsse zu seiner zweiten und letzten Sitzungsperiode zusammengetreten. Als sich nach kurzer Zeit abzeichnete, daß die alten Gegensätze unüberbrückbar waren, brach die von Hodge zusammengekittete Mitte-Links-Koalition auseinander. Nur das gemeinsame Ziel der Wiedervereinigung hatte sie zusammengehalten. Kim Kyu Shik trat auch als Vorsitzender der Provisorischen Gesetzgebenden Versammlung zurück. Damit war das so unrühmlich zustande gekommene Pseudoparlament am Ende. Zu allem Überfluß wurde im Juli 1947 der einzige überragende Kopf der demokratischen Linken, Yo Un Hyong, in Seoul auf offener Straße ermordet. Yo war neben Kim Kyu Shik die zweite Säule der Mitte-Links-Koalition gewesen. Das Experiment der Amerikaner, die politische Führung Südkoreas den gemäßigten Kräften anzuvertrauen, war endgültig gescheitert. Jetzt war auch das Außenministerium in Washington so weit, auf Syngman Rhee zu setzen. Seit dem Sommer 1947 zogen die für Korea zuständigen Zivil- und Militärbehörden der Vereinigten Staaten erstmals an einem Strang. Der Boden war bereitet für Rhees Aufstieg zum führenden Mann in Südkorea.

Im März 1947 hatte Präsident Truman in einer Botschaft an den amerikanischen Kongreß die später nach ihm benannte Doktrin verkündet. Sie verheißt, daß die Vereinigten Staaten den »in ihrer Freiheit bedrohten freien Völkern« helfen wollen. Als Bedrohung wurde der Kommunismus angesehen. Seine weitere Ausbreitung sollte verhindert werden, seine Eindämmung wurde zum politischen Ziel Amerikas erhoben. Als Hilfsinstrumente dienten neben dem im Juni verkündeten Marshallplan die militärische Zusammenarbeit in dem 1949 gegründeten Nordatlantikpakt. Aber wie schon Wilsons Vierzehn Punkte war auch die Truman-Doktrin ganz auf Europa ausgerichtet. Mit Korea hatte man nichts Vergleichbares vor. Ein geplantes Wirtschaftshilfsprogramm wurde zurückgezogen, als plötzlich große Summen für Griechenland und die Türkei anstanden. Aus Südkorea gedachte sich Washington so bald wie möglich zurückzuziehen, politisch, wirtschaftlich und auch militärisch.

Der politische Rückzug aus Südkorea hatte zwei Seiten: Syngman Rhee war als einziger ernst zu nehmender Kandidat übriggeblieben, dem die Amerikaner die Macht in ihrer Besatzungszone übertragen konnten. Sein Antikommunismus paßte in das veränderte Weltbild der US-Regierung. Sein Werdegang als antijapanischer Unabhängigkeitskämpfer und sein hoher Bildungsstand – in der koreanisch-chinesischen ebenso wie in der westlichen Kultur: Rhee hatte an der amerikanischen Eliteuniversität Princeton promoviert – sicherten ihm den Respekt seiner Landsleute. Der jahrelange Aufenthalt in Amerika hatte ihn dort zu einer für viele bekannten Größe gemacht. Daß Rhees demokratische Qualifikationen zumindest zweifelhaft waren, verblich vor diesen Vorzügen. Amerika hatte seine Rolle in Südkorea erst spät und nur halbherzig als die eines Missionars in westlicher Demokratie verstanden.

Die zweite Seite des politischen Rückzugs aus Südkorea war das Verfahren, mit dem sich Washington der auf den Konferenzen von Kairo, Potsdam und Moskau 1943 und 1945 übernommenen Verantwortung für Korea entledigen konnte. Man verfiel auf die Idee, die Vereinten Nationen einzuschalten. Gegen heftigen Widerstand der Sowjetunion – ihr Delegationsleiter Andrej Gromyko bestritt zunächst die Zuständigkeit der Vereinten Nationen – beschloß die Vollversammlung auf amerikanischen Antrag am 24. November 1947, daß »gewählte Vertreter des koreanischen Volkes« zur Teilnahme an den Beratungen der Vollversammlung über die Lösung der Koreafrage eingeladen werden sollen und daß eine »einstweilige Kommission der Vereinten Nationen für Korea errichtet wird, um eine solche Teilnahme zu ermöglichen und zu beschleunigen und um zu überwachen, daß die koreanischen Vertreter tatsächlich vom koreanischen Volk ordnungsgemäß gewählt werden und nicht bloße Ernennungen der Militärbehörden in Korea sind«. Die Kommission solle sich nach Korea begeben und ungehindert im ganzen Land umherreisen, Beobachtungen vornehmen und Rat einholen.

Die Vollversammlung benannte in ihrer mit 43 zu null bei sechs Enthaltungen angenommenen Resolution als Mitglieder der Einstweiligen Kommission Vertreter der Länder Australien, Kanada, China, El Salvador, Frankreich, Indien, Philippinen, Syrien und der Ukrainischen Sozialistischen Sowjetrepublik. Außerdem empfahl sie die Abhaltung von Wahlen »nicht später als am 31. März 1948« und die Bildung einer nationalen Regierung, welche »von den militärischen Kommandos und zivilen Behörden in Nord- und Südkorea« die Regierungsfunktionen übernehmen und mit den Besatzungsmächten »den vollständigen Abzug ihrer Streitkräfte so frühzeitig wie möglich« regeln soll.

Auch die sowjetische Seite hatte der Vollversammlung den Abzug aller ausländischen Truppen zum Jahresende 1947 vorgeschlagen, um den Koreanern die Bildung einer eigenen Regierung »ohne fremde Einmischung« zu ermöglichen. Die scheinbar ähnlichen Vorschläge Washingtons und Moskaus hatten sehr unterschiedliche Konsequenzen. Ein sofortiger Truppenabzug beider Mächte aus Korea, wie Gromyko ihn forderte, hätte zu einem Machtkampf unter den Koreanern geführt, den – nach amerikanischer wie sowjetischer Einschätzung – wahrscheinlich die Kommunisten gewinnen würden, weil der Aufbau eigener Streitkräfte in Nordkorea mit sowjetischer Hilfe bereits weit fortgeschritten war. Würden umgekehrt dem Truppenabzug Wahlen und die Bildung einer gesamtkoreanischen Regierung vorausgehen, wie es der US-Außenminister George Marshall vorgeschlagen und die Vollversammlung schließlich beschlossen hatte, so hätte das ein Übergewicht des Südens und damit wahrscheinlich der politischen Rechten zur Folge. Denn die Resolution sah ausdrücklich vor, daß die Anzahl der gewählten Abgeordneten sich nach dem Verhältnis der Bevölkerung richten sollte. Im Süden aber lebten fast doppelt soviel Koreaner wie im Norden. Die Sowjets reagierten auf ihre Niederlage mit der Ankündigung, sie würden sich an der Verwirklichung der Resolution nicht beteiligen, mithin deren Befolgung in ihrer Zone verweigern.

Einmal abgesehen von diesem vor dem Forum der Vereinten Nationen ausgetragenen Machtkampf zwischen den beiden Supermächten hatte die Resolution der Vollversammlung vom 14. November 1947 für Korea eine Tragweite, die wegen des Ost-West-Konflikts leicht übersehen wird: Hier wurde zum erstenmal seit dem Verlust der koreanischen Souveränität zu Beginn dieses Jahrhunderts »der berechtigte Anspruch des koreanischen Volkes auf Unabhängigkeit« von dem repräsentativsten Organ der Weltöffentlichkeit förmlich »anerkannt«.

Anfang Januar 1948 traf die Einstweilige Kommission – United Nations Temporary Commission on Korea, UNTCOK – in Seoul ein, allerdings ohne ukrainische Vertreter. Das einzige prosowjetische Mitgliedsland der Kommission hatte seine Mitarbeit verweigert. Moskau hatte seine Ankündigung wahrgemacht und reagierte auch nicht auf Aufforderungen der Kommission, ihr die Einreise in die sowjetische Besatzungszone zu gestatten.

Auf Anregung der amerikanischen Regierung entschied daraufhin der Interimsausschuß der Vereinten Nationen – der zwischen den Sitzungsperioden der Vollversammlung deren Funktionen wahrnimmt – am 26. Februar 1948, die Beschlüsse vom 14. November 1947 »in solchen Teilen Koreas« auszuführen, »die der Kommission zugänglich sind«, das hieß nur in Südkorea. Damit war die Teilung programmiert.

Diese Entscheidung war selbst unter den acht Mitgliedern der Einstweiligen Kommission umstritten. Australien und Kanada sprachen sich dagegen aus, weil Separatwahlen nicht zur Bildung der geforderten »nationalen« Regierung, sondern nur zu einer Separatregierung führen konnten. Frankreich und Syrien enthielten sich der Stimme. China – noch von den Nationalchinesen vertreten –, die Philippinen und die damalige Regierung von El Salvador unterstützten die amerikanische Haltung. So kam es schließlich auf die Stimme des indischen Kommissionsvorsitzenden Krishna Menon an.

Menon hatte vor seiner Abreise nach Seoul dem Interimsausschuß erklärt, Separatwahlen im Süden würden nur die Spaltung Koreas vertiefen und könnten die Teilung verewigen. Nach seiner Ankunft in Seoul äußerte er sich mehrfach im selben Sinn. Aber als die Kommission sich im Februar entscheiden mußte, sprach sich Menon überraschend für Sonderwahlen aus.

Der plötzliche Meinungsumschwung hatte offenbar eine sehr menschliche Ursache: nämlich in einer Liebesaffäre mit einer berühmten und attraktiven Koreanerin, die wiederum über einen besonderen – politischen – Draht zu Syngman Rhee verfügte. Die bemerkenswerte und folgenreiche Episode ist durch Zeugnisse der beiden umittelbar Beteiligten glaubhaft belegt. »Die Schaffung der Republik Korea (das heißt von Südkorea) war innig verbunden mit meiner Freundschaft zu Krishna. Hätte es keine solche Freundschaft gegeben, so hätte es auch keine separaten Wahlen und keine Chance für Dr. Syngman Rhee gegeben, Präsident der Republik zu werden«, bekannte später die nach einem Leben voller Ehrungen 1982 in Südkorea gestorbene Dichterin Mo Yun Suk (alias Marion Moh). Und Menon schrieb in seinen Memoiren, er habe mit Marion Moh, »der liebsten unter all den freundlichen Koreanern«, so manche »geheiligte Stunde« verbracht, in der sie nicht über Politik, sondern »über so elementare Dinge wie Sonne und Mond und Sterne, Liebe, Leid und Freude« gesprochen hätten. »Dies war vielleicht die einzige Gelegenheit in meiner Laufbahn, wo ich meinem Herzen erlaubt habe, über meinen Kopf die Oberhand zu gewinnen.«

Der Beschluß des Interimsausschusses der Vereinten Nationen, Wahlen in dem der Einstweiligen Kommission zugänglichen Teil Koreas abzuhalten, löste heftigen Widerstand unter den verschiedensten politischen Richtungen im Land aus. Sie fürchteten – wie sich zeigen sollte zu Recht –, daß damit unwiderruflich der Weg zu einer dauerhaften Teilung beschritten werden würde.

Nordkorea hatte schon die Entsendung der Einstweiligen Kommission nach Seoul im Januar 1947 heftig kritisiert. Im Februar organisierten die Kommunisten in Südkorea eine Vielzahl von Gewaltanschlägen gegen öffentliche Einrichtungen. Am 3. April brachen in Cheju-Do bewaffnete Unruhen aus. Auf dieser größten Insel Koreas hatten sich die Volksausschüsse behaupten können. Die Aufständischen übernahmen die Polizei- und Regierungsgewalt. Die Provisorische Regierung in Seoul entsandte zwei Regimenter der seit Januar 1946 im Aufbau befindlichen kasernierten Polizei, die in quasi-militärischen Aktionen versuchten, die Kontrolle über die Insel zurückzugewinnen. Die von großen Teilen der Bevölkerung unterstützten Aufständischen zogen sich in die Berge zurück, wo sie sich verschanzten und über Jahre hinweg

Widerstand leisteten. Der Aufstand von Cheju-Do und seine Niederschlagung gehören wie die Unruhen in Taegu vom Oktober 1946 zu den Tabuthemen der südkoreanischen Nachkriegsgeschichte, nicht zuletzt wegen der dort von antikommunistischen Freiwilligenbrigaden – wie der aus Nordkoreaflüchtlingen rekrutierten Nordwestlichen Jugendvereinigung – gegen die Bevölkerung verübten Greueltaten.

Es war keineswegs nur die Linke, die sich gegen Separatwahlen in Südkorea wandte. Kim Ku, nach Syngman Rhee der prominenteste Sprecher der Rechten, und Kim Kyu Shik, der Führer der politischen Mitte, erklärten beide, daß sie und ihre Anhänger Sonderwahlen boykottieren würden. Als Nordkorea dann im April 1948 zu einer gesamtkoreanischen Konferenz Vertreter politischer Parteien und gesellschaftlicher Gruppen nach Pyongyang einlud, reisten Kim Ku und Kim Kyu Shik sowie eine beträchtliche Anzahl südkoreanischer Delegierter in den Norden. Von den insgesamt 695 Konferenzteilnehmern stellte Südkorea 395. Nach mehrtägiger Diskussion verabschiedete die Konferenz eine Resolution, die sich entschieden gegen die geplanten Separatwahlen in Südkorea aussprach; zudem forderte sie den sofortigen Abzug aller ausländischen Truppen, die Bildung einer provisorischen koreanischen Regierung, Durchführung »geheimer« Wahlen zu einer verfassunggebenden Versammlung und im Anschluß an die Verabschiedung einer gemeinsamen Verfassung die Bildung einer gesamtkoreanischen demokratischen Regierung.

Doch die Entwicklung war nicht mehr aufzuhalten. Die Wahlvorbereitungen im Süden wurden energisch vorangetrieben. Die Regierung übertrug den größten Teil der nach der Befreiung von der amerikanischen Militärregierung übernommenen Ländereien japanischer Grundbesitzer zu günstigen Bedingungen auf rund eine halbe Million Pächter. Dieser Schritt – im Ergebnis die erste Stufe einer südkoreanischen Bodenreform – trug wesentlich dazu bei, die politischen Verhältnisse auf dem Lande zu stabilisieren und die Kommunisten eines Großteils ihrer ländlichen Anhängerschaft zu berauben. Kim Ku und Kim Kyu Shik waren nicht stark genug, um die beherrschende Stellung des Wahlbefürworters Syngman Rhee ernsthaft zu erschüttern. Durch ihren Boykottaufruf verloren die beiden Kims vielmehr die Möglichkeit, von innen her Einfluß auf den entstehenden südkoreanischen Staat zu nehmen.

Ein Problem bei der Vorbereitung der auf den 10. Mai 1948 angesetzten Wahlen bereitete die Eindämmung der weit verbreiteten Gewalttätigkeit, die überwiegend von kommunistischen, aber auch von rechten Wahlgegnern geschürt wurde. Allein in den letzten zehn Tagen vor der Wahl wurden 323 Menschen getötet, darunter 32 Polizisten. Trotz all der Gewalt ließen sich rund 80 Prozent der Wahlberechtigten registrieren, und fast 7,5 Millionen Südkoreaner – drei Viertel der Wahlberechtigten insgesamt und 95 Prozent der registrierten Wähler – machten von ihrem Stimmrecht Gebrauch. Es ist kaum zu bestreiten, daß hier eine im großen und ganzen repräsentative Wahl stattgefunden hatte. Es waren die ersten allgemeinen Wahlen in der Geschichte Koreas, nicht nur des Südens. Die Demokratie bekam in Korea ihre erste Chance.

Fünfundfünfzig der 200 gewählten Abgeordneten – weitere 100 Sitze wurden für Nordkorea »freigehalten« – gehörten zu der von Syngman Rhee geführten Nationalvereinigung für die schnelle Verwirklichung der Unabhängigkeit Koreas, einem lockeren Zusammenschluß ohne wirklichen Parteicharakter. Stärkste Partei wurden mit 29 Sitzen die aus der konservativen Posong-Gruppe hervorgegangenen Koreanischen Demokraten (Hanguk Minju-Dang) von Kim Song Su, die Rhee unterstützten. Alle übrigen Abgeordneten waren entweder als Unabhängige, als Kandidaten der verschiedensten Miniparteien oder von politischen Jugendgruppen gewählt worden. Am 31. Mai 1948 trat die Nationalversammlung zu ihrer ersten regulären Sitzung zusammen und wählte Syngman Rhee zu ihrem Vorsitzenden. Sodann begann sie, in großer Eile eine Verfassung zu beraten.

Anfang Juli beschloß die Versammlung, dem neuen koreanischen Staat den Namen *Taehan Minguk* zu geben. Bereits am 12. Juli wurde die Verfassung verabschiedet. Syngman Rhee hatte sich mit einem Präsidialsystem durchsetzen können, das den Ministerpräsidenten zu einem machtlosen Gehilfen des Präsidenten reduzierte und diesem gegenüber Parlament und Volk eine starke Stellung verlieh. Allerdings sollte der Präsident nicht direkt vom Volk, sondern von der Nationalversammlung gewählt werden. Die meisten Grundrechte der Bürger waren unter Gesetzesvorbehalt gestellt, konnten also mit parlamentarischer Mehrheit eingeschränkt werden. Auch war die Unabhängigkeit der Justiz nur unzureichend gesichert. Der Präsident konnte seine Minister beliebig auswechseln und bedurfte nur zur Ernennung des Ministerpräsidenten der Zustimmung des Parlaments. Außerdem verfügte er über weitreichende Notstandsrechte. In Artikel 3 der am 17. Juli verkündeten Verfassung wurde die koreanische Halbinsel einschließlich der dazu gehörenden Inseln als Staatsgebiet definiert, also die sowjetische Besatzungszone miteinbezogen. Die Nationalversammlung hatte Nordkorea zuvor in einer Erklärung aufgefordert, in seinem Gebiet ebenfalls Wahlen nach Maßgabe der Resolution der Vereinten Nationen abzuhalten und die gewählten Abgeordneten nach Seoul zu entsenden.

Mit 180 von 195 gültigen Stimmen wählte die Nationalversammlung am 20. Juli Syngman Rhee zum ersten Präsidenten der Republik Korea. Kim Ku erhielt nicht mehr als 13 Stimmen. Anfang August bestätigte die Versammlung die Ernennung von Lee Pom Sok zum Ministerpräsidenten. Lee, der zugleich den Posten des Verteidigungsministers übernahm, war ein ehemaliger Partisanengeneral, der in China gegen die Japaner gekämpft und dort mit dem US-Geheimdienst zusammengearbeitet hatte. 1946 war er von der Militärregierung in Korea zum Führer einer von den Amerikanern finanzierten und trainierten paramilitärischen koreanischen Jugendgruppe aufgebaut worden. Sie war Lees organisatorische Machtbasis.

Am 15. August 1948, dem dritten Jahrestag der Befreiung, wurde Syngman Rhee in einem öffentlichen Festakt vor dem ehemaligen Sitz der japanischen Kolonialverwaltung als Staatspräsident vereidigt und die Republik Korea ausgerufen. Die neue Regierung übernahm Schritt für Schritt die Regierungsfunktionen und wurde schließlich am 1. Januar 1949 von den Vereinigten Staaten anerkannt. Eine Reihe westlich orientierter Länder folgte dem amerikanischen Beispiel und nahm diplomatische Beziehungen zu der neuen Regierung in Seoul auf.

Zuvor hatten bereits die Vereinten Nationen dem mit ihrer Hilfe in Südkorea entstandenen Staat die Anerkennung erteilt. Präsident Rhee und seine Amtsnachfolger haben aus der Resolution der Vollversammlung vom 12. Dezember 1948 einen Alleinvertretungsanspruch für ganz Korea hergeleitet, der jedoch auf schwachen Füßen steht.

Staatliche Souveränität setzt nach den Grundsätzen des Völkerrechts ein Gebiet mit einer Bevölkerung sowie eine Regierung voraus, die über beide tatsächlich die Herrschaft ausübt. Die Resolution der Vollversammlung bestätigt der Regierung der Republik Korea ihre Legitimität in dem der Einstweiligen Kommission zugänglichen Teil Koreas. Die Resolution stellt ferner fest, daß dies die einzige aus Wahlen unter Aufsicht der Vereinten Nationen hervorgegangene Regierung in ganz Korea ist. Das bescheinigt der südkoreanischen Regierung bestimmte Qualitäten, dehnt aber nicht ihre Souveränität auf ein Gebiet aus, das sie tatsächlich nicht beherrscht und das der Kommission nicht zugänglich war. Aus denselben Gründen läßt sich aus dem Hinweis, in Südkorea lebte die große Mehrheit aller Koreaner, kein Herrschaftsanspruch über das Gebiet von Nordkorea und die dort lebenden Menschen herleiten.

Drei Wochen nach Ausrufung der Republik Korea in Seoul, am 9. September 1948, wurde in Pyongyang die Demokratische Volksrepublik Korea, *Choson Minjujui Inmin Konghwaguk*, proklamiert. Kim Il Sung, schon seit Februar 1946 Regierungschef, wurde Ministerpräsident der ersten Regierung der Volksrepublik. Stellvertretender Regierungschef wurde Pak Hon Yong, der später vom Norden als Sektierer und Verräter diffamierte erste Vorsitzende der wiederbegründeten Kommunistischen Partei Koreas. Pak hatte sich nach Nordkorea abgesetzt, nachdem die amerikanische Militärregierung im September 1946 gegen ihn und andere kommunistische Führer Haftbefehl erlassen hatte. Ein weiterer Südkoreaner, der von der linksgerichteten Neuen Volkspartei (Shinmin-Dang) kommende Vorsitzende der Südkoreanischen Partei der Arbeit (Nam-Choson Nodong-Dang), Ho Hon, wurde zum Präsidenten der Obersten Volksversammlung gewählt, des Parlaments von Nordkorea.

Die Oberste Volksversammlung trat Anfang September 1948 zu ihrer ersten Sitzung zusammen und beschloß am 8. des Monats die Verfassung der Demokratischen Volksrepublik, die am folgenden Tag verkündet wurde. Damit war der zweite Staat auf koreanischem Boden geboren. Die Sowjetunion erkannte die Regierung in Pyongyang bereits am 12. Oktober an, ihre Verbündeten folgten in kurzen Abständen.

Auch Nordkorea beanspruchte, für ganz Korea und alle Koreaner zu sprechen. Nach Artikel 103 der Verfassung von 1948 umfaßte das Staatsgebiet der Volksrepublik die gesamte Halbinsel mit

Seoul als Hauptstadt: An dieser Fiktion wurde bis zur Verfassungsänderung von 1972 festgehalten, die erstmals Pyongyang zur Hauptstadt der Volksrepublik erklärte, ohne allerdings den Alleinvertretungsanspruch aufzugeben. In der Volksrepublik war nach der Verfassung von 1948 nicht der Ministerpräsident, sondern der Vorsitzende des Ständigen Ausschusses der Obersten Volksversammlung das Staatsoberhaupt.

Kim Il Sungs Macht beruhte, abgesehen von der Unterstützung durch die Russen, zu diesem Zeitpunkt auf seiner Stellung in der Partei. Dort mußte er sich erst Schritt für Schritt nach oben kämpfen. Eine Ausgangsbasis hatte sich Kim, wie bereits dargestellt, im Dezember 1945 geschaffen. Als Vorsitzender des Nordkoreanischen Organisationskomitees der Kommunistischen Partei betrieb Kim den Zusammenschluß mit der Neuen Volkspartei – der politischen Organisation der Yenan-Gruppe koreanischer Kommunisten um Kim Tu Bong, die nach ihrem chinesischen Exilstützpunkt in der Provinz Shensi (heute Yanan in Shaanxi) benannt ist – zur Nordkoreanischen Partei der Arbeit (Puk-Choson Nodong-Dang).

Die neue Partei wurde im Juli 1946 gegründet; obwohl Kim Il Sung offenbar die treibende Kraft bei diesem Zusammenschluß war, mußte er sich mit dem Posten eines stellvertretenden Parteivorsitzenden begnügen. Doch brachte die Gründung dieser Partei Kim Il Sung insoweit einen Machtzuwachs, als es ihm damit gelungen war, sich dem Führungsanspruch von Pak Hon Yong und den anderen Altkommunisten in Südkorea zu entziehen. Denn während das von Kim geleitete Nordkoreanische Organisationsbüro eine Untergliederung der Kommunistischen Partei Koreas mit Sitz in Seoul gewesen war, hatte die Nordkoreanische Partei der Arbeit ihren Sitz in Pyongyang und war eine organisatorisch neue und selbständige Partei. Sie konnte daher auch als Regierungspartei eines separaten Staatswesens in Nordkorea dienen.

Indirekt kam die Bildung der Südkoreanischen Partei der Arbeit Kim Il Sung zugute. Sie war drei Monate nach ihrer nördlichen Schwesterpartei entstanden, also offensichtlich als Ausfluß von Entwicklungen in Nordkorea, was die Stellung Pyongyangs als neues Zentrum der Kommunistischen Partei in Korea aufwertete. Zugleich wurde die von Pak Hon Yong beanspruchte Führungsrolle der Kommunistischen Partei untergraben.

Die höchste Stufe der Macht erklomm Kim Il Sung erst am 30. Juni 1949, als sich in Pyongyang die Nord- und die Südkoreanische Partei der Arbeit zur Partei der Arbeit Koreas (Choson Nodong-Dang) vereinigten – dies ist das eigentliche Gründungsdatum der heutigen Regierungspartei von Nordkorea – und Kim zum Parteivorsitzenden wählten. Pak Hon Yong mußte sich mit einem Stellvertreterposten begnügen. Und Kim Tu Bong wurde ganz aus der Parteispitze verdrängt und auf den Posten eines Präsidenten der Obersten Volksversammlung abgeschoben.

Während die Kommunisten sich in Nordkorea als allmächtige Staatspartei etablierten, wurde ihr politischer Einfluß im Süden schrittweise zurückgedrängt und schließlich ganz ausgemerzt. Sie konnten nur im Untergrund operieren. Hier verfügten sie noch über beträchtlichen Einfluß, wie eine Truppenmeuterei zeigte, die am 19. Oktober 1948 in der Garnison Yosu an der Südküste Koreas ausbrach und von kommunistisch orientierten Offizieren gesteuert wurde. Die Soldaten hatten Befehl, bei der Niederschlagung der im April auf der Insel Cheju ausgebrochenen bewaffneten Unruhen mitzuwirken. Statt dessen erhoben sie sich gegen die eigene Regierung, besetzten Yosu, Sunchon und drei weitere Orte und errichteten sogenannte »Volksgerichte«, die Kollaborateure mit den Japanern zur Rechenschaft zogen. Vor allem gegen Polizisten gingen die Meuterer vor. Die Regierung entsandte loyale Truppen aus anderen Landesteilen und brachte binnen zwei Wochen die Lage wieder unter Kontrolle. Dabei kamen rund 2000 Zivilisten und Soldaten ums Leben. Im November meuterten dann zeitweilig auch in Taegu Einheiten der kasernierten Polizei.

Die Meuterei von Yosu/Sunchon wude in Südkorea lange Zeit vertuscht, weil der spätere Staatspräsident Park Chung Hee darin verwickelt war. Daß ein notorischer Kommunistenfresser wie Park selber eine prokommunistische Phase hatte, paßt nicht in das Weltbild, das die südkoreanische Regierung ihren Bürgern und dem Ausland präsentieren will. Es zeigt auch, wie perfide und verlogen die späteren Versuche des Präsidenten und seiner Helfershelfer waren, Parks politischem Hauptgegner Kim Dae Jung prokommunistische Neigungen oder gar eine kommunistische Vergangenheit anzuhängen.

Die kommunistische Infiltrierung der Streitkräfte hatte in der Aufbauphase der kasernierten Polizei stattgefunden. Deren Aufstellung war im Januar 1946 auf Initiative und unter Kontrolle der amerikanischen Militärregierung in Angriff genommen worden. Bei den Offizieren wurde in erster Linie auf militärische Erfahrung, Schulbildung und Englischkenntnisse geachtet. Die politische Einstellung spielte in der Regel keine Rolle, Sicherheitsprüfungen gab es noch nicht. So gelang es einer beträchtlichen Anzahl kommunistisch orientierter Bewerber, als Offiziersanwärter oder Unteroffiziere übernommen zu werden.

Park Chung Hee hat seine militärische Laufbahn unter den Japanern begonnen. Er besuchte ab 1940 zunächst die Militärakademie in Mandschukuo und wurde anschließend – das war eine besondere Auszeichnung – auf die Militärakademie nach Tokio geschickt, die er unter dem japanischen Namen Takagi Masao 1944 als Leutnant abschloß. Danach wurde er der japanischen Kanto-Armee in der Mandschurei zugeteilt. Park hat seine Rolle beim japanischen Militär später heruntergespielt und seinen – durch verschiedene Zeugenaussagen belegten – Einsatz in der Mandschurei verschwiegen.

Die Meuterei von Yosu/Sunchon hat die Regierung der jungen Republik Korea in große Bedrängnis gebracht. Präsident Syngman Rhee reagierte mit Massenverhaftungen und einem Staatssicherheitsgesetz, das am 1. Dezember 1948 in Kraft trat, den Kommunismus und alle ihn unterstützenden Organisationen verbot und so vage und allumfassend formuliert war, daß es leicht zur Verfolgung politischer Gegner aller Art mißbraucht werden konnte. Zwischen September 1948 und April 1949 wurden fast 90 000 Menschen in Südkorea verhaftet. Etwa 1500 Offiziere mußten wegen des Verdachts kommunistischer Neigungen aus der Armee ausscheiden. An staatlichen Schulen wurden auf Anweisung des Kultusministeriums genaue Personalbogen angefertigt und Lehrer mit »linken Tendenzen« entlassen. Auch die Presse wurde einer strengen Säuberung unterzogen, viele Journalisten verhaftet, ein halbes Dutzend Zeitungen geschlossen. Syngman Rhees Südkorea entwickelte sich zu einem antikommunistischen Polizeistaat.

Die wirtschaftlichen Verhältnisse waren ziemlich chaotisch. Die Vertreibung der rund 700 000 Japaner, die bis zum 15. August 1945 die Führungspositionen in allen Bereichen innegehabt hatten, kam einer Enthauptung der koreanischen Wirtschaft im wahrsten Sinne des Wortes gleich. Die meisten Fabriken mußten schließen, die Versorgung brach zusammen. Der Mangel an Waren heizte die Inflation an. Es rächte sich, daß die koreanische Wirtschaftsstruktur ganz auf die japanischen Bedürfnisse zugeschnitten und nicht auf Selbstversorgung angelegt war. Durch den Abbruch aller Beziehungen zwischen den beiden Ländern wurde der von Japan gesteuerte Wirtschaftskreislauf von einem Tag auf den anderen unterbrochen.

Die Teilung der Halbinsel in zwei Besatzungszonen schuf zusätzliche Probleme. Die Japaner hatten die von ihnen seit den dreißiger Jahren aufgebaute Schwerindustrie im Norden Koreas konzentriert, wo die meisten Rohstoffvorkommen lagen. Der klimatisch mildere Süden diente als Ernährungsbasis. So dominierte in der amerikanischen Besatzungszone die Agrarwirtschaft, während die Sowjets im Norden eine – allerdings sehr einseitig – entwickelte Industriestruktur vorfanden. Dort war zur Sicherung der Versorgung mit Lebensmitteln der Aufbau einer leistungsfähigen Landwirtschaft vordringliches Ziel, der Süden hingegen mußte seine Anstrengungen darauf richten, eine ausreichende industrielle Infrastruktur zu entwickeln.

Die größte Umwälzung in Nordkorea brachte die bereits im März 1946 beschlossene Bodenreform, die allen Grundbesitz von mehr als fünf Chongbo – eine *Chongbo* entspricht 9915 Quadratmeter, knapp einem Hektar – entschädigungslos enteignete und allein im Laufe des Jahres 1946 mehr als 980 000 Chongbo konfiszierten Bodens kostenlos an rund 725 000 Familien verteilte, darunter 460 000 Pachtbauern und Landarbeiter. Das verschaffte den Kommunisten auf der einen Seite Zulauf von den neuen Kleinbauern und löste auf der anderen Seite unter den einstigen Grundbesitzern eine gewaltige Fluchtbewegung nach Süden aus, wo ihre Versorgung mit Lebensmitteln, Unterkunft und Arbeitsplätzen eine erhebliche zusätzliche Belastung darstellte. Nach dem ersten Bericht der Einstweiligen Kommission der Vereinten Nationen hielten sich Ende 1947 mehr als eine Million Flüchtlinge aus dem Norden in Südkorea auf. Zur Einschätzung der Bedeutung der Bodenreform für die nordkoreanische Wirtschaft sollte man wissen, daß trotz der von den Japanern betriebenen Konzentrierung der Schwerindustrie 1946 immerhin 74 Prozent der arbeitenden Bevölkerung Nordkoreas in der Landwirtschaft beschäftigt waren.

Die andere grundlegende Maßnahme der nordkoreanischen Wirtschaftspolitik, die im August 1946 beschlossene Überführung der Industrie, des Verkehrs- und Nachrichtenwesens sowie der Banken in Gemeineigentum, bewirkte keine tiefgreifenden Veränderungen, weil hier nur die bisher von den Japanern kontrollierten Wirtschaftsbereiche in eigene Regie übernommen wurden – und die japanische Kriegswirtschaft in der Endphase kaum weniger zentral geplant und gelenkt war als in einem kommunistischen Staat. Größere wirtschaftliche Auswirkungen dürften die Einführung des Achtstundentags und die Gleichstellung der Geschlechter – im Juni und Juli 1946 – gehabt haben, weil dadurch die Kostenstrukturen der Produktion wesentlich verändert wurden. Weibliche Arbeitskräfte waren von nun an grundsätzlich genauso teuer/billig wie männliche.

Im Süden verlief die wirtschaftliche Entwicklung in den ersten Nachkriegsjahren sehr viel weniger geradlinig. Das hatte verschiedene Ursachen: die amerikanische Militärregierung verfolgte kein wirtschaftspolitisches Konzept, sondern wollte nur die jeweils dringendsten Bedürfnisse befriedigen. Es gab auch keine weltanschauliche Übereinstimmung zwischen Besatzungsmacht und Besetzten wie im Norden. Die in den ersten Monaten nach der Befreiung das politische Klima unter den Koreanern bestimmende Volksrepublik verfolgte eindeutig sozialistische Ziele. Selbst die Konservativen bis hin zu Syngman Rhees Rechtsnationalen vertraten in der Wirtschaftspolitik zum Teil eindeutig sozialistische Auffassungen. So forderte Rhee im Februar 1946 die Verstaatlichung der Schwerindustrie, Bergwerke und des Waldbesitzes, Regierungskontrolle der Bankzinsen sowie der ärztlichen Versorgung der Bevölkerung, Mindestlöhne, Sozialversicherung und Lebensmittelrationierung.

Südkoreas Wirtschaftspolitik bestand in Einzelmaßnahmen von begrenzter Wirksamkeit. Die von den Amerikanern eingeleitete und im wesentlichen kurz vor den Wahlen vom Mai 1948 verwirklichte Bodenreform beschränkte sich, wie dargelegt, auf den von Japanern konfiszierten Grundbesitz – 200 000 Hektar Land für 500 000 Pachtbauern – und fiel ungleich bescheidener aus als diejenige des Nordens. Das Inkrafttreten des im Juni 1949 verabschiedeten Gesetzes über die zweite Phase der südkoreanischen Bodenreform, die sich auf einheimische Großgrundbesitzer erstreckte, wurde durch den hartnäckigen Widerstand von Syngman Rhee bis zum Mai 1950 hinausgezögert. Der Koreakrieg stand vor der Tür.

Nationalversammlung und Staatspräsident hatten sich seit August 1948 einen »Kompetenzenkrieg« geliefert, der mit zunehmender Eskalierung die Politik lähmte und alsbald in Verhaftungen und Gewalttätigkeiten ausartete.

Prominentes Opfer wurde der alte Unabhängigkeitskämpfer Kim Ku, der im Juni 1949 in seinem Haus erschossen wurde. Der Attentäter, Ahn Du Hee, wurde zu lebenslanger Haft verurteilt, die Strafe jedoch später auf 15 Jahre ermäßigt. Nach Ausbruch des Koreakrieges kam Ahn frei, wurde wieder ins Heer aufgenommen und bald zum Oberstleutnant befördert. Die wohlwollende Behandlung des Attentäters hat den Verdacht genährt, daß die Regierung, möglicherweise sogar Präsident Rhee persönlich, etwas mit dem Anschlag zu tun gehabt haben könnte. Ahn Du Hee, inzwischen siebzig Jahre alt, wurde im Sommer 1987 von einem jungen Mann in seiner Wohnung in Seoul nächtens aus dem Schlaf geprügelt. Es war der bisher letzte von mehreren Überfällen, die alle ein Ziel hatten: dem Attentäter von 1949 die/den Namen seiner Auftraggeber zu entlocken. An Kim Ku erinnert ein Denkmal auf dem Nam-San in Seoul unweit des Gebäudes der Staatlichen Zentralbibliothek.

Der Bruderkrieg

Mit der Errichtung zweier koreanischer Staaten war die politische Verantwortung an Seoul und Pyongyang übergegangen, und die beiden Besatzungsmächte wollten sich jetzt auch militärisch aus Korea zurückziehen. Die Sowjets machten den Anfang, als sie im September 1948 den Abzug ihrer Truppen aus Nordkorea ankündigten und bis zum Ende des Jahres verwirklichten. Zurück blieb eine Gruppe Militärberater und ein Waffenarsenal aus den Beständen der Roten Armee. Die nordkoreanische Volksarmee war im Februar 1948 gegründet worden.

Die Amerikaner hatten ebenfalls im September 1948 ihre Streitkräfte aus Korea abzuziehen begonnen. Ihr ursprünglicher Plan, den Abzug bis zum Jahresende zu vollenden, verzögerte sich wegen der geschilderten Meuterei südkoreanischer Soldaten und kasernierter Polizei im Oktober und November. Bis Ende Juni 1949 hatten dann die US-Streitkräfte, mit Ausnahme von etwa fünfhundert Militärberatern, Korea verlassen. Auch die Südkoreaner erhielten Waffen aus amerikanischen Beständen. Die Umwandlung ihrer kasernierten Polizei in reguläre Streitkräfte war im September 1948 erfolgt.

Mit dem Abzug ihrer Truppen hatten die beiden Supermächte jenen Teil der UN-Resolution vom 12. Dezember 1948 erfüllt, in dem es heißt: »Die Vollversammlung... empfiehlt, daß die Besatzungsmächte ihre Besatzungsstreitkräfte so schnell wie durchführbar aus Korea zurückziehen.« Die Koreaner waren auf ihrer Halbinsel – abgesehen von den ausländischen Zivil- und Militärberatern, Vertretern der Vereinten Nationen, diplomatischem Personal sowie einigen ausländischen Kaufleuten und Missionaren – erstmals in diesem Jahrhundert unter sich. Es hätte eine Stunde nationaler Begeisterung sein sollen.

Aber die Freude der Koreaner war so geteilt wie ihr Land. Süd und Nord betrachteten sich mit Feindseligkeit. Jede Seite erhob den Anspruch, die einzig legitime Regierung des ganzen Landes und seiner Bevölkerung zu sein, und wartete auf eine günstige Gelegenheit, sich die andere Landeshälfte einzuverleiben. Beide Seiten rüsteten auf – gegeneinander. Und der 38. Breitengrad entwickelte sich schnell zu einer der heißesten Grenzen der Welt: eine Vielzahl von Grenzverletzungen sorgte für wachsende Spannung auf der koreanischen Halbinsel.

Wie immer und überall üblich, bezichtigte jede Seite die andere, wenn es um die Schuldfrage ging. Ohne Prüfung der einzelnen Zwischenfälle läßt sich dazu nichts Genaues sagen. Überdies ist die Quellenlage sehr unterschiedlich: über den Süden liegen reichlicher Informationen vor als aus dem Norden, weil alle Veröffentlichungen in den sozialistischen Ländern zentral kontrolliert und zensiert werden. Das gilt in extremer Weise für Nordkorea. Aus dem Reiche Kim Il Sungs werden bisher auch keine Auflockerungserscheinungen gemeldet, wie sie seit einiger Zeit in der Sowjetunion, manchen osteuropäischen Staaten oder in China zu beobachten sind. »Glasnost« ist nicht bis Pyongyang vorgedrungen.

Über die amerikanische Sicht der damaligen Lage in Korea gibt das Gedächtnisprotokoll eines Gesprächs vom 8. Februar 1949 zwischen dem amerikanischen Heeresminister Royall und dem südkoreanischen Präsidenten Syngman Rhee Auskunft. Das ursprünglich streng geheime Protokoll ist 1976 als Teil der Dokumente des Jahres 1949 über die auswärtigen Beziehungen der Vereinigten Staaten veröffentlicht worden und soll hier ausführlich zitiert werden, zumal es auch Aufschluß über Rhees Einstellung zu Nordkorea gibt. Bei dem erwähnten Herrn Muccio handelt es sich um den Sonderbevollmächtigten der US-Regierung in Korea, der im Rang eines Botschafters ab August 1948 in Seoul stationiert war.

»Auf Wunsch von Präsident Rhee haben Herr Muccio und ich heute nachmittag mit dem Präsidenten konferiert. Er erklärte, daß in dem Bemühen, einen offenen Konflikt am 38. Breitengrad zu vermeiden, die reguläre Polizei [*police*] anstelle der kasernierten Polizei [*constabulary*] entlang der [Demarkations-]Linie stationiert worden sei. Weil die Polizei nur mit Karabinern bewaffnet sei, wäre sie ein leichtes Ziel für die Nordkoreaner, die Gewehre hätten, und viele Polizisten seien durch Gewehrfeuer getötet worden. ... Er erklärte, er hätte gerne genügend Gewehre für die Polizei, um 18–20000 [Mann] mit Gewehren und Munition ausgerüstet an der nördlichen Grenze zu unterhalten. (Meines Wissens haben sie einige Maschinengewehre oder automatische Gewehre.)

Rhee sagte ferner, daß keine der Störungen [an der Grenze], die so viel Aufsehen erregt hätten, für ihn beunruhigend sei. Er erklärte, daß er vor einigen Monaten gesagt habe, mit genügender Ausstattung könne die südkoreanische Armee innerhalb von sechs Wochen um 100000 [Mann] verstärkt werden... der Grund sei, daß es zwischen 150000 und 200000 Südkoreaner gebe, die, derzeit nicht in der Armee, beträchtliche Kampferfahrung mit den Japanern oder mit den Chinesen hätten und daß die meisten von ihnen gerne in die Armee eintreten würden...

Der Präsident erklärte auch, daß die Polizei militärisch gut ausgebildet sei und nach seiner Meinung fast so weit sei, die Armee als Soldaten zu ergänzen.

Zur Moral seiner Armee erklärte der Präsident, die Nordkoreaner hätten ein viel größeres Moralproblem als die Südkoreaner, und er glaube, daß, falls Nordkorea von Südkorea überfallen würde, ein Großteil der nordkoreanischen Armee zur südkoreanischen Armee desertieren würde...

Er sagte, er würde gern die Armee verstärken, sie mit Gerät und Waffen versorgen und dann binnen kurzer Zeit nordwärts nach Nordkorea hinein vorrücken. Er sagte, daß die Anerkennung Südkoreas durch die Vereinten Nationen es legalisiere, ganz Korea abzudecken, und daß er keinen Vorteil darin sehe zu warten. Der Botschafter führte den Gedanken ein, daß nach seiner (des Botschafters) Meinung ein solcher Schritt bestimmt nicht unternommen werden sollte, bevor man nicht Gelegenheit gehabt hatte, die Sache mit Nordkorea auf friedliche Weise zu regeln, in welcher Hinsicht der Botschafter sich einige Hoffnung machte.

Ich sagte dem Präsidenten, daß in jedem Fall natürlich keine Invasion Nordkoreas erfolgen könne, solange die Vereinigten Staaten Kampftruppen in Korea hätten, und daß seine Anregung meiner Meinung nach gleichbedeutend sei mit einer Aufforderung, alle unsere amerikanischen Kampftruppen zu entfernen. Der Präsident erklärte, daß er keine Einwände gegen unseren sofortigen Abzug hätte, falls wir die [militärische] Beratermission in vernünftigem Umfang vermehren und einem erfahrenen Militär unterstellen würden... und falls wir uns bereit erklären würden, eine vernünftige Menge zusätzlicher Waffen zur Verfügung zu stellen...

Der Präsident erklärte, daß eine der Hauptschwierigkeiten...

die schwankende Haltung des [amerikanischen] Außenministeriums sei, welche nach seiner Ansicht beim Verlust von China eine große Rolle gespielt habe und auch in Korea ernsten Schaden anrichten könnte...

Mir scheint, daß wir, falls wir von dem russischen Abzug aus Korea soviel wie möglich als einem der Gründe oder Anlässe für unseren Abzug profitieren wollen, unverzüglich abziehen sollten...«

Als Anhang ist diesen Aufzeichnungen ein Gesprächsprotokoll von Botschafter Muccio über eine am 25. Februar 1949 in Washington geführte Unterhaltung zwischen ihm, Royall und dessen Staatssekretär Draper beigefügt. Auch dieses Protokoll ist »streng geheim« gekennzeichnet und liefert zusätzlichen Aufschluß über die damalige Haltung der amerikanischen und südkoreanischen Regierung zur Lage in Korea.

»In Beantwortung von Minister Royalls Frage erklärte ich, daß das Außenministerium seine Haltung zur Frage des [Truppen-] Abzugs noch nicht festgelegt habe... Hinsichtlich meiner persönlichen Haltung antwortete ich... als bester Zieltermin für den Abschluß des Abzugs erscheint der 30. Juni 1949, vorausgesetzt, daß die Grundausbildung der koreanischen Armee planmäßig abgeschlossen wird (31. März für neue Rekruten und 30. Juni auf Bataillons- und Regimentsebene) und daß in der Zwischenzeit die Vorkehrungen abgeschlossen sind, um den koreanischen Sicherheitskräften eine hinreichende Menge von Waffen, Gerät und Munition zu überlassen...

Ich erwähnte, daß Präsident Rhee im Laufe des Gesprächs in Seoul versprochen hatte, daß er alle Schritte unterlassen würde, welche die Stellung der Vereinigten Staaten im Fernen Osten kompromittieren könnten, und daß er keine offensiven Kampfhandlungen gegen Nordkorea unternehmen würde, welche möglicherweise die dortigen [= in Korea befindlichen] Streitkräfte der Vereinigten Staaten verwickeln könnten...«

Beide Protokolle bestätigen, daß Syngman Rhee durchaus die Absicht hatte, bei passender Gelegenheit in den Norden einzumarschieren, wozu eine Überschätzung der eigenen und eine Unterschätzung der nordkoreanischen Streitkräfte beigetragen haben mag, daß er aber mit einem solchen Schritt warten sollte, bis die Amerikaner ihre Kampftruppen aus Südkorea abgezogen hatten. Mit anderen Worten, Washington wollte mit einem Krieg in Korea unmittelbar nichts zu tun haben. Wie die beiden koreanischen Staaten nach dem Abzug der amerikanischen Streitkräfte ihr Verhältnis zueinander regelten, sollte allein Sache der Koreaner sein. Die US-Regierung wollte sich darauf beschränken, Seoul in gewissem Umfang Militärhilfe für den Aufbau der Armee zu gewähren.

Es spricht viel dafür, daß die Sowjets gegenüber Nordkorea eine vergleichbare Haltung einnahmen. Allerdings fehlen entsprechende Quellen über die Meinungsbildung im Kreml. Ob die zur Stützung dieser These gern zitierten Memoiren Chruschtschows authentisch sind, vermag ich nicht zu beurteilen. Andererseits fehlen bisher alle Beweise dafür, daß Stalin, wie bisweilen behauptet wird, die Nordkoreaner veranlaßt habe, in den Süden einzumarschieren. Wahrscheinlicher ist, daß Kim Il Sung ähnlich wie Syngman Rhee der Auffassung war, er werde bei der Eroberung des Bruderstaates leichtes Spiel haben, sofern man bald zuschlage, und daß er den Kremlchef dazu bewegen konnte, das kriegerische Abenteuer zumindest indirekt, durch Militärhilfe, zu unterstützen.

Wie sehr sich die Vereinigten Staaten von Korea abgewendet hatten, brachte Außenminister Dean Acheson am 12. Januar 1950 in einer berühmt gewordenen Rede vor dem nationalen Presseklub in Washington zum Ausdruck. Darin grenzte er Amerikas Sicherheitsinteressen in Ostasien auf Länder innerhalb einer Linie ein, die von den Aleuten über Japan und die Ryukyu-Inseln (Okinawa) bis zu den Philippinen reichte. Länder wie Korea, das außen vor blieb, sollten sich im Falle eines Angriffs selber verteidigen und konnten sich im übrigen auf »die Verpflichtungen der gesamten zivilisierten Welt gemäß der Charta der Vereinten Nationen« verlassen. Washingtons »Disengagement«-Politik in bezug auf Korea wurde in den folgenden Monaten von anderen amerikanischen Politikern und von General MacArthur ausdrücklich bestätigt.

Wenn es, wie hier angenommen, zutrifft, daß keine der beiden Supermächte den Koreakrieg vom Zaun gebrochen hat, lautet die Frage: Hat Kim Il Sung oder Syngman Rhee zuerst losgeschlagen? Daß beide Seiten sich gegenseitig beschuldigen, ist bekannt. Die zur Begründung der jeweiligen Standpunkte eingeführten Indizien wie die relative Truppenstärke von Nord und Süd, Truppenbewegungen in der Nähe des 38. Breitengrads, Inspektionsbesuche an der Demarkationslinie oder öffentliche Erklärungen und Presseberichte, liefern keine schlüssigen Beweise. Wichtiger als das tatsächliche Kräfteverhältnis ist zum Beispiel seine – womöglich falsche – Einschätzung, wie Präsident Rhees Äußerungen in den zitierten Protokollen seiner amerikanischen Gesprächspartner erkennen lassen. Die vom südkoreanischen Verteidigungsministerium herausgegebene »Geschichte der Streitkräfte der Vereinten Nationen im Koreakrieg« berichtet, MacArthurs Hauptquartier in Tokio habe am 10. März 1950 Gerüchte über einen bevorstehenden nordkoreanischen Angriff nach Washington gemeldet, doch sei seine Aufklärungsabteilung zwei Wochen später zu dem Schluß gelangt, es werde 1950 in Korea nicht zum Krieg kommen.

Wenn es am 25. Juni 1950, dem Tag des Kriegsausbruchs, eine Institution in Korea gab, deren Stellung der eines unparteiischen Beobachters nahekam, so war das die Kommission der Vereinten Nationen für Korea (United Nations Commission on Korea, UNCOK). Als Nachfolgerin der Einstweiligen Kommission hatte sie im Frühjahr 1949 ihre Arbeit in Seoul aufgenommen. Ihre Mitglieder kamen aus den Ländern Australien, El Salvador, Frankreich, Indien, den Philippinen und Syrien. Über die Lage auf der nordkoreanischen Seite hatte die Kommission wahrscheinlich keine besseren Informationen als die Amerikaner, und die waren, wie sich herausstellen sollte, unzutreffend. Aber sicher wäre es ihr nicht entgangen, wenn sich Südkorea ernsthaft für einen Überfall auf den Norden vorbereitet hätte. Ihre letzte Inspektion der Demarkationslinie hat die Kommission nur 48 Stunden vor Beginn der Feindseligkeiten beendet.

Noch am Tag des Kriegsausbruchs sandte die Kommission ihren Bericht an Trygve Lie, den Generalsekretär der Vereinten Nationen:

»Regierung der Republik Korea erklärt, daß ungefähr 04:00 Uhr 25. Juni in gesamter Länge des 38. Breitengrads von starken nordkoreanischen Streitkräften Angriffe unternommen wurden... Behauptung Radio Pyongyang um 13:35 Uhr von südkoreanischer Invasion über Breitengrad während der Nacht durch Präsident und Außenminister im Verlauf von Konferenzen mit Kommissionsmitgliedern und Hauptsekretär als gänzlich falsch bezeichnet ... Lagebericht des Präsidenten schloß Erklärung ein, daß bei nördlichen Angriffen an vier Punkten 36 Panzer und Panzerwagen verwendet ... Präsident äußerte völlige Bereitwilligkeit (Einverständnis) mit Rundfunkaufruf der Kommission zu Waffenstillstand und Benachrichtung der Vereinten Nationen, um Ernst der Lage mitzuteilen. Trotz Gerüchten von nordkoreanischer Kriegserklärung um 11:00 Uhr über Radio Pyongyang keine Bestätigung von irgendeiner Seite zu erhalten. Präsident behandelt Rundfunkübertragung nicht als amtlichen Bescheid ...

Kommission möchte Aufmerksamkeit des Generalsekretärs auf Ernst der sich entwickelnden Lage lenken, die Charakter von ausgewachsenem Krieg annimmt und die Aufrechterhaltung von Frieden und Sicherheit der Welt gefährden kann ...«

Im Bericht der Kommission an den Generalsekretär vom 26. Juni heißt es: »... Gegenwärtige Ansicht der Kommission ... daß, nach dem tatsächlichen Fortschritt der Operationen zu urteilen, nördliches Regime gut geplante, konzertierte und ausgewachsene Invasion Südkoreas durchführt, zweitens daß südkoreanische Streitkräfte in allen Teilen des Breitengrads auf gänzlich defensiver Grundlage eingesetzt waren und daß sie drittens völlig überrascht wurden, da sie nach geheimdienstlichen Quellen keinen Grund hatten anzunehmen, eine Invasion stünde unmittelbar bevor ...«

Nach den – hier nur knapp zitierten – Berichten der Kommission, die vollständig im Anhang von Kim Chum-Kons *The Korean War* abgedruckt sind, war Nordkorea der Aggressor. Der Weltsicherheitsrat faßte in einer von der US-Regierung beantragten Sondersitzung, die wegen der 14stündigen Zeitverschiebung unter dem Datum des 25. Juni 1950 stattfand, mit neun zu null Stimmen bei einer Enthaltung (Jugoslawien) folgenden Beschluß:

»Der Sicherheitsrat, ... mit großer Sorge den bewaffneten Angriff auf die Republik Korea durch Streitkräfte aus Nordkorea zur Kenntnis nehmend, stellt fest, daß diese Aktion eine Verletzung des Friedens darstellt,

1. fordert eine sofortige Einstellung der Feindseligkeiten und fordert die Behörden von Nordkorea auf, ihre bewaffneten Streitkräfte umgehend zum 38. Breitengrad zurückzuziehen,
2. ersucht die Kommission ...,
3. fordert alle Mitglieder auf, den Vereinten Nationen alle Unter-

stützung zur Durchführung dieser Resolution zu leisten und sich der Gewährung von Unterstützung an die nordkoreanischen Behörden zu enthalten.«

Zwei Tage später ging der Weltsicherheitsrat einen Schritt weiter und beschloß, »... daß dringende militärische Maßnahmen erforderlich sind, um internationalen Frieden und Sicherheit wiederherzustellen«, sowie, da Südkorea sich mit der Bitte um »sofortige und wirksame Schritte zur Sicherung von Frieden und Sicherheit« an die Vereinten Nationen gewandt habe, die Empfehlung an die Mitglieder der Weltorganisation, »der Republik Korea solche Unterstützung zu liefern, wie notwendig sein mag, um den bewaffneten Angriff abzuwehren und internationalen Frieden und Sicherheit in dem Gebiet wiederherzustellen«. Diese Resolution war, ebenfalls auf Antrag des amerikanischen Delegierten, mit sieben zu einer Stimme bei zwei Enthaltungen angenommen worden.

In einer dritten Resolution vom 7. Juli 1950 begrüßte der Sicherheitsrat die »prompten und tatkräftigen« Hilfsangebote der Mitgliedsländer und empfahl, »daß alle Mitglieder, die militärische Streitkräfte und andere Unterstützung bereitstellen« ... diese »einem vereinigten Kommando unter den Vereinigten Staaten verfügbar machen«, und ersuchte die Vereinigten Staaten, »den Befehlshaber solcher Streitkräfte zu bestimmen«. Außerdem »ermächtigt« der Sicherheitsrat »das vereinigte Kommando, nach seinem Gutdünken die Flagge der Vereinten Nationen im Verlauf der Operationen gegen nordkoreanische Streitkräfte zusammen mit den Flaggen der verschiedenen teilnehmenden Länder zu verwenden«.

Es war das erstemal, daß im Namen der Weltorganisation und unter ihrer Flagge nationale Streitkräfte mehrerer Länder gegen einen Aggressor eingesetzt wurden. Diese Entscheidung war nur möglich, weil die Sowjetunion seit Januar 1950 die Sitzungen des Weltsicherheitsrats aus Protest gegen den Verbleib der nationalchinesischen Delegation als Vertreter Chinas boykottierte – am 1. Oktober 1949 war in Peking die Volksrepublik China ausgerufen worden – und sich damit der Möglichkeit beraubte, durch ihr Veto diese Beschlüsse zu verhindern.

Die Entstehung der Volksrepublik China hat in Zusammenhang mit dem Koreakrieg wohl noch auf andere Weise eine Rolle gespielt. Es wird vermutet, daß die amerikanische Hinnahme des Siegs der chinesischen Kommunisten über die Nationalchinesen die Haltung Moskaus gegenüber den nordkoreanischen Plänen für eine Eroberung des Südens entscheidend beeinflußt hat. Warum sollte Washington, das seinen langjährigen engen Verbündeten Chiang Kai Shek fallengelassen und ein strategisch so bedeutsames Land wie China aufgegeben hatte, ausgerechnet Syngman Rhee und dem kleinen Südkorea zu Hilfe kommen? Die amerikanische Reaktion auf die nordkoreanische Invasion des Südens »muß eine der größten Überraschungen im Leben Stalins gewesen sein«, schreibt Adam B. Ulam (in *The Rivals: America and Russia since World War II,* New York 1971; zit. n. Kim Chum-Kon). Ulam könnte recht haben.

Tatsächlich war der Überfall auf Südkorea für Präsident Truman die erste Gelegenheit, eine Kehrtwendung der amerikanischen Politik in Asien zu demonstrieren, die schon einige Monate früher – im April 1950 – in einer Sitzung des nationalen Sicherheitsrats abgesegnet worden war und weltweite Implikationen hatte. In Europa hatten die USA bereits mit dem Marshallplan und besonders anläßlich der Berliner Blockade gezeigt, daß sie ein weiteres Vordringen des kommunistischen Einflusses nicht mehr hinnehmen wollten. Nach dem schmerzlichen Verlust Chinas sollte diese Grundhaltung auf Asien ausgedehnt werden. Amerika, das im September 1945 nur widerwillig und gänzlich unvorbereitet eine Rolle in Korea übernommen und seit 1947 versucht hatte, sich dieser Verantwortung wieder zu entledigen, war jetzt aus eigener Überzeugung entschlossen, in Korea westliche Positionen zu verteidigen. Die nordkoreanische Propaganda hat den Amerikanern vorgeworfen, in Korea einen Krieg vom Zaun gebrochen zu haben, um die Halbinsel zu einem Stützpunkt auszubauen. Tatsächlich waren es aber die Nordkoreaner selber, die mit ihrem Überfall auf den Süden die Amerikaner ins Land zurückgeholt haben, und diesmal langfristig.

Die Einschaltung der Vereinten Nationen, ursprünglich als Instrument zur Verringerung, wenn nicht gar Abwälzung der amerikanischen Verantwortung in Korea gedacht, gewann auf einmal eine ganz andere Qualität: Washington ließ sich dank seinem damals noch beherrschenden Einfluß in der Weltorganisation nur absegnen, was es ohnedies tun wollte oder schon getan hatte. Die

Vereinten Nationen wurden in Korea zum Aushängeschild amerikanischer Politik.

Fünf Tage nach dem Überfall der Nordkoreaner waren Land-, See- und Luftstreitkräfte der Vereinigten Staaten in den Koreakrieg verwickelt. Bis Ende Juni 1950 hatten mehr als dreißig Länder den Vereinten Nationen militärische oder sonstige Hilfe für den Einsatz in Korea angeboten. Anfang 1951 waren es vierzig. Insgesamt 16 Länder sowie Südkorea beteiligten sich mit militärischen Verbänden an der UN-Streitmacht, wobei die Vereinigten Staaten und Südkorea die Hauptlast trugen. Fünf weitere Länder, darunter Indien, steuerten Sanitätsverbände bei.

Als Oberbefehlshaber in Korea mußte MacArthur die Folgen seiner eigenen früheren Fehleinschätzungen der Lage auf der koreanischen Halbinsel ausbaden. Der General war mitverantwortlich für den verspäteten Aufbau der südkoreanischen Armee. Noch Anfang 1948 hatte er sich gegen die Schaffung einer regulären Armee in Südkorea ausgesprochen und statt dessen die Aufstockung der kasernierten Polizei auf 50000 Mann und ihre Ausstattung mit leichten Infanteriewaffen, also ohne Artillerie, vorgeschlagen.

Der Verlauf des Koreakrieges ist in zahlreichen Publikationen genauestens beschrieben worden. Hier sollen nur die wichtigsten Phasen und weltpolitisch brisante Situationen skizziert werden. MacArthur hatte zunächst geglaubt, mit zwei US-Divisionen die Angreifer hinter den 38. Breitengrad zurückschlagen zu können. Er hatte die Kampfkraft der Nordkoreaner unterschätzt. Die UN-Truppen wurden auf einen Brückenkopf im Südosten der Halbinsel zurückgedrängt, mit der Hafenstadt Pusan als provisorischem Regierungssitz. Zusätzlich zu den drei bereits in Korea eingesetzten Divisionen der 8. Armee organisierte MacArthur daher im August aus zwei weiteren Divisionen das X. Armeekorps und unterstellte es seinem Stabschef Generalmajor Edward Almond. Diesem X. Korps fiel eine Aufgabe zu, deren erfolgreiche Bewältigung das Kriegsglück zugunsten der Verteidiger wendete: die Landung in Inchon an der Westküste am 15. September 1950.

Diese Landeoperation war MacArthurs größte strategische Leistung im Koreakrieg. Eine Woche nach der Landung in Inchon befanden sich die Nordkoreaner überall auf dem Rückzug, stellenweise in ungeordneter Flucht. In der Nacht vom 26. September setzte sich Kim Il Sung nach Norden ab. Am 28. September, drei Monate nach dem Einmarsch der Volksarmee in die koreanische Hauptstadt, kehrten die Truppen der Vereinten Nationen als Sieger nach Seoul zurück.

Am 30. September 1950 hätte der Koreakrieg zu Ende sein können und sollen. Die Aggressoren waren zum größten Teil über den 38. Breitengrad zurückgeschlagen. Das Ziel der Resolutionen des Weltsicherheitsrats vom 25. und 27. Juni 1950 war im wesentlichen erreicht. Die UN-Streitkräfte waren Herr der Lage. Und General MacArthur hatte als Oberbefehlshaber dieser einzigartigen Streitmacht Kim Il Sung ultimativ zur Kapitulation aufgefordert.

Doch der Sieg machte die Sieger übermütig. Statt sich mit der erfolgreichen Verteidigung der Republik Korea zu begnügen, wurde ein neues Kriegsziel eingeführt: die Zerstörung des Angriffspotentials des Aggressors. In seine Kapitulationsaufforderung vom 30. September schrieb MacArthur den Satz, »Die frühzeitige und totale Niederlage und vollständige Vernichtung der bewaffneten Streitkräfte Nordkoreas und seines Kriegspotentials ist nun unvermeidlich.« Das war nicht nur so dahergeredet. Neue Instruktionen aus Washington ermächtigten MacArthur, den 38. Breitengrad zu überschreiten und bis zur nordkoreanischen Grenze mit China und der Sowjetunion vorzudringen, allerdings mit zwei Einschränkungen: im Grenzbereich durften nur südkoreanische Bodentruppen eingesetzt werden, und den See- und Luftstreitkräften waren Einsätze gegen die chinesische (mandschurische) und sowjetische Grenze zu Nordkorea untersagt.

Die amerikanische Koreapolitik hatte sich innerhalb eines halben Jahres vom überstürzten »Disengagement« über eine kurze Phase des »Containment« zum »Roll Back« gewandelt. Die weise Begrenzung von George Kennans Eindämmungspolitik – den Status quo notfalls mit Gewalt zu verteidigen, ihn aber nicht selber gewaltsam zu verändern suchen – war nicht mehr gefragt. Am 1. Oktober erteilte MacArthur den Befehl zur Überschreitung des 38. Breitengrads.

Auch die Vereinten Nationen gerieten in den Strudel dieser Entwicklung. Bereits am 29. September hatte eine Gruppe westlich orientierter Länder mit Unterstützung Washingtons in der Vollversammlung den Entwurf einer Resolution eingebracht, die den Einmarsch nach Nordkorea gutheißen sollte. Damit nicht genug, sollte nun nachgeholt werden, was man sich erstmals in der Resolution vom 14. November 1947 vorgenommen hatte, nämlich die Schaffung einer unabhängigen, aus Wahlen hervorgegangenen Regierung für ganz Korea. Am 7. Oktober 1950 billigte die Vollversammlung den Entwurf und segnete damit nachträglich die schon erfolgte Überschreitung des 38. Breitengrads ab.

Darüber hinaus wurde beschlossen, anstelle der bisherigen UNCOK eine neue Kommission für die Vereinigung und den Wiederaufbau Koreas (United Nations Commission for the Unification and Rehabilitation of Korea – UNCURK) einzusetzen. Diese mittlerweile dritte Kommission der Weltorganisation sollte die Vereinten Nationen bei der Verwirklichung der »Errichtung einer vereinigten, unabhängigen und demokratischen Regierung von ganz Korea« vertreten. Es war wohl kein Zufall, daß Indien einer Kommission mit dieser Aufgabenstellung – die auf eine Liquidierung des nordkoreanischen Staats hinauslief – nicht angehörte.

Der Einmarsch von Streitkräften der Vereinten Nationen blieb nicht ohne Konsequenzen. Bereits am 30. September hatte Chou En Lai, damals Außenminister der VR China, gewarnt, man werde einen Angriff auf die Demokratische Volksrepublik Korea nicht tatenlos hinnehmen. Am 2. Oktober wiederholte und präzisierte Chou diese Warnung gegenüber dem indischen Botschafter in Peking. Die amerikanische Regierung nahm das Signal nicht ernst. MacArthur spielte die Sache herunter. Bei seinem Treffen mit Präsident Truman am 15. Oktober auf der Pazifikinsel Wake versicherte er, weder die Chinesen noch die Russen würden in den Koreakrieg eintreten. Und seinen Soldaten versprach er später, bis Weihnachten seien sie wieder zu Hause. Pyongyang fiel am 19. Oktober.

Noch vor Ablauf des Monats hatten nicht nur südkoreanische Verbände, sondern auch die Amerikaner ihre erste Feindberührung mit den Chinesen, die bald in solchen Massen auftraten, daß nun die UN-Streitkräfte den Rückzug antreten mußten. Die dritte Phase des Koreakriegs hatte begonnen. Ende Dezember waren die Truppen der Vereinten Nationen wieder hinter den 38. Breitengrad zurückgedrängt. Am 4. Januar 1951 fiel Seoul zum zweitenmal in die Hände der Kommunisten.

Eine Bedrohung ganz anderer Art hatte die Welt Ende November aufgeschreckt: die Gefahr des Einsatzes von Atombomben. Die sich ständig verschlechternden Lageberichte aus Korea sowie Meldungen aus Peking, Moskau habe der Volksrepublik den Einsatz der sowjetischen Luftwaffe für den Fall in Aussicht gestellt, daß die UN-Streitkräfte chinesische Ziele in der Mandschurei bombardierten, hatten auf amerikanischer Seite offenbar erhebliche Nervosität ausgelöst. Präsident Truman mußte MacArthur im Zaum halten. Der General forderte die Aufhebung der Beschränkung, keine Ziele jenseits der nordkoreanisch-chinesischen Grenze anzugreifen, und propagierte den Einsatz nationalchinesischer Verbände. Zudem dachte MacArthur laut über den Einsatz von Atomwaffen gegen Ziele in der chinesischen Mandschurei nach.

Die Gefahr einer Ausweitung des Krieges brachte erstmals Bewegung in die erstarrten politischen Fronten. Am 14. Dezember 1950 forderte die UN-Vollversammlung ihren Präsidenten auf, in einer Dreiergruppe unverzüglich Empfehlungen für einen zufriedenstellenden Waffenstillstand in Korea auszuarbeiten.

Die Dreiergruppe schlug vor, nach Beendigung der Feindseligkeiten ein Vierergremium aus Vertretern der USA, Großbritanniens, der UdSSR und der VR China mit der Aufgabe zu betrauen, »eine Einigung über die Probleme des Fernen Ostens zu erzielen einschließlich der Formosafrage und der Vertretung Chinas in der Organisation der Vereinten Nationen«.

Diesmal war es Mao Tse Tung, der seine Karten überreizte: Er machte die Aufnahme der Gespräche über diese beiden Streitfragen zur Vorbedingung für die Einstellung der Feindseligkeiten. Was als Lockmittel zur raschen Beendigung der Kampfhandlungen in Korea gedacht war, forderte China als Vorleistung und verspielte damit die erste – und auf Jahrzehnte hinaus letzte – realistische Chance zu einer einvernehmlichen Lösung dieser grundlegenden Probleme. In die Vereinten Nationen wurde die Volksrepublik erst 1971 aufgenommen, die Formosafrage ist nach wie vor offen.

Die Ablehnung der Vermittlungsvorschläge durch Peking hatte eine erneute Verhärtung der Standpunkte zur Folge. Die Weltorganisation entsprach den amerikanischen Wünschen und verurteilte China am 1. Februar 1951 als »Aggressor«. Der Krieg ging also weiter. Doch diese vierte Phase des Koreakriegs verlief weniger dramatisch als die früheren Etappen. Mitte März konnten die UN-Truppen Seoul zurückerobern; den 38. Breitengrad erreichten sie Ende des Monats.

Seit Anfang März wurden erneut politische Fühler ausgestreckt. Peking zeigte sich bereit, eine Siebenmächte-Konferenz zu akzeptieren, bei welcher der Teilnehmerkreis des Vierergremiums um Frankreich, Ägypten und Indien erweitert wurde. In Washington arbeiteten die Berater von Präsident Truman an Vorschlägen für einen Waffenstillstand, der den Status quo ante wiederherstellen sollte. General MacArthur aber setzte auf Sieg und goß mit einer eigenmächtigen militanten Erklärung Öl ins Feuer: Er drohte der Volksrepublik China See- und Luftangriffe auf ihr Territorium an, um sie zum Einlenken in Korea zu bewegen.

Washingtons Glaubwürdigkeit war in Frage gestellt. Harry S. Truman zog die einzig mögliche Konsequenz: Am 11. April 1951 entließ er den selbstherrlich politisierenden General aus allen militärischen Ämtern. MacArthurs kühne Thesen stießen auch bei der militärischen Führung in Washington auf taube Ohren. Truman hatte sich durchgesetzt. Und Generalleutnant Matthew Ridgway übernahm das Kommando über die gesamten Streitkräfte der Vereinten Nationen in Korea.

Der Krieg trat bald nach dem Kommandowechsel in seine fünfte und letzte Phase ein – den zermürbenden Stellungskrieg nördlich und südlich des 38. Breitengrads –, während der die kriegführenden Mächte bemüht waren, zu einer politischen Einigung über die Einstellung der Feindseligkeiten zu gelangen.

Diesmal ging die Initiative von der Sowjetunion aus. Am 19. Mai 1951 veröffentlichte die *Prawda* den Waffenstillstandsvorschlag eines amerikanischen Senators auf der Grundlage der Rückkehr beider Seiten auf ihre Vorkriegspositionen. Generalsekretär Trygve Lie reagierte am 1. Juni mit der Erklärung, ein Waffenstillstand auf dieser Basis sei mit den Zielen der Vereinten Nationen vereinbar. Außenminister Acheson äußerte am 7. Juni im Namen der US-Regierung eine ähnliche Ansicht. Am 23. Juni stieß Adam Malik, der sowjetische Chefdelegierte bei den Vereinten Nationen, ins gleiche Horn. (Moskau hatte seinen Boykott des Weltsicherheitsrats am 1. August 1950 beendet.) Am 29. Juni schlug General Ridgway im Namen der Vereinten Nationen ein erstes Treffen zwischen Abgesandten beider Seiten auf einem im

Hafen von Wonsan ankernden dänischen Lazarettschiff vor. Am 30. Juni stimmten Peng Teh Huai, Befehlshaber der chinesischen »Freiwilligen«, und Kim Il Sung für Nordkorea grundsätzlich zu, nannten aber als Treffpunkt die Stadt Kaesong wenige Kilometer südlich des 38. Breitengrads.

Am 10. Juli 1951 begannen in der einstigen Koryo-Hauptstadt die Waffenstillstandsverhandlungen zwischen dem nordkoreanischen General Nam Il und dem US-Admiral C. Turner Joy als Vertreter der Vereinten Nationen. Das Hin und Her der zweijährigen Verhandlungen, die mehrfach unterbrochen und ab Oktober 1951 in das Dorf Panmunjom südöstlich von Kaesong verlegt wurden, kann hier nicht näher dargestellt werden. Hauptstreitpunkte waren die Festlegung der Waffenstillstandslinie, die Regelung der Überwachung sowie die Modalitäten für den Austausch von Kriegsgefangenen.

Die letzte Frage erwies sich als besonders schwierig, weil die Vereinten Nationen auf dem für die andere Seite zunächst nicht annehmbaren Grundsatz der Freiwilligkeit bestanden: niemand sollte zur Rückkehr gezwungen werden. Eine andere Schwierigkeit bestand in der Festlegung der Waffenstillstandslinie: 38. Breitengrad oder Frontverlauf? Auch hatten die Amerikaner größte Mühe, Syngman Rhees Widerstand gegen einen Waffenstillstand zu brechen. Der alte Haudegen wollte die südkoreanische Armee notfalls allein weiterstreiten lassen, um die Wiedervereinigung zu verwirklichen.

Während der Waffenstillstandsverhandlungen gingen die Kämpfe mit zum Teil großer Heftigkeit weiter. Beide Seiten versuchten, sich Standortvorteile zu verschaffen und eine Stärkung des Gegners zu verhindern. Die US-Luftwaffe zerstörte in zahllosen Bombereinsätzen große Teile der wirtschaftlichen Infrastruktur Nordkoreas. Die amerikanischen Präsidentschaftswahlen vom November 1952 verzögerten, Stalins Tod im März 1953 beschleunigte den Gang der Verhandlungen, die schließlich nach 765 Sitzungen am 27. Juli 1953 mit der Unterzeichnung eines Waffenstillstandsvertrags in Panmunjom beendet wurden. Unterzeichner waren die Verhandlungsführer beider Seiten. Anschließend wurde der Vertrag von den Oberkommandierenden der beteiligten Streitkräfte in getrennten Veranstaltungen gegengezeichnet. Der Waffenstillstandsvertrag von Panmunjom trägt keine südkoreanische Unterschrift. Südkorea hatte an den Verhandlungen nur als Beobachter teilgenommen, soweit es die Sitzungen nicht sogar boykottierte.

Der Waffenstillstand trat noch am selben Tag in Kraft und sah unter anderem vor:

Eine Demarkationslinie für den Waffenstillstand, die im wesentlichen dem Frontverlauf entsprach,
Errichtung einer vier Kilometer tiefen entmilitarisierten Zone,
Überwachung des Waffenstillstands durch eine aus je fünf Offizieren beider Seiten zu bildende Waffenstillstandskommission,
Einfrieren der Ist-Truppenstärke jeder Seite zum Zeitpunkt des Vertragsabschlusses,
Überwachung der Einhaltung dieses Teils der Vereinbarungen durch eine neutrale Überwachungskommission, die sich aus Vertretern der Länder Schweden, Schweiz, Tschechoslowakei und Polen zusammensetzen sollte,
Austausch der rückkehrwilligen und Freilassung der übrigen Kriegsgefangenen innerhalb bestimmter Fristen,
Empfehlung an die Regierungen der beteiligten Länder, zum Abschluß eines Friedensvertrags eine internationale Konferenz einzuberufen.

Die Zahl der Todesopfer des Koreakrieges wird auf mehr als eine Million Menschen geschätzt. Die südkoreanische Nachrichtenagentur Yonhap gibt in ihrem Jahrbuch 1987 folgende Aufschlüsselung der Kriegsgefallenen: Nordkoreaner 294151, Südkoreaner 225784, Chinesen 184128, Angehörige der Streitkräfte der Vereinten Nationen (vor allem Amerikaner, ohne Südkoreaner) 57440. Außerdem sollen 244663 Zivilpersonen ums Leben gekommen sein. Die Zuverlässigkeit solcher Zahlen muß aber bezweifelt werden, man sollte sie trotz des Anscheins von Genauigkeit nur als Schätzungen ansehen.

Der Koreakrieg hat die Welt verändert. Amerika und die Sowjetunion standen sich machtpolitisch und ideologisch als Feinde und Rivalen um die Weltherrschaft gegenüber. Maos China war jetzt als Großmacht in Asien etabliert, wenn auch um den Preis bitterer Konfrontation zu Amerika und der bis heute nicht überwundenen Abtrennung von Taiwan. Doch hatten die Chinesen durch ihren opfervollen Kriegseinsatz maßgeblichen Einfluß auf Nordkorea, vorher ausschließlich ein Satellit der Sowjetunion, gewonnen. Diese neue Konstellation gab Kim Il Sung die Möglichkeit, durch geschicktes Taktieren zwischen Moskau und Peking seinem Staat zusätzliche Bewegungsfreiheit zu verschaffen. Südkorea hatte endlich feste Garantien Amerikas für seine Sicherheit gewonnen. Andererseits war die koreanische Halbinsel, die der Zweite Weltkrieg verschont hatte, nun in Süd und Nord weitgehend zerstört und die Teilung mehr denn je zementiert. Die Vereinten Nationen hatten sich als taugliches Instrument zur Erhaltung des Status quo erwiesen. Japan bescherte der Koreakrieg den Wirtschaftsaufschwung, in Japan und Deutschland beschleunigte er die Wiederaufrüstung.

Amerikanische Hilfe und autoritäre Herrschaft im Süden

Mit dem Abschluß eines Verteidigungspakts sowie beträchtlicher Militär- und Wirtschaftshilfe hatten die Amerikaner Syngman Rhee Anfang Juli 1953 zur Aufgabe seines Widerstands gegen den kurz vor der Unterzeichnung stehenden Waffenstillstandsvertrag bewegen wollen. Rhee willigte zwar ein, den Vertrag anzuerkennen, blieb aber bei seiner Weigerung, ihn zu unterzeichnen.

Im August besuchte Außenminister John Foster Dulles Südkorea zu Verhandlungen über einen Sicherheitsvertrag. Außerdem stellte er Wirtschaftshilfe in Höhe von einer Milliarde Dollar in Aussicht. Am 1. Oktober 1953 wurde in Washington der amerikanisch-koreanische Verteidigungsvertrag unterzeichnet. Das Abkommen trat im November 1954 in Kraft.

Vorsichtshalber beschränkte ein als Bestandteil der Ratifizierung vom US-Senat gefaßter Beschluß den Beistand Washingtons auf den Fall eines bewaffneten Angriffs auf koreanisches Gebiet, »das von den Vereinigten Staaten als legal unter die Regierungskontrolle Koreas gelangt anerkannt worden ist«, im Klartext: auf Südkorea. Ein solcher Vorbehalt schien den Amerikanern notwendig, weil die Regierung in Seoul – übrigens mit amerikanischer Unterstützung – den Anspruch erhob, für ganz Korea zu sprechen, und man nicht wissen konnte, mit welchen Tricks Syngman Rhee vielleicht versuchen würde, die Wiedervereinigung Koreas unter seiner Herrschaft herbeizuführen. In Artikel 4 des Vertrages gewährt die Republik Korea den Vereinigten Staaten das Recht, nach Maßgabe einer gesonderten Vereinbarung auf koreanischem Gebiet Land-, See- oder Luftstreitkräfte zu stationieren. Der Vertrag gilt heute noch.

Die südkoreanische Armee war im Laufe des Koreakriegs von weniger als 100 000 auf rund 600 000 Mann angewachsen. Sie verfügte damit über etwa doppelt soviel Soldaten wie die nordkoreanische Volksarmee zu jener Zeit. Die US-Regierung, welche die Unterhaltung dieser Streitmacht durch ihre Militärhilfe ermöglichte, bestand darauf, daß die südkoreanische Armee der operativen Befehlsgewalt des UN-Kommandos in Korea und dessen amerikanischen Oberbefehlshaber unterstellt blieb. Diese Regelung und das Kommando bestehen weiterhin, obwohl außer den Amerikanern alle anderen am Koreakrieg beteiligten Mitglieder der Weltorganisation ihre Truppen nach Abschluß des Waffenstillstandsvertrags aus Korea abgezogen haben.

Zusätzlich zum Kommando der Vereinten Nationen wurde im November 1978 ein amerikanisch-südkoreanisches Kommando gebildet, das ebenfalls dem amerikanischen Oberbefehlshaber untersteht, dessen Stellvertreter aber ein südkoreanischer General ist. Dieses bilaterale Kommando, das angeblich die Zusammenarbeit und Leistungsfähigkeit verbessern sollte, dürfte eher aus der Voraussicht entstanden sein, daß die Vereinten Nationen eines Tages beschließen, ihr Kommando in Korea aufzulösen.

Der nun schon bald vierzig Jahre bestehende amerikanische Oberbefehl über den größten Teil der Streitkräfte Südkoreas wird von einer wachsenden Zahl Südkoreaner mittlerweile als anachronistisch und mit der Stellung eines souveränen Staates unvereinbar kritisiert. Auch macht er die Vereinigten Staaten immer dann zur Zielscheibe von Kritik, wenn die Streitkräfte zu innenpolitischen Zwecken eingesetzt werden, wie beim Militärputsch vom Mai 1961 oder bei der Niederschlagung des Volksaufstands von Kwangju im Mai 1980.

Zur militärischen Abhängigkeit kam die wirtschaftliche. Der Koreakrieg war kaum beendet, da flossen bereits 194 Millionen Dollar Wirtschaftshilfe ins Land, ganz überwiegend aus Amerika. Von 1953 bis 1960 erhielt Südkorea rund zwei Milliarden Dollar Auslandshilfe oder 260 Millionen Dollar im Jahresdurchschnitt. Noch 1958 kamen mehr als die Hälfte der Staatseinnahmen aus ausländischen – in erster Linie amerikanischen – Zuschüssen, US-Waffenlieferungen oder aus dem Verkaufserlös amerikanischer Überschußprodukte wie Getreide, Baumwolle, Rindertalg, Kunstdünger, Rohgummi, Garne oder Papierpulpe.

Im Durchschnitt der Jahre 1954 bis 1960 wuchs die südkoreanische Volkswirtschaft real um mehr als vier Prozent. Unter normalen Umständen keine schlechte Leistung, aber für ein kriegszerstörtes Land, das mit massiver ausländischer Hilfe an den Wiederaufbau ging, war es kein berauschendes Ergebnis. Das zeigt sich besonders im Vergleich mit Nordkorea, das, in ähnlicher Lage, zu dieser Zeit Wachstumsraten von 10 bis 15 Prozent erzielte. Eine wesentliche Ursache für das Leistungsgefälle läßt sich an der unterschiedlichen Importstruktur erkennen: während die Einfuhren des Nordens zu zwei Dritteln in Maschinen und industriellen Rohstoffen bestanden, importierte der Süden zu 80 Prozent Lebensmittel und sonstige Verbrauchsgüter. Das heißt, die Auslandshilfe verpuffte im Süden großenteils, während der Norden sie im wesentlichen zum Aufbau neuer Produktionskapazitäten benutzte, also ihre volkswirtschaftliche Wirkung verfielfachte.

Die vergleichsweise schwache Wachstumsleistung Südkoreas hatte verschiedene Ursachen. Vor allem mangelte es an einer effizienten Wirtschaftspolitik. Syngman Rhee sträubte sich gegen den Aufbau einer eigenständigen, lebensfähigen Wirtschaftsstruktur, weil er die Republik Korea als Rumpfstaat ansah, der erst durch die Wiedervereinigung mit dem Norden seine endgültige Form finden müsse. Als Rhee einsehen mußte, daß sich seine Hoffnung auf den »Marsch nach Norden« so schnell nicht erfüllen würde, stieß er mit dem Versuch, ähnlich wie der Norden eine eigene Schwerindustrie aufzubauen, auf amerikanischen Widerstand. Washington erachtete eine arbeitsintensive Leichtindustrie für sinnvoller, damit die hohe Arbeitslosigkeit gesenkt und exportfähige Güter produziert würden, mit denen sich Devisen verdienen ließen. Auch müsse das völlig unzureichende Angebot an Konsumgütern ausgeweitet werden, um das Mißverhältnis zu der durch den Krieg aufgeblähten Geldmenge zu beseitigen und damit die rasante Inflation zu bekämpfen.

Die Inflation war in der Tat so gravierend – die Verbraucherpreise stiegen jährlich um fast 40 Prozent –, daß die Regierung schließlich scharfe Maßnahmen ergreifen mußte. Diese reduzierten zwar die Preissteigerungen auf unter 10 Prozent, drückten aber das Wachstum, so daß die Wirtschaft 1960 fast zum Stillstand kam.

Eine dritte Ursache lag in dem hohen Anteil der Landwirtschaft an der Gesamtproduktion. Das zeigte sich zum Beispiel bei der Mißernte von 1956, die das gesamtwirtschaftliche Wachstum von 4,5 Prozent im vorausgegangenen Jahr mit einem Schlag auf 0,4 Prozent herabdrückte. Die Landwirtschaft hatte auch unter Nebenwirkungen der amerikanischen Wirtschaftshilfe zu leiden. Washington hatte ein Interesse daran, einen möglichst großen Teil seiner Hilfe in Form von Lieferungen aus der eigenen landwirtschaftlichen Überproduktion zu leisten. Waren diese Lieferungen einerseits sehr willkommen, um Engpässe in der Lebensmittelversorgung Südkoreas zu überwinden, behinderten sie andererseits die Entwicklung einiger Sektoren der heimischen Landwirtschaft.

Reibungslos funktionierte hingegen die Zusammenarbeit im Erziehungswesen. Hier ergänzten sich die materielle Hilfe aus Amerika – zum Beispiel Baumaterial für neue Schulgebäude – und der koreanische Bildungseifer aufs beste. Die Schulpolitik Südkoreas hatte sich von Anfang an stark an amerikanische Vorbilder angelehnt. So übernahm das Erziehungsgesetz von 1948 die schon von der Militärregierung eingeführte Gliederung des Bildungswesens in eine sechsjährige Grundschule, je drei Jahre Mittel- und Oberschule sowie das vierjährige Regelstudium. Doch die frühen Ansätze zum Aufbau eines breit angelegten allgemeinen Bildungssystems wurden durch den Koreakrieg großenteils zunichte gemacht. Über 70 Prozent der Grundschulklassenräume waren zerstört worden, die in Seoul konzentrierten öffentlichen und privaten Hochschulen mußten 1953 von vorn anfangen. Trotz widriger Umstände erlebte Südkorea eine regelrechte »Bildungsexplosion«, wie ein Vergleich der Schüler- und Studentenzahlen von 1945 mit 1960 zeigt. Dabei trifft es sich gut, daß die Bevölkerung Koreas zur Zeit der Befreiung mit ungefähr 25 Millionen Einwohnern praktisch genauso groß war wie diejenige Südkoreas 15 Jahre später. Die Gesamtdaten von 1945 sind also mit den Teildaten von 1960 vergleichbar.

In den Jahren seit der Befreiung hat sich die Zahl der Volksschüler fast verdreifacht: von 1,36 auf 3,62 Millionen. 1960 besuchten 94 Prozent aller schulpflichtigen Südkoreaner die Grundschule. Bei den Mittel- und Oberschülern hat sich die Schülerzahl von 1945 bis 1960 von 83 500 auf 792 200 mehr als verneunfacht. 1945 hatte es 19 hochschulähnliche Bildungseinrichtungen gegeben, an denen insgesamt nicht mehr als 7819 Koreaner studieren durften. 1960 wies Südkorea 85 Hochschulen und Universitäten mit zusammen mehr als 101 000 Studenten auf. Das sind fast dreizehnmal soviel wie 1945.

Danach hat sich die Studentenzahl alle zehn Jahre nahezu verdoppelt, und zwar bis 1970 auf 201 400 und bis 1980 auf 437 000. Seither hat sich das Tempo weiter beschleunigt, und 1987 hat die Anzahl der Studenten an südkoreanischen Hochschulen die Millionengrenze überschritten – für eine inzwischen auf 42 Millionen angestiegene Bevölkerung eine ganz erstaunliche Zahl. Die Bundesrepublik hatte 1980 bei einem Bevölkerungsstand von fast 62 Millionen erstmals mehr als eine Million Studenten.

Trotz seiner vielfachen Bindungen an Amerika – er hatte dort den größten Teil seines erwachsenen Lebens verbracht, hatte an den berühmtesten Universitäten des Landes studiert und viele seiner politischen Überzeugungen in Amerika geformt – blieb Syngman Rhee für die US-Regierung ein schwieriger Bündnispartner. Rhee war ein koreanischer Nationalist, der sich von Amerika Hilfe bei der Verwirklichung seines Hauptziels erhoffte: der Herstellung eines unabhängigen wiedervereinigten koreanischen Staates.

Der Versuch, die Wiedervereinigung auf militärischem Wege herbeizuführen, war gescheitert – für Kim Il Sung am Widerstand Amerikas und der Vereinten Nationen, für Syngman Rhee infolge des Eingreifens der Chinesen. Auch die Bemühungen um eine politische Lösung blieben erfolglos. Laut Waffenstillstandsvertrag sollte eine politische Konferenz auf dem Verhandlungsweg Lösungen für die »Frage des Abzugs aller ausländischen Truppen aus Korea« und der »friedlichen Regelung der koreanischen Frage« finden.

Im April 1954 trafen sich in Genf die jeweiligen Außenminister zu einer Konferenz über Korea (und Indochina). Die kommunistische Seite war durch Wjatscheslaw Molotow, Chou En Lai und Nam Il vertreten. Für den Westen respektive Süden kamen, angeführt von John Foster Dulles, die Außenminister der meisten Staaten, die Streitkräfte für das Kommando der Vereinten Nationen in Korea bereitgestellt hatten. Südkorea hatte Außenminister Pyon Yong Tae entsandt. Es war das erstemal, daß sich Minister beider koreanischen Staaten gleichberechtigt gegenübersaßen. Die Konferenz wurde nach vielen deklamatorischen Reden im Juni 1954 ergebnislos abgebrochen. Keine Seite war von ihrer Ausgangsposition abgerückt und zu Zugeständnissen bereit gewesen.

Nach dem Scheitern der Genfer Konferenz bestätigte die Vollversammlung der Vereinten Nationen in einer Resolution vom Dezember 1954 ihr in Korea verfolgtes Ziel der Herstellung eines wiedervereinigten, unabhängigen und demokratischen Staates auf friedlichem Wege und forderte Nordkorea auf, die Verantwortung der Vereinten Nationen für die Koreafrage anzuerkennen. Die Resolution wurde mit fünfzig zu fünf Stimmen angenommen. Die

Weltorganisation hatte damals sechzig Mitglieder. Auch in den folgenden Jahren beschloß die Vollversammlung jeweils mit großer Mehrheit ähnliche Resolutionen, wobei die wachsende Zahl neuer Mitgliedsländer aus der Dritten Welt zu schrittweisen Verschiebungen im Stimmenverhältnis führte.

Seit 1957 entsandte Südkorea regelmäßig Beobachterdelegationen zu den Beratungen der Vollversammlung, während der Norden dies ablehnte. Nicht nur in ihrem Verhältnis zu den Vereinten Nationen, auch in Korea blockierten sich die beiden Seiten in der neutralen Überwachungskommission durch Stimmengleichheit gegenseitig. Zwar finden bis auf den heutigen Tag regelmäßig Sitzungen in Panmunjom statt, doch konnte die Kommission ihren Auftrag, Verstöße gegen das Einfrieren der Streitkräfte auf dem Stand vom Juli 1953 von Anfang an nicht erfüllen. Im August 1957 zog das Kommando der Vereinten Nationen die Konsequenzen und erklärte sich an die Rüstungsbeschränkungen des Abkommens nicht mehr gebunden.

Syngman Rhees grenzenloser Antikommunismus traf sich mit demjenigen von John Foster Dulles. Hingegen verursachte seine antijapanische Haltung den Amerikanern manche Kopfschmerzen. Washington hätte es gern gesehen, wenn Tokio und Seoul nach dem Koreakrieg beim Wiederaufbau des Südens zusammengearbeitet hätten. Dank kriegsbedingten Riesenaufträgen der Amerikaner und ihrer Verbündeten – das Kommando der Vereinten Nationen für Korea befand sich während des Krieges in Tokio – hatte die japanische Wirtschaft einen rasanten Aufschwung genommen. Der »Korea-Boom« war der Auftakt zu dem, was später das »japanische Wirtschaftswunder« genannt werden würde. Die Japaner hatten ihre Leistungsfähigkeit unter Beweis gestellt. Japan war also in der Lage zu helfen und damit Amerika einen Teil der Bürden in Korea abzunehmen.

Syngman Rhee hatte 1948 und 1950 Japan besucht, aber beide Male auf Einladung von und zu Gesprächen mit General MacArthur. Im September 1951 kamen auf Drängen und Vermittlung MacArthurs erstmals Verhandlungen zwischen Bevollmächtigten der Regierungen von Südkorea und Japan zustande. Japan hatte im Friedensvertrag von San Francisco von sich aus die Unabhängigkeit Koreas ausdrücklich anerkannt. Jedoch war der Zeitpunkt der Wirksamkeit dieser Anerkennung zwischen Seoul und Tokio umstritten. Die Frage war von erheblicher praktischer Bedeutung, weil hiervon die Gültigkeit eventueller Entschädigungsansprüche abhing.

Der Hauptkonflikt entzündete sich gleich zu Beginn der langwierigen Verhandlungen über die Normalisierung der Beziehungen im Februar 1952 an der Frage der Einstellung zur Vergangenheit. Die Südkoreaner erwarteten, daß sich die Japaner für das entschuldigten, was sie dem Nachbarvolk während der langen Kolonialzeit angetan hatten. Die Japaner hingegen zeigten keinerlei Schuldgefühle, sondern verteidigten ihre Interessen mit legalistischen Argumenten und unverfrorenen Behauptungen. In der dritten Verhandlungsrunde 1953 behauptete der japanische Chefdelegierte Kanichiro Kubota allen Ernstes, Japan habe in Korea eine »wohltätige Kolonialverwaltung« betrieben, die dem Land besonders auf den Gebieten Erziehung, Gesundheitsfürsorge, Verkehrswesen und Landwirtschaft große Fortschritte gebracht habe. Außerdem bezweifelte er die Rechtmäßigkeit der Unabhängigkeit Koreas, solange kein Friedensvertrag unterzeichnet sei, und kritisierte, daß die amerikanische Militärregierung ohne Friedensvertrag über japanisches Vermögen in Korea verfügt habe. Japan behalte sich daher vor, Vermögensansprüche geltend zu machen. Die südkoreanische Delegation war über Ton und Inhalt der Erklärung so empört, daß sie die Verhandlungen abbrach und erst vier Jahre später an den Verhandlungstisch zurückkehrte, nachdem Japan die Erklärung Kubotas offiziell zurückgezogen hatte.

Angesichts der Vorgeschichte und des schamlosen Gebarens der japanischen Regierung während der Normalisierungsverhandlungen verdient Syngman Rhees Verhalten gegenüber Japan großes Verständnis. Sehr viel kritischer muß man das Auftreten des Präsidenten gegenüber seinen eigenen Landsleuten werten: sein Umgang mit der Opposition, mit dem Parlament und ganz allgemein mit der ihm anvertrauten Staatsgewalt nahm sehr schnell autoritäre und zutiefst undemokratische Züge an. Rhee fühlte sich berufen zu herrschen, und ihm war bald jedes Mittel recht, um sich an der Macht zu behaupten.

Im Mittelpunkt standen dabei die Auseinandersetzungen mit der Nationalversammlung, die nach der Verfassung von 1948 den Präsidenten der Republik zu wählen hatte. Rhee war im Juli 1948 mit überwältigender Mehrheit für eine vierjährige Amtszeit gewählt worden. Das entsprach auch seinem Selbstverständnis, da er über den Parteien stehen wollte. Tatsächlich hatten die beiden Parlamentsfraktionen, die Rhee damals unterstützten – die von ihm gegründete Nationalvereinigung, nicht wirklich eine Partei, und die Demokratische Partei Koreas (KDP) mit 55 und 29 Sitzen – nicht einmal gemeinsam eine Mehrheit in der 200köpfigen Nationalversammlung. Die Unterstützung der KDP verlor Rhee schon kurz nach Bildung seines ersten Kabinetts, als er nur zwei KDP-Mitglieder zu Ministern ernannte und dabei auch noch die Parteiführung überging. Darauf wechselte die KDP ins Lager der Opposition über.

Kurz vor Ausbruch des Koreakriegs fanden im Mai 1950 zum zweitenmal Parlamentswahlen in Südkorea statt. Aus seiner Konfrontation mit der KDP heraus hatte Rhee im Wahlkampf dazu aufgerufen, keine Kandidaten der politischen Parteien zu wählen – mit erstaunlichem Erfolg: 126 von 210 Mandaten wurden von unabhängigen Kandidaten gewonnen. Die ehemalige KDP, die sich nach Vereinigung mit einigen Splitterparteien nun Demokratische Nationalpartei (DNP) nannte, verlor rund drei Prozent an Wählerstimmen und erhielt nur 24 Sitze. Rhees Nationalvereinigung mußte sehr viel mehr Federn lassen: Ihr Stimmenanteil fiel von 24,6 auf 6,8 Prozent, und in der neuen Nationalversammlung war sie nur noch mit 14 Abgeordneten vertreten.

Wenn Rhee geglaubt hatte, mit einem Parlament ohne starke Parteien leichter fertig zu werden, hatte er sich gründlich getäuscht. Bald nachdem die neue Nationalversammlung in Pusan – das während des Koreakriegs als provisorische Hauptstadt diente – zusammengetreten war, mußte Rhee erkennen, daß seine Wiederwahl gefährdet war. Ende 1951 schlug er daher eine Verfassungsänderung vor, welche die Direktwahl des Präsidenten und seines Stellvertreters durch die Bevölkerung sowie die Umwandlung der Nationalversammlung in ein Zweikammerparlament vorsah. Die Nationalversammlung lehnte die Vorlage zur Verfassungsänderung mit 143 zu 19 Stimmen ab.

Entschlossen, seinen Willen zu bekommen, brachte Rhee seinen vom Parlament mit so überwältigender Mehrheit abgelehnten Änderungsvorschlag mit geringfügigen Modifikationen wieder ein. Sodann verhängte er am 25. Mai 1952 mit fadenscheiniger Begründung über Pusan und Umgebung das Kriegsrecht. Am folgenden Tag wurde ein Bus mit 47 Abgeordneten auf dem Weg zur Nationalversammlung von Militärpolizisten angehalten und sämtliche Insassen zwei Tage lang festgehalten. Außerdem wurden mehrere führende Abgeordnete der oppositionellen Mehrheit unter dem Vorwurf staatsfeindlicher Umtriebe in Zusammenhang mit einer angeblichen kommunistischen Verschwörung verhaftet. Sie wurden nach dem im Dezember 1948 beschlossenen Staatssicherheitsgesetz unter Mißachtung fast aller rechtsstaatlichen Grundregeln angeklagt.

Als nach solcher »Vorbereitung« die Nationalversammlung zusammentrat, um über die Verfassungsvorlage des Präsidenten zu beschließen, war das Hohe Haus nicht beschlußfähig. Daraufhin wurden ferngebliebene Abgeordnete auf Anweisung des Innenministers unter »Polizeischutz« zum Parlament gebracht und dort festgehalten. Als das noch nicht ausreichte, um die für Verfassungsänderungen vorgeschriebene Zweidrittelmehrheit zu gewährleisten, ordnete der Kriegsrechtskommandeur die vorübergehende Freilassung der zuvor verhafteten Abgeordneten an und hieß sie an der Abstimmung zur Nationalversammlung teilnehmen. Unter diesen Umständen wurde am 4. Juli 1952 die Verfassungsänderung mit 163 zu null Stimmen bei drei Enthaltungen »angenommen«. Später wurden die Anklagen gegen die meisten Abgeordneten fallengelassen. Bei den am 5. August 1952 durchgeführten Präsidentschaftswahlen erhielt Syngman Rhee 74,6 Prozent der Stimmen. Sein wichtigster Gegenkandidat, Cho Pong Am, der in Rhees erstem Kabinett Landwirtschaftsminister gewesen war und sich als Unabhängiger um das höchste Staatsamt bewarb, brachte es auf 6,7 Prozent. Rhees Rechnung war aufgegangen.

Mit der Verfassungsänderung waren auch einige Befugnisse des Parlaments beschnitten worden. Dennoch regte sich in der Nationalversammlung, nachdem sie Abstand zu den traumatischen Erfahrungen des Sommers 1952 gewonnen hatte, bald wieder beträchtlicher Widerstandsgeist. Aber Rhee hatte sein Pulver noch längst nicht verschossen. Der scharfe Parteienkritiker hatte, den Nutzen einer gefügigen, aber schlagkräftigen Gefolgschaft klar erkennend, im Dezember 1951 die Liberale Partei (Chayu-Dang) ins Leben gerufen. Es war eine reine Führerpartei, ihr Programm hieß Syngman Rhee – angeblich sollte sie die Interessen der Arbeiter und Bauern, das heißt der breiten Wählerschichten, vertreten, in Wirklichkeit war sie nichts weiter als ein Sammelbecken all derer, die sich von einer Verbindung mit dem von Rhee beherrschten Staatsapparat Vorteile versprachen. Und das waren viele. Bei den Parlamentswahlen vom Mai 1954 gewann die Liberale Partei (LP) auf Anhieb 36,8 Prozent der Stimmen und, was wichtiger war, mit 114 von nun 203 Sitzen die absolute Mehrheit in der Nationalversammlung. Die DNP war mit 7,9 Prozent der Stimmen und 15 Mandaten weit abgeschlagen und stellte als »größte« Oppositionspartei keine ernstliche Bedrohung mehr dar.

Schon im September 1954 brachte Rhees LP einen neuen Vorschlag zur Änderung der Verfassung ein. Danach sollten die Befugnisse des Präsidenten erweitert und die Begrenzung einer Wiederwahl auf zwei Amtszeiten aufgehoben werden. Rhee strebte seine erneute Wiederwahl an. Bei der Abstimmung am 27. November verfehlte die Vorlage mit 135 Ja-Stimmen die notwendige Zweidrittelmehrheit um eine Stimme. Was nun folgte, liest sich wie eine Posse aus dem politischen Kabarett: zwei Tage darauf verkündete der Vizepräsident der Nationalversammlung, der zuvor die Ablehnung der Verfassungsänderung bekanntgegeben hatte, ihre Annahme mit der Begründung, die Zweidrittelmehrheit aus 203 Abgeordneten betrage 135,33. Da man einen Menschen aber nicht in Bruchteile zerlegen könne, genügten für die Zustimmung 135 ganze Stimmen.

Die offensichtliche Manipulation lieferte der aufgebrachten Opposition den Anlaß, sich neu zu organisieren. Etwa sechzig Abgeordnete schlossen sich zu einer Genossenschaft zum Schutz der Verfassung zusammen, aus der im September 1955 die Demokratische Partei (DP – Minju-Dang) hervorging. Die DP kann als Keimzelle fast aller späteren Oppositionsparteien angesehen werden.

Bei den Parlamentswahlen vom Mai 1958 konnte sich die Liberale Partei gut behaupten. Sie errang mit einem auf 42,1 Prozent erhöhten Stimmenanteil eine prozentual leicht reduzierte Mehrheit von 126 aus inzwischen 233 Sitzen. Doch zum erstenmal gab es nun auch eine starke Oppositionspartei. Die Demokraten gewannen mit 34,2 Prozent der Stimmen 79 Mandate und hatten damit eine Sperrminorität gegen weitere Verfassungsänderungen. In Seoul hatte die DP 15 von 16 Sitzen erobert. In Taegu und

Inchon konnte die LP keinen ihrer Kandidaten durchbringen. Seit dieser Wahl gilt in Südkorea der Satz, daß die Großstädte Hochburgen der Opposition sind, während die Regierung sich ihre Mehrheiten auf dem Land beschaffen muß.

Die Ära Rhee neigte sich ihrem Ende zu. Einzig der Präsident wollte das nicht wahrhaben. Mit fast 85 Jahren kandidierte er im März 1960 ein viertes Mal für das höchste Amt im Staate.

Syngman Rhees Staatsapparat war schon bei früheren Wahlen nicht zimperlich gewesen, um das Ergebnis im Sinne der Regierung zu beeinflussen. Daß in erheblichem Umfang Wahlmanipulationen stattfanden, war durch eine Vielzahl aufgedeckter Unregelmäßigkeiten und offensichtlicher Verstöße zweifelsfrei erwiesen. Aber diesmal hatte man, wie nachträgliche Ermittlungen ergaben, zu viel des Guten getan: Riesige Geldsummen wurden zum Stimmenkauf und für Wahlhelfer eingesetzt, die alle Phasen des Wahlablaufs kontrollieren sollten, von der Wählermobilisierung und -registrierung bis zur Stimmenauszählung. Schlägertrupps des »Jugendkorps« vertrieben die Wahlbeobachter der Opposition aus den Wahllokalen und schüchterten Oppositionskandidaten und Oppositionswähler ein. Vor allem wurden die Wahlurnen präpariert, indem man im voraus einen hohen Anteil – bis zu 40 Prozent – an ausgefüllten Stimmzetteln hineintat. Präsident Rhee siegte mit fast 89 Prozent der gültigen Stimmen und Lee Ki Bung, der langjährige Präsident der Nationalversammlung, wurde mit angeblich 79 Prozent der Stimmen zum neuen Vizepräsidenten gewählt, während der bisherige Amtsinhaber Chang Myon nur etwa 17 Prozent erhalten hatte.

Das Wahlergebnis war so offensichtlich gefälscht, daß ein Sturm der Entrüstung losbrach. Am Wahltag, dem 15. März, hatten in der südlichen Hafenstadt Masan schon Tausende von Bürgern gegen Wahlbetrügereien demonstriert. Die Polizei war nervös geworden und hatte in die Menge geschossen. Dabei soll es 26 Tote und 86 Verwundete gegeben haben. Einige Wochen später trieb im Hafen von Masan die Leiche eines jungen Demonstranten an. In einer seiner Augenhöhlen steckte eine Tränengaspatrone. Schüler und Studenten zogen daraufhin demonstrierend durch die Straßen von Masan. Wieder kam es zu blutigen Auseinandersetzungen. Polizei und Regierungspartei machten die Kommunisten verantwortlich. Das verstärkte die Empörung. Aus Solidarität mit ihren Kommilitonen protestierten Schüler und Studenten in anderen Städten gegen das brutale Vorgehen der Polizei und gegen die Wahlfälschungen.

Am 18. April forderten mehrere tausend Studenten der Koryo-Universität in einem Protestmarsch gegen Polizeiwillkür und Wahlbetrug eine Wiederholung der Präsidentschaftswahlen und die Bestrafung der Verantwortlichen. Die Demonstration war bereits im Auflösen begriffen, als die Studenten von Schlägertrupps, die offenbar vom Polizeichef des Präsidialamts mobilisiert worden waren, überfallen und mit Ketten und Knüppeln zusammengeschlagen wurden. Wieder gab es viele Verletzte.

Berichte von dem Überfall erreichten im Laufe der Nacht die anderen Universitäten in der Hauptstadt. Am folgenden Morgen, dem 19. April 1960, strömten Zehntausende Studenten und Schüler ins Stadtzentrum von Seoul. Die Menge schwoll bald auf über 100000 Menschen an. Zuerst marschierten die Demonstranten zur Nationalversammlung. Sie riefen »Nieder mit dem Polizeistaat« und verlangten eine Untersuchung der Vorfälle in Masan, den »Rücktritt der Regierung Syngman Rhee« und Neuwahlen. Als die Demonstranten dann auf den Amtssitz des Präsidenten zumarschierten, schossen die Polizeiwachen in die anrückende Menge. Der Anblick ihrer im Feuerhagel zusammenbrechenden Gefährten versetzte die Demonstranten in rasende Wut. Sie stürmten das Hauptquartier der Regierungspartei und drangen in die Redaktionsräume regierungsnaher Zeitungen ein, zertrümmerten Polizeireviere und steckten öffentliche Gebäude in Brand.

Die Regierung verhängte das Kriegsrecht über Seoul und andere Städte, in denen es zu Demonstrationen und Zusammenstößen mit der Polizei gekommen war. Am Abend rollten Panzer in die Hauptstadt ein. Schulen und Universitäten wurden geschlossen, die Pressezensur verschärft. Die Ordnung war fürs erste wiederhergestellt, ohne daß das Militär von der Schußwaffe Gebrauch gemacht hatte. In den folgenden Tagen versuchte Syngman Rhee, durch Versöhnungsgesten die Lage zu entspannen. Er empfing eine Studentendelegation und versprach, einige Minister auszuwechseln und sich aus der Liberalen Partei zurückzuziehen. Aber im Angesicht von 186 Toten und über 1000 Verletzten reichten Gesten nicht mehr aus.

Am 23. April trat Vizepräsident Chang Myon aus Protest zurück, zwei Tage später versammelten sich auf dem Gelände der Staatlichen Universität Seoul die Fakultäten fast aller Hochschulen der Hauptstadt und verfaßten eine Erklärung, in der die Regierung aufgefordert wurde, Entschädigung für die getöteten Studenten zu zahlen. Dann bildeten die Professoren einen Demonstrationszug und marschierten zur Nationalversammlung. Unterwegs schlossen sich ihnen Zehntausende Studenten, Schüler und Bürger an. Als Oberbefehlshaber der Streitkräfte ordnete der Präsident an, den Demonstrationszug notfalls mit Waffengewalt aufzuhalten und zu zerstreuen. Aber Kriegsrechtskommandeur Song Yo Chan, der Generalstabschef des Heeres, weigerte sich, seinen Truppen Schießbefehl zu erteilen. Viele Soldaten reihten sich in den Demonstrationszug ein. Eine riesige Menschenmenge hatte sich vor der Nationalversammlung versammelt, um die Erklärung der Professoren zu hören. Rufe nach dem Rücktritt von Syngman Rhee wurden laut. Im Parlament berieten zur selben Zeit 136 der 233 Abgeordneten in einer außerordentlichen Sitzung die Lage. Unter dem Druck der Demonstranten verabschiedeten sie eine Resolution, in der die Wahlen vom 15. März für ungültig erklärt, die Abhaltung von Neuwahlen verlangt und Präsident Rhee zum Rücktritt aufgefordert wurde. Rund ein Drittel der Abgeordneten der Liberalen trat aus der Fraktion der Regierungspartei aus.

Syngman Rhee gab auf. Sein Amtsverzicht wurde mit der Mitteilung an die Nationalversammlung am 27. April 1960 wirksam. Tags darauf schied Lee Ki Bung, der Rhees Nachfolger hatte werden sollen, mit seiner Frau und den beiden Söhnen in einem Selbstmordpakt aus dem Leben. Ende Mai verließ Rhee Korea und ging nach Hawaii, wo er so viele Jahre als Exilpolitiker verbracht hatte. Dort ist er fünf Jahre später gestorben.

Der Studentenaufstand gegen das diktatorische Regime von Syngman Rhee ist als April-Revolution in die Geschichte Südkoreas eingegangen. Die Opfer werden mit einer Gedenkstätte auf dem Nationalfriedhof im Süden von Seoul geehrt. Waffenlos war es einer von Intellektuellen geführten Volksbewegung gelungen, eine unerträglich gewordene Regierung zu stürzen. In dem Bewußtsein, für das Gemeinwohl zu handeln und von einem Großteil der Bevölkerung unterstützt zu werden, haben sich die Studenten von Südkorea als neue politische Kraft erwiesen, an der auch die nachfolgenden Regierungen nicht vorbeikamen. Eine wesentliche Bedingung des Erfolgs der April-Revolution ist auch in der damaligen Haltung des Militärs zu sehen. Während die Polizei – deren Kader noch zu einem erheblichen Teil den japanischen Kolonialherren gedient hatten – in blinder Ergebenheit zur Regierung stand, war die Armee im entscheidenden Augenblick auf Abstand gegangen.

Anders als die meisten revolutionären Bewegungen wollten die Studenten und Professoren im April 1960 nicht selber die Macht übernehmen, sondern der demokratischen Verfassung zur Geltung verhelfen. Nach Rhees Abgang zogen sie sich wieder zurück und überließen den Lauf der Dinge zunächst dem – stark veränderten – Spiel der Kräfte. Als ranghöchster unter den verbliebenen Amtsträgern der alten Regierung übernahm der erst Anfang April zum Außenminister ernannte parteilose Ho Chong die Aufgaben eines geschäftsführenden Präsidenten. Am 29. April beschloß die Nationalversammlung, eine provisorische Regierung einzusetzen, deren Aufgabe darin bestand, erstens eine Verfassungsänderung vorzubereiten, welche die bisherige Präsidialverfassung durch ein Kabinettssystem mit einem vom Parlament gewählten und ihm verantwortlichen Ministerpräsidenten ersetzen sollte, und zweitens die Neuwahl der Nationalversammlung nach Maßgabe der geänderten Verfassung durchzuführen. Ho Chong wurde auch zum geschäftsführenden Ministerpräsidenten bestellt. Die Weichen für eine Neuordnung der politischen Verhältnisse in Südkorea waren gestellt.

Säuberungen und Wiederaufbau im Norden

Wenn man davon ausgeht, daß Nordkorea den Krieg angezettelt hat, um auf militärischem Weg die Wiedervereinigung unter kommunistischem Vorzeichen herbeizuführen, so war der Waffenstillstand vom Juli 1953 mit seinem Frontverlauf entlang dem 38. Breitengrad alles andere als ein Sieg.

In den sozialistischen Ländern werden bei Nichterfüllung eines Plans regelmäßig Sündenböcke geopfert. In Nordkorea, wo noch der kleinste Erfolg einer Jugendbrigade tief in der Provinz den weisen Ratschlägen des »großen Führers« zugeschrieben wird, sollte die Verantwortung für den Ausgang eines so allumfassenden Großunternehmens wie des Vaterländischen Befreiungskriegs – so die parteiamtliche Bezeichnung des Koreakriegs – in erster Linie bei Kim Il Sung zu suchen sein. Kim hatte sich, ebenso wie sein damaliger Gönner Stalin, verkalkuliert.

Aber Kim Il Sung ist nur für Erfolge zuständig. An Niederlagen sind immer andere schuld. Noch während sich seine Truppen auf dem Rückzug befanden, hat er die Offensive gegen seine innerparteilichen Gegner und Rivalen, insbesondere die Altkommunisten aus dem Süden und die sogenannte Yenan-Gruppe, eröffnet. Dabei erwies sich Kim einmal mehr als Überlebenskünstler höchsten Ranges, indem er sich zuerst mit der Yenan-Gruppe gegen die Altkommunisten um Pak Hon Yong verbündete und, als diese ausgeschaltet waren, die Yenan-Genossen entmachtete. So gelang es Kim Il Sung, das Scheitern seines kriegerischen Abenteuers in einen persönlichen Sieg im Kampf um die Führung der Partei und damit um die Macht in Nordkorea umzumünzen.

Den ersten Hinweis darauf, daß es innerhalb der kommunistischen Parteiführung rumorte, gab eine Rundfunkansprache von Kim Il Sung, die am 11. Oktober 1950 ausgestrahlt und auch von den Südkoreanern aufgefangen wurde. Die Rede wird in der Kim-Biographie von Baik Bong angeführt und enthielt neben Aufmunterungsappellen an Volksarmee und Parteimitglieder eine Reihe persönlicher Angriffe auf namentlich erwähnte Offiziere und Politiker.

Alle diese »Verräter« hätten zu dem »zeitweiligen Rückzug«

der Volksarmee beigetragen. Daher müßten sie »im Namen der Partei ausgemerzt werden«.

Kim Il Sung hat seine Vorwürfe auf dem 3. Plenum des Zentralkomitees der Partei der Arbeit im Dezember 1950 wiederholt. Anfang August 1953, also kurz nach dem Beginn des Waffenstillstands, wurden zwölf von Paks Anhängern durch Beschluß des Zentralkomitees wegen eines angeblichen Umsturzversuchs aus der Partei ausgeschlossen und vor ein Kriegsgericht gestellt. Es verhängte über zehn von ihnen, darunter den für die ehemaligen Mitglieder der Südkoreanischen Partei der Arbeit zuständigen Sekretär des Zentralkomitees und einen Staatssekretär, die Todesstrafe. Pak Hon Yong selber hat die 1953er »Säuberung« noch überlebt. Erst im Dezember 1955 wurde bekanntgegeben, daß er vom obersten Militärtribunal wegen Landesverrats und Spionage zum Tode verurteilt und hingerichtet worden sei. Nach der Ausschaltung von Pak und seinen Anhängern – zumeist Zivilisten – befanden sich alle wesentlichen Führungspositionen der Partei in den Händen früherer Partisanen. Seit dieser Zeit kann die Regierung Nordkoreas als ein – kommunistisches – Militärregime angesehen werden.

Einer von Kim Il Sungs Sündenböcken war der für das Fiasko nach der Inchon-Landung verantwortlich gemachte Kim Mu Jung, Kommandeur des II. Korps der Volksarmee. Mu Jung war der bekannteste Partisanengeneral der Yenan-Gruppe und genoß auch bei den Chinesen hohes Ansehen. Daß Kim Il Sung es wagte, diesen Mann zu einem Zeitpunkt anzugreifen, als China gerade zugunsten Nordkoreas in den Krieg eingegriffen hatte, war zumindest riskant. Doch haben die Chinesen sich damit begnügt, später die Freilassung Mu Jungs aus der Haft zu erwirken und ihn nach China zu holen, wo er nach einigen Jahren gestorben sein soll. Offenbar ungestraft hat Kim Il Sung auch einen prominenten Genossen mit sowjetischem Rückhalt verfolgt. Byung Chul Koh berichtet (*The Foreign Policy of North Korea*), daß Kim auf dem 4. Plenum des Zentralkomitees im November 1951 den »Sowjet-Koreaner« Ho Ka I wegen »willkürlicher« Aufnahme zahlloser südkoreanischer Genossen in die Partei ohne ausreichende Prüfung angegriffen habe. Ho, der viele hohe Posten in Partei und Regierung bekleidet hatte und auch Vizepremier gewesen war, soll sich, derart in die Enge getrieben, das Leben genommen haben.

Chruschtschows berühmte Abrechnung mit Stalins Personenkult auf dem XX. Parteitag der sowjetischen Kommunisten lieferte den Gegnern Kim Il Sungs die Munition für eine der wenigen öffentlichen Kampagnen gegen seine Herrschaft. Während sich Kim auf einer ausgedehnten Reise durch die Sowjetunion und Osteuropa befand, publizierten die führenden Ideologen der Yenan-Gruppe und des sowjetischen Flügels, Choe Chang Ik und Pak Chang Ok, mehrere Zeitschriftenaufsätze. Darin warfen sie Koreas Partei der Arbeit vor, sie betreibe ebenfalls Personenkult, und beanspruchten für Nordkorea, daß ähnlich wie in der Sowjetunion die Diktatur des Parteivorsitzenden durch eine kollektive Parteiführung ersetzt werde. Nach der Rückkehr Kim Il Sungs kamen diese Vorwürfe Ende August 1956 vor dem Plenum des Zentralkomitees zur Sprache. Wortführer war Yun Kong Hum von der Yenan-Gruppe, der auch das krasse Mißverhältnis zwischen den niedrigen Löhnen der Arbeiter und Bauern und den hohen Bezügen der Volksarmee-Offiziere kritisierte, für das er Kim verantwortlich machte. Gegenstand der Auseinandersetzungen war außerdem der Kurs der wirtschaftlichen Entwicklung; hier wurde der Vorrang der Schwerindustrie zu Lasten einer besseren Versorgung der Bevölkerung in Zweifel gezogen.

Die Kritiker fanden im Zentralkomitee keine Mehrheit. Und Kim Il Sung hat diese größte bekanntgewordene Herausforderung seiner Herrschaft mit der wohl umfassendsten Säuberung in der Geschichte der Partei der Arbeit beantwortet. Die maßgeblichen Köpfe der Yenan-Gruppe und die Kim-Kritiker des sowjetischen Flügels wurden aus allen wichtigen Ämtern entfernt oder aus der Partei ausgeschlossen. Außerdem nutzte Kim die Gelegenheit, einen Mann zu entmachten, der in den ersten Jahren nach der Befreiung in der Hierarchie über ihm gestanden hatte und wohl der bedeutendste und gefährlichste Rivale war: Kim Tu Bong, der Führer der Yenan-Gruppe. Er wurde im August 1957 seines Postens als Vorsitzender des Präsidiums der Obersten Volksversammlung enthoben und im März 1958 aus der Partei

Schon die Kleinen spielen mit Computern

Die Glanzzeit der Großwerften – hier Hyundai in Ulsan – ist wohl vorüber

KEY 수
90개

ausgeschlossen. Von nun an war Kim Il Sung der unangefochtene Führer, der Personenkult um ihn konnte sich ungehemmt entfalten.

Kims Aufstieg vollzog sich vor dem Hintergrund des Wiederaufbaus seines kriegszerstörten Landes. Der Ausbau der Wirtschaft erfolgte nach zentralen Plänen. Der im April 1954 beschlossene erste Dreijahresplan (1954–1956) bezweckte, das Niveau vor Ausbruch des Koreakriegs wieder zu erreichen. Der anschließende Fünfjahresplan für 1957 bis 1961 sollte die Grundlagen der Industrialisierung schaffen mit Vorrang für die Schwerindustrie, wobei der Ausweitung des Maschinenbaus besonderes Gewicht beigemessen wurde. In dieser Planperiode kam auch die Kollektivierung der Landwirtschaft zum Abschluß.

Nordkorea veröffentlichte nur einen Bruchteil seiner Wirtschaftsdaten, deren Verläßlichkeit sich zudem schwer überprüfen läßt. Immerhin werden auch erkennbar ungünstige Zahlen bekanntgegeben – wenn auch oft mit Verzögerung oder ziemlich versteckt –, und die veröffentlichten Daten sind in der Regel rechnerisch in sich schlüssig. Die beliebten Vergleiche zwischen den wirtschaftlichen Ergebnissen beider koreanischen Staaten sind unergiebig. Die Wirtschaftssysteme und die Lebensverhältnisse von Süd- und Nordkorea sind so grundverschieden, daß ein direkter Vergleich gar nicht möglich ist. Die von Nord und Süd in ihren Vergleichsmodellen verwendeten Umrechnungskurse für den nordkoreanischen Won zum amerikanischen Dollar sind völlig fiktiv und müssen als unseriös angesehen werden. Außerdem unterscheiden sich die Kategorien und statistischen Erhebungsmethoden zur Erfassung wirtschaftlicher Vorgänge in Süd- und Nordkorea zum Teil beträchtlich.

Trotz aller Zweifel an einzelnen Daten ist es am sinnvollsten, die wirtschaftliche Entwicklung Nordkoreas anhand der von Pyongyang veröffentlichten Zahlen zu verfolgen. Auch wenn man nicht die ihnen zugrunde liegenden Wertmaßstäbe teilt, lassen sich daraus Erkenntnisse für die Beurteilung der grundlegenden wirtschaftlichen Verhältnisse und über Richtung und Tendenzen der wirtschaftlichen Entwicklung in Nordkorea gewinnen.

Ob die einzelnen Wirtschaftspläne Nordkoreas vorzeitig oder erst mit Verzögerung erfüllt wurden, ist aus heutiger Sicht ziemlich gleichgültig. Ein Vergleich der jährlichen Zuwachsraten der

Industrieproduktion zeigt jedenfalls deutlich, daß das Wachstum während des ersten Dreijahresplans mit durchschnittlich 41,7 Prozent am höchsten war, in der Planperiode 1957 bis 1961 mit 36,6 Prozent tendenziell niedriger ausfiel, aber noch ungewöhnlich hoch lag, um dann während des ersten Siebenjahrsplans (1961–1967) – der um drei Jahre bis 1970 verlängert werden mußte – auf 12,8 Prozent abzufallen. Im nachfolgenden Sechsjahresplan (1971–1976) gab es wieder eine Steigerung auf 13,6 Prozent. Für den zweiten Siebenjahresplan (1978–1984) wurde das Wachstumsziel der Industrieproduktion »nur« auf 12,1 Prozent festgesetzt und als Ergebnis dieser Planperiode schließlich ein durchschnittliches Jahreswachstum von 12,2 Prozent bekanntgegeben. Die Beschlußfassung über den nächsten Wirtschaftsplan hat sich verzögert.

Da die rasche Industrialisierung des Landes das Hauptziel der nordkoreanischen Wirtschaftsplaner war, ist es durchaus legitim, die tatsächlichen Wirtschaftsleistungen der Volksrepublik an den Daten über die Industrieproduktion zu messen.

Die außergewöhnlich hohen Zuwachsraten der Industrieproduktion während der ersten beiden Pläne hingen mit der niedrigen Ausgangsbasis und der umfangreichen Auslandshilfe zusammen. Die Reduzierung auf ein sehr viel geringeres – natürlich immer noch beachtliches – Wachstum in den folgenden Planperioden läßt sich vor allem auf drei Ursachen zurückführen: auf den »natürlichen« Rückgang infolge des erreichten höheren Niveaus, auf die stark reduzierte Auslandshilfe sowie auf die Erhöhung der Militärausgaben. Göthel berichtet, daß das Zentralkomitee 1962 den Kurs der »parallelen Entwicklung von Wirtschaft und Verteidigung« beschlossen habe, was darauf hinauslief, die Mittel für beide Bereiche »gleich hoch festzulegen«.

Über den Beitrag der ausländischen Hilfe zum Wiederaufbau Nordkoreas erfährt man von Pyongyang wenig. Göthel gibt an, daß zum Beispiel in der Zeit des Dreijahresplans die Unterstützung der sozialistischen Länder »jährlich 24,6 Prozent des Staatshaushalts« ausgemacht habe. Das entspricht etwa der Hälfte des Anteils der US-Hilfe am südkoreanischen Budget im selben Zeitraum. Für einen aussagefähigen Vergleich wären die Hilfsleistungen an Süd- und Nordkorea, die sich nicht im Staatshaushalt niederschlagen, heranzuziehen. Yoon T. Kuark, ein nach Amerika ausgewanderter südkoreanischer Wirtschaftsstatistiker, kommt in seinem Beitrag zu dem Sammelband *North Korea Today* zu dem Ergebnis, daß beide koreanischen Staaten per Ende 1960 auf Dollarbasis pro Kopf ihrer Bevölkerung etwa gleich viel Auslandshilfe erhalten haben, wobei sich allerdings der effektive Nutzen, den diese Hilfe gebracht habe, wesentlich unterscheide.

Laut Göthel hat die Sowjetunion in den Jahren 1954 bis 1956 »unentgeltliche Hilfe in Höhe von 1,3 Milliarden Rubel« und China von 1954 bis 1957 Hilfe im Wert von »800 Millionen Yuan« gewährt. Die DDR habe es »unter anderem« übernommen, »die Industriestadt Hamhung wiederaufzubauen, sich durch technische Hilfe am Wiederaufbau des Eisenhüttenwerkes Hwanghae und beim Bau des polygraphischen Kombinats in Pyongyang zu beteiligen«. Im übrigen hätten die sozialistischen Länder »Tausende von koreanischen Studenten« aufgenommen sowie »Waisenkinder, die in der Regel eine Facharbeiterausbildung erhielten«.

Jon Halliday, ein britischer Spezialist für koreanische Wirtschaftsgeschichte, weist auf den »außergewöhnlichen Beitrag« der mehreren hunderttausend chinesischen Soldaten hin, die während des Kriegs in der Landwirtschaft, bei der Bewässerung und bei Reparaturarbeiten geholfen hätten. Ein Großteil von ihnen sei bis 1958 in Korea geblieben und habe sich am Wiederaufbau beteiligt. »Wahrscheinlich waren diese riesigen zusätzlichen Arbeitskräfte der bedeutendste auswärtige Einzelfaktor, der dem Norden den Wiederaufbau auf Vorkriegsniveau innerhalb weniger Jahre erlaubte«, schreibt Halliday (in: *Two Koreas – One Future?*).

Ausmaß und Tempo der Industrialisierung Nordkoreas lassen sich auch daran erkennen, daß sich die Anteile von Industrie und Landwirtschaft am Volkseinkommen im Laufe von zwanzig Jahren praktisch umgekehrt haben: 1946 bestritt die Industrie 16,8 Prozent, 1965 aber 64,2. Im selben Zeitraum fiel der Agrarbeitrag von 63,5 auf 18,3 Prozent. Bereits 1960 hatte die Industrie über 50 Prozent des Volkseinkommens erzeugt.

Die Industrialisierung blieb nicht ohne Auswirkung auf die Sozialstruktur. 1946 hatten noch 74 Prozent der Bevölkerung überwiegend in der Landwirtschaft gearbeitet. Und 1949 waren erst 19 Prozent aller Erwerbstätigen Arbeiter. Bis 1960 hatte sich ihr Anteil auf über 38 Prozent verdoppelt. Fast 70 Prozent der Arbeiter waren in Betrieben mit 500 oder mehr Beschäftigten tätig. Diese Veränderungen spiegelten sich auch in der Mitgliedschaft der Partei der Arbeit wider. Von damals einer Million Parteimitgliedern waren 1955 noch rund 60 Prozent aus der Bauernschaft hervorgegangen, während die Arbeiterschaft 1956 mit 17 Prozent vertreten war, aber bis 1960 30 Prozent erreichte. Im August 1961 verfügte die Partei über 1,16 Millionen Mitglieder (ohne Kandidaten). Da Nordkorea Ende 1960 nur 10,8 Millionen Einwohner hatte, waren also fast 11 Prozent der Bevölkerung in der Partei organisiert. Auch die Verstädterung nahm zu. 1953 wohnten weniger als 18 Prozent der Bevölkerung in Städten, 1960 schon mehr als 40 Prozent. Diese Entwicklung dürfte inzwischen weiter fortgeschritten sein.

Einschneidend waren auch die Veränderungen in der Landwirtschaft. Die Landreform von 1946 hatte die Masse der Landarbeiter und Pachtbauern zu kleinen Grundbesitzern gemacht. Ab 1953 wurden alle Privathöfe in dörfliche Genossenschaften überführt. Mehr als eine Million Haushalte gerieten in den Sog der Kollektivierung, die 1958 mit der Überführung der letzten etwa 600 Privatbetriebe in Gemeineigentum abgeschlossen wurde. Damit waren in Nordkorea, wie Göthel schreibt, auf allen Gebieten »sozialistische Produktionsverhältnisse« hergestellt.

Das Militär übernimmt die Macht: Park Chung Hee

In Nordkorea hielt das kommunistische Militärregime die Zügel fest in der Hand. Im Süden hatte Syngman Rhee den Antikommunismus zur Staatsphilosophie erhoben. Nach außen zur Abgrenzung gegenüber dem Norden dienend, wurde er auch als innenpolitisches Instrument eingesetzt, um die Kritiker des sich immer autoritärer gebärdenden Regimes mundtot zu machen.

Im April 1960, nach Verhängung des Ausnahmezustands über Seoul und andere Großstädte, war das Militär erkennbar auf Abstand zum Präsidenten gegangen. Zwar hatte Generalleutnant Song Yo Chan, als Generalstabschef des Heeres auch Kriegsrechtskommandeur, den Befehl, die Ordnung wiederherzustellen, befolgt, weil die Staatsordnung ernstlich gefährdet schien. Seine Weigerung auf die Demonstranten schießen zu lassen, hatte aber letztlich zum Rücktritt des Präsidenten beigetragen. Die Demokratie bekam in Südkorea wieder eine Chance – mit Unterstützung des Militärs.

Allerdings gab es damals auch Offiziere, die sich mit dem Gedanken trugen, das Heft selber in die Hand zu nehmen. Im geheimen waren die Planungen für einen Militärputsch schon angelaufen, wie das Außenministerium der späteren Militärregierung im Juli 1961 zugegeben hat. Die sich überstürzende Entwicklung nach den Wahlen vom 15. März 1960 hatte den Zeitplan der Verschwörer durcheinandergebracht – als Tag X war offenbar der 8. Mai 1960 vorgesehen gewesen. Als der Versuch, korrupte Militärführer aus der Rhee-Zeit von ihren Posten zu verdrängen, nur begrenzten Erfolg hatte, kehrten sie zu ihren ursprünglichen Plänen zurück. Die Entscheidung zum Putsch ist offenbar im September 1960 gefallen. Danach warteten die Verschwörer lediglich auf eine günstige Gelegenheit zum Losschlagen.

Die geschäftsführende Regierung Ho Chong brachte entsprechend ihrem Auftrag im Mai 1960 die Vorlage zur Verfassungsänderung ein, die das Parlament am 15. Juni mit der überwältigenden Mehrheit von 208 zu drei Stimmen verabschiedete. Nach Syngman Rhees Abgang stimmten auch die meisten Abgeordneten der Liberalen Partei dafür. Die Regierungsgewalt lag jetzt bei einem vom Unterhaus zu wählenden und diesem verantwortlichen Ministerpräsidenten, während die Kompetenzen des vom Unterhaus und einer neuen zweiten Kammer gemeinsam zu wählenden Staatspräsidenten auf Repräsentationspflichten und Notstandsrechte begrenzt wurden. Damit war ein Kabinettssystem eingeführt, wie es schon Kim Song Sus Demokraten und deren Nachfolgeparteien gefordert hatten. Außerdem wurden die Menschenrechte in der Verfassung stärker abgesichert.

Die Neuwahlen zur Nationalversammlung fanden am 29. Juli 1960 in ungewohnter Freiheit und ohne größere Zwischenfälle statt. Im Unterhaus gewann die Demokratische Partei – unter Rhee die Hauptkraft der Opposition – mit einem Stimmenanteil von 41,7 Prozent 175 der 233 Sitze. Die Liberale Partei schrumpfte auf unter drei Prozent (zwei Mandate) zusammen und hat sich bald danach aufgelöst. Dafür verdoppelte sich der Anteil parteiloser Unabhängiger im Vergleich zu den letzten Wahlen auf 46,8 Prozent der Stimmen und 49 Sitze. Verschiedene linke Gruppen, die in der neugewonnenen Freiheit wiederaufzublühen schienen, zerrieben sich schon bei der Kandidatenaufstellung in heftigen Flügelkämpfen. Relativ erfolgreich war die Soziale Massenpartei, die mit einem Stimmenanteil von sechs Prozent – das waren gut eine halbe Million Wähler – vier Mandate erobern konnte. Im Oberhaus, das nun zum ersten- und bisher einzigenmal tatsächlich gewählt wurde, errangen die Demokraten mit 31 von 58 Sitzen eine sichere absolute Mehrheit.

Yun Po Sun, der Kandidat der DP, wurde am 12. August 1960 mit 208 der 259 abgegebenen Stimmen von beiden Häusern der neuen Nationalversammlung zum Präsidenten gewählt. Schwieriger gestaltete sich die Wahl des Ministerpräsidenten. Die DP war 1955 aus einem Zusammenschluß verschiedener Oppositionsgruppen hervorgegangen, die sich innerparteilich zu zwei etwa gleich starken Flügeln formiert hatten. Führer des Alten Flügels war der neugewählte Staatspräsident Yun. Den Neuen Flügel vertrat Chang Myon, dem es 1956 gelungen war, aus der Opposition heraus zum Vizepräsidenten gewählt zu werden. Als Yun einen Kandidaten seines Flügels für das Amt des Ministerpräsidenten nominierte, ließen ihn die Abgeordneten des Neuen Flügels bei der Wahl durchfallen. Nun erst fand sich Präsident Yun bereit, Chang Myon zu nominieren, der am 19. August mit 117 zu 107

Stimmen bei einer Enthaltung zum Ministerpräsidenten gewählt wurde. Damit war die sogenannte Zweite Republik etabliert. Der erste friedliche Machtwechsel in der Geschichte Südkoreas war glatt über die Bühne gegangen.

Auf der Strecke blieb nur die Einheit der Demokratischen Partei. Der Alte Flügel bildete Ende August eine eigene Fraktion und reorganisierte sich im November 1960 als Neue Demokratische Partei (NDP – Shinmin-Dang). Ihr Vorsitzender wurde der unterlegene Ministerpräsidentenkandidat Kim To Yon. Durch das Auseinanderbrechen der DP war Changs Regierung zeitweilig ohne Mehrheit. Ganz allmählich gelang es ihm, einige Abtrünnige aus der NDP zurückzuholen und Neuzugänge aus den Reihen der parteilosen Abgeordneten zu gewinnen. Am Ende hatte die DP eine Fraktionsstärke von immerhn 133 Mandaten erreicht. Chang Myon mußte vorsichtig taktieren, mühsame Verhandlungen führen, Kompromisse schließen. Bald setzten die Studenten der Regierung zu. Ermutigt durch ihren Erfolg beim Sturz von Syngman Rhee, erhoben sie eine Vielzahl von Forderungen, denen sie mit Demonstrationen Nachdruck zu verleihen suchten. Die Arbeiter nutzten ihre neue Freiheit zu häufigen Streiks, auch viele andere Interessengruppen meldeten öffentlich ihre Ansprüche an. Studenten und linke Gruppen traten mit neuen Vorschlägen zur Wiedervereinigung hervor: sie verlangten Verhandlungen mit dem Norden, eine Volksabstimmung oder die Neutralität für Korea nach dem Vorbild Österreichs, wie es der damalige amerikanische Senator Mike Mansfield angeregt hatte. Eine endlich durchgeführte Polizeireform, bei der es zu massenhaften Entlassungen kam, hatte anfänglich eine spürbare Verschlechterung der öffentlichen Sicherheit zur Folge. Die wirtschaftlich sinnvolle Abwertung der südkoreanischen Währung schaffte Unzufriedenheit.

Für jene Gruppe von weniger als hundert Verschwörern in der mittlerweile auf 650 000 Mann angewachsenen Armee waren dies unerhörte Vorgänge, die ihnen gleichwohl gut ins Konzept paßten. Je mehr sich Demonstrationen und Streiks häuften, je gewagter die Thesen zur Wiedervereinigung, je unsicherer die Straßen in den Großstädten und die Häuser der Bürger, desto willkommener würde die Rückkehr zu Ruhe, Ordnung und einem strammen Antikommunismus sein.

Trotz erheblicher Schwierigkeiten leistete die Regierung Chang gute Arbeit. Eine Vielzahl repressiver Gesetze und Verordnungen wurde aufgehoben. Sie arbeitete Südkoreas ersten Fünfjahresplan zur systematischen Entwicklung der Wirtschaft aus, beschloß ein öffentliches Bauprogramm, um die Arbeitslosigkeit zu bekämpfen und die Infrastruktur zu verbessern, und bemühte sich erfolgreich um Auslandskredite zur Finanzierung ihrer Entwicklungsvorhaben. Außerdem erwirkte sie die Verabschiedung eines Gesetzes über die Einführung der kommunalen Selbstverwaltung. Im Dezember 1960 wurden die bis dahin von der Regierung ernannten Provinzgouverneure und Bürgermeister der Großstädte erstmals gewählt. Allerdings war die Wahlbeteiligung gering.

Eines der Erzübel der späten Rhee-Zeit hat die Regierung Chang nicht in den Griff bekommen: die Korruption. Bestechungen auf allen Ebenen waren weiterhin an der Tagesordnung. Als die Regierung keine oder nur eine unsichere Mehrheit hatte, wurden bei wichtigen Abstimmungen sogar öffentliche Gelder eingesetzt, um in der Nationalversammlung die nötigen Stimmen zusammenzubekommen. Rechtlich bedenklich war auch die Art und Weise, wie mit den Verantwortlichen für den Wahlbetrug vom 15. März 1960 umgegangen wurde. Schon die Übergangsregierung Ho Chong hatte Strafverfahren gegen eine Anzahl hoher Amtsträger des alten Regimes eingeleitet. Im Oktober verkündete das Landgericht Seoul die ersten Urteile gegen 48 Angeklagte. Eine Welle öffentlicher Proteste gegen die angeblich zu milde ausgefallenen Strafen – obwohl auch mehrere Todesurteile gefällt worden waren – ließ sich auch nicht durch den Hinweis, daß das geltende Recht keine schärfere Bestrafung zuließ, eindämmen. Demonstrierende Studenten drangen – offenbar in Zusammenspiel mit einigen Oppositionsabgeordneten – ins Parlament ein und setzten die Volksvertreter unter Druck. So kam ein Gesetz zustande, das rückwirkende Strafverschärfungen sowie die automatische Aberkennung der bürgerlichen Ehrenrechte auf sieben Jahre für »belastete« Politiker verfügte. Aufgrund dieses nach Form und Inhalt fragwürdigen Gesetzes wurden im Februar 1961 690 Personen vom politischen Leben ausgeschlossen. Ein gefährlicher Präzedenzfall war geschaffen worden.

Im Frühjahr 1961 schien sich die politische Lage allmählich zu stabilisieren. Die Regierung hatte nun eine deutliche Mehrheit im Unterhaus, und die Straßendemonstrationen waren abgeflaut.

Henderson, als Angehöriger der amerikanischen Botschaft ein kompetenter Augenzeuge, der aus seinem Büro unmittelbar auf den Rathausplatz von Seoul sehen konnte, berichtet, zwischen Anfang Mai 1960 und Mitte Februar 1961 könne er sich an keinen Tag ohne Demonstration erinnern. »Von da an bis zum Militärputsch setzten sich die Demonstrationen nur sporadisch fort.«

Um null Uhr am 16. Mai 1961 besetzte Generalmajor Park Chung Hee, damals stellvertretender Kommandeur der 2. Armee mit Sitz in Taegu, mit etwa vierzig Aufständischen das Hauptquartier der Wachdivision Seoul. Generalleutnant Chang Do Yong, Generalstabschef des Heeres, der einige Stunden vorher von den Putschplänen erfahren und vorsorglich etwa hundert Militärpolizisten mobilisiert hatte, versuchte vergeblich, Park zur Aufgabe des Unternehmens zu überreden.

Um 3 Uhr 20 erreichten ungefähr 1000 Marineinfanteristen und 500 Fallschirmjäger das Südufer des Han-Flusses. Nach kurzen Gefechten mit den zur Sicherung der Han-Brücken von Chang entsandten Militärpolizisten drangen die Truppen ins Stadtinnere vor. Um 3 Uhr 30 unterrichtete der Generalstabschef erstmals Ministerpräsident Chang Myon telefonisch von dem Putsch. Fünfzig Minuten später empfahl er dem Regierungschef, seine Suite im Bando-Hotel zu verlassen, da die Lage bedrohlich geworden sei. Chang Myon versuchte zuerst, Unterschlupf in der amerikanischen Botschaft zu finden. Als das mißlang, flüchtete er in ein Kloster der Karmeliterinnen.

Bis zum Morgengrauen hatten die aufständischen Truppen die wichtigsten Regierungsgebäude, Funkhäuser, Kraftwerke, das Polizeipräsidium und das Rathaus von Seoul sowie eine Reihe weiterer strategischer Punkte besetzt. Punkt 5 Uhr gaben die Putschisten im Rundfunk die Übernahme der Regierung durch einen »Militärischen Revolutionsausschuß« im Namen von Generalleutnant Chang Do Yong bekannt, obwohl der Generalstabschef des Heeres zu dieser Stunde dem Putsch noch ablehnend gegenüberstand.

Mit Erlaß Nummer eins, der um 9 Uhr wiederum im Namen des Generalstabschef über den Rundfunk bekanntgegeben wurde, rief die Offiziersjunta den Kriegszustand aus und verhängte eine nächtliche Ausgangssperre. In weiteren Erlassen verfügten die Putschisten, die sich in Anlehnung an die von der Öffentlichkeit gutgeheißene Studentenrevolution vom April 1960 als »Revolutionäre« ausgaben, die Schließung aller Häfen und Flughäfen, ein allgemeines Versammlungsverbot, das Einfrieren aller Bankvermögen sowie eine umfassende Zensur. Die Aufständischen zählten inzwischen 3600 Mann.

Die Berufung auf Generalleutnant Chang erwies sich als geschickter Schachzug, nachdem der Generalstabschef des Heeres es in den Anfangsstunden des Putsches versäumt hatte, sich durch Mobilisierung größerer Truppeneinheiten entschlossen den Aufständischen entgegenzustellen. So geriet er zunehmend in die Defensive, während die Putschisten ihn bedrängten, den Vorsitz in ihrem Militärischen Revolutionsausschuß zu übernehmen.

Verhängnisvoll wirkte sich ferner die zwiespältige Haltung von Yun Po Sun aus, der als Staatspräsident nach der Verfassung der Zweiten Republik ziviler Oberbefehlshaber der Streitkräfte war. Generalmajor Park hatte Yun in den frühen Morgenstunden aufgesucht und eindringlich um Sanktionierung des Kriegsrechts gebeten. Der Präsident zeigte Verständnis für die »Revolution«, zögerte aber zunächst, den ohne seine Einwilligung verhängten Ausnahmezustand durch seine Unterschrift nachträglich zu genehmigen. Immerhin erklärte Yun sich auf Bitten Parks bereit, die Kommandeure der Streitkräfte schriftlich aufzufordern, die nationale Krise möglichst ohne Blutvergießen zu überwinden.

Um 16 Uhr 30 verweigerte sich Generalleutnant Chang Do Yong nicht länger und übernahm den Vorsitz im Revolutionsausschuß. Sein Stellvertreter war Putschführer Park Chung Hee. Ebenfalls am Nachmittag des 16. Mai verfügte die Militärjunta die Auflösung der Nationalversammlung, ein Betätigungsverbot für Parteien und gesellschaftspolitische Organisationen sowie die Verhaftung der Kabinettsmitglieder und führenden Beamten der Regierung Chang.

Aus zwei Richtungen gab es Widerstand, von der Führung der 1. Armee, deren zwanzig in der Nähe der Demarkationslinie stationierte Divisionen das Rückgrat des südkoreanischen Heeres bildeten, und von den Amerikanern. Generalleutnant Yi Han Lim, Kommandeur der 1. Armee, hatte auf die Nachricht von den Ereignissen in der Hauptstadt seine Divisionschefs in Kampfbereitschaft versetzt. Eine von Yi stammende Erklärung nannte zwei Gründe für seine Mißbilligung des Putsches: »... Die Revolution kann man nicht unterstützen, weil sie von Park Chung Hee initiiert wurde...« und »..., weil viele Hauptfiguren der Revolution als Kommunisten bekannt sind«, eine Anspielung auf die Verwicklung Park Chung Hees in die Meuterei vom Oktober 1948 in Yosu/Sunchon.

Das andere kritische Signal kam von dem amerikanischen Oberbefehlshaber des UN-Kommandos, General Carter B. Magruder, dem auch das Gros der südkoreanischen Armee unterstand und der zugleich Kommandeur der US-Streitkräfte in Korea war. Er ließ eine Erklärung verbreiten, in der »alles Militärpersonal unter seinem Kommando« aufgefordert wurde, »die ordnungsgemäß anerkannte Regierung der Republik Korea unter Führung von Ministerpräsident Chang Myon zu unterstützen. General Magruder erwartet, daß die Chefs der koreanischen Streitkräfte von ihrer Autorität und ihrem Einfluß Gebrauch machen, um dafür zu sorgen, daß die Befehlsgewalt unverzüglich an die Regierungsbehörden zurückgegeben und die Ordnung in den Streitkräften wiederhergestellt wird.« Der amerikanische Botschafter Marshall Green schloß sich Magruders Appell an.

Weder die 1. Armee noch die US-Truppen setzten sich in Bewegung. Generalleutnant Yi wartete vergeblich auf Befehl von oben. Sein unmittelbarer Vorgesetzter, der Generalstabschef des Heeres, hatte sich auf die Seite der Aufständischen begeben. Ministerpräsident Chang Myon war untergetaucht. Und von Präsident Yun Po Sun erhielt Generalleutnant Yi am 17. Mai einen jener persönlichen Briefe mit der Aufforderung, Blutvergießen zu vermeiden. Präsident Yun sprach sich entschieden gegen Magruders Pläne aus, Teile der diesem unterstellten amerikanischen und südkoreanischen Streitkräfte zu mobilisieren. General Magruder bekam aus Washington keinen Befehl zum Eingreifen. Präsident Kennedy hatte nach dem gescheiterten Überfall von Exilkubanern auf die Schweinebucht im April offenbar andere Sorgen.

Am 18. Mai kam Ministerpräsident Chang Myon aus seinem Versteck hervor und übergab die Regierungsgeschäfte an den Vorsitzenden der Militärjunta, Generalleutnant Chang Do Yong. Yi Han Lim, der Kommandeur der 1. Armee, wurde von Offizieren seines Stabes, die unerkannt mit den Verschwörern zusammengearbeitet hatten, festgenommen und nach Seoul gebracht. Die Putschisten hatten gesiegt. Am folgenden Tag konstituierte sich der

Revolutionsausschuß als Oberster Rat für den Nationalen Wiederaufbau.

Von den hohen Amtsträgern der Zweiten Republik war nur Staatspräsident Yun Po Sun übriggeblieben. Sein Verbleiben im Amt verhalf dem Militärregime zu einem Schein von Legitimation und erleichterte den Putschisten in der schwierigen Anfangsphase die Konsolidierung ihrer Macht. Zugunsten der verfassungsmäßigen Regierung hatte der Präsident keinen Finger gerührt. Der Verdacht liegt nahe, daß parteipolitische Rivalitäten sein Verhalten mit bestimmten: den ungeliebten Rivalen Chang Myon aus der Macht zu verdrängen, war ihm offenbar wichtiger als die demokratische Verfassung zu schützen.

Der Militärputsch vom 16. Mai 1961 erstickte nicht nur die erste liberale Demokratie auf koreanischem Boden im Keim, sondern beendete auch die im 14. Jahrhundert von der Yi-Dynastie begründete Tradition der Herrschaft der Politik über das Militär. Nun warfen die Koreaner selber eine der großen kulturellen Leistungen ihrer Geschichte über Bord. Die Militarisierung der koreanischen Politik, die im Norden bereits 1948 eingesetzt hatte, wirkt bis heute fort.

Die Machtergreifung des Militärs im Süden war der Aufstieg der Armee zur mächtigsten und leistungsfähigsten Institution im Lande vorausgegangen. Dieser Aufstieg war ein Ergebnis des Koreakriegs. Er katapultierte die Mannschaftsstärke der südkoreanischen Streitkräfte auf über 600000.

Mit dem Ausbau der Streitkräfte war der Aufbau der militärischen Schulung einhergegangen. Nach improvisierten Anfängen mit kurzen Englischkursen und Drillübungen begannen erst 1948 mit der siebten und achten Klasse systematische Offizierslehrgänge von zunächst nur sechs Monaten Dauer. Von den Putschisten um Park sind viele aus der siebten und achten Klasse hervorgegangen. Der erste Vierjahreskurs der Militärakademie wurde nach wenigen Wochen durch den Ausbruch des Koreakriegs unterbrochen. Anfang 1952 nahm die Akademie ihren regulären Lehrbetrieb wieder auf. Die Kadetten dieser elften Klasse sind die ersten, die – Ende 1955 – das volle Vierjahresprogramm absolviert haben. Dieser Klasse entstammen sowohl Chun Doo Hwan, der mit dem Militärputsch vom Mai 1980 die Macht an sich riß, als auch Roh Tae Woo, der im Dezember 1987 als Chuns Nachfolger zum Präsidenten Südkoreas gewählt wurde. Schon die Absolventen der achten Klasse hielten sich für besser qualifiziert als die meisten ihrer Vorgesetzten, teilweise zu Recht. Die Angehörigen der elften Klasse betrachteten sich als die Elite der Nation schlechthin. Beiden gemeinsam ist die kaum verhohlene Geringschätzung der Zivilpolitiker und der mühsamen und daher scheinbar »ineffizienten« Entscheidungsprozesse einer parlamentarischen Demokratie.

Die südkoreanische Armee verdankt ihre Entwicklung im wesentlichen dem ihr reichlich zuteil gewordenen Dollarsegen. Während des Koreakriegs und bis in die frühen sechziger Jahre hinein waren die Streitkräfte der mit Abstand vermögendste Sektor des Landes. Im Vergleich zur bitteren Armut der übrigen Bevölkerung schwamm das Militär in Geld und Versorgungsgütern. Schwarzmarktgeschäfte und Korruption blühten auch nach Beendigung der Kampfhandlungen.

Ausmerzung der Korruption im Militär und in der Politik war ein zentrales Motiv der am Putsch beteiligten jüngeren Offiziere. Zusammen mit sonstigen »schlechten Gewohnheiten« bildete es Punkt drei von insgesamt sechs »revolutionären Gelöbnissen«, welche die Putschisten am 16. Mai 1961 öffentlich verkündeten. Punkt eins beinhaltete die Forderung, den Antikommunismus wieder zum Angelpunkt der Politik Südkoreas zu machen. Eine Stärkung der Beziehungen zu den Vereinigten Staaten war die Kernaussage von Punkt zwei. In Punkt vier gelobten die Putschisten den Wiederaufbau der Wirtschaft und eine schnelle Verbesserung der allgemeinen Lebensbedingungen. Als fünftes Ziel wollten sie alle Kräfte auf den Aufbau einer Staatsmacht konzentrieren, die »dem Kommunismus entgegentreten kann«, um die »Wiedervereinigung zu verwirklichen«. Schließlich versprachen die Putschisten, die Regierungsgewalt an »ehrliche und gewissenhafte Politiker« zu übergeben und selber zum Militärdienst zurückzukehren, »sobald diese Aufgaben erfüllt sind«.

Die Militärjunta begann ihre Herrschaft mit »einer der größten Säuberungen der koreanischen Geschichte«. Innerhalb von sechs Tagen wurden über 2000 sogenannte korrupte Politiker verhaftet, binnen weniger Wochen mehr als 13 000 Beamte und Offiziere entlassen, in den Ruhestand versetzt oder festgenommen. Bis Ende des Sommers war ihre Zahl auf 17 000 angestiegen. Fast

13400 sonstige Verdächtige – Gauner, Gangster, Schmuggler und Schwarzhändler – verschwanden hinter Gittern. Eine gnadenlose Jagd auf vermeintliche oder wirkliche Kommunisten, vor allem an den Hochschulen und in der Presse, begann.

Innerhalb der Streitkräfte wurde fast die gesamte bisherige Führungsschicht aus dem aktiven Militärdienst entfernt. Danach gingen die Putschisten dazu über, sich selber zu bedienen. Als Faustregel galt offenbar, daß grundsätzlich jeder der Verschwörer im Laufe des Jahres 1961 zwei Ränge befördert wurde. Putschistenführer Park Chung Hee brachte es auf diese Weise im August zum Generalleutnant und war im Dezember bereits Viersternegeneral. Die hehren Ziele der »Revolutionäre« nahmen sehr schnell allzu menschliche Züge an.

Das zeigte sich auch im Umgang untereinander. Der Oberste Rat für den Nationalen Wiederaufbau, der zunächst aus 34 Mitgliedern bestand und sich selber die Rechte der gesetzgebenden, vollziehenden und weitgehend auch der rechtsprechenden Gewalt anmaßte, setzte eine ausschließlich aus aktiven oder ehemaligen Offizieren gebildete Regierung ein. Ministerpräsident und vorübergehend auch Verteidigungsminister wurde Chang Do Yong, der zugleich Vorsitzender des Obersten Rats sowie als Generalstabschef des Heeres Kriegsrechtskommandeur war. Trotz dieser Ämterfülle wurde Chang schon am 3. Juli gezwungen zurückzutreten. Seine Anhänger im Obersten Rat mußten ebenfalls ihre Stühle räumen. Während seiner zweieinhalbjährigen Existenz landeten aufgrund interner »Säuberungen« mehr als die Hälfte der Mitglieder des Obersten Rats im Gefängnis oder im Exil.

Die Militärs waren untereinander mindestens so zerstritten wie zuvor die Zivilpolitiker. Nur mit dem Unterschied, daß sie sehr viel unduldsamer waren und unter Mißachtung rechtsstaatlicher Schranken mit ihren im Machtkampf unterlegenen Gegnern aufs brutalste umgingen. Die Verfassung der Zweiten Republik war nun praktisch außer Kraft gesetzt und Südkorea eine Militärdiktatur geworden.

Nach dem erzwungenen Abgang von Chang Do Yong übernahm Park Chung Hee den Vorsitz im Obersten Rat. Erst jetzt trat der 43jährige Putschistenführer für die Öffentlichkeit sichtbar als der eigentliche Machthaber in Erscheinung. Neuer Ministerpräsident wurde der frühere Heeresgeneralstabschef Song Yo Chan.

Nach einem Jahr erhielt auch Song den Laufpaß. Im August 1963 wurde er verhaftet und hat dann aus dem Gefängnis heraus seine Präsidentschaftskandidatur gegen Park erklärt. Anders als Syngman Rhee und Chang Myon, die aus der adligen Yangban-Schicht stammten – Rhee konnte seinen Stammbaum sogar auf die Königsfamilie der Yi-Dynastie zurückführen –, beide Christen waren und in Amerika studiert hatten, war Park Chung Hee bäuerlicher Herkunft und in sehr bescheidenen Verhältnissen aufgewachsen. Er war Volksschullehrer in einer Dorfschule seiner Heimatprovinz gewesen, bevor er sich für die Offizierslaufbahn in der japanischen Armee entschied.

Parks wichtigstes Herrschaftsinstrument wurde der kurz nach dem Putsch von Kim Jong Pil und anderen früheren Nachrichtenoffizieren aufgebaute Zentrale Nachrichtendienst *Chungang Chongboguk*, der unter der im Ausland üblichen Bezeichnung Koreanischer CIA (KCIA) weltweit zu traurigem Ruhm gelangt ist. Die wegen ihrer allumfassenden unkontrollierbaren Macht, gnadenlosen Effizienz und grausamen Foltermethoden gefürchtete Organisation besteht heute noch, seit Anfang 1981 unter dem unverfänglicher klingenden Namen Amt für nationale Sicherheitsplanung. Ihre Effizienz hatten Kim Jong Pil und seine Schergen vom großen Bruder in Amerika und – unfreiwillig – von den Japanern gelernt. Das Foltern kannten die Koreaner aus schlimmer eigener Tradition sowie aus bitteren Erfahrungen während der japanischen Kolonialherrschaft.

Der KCIA lieferte das Belastungsmaterial für die Flut von Gerichtsverfahren, mit deren Hilfe das Regime die südkoreanische Gesellschaft von allen »alten Übeln« befreien wollte. Die Militärjunta hatte für die schweren Delikte ein Revolutionstribunal eingerichtet, das in neun Monaten fast 700 Strafverfahren durchzog und 15 Todesurteile fällte, von denen acht vollstreckt wurden. Die »normalen« Militärgerichte bearbeiteten 1960 rund 10000 Strafverfahren, 1961 bereits mehr als 22000 und 1962 sogar 35000 Fälle. Der KCIA kümmerte sich darum, daß Zeugen die »richtigen« Aussagen machten und die Richter die von ihnen erwarteten Urteile fällten.

In Presse und Rundfunk durfte nichts veröffentlicht werden, was gegen die täglich ausgegebenen Richtlinien des Regimes verstieß. Um den KCIA-Zensoren die Kontrolle des gedruckten

Worts zu erleichtern, entzog das Regime drei Vierteln der fast 1600 Zeitungen, Zeitschriften und Presseagenturen die Lizenz. Wenn ein Verleger oder einige Journalisten es trotzdem gewagt hatten, sich über die offizielle Linie hinwegzusetzen, wurden sie in den gefürchteten Folterkammern des KCIA, in Seoul zum Beispiel am Nam-San (Südberg), so zugerichtet, daß den meisten der Mut zu weiteren Extratouren verging.

Der KCIA griff auch aktiv in die Politik ein, als die Junta es für opportun erachtete, wieder ein gewisses Maß an politischer Betätigung zuzulassen. Die Gründung der offiziell erst im Februar 1963 aus der Taufe gehobenen Demokratisch-Republikanischen Partei (DRP – Minkong-Dang) war in einjähriger geheimer Planungsarbeit vom KCIA vorbereitet. Das Personal des Parteisekretariats wurde großenteils vom KCIA ausgewählt, geschult und bezahlt. Seine Leute rekrutierten viele der Kandidaten für die Nationalversammlung – und legten gleichzeitig genaue Dossiers über sie an, um sie später besser kontrollieren zu können. Da war es schon fast natürlich, daß Kim Jong Pil, seit Juni 1961 der Direktor des KCIA, im Frühjahr 1963 zur DRP überwechselte und ihr erster Vorsitzender wurde. Über ihm schwebte als Parteipräsident Park Chung Hee.

Der Oberste Rat hatte im August 1961 angekündigt, daß Südkorea im Sommer 1963 wieder eine zivile Regierung erhalten solle. Dieses Versprechen wurde, offenbar auf amerikanischen Wunsch, in eine gemeinsame Erklärung aufgenommen, die nach Parks Treffen mit Präsident Kennedy in Washington im November 1961 veröffentlicht wurde. Im März 1962 erließ der Oberste Rat ein Gesetz zur Säuberung des politischen Lebens, nach dem 4367 Personen jede politische Betätigung für die Dauer von sechs Jahren verboten wurde. Yun Po Sun nahm dieses Gesetz – interessanterweise nach seiner Unterzeichnung – zum Anlaß, endlich als Präsident zurückzutreten. Park Chung Hee ergriff die Gelegenheit, um sich nun auch protokollarisch an die Spitze des Staates zu stellen.

Im Dezember präsentierte die Militärjunta der Bevölkerung den Entwurf einer Verfassungsänderung, der wieder ein starkes Präsidialsystem und eine in ihren Kompetenzen sehr beschnittene Nationalversammlung vorsah. Da das allgemeine Verbot der politischen Betätigung noch bestand, hatte die Opposition keine Möglichkeit, sich zum Entwurf zu äußern. In der sogenannten Volksabstimmung vom 17. Dezember 1962 sollen sich 78,8 Prozent für die neue Verfassung ausgesprochen haben.

Zehn Tage später kündigte Präsident Park an, daß die Mitglieder des Obersten Rats, soweit nicht schon geschehen, aus dem aktiven Militärdienst ausscheiden würden, um in der geplanten Zivilregierung mitwirken zu können. Das Vorhaben war ein glatter Verstoß gegen eines der »revolutionären Gelöbnisse«: Die Putschisten hatten versichert, nach Erfüllung der selbstgestellten Aufgaben sich wieder in ihren Militärdienst zurückziehen zu wollen. Es kam zu heftigen Auseinandersetzungen innerhalb der Junta.

Park schwankte monatelang unentschlossen hin und her. Im Februar erklärte er sich bereit, unter bestimmten Umständen auf eine eigene Präsidentschaftskandidatur zu verzichten. Im März schlug er plötzlich vor, die Militärregierung um einige Jahre zu verlängern. Im Laufe des Sommers kehrte er zu seiner Ausgangsposition vom Dezember 1962 zurück. Ende August schied er aus dem aktiven Militärdienst aus und nahm die ihm bereits im Februar 1963 vom Gründungskongreß der DRP angetragene Präsidentschaftskandidatur an.

Die Wahlen fanden am 15. Oktober 1963 statt. Nach dem amtlichen Wahlergebnis wurde Park mit 46,6 Prozent der Stimmen vor Yun Po Sun (45,1 Prozent) Präsident. Parks Stimmenvorsprung betrug nur 156000 von über 10 Millionen gültigen Stimmen. Fast eine Million der abgegebenen Stimmen war für ungültig erklärt worden, was erhebliche Zweifel am amtlichen Ergebnis weckt. Davon abgesehen hatte Park nur relativ die meisten, aber keine Mehrheit der Stimmen gewonnen. Denn außer Yun Po Sun hatten sich drei weitere Oppositionskandidaten beworben (ursprünglich sogar sechs), die zusammen immerhin 8,25 Prozent der Stimmen erhielten. Parks Gegner vertraten also mehr als 53 Prozent der als gültig anerkannten Stimmen, und der Sieger war in Wirklichkeit ein Minderheitspräsident, der nach der Formel »teile und herrsche« obsiegt hatte.

Am 26. November 1963 folgten die Parlamentswahlen. Für sie galt noch stärker als bei der Präsidentschaftswahl, daß der Verlierer nach Stimmen im Ergebnis gesiegt hat. Die DRP sicherte sich mit einem Stimmenanteil von 33,5 Prozent 62,8 Prozent der Mandate, nämlich 110 von 175 Sitzen der neuen Einkammer-Nationalversammlung, während die Opposition mit zusammen 66,5 Prozent der Stimmen nur 37,2 Prozent der Sitze einnehmen konnte. Größte Oppositionspartei wurde Yun Po Suns Partei für Zivilregierung (Minjung-Dang), die mit 20,1 Prozent der Stimmen 23,4 Prozent oder 41 Mandate errang. Die Demokraten, die als Ersatz für den aus dem politischen Leben verbannten Chang Myon von Frau Pak Sun Chon geführt wurden, fielen auf 13,3 Prozent der Stimmen und nur 7,4 Prozent oder 13 Mandate ab. Diese beiden Parteien hatten mit zusammen 33,7 Prozent schon einen höheren Stimmenanteil als Park Chung Hees DRP erzielt. Das Wahlergebnis war gewiß kein Vertrauensbeweis für die zukünftige Regierungspartei. Der von Kim Jong Pil und seinen KCIA-Strategen zustande gebrachte »technischen Wahlsieg« genügte fürs erste. Mit dem Zusammentreten der Nationalversammlung trat im Dezember 1963 die Verfassung in Kraft. Park ließ sich als Präsident vereidigen. Südkoreas Dritte Republik war geboren.

Die dreieinhalb Jahre bis zu den nächsten Wahlen im Frühsommer 1967 nutzte Park zu einer Konsolidierung seiner Macht. Es war eine turbulente Zeit, die gleichwohl bahnbrechende Erfolge aufwies. Gegen heftigsten Widerstand konnte Park 1965 ein Vertragsbündel mit Japan durchsetzen, das in der Wiederaufnahme diplomatischer Beziehungen zwischen Seoul und Tokio gipfelte. Ein Ergebnis der Normalisierung des schwierigen Verhältnisses zwischen der Südhälfte Koreas und Japan waren reichliche Geldströme. Mit Hilfe dieses Kapitals gelang es Seoul, den Aufbau einer eigenen Industrie kräftig voranzutreiben. Der erste Fünfjahresplan, den im wesentlichen noch die Regierung Chang ausgearbeitet hatte, konnte zu einem sehr erfolgreichen Abschluß gebracht werden. Die beiden folgenden Pläne waren ausschließlich das Werk von Parks Wirtschaftsplanern.

Wirtschaftlich, innen- und außenpolitisch von erheblicher Tragweite war die Entscheidung, südkoreanische Truppen nach Vietnam zu schicken. In Vietnam haben rund 50 000 Südkoreaner gekämpft, zuzüglich Zivilpersonal. Die Kosten trug Amerika, das auch die treibende Kraft für diese Aktion war. Natürlich kam das förmliche Ersuchen von der Regierung in Saigon. Die südkoreanische Beteiligung am Vietnamkrieg wurde politisch-moralisch mit dem Abtragen einer alten Dankesschuld aus dem Koreakrieg begründet, vor allem gegenüber den USA. Tatsächlich hat diese Entscheidung Seouls Stellung in Washington und in geringerem Maße in anderen westlichen Hauptstädten aufgewertet. Südkoreas Wirtschaft verdiente an dem bis 1973 sich hinziehenden Unternehmen wertvolle Devisen. Seine Soldaten und Offiziere – sofern sie mit heiler Haut davonkamen: in Vietnam verloren über 1000 Südkoreaner ihr Leben, 2700 wurden verwundet – verbesserten ihren Sold und ihre Beförderungschancen. Der politische Druck unzufriedener Offiziere verminderte sich, und die Truppen sammelten wertvolle Kampferfahrung.

In dieser Zeit trachtete die Regierung auch den außenpolitischen Horizont über den Kreis der traditionellen Verbündeten – Amerika, Nationalchina (Taiwan) und Südvietnam – hinaus zu erweitern. Die erste Europareise eines amtierenden Staatsoberhaupts führte Südkoreas Präsident im Dezember 1964 in die Bundesrepublik Deutschland. Das folgende Jahr brachte die schon erwähnte Aufnahme amtlicher Beziehungen zu Japan. Auf einer Südostasienreise im Februar 1966 besuchte Präsident Park Thailand und Malaysia. Und im Juni war Seoul erstmals Gastgeber einer bedeutenden internationalen Konferenz, der Gründungsversammlung des Asiatisch-Parzifischen Rats (ASPAC), dem auch Australien und Neuseeland angehörten.

Als sich Park Chung Hee am 3. Mai 1967 zur Wiederwahl stellte, errang er laut amtlichem Wahlergebnis 51,4 Prozent der Stimmen zu den 40,9 Prozent von Yun Po Sun. Parks Stimmenvorsprung hatte sich auf mehr als eine Million vergrößert. Trotz mancher Zweifel – es gab zum Beispiel immer noch fast 600 000 ungültige Stimmen – kann man sagen, daß Park diese Präsidentschaftswahlen wohl wirklich gewonnen hat.

Heftig umstritten war dagegen der Ausgang der Parlamentswahlen vom 8. Juni. Sie gaben der regierenden DRP mit 50,6 Prozent der Stimmen 73,7 Prozent oder 129 von 175 Sitzen, während die zur Neuen Demokratischen Partei (NDP – Shinmin-Dang) wiedervereinigte Opposition es mit ihrem Stimmenanteil von 32,7 Prozent nur auf 45 oder 25,7 Prozent der Mandate brachte und damit in der Nationalversammlung die Sperrminorität für Verfassungsänderungen verfehlte. Aus Protest gegen Wahlfälschungen boykottierte die NDP monatelang alle Parlamentssitzungen und nahm ihre Plätze erst ein, nachdem die Regierungspartei sich zu Verhandlungen über Wahlrechtsänderungen bereitgefunden hatte. Zudem sah sich die DRP genötigt, elf ihrer Abgeordneten, denen besonders gravierende Wahlmanipulationen vorgeworfen wurden, aus der Fraktion auszuschließen. Weitere vier gingen freiwillig. Gemeinsam bildeten sie die Gesellschaft der politischen Freunde (Ujong-Hoe), die eng mit der DRP zusammenarbeitete.

Das Jahr 1968 begann mit einer gefährlichen Zuspitzung der Konfrontation auf der koreanischen Halbinsel. Am 21. Januar kam es wenige hundert Meter vom Blauen Haus entfernt, dem Amtssitz des Präsidenten in Seoul, zu einer Schießerei zwischen der Polizei und einer Gruppe bewaffneter Zivilisten. Nach Wochen der Verfolgung erfuhren die Ermittlungsbehörden von dem letzten Überlebenden der ursprünglich 31 Männer, daß sie zum Überfallkommando der nordkoreanischen Spezialeinheit Nummer 124 gehörten, das den Auftrag hatte, Präsident Park zu ermorden.

Zwei Tage nach dieser schwersten Provokation seit dem Ende des Koreakriegs brachten Schnellboote der nordkoreanischen Marine am 23. Januar 1968 vor der Ostküste Koreas das US-Aufklärungsschiff *Pueblo* auf und zwangen es, den nordkoreanischen Hafen Wonsan anzulaufen. Washington entsandte einen Flugzeugträger, unternahm aber keine Vergeltungsschritte, sondern eröffnete Anfang Februar ohne Absprache mit Seoul im Waffenstillstandsort Panmunjom Geheimverhandlungen mit dem Norden. Nachdem der amerikanische Verhandlungsführer nach 28 Gesprächsrunden eine Erklärung unterschrieben hatte, in der sich Amerika für die Verletzung der Hoheitsgewässer Nordkoreas durch die *Pueblo* entschuldigte, ließ Pyongyang die Besatzung am 23. Dezember frei, behielt aber das Schiff.

Die beiden Zwischenfälle hatten zur Folge, daß die USA ihre Militärhilfe an Südkorea erhöhten und sich zu jährlichen Sicherheitskonsultationen auf Ministerebene bereitfanden. Das Park-Regime begann im April, zusätzlich zu den regulären Streitkräften eine milizartige »Heimatschutztruppe« aus Reservisten mit einer Mannschaftsstärke von 2,5 Millionen aufzustellen. Im Verein mit einer Reihe weiterer Sicherheitsvorkehrungen wurde die Tendenz zu einer Militarisierung der südkoreanischen Gesellschaft damit wieder verstärkt. Die neue Miliz konnte sich erstmals bei der Jagd auf nordkoreanische Guerillas bewähren, die seit November 1968 an mehreren Orten der südkoreanischen Ostküste gelandet waren. Bis zum Jahresende wurden fast 120 Eindringlinge getötet oder gefangengenommen.

Unter dem Eindruck der Zwischenfälle hatte die Opposition in einer seltenen Geste der Gemeinsamkeit mit der Regierung der Verstärkung der Sicherheitsmaßnahmen gegenüber Nordkorea zugestimmt. Später weigerte sie sich jedoch, das Gesetz über die Errichtung der Heimatschutztruppe mitzutragen, weil sie befürchtete, Park könnte die Miliz zu innenpolitischen Zwecken mißbrauchen, um eine Dauerherrschaft zu errichten.

Der Verdacht war nicht völlig aus der Luft gegriffen. Ende Mai 1968 trat plötzlich Kim Jong Pil als Vorsitzender der Regierungspartei zurück, legte sein Abgeordnetenmandat nieder und erklärte, er wolle sich aus dem politischen Leben zurückziehen. Dem Rücktritt war der Parteiausschluß von zwei Kim-Anhängern vorausgegangen. Im Konflikt innerhalb der DRP ging es einmal mehr um eine Verfassungsänderung: Sollte Park, wie es die Verfassung vorschrieb, mit Ablauf seiner zweiten Amtszeit 1971 als Präsident abtreten oder sollte ihm eine dritte Amtszeit ermöglicht werden. Kim strebte offensichtlich selber die Nachfolge Parks an. Er und seine Anhänger waren daher gegen eine Änderung der Verfassung.

Doch Park Chung Hee setzte sich durch. Mit einer Mischung aus Versprechen, Tricks und Überrumpelungsmanövern sorgte er dafür, daß die Verfassungsänderung im September 1969 in einer Nachtsitzung der Nationalversammlung, von der die Opposition gar nicht erst verständigt worden war, angenommen wurde. Park war zugute gekommen, daß Präsident Nixon am 25. Juli 1969 in Guam vor dem Hintergrund der Vietnam-Müdigkeit laut über eine Verminderung der amerikanischen Präsenz im asiatisch-pazifischen Raum nachgedacht hatte. Das Gespenst eines Abzugs der US-Truppen aus Korea tauchte wieder auf. Die später sogenannte Nixon-Doktrin (oder Guam-Doktrin) gab jenen Kräften Auftrieb, die ein Verbleiben von General Park an der Spitze Südkoreas befürworteten.

Schneller als befürchtet nahm die Nixon-Doktrin schärfere Konturen an. Im Juli 1970 teilte Washington der Regierung in Seoul offiziell mit, daß es seine Bodentruppen in Südkorea um 20000 auf ungefähr 44000 Mann vermindern werde. Seoul wehrte sich vergeblich. Nach monatelangen, zum Teil mit großer Bitterkeit geführten Verhandlungen, erklärte sich Washington bereit, die Finanzierung eines mehrjährigen Modernisierungsprogramms für die südkoreanischen Streitkräfte zu tragen und beim Aufbau einer begrenzten Rüstungsindustrie mitzuhelfen. Im November begann der Abzug der 7. US-Infanteriedivision. Anschließend zog sich die verbleibende 2. Division von der Demarkationslinie in die Reservestellungen zurück. Die Amerikaner überließen die Vorwärtsverteidigung von nun an den südkoreanischen Truppen. Die Automatik des Stolperdrahts wurde abgeschwächt.

In einer Rede zum 15. Jahrestag der Befreiung zog Präsident Park am 15. August 1970 öffentlich Konsequenzen aus der veränderten Lage und bot dem Norden Zusammenarbeit bei der Suche nach Wegen zur Wiedervereinigung an, sofern Pyongyang seine Absicht, einen gewaltsamen Sturz der südkoreanischen Regierung herbeizuführen, fallenlasse. Zum Jahresende beschloß die Nationalversammlung eine Änderung des Handelsgesetzes, das die Aufnahme von Handelsbeziehungen mit »nicht feindseligen kommunistischen Staaten« gestattete. Die Bonner Ostpolitik war, zumindest in Ansätzen, als Nordpolitik nach Korea gekommen.

Das Jahr 1970 setzte auch andere Meilensteine. Südkoreas Exporte überstiegen eine Milliarde Dollar. Die 428 Kilometer lange Autobahn von Seoul nach Pusan wurde fertiggestellt. Und Washington stellte 17 Jahre nach Beendigung des Koreakriegs seine zivile Wirtschaftshilfe an die Regierung in Seoul ein – sie wurde dank der gewachsenen Leistungsfähigkeit Südkoreas nicht mehr für notwendig erachtet. Der wirtschaftliche Erfolg blieb nicht ohne Schattenseiten. Der Mord an einem Callgirl warf ein grelles Licht auf die Auswüchse der Neureichen. Als der sozialkritische Dichter Kim Chi Ha in einer beißenden Satire – die fünf Banditen, *O Chok* – Korruption, Gewalttätigkeit und soziale Mißstände der Dritten Republik geißelte, reagierte die Regierung mit der Verhaftung nicht nur des Autors, sondern auch des Herausgebers und der Redakteure der Zeitschrift *Sasanggye* (Welt des Geistes), die das Stück abgedruckt hatte.

Im Herbst 1970 erwuchs Präsident Park mit der überraschenden Nominierung von Kim Dae Jung zum Präsidentschaftskandidaten der NDP ein neuer Herausforderer. Der Vorstand der Oppositionspartei hatte den Nachwuchspolitiker Kim Young Sam befürwortet, der sich als Fraktionsführer in der Nationalversammlung einen Namen gemacht hatte. Auf dem Parteitag im September errang keiner der beiden Kims die nötige absolute Mehrheit. Bei der Stichwahl gelang es dann Kim Dae Jung, der zuvor als NDP-Sprecher gedient hatte, sich durchzusetzen. Seit diesem Nominierungsparteitag datiert die Rivalität der beiden Kims, die noch 17 Jahre später bei den Präsidentschaftswahlen vom Dezember 1987 dafür verantwortlich war, daß die Opposition gespalten blieb und dadurch einen fast sicheren Sieg verschenkte.

Das Auftreten von Kim Dae Jung seit dem Herbst 1970 hat die südkoreanische Politik verändert. Der 45jährige Kandidat griff Grundpositionen von Park Chung Hee trotz massiver Einschüchterungsversuche unerschrocken an und fand damit ein starkes Echo, sogar bei den Bauern, die zum traditionell festen Wählerstamm Parks zählten. Sein sozialpolitisches Engagement verschaffte Kim viele Anhänger in der Arbeiterschaft. Er entwickelte neue Gedanken zur Wiedervereinigungspolitik und unterzog die repressiven Maßnahmen der Regierung gegen Studenten und andere Regimegegner einer scharfen Kritik. Kim forderte die Abschaffung der obligatorischen Militärübungen für Studenten und die Auflösung der Heimatschutztruppe, weil die ständigen Milizübungen die Feldarbeit der Bauern und das Alltagsleben der Bevölkerung beeinträchtigten. Um die starre Konfrontation auf der koreanischen Halbinsel zu lockern, empfahl Kim die Aufnahme von Handelsbeziehungen und Postverkehr mit Nordkorea und die Anbahnung diplomatischer Beziehungen zu einigen kommunistischen Staaten Osteuropas. Er schlug vor, Amerika, China, die Sowjetunion und Japan sollten gemeinsam die Sicherheit der beiden koreanischen Staaten garantieren. Für seine politischen Ziele warb Kim auch in Japan und Amerika.

Ob Park Chung Hee die Präsidentschaftswahlen vom 27. April 1971 wirklich gewonnen hat, ist zumindest zweifelhaft, obwohl das amtliche Ergebnis ihn mit einem Stimmenanteil von 53,2 Prozent vor Kim Dae Jung mit 45,3 Prozent als klaren Sieger ausweist. Zahlreiche Unregelmäßigkeiten bei der Wählerregistrierung und der Stimmauszählung und die oft unverhüllte Einschüchterung der Wähler in ländlichen Gebieten machten deutlich, daß Wahlmanipulationen in erheblichem Umfang stattgefunden hatten. Kims überraschend gutes Abschneiden war wohl der entscheidende Grund dafür, daß Park ein Jahr später die Direktwahl des Staatspräsidenten abschaffte. Sie wurde erst 1987 wieder eingeführt.

Bei der anschließenden Parlamentswahl vom 25. Mai 1971 erzielte die NDP mit einem Stimmenanteil von 44,4 Prozent das beste Ergebnis, das jemals eine Oppositionspartei in Südkorea erreichen konnte. Die regierende DRP fiel auf 48,8 Prozent zurück, was ihr mit 55,4 Prozent der Sitze zwar die absolute Mehrheit in der Nationalversammlung garantierte, aber den Verlust der für Verfassungsänderungen erforderlichen Zweidrittelmehrheit bedeutete. Zu dem bemerkenswerten Wahlergebnis hatten außer dem Kim-Faktor die Änderung des Wahlrechts sowie der Umstand beigetragen, daß die Regierungspartei aufgrund der heftigen Vorwürfe bei der Präsidentschaftswahl diesmal Zurückhaltung geübt hatte. So hielten sich die Manipulationen in Grenzen.

Zu den erfolgreichen DRP-Kandidaten gehörte auch Kim Jong Pil, der im Dezember 1970 als Berater des Präsidenten in die aktive Politik zurückgekehrt war. Im April 1971 ernannte Park ihn zum Vizepräsidenten der Regierungspartei und kurz nach den Wahlen im Juni auch zum Ministerpräsidenten.

Das neue Kabinett zeigte von Anfang an Flexibilität gegenüber dem kommunistischen Ausland. Am 6. August 1971 erklärte Kim Jong Pil, Südkorea sei zur Aufnahme diplomatischer Beziehungen zu »nicht feindseligen kommunistischen Staaten« bereit. Die bei der Änderung des Handelsgesetzes im Dezember 1970 verwendete Formel wurde auf die Politik übertragen. Noch im August 1971 kam das erste Exportgeschäft mit einem kommunistischen Staat – der Tschechoslowakei – zustande. Im September besuchten südkoreanische Geschäftsleute eine Handelsmesse in Jugoslawien, und das Außenministerium in Seoul kündigte an, es werde Handelsdelegationen aus »nicht feindseligen kommunistischen Staaten« die Einreise nach Südkorea gestatten. Außerdem erhielt erstmals ein sowjetischer Staatsbürger – der Trainer der Fußballmannschaft des Iran – die Erlaubnis zur Einreise nach Südkorea.

Auf der koreanischen Halbinsel kamen die Dinge ebenfalls in Bewegung. Am 6. August 1971 meldete sich aus Nordkorea Kim Il Sung mit der Erklärung zu Wort, Pyongyang sei zur Aufnahme von Kontakten mit den Massenorganisationen und politischen

Parteien Südkoreas »einschließlich der Demokratisch-Republikanischen-Partei« bereit. Zum erstenmal bot der Norden Gespräche mit Park Chung Hees Regierungspartei an. Seoul horchte auf. Man konnte Kims Vorschlag als Antwort auf Präsident Parks Kooperationsangebot vom Vorjahr ansehen oder als Reaktion auf die Veränderungen der politischen Großwetterlage: Washington und Peking waren auf dem besten Wege, ihre verkrampfte Feindschaft zu überwinden. Bei den Tischtennisweltmeisterschaften im japanischen Nagoya hatte die chinesische Mannschaft im April das amerikanische Team zu einem Besuch in die Volksrepublik eingeladen. Die Amerikaner hatten die Einladung angenommen. Im Zuge dieser »Pingpong-Diplomatie« war Nixons Sonderberater Kissinger heimlich nach Peking gereist. Und Mitte Juli wurde bekanntgegeben, man habe einen Chinabesuch von Präsident Nixon vereinbart. Kim Il Sungs Gesprächsangebot an Südkorea erfolgte drei Wochen später.

Am 12. August 1971 reagierte Seoul, wenngleich auf anderer Ebene: der südkoreanische Präsident der Rotkreuzgesellschaft bot seinem nordkoreanischen Kollegen Gespräche über Familienzusammenführung an. Der Norden antwortete umgehend. Bereits am 20. August kam es in Panmunjom zum ersten direkten Kontakt. Achtzehn Jahre nach Beendigung des Koreakriegs hatten Nord und Süd angefangen, wieder miteinander zu reden. Eine ungeheure Aufregung ergriff die Koreaner.

Das gegenseitige Mißtrauen war groß, wie die schier endlosen Vorgespräche über Protokollfragen, Tagesordnung und Tagungsorte, sicheres Geleit oder die Einzelheiten der technischen Abwicklung demonstrierten. Nach über dreißig Vorbereitungstreffen – inzwischen war fast ein Jahr vergangen – überraschten die Koreaner alle Welt am 4. Juli 1972 durch die Bekanntgabe einer in Geheimverhandlungen auf hoher Ebene ausgehandelten Erklärung sensationellen Inhalts. Darin vereinbarten Nord und Süd Grundsätze zur Wiedervereinigung, versprachen die Beendigung gegenseitiger Diffamierungspropaganda und bewaffneter Überfälle und beschlossen die Einrichtung einer direkten Telefonverbindung sowie eines gemeinsamen Ausschusses als ständige Koordinierungsstelle für die Abwicklung der weiteren Kontakte.

Im Juni 1973 hat Präsident Park in einer Grundsatzerklärung den Rahmen seiner Nordpolitik neu abgesteckt. Sie enthielt zwei neue Elemente: erstens werde Seoul keine Einwände dagegen erheben, zusammen mit Pyongyang den Vereinten Nationen oder anderen internationalen Organisationen anzugehören. Damit wurde der Alleinvertretungsanspruch vollständig aufgegeben. Zweitens sei Südkorea bereit, zu allen Ländern auf der Grundlage von Gleichberechtigung und Gegenseitigkeit Beziehungen aufzunehmen. Seoul verzichtete also auf den Vorbehalt der Nichtfeindseligkeit bei kommunistischen Ländern, so daß auch eine Kontaktaufnahme zur Volksrepublik möglich wurde.

Nordkorea lehnte das Angebot des gemeinsamen Beitritts zu den Vereinten Nationen strikt ab, weil man darin eine Festschreibung der Teilung sah. Das so plötzlich ausgebrochene Tauwetter auf der koreanischen Halbinsel wurde von einer neuen Frostperiode ereilt. Im August 1973 verweigerte Pyongyang die weitere Zusammenarbeit. Zwar gab es noch verschiedene Kontakte, aber sie traten auf der Stelle. Die Wiederaufnahme der Propagandaangriffe und neue Zwischenfälle zerstörten viele Hoffnungen.

Während Seoul sich nach außen flexibel zeigte, zog Präsident Park innenpolitisch die Schrauben an. Seit Anfang Oktober 1971 waren mehrfach Truppen der Wachdivision Seoul zu Überfällen auf verschiedene Universitäten abkommandiert worden, deren Studenten auf dem Hochschulgelände gegen Wehrdienstübungen demonstrierten. Am 15. Oktober wurde über die Hochschulen der Hauptstadt für mehrere Wochen der Belagerungszustand verhängt. Am 6. Dezember proklamierte Präsident Park unter Berufung auf »drastische Veränderungen« der internationalen Lage – als Beispiele nannte er die Aufnahme Chinas in die Vereinten Nationen und »fanatische Kriegsvorbereitungen« Nordkoreas – den nationalen Notstand und kündigte einschneidende Beschränkungen der Grund- und Bürgerrechte an.

Die schrillen Töne schreckten die Bevölkerung auf. Wenige Tage später wurde sie mit Luftschutzübungen im ganzen Lande eingeschüchtert. Seither finden sie regelmäßig statt, gewöhnlich am 15. eines jeden Monats. Gegen das Ermächtigungsgesetz, das dem Präsidenten die gewünschten Sondervollmachten geben sollte, wehrte sich die Opposition mit Händen und Füßen, und zwar buchstäblich, indem sie versuchte, eine Abstimmung über die Vorlage in der Nationalversammlung mit physischer Gewalt zu verhindern. Daraufhin griff die Regierungspartei zu dem erprobten Mittel der heimlichen Nachtsitzung. Während die Opposition im Plenarsaal schlief, wurde das Notstandsgesetz am 27. Dezember 1971 in einem Ausschußsaal verabschiedet. Mit einfacher Mehrheit hatte sich Park permanente Kriegsrechtsbefugnisse verschafft und zugleich den bereits ausgerufenen Notstand »legalisieren« lassen. Von nun an bewegte sich das Regime Schritt für Schritt auf seinen Ausgangspunkt zurück: die Militärdiktatur.

Am 17. Oktober 1972 verhängte Park das Kriegsrecht über Südkorea, löste die Nationalversammlung auf und untersagte alle politischen Aktivitäten. Der von der Regierung insgeheim vorbereitete Entwurf einer erneuten Verfassungsänderung fand in einer Volksabstimmung am 21. November angeblich breite Zustimmung. Parks neues Grundgesetz, von der Regierungspropaganda als Erneuerungs-Verfassung (Yushin Honbop) gepriesen, schaffte die Direktwahl des Präsidenten ab. Statt dessen sollte ein unpolitisches Wahlkollegium, die Nationalkonferenz für Wiedervereinigung, den Präsidenten wählen. Die ersten »Wahlen« zu diesem Gremium fanden am 15. Dezember statt. Die Kandidaten durften keiner Partei angehören. Am 23. Dezember traten die 2359 Delegierten unter Vorsitz von Park zusammen und bestätigten ihn für weitere sechs Jahre im Amt des Staatspräsidenten. Man war unter sich: Mit Ausnahme von zwei ungültigen Stimmen hatten sich alle Delegierten für ihren Vorsitzenden ausgesprochen. Nach Ablauf seiner Amtszeit wurde am 6. Juli 1978 die gleiche Farce wiederholt: Diesmal erhielt Park alle 2577 Stimmen. Der Herrscher von Südkoreas sogenannter Vierter Republik hatte seinen Konkurrenten Kim Il Sung im Norden übertrumpft und, gleich zweimal, einen hundertprozentigen »Wahlsieg« produziert.

Um der Oppositon im Parlament die Zähne zu ziehen, sah die *Yushin*-Verfassung – neben weiterer Beschneidung der Kompetenzen der Nationalversammlung – vor, daß ein Drittel der Abgeordneten auf Vorschlag des Präsidenten von der neuen Nationalkonferenz zu wählen sei. Das heißt, diese Abgeordneten wurden praktisch von Park ernannt. Unter dem Namen Gesellschaft der Freunde der Erneuerungspolitik (Yujong-Hoe) bildete sie eine eigene Fraktion. Wenn es der DRP gelang, von den direkt zu wählenden Mandaten die Hälfte zu gewinnen, war der Regierung eine Zweidrittelmehrheit in der Nationalversammlung sicher. Genau dieses Bilderbuch-Ergebnis erbrachten die ersten nach diesem großartigen System verlaufenen Wahlen vom 27. Februar 1973.

Zum Zeitpunkt der Verhängung des Kriegsrechts hatte sich Kim Dae Jung in Japan aufgehalten. Auch nach der Aufhebung Mitte Dezember blieb er vorsichtshalber im japanischen Exil. Denn seit dem für den Präsidenten so bedrohlichen Wahlkampf von 1971 hatte die südkoreanische Regierung mit Hilfe des KCIA eine Diffamierungskampagne gegen Kim begonnen. Parks schärfster Kritiker sollte mundtot gemacht werden, indem man ihn zum Kommunisten abstempelte.

Kim Dae Jungs gewaltsame Entführung aus dem Tokioter Hotel am 8. August 1973 enthüllte, daß das Park-Regime nicht einmal vor der physischen Vernichtung seiner Gegner zurückschreckte. Die Entführung war das Werk des KCIA, und nur das Eingreifen der Amerikaner verhinderte, daß der bereits an einen Betonbalken Gefesselte nicht von einem Schnellboot aus auf hoher See zwischen Japan und Südkorea im Meer versenkt wurde.

Die Entführungsaffäre hat dem Ansehen des Park-Regimes im Ausland nachhaltigen Schaden zugefügt. Sie diente Nordkorea als Anlaß zur Unterbrechung des 1971 begonnenen Dialogs mit dem Süden. Vor allem aber löste sie in Südkorea eine breite Protestbewegung gegen das diktatorische Yushin-System aus.

Im Oktober 1973 begannen Studenten der Staatlichen Universität Seoul, gegen die Diktatur in Südkorea zu demonstrieren. Die Proteste griffen schnell auf andere Hochschulen über. Im November forderte die NDP im Parlament den Rücktritt des gesamten Kabinetts, und der Journalistenverband kritisierte die Eingriffe in die Berichterstattung über die Entführung. Im Dezember eröffneten Bürgerrechtsgruppen unter Beteiligung kirchlicher Kreise in Zusammenarbeit mit der Opposition eine landesweite Unterschriftensammlung gegen die Yushin-Verfassung.

Die Regierung hatte die in Zusammenhang mit den Demonstrationen festgenommenen Studenten alsbald wieder freigelassen und sogar versprochen, die Überwachung der Hochschulen durch KCIA-Spitzel einzustellen. Und am 3. Dezember wechselte Präsident Park die Hälfte des Kabinetts aus und entließ KCIA-Direktor Lee Hu Rak. In den letzten Dezembertagen warf Park dann das Ruder herum und forderte die Regimekritiker auf, ihre Kampagne gegen die Regierung unverzüglich einzustellen. Am 8. Januar 1974 folgte der Erlaß einer Reihe Notstandsverordnungen, die jegliche Kritik an der Yushin-Verfassung unter die Höchststrafe von 15 Jahren Haft – ab April bis zur Todesstrafe – stellten. Eine Welle von Verhaftungen und Sondergerichtsprozessen setzte ein, in denen die oft grausam gefolterten Angeklagten wegen angeblicher Umsturzpläne, vermeintlich prokommunistischer Haltung oder einfach wegen Verstoßes gegen einen der Notstandserlasse zu hohen Strafen verurteilt wurden. In einem der größten politischen Prozesse gegen insgesamt 55 Angeklagte fällte das militärische Sondergericht in Seoul im Juli 1974 14 Todesurteile und verhängte 15mal lebenslänglich und in den übrigen Fällen Zeitstrafen von 20 oder 25 Jahren. Unter den zum Tode Verurteilten befand sich auch der wegen seiner regimekritischen Balladen mehrfach verhaftete Dichter Kim Chi Ha. Nach weltweiten Protesten wurde er zu lebenslanger Haft »begnadigt«.

Im August wurde der katholische Bischof Daniel Chi Hak Sun von Wonju und der führende Presbyterianerpriester Pak Hyong Kyu wegen Unterstützung des fiktiven Umsturzkomplotts zu je 15 Jahren Haft verurteilt, der Dekan einer theologischen Fakultät erhielt zehn Jahre. Nur bei dem früheren Staatspräsidenten Yun Po Sun hielt man sich nicht an den Strafantrag des Militärklägers, sondern ließ ihn »in Anbetracht seiner früheren Verdienste« mit einer dreijährigen Haftstrafe davonkommen, die zudem zur Bewährung ausgesetzt wurde.

Der Schrecken, den die politischen Prozesse verbreiteten, wurde durch den Schock eines Attentatsversuchs auf Park Chung Hee unterbrochen. Der Verfasser war Augenzeuge, als am 15. August 1974 während einer Feierstunde zur Erinnerung an die Befreiung von japanischer Kolonialherrschaft im Nationaltheater in Seoul ein Mann in dunklem Anzug den Mittelgang des Zuschauerraums heruntergelaufen kam, auf halbem Weg stehenblieb und aus einer Pistole mehrere Schüsse in Richtung Bühne abgab, wo der Präsident eine Rede hielt. Park schaute von seinem Redetext auf, zögerte unschlüssig und warf sich hinter dem gepanzerten Rednerpult zu Boden. Einige Leibwächter warfen sich über ihn, andere schossen auf den Attentäter, der schließlich von Sicherheitsbeamten überwältigt und abgeführt wurde. Auf der Bühne trug man

Madame Park hinaus; sie war tödlich verletzt worden. Der Präsident setzte nach kurzer Pause seine Rede fort.

Der 23jährige Attentäter Mun Se Kwang war ein in Japan aufgewachsener Koreaner. Nach südkoreanischer Lesart hat Mun auf Anweisung aus Nordkorea gehandelt. Das ist gut möglich, blieb aber, abgesehen von Muns Aussage, unbewiesen. Der Täter wurde zum Tode verurteilt und im Dezember hingerichtet. Der Attentatsversuch löste wieder einmal eine schwere Krise in den Beziehungen zu Japan aus.

Innenpolitisch reagierte Präsident Park zunächst mit Entspannungssignalen, bevor er seinen Kurs wieder verschärfte. Unter Hinweis auf die große Anteilnahme der Bevölkerung am Tod seiner Frau hob er einige der Notstandserlasse wieder auf. Im Februar 1975 nutzte Park die Abwesenheit des neuen Oppositionsführers – Kim Young Sam, der im August 1974 zum Vorsitzenden der NDP gewählt worden war, befand sich auf einer Auslandsreise –, um sich sein Herrschaftssystem noch einmal bestätigen zu lassen. Wenige Tage nach diesem »Sieg« verfügte Park im Wege einer Amnestie die Freilassung von 125 politischen Gefangenen. Auch Kim Chi Ha kam überraschend frei, saß allerdings einen Monat später wieder im Gefängnis.

Im Mai 1975 erließ der Präsident eine neue Notstandsverordnung (Nummer neun), die praktisch jede Kritik an seinem Regime unter Strafe stellte. Inhaltlich ging sie noch weiter als die früheren Erlasse, gab allerdings die Ahndung von Verstößen an die ordentlichen Gerichte zurück. Park rechtfertigte den Erlaß der Verordnung mit dem Fall Saigons. Der fluchtartige Abzug der Amerikaner und der Untergang von Südvietnam weckten bei vielen Südkoreanern die Furcht, es könnte ihnen genauso ergehen. Der Diktator und die Gegner seines Regimes rückten vorübergehend zusammen. In der Nationalversammlung beschlossen Regierung und Opposition gemeinsam eine Resolution zur Sicherheitspolitik. Studenten und Professoren gelobten Zurückhaltung. Park empfing den NDP-Vorsitzenden Kim Young Sam zu einem seltenen Gespräch mit der Opposition. Man wollte gegenüber dem Norden Geschlossenheit demonstrieren.

Aber »mit der Diktatur läßt sich der Kommunismus nicht abwehren«, sagte Yun Po Sun im Juni 1976 vor dem Landgericht in Seoul. Der frühere Staatspräsident war einer von 18 Angeklagten, die sich wegen eines Aufrufs »Zur Rettung von Demokratie und Vaterland« verantworten mußten. Er war am 1. März in der katholischen Kathedrale im Stadtteil Myongdong verlesen worden und forderte die Aufhebung der Yushin-Verfassung sowie den Rücktritt von Präsident Park. Zu den Unterzeichnern dieser sogenannten Myongdong-Erklärung gehörte auch der Oppositionspolitiker Kim Dae Jung. Kim und Yun, die beiden Rädelsführer, erhielten acht Jahre Haft wegen Verletzung der Notstandsverordnung Nummer neun. Die Strafe wurde vom Berufungsgericht auf fünf Jahre ermäßigt.

Während Yun mit Rücksicht auf sein hohes Alter und die frühere Stellung von der Haft verschont blieb, verschwand Kim hinter Gefängnismauern. Der Oppositionspolitiker kam erst durch eine »große Amnestie« wieder frei, mit der Park Chung Hee Ende Dezember 1978 eine neue Amtszeit als Präsident einleitete, vor allem aber wohl ein Signal in Richtung Washington geben wollte, wo Präsident Carter mißbilligend auf die Unterdrückung der Menschenrechte in Südkorea reagiert hatte. Gefährlicher als die Menschenrechtskritik aus Washington waren für das Park-Regime Präsident Carters Truppenabzugspläne. Schon im März 1977 hatte Carter angekündigt, daß binnen fünf Jahren alle amerikanischen Bodentruppen aus Südkorea abgezogen werden sollten. Park setzte alle Hebel in Bewegung, um diese Entscheidung rückgängig zu machen. Als der Stabschef der amerikanischen Streitkräfte in Korea, Generalmajor John Singlaub, warnte, der Truppenabzug könne zum Krieg führen, berief Carter ihn ab. Auch besorgte Warnungen der japanischen Regierung stießen auf taube Ohren.

Seouls Stellung in Washington war zudem durch den im Herbst 1976 von der Zeitung *Washington Post* ausgelösten sogenannten Koreagate-Skandal geschwächt. Im Mittelpunkt stand ein Lobbyist namens Park Tong Son, der schließlich im Februar 1978 zugab, insgesamt 800 000 Dollar in Geld oder Geschenken an zahlreiche amerikanische Kongreßmitglieder verteilt zu haben. Park bestritt jedoch, im Auftrag der südkoreanischen Regierung gehandelt zu haben. Im Laufe des Jahres 1978 wurden 3400 US-Soldaten aus Südkorea abgezogen, etwa ein Zehntel der geplanten Gesamtzahl. Doch im Februar 1979 kündigte Carter unter Berufung auf angeblich neue Erkenntnisse über die Stärke der nordkoreanischen

Streitkräfte eine Überprüfung seiner Entscheidung an. Nach seinem Besuch in Seoul entschied der US-Präsident im Juli, den weiteren Abzug vorläufig »einzufrieren«. Dabei blieb es.

Kim Dae Jung nutzte die Lockerung der politischen Kontrollen im Vorfeld des Carter-Besuchs dazu, Anfang März eine Sammlungsbewegung für Demokratie und Wiedervereinigung zu organisieren, die Parks Yushin-Regime scharf kritisierte und die Wiederherstellung demokratischer Verhältnisse in Südkorea verlangte. Und Ende Mai 1979 gelang es Kim Young Sam mit aktiver Unterstützung von Kim Dae Jung, den seit September 1976 amtierenden NDP-Vorsitzenden Lee Chol Sung zu stürzen und selber wieder Parteivorsitzender zu werden. Unter Lees schwacher Führung war die NDP zu einer Oppositionspartei von Parks Gnaden degeneriert.

Den frischen Wind bekam die Regierung Anfang Juli zu spüren, als Kim Young Sam in der Nationalversammlung offen für die Änderung der Yushin-Verfassung und die Aufhebung der Notverordnung Nummer neun eintrat und Präsident Park riet, sich auf die Machtübergabe vorzubereiten.

Auf die politische Herausforderung reagierte das Regime erst einmal juristisch: Auf Antrag von drei NDP-Mitgliedern, die Kim Young Sams Wahl zum Vorsitzenden angefochten hatten, erließ das Landgericht Seoul Anfang September eine einstweilige Verfügung, die den Parteivorsitzenden und vier seiner Stellvertreter ihrer Ämter enthob. Kim brandmarkte die Maßnahme als Komplott des Park-Regimes zur Zerschlagung der Opposition und kündigte eine Volksbewegung zum Sturz des Präsidenten und zur Wiederherstellung der Demokratie an. Die Streitkräfte forderte er auf, sich neutral zu verhalten. Am 4. Oktober beschlossen die Regierungsparteien in einer Sondersitzung des Parlaments, Kim Young Sam aus der Nationalversammlung auszuschießen. Daraufhin legten alle Oppositionsabgeordneten aus Protest ihr Mandat nieder.

Am 16. Oktober demonstrierten in Seoul und Pusan, den beiden größten Städten des Landes, die Studenten für die Aufhebung der Yushin-Verfassung. In Pusan, der Heimat von Kim Young Sam, beteiligte sich auch die Bevölkerung an riesigen Protestmärschen. Bald war die ganze Stadt in Aufruhr. Die Demonstrationen griffen auf die nahe gelegene Industriestadt Masan über. Wie nicht anders zu erwarten, stellte die Regierung Pusan unter Kriegsrecht und verhängte über Masan den Belagerungszustand. Wieder ging die südkoreanische Armee gegen das eigene Volk vor. Kim Young Sam forderte Park Chung Hee zum Rücktritt auf und verlangte eine Wiederherstellung der Direktwahl des Präsidenten. Am 22. Oktober warnte der Oppositionsführer, noch sei ein friedlicher Machtwechsel möglich und Präsident Park solle den Weg dafür freimachen. »Wenn nicht, wird es auf unglückliche Weise zu einem Machtwechsel kommen.«

Parks Schicksalsstunde schlug am 26. Oktober 1979, allerdings in anderer Form, als Kim Young Sam prophezeit hatte: Beim Abendessen in einem Clubhaus des KCIA, nur wenige hundert Meter vom Blauen Haus entfernt und hinter hohen Mauern verborgen, wurde der Präsident der Republik Korea von seinem Geheimdienstchef und langjährigen Vertrauten Kim Chae Kyu erschossen. Der KCIA-Direktor begab sich nach dem Attentat ins Heereshauptquartier, wo er im Laufe der Nacht verhaftet wurde.

Ministerpräsident Choi Kyu Ha, ein Karrierediplomat, der im Dezember 1975 die Nachfolge von Kim Jong Pil angetreten hatte, wurde verfassungsgemäß als Staatspräsident vereidigt und das Land unter Kriegsrecht gestellt. Kriegsrechtskommandeur wurde der Generalstabschef des Heeres, Generalleutnant Chong Sung Hwa. Kim Chae Kyu kam vor ein Kriegsgericht, wurde zum Tode verurteilt und hingerichtet. Attentäter Kim hatte vor Gericht seine Tat damit begründet, daß zu Lebzeiten Parks eine Demokratisierung Koreas ausgeschlossen gewesen sei. Wie die Teilnahme der Bevölkerung an den Demonstrationen in Pusan und Masan gezeigt hätte, hatte der Präsident das Vertrauen des Volkes verloren. Kim bekannte, daß er sich seit 1972 – als die Yushin-Verfassung eingeführt wurde – schon mehrfach mit dem Gedanken getragen habe, Park zum Rücktritt zu zwingen oder umzubringen. Das Attentat habe er allein geplant. Das Kriegsgericht nahm Kim diese Begründung nicht ab, sondern befand, er habe nach der Ermordung selber die Macht ergreifen wollen. Die Tat sei besonders verwerflich, da er das Yushin-System mitbegründet habe.

Die Einschätzung des Kriegsgerichts entsprach dem abschließenden Ermittlungsergebnis des militärischen Untersuchungsausschusses, der vom Chef des militärischen Abschirmdienstes, Generalmajor Chun Doo Hwan geleitet wurde. Chun hatte die Tat zunächst als persönlichen Racheakt gegen Park charakterisiert, da der Präsident die Arbeit des Geheimdienstes kritisiert hatte und Kim seine Entlassung fürchten mußte. Erst später räumte der Ausschuß ein, daß es sich bei dem Attentat um einen versuchten Staatsstreich gehandelt habe.

Neuanfang mit Japan

Eine der großen Leistungen während der 18jährigen Regierungszeit von Park Chung Hee ist zweifellos die »Normalisierung« des Verhältnisses zu Japan. Genaugenommen sollte man nur von einer Wiederaufnahme der diplomatischen Beziehungen sprechen. Denn auch gegenwärtig sind Koreaner und Japaner weit davon entfernt, unbefangen miteinander umzugehen. Im übrigen gelten die Verträge nur zwischen Japan und Südkorea. Mit Nordkorea verkehrt Japan bisher auf »privater« Ebene. Natürlich kann man die Frage aufwerfen, ob Syngman Rhee bereit gewesen wäre, zu den 1965 ausgehandelten Bedingungen seinen Frieden mit Japan zu machen.

Die Einstellung vieler japanischer Politiker zu Korea war alles andere als aufgeschlossen. Der stellvertretende Vorsitzende der konservativen Regierungspartei, Ono Banboku, hatte noch 1958 dafür plädiert, Tokio sollte zusammen mit Taiwan und Südkorea die »Vereinigten Staaten von Japan« bilden. Ono propagierte praktisch eine Neuauflage des 1945 untergegangenen Kolonialreichs. Und 1962 meinte der damalige japanische Außenminister Ohira Masayoshi kühl, es sei in erster Linie Sache der Südkoreaner, sich um eine »Normalisierung der Beziehungen« zu Japan zu bemühen, da dies für Seoul »eine Sache von Leben und Tod« wäre. Mit andern Worten, Japan habe es nicht nötig, von sich aus besondere Anstrengungen zu unternehmen. Tatsächlich hat Ohira dann eine durchaus konstruktive Rolle in den Verhandlungen mit Südkorea gespielt. Typisch für die Grundhaltung zumindest vieler älterer Japaner sind Äußerungen, die Takasugi Shinichi, Tokios Chefdelegierter bei der letzten Verhandlungsrunde mit Seoul, im Januar 1965 gegenüber japanischen Journalisten gemacht hat: »Die japanische Herrschaft über Korea war gut für die Koreaner. Gewiß haben wir ihre Sprache verboten und ihnen Namen nach japanischer Art aufgezwungen. Aber dies geschah nur in guter Absicht. Wir wollten ihnen den Status von echten Japanern geben. Leider hat der Krieg unsere Bemühungen zunichte gemacht, doch wäre Korea heute ein zivilisierteres Land, wenn Japan dort noch weitere zwanzig Jahre geherrscht hätte.« Derlei selbstgefällige Arroganz bei amtlichen Vertretern Japans war für die koreanische Seite eine unerträgliche Zumutung.

Einen Monat nach der verbalen Kränkung von Takasugi reiste der japanische Außenminister Shiina Etsusaburo nach Seoul. Bei seiner Ankunft auf dem Flughaften Kimpo gab Shiina am 17. Februar 1965 eine Erklärung ab, die unter anderem den folgenden Satz enthielt: »Es ist bedauerlich, daß es in der langen Geschichte der beiden Länder (Japan und Korea) eine unglückliche Periode gab, und ich bereue das tief.« Das war, zwanzig Jahre nach dem Ende der Kolonialherrschaft in Korea, das erste Wort der Entschuldigung, das von einem Vertreter der japanischen Regierung öffentlich an die Koreaner gerichtet wurde. Nach dieser Erklärung, auf die Seoul so lange gewartet hatte, war auf südkoreanischer Seite das Eis gebrochen. Und noch vor der Abreise Shiinas konnte der Entwurf eines »Vertrags über die grundlegenden Beziehungen« paraphiert werden. Die Unterzeichnung des endgültigen Texts erfolgte am 22. Juni in Tokio.

Der nüchterne Inhalt dieses kurzen Grundlagenvertrags, der mit dem Austausch der Ratifikationsurkunden am 18. Dezember 1965 in Kraft getreten ist, läßt kaum ahnen, unter welch schwierigen Abschnitt in der Geschichte der beiden Länder damit ein Schlußstrich gezogen werden sollte. Artikel I bestimmt, daß »diplomatische und konsularische Beziehungen aufgenommen werden«. In Artikel II »wird bestätigt, daß alle am oder vor dem 22. August 1910 zwischen dem Kaiserreich Korea und dem Kaiserreich Japan abgeschlossenen Verträge oder Vereinbarungen bereits null und nichtig sind«. Südkorea hatte sich nicht mit seiner Forderung durchsetzen können: weder der Annexionsvertrag von 1910 noch der Protektoratsvertrag von 1905 wird als von vornherein nichtig anerkannt. Nach japanischer Auffassung soll der Annexionsvertrag erst mit der Gründung der Republik Korea am 15. August 1948 ungültig geworden sein, während frühere Vereinbarungen durch den allumfassenden Annexionsvertrag ihre Gültigkeit verloren hätten.

In Artikel III des Grundlagenvertrags »wird bestätigt, daß die Regierung der Republik Korea, wie in der Resolution 195 (III) der Vollversammlung der Vereinten Nationen ausgeführt, die einzige gesetzmäßige Regierung in Korea ist«. Mit dem Hinweis auf die Resolution Nummer 195 will Seoul seinen Alleinvertretungsanspruch für ganz Korea geltend machen, während Tokio daraus umgekehrt herleitet, daß die Regierung der Republik Korea nur für das von ihr tatsächlich regierte Gebiet sprechen kann. In diesem Punkt hat, wie früher dargelegt, Tokio sicherlich die besseren Argumente. Da Japan bisher keine diplomatischen Beziehungen zu Nordkorea unterhält, ergibt sich in Verbindung mit der japanischen Interpretation zu Artikel II allerdings das groteske Ergebnis, daß dann der Annexionsvertrag von 1910 in bezug auf das Gebiet von Nordkorea weiterhin gültig sein könnte.

Neben dem Grundlagenvertrag wurden im Juni 1965 mehr als zwanzig weitere Vereinbarungen unterzeichnet. Eine zentrale Rolle spielte die Regelung der Vermögensansprüche. Zu Beginn der Vertragsverhandlungen 1951/52 hatte die südkoreanische Seite eine lange Liste von Schadensersatzansprüchen präsentiert, die entweder auf der Entfernung von Sach- und Vermögenswerten aus Korea nach Japan – zum Beispiel die Gold- und Silberbestände der Bank von Korea, Bankguthaben von Privatpersonen oder Firmen in Korea, koreanische Kunstschätze – oder auf Ansprüchen von Koreanern gegen Japan – etwa aus Dienstverhältnissen (zum Beispiel Zwangsarbeit), wegen Körperverletzung oder Tötung von Koreanern oder aufgrund von Beitragszahlungen an japanische Versicherungsträger – beruhten. Die Summe dieser Ansprüche belief sich auf mehrere Milliarden Dollar. Doch machte die japanische Seite eine Gegenrechnung auf, in der sie Ersatz für alle ihre Investitionen in Korea verlangte. Der Gesamtwert dieser Forderung soll sich »auf 85 Prozent aller Vermögenswerte in Korea« addiert haben. Es bedurfte amerikanischen Eingreifens, um Japan zum Fallenlassen seiner Forderung zu bewegen. Die Amerikaner hatten 1945 alles japanische Vermögen in Südkorea beschlagnahmt und 1948 auf die neugegründete Republik Korea übertragen. Japan hatte dies im Friedensvertrag von San Francisco anerkannt.

Nach jahrelangem Tauziehen einigten sich der KCIA-Chef Kim Jong Pil und Japans Außenminister Ohira im November 1962 über die Rahmenbedingungen für eine Bereinigung der Vermögensansprüche. Das zunächst geheimgehaltene Kim-Ohira-Memorandum wurde bei einer weiteren Gesprächsrunde im Dezember for-

malisiert und bildete die Grundlage der schließlich im Juni 1965 unterzeichneten Vereinbarung »über die Regelung von Problemen betreffend Vermögen und Ansprüche sowie über wirtschaftliche Zusammenarbeit«. Danach verpflichtete sich Japan, Waren und Dienstleistungen im Wert von 300 Millionen Dollar zu erbringen, als verlorener Zuschuß zahlbar in zehn Jahresraten, sowie weitere 200 Millionen Dollar als Regierungskredit zu einem Zinssatz von 3,5 Prozent zu gewähren, rückzahlbar in zwanzig Jahren. In einer Nebenabrede wurden außerdem Bankkredite zu kommerziellen Bedingungen in Höhe von mehr als 300 Millionen Dollar in Aussicht gestellt.

Der Wert der japanischen Leistungen belief sich somit auf 800 Millionen Dollar. Durch die bewußte Vermischung mit Wirtschaftshilfe wollte Japan den Entschädigungscharakter eines Teils seiner Leistungen verschleiern, die im übrigen nicht einmal bar, sondern in Form von Gütern und Dienstleistungen erfolgten. Zu den Krediten läßt sich sagen, daß sie für Südkorea natürlich eine große Hilfe beim planmäßigen Aufbau seiner Wirtschaft darstellten, zumal Seoul von anderer Seite zu diesem Zeitpunkt kaum Kredite in vergleichbarer Höhe erhalten hätte. Das gesamte Paket verschaffte der japanischen Wirtschaft zugleich eine Vielzahl von Aufträgen aus Südkorea. Japan erhielt damit, wenn auch in anderer Form, erneut Zugang zum koreanischen Markt.

Ein Problem, das in Südkorea ebenso wie in Japan die Gemüter in Wallung brachte – und die wirtschaftliche Existenz von Hunderttausenden berührte –, waren die Fischfangrechte in den Gewässern vor der Küste von Südkorea. Der Streit war entbrannt, weil Syngman Rhee nach der Weigerung Tokios, mit Seoul über ein Fischfangabkommen zu verhandeln, im Januar 1952 einseitig die südkoreanischen Küstengewässer in 50 bis 60 Seemeilen Tiefe zur exklusiven Nutzungszone für Fischfang und Bodenschätze im Festlandsockel erklärte. Zwar gab es in Südamerika schon einige Vorbilder für exklusive Küstenzonen über die üblichen drei Seemeilen hinaus, aber sie waren international nicht anerkannt. Rhee war der allgemeinen Entwicklung in der Welt um zwei Jahrzehnte voraus: In den siebziger Jahren sollte sich dieser Gedanke in Gestalt der 200-Meilen-Zone allmählich durchsetzen. Dementsprechend betrachtete Japan Rhees »Friedenslinie« – die in Japan »Rhee-Linie« hieß – als rechtswidrig.

Recht oder Unrecht – Rhees Exklusivzone erwies sich als wirksames Mittel, Japan unter Druck zu setzen. Tokio war nun sofort zu Verhandlungen bereit, die sich als mindestens genauso schwierig erwiesen wie die Verhandlungen über die Vermögensansprüche. Zwischen beiden wurde schließlich sogar ein Junktim hergestellt in der Form, daß Seoul ein Nachgeben in der Fischfangfrage in Aussicht stellte, falls Tokio sich bei der Regelung der Vermögensansprüche großzügig geben würde. Es war die Regierung Chang gewesen, die diesen Gedanken ins Spiel gebracht hatte, der dann von Parks Militärjunta und von den Japanern aufgegriffen wurde.

Das im Juni 1965 unterzeichnete Fischereiabkommen räumt Südkorea und Japan vor ihrer Küste exklusive Fischfangzonen von jeweils zwölf Seemeilen Tiefe ein. Außerdem wurde eine Anzahl gemeinsam zu bewirtschaftender Fischfanggebiete in den Gewässern zwischen beiden Ländern geschaffen. Schließlich erklärte sich Japan bereit, im Rahmen der zur Abgeltung von Vermögensansprüchen vereinbarten Gesamtsumme Kredite in Höhe von 120 Millionen Dollar zu kommerziellen Bedingungen für die Modernisierung der südkoreanischen Fischereiindustrie zur Verfügung zu stellen.

Ein anderer schwieriger Fragenkomplex der Verhandlungen war die Behandlung der koreanischen Minderheit in Japan. Zum Zeitpunkt der japanischen Kapitulation im August 1945 lebten mehr als zwei Millionen Koreaner in Japan. Sie waren fast alle nach 1910 ins Land gekommen: manche zum Studium oder als Kaufleute, die meisten auf der Suche nach Arbeit und ungefähr 680 000 als Zwangsarbeiter.

In der frühen Nachkriegszeit organisierte die amerikanische Besatzungsmacht die Repatriierung von Koreanern nach Südkorea. Die Heimkehrer durften nur sehr begrenztes Reisegepäck und wenig Geld mitnehmen. Bis August 1947 kehren fast 1,4 Millionen Koreaner in ihr Land zurück, allerdings – wegen der Teilung – nicht unbedingt in ihre Heimatregion. Das Programm lief bis zum Beginn des Koreakriegs weiter, die Möglichkeit zur Repatriierung nach Nordkorea wurde erst in den fünfziger Jahren nach Beendigung des Bruderkriegs durch Einschaltung des Roten Kreuzes geschaffen. Hiervon haben von Dezember 1959 bis Juni 1973 beinahe 90 000 Koreaner Gebrauch gemacht. Zu Beginn der Verhandlungen zwischen Südkorea und Japan im Oktober 1951 lebten immer noch mehr als 600 000 Koreaner in Japan.

Nach der Kapitulation behandelte die japanische Regierung die auf ihrem Staatsgebiet lebenden Koreaner zunächst weiterhin als japanische Staatsangehörige. Die amerikanische Besatzungsmacht hatte sich im November 1946 diese Ansicht zu eigen gemacht. Dagegen protestierten die Koreaner und verlangten die Anerkennung ihrer Staatsangehörigkeit sowie Gleichstellung mit alliierten Ausländern. Japan reagierte im Mai 1947 mit einem Ausländergesetz, das die Koreaner verpflichtete, sich als Ausländer unter einer der beiden üblichen Landesbezeichnungen für Korea – *Kankoku* (Hanguk) oder *Chosen* (Choson) – anzumelden, während die Besatzungsbehörden den Koreanern ab Juni 1948 den Sonderstatus »halb-unabhängig« (semi-independent) verliehen. Im Juni 1950 teilten die Amerikaner den Japanern mit, daß der Rechtsstatus der Koreaner bis zu einer entsprechenden Vereinbarung zwischen den Regierungen Japans und der Republik Korea ungeklärt bleibe.

In den Verhandlungen mit Japan verlangte Südkorea, daß den Koreanern in Japan im Hinblick auf die Umstände, unter denen sie dort hingekommen waren, und der besonderen Verantwortung, die Japan daraus erwachsen sei, im Vergleich zu anderen Ausländern eine Vorzugsstellung zugebilligt werde. Außerdem forderte Seoul, daß alle Koreaner in Japan als Staatsbürger der Republik Korea behandelt werden. Hier wollte Seoul also in einem konkreten Anwendungsfall die Anerkennung seines Alleinvertretungsanspruches durchsetzen, was Tokio ablehnte.

In der Vereinbarung »über die Rechtsstellung und Behandlung der in Japan wohnenden Staatsangehörigen der Republik Korea« vom Juni 1965 verpflichtete sich die japanische Regierung, solchen Staatsangehörigen der Republik Korea, die bis zum 15. August 1945 nach Japan gekommen waren und dort bis zur Antragstellung ununterbrochen ihren Wohnsitz gehabt haben, das Dauerwohnrecht zu gewähren, sofern sie einen entsprechenden Antrag stellten. Bis zum Ablauf der in der Vereinbarung genannten Fünfjahresfrist am 16. Januar 1971 haben rund 350 000 der Ende 1970 in Japan registrierten 614 000 Koreaner einen solchen Antrag gestellt und sich damit als Staatsangehörige der Republik Korea identifiziert. Anfang 1965 hatten sich erst 230 000 zu Südkorea bekannt, während die übrigen für den Norden optiert hatten oder sich auf keinen der beiden Staaten festlegen wollten. So waren als Folge der Zweiteilung ihrer Heimat die Koreaner in Japan sogar in drei Lager gespalten. Da aber die Bezeichnung Chosen in Japan sowohl für ganz Korea wie auch speziell für den Norden verwendet wird, während mit Kankoku in der Regel nur der Süden gemeint ist, hatte Pyongyang bis 1970 unwidersprochen behaupten können, die Mehrheit der Koreaner in Japan zu vertreten.

In dem Wettbewerb zwischen Seoul und Pyongyang um die Gunst der Koreaner in Japan hat die Vereinbarung mit Tokio und die Aufnahme diplomatischer Beziehungen die Stellung Südkoreas aufgewertet. Allerdings fungierte das Tokioter Hauptquartier der nach Pyongyang ausgerichteten Koreaner-Organisation *Chosen Soren* (Chongryun) als Quasibotschaft Nordkoreas in Japan. Die nach Seoul hin orientierte Koreaner-Vereinigung *Mindan* hat durch die Errichtung einer vollwertigen Botschaft und mehrerer Konsulate Südkoreas an Einfluß eingebüßt.

Aufgrund der Vereinbarung zwischen Seoul und Tokio gab es in der rechtlichen Behandlung fortan zwei Klassen Koreaner in Japan. Die Kluft zwischen den Anhängern von Seoul und jenen Pyongyangs vertiefte sich weiter. Freilich genießen auch die Koreaner, die sich nicht zu Südkorea bekennen mochten, Dauerwohnrecht in Japan. Bis Ende 1986 hatte diese koreanische Minderheit stetig zugenommen, im wesentlichen durch natürliche Vermehrung, aber auch durch den Zuzug von Studenten oder Geschäftsleuten aus Südkorea. Die in Japan aufgewachsenen Koreaner sind überwiegend von der fremden Umwelt geprägt. Soweit sie nicht auf koreanische Schulen gehen – worauf besonders der Norden großes Gewicht legt, um die jungen Leute auch politisch beeinflussen zu können –, beherrschen sie oft nicht mehr die Muttersprache. Manche Koreaner nehmen auch die japanische Staatsangehörigkeit an und legen sich japanische Namen zu, um den vielfachen Diskriminierungen zu entgehen. Diese Tendenz hat stark zugenommen, seit eine Änderung des Staatsangehörigkeitsgesetzes 1985 die Möglichkeit geschaffen hat, daß Kinder japanischer Mütter und koreanischer Väter die japanische Staatsangehörigkeit wählen. Bis dahin erhielten die Kinder aus solchen Mischehen – wie weiterhin im umgekehrten Fall, wenn aus der Ehe eines Japaners mit einer Koreanerin Kinder hervorgehen –

automatisch die Staatsangehörigkeit des Vaters. Seit der Neuregelung geht die Gesamtzahl der Koreaner in Japan – nach 683 000 im Spitzenjahr 1985 – wieder zurück.

Als kniffliges Problem erwies sich bei den Normalisierungsverhandlungen auch der Streit um die zwei Felseninseln vor der südkoreanischen Ostküste, die auf koreanisch Tok-To und japanisch Take-Shima heißen. Japan hatte die Tok- oder Take-Inseln 1905, dem Jahr, als es Korea nach dem Sieg über Rußland den Protektoratsvertrag aufzwang, seiner Küstenprovinz Shimane zugeschlagen. Für Tokio waren die unbewohnten, ungefähr 160 Kilometer nordwestlich des japanischen Oki-Archipels gelegenen Inseln als Versorgungsstation seiner Fischereiflotte interessant. Als Syngman Rhee 1952 seine exklusive Nutzungszone proklamierte, bezog er die Tok-Inseln mit ein. Japan protestierte und schickte 1953 Kriegsschiffe, welche die südkoreanischen Fischer von den Inseln vertrieben und Schilder aufstellten, um Tokios Besitzanspruch geltend zu machen. Die Südkoreaner ließen sich dadurch nicht einschüchtern, sondern nahmen die Inseln nunmehr tatsächlich und dauerhaft in Besitz, indem sie dort einen kleinen Marinestützpunkt errichteten und weitere Landeversuche der Japaner abwehrten.

Seoul lehnte japanische Vorschläge ab, den Konflikt vor dem Internationalen Gerichtshof in Den Haag zu bringen, und war auch nicht bereit, mit Tokio über die Besitzrechte an den Tok-Inseln zu verhandeln. Im Juni 1965 wurden, ohne den Streit um die Inseln ausdrücklich zu erwähnen, lediglich Briefe »über die friedliche Beilegung von Konflikten« ausgetauscht. Der Territorialstreit um die beiden Inseln ist aber dadurch wesentlich entschärft worden, daß Südkorea sich inzwischen bereitgefunden hat, japanischen Fangbooten das Fischen in den umliegenden Gewässern zu gestatten.

Schließlich unterzeichneten die Außenminister im Juni 1965 eine Vereinbarung »über Kulturgüter und kulturelle Zusammenarbeit«, in der sich die japanische Regierung verpflichtet, die in einer beigefügten Liste verzeichneten Kulturgüter an die Regierung der Republik Korea zu »übergeben«. Wahrheitsgemäß hätte es heißen müssen: zurückzugeben. Handelte es sich doch durchweg um koreanische Kunstschätze oder Kulturdokumente, die von der japanischen Kolonialverwaltung mitgenommen worden waren und sich zuletzt im Besitz staatlicher Stellen – zum Beispiel Museen – befunden hatten. Die über tausend Einzelposten der Liste – nur ein Bruchteil der nach Japan gelangten Kulturreichtümer Koreas – reichten vom Goldschmuck aus den Königsgräbern des frühen Shilla-Reichs, kostbaren Porzellanen und buddhistischer Kunst der Koryo-Zeit, Hunderten von alten Büchern der Yi-Dynastie bis zu Utensilien aus der Anfangszeit der koreanischen Post im 19. Jahrhundert.

Der Grundlagenvertrag über die Aufnahme diplomatischer Beziehungen und die sonstigen Vereinbarungen waren in beiden Ländern heftig umstritten und wurden unter höchst ungewöhnlichen Umständen verabschiedet. Die Nationalversammlung in Seoul ratifizierte die verschiedenen Vorlagen am 14. August 1965 in Abwesenheit der Opposition, deren sämtliche Abgeordnete aus Protest gegen die Überrumpelungstaktik der Regierungsmehrheit im Ausschuß ihr Mandat niedergelegt hatten. Das Unterhaus in Tokio verabschiedete das Vertragspaktet in einer Nachtsitzung am 12. Dezember, bei der die Opposition – wie schon zuvor in den Ausschüssen – durch eine vorgezogene Abstimmung am Rande der Legalität ausmanövriert wurde.

Mitte Juni hatten sich die beiden südkoreanischen Oppositionsparteien zur Minjung-Dang oder Massenpartei (MP) vereinigt, um in der Nationalversammlung eine Einheitsfront gegen die Ratifizierung der Verträge mit Japan bilden zu können. Doch der Zusammenschluß bewirkte genau das Gegenteil. Als wider Erwarten nicht Yun Po Sun, sondern Frau Pak auf dem Gründungsparteitag der MP die Wahl für den Parteivorsitz gewann, brachen sofort wieder die alten Flügelkämpfe aus. Dabei ging es nicht nur um die Kontrolle der Partei, sondern um Form und Ziel des Widerstands gegen die Verträge. Für Yuns militanten Flügel war der Kampf gegen die Aufnahme von Beziehungen zu Japan zugleich ein Anlaß, um mit Hilfe demonstrierender Volksmassen Park Chung Hee in die Knie zu zwingen oder gar zu stürzen, notfalls auch mit verfassungswidrigen Mitteln.

Pak Sun Chon, die den gemäßigten Flügel in der MP vertrat, war ebenfalls ein entschiedener Gegner der Verträge mit Japan. Frau Pak hielt das Park-Regime nicht weniger für illegitim als Yun, aber sie wollte nicht ein Unrecht durch ein anderes beenden, sondern die Kette der Verletzungen demokratischer Grundregeln durchbrechen. Für sie und ihre Anhänger war der Kampf gegen die Verträge Selbstzweck und die Mandatsniederlegung ein Mittel in diesem Kampf, aber sie wollte niemanden dazu zwingen, seinen Sitz aufzugeben.

Die Regierungspartei nutzte die Auseinandersetzungen innerhalb der MP, um die Verträge mit Japan im Alleingang auf die Tagesordnung der Nationalversammlung zu setzen, und später, um die Ausschußberatungen vorzeitig zu beenden. Zwar erklärten daraufhin alle Oppositionsabgeordneten den Verzicht auf ihr Mandat und verließen das Parlament. Da aber die Regierungsmehrheit die Annahme der Erklärungen verweigerte, war nur die Mandatsniederlegung von Yun Po Sun und einigen seiner Anhänger wirksam, die zusammen mit dem Altpräsidenten auch aus der Partei ausgetreten waren. Bei der Abstimmung über die Verträge am 14. August 1965 war außer den Abgeordneten der regierenden DRP nur ein Unabhängiger zugegen, der sich der Stimme enthielt. So kam es, daß der so heftig umkämpfte Grundlagenvertrag und die anderen Vereinbarungen mit Japan von der südkoreanischen Nationalversammlung ohne Gegenstimmen ratifiziert wurden.

Nach dem Austausch der Ratifizierungsurkunden am 18. Dezember 1965 wurden in Seoul und Tokio Botschaften eröffnet. Aus der besonderen Natur der Beziehungen ergaben sich jedoch viele Probleme, die das Verhältnis dauerhaft belasteten. Im wirtschaftlichen Bereich wurde die bisherige Abhängigkeit Südkoreas von Amerika schrittweise durch eine von Jahr zu Jahr zunehmende neue Abhängigkeit von Japan ersetzt, die äußerst unwillkommen war. Das Anlaufen umfangreicher Lieferungen aus Japan gab der südkoreanischen Wirtschaft zwar kräftige Impulse, sorgte aber für gleichbleibend hohe Überschüsse der Japaner im Handel mit Südkorea. Im Namen der Wirtschaftshilfe wurden hier neue Strukturprobleme geschaffen. Die zunächst sehr bescheidenen, später kräftig steigenden japanischen Investitionen wurden von der Regierung in Seoul erwartungsvoll begrüßt, weckten andererseits in der Bevölkerung sofort den Verdacht, Japan wolle sich in Südkorea wieder einen beherrschenden Einfluß verschaffen.

Die sich vertiefenden Wirtschaftsbeziehungen hatten auch politische Nebenwirkungen. Es entstand der Eindruck, daß das Park-Regime japanische Wirtschaftshilfe dazu mißbrauchte, sich unter der Hand finanzielle Vorteile zu verschaffen, um damit seine

Wahlkämpfe zu finanzieren. Zwei öffentlich diskutierte Fälle betrafen die Lieferung von Reis und U-Bahn-Wagen. 1969 und 1970 erhielt Südkorea insgesamt 650000 Tonnen Reis aus Japan auf Kreditbasis zu fünf Prozent Zinsen, rückzahlbar nach einer Wartezeit von zehn Jahren: durch Einlage des Erlöses aus dem Reisverkauf bei südkoreanischen Banken ließ sich ein Mehrfaches der geschuldeten Zinsen verdienen. Die Lieferung von zirka zweihundert Wagen für die 1974 in Betrieb genommene U-Bahn in Seoul wurde 1970 vereinbart. Der Verdacht, daß bei dieser mit japanischen Krediten finanzierten Transaktion erhebliche Schmiergelder gezahlt wurden, sollte sich später bestätigen: die in Rechnung gestellten Beträge waren stark überhöht worden.

Das schwierige Verhältnis zwischen Südkorea und Japan wurde wiederholt von schweren Krisen erschüttert. Hatte die Entführung von Kim Dae Jung vor allem auf japanischer Seite tiefes Mißtrauen gegenüber Südkorea geweckt, so rief der Mordanschlag auf Präsident Park im August 1974, bei dem Madame Park ums Leben kam, in Südkorea Empörung über Japan hervor. In der Nationalversammlung wurde die Forderung nach Abbruch der Beziehungen erhoben. Südkorea verlangte eine Auflösung der Chosen Soren, die nach Ansicht Seouls hinter dem Attentat stand. Das verbot die japanische Rechtslage. Es bedurfte amerikanischer Vermittlung, um eine weitere Zuspitzung des Konflikts abzuwenden. Schließlich gelang es, einen Kompromiß auszuhandeln: Der stellvertretende Vorsitzende der japanischen Regierungspartei, Shiina, reiste nach Seoul, wo er vereinbarungsgemäß Präsident Park einen Brief seines Ministerpräsidenten überreichte, in dem Tanaka zusicherte, daß »Straftaten (in Japan), die den Sturz der (süd-)koreanischen Regierung bezwecken, sowie terroristische Aktivitäten, die gegen das Leben von wichtigen (südkoreanischen) Personen gerichtet sind, unterbunden werden«. Ergänzt wurde der Brief durch ein vom japanischen Botschafter unterzeichnetes Memorandum, das die strafrechtliche Verfolgung solcher Aktivitäten »ohne Rücksicht darauf, ob es sich um Mitglieder von Chosen Soren oder sonstigen Gruppen handelt«, verbürgte. Mit anderen Worten, auch Chosen Soren sollte Gegenstand der polizeilichen Überwachung sein. Für Südkorea war dies der entscheidende Punkt. Tokio tat sich sehr schwer mit diesem Zugeständnis, denn die japanische Regierung hatte die Organisation bis dahin wie eine halbamtliche Vertretung Pyongyangs mit Samthandschuhen angefaßt.

In Washington sorgte der frühere KCIA-Direktor Kim Hyung Wook für neue Aufregung. Der einstige enge Vertraute von Park Chung Hee, der nach dem Zerwürfnis mit dem Präsidenten ins Exil in die USA gegangen war, enthüllte vor einem Kongreßausschuß – dem nach seinem Vorsitzenden benannten Frazer-Ausschuß – nicht nur sensationelle Einzelheiten zur Entführungsaffäre Kim Dae Jung, sondern wartete auch mit brisanten Angaben zu dem bereits kurz angesprochenen Korruptionsskandal anläßlich der mit japanischer Wirtschaftshilfe finanzierten Lieferung von U-Bahn-Wagen auf. Laut Kims Aussage »wurden von japanischer Seite über KCIA-Direktor Lee Hu Rak zweieinhalb Millionen Dollar aus dem Kredit als politische Spende an die (süd-)koreanische Seite übergeben«. Das Geld sei auf Geheiß von Lee zu je einem Drittel an die südkoreanische Regierungspartei DRP, den früheren japanischen Ministerpräsidenten Kishi und den Geheimdienstchef persönlich gegangen. Der Anteil des KCIA-Chefs sei direkt von Japan aus auf das Konto der südkoreanischen Firma Chanil Enterprise in Los Angeles überwiesen und das Geld zur Finanzierung von KCIA-Aktivitäten in Amerika verwendet worden.

Kims Aussagen wurden von verschiedener Seite bestätigt. Im Januar 1977 erklärte der frühere Leiter der Korea-Abteilung des US-Außenministeriums, Raynard, vor dem Frazer-Ausschuß: »daß Abgeordneten der Liberaldemokratischen Partei (Japans) vom KCIA Geld überwiesen wurde, geht aus Geheimberichten des (amerikanischen) Außenministeriums hervor. In diesen Berichten tauchte der Name des früheren Ministerpräsidenten Kishi immer wieder auf.« Im Februar 1977 sagte als weiterer Zeuge der frühere Leiter des südkoreanischen Presse- und Informationsbüros in Washington, Lee Chae Won, vor dem Ausschuß aus, »zu der Zeit des Kaufs der Wagen für die U-Bahn von Seoul sind an das Park-Regime und an den koreafreundlichen Flügel in Japan hohe Summen an Kommissionen (*rebates*) gegangen.« Als führende Vertreter der Südkorea-Lobby in Japan identifizierte Lee den früheren Ministerpräsidenten Kishi und den früheren Außenminister und stellvertretenden LDP-Vorsitzenden Shiina. Kishi und Shiina haben beide bestritten, Geld angenommen zu haben.

Aufgrund der Enthüllungen in Amerika wurden im Februar 1977 vor dem Haushaltsausschuß des japanischen Unterhauses Vertreter der vier an dem U-Bahn-Geschäft beteiligten japanischen Handelshäuser Mitsubishi Shoji, Marubeni, Mitsui Bussan und Nissho Iwai in öffentlicher Sitzung vernommen. Sie bestätigten, daß sie »auf Veranlassung einflußreicher Südkoreaner auf ein Konto in Amerika zweieinhalb Millionen Dollar überwiesen« hätten. Betrag und Zeitangaben stimmten mit den Angaben von Kim Hyung Wook überein. Japanische Ermittlungen ergaben ferner, daß auf Anweisung der südkoreanischen Firma Chanil Enterprise von den japanischen Handelshäusern insgesamt 220 Millionen Yen auf ein Konto in Amerika überwiesen worden waren. Die Summe entsprach dem damaligen Gegenwert eines Drittels von zweieinhalb Millionen Dollar. Es war das dem damaligen KCIA-Chef Lee Hu Rak »zustehende« Drittel. Der offizielle Auftragswert für die Lieferung von 186 U-Bahn-Wagen nach Südkorea betrug 27,2 Milliarden Yen.

Der U-Bahn-Skandal machte deutlich, wie sehr die japanische Regierungspartei politisch und finanziell mit dem Park-Regime verfilzt war. Über die neuen Beziehungen zwischen Seoul und Tokio hatte sich eine schmutzige Wolke von Korruption und Komplizenschaft gelegt, die sich bis zum gewaltsamen Ende Parks nicht mehr aufhellen sollte. Und diesmal war die koreanische Seite genauso schuldig geworden wie die japanische.

Der Wirtschaftsaufschwung

Auch wenn Südkoreas erster Fünfjahresplan (1962–1966) im wesentlichen auf dem Entwurf der durch den Militärputsch vom Mai 1961 gestürzten Regierung Chang Myon beruhte, fiel seine Umsetzung in die Regierungszeit von Park Chung Hee. Wirtschaftspolitisch kann man 1962, das erste volle Jahr unter dem neuen Regime, als Ausgangspunkt des systematischen Aufbaus der südkoreanischen Industrie ansehen. Drei weitere Fünfjahrespläne – 1967 bis 1971, 1972 bis 1976, 1977 bis 1981 – haben die Richtung gewiesen. Die Ermordung von Präsident Park im Oktober 1979 – ungefähr zur Halbzeit der vierten Planperiode – und die Auswirkungen der in dasselbe Jahr fallenden zweiten Erdölkrise beendeten diese Phase des wirtschaftlichen Aufschwungs.

Das Bruttosozialprodukt der südkoreanischen Wirtschaft hatte 1962 einen Gegenwert von 6,3 Milliarden Dollar (zu konstanten Marktpreisen von 1975). In den 18 Jahren bis 1979 hat es sich auf 30,7 Milliarden fast verfünffacht. Das entsprach einem Durchschnittswachstum von 9,3 Prozent pro Jahr, vergleichbar mit dem Wachstum in der Bundesrepublik in den Jahren 1951 bis 1955, der Frühphase des sogenannten Wirtschaftswunders (mit durchschnittlich 9,4 Prozent). Im selben Zeitraum hat Südkoreas Bruttosozialprodukt pro Kopf der Bevölkerung von 87 auf 1624 Dollar oder fast das 19fache zugenommen. Südkorea, das zu Beginn der Ära Park weltwirtschaftlich gesehen ein unbedeutendes Entwicklungsland gewesen war, hatte sich bis 1979 zu einer Volkswirtschaft von beachtlicher Größe entwickelt.

Zwischen 1962 und 1979 sind die Exporte von 55 Millionen auf 14,7 Milliarden Dollar hochgeschnellt. Die Importe vermehrten sich sprunghaft von 390 auf 19,3 Milliarden Dollar. Dementsprechend verfielfachte sich das Defizit der Handelsbilanz von 335 Millionen auf 4,6 Milliarden und das der Leistungsbilanz von 56 Millionen auf 4,2 Milliarden Dollar. Andererseits nahmen die Währungsreserven von 167 Millionen auf 5,7 Milliarden Dollar zu. Im Laufe von 18 Jahren hat sich Südkorea zu einer bedeutenden Exportnation entwickelt. Den entscheidenden Durchbruch zu einem Handelsüberschuß erzielte Südkorea 1986.

Hatten 1962 45 Prozent der südkoreanischen Exporte aus landwirtschaftlichen Erzeugnissen und Fischereiprodukten bestanden, war deren Anteil bis 1979 auf 9,2 Prozent gesunken. Noch dramatischer ging die Ausfuhr von Bergbauerzeugnissen zurück: von 28 auf 0,7 Prozent. Umgekehrt stieg in derselben Zeit der Anteil von Erzeugnissen der verarbeitenden Industrie von 27 auf 90,1 Prozent. 1962 waren Fisch, Sperrholz und Bekleidung – in dieser Reihenfolge – die wichtigsten Exportgüter gewesen. 1979 hatte sich Bekleidung bis auf den ersten Platz vorgeschoben, gefolgt von Bekleidungszubehör und Schuhen. Textil- und Schuhindustrie hatten sich zu Südkoreas erstem »Exportmotor« entwickelt. Auf der Importseite waren 1962 Rohbaumwolle, Weizen und Holz die Spitzenreiter gewesen, 1979 nahmen Erdöl sowie Eisen und Stahl (Schrott und Barren) den ersten und zweiten Platz ein, Holz hatte sich an dritter Stelle behaupten können. Während die Ausfuhren von der Leichtindustrie getragen wurden, war an den Veränderungen in der Einfuhr bereits der Aufbau einer eigenen Schwerindustrie zu erkennen.

Die Verschiebungen im Außenhandel waren Ausdruck der forcierten Umstrukturierung Südkoreas vom Agrarland zur aufstrebenden Industrienation. Welche Umwälzungen das für die Bevölkerung mit sich brachte, mag man daran erkennen, daß 1963 noch 63,1 Prozent aller Beschäftigten in Landwirtschaft oder Fischerei beschäftigt waren, 1979 nur mehr 38,6 Prozent. In derselben Zeitspanne wuchs der Anteil der Arbeitnehmer in der verarbeitenden Industrie von 8,7 auf 22,4 Prozent.

1962 war Japan mit einem Anteil von 42,9 Prozent der wichtigste Abnehmer südkoreanischer Exporte gewesen, gefolgt von den Vereinigten Staaten (21,9 Prozent) und Hongkong (8,6). 1979 nahm Amerika mit 29,1 Prozent den Spitzenplatz ein, Japan lag mit 22,3 Prozent an zweiter Stelle, auf den dritten Platz war mit 5,6 Prozent die Bundesrepublik Deutschland aufgerückt. Der Platztausch zwischen Japan und Amerika hing mit dem Aufstieg der Textil- und Schuhbranche zur wichtigsten Exportindustrie zusammen: Hier war Amerika der Hauptabnehmer, Japan zunächst noch ein Konkurrent, der zudem den Marktzugang für Textilien aus Südkorea begrenzte. Andererseits waren landwirtschaftliche und vor allem Fischereierzeugnisse die wichtigsten Exportgüter nach Japan. Weil dieser Sektor aber sehr viel langsamer wuchs als die Textil- und Schuhindustrie, verlor er relativ an Gewicht, und damit auch Japan als Abnehmer.

Auf der Importseite war Amerika mit einem Anteil von 52,2 Prozent 1962 mit Abstand Südkoreas wichtigster Lieferant gewesen, gefolgt von Japan mit 25,9 und der Bundesrepublik mit 4,6 Prozent. Bis 1979 hatte sich auch hier das Bild stark verändert: nun stand Japan mit 32,7 Prozent an der Spitze, während Amerika auf 22,6 Prozent zurückgefallen war. Die Verdrängung der USA stand in Zusammenhang mit der Wiederaufnahme der diplomatischen Beziehungen zwischen Seoul und Tokio: der größte Teil der von Japan zugesagten Entschädigungszahlungen und Kredithilfe, gut 600 Millionen Dollar, erfolgte in Form von Warenlieferungen. Den dritten und vierten Platz unter Südkoreas Lieferanten nahmen 1979 dank den stark gestiegenen Ölpreisen Saudi-Arabien (7,8 Prozent) und Kuweit (5,7 Prozent) ein. Dadurch wurde die Bundesrepublik mit nur 4,1 Prozent Anteil auf den fünften Rang zurückgedrängt.

Die Ablösung Amerikas von der Spitzenposition in Südkorea durch Japan zeigte sich auch bei den privaten Auslandsinvestitionen. Die Regierung Park hatte erstmals 1962 ein ausländisches (amerikanisches) Investitionsvorhaben im Wert von 575 000 Dollar genehmigt. Die Direktinvestitionen aus dem Ausland setzten 1963 ein, wobei 98 Prozent des Gesamtbetrags von 5,5 Millionen Dollar aus Amerika kamen. Japan tätigte 1966 seine ersten Investitionen, die aber nicht mehr als fünf Prozent der Gesamtsumme dieses Jahres ausmachten. Von allen ausländischen Direktinvestitionen, die zwischen 1962 und 1969 in Südkorea vorgenommen wurden und sich auf insgesamt 64,3 Millionen Dollar beliefen, entfielen 50,7 Prozent auf die Vereinigten Staaten und 7,3 Prozent auf Japan. Die Bundesrepublik, deren erste Privatinvestition 1965 eingetroffen war, brachte es auf 1,2 Prozent. Zehn Jahre später hatte sich die Lage grundlegend gewandelt. Von 1962 bis 1979 investierte das Ausland insgesamt 1,004 Milliarden Dollar in Südkorea. Davon entfiel der Löwenanteil, 590,3 Millionen oder 58,8 Prozent, auf Japan, während Amerika mit 191,6 Millionen zwar einen beachtlichen zweiten Platz behaupten konnte, aber anteil-

»Achtet auf die Frauen Koreas, wir sind den Männern weit voraus«

mäßig auf 19,1 Prozent abgefallen war. Die Bundesrepublik war mit 11,9 Millionen Dollar oder 1,2 Prozent vertreten, vergleichbar mit Frankreich oder dem Iran und lag weit hinter Holland, Panama oder England.

Welche Anstrengungen zum Ausbau der Infrastruktur während der Park-Ära unternommen wurden, mögen die folgenden Beispiele verdeutlichen. Die Stromerzeugung, Grundlage jeder industriellen Entwicklung, nahm zwischen 1962 und 1979 von weniger als 2 Millionen Kilowattstunden auf 35,6 Millionen zu. In diesem Zeitraum schrumpfte der Anteil der mit Wasserkraft erzeugten Elektrizität von 35,5 auf 6,5 Prozent, während die Stromerzeugung in konventionellen Wärmekraftwerken anteilig von 64,5 auf 84,6 Prozent stieg. Seit Inbetriebnahme des ersten Kernkraftwerks im Jahre 1977 spielt der Atomstrom eine wachsende Rolle. 1979 war er an der gesamten Stromerzeugung mit 8,9 Prozent beteiligt. Beim Ausbau des Verkehrswesens wurde das Schwergewicht auf die Straßen gelegt, während das Eisenbahnnetz fast unverändert blieb. Das südkoreanische Straßennetz hat sich von rund 27000 Kilometer 1962 bis 1979 auf über 46000 Kilometer fast verdoppelt. 1972 wurde die erste Autobahn dem Verkehr übergeben, Ende 1979 waren 1225 Kilometer Autobahn in Betrieb. Waren 1962 von 5400 Kilometern Nationalstraße weniger als 15 Prozent asphaltiert, wiesen 1979 von inzwischen 8200 Kilometern mehr als 60 Prozent eine Teerdecke auf. 1962 gab es ungefähr 100000 Telefonanschlüsse, 1979 mehr als zwei Millionen. In derselben Zeit vervielfachten sich die öffentlichen Fernsprecher von gut 1000 auf über 48000.

Die Industrialisierung Südkoreas läßt sich an der Zunahme des Beitrags der verarbeitenden Industrie zum Bruttosozialprodukt ablesen. 1962 machte er gerade 15 Prozent aus und erreichte 1979 bereits 32,6 Prozent oder mehr als das Doppelte (zu konstanten Marktpreisen von 1965 und 1975). Das Wirtschaftsplanungsamt – Südkoreas wichtigste Planungsbehörde, deren Leiter zugleich stellvertretender Ministerpräsident ist – hat 1981 in einem Vorspann zum Entwurf des fünften Fünfjahresplans die Industriepolitik der Park-Ära einer kritischen Überprüfung unterzogen und dabei drei Phasen mit verschiedenen Schwerpunkten ausgemacht: von 1962 bis 1964 habe die Regierung eine Politik der Importsubstitution verfolgt, um durch eigene Investitionen in Bereichen wie

Zement- und Kunstdüngerherstellung sowie Rohölverarbeitung (Raffinerien) von Einfuhren aus dem Ausland unabhängig zu werden. Von 1965 bis 1973 sei besonders der Export von Erzeugnissen der Leichtindustrie gefördert worden, darunter Textilien (Fasern und Stoffe), Bekleidung, Schuhe sowie Elektronik (Bauteile für ausländische Hersteller und fertige Geräte). Ab 1974 – die erste Erdölkrise begann sich auszuwirken – habe die Regierung ihre Bemühungen auf die Entwicklung einer eigenen Schwer- sowie chemischen Industrie konzentriert.

Nach der Einschätzung des Wirtschaftsplanungsamts haben sich die Textil-, Bekleidungs-, Schuh- und Elektronikindustrie auf dem Weltmarkt sehr gut behauptet, auch der Schiffsbau sei international wettbewerbsfähig geworden, mit Kraftfahrzeugen und Erzeugnissen der petrochemischen Industrie sei ein Durchbruch »nicht gelungen«. Die Kunstdüngerindustrie habe sich »nicht allzu gut geschlagen«. Die weitgehenden Eingriffe der Regierung in die industrielle Entwicklung seien zwar eine »große Triebkraft« gewesen, hätten jedoch »unweigerlich viele ernste strukturelle Ungleichgewichte verursacht«.

Immerhin nahm die Erzeugung von Kunstdünger zwischen 1962 und 1979 von 81 000 auf 2,8 Millionen Tonnen zu. Im Gebiet von Ulsan im Südosten und bei Yochon entstanden große chemische Komplexe zur Herstellung einer Vielzahl von Kunststoffen. Und 1979 hatte die Tageskapazität der südkoreanischen Ölraffinerien bereits 640 000 Barrels erreicht. Die Schwierigkeiten im petrochemischen Bereich resultierten natürlich aus den plötzlichen Ölpreissteigerungen im Zuge der ersten Ölkrise, da Südkorea sein gesamtes Erdöl importieren mußte.

Der Aufbau einer eigenen Kraftfahrzeugindustrie begann 1962 mit der Errichtung eines Montagewerks. In Zusammenarbeit mit japanischen und amerikanischen Automobilfirmen produzierte Südkorea 1979 über 200 000 Kraftfahrzeuge, darunter 112 000 Personenkraftwagen, im übrigen Lastkraftwagen und Busse sowie ungefähr 100 000 Motorräder. Damit konnte das Land einen Großteil seines Eigenbedarfs decken. Zu diesem Zeitpunkt hatten sich in Ansätzen jene drei Gruppen gebildet, die heute das Rückgrat der südkoreanischen Automobilindustrie darstellen: Hyundai (Zusammenarbeit mit Ford und Mitsubishi), Kia (Zusammenarbeit mit Mazda, General Motors und – beim Motorradbau – mit

Honda) sowie Saehan-Daewoo (Zusammenarbeit mit General Motors). Motorräder baut außerdem Daelim. Der Export von Kraftfahrzeugen begann 1976 versuchsweise mit einigen hundert Exemplaren des von Hyundai entwickelten und mit einem alten Mitsubishi-Motor ausgestatteten »Pony« – eines Vorläufers des Verkaufsschlagers der achtziger Jahre.

Eine andere Schlüsselindustrie, deren Grundlagen in die Park-Ära zurückreichen, ist die Stahlindustrie. 1968 wurde mit 50prozentiger Staatsbeteiligung die Pohang Eisen- und Stahl-Gesellschaft (Posco) gegründet und ein ehemaliger Generalmajor zu ihrem Vorstandsvorsitzenden berufen. Mit finanzieller und technischer Hilfe vorrangig aus Japan – aber auch die österreichische Voest-Alpine AG steuerte technisches Wissen bei – wurde 1973 in Pohang an der südlichen Ostküste das erste integrierte Hüttenwerk Südkoreas mit einer Jahreskapazität von zunächst einer Million Tonnen Rohstahl in Betrieb genommen. Bis 1979 war die Kapazität bereits auf 5,5 Millionen Tonnen erweitert worden. Im selben Jahr produzierte Südkorea fast 8 Millionen Tonnen und war damit in die Gruppe der bedeutenden Stahlerzeuger der Erde vorgestoßen. In diesem Jahr konnten bereits Eisen- und Stahlerzeugnisse im Wert von über einer Milliarde Dollar exportiert und etwa 80 Prozent des Eigenbedarfs befriedigt werden.

Ende des 16. Jahrhunderts hatten die Schildkrötenschiffe des Admirals Yi Sun Shin die japanischen Invasoren das Fürchten gelehrt. Fast vier Jahrhunderte später schickt sich Südkorea an, der auf dem Sektor Handelsschiffe führenden Schiffsbaunation Japan den Rang abzulaufen. Der Aufbau einer modernen Schiffsbauindustrie begann mit dem Schiffsbauförderungsgesetz von 1962 und erfolgte seit den siebziger Jahren mit einem zeitweilig atemberaubenden Tempo. 1979 betrug die Produktionskapazität der etwa 150 größeren Schiffsbauunternehmen 2,8 Millionen Bruttoregistertonnen (für die insgesamt mehr als 300 in diesem Sektor tätigen Firmen sogar 4,1 Millionen), wovon allein 2 Millionen oder über 70 Prozent auf Hyundai mit der Hauptwerft in Ulsan entfielen. Zum zweitgrößten Schiffsbauer des Landes entwickelte sich Daewoo seit 1978 durch die Übernahme eines auf der Insel Okpo in der Nähe von Pusan im Bau befindlichen Trockendocks. Mit seiner Riesenkapazität von 1,2 Millionen Tonnen ist es das größte Dock der Welt. Allerdings hinkte die Auslastung der Werften weit hinter den Kapazitäten her. 1979 bauten Südkoreas Werften für 440 000 Bruttoregistertonnen Frachtschiffe. Der Exportwert dieser Aufträge überschritt aber schon eine halbe Milliarde Dollar, was den Schiffsbau 1979 zur fünftgrößten Exportindustrie machte. Ein weiteres Problem war der hohe Anteil an japanischem Zubehör, das zu dieser Zeit noch rund 40 Prozent des Gesamtwertes ausmachte. Der Nettoexporterlös war also wesentlich niedriger.

Im Jahre 1967 trat in Südkorea das Gesetz zur Förderung der Maschinenindustrie in Kraft. Ein Jahr später begann die Regierung, die Einfuhr von Maschinen aus dem Ausland zu beschränken und die Verwendung von Maschinen inländischer Hersteller steuerlich zu begünstigen. Das war der Anfang des systematischen Ausbaus der Maschinenindustrie. Sie umfaßt, worauf Max Eli in seiner Untersuchung *Wirtschaftliche Entwicklungsstrukturen der Republik Korea* aufmerksam macht, in der südkoreanischen Abgrenzung weitaus mehr Produktionszweige als der deutsche Begriff Maschinenbau. 1960 beschäftigte die Branche in Südkorea 34 000 Arbeitnehmer oder 12,5 Prozent aller Industriearbeiter, 1975 bereits 329 000 oder 22,9 Prozent. Mit der stürmischen Expansion war eine Strukturverbesserung einhergegangen: Die durchschnittliche Betriebsgröße hatte sich von 17 auf 80 Beschäftigte vervierfacht. 1977 begann mit dem vierten Fünfjahresplan eine neue Phase in der Entwicklung der südkoreanischen Maschinenindustrie. Die Regierung erklärte die Bereiche Grundmaterialien, Maschinenteile, Werkzeugmaschinen und Industrieausrüstungen zu strategischen Zielgruppen. Ferner beschloß sie, 500 ausgewählte Klein- und Mittelbetriebe intensiv zu fördern, wobei außer einer allgemeinen Modernisierung die Spezialisierung sowie eine engere Zusammenarbeit mit Großunternehmen angestrebt wurde. Die weitreichendste Fördermaßnahme der Regierung war die Erstellung eines neuen Maschinenbaukombinats, in dem über hundert Klein-, Mittel- und Großbetriebe dieses Industriezweigs angesiedelt werden sollten. Für die Arbeitskräfte und deren Familien wurde eine neue Stadt in der Größenordnung von 300 000 Einwohnern geplant und als Standort die Gemeinde Changwon nördlich der Industriestadt Masan ausgewählt. Im Oktober 1979 lebten in Changwon bereits über 100 000 Menschen, und mehr als 120 Firmen hatten sich dort etabliert, darunter Niederlassungen der Spitzenkonzerne Hyundai, Daewoo und Samsung sowie ein Dutzend Gemeinschaftsgründungen mit ausländischen Unternehmen (Joint Ventures). Den Namen Changwon wird man sich merken müssen. Der japanischen Konkurrenz, aber auch dem deutschen Maschinenbau erwächst hier eine sehr ernst zu nehmende Herausforderung.

Im Jahre 1963 hat Südkorea Rundfunkempfänger im Gesamtwert von 50000 Dollar exportiert. Das war der Einstieg der elektronischen Industrie in den Weltmarkt unter eigenem Namen. Inzwischen schickt sich dieser – die Unterhaltungselektronik, Telefonanlagen, Halbleiter und Computer umfassende – Industriezweig an, die Textilbranche von Platz eins der Exportindustrie zu verdrängen. Neben der üblichen Entwicklungshilfe von Regierungsseite erfreuten sich in diesem Sektor auch Investitionen aus dem Ausland gezielter Förderung. 1979 waren 500 einheimische und 35 ausländische Firmen im Bereich Elektronik tätig. Zentrum der elektronischen Industrie Südkoreas, die 1979 Waren im Wert von 1,8 Milliarden Dollar exportierte, wurde Kumi nordwestlich von Taegu.

Das Jahr 1966 brachte erstmals einer südkoreanischen Firma einen Bauauftrag im Ausland, und zwar im Wert von elf Millionen Dollar in Südvietnam. 1979 hat die Bauindustrie Südkoreas im Ausland 6,3 Milliarden Dollar umgesetzt, überwiegend im Nahen Osten, wobei Saudi-Arabien der bedeutendste Auftraggeber war. Rund 100000 Bauarbeiter, Techniker und Ingenieure arbeiteten zu dieser Zeit im Ausland. Dieser Sektor hat in entscheidender Weise dazu beigetragen, daß Südkorea die beiden Ölkrisen 1973/74 und 1979/80 in verhältnismäßig kurzer Zeit erstaunlich gut verkraften konnte. Im Inland hatte dieser Industriezweig einen nicht geringen Anteil am wirtschaftlichen Aufschwung des Landes. 1979 erreichte sein Beitrag zum Bruttosozialprodukt 6 Prozent (zu konstanten Marktpreisen von 1975) oder ungefähr das Dreifache von 1962. Eine wesentliche Rolle spielte dabei die Errichtung von fast dreißig neuen Industriegebieten – einschließlich der erwähnten Beispiele in Pohang, Ulsan, Changwon und Kumi sowie mehrerer zollfreier Exportzonen, unter anderem in Masan und Inchon – mit zusammen weit über tausend Fabriken. 1979 gab es in Südkorea fast 600 Bauunternehmen, von denen Hyundai und Daelim das größte Geschäftsvolumen aufwiesen.

Ein Industriezweig, über den die Regierung wenig Auskunft gibt und der in den meisten Veröffentlichungen über Südkorea zu kurz oder gar nicht vorkommt, ist die Rüstungsindustrie. Dabei spielt diese Branche wirtschaftlich eine große Rolle. 1979 gab Südkorea 1,5 Billionen Won oder 3,2 Milliarden Dollar für seine Verteidigung aus. Das waren 33,4 Prozent des Staatshaushalts oder 5,6 Prozent des Bruttosozialprodukts. Im selben Jahr importierte das Land Waffen für 525 Millionen Dollar. Über den Wert der inländischen Waffenproduktion liegen keine Daten vor. Geht man davon aus, daß mindestens ein Drittel der Verteidigungsaufwendungen für Beschaffungen zur Verfügung standen, so ergibt das für 1979 mehr als eine Milliarde Dollar. Zieht man davon die Importe ab, bleiben über 500 Millionen für Aufträge an die heimische Rüstungsindustrie übrig. Zusammen mit den Exporten errechnet sich daraus ein Geschäftsvolumen von gut 700 Millionen Dollar. Die südkoreanischen Streitkräfte konnten zu jener Zeit bereits »bis zu 70 Prozent« ihrer Beschaffungswünsche aus einheimischen Quellen befriedigen, berichtete Shim Jae Hoon im Oktober 1981 in der *Far Eastern Economic Review*.

Die Grundlagen für diese Entwicklung hatte die Regierung Park Chung Hee geschaffen. Den entscheidenden Anstoß lieferten die Amerikaner mit ihren Truppenabzugsplänen. 1971 wurde die Produktion von M 2-Gewehren, Bodenminen und Mörsern sowie von Raketengeschützen aufgenommen. 1973 begann die Serienfertigung von M 16-Gewehren aufgrund eines Lizenzabkommens mit der Colt Firearms Company. 1975 trat ein Gesetz über die Landesverteidigung in Kraft, das die Einführung einer neuen Verteidigungssteuer vorsah. Seit 1977 wird ein breites Arsenal an Rüstungsgütern in Südkorea in Lizenz produziert: von schweren Haubitzen, Vulcan-Flugabwehrgeschützen und Panzerwagen bis zu Schnellbooten für die Marine und dem 500 MD-Kampfhubschrauber. 1977 gab Präsident Park bekannt, daß Südkorea sich auf die Herstellung von Kampfflugzeugen und elektronisch gesteuerten Waffen vorbereite. 1978 konnte die Serienfertigung einer verbesserten Version des amerikanischen Panzers M 40 aufgenommen und die ersten Bodenraketen aus eigener Entwicklung getestet werden.

1975 hatte Südkorea Rüstungsgüter im Wert von bescheidenen fünf Millionen Dollar exportiert. Vier Jahre später waren diese

Ausfuhren – vor allem Munition – auf 180 Millionen gestiegen. Allerdings bedurften sie in der Mehrzahl der Genehmigung von ausländischen Lizenzgebern, und die wurde und wird häufig nicht erteilt. So sind viele Firmen der Branche oft nur zur Hälfte ausgelastet. Bedeutende Rüstungsunternehmen sind Hyundai (Panzer), Daewoo (Kanonen, Schiffe), Kia (Kanonen), Samsung (Flugzeuge), Hanjin/Korean Air Lines (Hubschrauber- und Flugzeugmontage).

In der Rüstung wie in den anderen Industriezweigen tauchen an der Spitze dieselben Namen auf. Das ist kein Zufall. Südkoreas große Unternehmensgruppen – die *Chaebol* – sind auf beinahe allen Sektoren der Wirtschaft aktiv. Ihre Gründer waren die Pioniere des südkoreanischen Wirtschaftsaufschwungs, welche die Vorgaben der politischen Führung in die Wirklichkeit umgesetzt haben. Waren die Chaebol einerseits Instrumente von Park Chung Hee, sind sie andererseits unter seiner Herrschaft groß und mächtig geworden. Und die Familien, welche die Chaebol kontrollieren, haben in kurzer Zeit unermeßliche Reichtümer angesammelt.

Der Begriff Chaebol wird mit denselben chinesischen Schriftzeichen geschrieben wie das japanische *Zaibatsu* und bezeichnet eine um ein Vermögen gebildete Gruppierung. In ihrer frühen Phase werden die Chaebol/Zaibatsu gewöhnlich von der Gründerfamilie kontrolliert. In Japan erfuhr der Begriff Zaibatsu eine Ausdehnung: er blieb weiter gültig dort, wo der beherrschende Einfluß in andere Hände – zum Beispiel erfolgreicher Manager aus dem Unternehmen selber oder auswärtige Institutionen wie Banken – übergegangen war. In Südkorea werden die Dinge einen ähnlichen Verlauf nehmen, nur haben die Chaebol dieses Stadium im allgemeinen bislang nicht erreicht. Die Gründerfamilien spielen weiterhin die führende Rolle, zumal da der Zusammenhalt der Familie dank jahrhundertalter konfuzianischer Tradition in Korea nach wie vor stark ist.

Die Chaebol sind nach dem Koreakrieg entstanden und haben ihren Aufstieg zumeist in der Ära Park erlebt. Sie sind also jüngeren Datums als ihre japanischen Vorbilder, die während der Meiji-Zeit in den letzten Jahrzehnten des 19. Jahrhunderts groß geworden sind. Mit den Zaibatsu haben die Chaebol gemein, daß die Stammbelegschaft sich für die Dauer des Berufslebens an die Firma bindet und diese von ihren Mitarbeitern uneingeschränkte

Loyalität erwartet. Doch steht der »Treupflicht« des Arbeitnehmers eine mehr oder weniger patriarchalisch gehandhabte »Fürsorgepflicht« des Unternehmers gegenüber. Die festen Mitarbeiter der Chaebol lassen sich als »Betriebsbeamte« charakterisieren.

Je nach Abgrenzung werden bis zu fünfzig Firmengruppen in Südkorea als Chaebol eingestuft. Ihre überragende Bedeutung für die Wirtschaft läßt sich an den Zahlen ablesen, die das Finanzministerium in Seoul 1982 veröffentlicht hat: Danach erzielten die dreißig größten Chaebol zusammen 1981 einen Umsatz, der 60 Prozent des Bruttosozialprodukts von Südkorea in diesem Jahr entsprach. 1983 waren es »rund drei Viertel« des Sozialprodukts, wie Shim Jae Hoon in einem Sonderbericht über die Chaebol im Dezember 1985 in der *Far Eastern Economic Review* schrieb. Der Koreanische Industrieverband (Chonguk Kyongjein Yonhaphoe) hielt dem entgegen, daß der von den dreißig größten Chaebol 1983 produzierte Mehrwert – also der Umsatz abzüglich der Materialkosten – »nur« ungefähr 29 Prozent des Bruttosozialprodukts von 1983 erreicht habe.

Der Chef der Samsung-Gruppe, der 1987 verstorbene Lee Byung Chull war der erste Vorsitzende des 1961 gegründeten Industrieverbands gewesen. Lee war nach dem Militärputsch vom Mai 1961 zunächst verhaftet worden: Die Junta warf ihm vor, er habe sein Vermögen auf unrechtmäßige Weise erworben. Doch arrangierte sich Putschistenführer Park Chung Hee mit Lee und anderen inhaftierten Unternehmern und ließ sie im Gegenzug für ihre Unterwerfung unter die staatliche Wirtschaftsplanung wieder frei. Seine erste Handelsfirma hatte Lee Byung Chull während der japanischen Kolonialherrschaft gegründet, und nach der Befreiung, ab 1951, war er wieder Chef einer eigenen Firma. Der Bau einer Zuckerfabrik lieferte 1953 den Anlaß zur Bildung der Samsung-Gruppe. Bald folgte eine Textilfirma zur Herstellung von Wollkleidung und eine weitere für synthetische Fasern. Nach und nach expandierte Lee mit einer Vielzahl von Neugründungen in die Bereiche Elektronik, Maschinenindustrie, Schiffsbau, Hoch- und Tiefbau, Luftfahrt, Petrochemie, Papier, Glas, Versicherungen und Massenmedien.

Heute gehören zur Samsung-Gruppe nicht weniger als 37 Tochtergesellschaften oder Stiftungen, darunter auch die 1965 von Lee als nationale Tageszeitung gegründete *Joong-Ang Ilbo*, das luxuriöse Shilla-Hotel in Seoul, das traditionsreiche Kaufhaus Shinsegae gegenüber der Zentralbank, das Koryo-Krankenhaus, eine Technische Hochschule und das Hoam-Museum außerhalb von Seoul, die wohl bedeutendste private Kunstsammlung Südkoreas. Seit 1987 liegt die Führung der Samsung-Gruppe in den Händen von Lee Kun Hee, einem der Söhne des Gründers.

Ein anderer bedeutender Unternehmer ist Chung Ju Yung, der Begründer der Hyundai-Gruppe und bis 1987 zehn Jahre lang Vorsitzender des Industrieverbands. Chung hat nur eine Handelsschule besucht und begann seine berufliche Laufbahn als Maurer. 1946 gründete er die Hyundai Motorenwerke, zunächst als Wartungsbetrieb für amerikanische Militärfahrzeuge, 1950 die Hyundai Baugesellschaft. Zum Zeitpunkt des Militärputsches vom Mai 1961 war Chung Ju Yung bereits ein erfolgreicher Bauunternehmer. Als Präsident Park trotz ungünstiger Gutachten eine Autobahn von Seoul nach Pusan bauen wollte, bot sich Chung als Generalunternehmer an und erhielt den Zuschlag. Nach zweieinhalbjähriger Bauzeit konnte die rund 450 Kilometer lange Strecke im Juli 1970 dem Verkehr übergeben werden. Viele öffentliche und private Großbauaufträge im In- und Ausland folgten. Chung war der Pionier der modernen Schiffsbauindustrie Südkoreas. Bei Hyundai in Ulsan wurde 1974 die erste Großwerft des Landes fertiggestellt. Zur dritten Säule der Gruppe entwickelte sich nach manchen Rückschlägen der Kraftfahrzeugbau. Außer Lastwagen und Bussen produziert Hyundai in Zusammenarbeit mit Ford mehrere deutsche Ford-Modelle. In den siebziger Jahren war Hyundais »Pony« – eine Eigenentwicklung mit japanischem Lizenzmotor – der erfolgreichste Kleinwagen im Inland. Der Durchbruch im Export gelang Mitte der achtziger Jahre mit den Nachfolgemodellen »Excel« und »Stellar« in Kanada und Amerika. Zur Hyundai-Gruppe gehören heute fast vierzig Unternehmen. 1987 hat Chung Ju Yung die Führung des Konzerns an seinen jüngeren Bruder Chung Se Young abgegeben, aber wenn es kritisch wird, wie bei den Streiks vom Frühsommer 1987, greift der alte Konzerngründer noch direkt ein.

Koo Cha Kyung hatte zunächst als Lehrer gearbeitet, bevor er in die von seinem Vater gegründete Unternehmensgruppe Lucky-Goldstar überwechselte. Nach dem Tod des Vaters wurde er 1970

Gruppenchef. Koo hat 1987 die Nachfolge von Chung Ju Yung als Vorsitzender des Industrieverbands angetreten. Von den mittlerweile über fünfzig Firmen der Gruppe sind an die zwanzig unter seiner Führung entstanden, darunter Südkoreas erster ausländischer Produktionsbetrieb 1981 im amerikanischen Bundesstaat Alabama sowie das 1987 in Worms eingeweihte südkoreanische Montagewerk in der Bundesrepublik, die Goldstar Europe GmbH, die Farbfernseher und Videogeräte für den deutschen und westeuropäischen Markt herstellt. Innerhalb der Lucky-Goldstar-Gruppe produzieren die Goldstar-Unternehmen Fernmeldetechnik, Elektro- und Elektronikerzeugnisse bis hin zu Halbleitern und Computern, während die Lucky-Firmen den Chemiebereich abdecken, von Zahnpasta bis zu Petrochemie. Zu der Gruppe gehören ferner Handelsfirmen, Wertpapierhäuser, eine Versicherungsgesellschaft, die Honam-Ölraffinerie sowie ein Förder- und Schmelzbetrieb für Gold, Silber, Kupfer und Blei.

Die Jüngste unter den ganz großen Chaebol ist die Daewoo-Gruppe. Ihr Begründer Kim Woo Choong hat 1967 mit einer kleinen Textilfirma begonnen. Aus ihr hat sich das zentrale Handelshaus des Konzerns entwickelt, das in der Nähe von Pusan eine mittlerweile ins Gigantische vergrößerte Textilfabrik betreibt, wo die berühmtesten Modefirmen der Welt unter einem Dach von Tausenden koreanischen Näherinnen ihre Blusen und Röcke, Hemden, Hosen und Jacken fertigen lassen. 1976 wagte Kim den Sprung aus der Textilbranche in den Maschinenbau, als er die ihm von Präsident Park angebotene, finanziell in Schwierigkeiten geratene staatlichen Hanguk Industriemaschinenwerke übernahm und als Daewoo Schwerindustriegesellschaft sanierte. Zwei Jahre später übernahm Daewoo die im Bau befindliche Mammutwerft auf der Insel Okpo und erwarb 50 Prozent der Anteile von Saehan Motors, die anderen 50 Prozent hielt der amerikanische Autoriese General Motors. Das in Daewoo Motors umgetaufte Gemeinschaftsunternehmen produziert neben Nutzfahrzeugen verschiedene Pkw-Modelle der deutschen GM-Tochter Opel. Weitere Daewoo-Firmen fertigen Hubschrauber und Flugzeugteile, Klaviere, Stahlrohre oder Computer. Zu den inzwischen fast dreißig Unternehmen der Gruppe gehört auch eine hochkarätige Baufirma. Die Konzernzentrale in einem modernen Hochhaus gegenüber dem Hauptbahnhof von Seoul wird nur von dem wenige hundert Meter weiter auf einem Hügel gelegenen Hilton-Hotel überragt, das sich ebenfalls in Daewoo-Besitz befindet.

Der Erfolg der Chaebol hat viele Väter: wagemutige Unternehmer ebenso wie fleißige Arbeiter und Arbeiterinnen, die sich jahrelang damit abfanden oder gezwungen waren, zu Niedrigstlöhnen 50 bis 60 Stunden pro Woche zu schuften, daneben eine ehrgeizige und fast allmächtige Regierung, die mit Krediten zu Vorzugsbedingungen, Bürgschaften und Steuervergünstigungen sowie durch ihre Wirtschaftspläne und Infrastrukturinvestitionen wesentliche Voraussetzungen schuf. So abgesichert, konnten die Unternehmen mit minimalen Eigenmitteln ungesicherte Kredite in Anspruch nehmen und ihre Kapazitäten ohne Rücksicht auf konkrete Geschäftsaussichten ausweiten. Die normalen Kontrollmechanismen bei der Kreditvergabe von unabhängigen Banken waren ausgeschaltet. Das hatte zur Folge, daß der an staatliche Bevormundung gewöhnte Bankensektor Südkoreas sich bis heute nicht richtig entfalten konnte.

Die Kehrseite der ungestümen Industrialisierung war die Vernachlässigung der Landwirtschaft. Die verfügbaren Investitionsmittel flossen vorzugsweise in den Aufbau neuer Industrien, für die notwendige Modernisierung der Landwirtschaft war entsprechend wenig Geld vorhanden. Das führte zu einer Reihe von Fehlentwicklungen: Während des ersten Fünfjahresplans (1962–1966) hatte die Wachstumsrate der Landwirtschaft real noch durchschnittlich 5,3 Prozent betragen im Vergleich zu 7,8 Prozent für die Gesamtwirtschaft. Doch in der zweiten Planperiode (1967–1971) verlangsamte sie sich auf 2,5 Prozent gegenüber nun 10,5 Prozent insgesamt. Die Produktion von Nahrungsmitteln konnte mit dem Bevölkerungswachstum nicht Schritt halten, daher mußte ein Großteil der durch den Export von Industrieerzeugnissen erwirtschafteten Devisen für den Import von Lebensmitteln aufgewendet werden. Außerdem wuchsen die Einkommen in den Städten sehr viel schneller als auf dem Land. Konnte ein bäuerlicher Haushalt 1962 im Durchschnitt über 71 Prozent des Einkommens eines Stadthaushalts verfügen, war dieser Anteil 1967 auf 60 Prozent gefallen. Kleinbauern mit weniger als einem Hektar Land – das waren etwa zwei Drittel aller Bauern – mußten sich 1970 sogar mit 50 Prozent dessen bescheiden, was ein Stadthaushalt verdiente. Dieses Einkommensgefälle sowie die offensichtliche Benachteiligung der Dörfer bei den Infrastrukturinvestitionen beschleunigten die Abwanderung vor allem der jüngeren Landbevölkerung in die Städte. Dort war der Zustrom an billigen Arbeitskräften für die neuen Fabriken sehr willkommen, die Dörfer aber verloren mit der Jugend auch wichtige Antriebskräfte für eine Modernisierung der Landwirtschaft.

Mit der Verabschiedung des landwirtschaftlichen Grundgesetzes und einer Reihe Sondergesetze leitete die Regierung Park 1967 Gegenmaßnahmen ein. Im April 1970 verkündete der Präsident zum erstenmal Pläne für eine Bewegung zur Erneuerung der Dörfer, die ab 1971 unter dem Namen *Saemaul Undong* (Neu-Dorf-Bewegung) mit großem Propagandaaufwand in die Tat umgesetzt wurde. Mit verhältnismäßig bescheidenen öffentlichen Zuschüssen sollte die Landbevölkerung veranlaßt werden, durch eigene und gemeinschaftliche Anstrengungen ihre Lebensverhältnisse zu verbessern.

Die Gegner des Park-Regimes sahen in der Saemaul Undong in erster Linie den Versuch, die Bauern für politische Zwecke zu mobilisieren. Daß die Regierung dank den Saemaul Undong-Aktivitäten bald in jedem Dorf über eine auch politisch nutzbare Basis verfügte, ist unbestreitbar. Aber ebensowenig läßt sich leugnen, daß die Bewegung große Veränderungen in den ländlichen Lebensverhältnissen bewirkt hat.

Zu den großen und sichtbaren Erfolgen der Saemaul Undong zählt die Regierung, daß fast zwei Millionen Bauernhäuser mit Dachziegeln oder Schieferplatten gedeckt wurden. »Heutzutage kann man selbst auf dem Lande kaum noch Häuser mit jahrhundertealten Binsendächern sehen«, schreibt dazu einer der Saemaul-Propagandisten voller Stolz. Die neuen Dächer, oft nur aus Wellblech und in grellen Farben, wirkten auf den alten Lehmhäusern wie eine bunte Perücke über einem alten Gesicht, groteske Fremdkörper, die eine traditionell gewachsene Dorflandschaft bis zur Unkenntlichkeit verschandelten. Und es war beileibe nicht nur ein ästhetisches Problem. Die alten Strohdächer hatten die Häuser im Winter warm und im Sommer kühl gehalten. Unter den neuen Dächern brüteten die Bewohner in der Sommerhitze oder froren jämmerlich in den kalten koreanischen Wintern. Außerdem mußten die Bauern die ihnen praktisch aufgezwungenen Dächer selbst bezahlen und viele sich in neue Schulden stürzen.

Uneingeschränkt positiv zu bewerten ist hingegen, daß nach einem Jahrzehnt Saemaul Undong 98 Prozent der ländlichen Haushalte an das öffentliche Stromnetz angeschlossen waren, daß 86 Prozent fließend Wasser erhielten und in jedem Dorf mindestens ein Telefonanschluß existierte. Hierzu hätte es allerdings keiner besonderen Bewegung bedurft, die Bewilligung der notwendigen Haushaltsmittel zur Finanzierung der Investitionen hätte dasselbe erreicht.

Zum Tragen kam die Kernidee der Bewegung – Hilfe durch Selbsthilfe – bei der Verwirklichung von Gemeinschaftsprojekten wie dem Bau von Straßen und Brücken, Uferbefestigungen, Bewässerungsanlagen, Lagerhäusern oder Dorfzentren. Die Regierung lieferte das Baumaterial und gelegentlich fachmännische Anleitung, die Bauarbeiten leisteten die Dorfbewohner, natürlich ohne Bezahlung. Im ersten Jahrzehnt von Saemaul Undong wurden nach Angaben der Regierung rund 62000 Kilometer neue Wege und Landstraßen und fast 80000 kleine und große Brücken fertiggestellt, ungefähr 20000 Kilometer Ufer befestigt, mehr als 5000 Kilometer Kanäle, an die 32000 Kilometer Wassergräben sowie gut 13000 Wasserbecken gebaut. Außerdem wurden als Gemeinschaftseinrichtungen 6000 Werkstätten, 4500 Ställe, mehr als 22000 Lagerhäuser und rund 37500 Dorfzentren errichtet. Natürlich waren die Gebäude recht primitiv und die Wege und Landstraßen nicht asphaltiert. Dennoch bedeuteten diese neuen Einrichtungen eine spürbare Verbesserung der Lebensbedingungen auf dem Lande.

Ein weiteres Ziel der Neu-Dorf-Bewegung war die Steigerung der bäuerlichen Einkommen. Hierzu beschritt man zwei Wege: einmal die Verbesserung der landwirtschaftlichen Produktivität durch Einführung neuer Reissorten, den verstärkten Einsatz von Kunstdünger, die Einrichtung von Maschinenparks, eine Diversifizierung der Produktion und sonstige typisch genossenschaftliche Aktivitäten; zum anderen die Schaffung von Nebenerwerbsquellen durch Errichtung kleiner Fabriken, in denen die Landbevölkerung im Winter ein Zubrot verdienen oder junge Leute, die andernfalls in städtische Fabriken abwandern würden, beschäftigt werden konnten. Einige dieser Saemaul-Betriebe waren sehr erfolgreich, andere sind kläglich gescheitert. Die Verwirklichung dieser an sich guten Idee war schwieriger, als man sich das vorgestellt hatte.

1971 hatte Südkorea rund 7,3 Millionen Tonnen Getreide produziert und zur Deckung seines Bedarfs weitere 2,7 Millionen importieren müssen. Bis 1978 – das Jahr 1979 sollte wegen einer witterungsbedingt schlechten Ernte außer Betracht bleiben – konnte die Getreideproduktion auf 8,2 Millionen Tonnen gesteigert werden, aber auch die Importe waren auf 3,6 Millionen Tonnen gestiegen. Mit und ohne Saemaul Undong blieb das Problem der Getreideversorgung gleichermaßen ungelöst.

Dagegen gelang es im großen und ganzen die wirtschaftliche Lage der Bauern wesentlich zu verbessern. So erreichte das Durchschnittseinkommen eines ländlichen Haushalts 1979 immerhin 84,7 Prozent der Einnahmen eines vergleichbaren Stadthaushalts. Unter diesem Blickwinkel war Saemaul Undong wirtschaftlich gesehen ein Erfolg.

Nord-Süd-Kontakte

Mit der planmäßigen Industrialisierung hatte Südkorea verspätet einen ähnlichen Weg bestritten, wie ihn Nordkorea unter anderen Vorzeichen schon unmittelbar nach dem Ende des Koreakriegs eingeschlagen hatte. Es dauerte bis in die frühen siebziger Jahre, bevor der Süden den Entwicklungsvorsprung des Nordens wettgemacht hatte. Trotz grundsätzlicher Systemunterschiede basierte die Wirtschaftspolitik in beiden koreanischen Staaten auf der zentralen Planungsbürokratie. Jedoch setzten die Wirtschaftsplaner in Pyongyang und Seoul andere oder in ihrer zeitlichen Reihenfolge abweichende Schwerpunkte, was zum Teil auf verschiedene Strukturen zurückzuführen war oder mit den jeweiligen politischen Zielvorgaben zusammenhing.

Da die Eisenerz- und Kohlevorkommen im Norden der koreanischen Halbinsel konzentriert sind, hatten Bergbau und metallverarbeitende Industrie dort von Anfang an ein viel größeres Gewicht als im Süden. Übrigens verfügen beide Seiten über zwar begrenzte, aber wirtschaftlich durchaus interessante Vorkommen an hochwertigen und Edelmetallen wie Kupfer, Blei, Zink, Wolfram sowie Gold und Silber. In der Stahlerzeugung und im Maschinenbau war der Norden dem Süden zunächst weit überlegen. Hier begann sich das Blatt jedoch Mitter der siebziger Jahre zu wenden.

Mit einiger Verzögerung gilt das gleiche für die Rüstungsindustrie. Auf die Machtergreifung des Militärs in Südkorea 1961 hatte Pyongyang mit dem Abschluß von Freundschafts- und Beistandsverträgen mit Moskau und Peking reagiert. Außer militärischer Unterstützung im Fall eines bewaffneten Angriffs war mit der Sowjetunion eine Intensivierung der wirtschaftlichen Zusammenarbeit vereinbart worden. Göthel berichtet, daß bis 1975 koreanische und sowjetische Spezialisten »mehr als dreißig große Industrieanlagen rekonstruiert« und »errichtet« hätten, »darunter Betriebe der Metallurgie, der Chemie- und Textilindustrie«. Unter den metallurgischen Betrieben dürften sich auch Rüstungsbetriebe befunden haben. Gleichfalls als Reaktion auf Park Chung Hees Militärregime hatte Nordkorea eine erhebliche Verstärkung seiner Streitkräfte und den schnellen Aufbau einer eigenen Rüstungsindustrie beschlossen. Dies machte eine Änderung des 1961 angelaufenen Siebenjahresplans erforderlich und lief nach einem Kommentar des Parteiorgans *Rodong Shinmun* (Zeitung der Arbeit) darauf hinaus, »den Anteil der Mittel für die Entwicklung der Verteidigung gleich hoch festzusetzen wie den Anteil für den Aufbau der Wirtschaft«. Die Kursänderung führte zu einer beträchtlichen Verlangsamung des allgemeinen Wirtschaftswachstums. Nordkoreas Wachstumsboom ging daher Anfang der sechziger Jahre zu Ende.

In der chemischen Industrie hatte der Norden mit seinen beachtlichen Kapazitäten zur Erzeugung von Kunstdünger einen beträchtlichen Vorsprung. Der Aufbau einer eigenen petrochemischen Industrie begann in Nord und Süd etwa gleichzeitig Mitte der siebziger Jahre unter dem Eindruck der ersten Ölkrise. Im Energiebereich besaß der Norden viel ergiebigere Kapazitäten zur Erzeugung von Wasserkraft, die zudem zügig weiter ausgebaut wurden. Es ist daher nicht überraschend, daß zuerst das in dieser Hinsicht schlechter ausgestattete Südkorea Anfang der siebziger Jahre mit dem Bau seines ersten Kernkraftwerks begann und 1975 dem Atomsperrvertrag beitrat. Nordkorea schlug diesen Weg erst Ende 1985 ein, als es mit der Sowjetunion einen Vertrag über technische Zusammenarbeit auf dem Gebiet der Kernenergie abschloß und gleichzeitig dem Sperrvertrag beitrat.

Die Leichtindustrie war schon während der japanischen Kolonialherrschaft im heutigen Südkorea konzentriert gewesen. Hinsichtlich der Versorgung der eigenen Bevölkerung mit Konsumgütern ist Südkorea dem Norden meilenweit voraus. Dort faßte man im 1971 anlaufenden Sechsjahresplan den Ausbau der Leichtindustrie erstmals als wichtiges Planungsziel ins Auge, um den allgemeinen Lebensstandard zu heben.

Einer planmäßigen Entwicklung der Landwirtschaft hatte Pyongyang von vornherein einen hohen Stellenwert zugemessen, nicht zuletzt aus politischen Gründen. Die frühzeitig durchgeführte Agrarreform durch entschädigungslose Enteignung der Großgrundbesitzer hatte ein großes Heer von Neubauern geschaffen. Innerhalb der Partei der Arbeit stellten die Bauern lange Zeit die Mehrheit der Mitglieder. Die vielen kleinen Einzelhöfe wurden nach dem Koreakrieg in einer weiteren Reform zu landwirtschaftlichen Genossenschaften zusammengeschlossen. Bis August 1958 war die »sozialistische Umgestaltung«, die Kollektivierung der Landwirtschaft, vollständig verwirklicht. Mechanisierung, systematischer Ausbau der Bewässerungsanlagen und verstärkter Einsatz von Kunstdünger haben die Leistungsfähigkeit der nordkoreanischen Landwirtschaft seit der zweiten Hälfte der fünfziger Jahre planmäßig und erfolgreich gesteigert.

Der wirtschaftlichen Kursänderung Pyongyangs folgte zehn Jahre später die politische Umgestaltung. Man mag drüber streiten, ob die Annahme einer neuen Verfassung durch die Oberste Volksversammlung am 27. Dezember 1972 eine Konsequenz aus Entwicklungen innerhalb Nordkoreas war oder wiederum in Reaktion auf Entwicklungen Südkoreas erfolgte, mit dem man seit August 1971 in direktem Kontakt stand: Dort hatte Präsident Park Chung Hee im Oktober 1972 den Ausnahmezustand ausgerufen und einen Monat später in einer sogenannten Volksabstimmung eine neue Verfassung annehmen lassen, die ihm quasi diktatorische Vollmachten verlieh.

Die neue Verfassung von Nordkorea führte das Amt eines Staatsvorsitzenden oder Präsidenten ein, der von der Obersten Volksversammlung auf vier Jahre gewählt wird und vier Funktionen in einer Person vereinigt: er ist Staatsoberhaupt der Demokratischen Volksrepublik Korea und Vorsitzender des neugebildeten Zentralen Volkskomitees, das in der Verfassung als »höchstes Führungsorgan der Staatsmacht« definiert ist, außerdem leitet er die Sitzungen des »Verwaltungsrats« und ist Oberbefehlshaber der Streitkräfte. Der Präsident, das Zentrale Volkskomitee (mit 15 Mitgliedern) und der Verwaltungsrat (etwa 35 Mitglieder, darunter der Ministerpräsident und seine Stellvertreter, die Ministern entsprechenden Abteilungsleiter sowie ihnen gleichgestellte Vorsitzende verschiedener Fachausschüsse) üben zusammen die Aufgaben aus, die in der Bundesrepublik Deutschland das Kabinett wahrnimmt, wobei die Kompetenzen im Bereich der Justiz sehr viel weiter gehen, da die nordkoreanische Verfassung keine von der Regierung unabhängige Rechtsprechung vorsieht.

In der dreigliedrigen Regierung gibt der Präsident auf allen drei Ebenen den Ton an. Seine Machtfülle wird lediglich durch das Zentrale Volkskomitee begrenzt, soweit der Präsident auf dessen Zustimmung angewiesen ist. Hier ist ein gewisses Maß an kollektiver Führung verfassungsmäßig verankert. Die Stellung des Ministerpräsidenten ist sehr viel schwächer als die des deutschen Bundeskanzlers, kann jedoch dadurch aufgewertet werden, daß der Amtsinhaber zugleich ins Zentrale Volkskomitee gewählt wird. Nordkoreanische Minister sind mit bundesdeutschen Staatssekretären zu vergleichen, sofern sie nicht – was nur ausnahmsweise der Fall ist – dem Zentralen Volkskomitee angehören.

Die Verfassung von 1972 bestimmt Pyongyang zur Hauptstadt der Demokratischen Volksrepublik Korea. In der alten Verfassung von 1948 hatte man noch an Seoul festgehalten. Auch wenn Nordkorea solche Absichten weit von sich weisen würde, lief das auf eine weitere Verfestigung des Status quo der Teilung in zwei selbständige Staaten hinaus. Interessant ist ferner, daß die neue Verfassung das Wahlrecht – auch das passive – auf 17 Jahre herabgesetzt hat.

So hatten Kim Il Sung und Park Chung Hee mit neuen Verfassungen ihr jeweiliges Herrschaftssystem abgesichert, um den 1971 aufgenommenen Dialog zwischen Nord- und Südkorea unangefochten zu überstehen und im Wettbewerb miteinander möglichst zum eigenen Vorteil zu nutzen. Denn nicht allein das gegenseitige Mißtrauen war groß. Keiner der beiden Herrscher traute der eigenen Bevölkerung. Das hatte eine Episode bei den Olympischen Spielen in Tokio schmerzlich gezeigt: Am 9. Oktober 1964 kam es in der japanischen Hauptstadt zu einer Begegnung zwischen der nordkoreanischen Läuferin Shin Kum Dan und ihrem aus Südkorea angereisten Vater, der 1949 aus Nordkorea geflüchtet war. Das erschütternde Wiedersehen nach 15 Jahren wurde von den Aufpassern der nordkoreanischen Spitzensportlerin nach nur zehn Minuten abgebrochen. Als unter dem Eindruck dieser unmenschlichen Trennung der Abgeordnete Lee Man Sop, Mitglied von Parks Regierungspartei, in der Nationalversammlung in Seoul vorschlug, mit Nordkorea über die Möglichkeit der Familienzusammenführung zu verhandeln, lehnte Präsident Park das Ansinnen kategorisch ab.

Erst sieben Jahre später und nachdem Amerika und China im Zuge der »Pingpong-Diplomatie« den Kontakt aufgenommen hatten, waren Park Chung Hee und Kim Il Sung bereit, Gespräche über Familienzusammenführung und damit zusammenhängende humanitäre Fragen zuzulassen. Am 20. August 1971 kam es im Waffenstillstandsort Panmunjom zum ersten Kontakt zwischen Rotkreuzdelegationen beider Seiten.

Während die beiden Abordnungen in mühsamen Vorbereitungstreffen unter großer Anteilnahme einer aufgewühlten Öffentlichkeit den Versuch unternahmen, das gegenseitige Mißtrauen durch minutiöse Verfahrensregeln zu überwinden, begannen parallel dazu im November politische Geheimverhandlungen. Die Initiative war von einem Mitglied der südlichen Delegation ausgegangen, Chung Hong Jin, hauptberuflich Abteilungsleiter beim berüchtigten KCIA. Sein Gesprächspartner war Kim Duk Hyun, ein Mitarbeiter des Politbüros im Zentralkomitee der Partei der Arbeit. In elf geheimen Gesprächsrunden in Panmunjom vereinbarten die beiden einen Besuchsaustausch zwischen dem damaligen KCIA-Direktor Lee Hu Rak und Kim Yong Ju, dem jüngeren Bruder Kim Il Sungs und damaligen Abteilungsleiter im Zentralkomitee der Partei der Arbeit. Zu Vorbesprechungen reisten im März 1972 Chung Hong Jin nach Pyongyang und im April Kim Duk Hyun nach Seoul. Chung und Kim waren seit dem Bruderkrieg die ersten Koreaner, welche die Demarkationslinie zwischen Nord und Süd einvernehmlich überschritten hatten. Ende April wurde außerdem eine Telefonverbindung – eine *hot line* – zwischen den Büros von Lee Hu Rak in Seoul und Kim Yong Ju in Pyongyang hergestellt.

Am 2. März 1972 machte sich der südkoreanische Geheimdienstchef auf den Weg nach Pyongyang. Während seines dreitägigen Aufenthalts traf Lee in drei Gesprächsrunden mit Kim Yong Ju zusammen und wurde zweimal von Kim Il Sung empfangen. Nach südkoreanischer Darstellung im *White Paper on South-North Dialogue in Korea* von 1979 soll sich Kim für den versuchten Mordanschlag auf Präsident Park durch ein nordkoreanisches Überfallkommando im Januar 1968 entschuldigt haben. Kim Il Sung wird unter anderem mit folgender Äußerung zitiert: »Das war ein Zwischenfall, den wir gegenüber Präsident Park sehr bedauern. Die Aktion ging ausschließlich auf das Konto linksradikaler Elemente in unserer Gesellschaft und entsprach in keiner Weise meinem Willen oder dem der Partei. Damals wußten wir nichts davon. Der Stabschef des Sicherheitsministeriums und der Leiter der Aufklärungsabteilung wurden beide von ihren Pflichten entbunden. Sie erhielten andere Aufgaben...«

Am 29. Mai schickte Kim Il Sung den damaligen zweiten stellvertretenden Ministerpräsidenten Pak Sung Chul zum Gegenbesuch nach Seoul. Kim Yong Ju war angeblich krank. Pak blieb bis zum 1. Juni in der südkoreanischen Hauptstadt, verhandelte mit Lee Hu Rak und wurde von Präsident Park empfangen.

Die Koreaner in Nord und Süd sowie die überraschte Weltöffentlichkeit erfuhren von diesen monatelangen Geheimverhandlungen erst am 4. Juli 1972, als gleichzeitig in Seoul und Pyongyang der sensationell anmutende Inhalt einer von Lee Hu Rak und Kim Young Ju unterzeichneten Erklärung bekanntgegeben wurde. Trotz aller späteren Schwierigkeiten kann dieses gemeinsame Kommuniqué auch heute noch als Ausgangspunkt für zukünftige Verhandlungen zur Überwindung der Teilung Koreas gelten und soll daher auszugsweise wiedergegeben werden:

»... Im Verlauf der Gespräche haben beide Seiten in dem Bemühen, Mißverständnisse zu bereinigen und Mißtrauen abzubauen, die als Ergebnis der langen Trennung zwischem dem Süden und dem Norden entstanden sind... volles Einvernehmen über folgende Punkte erzielt:

1. Beide Seiten haben sich auf folgende Grundsätze für eine Wiedervereinigung des Vaterlands geeinigt: Erstens, die Wiedervereinigung soll durch unabhängige Bemühungen ohne äußeren Zwang oder Einmischung erreicht werden. Zweitens, die Wiedervereinigung soll mit friedlichen Mitteln und ohne Anwendung von Gewalt gegeneinander erreicht werden. Drittens, soll eine große nationale Einigung angestrebt werden, welche die Unterschiede der Ideen, Weltanschauungen und Systeme überwindet.

2. Um die Spannungen abzubauen und eine Atmosphäre gegenseitigen Vertrauens zwischen dem Süden und dem Norden zu fördern, sind beide Seiten übereingekommen, sich nicht gegenseitig zu beleidigen und zu verleumden, keine bewaffneten Provokationen gegeneinander zu unternehmen, weder im großen noch im kleinen Maßstab, und positive Maßnahmen zur Verhinderung unbeabsichtigter militärischer Zwischenfälle zu ergreifen.

3. Beide Seiten sind übereingekommen, einen vielseitigen Austausch auf verschiedenen Gebieten durchzuführen, um die unterbrochenen nationalen Bindungen wiederherzustellen, das gegenseitige Verständnis zu fördern und eine unabhängige Wiedervereinigung zu beschleunigen.

4. Beide Seiten sind übereingekommen, positiv zusammenzuarbeiten, um einen baldigen Erfolg der Süd-Nord-Rotkreuzgespräche herbeizuführen, die gegenwärtig, begleitet von großen Erwartungen der ganzen Nation, geführt werden.

5. Beide Seiten sind übereingekommen, eine ständige direkte Telefonverbindung zwischen Seoul und Pyongyang einzurichten, um unvorhergesehene militärische Zwischenfälle zu verhindern und Fragen, die sich aus den Beziehungen zwischen dem Süden und dem Norden ergeben, unmittelbar, unverzüglich und zutreffend zu behandeln.

6. Um die vorgenannten Vereinbarungen auszuführen und die verschiedenen Fragen in den Beziehungen zwischen dem Süden und dem Norden zu regeln und um die Frage der Wiedervereinigung des Landes auf der Grundlage der vereinbarten Grundsätze zu lösen, sind beide Seiten übereingekommen, einen Süd-Nord-Koordinierungsausschuß zu bilden, dem Direktor Lee Hu Rak und Direktor Kim Yong Ju gemeinsam vorsitzen sollen.

7. In der vollen Überzeugung, daß die vorgenannten Vereinbarungen dem gemeinsamen Wunsch der ganzen Nation nach baldiger Wiedervereinigung des Vaterlands entsprechen, geloben beide Seiten feierlich vor der ganzen Nation, daß sie die Vereinbarungen getreulich erfüllen werden.«

Den Unterschriften ging die Feststellung voraus: »In Erfüllung der Wünsche ihrer jeweiligen Vorgesetzten.« Dies stellte klar, daß Lee und Kim für die Präsidenten der beiden koreanischen Staaten, Park Chung Hee und Kim Il Sung, gehandelt hatten, auch wenn im Kommuniqué jede Staatsbezeichnung vermieden wurde.

Wie unverändert schwierig der Umgang miteinander war, zeigte sich schon am Tag der Bekanntgabe des gemeinsamen Kommuniqués, als Pak Sung Chul auf einer Pressekonferenz in Pyongyang unter Hinweis auf die vereinbarte Formel der »friedlichen Wiedervereinigung ohne Einmischung von außen« den sofortigen Abzug der amerikanischen Truppen aus Südkorea forderte, während Lee Hu Rak in Seoul erklärte, das Kommuniqué ändere nichts am Standpunkt der südkoreanischen Regierung, daß die Wiedervereinigung nur im Wege allgemeiner Wahlen im Verhältnis der Einwohner von Süd und Nord und unter Aufsicht der Vereinten Nationen erfolgen könne. Jede Seite suchte nur den eigenen Vorteil.

Immerhin wurde der bis dahin im geheimen geführte politische Dialog nun eine Zeitlang offen fortgesetzt, zunächst auf der Ebene der Vorsitzenden des Koordinierungsausschusses: am 12. Oktober in Panmunjom, am 2. und 3. November in Pyongyang und am 30. November in Seoul. Kim Yong Ju, offiziell der nördliche Ausschußvorsitzende, wurde durchweg von Pak Sung Chul vertreten.

Bei dem Treffen in Panmunjom gab es hitzige Debatten über die unterschiedliche Auslegung des Kommuniqués. Außer dem Abzug der amerikanischen Truppen forderte der Norden, Südkorea solle seine antikommunistische Politik aufgeben, während der Süden sich für eine schrittweise Öffnung und gegenseitigen Austausch einsetzte, wobei die innere Ordnung der jeweils anderen Seite nicht in Frage gestellt werden sollte. Diese Auseinandersetzungen wurden während des zweiten Treffens fortgeführt. Doch beschlossen die Ausschußvorsitzenden in Pyongyang, mit Wirkung vom 11. November 1972 die gegenseitige Rundfunkpropaganda und die Flugblattaktionen über dem Gebiet der anderen Seite einzustellen. Es gelang ihnen außerdem, sich über die Zusammensetzung und eine Geschäftsordnung für den Koordinierungsausschuß zu einigen.

Über die personelle Besetzung des Koordinierungsausschusses verständigte man sich beim dritten Treffen in Seoul. Seit dem zweiten Treffen waren jeweils zehn Journalisten beider Seiten zugelassen, die Süd- und Nordkoreaner erstmals mit »Lokalberichten« aus der anderen Hauptstadt versorgten. Diese waren zwar sorgfältig zensiert und konzentrierten sich darauf, die Schwächen des gegnerischen Systems bloßzulegen. Doch trotz aller politischen Regie drangen zahlreiche Einzelheiten durch, und die bis dahin zumeist stumm ertragenen unmenschlichen Folgen der Teilung fanden anhand einzelner Schicksale erschütternden Ausdruck – für die Koreaner waren dies aufwühlende Zeiten.

Die erste Plenarsitzung des Koordinationsausschusses fand anschließend an das dritte Treffen der Vorsitzenden am 30. November und 1. Dezember 1972 in Seoul statt. Eine weitere Sitzung wurde am 15. März 1973 nach Pyongyang einberufen. Zum dritten – und letzten – Mal tagte der Ausschuß am 12. und 13. Juni wieder in Seoul.

In der Sache führten die Gespräche kaum weiter. Keine Seite war bereit, von ihrer Grundposition abzugehen. In der dritten Sitzung im Juni 1973 war der Dialog bereits festgefahren. Danach war der Norden monatelang nicht einmal mehr bereit, Anrufe über die direkte Telefonverbindung entgegenzunehmen. Am 28. August nahm Pyongyang die Entführung des südkoreanischen Oppositionspolitikers Kim Dae Jung aus Tokio zum Anlaß, die Ablösung von Lee Hu Rak als Vorsitzenden des Koordinationsausschusses zu fordern. Andernfalls werde der Norden den Sitzungen des Ausschusses fernbleiben. Das war das vorläufige Ende des von so vielen Hoffnungen begleiteten politischen Dialogs zwischen Süd- und Nordkorea.

Einige Monate nach dem förmlichen Abbruch der Verhandlungen kamen auf Drängen des Südens wieder Kontakte zustande. Der Norden nahm wieder Telefonanrufe über die Direktleitungen des Koordinationsausschusses und des Roten Kreuzes entgegen. Und im Süden war man nun bereit, über Änderungen in der Zusammensetzung des Ausschusses zu reden und die Verhandlungen auf einer protokollarisch niedrigeren Stufe fortzusetzen, um wenigstens das Gespräch wieder in Gang zu bringen. Ende November 1973 trafen in Panmunjom erneut Rotkreuzdelegierte beider Seiten zusammen. Anfang Dezember tagten auch die stellvertretenden Vorsitzenden des Koordinierungsausschusses in Panmunjom. Unmittelbar vorher hatte Lee Hu Rak seinen Posten im KCIA und im Koordinierungsausschuß aufgegeben.

Zwischen dem 5. Dezember 1973 und dem 14. März 1975 fanden in Panmunjom insgesamt zehn Sitzungen der stellvertretenden Vorsitzenden des Koordinierungsausschusses statt, die jedoch keinerlei Vereinbarungen hervorbrachten. Zwar war der Süden nun mit einer Verdoppelung der Ausschußmitglieder und einer Einbeziehung von Vertretern politischer Parteien und gesellschaftlicher Organisationen einverstanden, doch verlangte der Norden viel mehr. Im Grunde genommen wünschte er eine Umwandlung dieses Gremiums in die von Pyongyang schon früher vorgeschlagene große Konferenz mit Hunderten von Teilnehmern auf beiden Seiten.

Die wiederaufgenommenen Rotkreuzkontakte zogen sich noch sehr viel länger hin, erbrachten aber genausowenig Fortschritte: zwischen dem 28. November 1973 und dem 29. Mai 1974 tagten siebenmal sogenannte Delegierte beider Seiten in Panmunjom. In der Zeit vom 10. Juli 1974 bis zum 9. Dezember 1977 gab es nicht weniger als 25 Treffen auf der »Arbeitsebene«, ebenfalls in Panmunjom. Man trat auf der Stelle. Der Süden versuchte, möglichst konkrete Vereinbarungen – zum Beispiel über Suchwünsche von oder wegen betagter Eltern – zustande zu bringen, um in der Frage der Familienzusammenführung voranzukommen. Der Norden verfolgte auch hier fast ausschließlich politische Ziele, wie die Änderung der antikommunistischen Gesetze Südkoreas und die Beteiligung von politischen Parteien und gesellschaftlichen Organisationen an den Rotkreuzgesprächen.

Aufnahme und Verlauf des innerkoreanischen Dialogs hatten natürlich Auswirkungen auf die Behandlung der Koreafrage in der UNO. Die letzte der jährlichen Resolutionen über die Wiedervereinigung Koreas nach der von Pyongyang abgelehnten Formel durch Wahlen unter Aufsicht der Weltorganisation war von der Vollversammlung am 7. Dezember 1970 mit 67 zu 28 Stimmen bei 22 Enthaltungen beschlossen worden. In den beiden folgenden Jahren wurde die Koreadebatte mit Rücksicht auf das »Tauwetter« auf der Halbinsel vertagt.

Als 1973 erneut zwei gegeneinander gerichtete Resolutionsentwürfe eingebracht wurden, gelang es, zwischen den rivalisierenden Lagern einen Kompromißentwurf auszuhandeln, der von der Vollversammlung per Akklamation ohne Stimmauszählung angenommen wurde und auf eine erneute Vertagung hinauslief. Die Resolution begrüßte unter Hinweis auf das gemeinsame Kommuniqué vom 4. Juli 1972 den Dialog und forderte die Koreaner auf, ihre Gespräche fortzusetzen.

Die Vollversammlung von 1973 war für Korea auch insofern bedeutsam, als der Abstimmung über den Kompromißentwurf der Resolution am 28. November erstmals Regierungsvertreter beider koreanischer Staaten beiwohnten. Und das, obwohl Pyongyang den von Präsident Park im Juni 1973 angeregten gleichzeitigen Beitritt von Süd- und Nordkorea zur Weltorganisation entschieden abgelehnt hatte. Die Ablehnung der Doppelmitgliedschaft hatte Nordkorea übrigens nicht daran gehindert, im Mai 1973 der Weltgesundheitsorganisation beizutreten, woraufhin es im Juni Beobachterstatus im UNO-Hauptquartier in New York erhielt. Dort war Südkorea nun nicht mehr allein. Im selben Jahr waren die beiden deutschen Staaten als volle Mitglieder in die Vereinten Nationen aufgenommen worden. Das macht besonders augenfällig, wieviel schwerer sich – trotz aller emphatischen Bekenntnisse zur Wiedervereinigung – die Koreaner im Umgang miteinander tun als die Deutschen.

Während man sich bei der Vollversammlung in New York noch um die Ausarbeitung einer Kompromißresolution bemühte, begann sich die Lage auf der koreanischen Halbinsel schon wieder zuzuspitzen. Ende Oktober schlug Kim Il Sung in der Begrüßungsrede für eine bulgarische Delegation in Pyongyang militante Töne gegenüber dem Süden an. Am 4. November befürwortete das nordkoreanische Parteiorgan *Rodong Shinmun* offen den Sturz des Park-Regimes. Am 1. Dezember machte der Norden auf einer Sitzung der Waffenstillstandskommission in Panmunjom Ansprüche auf Paengnyong-Do und vier weitere Inseln geltend, die, vor seiner Westküste gelegen, in der Waffenstillstandsvereinbarung von 1953 als Teil des von den Truppen der Vereinten Nationen kontrollierten Gebiets ausgewiesen waren. Tatsächlich waren nordkoreanische Kriegsschiffe schon seit November 1973 in die Gewässer um die Inseln eingedrungen. Am 15. Februar 1974 versenkten sie westlich der Inseln ein südkoreanisches Fischerboot mit 14 Mann Besatzung und verschleppten das Schwesterschiff mitsamt seiner ebenfalls 14köpfigen Mannschaft. Auch Kim Il Sungs Neujahrsbotschaft 1974 hörte sich, anders als in den beiden vorausgegangenen Jahren, sehr bedrohlich an. Nordkorea verbreitete wieder Frost.

Der Süden versuchte zunächst noch gegenzusteuern. Präsident Park bot bei seiner Neujahrspressekonferenz Pyongyang Verhandlungen über einen Nichtangriffspakt an. Ähnliches hatte der Norden früher vergeblich gefordert, nun war man nicht mehr interessiert. Statt dessen trug Nordkorea im März 1974 den Vereinigten Staaten den Abschluß eines Friedensvertrags an. Der Vorschlag wurde in einem offenen Brief der Obersten Volksversammlung an den amerikanischen Kongreß unterbreitet. Dieses Vorgehen folgte insofern einer gewissen Logik, als nicht Südkorea, sondern die USA – im Namen der Vereinten Nationen – den Waffenstillstandsvertrag von 1953 unterzeichnet hatten und auf koreanischem Boden immer noch US-Truppen stationiert waren. Diese sollten nach der Vorstellung Pyongyangs, falls der Friedensvertrag zustande kam, abgezogen werden. Das alte Ziel der Nordkoreaner wurde hier in neuer Verpackung präsentiert. Vor allem aber brachte dieser Vorschlag zum Ausdruck, daß Kim Il Sung – in völliger Negierung der früher so hoch gepriesenen Grundsätze zur Wiedervereinigung im gemeinsamen Kommuniqué vom 4. Juli 1972 – nicht mehr mit der Regierung Park verhandeln wollte. Natürlich stieß das durchsichtige Angebot Nordkoreas in Washington und Seoul auf Ablehnung.

Als am 15. November 1974 das Kommando der Vereinten Nationen die Entdeckung eines unterirdischen Tunnels nahe der Demarkationslinie bekanntgab, schien das den Verdacht zu bestätigen, der Norden plane militärische Aktionen gegen den Süden durch die heimliche Einschleusung von Guerillagruppen oder auch größeren Truppeneinheiten.

Angesichts dieser Vorgänge auf der koreanischen Halbinsel war 1974 in der Koreadebatte der UN-Vollversammlung kein Raum für Kompromisse. Bei der Abstimmung konnte sich Seoul noch einmal durchsetzen. Der prosüdkoreanische Resolutionsentwurf wurde mit 61 zu 43 Stimmen bei 31 Enthaltungen angenommen.

Vor dem Hintergrund des Rückzugs der Amerikaner aus Vietnam unternahm Kim Il Sung im April 1975 eine vielbeachtete Reise nach China, die nach damals verbreiteten Spekulationen dem Zweck dienen sollte, Pekings Unterstützung für militärische Aktionen gegen Südkorea zu gewinnen. Daß sie nicht völlig aus der Luft gegriffen waren, offenbarten öffentliche Äußerungen während dieser Reise. So erklärte Kim Il Sung am 18. April in Peking: »Falls in Südkorea eine Revolution stattfindet, werden wir als Angehörige ein und derselben Nation nicht mit verschränkten Armen tatenlos zuschauen, sondern das südkoreanische Volk tatkräftig unterstützen. Und falls der Gegner leichtfertig einen Krieg entfesselt, werden wir darauf voller Entschlossenheit mit Krieg antworten und den Angreifer vollständig zerstören. In einem solchen Krieg würden wir nur die Demarkationslinie verlieren und die Wiedervereinigung des Landes gewinnen.« Deng Hsiao Ping, damals Vizepremier der Volksrepublik, versprach chinesische Unterstützung ausdrücklich nur für die »vernünftigen Vorschläge zu einer friedlichen Wiedervereinigung« Koreas. Auch aus der Sowjetunion erhielt Kim Il Sung keine Ermunterung für seine militanten Sprüche, die natürlich zur weiteren Vergiftung des Klimas zwischen Nord- und Südkorea beitrugen.

Die Koreadebatte der UN-Vollversammlung geriet 1975 wieder zu einem Wettkampf um Stimmen, dessen Ausgang diesmal die Weltorganisation selber ad absurdum führte: die Vollversammlung nahm am 18. November zwei sich widersprechende Resolutionen an, eine prosüdkoreanische mit 59 zu 51 Stimmen bei 29 Enthaltungen und eine pronordkoreanische mit 54 zu 43 Stimmen bei 42 Enthaltungen. In beiden Resolutionen ging es um die Auflösung des UN-Kommandos. Während die von Pyongyang unterstützte Version sich in der Forderung nach Kommandoauflösung sowie Abzug aller ausländischen Truppen (das hieß der US-Truppen aus Südkorea) erschöpfte, machte die von Seoul befürwortete Fassung die Auflösung des Kommandos davon abhängig, daß zuvor eine Alternativregelung zur Sicherung der 1953 vereinbarten Waffenstillstandsbedingungen gefunden werden müsse. Die Forderung nach Abzug der US-Truppen hatte Südkorea als Einmischung in die Rechte eines souveränen Staates entschieden zurückgewiesen: die Truppen befänden sich – abgesehen von ihrer Unterstellung unter das von einem amerikanischen General geführte Kommando der Vereinten Nationen – auf Wunsch der südkoreanischen Regierung und aufgrund vertraglicher Vereinbarung mit den Vereinigten Staaten im Lande. Selbst die Auflösung des UN-Kommandos würde also keinen automatischen Abzug der US-Truppen zur Folge haben.

Wenn auch keine der widersprüchlichen Resolutionen irgend etwas bewirkt hat, konnte Pyongyang immerhin für sich als »Erfolg« verbuchen, mit »seiner« Resolution in der Vollversammlung erstmals eine Mehrheit gefunden zu haben. Das galt um so mehr, als die Frage der Auflösung des UN-Kommandos von Nordkorea zu einem Dauerthema gemacht worden war, dem sich nun auch der Süden und seine politischen Freunde nicht mehr entziehen konnten. Umgekehrt mußte Südkorea erkennen, daß die Zeit vorbei war, in der es noch mit einer mehrheitlichen Unterstützung in der Weltorganisation rechnen konnte.

Die Konfrontation in und um Korea ging unvermindert weiter. Im Juli 1976 schlug der US-Außenminister Henry Kissinger zur Beratung der Koreafrage eine Viererkonferenz vor, an der die beiden koreanischen Staaten, China und die Vereinigten Staaten teilnehmen sollten. Er deutete außerdem die Möglichkeit an, zusätzlich Japan und die Sowjetunion hinzuzuziehen. Doch Pyongyang lehnte eine solche Konferenz rundheraus ab, vor allem wegen der Einbeziehung des Südens.

Am 18. August provozierten nordkoreanische Wachen innerhalb der gemeinsamen Sicherheitszone von Panmunjom einen schweren Zwischenfall, bei dem zwei amerikanische Offiziere auf brutalste Weise mit Äxten und Brecheisen erschlagen sowie vier Amerikaner und fünf Südkoreaner verletzt wurden. Daraufhin verhängte das Kommando der Vereinten Nation den Alarmzustand, Nordkorea versetzte seine Streitkräfte in »volle Kampfbereitschaft«, amerikanische Kriegsschiffe kreuzten vor der koreanischen Küste auf, zusätzliche amerikanische Kampfflugzeuge wurden nach Südkorea verlegt. Die gefährliche Zuspitzung auf der koreanischen Halbinsel ließ die Welt den Atem anhalten. Am 21. August lenkten die Nordkoreaner ein und erklärten ihr »Bedauern« über den Zwischenfall. Zugleich schlugen sie die Teilung der bisher gemeinsam verwalteten Sicherheitszone in Panmunjom vor, um weitere Zwischenfälle zu vermeiden. Und so geschah es. Seit September 1976 verwaltet jede Seite ihren Teil der »gemeinsamen« Zone.

Pyongyang hatte seine Karten überreizt. Der Versuch, nach dem Abzug der Amerikaner aus Vietnam Bedingungen zu schaffen, um Washington auch zum Rückzug aus Südkorea zu bewegen, war gescheitert. 1976 war nicht 1949 und die bittere Lektion des Koreakriegs unvergessen. Noch im September zogen die Freunde Nordkoreas einen Resolutionsentwurf zurück, in dem die UN-Vollversammlung erneut aufgefordert wurde, den Abzug aller ausländischen Truppen aus Korea zu befürworten. Daraufhin verzichteten auch die Anhänger Südkoreas auf ihren Gegenentwurf. Der Weltorganisation blieb hinfort die jährliche Koreadebatte erspart – zur großen Erleichterung der meisten Mitgliedstaaten.

1979 kam wieder etwas Bewegung in die starren Fronten auf der koreanischen Halbinsel, als am 17. Februar Vertreter von Nord und Süd in Panmunjom zusammentrafen, um einmal mehr aneinander vorbeizureden: Pyongyang hatte im Namen seiner Demokratischen Front eingeladen, um über die Einsetzung eines Vorbereitungsausschusses für die Wiedervereinigung zu reden, Seoul beabsichtigte den Koordinierungsausschuß zu neuem Leben zu erwecken. Südkorea wünschte also die Wiederaufnahme der Regierungsgespräche, der Norden aber wollte Kontakte gerade unter Umgehung der Regierung. Dabei konnte nichts Vernünftiges herauskommen.

Hoffnungen auf eine koreanische Variante der »Pingpong-Diplomatie« löste der Vorschlag Nordkoreas aus, mit einer gemeinsamen Mannschaft an den am 25. April 1979 in Pyongyang beginnenden Tischtennis-Weltmeisterschaften teilzunehmen. Delegationen beider Tischtennisverbände kamen zwischen dem 27. Februar und 27. März insgesamt viermal in Panmunjom zusammen, ohne sich einigen zu können. Am Ende verweigerte Nordkorea der südkoreanischen Mannschaft die Einreisevisa. Als die Südkoreaner daraufhin versuchten, ihre Einreise über die Verbandszentrale in Genf zu organisieren, blockierten die Nordkoreaner auch diesen Weg, so daß die südkoreanischen Spieler an den Meisterschaften nicht teilnehmen konnten – was offenbar von Anfang an der eigentliche Zweck des nordkoreanischen Vorstoßes gewesen war.

Als letzte Süd-Nord-Initiative zu Lebzeiten von Präsident Park schlugen Südkorea und die Vereinigten Staaten am 29. Juni 1979 anläßlich des Besuchs von Präsident Carter in Seoul dem Norden eine Dreierkonferenz vor. Der Vorschlag wurde von Pyongyang abgelehnt.

Von Chun Doo Hwan zu Roh Tae Woo

Der Tod von Park Chung Hee brachte Südkorea – von einer hoffnungsvollen Zwischenphase abgesehen – noch nicht das vielfach ersehnte Ende der Militärherrschaft. Gemäß der Verfassung wurde Ministerpräsident Choi Kyu Ha am Tag nach der Ermordung Parks als amtierender Präsident vereidigt und am 6. Dezember von der Nationalkonferenz für die Wiedervereinigung – dem von Park 1972 eingeführten indirekten Wahlgremium – ohne Gegenkandidaten zum Staatspräsidenten der Republik Korea »gewählt«. Am folgenden Tag hob Choi die Notstandsverordnung Nummer neun auf und verfügte die Freilassung zahlreicher wegen Verletzung der Verordnung verurteilter oder festgenommener politischen Gefangenen. Choi veranlaßte auch die Aufhebung des gegen Kim Dae Jung verhängten Hausarrests. Kim nutzte die wiedergewonnene Bewegungsfreiheit sofort zur Aufnahme politischer Kontakte und wurde von den Botschaftern Washingtons und Tokios demonstrativ zu Gesprächen eingeladen. Offiziell war Kim die politische Betätigung aufgrund der bei seiner Verurteilung ausgesprochenen und fortgeltenden Aberkennung der bürgerlichen Ehrenrechte untersagt.

Choi Kyu Ha war ein Mann ohne eigene Hausmacht. Von Beruf Pädagoge, hatte er sich nach 1945 in der Staatsverwaltung hochgedient, seit 1951 im Außenministerium und es unter Park zum Außenminister und schließlich zum Ministerpräsidenten gebracht. Nach der Ermordung Parks wählte die regierende Demokratisch-Republikanische Partei nicht etwa den amtierenden Staatspräsidenten Choi, sondern ihren eigentlichen Gründer, Park Chung Hees langjährigen Kronprinzen Kim Jong Pil, zum neuen Vorsitzenden. Bereits Mitte November traf sich DRP-Chef Kim mit dem in seine Rechte als Vorsitzender der oppositionellen Neuen Demokratischen Partei wiedereingesetzten Kim Young Sam. Beide Kims verstanden sich als die maßgeblichen Vertreter der politischen Kräfte im Lande und vereinbarten, sich für einen friedlichen Machtwechsel einzusetzen, was nur heißen konnte: auf einen von ihnen. Choi blieb auch nach seiner Wahl ein »Übergangspräsident«, dem jedoch die wichtige Aufgabe zugefallen war, die Umgestaltung vom auf die Macht des Militärs und des Geheimdienstes gestützten Park-Regime zu einer rechtsstaatlichen und demokratischen Verfassungsordnung zu überwachen.

Die vom Präsidenten vorsichtig und schrittweise eingeleiteten Reformen waren der Opposition viel zu zaghaft, wurden aber von Teilen des Militärs mit wachsendem Argwohn beobachtet. In der Nacht vom 12. auf den 13. Dezember 1979 marschierten plötzlich Einheiten der von Generalmajor Roh Tae Woo befehligten 9. Division in Seoul ein und nahmen nach Schießereien ein halbes Dutzend Generäle gefangen, darunter den Stabschef des Heeres, General Chung Sung Hwa.

Die volle Bedeutung dieses »Zwischenfalls vom 12. 12.« hat sich nach mehreren Monaten herausgestellt. Was zunächst wie ein Machtkampf innerhalb der Streitkräfte aussah, war in Wirklichkeit die erste Phase eines Militärputsches auf Raten, der den Chef des militärischen Sicherheitsdienstes, Generalmajor Chun Doo Hwan, zum neuen Herrscher von Südkorea machen sollte.

Chun Doo Hwans wichtigste Helfershelfer bei der Machtübernahme waren neben Roh Tae Woo, der nun das Kommando der Wachdivision Seoul übernahm, der stellvertretende Stabschef des Heeres, General Lee Hui Song, der zum neuen Generalstabschef des mächtigsten Truppenteils der südkoreanischen Armee aufrückte, sowie Generalmajor Chong Ho Yong, Kommandeur der für Sondereinsätze hinter den feindlichen Linien ausgebildeten Spezialkampftruppen. Chong stieg unter Chun zum Stabschef des Heeres auf, wurde später Innenminister und war schließlich Chuns letzter Verteidigungsminister. Drei aus diesem Quartett – Chun, Roh und Chong – waren Jahrgangskameraden in der Militärakademie gewesen.

Aufgrund seiner beruflichen Stellung war Chun Doo Hwan nach der Ermordung von Präsident Park mit dem Vorsitz des Untersuchungsausschusses betraut worden, der die Hintergründe der Tat aufklären sollte. In dieser Eigenschaft wurde Chun erstmals einer breiteren Öffentlichkeit bekannt: Der grimmig dreinschauende Mann teilte der Presse die Untersuchungsergebnisse mit und galt bald als der Wortführer des Militärs. Der Vorsitz im militärischen Untersuchungsausschuß hatte Chun im Machtkampf um die

金大中선생
행동하는!
버스
시계

Park-Nachfolge eine Schlüsselstellung verschafft. Im Gefolge der Aktion vom 12. Dezember sind mehr als dreißig Generäle ihrer Posten enthoben und damit praktisch die gesamte Führung des Heeres ausgewechselt worden.

Der Zwischenfall vom 12. Dezember führte zu einer ernsten Verstimmung mit den Amerikanern. Die Truppen der 9. Division, die Generalmajor Roh Tae Woo nach Seoul geführt hatte, unterstanden dem Kommando der Vereinten Nationen, dessen amerikanischer Befehlshaber den Abzug von mehreren tausend Soldaten aus dem gefährdeten Grenzgebiet südlich der Demarkationslinie weder autorisiert hatte noch überhaupt gefragt worden war. Der Versuch Washingtons, personelle Konsequenzen gegen Chun und Roh durchzusetzen, scheiterte am geschlossenen Widerstand der neuen militärischen Führung. Chun, Roh und Chong Ho Yong hatten ihre Stellung innerhalb der Streitkräfte schnell konsolidieren können.

Washington war nicht zuletzt besorgt darüber, daß der Zwischenfall vom 12. Dezember die von Präsident Choi eingeleitete Demokratisierungspolitik zurückwerfen könnte. Das State Department warnte, daß jede Beeinträchtigung der demokratischen Entwicklung in Südkorea ernsthafte Konsequenzen für die bilateralen Beziehungen haben würde. Wie um solche Bedenken zu zerstreuen, wurde am 14. Dezember die Zusammensetzung der neuen Regierung bekanntgegeben: Die Kabinettsliste erweckte den Eindruck, als hätte Präsident Choi seine Personalentscheidungen ohne Rücksicht auf die Veränderungen in der militärischen Führung getroffen. Der Präsident versprach, binnen eines Jahres eine Verfassungsänderung durchzuführen und danach so bald wie möglich faire Wahlen abzuhalten. Im Zuge einer zweiten Amnestie verfügte er noch vor Ablauf des Jahres die Freilassung von politischen Häftlingen. Ende Februar 1980 erhielten darüber hinaus 687 Südkoreaner – darunter prominente Oppositionspolitiker wie Kim Dae Jung und der frühere Staatspräsident Yun Po Sun – durch Gnadenakt des Präsidenten oder Kabinettsbeschluß ihre vollen bürgerlichen Ehrenrechte zurück.

Für Kim Dae Jung bedeutete diese Entscheidung, daß er sich jetzt offiziell um die Präsidentschaft bewerben konnte. Nur fehlte ihm dafür die organisatorische Basis. Denn seine alte Partei, die NDP, wurde mittlerweile von Kim Young Sam geleitet, der seinerseits Ambitionen auf das höchste Amt im Staate hegte. Daß der NDP-Vorsitzende zugunsten von Kim Dae Jung verzichten würde, war kaum zu erwarten, obwohl dieser im Mai 1979, damals noch unter Hausarrest und ohne Aussicht auf eine Erlaubnis auf politische Betätigung, seinem Rivalen von 1970 dazu verholfen hatte, an die Spitze der NDP zurückzukehren. So hatte die Opposition auf einmal zwei prominente Kandidaten, während sich der DRP-Vorsitzende Kim Jong Pil im Regierungslager keinem vergleichbaren Konkurrenten gegenüber sah. An welchen der drei Kims Präsident Choi schließlich die Macht übergeben würde, sollten die Wähler entscheiden. Die politischen Kommentatoren sprachen von der »Ära der drei Kims«. Im März 1980 nahm eine von der Regierung eingesetzte Kommission die Beratung über eine Verfassungsänderung auf.

Im Verhältnis zu Pyongyang gab es neuerlich Entspannungszeichen. Der nordkoreanische Ministerpräsident Lee Jong Ok schlug im Januar 1980 seinem südkoreanischen Kollegen Shin Hyon Hwak brieflich ein Treffen in Seoul, Pyongyang, Panmunjom oder im Ausland vor. In seinem Antwortschreiben verwendete Ministerpräsident Shin erstmals die amtliche Staatsbezeichnung Demokratische Volksrepublik Korea und empfahl, in vorbereitenden Gesprächen auf niedrigerer Ebene die Modalitäten für ein Treffen der Regierungschefs zu vereinbaren. Bereits am 6. Februar fand in Panmunjom das erste von insgesamt zehn Vorbereitungstreffen statt, und einen Tag später wurden wieder zwei direkte Telefonverbindungen zwischen Seoul und Pyongyang hergestellt.

An der Oberfläche schien sich also vieles in der gewünschten Richtung zu entwickeln. Doch fehlte es nicht an Mißtönen. Mitte April ernannte Präsident Choi den inzwischen zum Generalleutnant beförderten Chef des militärischen Sicherheitsdienstes, Chun Doo Hwan, auch zum amtierenden Direktor des zivilen Geheimdienstes. Die Entscheidung machte amtlich, was in der Praxis lange schon galt. Chun verfügte damit über eine Machtfülle, die in Südkorea ohne Konkurrenz war. Diese offizielle Absegnung ließ nur zwei Deutungen zu: entweder durchschaute Choi die Lage nicht, oder er konnte nicht mehr anders handeln, weil ihm bereits alle wirkliche Macht entglitten war. Teile der Opposition und vor allem die Studenten warfen dem Präsidenten immer offener vor, eine Marionette des Militärs zu sein. Öffentliche Versammlungen waren verboten; denn es galt weiterhin der Ausnahmezustand, dessen Durchführung vom Militär überwacht wurde. Eine der Hauptforderungen der Studenten war die Aufhebung dieses Ausnahmezustands, ihre Demonstrationen richteten sich also unmittelbar gegen das Militär.

Hatten die Studenten im März und April noch auf dem Gelände ihrer Hochschulen demonstriert, durchbrachen sie Anfang Mai in Seoul und Taejon die Absperrungen der Polizei und gingen auf die Straße. Am 15. war die Zahl der Demonstranten landesweit auf mehr als 100 000 angeschwollen. Wiederholt kam es zu Zusammenstößen mit der Polizei. Die militärische Führung sah den Zeitpunkt für gekommen, dem Treiben der Studenten ein Ende zu bereiten. Kim Dae Jung und andere Oppositionspolitiker mahnten die Studenten zur Besonnenheit. Tatsächlich gab es am 16. und 17. Mai in Seoul keine Demonstrationen mehr.

Dennoch waren die Militärs nun entschlossen zu handeln. Um erneuten Ärger mit den Amerikanern zu vermeiden, wollten sich Chun Doo Hwan und seine Kameraden ihr Eingreifen diesmal durch die zivile Regierung absegnen lassen. Dazu brauchten sie den Präsidenten. Am Abend des 17. Mai 1980 trat das Kabinett unter Vorsitz von Choi und in Anwesenheit der militärischen Führung zu einer außerordentlichen Sitzung zusammen und beschloß, über das ganze Land das unbegrenzte Kriegsrecht zu verhängen (der seit der Ermordung von Präsident Park geltende Ausnahmezustand war regional begrenzt gewesen). In einer am nächsten Morgen verbreiteten Erklärung wurde allen Ernstes beteuert, die von Choi versprochenen demokratischen Reformen würden nicht berührt.

Die Ereignisse straften solche Beteuerungen Lügen. Das Kriegsrechtskommando hatte gleich nach der Kabinettssitzung die Notstandsverordnung Nummer zehn erlassen, welche nicht nur Versammlungen aller Art, sondern jede politische Betätigung untersagte. Alle Hochschulen wurden geschlossen, die Vorzensur ausnahmslos wiedereingeführt und die unerlaubte Entfernung vom Arbeitsplatz unter Strafe gestellt. Vor allen wichtigen öffentlichen Gebäuden, vor Hochschulen, Zeitungen und Rundfunksendern bezogen bewaffnete Soldaten Stellung. Gleichzeitig lief eine offenbar sorgfältig vorbereitete Verhaftungsaktion an. Die Liste der am 17. und 18. Mai festgenommenen Personen reichte von dem führenden Oppositionspolitiker Kim Dae Jung bis zum Vorsitzenden der Regierungspartei, Kim Jong Pil, und dem früheren Geheimdienstchef Lee Hu Rak. Außerdem hatte das Militär in einer gesonderten Aktion ein Treffen von Studentenführern aus dem ganzen Land in der Ewha-Frauenuniversität in Seoul unterbunden und 25 der Teilnehmer abgeführt. Auch in anderen Städten wurde eine größere Zahl von Studentenführern und anderen dem Militär verdächtigen Personen festgenommen.

Ausmaß und Richtungen der Verhaftungen, das Vorgehen der Soldaten – Kim Dae Jungs Sekretäre wurden, als sie sich schützend vor ihn stellen wollten, mit Gewehrkolben zusammengeschlagen – und die weitreichenden Verbote der neuen Notstandsverordnung machten deutlich, daß es den Militärs nicht allein um Wiederherstellung der Ordnung ging: Sie wollten die Dinge selber in die Hand nehmen. Dies war die zweite Phase der Machtübernahme durch Chun und Kameraden und inhaltlich eine Neuauflage des Militärputsches vom Mai 1961.

Wer noch Zweifel an dem hemmungslosen Machtwillen der neuen Herren hatte, wurde durch die Tragödie von Kwangju eines besseren belehrt. In der Hauptstadt von Cholla Namdo, der Heimatprovinz von Kim Dae Jung, begannen am Sonntagmorgen – es war der 18. Mai – mehrere hundert Studenten der Chonnam-Universität, gegen die Verhaftung Kims, die Verschärfung des Kriegsrechts und die Schließung der Hochschulen zu demonstrieren. Auf dem Weg ins Stadtzentrum von Kwangju stellte sich ihnen Polizei entgegen und setzte Tränengas ein. Die Studenten antworteten mit Steinen, zerstreuten sich und drangen in kleinen Gruppen weiter vor. Gegen Mittag war die Zahl der Demonstranten auf dem Platz vor dem Gebäude der Provinzverwaltung und in den Zufahrtsstraßen auf einige Tausend angeschwollen.

Am Nachmittag verwandelte sich die Szene. Fallschirmjäger waren eingetroffen. Sie gehörten zur 7. Brigade der Spezialkampftruppen unter dem Kommando von Chong Ho Yong und waren für den Einsatz hinter den feindlichen Linien im Fall eines Konflikts mit Nordkorea ausgebildet. Mit Schlagstöcken, Gewehrkolben und aufgepflanzten Bajonetten schlugen und stachen sie alles nieder, was sich ihnen in den Weg stellte. Wer nicht floh, wurde ergriffen und gefesselt. Die Gefangenen wurden auf Lastwagen geladen und abtransportiert. Es gab viele Verwundete und die ersten Toten. In der Nacht brachten Militärlastwagen einen Teil der Gefangenen in die Stadt zurück. Sie wurden in der Dunkelheit auf der Straße abgeladen. Viele waren halb totgeschlagen.

Die unbeschreibliche Brutalität der Fallschirmjäger verbreitete Furcht und Schrecken unter den Einwohnern von Kwangju. Und sie weckte Empörung und grimmigen Haß auf diese verrohte Soldateska und auf die militärischen Führer. Am nächsten Tag demonstrierten bereits Zehntausende, und nicht mehr nur Studenten, sondern auch Schüler und Hausfrauen. Und wieder kamen die Fallschirmjäger, jetzt waren es schon 3000 Mann.

Wenn diese Orgie der Gewalt die Bürger von Kwangju hatte in die Knie zwingen sollen, hat sie ihr Ziel verfehlt. Im Laufe des nächsten Tages demonstrierten schon 100 000 Menschen, und das in einer Stadt von damals ungefähr 700 000 Einwohnern. Ein Großteil der Bevölkerung beteiligte sich mittlerweile an den Protesten. Was mit vergleichsweise bescheidenen Studentenunruhen begonnen hatte, entwickelte sich zu einem regelrechten Volksaufstand. Und das Volk begann, sich zu wehren. Die militärische Führung hatte an diesem 20. Mai reguläre Truppen in Divisionsstärke – etwa 10 000 Soldaten – in die Stadt geschickt, um die Lage unter Kontrolle zu bringen. Aber nun schlugen die Demonstranten um sich. Mit Knüppeln und Stangen, mit Hacken und Messern, Brettern oder Steinen leisteten sie verbissenen Widerstand.

Wilde Gerüchte von den furchtbaren Ereignissen in Kwangju waren bis nach Seoul gedrungen. Ausländische Korrespondenten hatten angefangen, über Kwangju zu berichten. Und am selben 20. Mai, als in Kwangju die Rundfunkstudios brannten, trat in Seoul das erst wenige Monate amtierende Kabinett von Ministerpräsident Shin Hyon Hwak geschlossen zurück. Die Lage mußte sehr viel ernster sein, als die Regierung sie hatte darstellen lassen. Nun hieß es plötzlich, in Kwangju herrsche Aufruhr. Auch aus Chonju, Hauptstadt der Nachbarprovinz Cholla Pukto, wurden Demonstrationen gemeldet.

Der 21. war ein Feiertag. Hunderttausende waren auf den Beinen. Das Zentrum von Kwangju war ein Meer von Menschen. Am späten Vormittag tauchten die ersten bewaffneten Demonstranten auf. Sie hatten sich aus dem Waffenlager der Heimatschutztruppe im benachbarten Hwasun Gewehre und Munition besorgt. Gegen

13 Uhr begann das Militär, auf die Demonstranten zu schießen. Aber nun wurde zurückgeschossen. An verschiedenen Stellen der Stadt kam es zu Gefechten. Als die Truppen aus zwei Maschinengewehren beschossen wurden, zog sich das Militär zurück. Auch die Polizei verließ die Stadt. Nach und nach besetzten die Demonstranten die öffentlichen Einrichtungen. Am Abend befand sich Kwangju in der Hand der Aufständischen. In Hwasun, Mokpo und anderen Orten der Cholla-Region wurde ebenfalls demonstriert.

Sechs Tage lang wurde die Provinzhauptstadt von Bürgerausschüssen kontrolliert, die für geordnete Verhältnisse sorgten und Kontakt zu den außerhalb von Kwangju lagernden Truppen aufnahmen, um die Bedingungen für eine friedliche Beilegung des Konflikts auszuhandeln. Auch der katholische Bischof von Kwangju schaltete sich in die Vermittlungsbemühungen ein. Die meisten Aufständischen lieferten ihre Waffen ab, die von katholischen Priestern bewacht wurden. Doch ein harter Kern blieb mißtrauisch, und in den Grundfagen kam keine Einigung zustande. Am 26. Mai wurde Kwangju vollständig von Truppen umzingelt.

In den frühen Morgenstunden des 27. Mai 1980 stürmte das Militär die Stadt unter Einsatz von Panzern, Hubschraubern und rund 17 000 Soldaten, allen voran die berüchtigten Fallschirmjäger. Die Gesamtzahl der Opfer von Kwangju bezifferte Kriegsrechtskommandeur Lee Hui Song Ende Mai auf 170 Tote und 380 Verwundete. Später korrigierte die Regierung die Zahl der Todesopfer zunächst auf 191 und dann auf 193. Im Dezember 1987 schließlich, während des Präsidentschaftswahlkampfes, durften südkoreanische Zeitungen Kim Dae Jung ungestraft mit der Äußerung zitieren, in Kwangju habe es »über tausend Tote« gegeben. Das ganze Ausmaß der Tragödie von Kwangju bleibt weiterhin im dunkeln. Erst eine öffentliche und unbehinderte Untersuchung der Vorgänge während jener zehn Tage im Mai 1980 kann das Geflecht aus Lügen, Gerüchten, Vermutungen und einer Flut von Zeugenaussagen entwirren.

Eine solche Untersuchung wird auch der Frage nachgehen müssen, wer oder was für die hemmungslosen Gewalttätigkeiten der Fallschirmjäger verantwortlich war. Zeugen haben bekundet, daß die Soldaten der Spezialkampftruppen im Dialekt der benachbarten Kyongsang-Region gesprochen und äußerst verächtliche Bemerkungen über die Einwohner der Cholla-Region gemacht haben. Wurde hier die historisch belegte und oft bitter empfundene Rivalität zwischen den beiden Regionen bewußt und skrupellos eingesetzt? Auch wenn Chun Doo Hwan, Roh Tae Woo sowie Chong Ho Yong, der Kommandeur der Spezialkampftruppen, aus Kyongsang stammen, sollte man sich den Vorwurf des zynischen Mißbrauchs regionaler Animositäten nicht ungeprüft zu eigen machen.

Die Version, man habe den Soldaten vor ihrem Einsatz gesagt, sie würden in Kwangju gegen Agenten aus Nordkorea und deren südkoreanische Sympathisanten eingesetzt, wird einmal durch die Tatsache gestützt, daß die Fallschirmjäger speziell für den Kampf hinter der nordkoreanischen Front ausgebildet waren, und zum anderen durch den Umstand, daß Chuns militärische Ermittler nach der Verhaftung von Kim Dae Jung ganz gezielt versuchten, diesen in die Nähe der nordkoreanischen Kommunisten zu rücken und ihn für die Unruhen persönlich verantwortlich zu machen.

Ein weiterer immer wieder zu hörender Vorwurf besagt, die Fallschirmjäger hätten unter Alkohol oder sonstigen Rauschmitteln gestanden. Ein Zeuge berief sich auf die Aussage eines von den Aufständischen gefangengenommenen Fallschirmjägers: Danach hätten die Truppen vorher drei Tage lang nichts zu essen bekommen und dann umittelbar vor ihrem Einsatz *Soju* – koreanischen Reisschnaps – erhalten, der offenbar mit einer Droge versetzt gewesen sei. Ohne eine gründliche Untersuchung solcher Verdächtigungen wird der Haß, der seit Kwangju das politische Klima Südkoreas vergiftet, kaum abklingen.

Weitgehend entkräftet sind indessen die gegen Amerika erhobenen Vorwürfe. Weil die südkoreanischen Streitkräfte seit dem Koreakrieg im Prinzip der amerikanischen Kontrolle unterstehen, waren die Amerikaner beschuldigt worden, sie hätten das Vorgehen der Südkoreaner gutgeheißen und seien daher letztlich für das Massaker von Kwangju verantwortlich, selbst wenn sie an den Ausschreitungen nicht teilgenommen hatten. Washington hat sich gegen diese vor allem in Studentenkreisen häufig formulierte Kritik erstaunlich lange nicht gewehrt und damit ohne Not dem wachsenden Antiamerikanismus in Südkorea Vorschub geleistet. Und die südkoreanische Militärführung, selber zu Recht im Mittelpunkt der Kritik, hat es nicht für nötig befunden, das Mißverständnis aufzuklären, sondern sich nur zu gerne hinter dem amerikanischen Rücken versteckt. Tatsache ist, daß die Fallschirmjäger nicht dem amerikanischen Oberbefehl unterstanden, weshalb die Spezialkampftruppen zusammen mit der Wachdivision Seoul sowie dem militärischen und zivilen Geheimdienst in kritischen Augenblicken die eigentliche Machtbasis der südkoreanischen Regierung bilden. Für den Einsatz der Fallschirmjäger in Kwangju trägt ausschließlich Seoul die Verantwortung. Dagegen wurden die bei der »Rückeroberung« der Stadt am 27. Mai eingesetzten regulären Streitkräfte der 20. Infanteriedivision vom amerikanischen Oberbefehlshaber General John Wickham dafür freigestellt, offenbar erst nach längeren Beratungen. Für die Art und Weise, in welcher der Aufstand der Studenten und Bürger von Kwangju am Ende niedergeschlagen wurde, muß daher auch Washington einen Teil der Verantwortung übernehmen.

Auf südkoreanischer Seite war zum Zeitpunkt der Entsendung der Fallschirmjäger Präsident Choi formell Oberbefehlshaber der Streitkräfte gewesen. Wer wirklich das Sagen hatte, wurde am 31. Mai 1980 offenbar, als in Seoul ein sogenannter Sonderausschuß für nationale Sicherheitsmaßnahmen zusammentrat. Ihm gehörten acht Mitglieder des neuen geschäftsführenden Kabinetts und 14 Offiziere an. Berücksichtigt man, daß zwei der Minister bis zu ihrer Berufung ins Kabinett aktive Offiziere gewesen waren, so besaß das Militär abgesehen vom Vorsitzenden Choi eine Zweidrittelmehrheit. Aus der Mitte dieses Gremiums wurde ein Ständiger Ausschuß gebildet, von dessen am Ende dreißig Mitgliedern zunächst drei benannt wurden – Chun Doo Hwan, Roh Tae Woo und Chong Ho Yong. Diese dreiköpfige Militärjunta unter dem Vorsitz von Generalleutnant Chun übernahm nun nach außen hin die Macht in Südkorea.

Die Verhängung des unbegrenzten Kriegsrechts am 17. Mai – das wurde mit jedem Tag deutlicher – war von langer Hand geplant gewesen. Auch die Ereignisse in Kwangju konnten das Aktionsprogramm von Chun und seinen Kameraden nicht aufhalten. Es war nur eine Frage der Zeit, wann sich Chun Doo Hwan auch förmlich zum neuen Staatsoberhaupt bestellen lassen würde. Nach einer Gnadenfrist von zweieinhalb Monaten sah sich Präsident Choi am 16. August 1980 genötigt, sein Amt niederzulegen. In seiner Abschiedsansprache behauptete er allen Ernstes, er wolle mit seinem Rücktritt die Tradition einer friedlichen Machtübergabe begründen. Und zu dem »Kwangju-Zwischenfall« verbreitete er die Propagandasprüche der neuen Machthaber. Choi, der schon zu Parks Zeiten als unkritischer Diener seines Herrn galt, hatte sich dem Kurs der Junta angepaßt. Für einen Mann, der nach Parks Ermordung immerhin versucht hatte, der Demokratie und den Menschenrechten in Südkorea mehr Geltung zu verschaffen, war es ein trauriger Abgang.

Bereits im Juni hatte Kim Jong Pil den Vorsitz der früheren Regierungspartei DRP und sein Mandat in der Nationalversammlung niedergelegt und aus der Haft heraus erklärt, er wolle sich ins Privatleben zurückziehen. Außerdem verzichtete Kim auf den größten Teil seines beträchtlichen Vermögens. Ähnlich erging es dem früheren Geheimdienstchef Lee Hu Rak und einer Reihe anderer bekannter Figuren der Ära Park, die Anfang Juli ohne Anklageerhebung freigelassen wurden. Der von den Ermittlungsbehörden der Militärjunta erhobene Vorwurf, sie hätten Reichtümer durch Mißbrauch öffentlicher Ämter erworben, war vermutlich zutreffend. Doch das Verfahren, mit dem Kim Jong Pil und andere Größen der »alten Zeit« ausgeschaltet wurden, war natürlich höchst fragwürdig.

Nicht so glimpflich kam Kim Dae Jung davon. Er wurde im Juli vor einem Militärgericht wegen Umsturzversuchs und anderer Verbrechen und Vergehen angeklagt. Die Militärjunta wollte ihm sowohl die Studentenunruhen vor seiner Verhaftung am 17. Mai als auch – absurderweise – den erst danach ausgebrochenen Volksaufstand von Kwangju anlasten. In jedem Fall war Kim damit auf absehbare Zeit ausgeschaltet.

Als letzter der drei Kims legte Kim Young Sam, der als einziger einer Verhaftung entgangen war, wenige Tage vor dem Amtsverzicht von Präsident Choi den Parteivorsitz der oppositionellen NDP nieder und zog sich ebenfalls aus dem öffentlichen Leben zurück. Nun hatte Chun Doo Hwan freie Hand. Von Choi als amtierender Staatspräsident eingesetzt, schied er am 22. August aus dem aktiven Militärdienst aus. Am 27. August ließ sich Chun von jenem gefälligen Wahlgremium, der Nationalkonferenz für die Wiedervereinigung, zum Präsidenten »wählen« und wurde am 1. September 1980 als neues Staatsoberhaupt installiert.

Chun ernannte den Wirtschaftswissenschaftler und ehemaligen Finanz- sowie Wirtschaftsplanungsminister Nam Duk Woo zum neuen Ministerpräsidenten, um die unter den Auswirkungen der zweiten Erdölkrise, aber auch unter den innenpolitischen Ungewißheiten seit der Ermordung Parks leidende Wirtschaft wieder in Schwung zu bringen. Südkoreas Bruttosozialprodukt ist 1980 erstmals seit dem Ende des Koreakriegs geschrumpft, und zwar gleich um kräftige 6,2 Prozent.

Am 17. September verurteilte ein Militärgericht in Seoul Kim Dae Jung zum Tode. Das Urteil gegen Kim löste weltweite Proteste aus und führte zu schweren Spannungen im Verhältnis zu Japan und Amerika. Dennoch bestätigte es ein militärisches Berufungsgericht Anfang November. Im Dezember übermittelte der scheidende US-Verteidigungminister Harold Brown bei einem Besuch in Seoul das Mißfallen seiner Regierung. Brown hatte seinen Vorstoß auch mit den Beratern des designierten Präsidenten Ronald Reagan abgesprochen. Offenbar wurde bei seinem Zusammentreffen mit Präsident Chun vereinbart, daß das Urteil gegen Kim nicht vollstreckt und eine »politische Lösung« des Falles gefunden werden solle. Deren Inhalt wurde erkennbar, als die südkoreanische Regierung im Januar 1981 bekanntgab, Präsident Reagan habe Chun nach Washington eingeladen. Tags darauf – am 23. Januar – wandelte Chun das wenige Stunden früher auch vom zivilen obersten Gerichtshof bestätigte Todesurteil in eine lebenslange Haftstrafe um.

Mit einer Kampagne gegen »Korruption und gesellschaftliche Übel« hatte auch die offiziell seit dem 31. Mai 1980 regierende Militärjunta ihr Regime eröffnet. In den fünf Monaten bis zur Auflösung des Sonderausschusses für nationale Sicherheitsmaßnahmen erlebte Südkorea, wie sich die Militärs selber rühmten, die »umfassendste Säuberung seit Gründung der Republik Korea«. Ebenso wie Park Chung Hees Militärjunta spielten sich nun Chun Doo Hwan und seine Kameraden als die Richter der Nation auf. Wenn sie in ihrer Selbstgerechtigkeit und ihrem Machtanspruch nicht so verblendet gewesen wären, hätte es sie nachdenklich stimmen müssen, daß viele ihrer jetzigen Opfer 1961 zu den »Richtern« gehört hatten.

Ende September 1980 hatte Präsident Chun den Entwurf einer neuen Verfassung veröffentlicht. Sie wurde am 22. Oktober in einer sogenannten Volksabstimmung unter Fortdauer des – seit dem 17. Oktober wieder regional begrenzten – Kriegsrechts und des Verbots der parteipolitischen Betätigung »gebilligt«. Das neue Grundgesetz trat formell am 27. Oktober in Kraft. Tatsächlich bestand bis zum Zusammentreten der neu zu wählenden Nationalversammlung der vorherige Zustand im wesentlichen fort. Nur trat an die Stelle des Sonderausschusses für nationale Sicherheitsmaßnahmen ein Gesetzgebungsrat für nationale Sicherheit. Außerdem wurden die seit 17. Mai ausgeschalteten politischen Parteien und die alte Nationalversammlung nun auch förmlich aufgelöst.

In den fünf Monaten seines Bestehens erließ der Gesetzgebungsrat nicht weniger als 215 sogenannte Gesetze, welche die Scheinliberalität des Verfassungswortlauts nachhaltig aushöhlten. Zur Änderung oder Aufhebung dieser »Gesetze« bedurfte es ebenso wie bei einer Verfassungsänderung zusätzlich zu einer Zweidrittelmehrheit im Parlament der Annahme durch eine Volksabstimmung mit absoluter Mehrheit.

Zu den ersten Beschlüssen dieses Pseudoparlaments, dessen 81 Mitglieder sämtlich von Präsident Chun ernannt worden waren, gehörte das Gesetz zur Erneuerung des politischen Klimas, das als »Rechtsgrundlage« für das Verbot der politischen Betätigung von ursprünglich 835 und – nach erfolgreichem Einspruch eines Teils der Betroffenen – schließlich 567 Personen diente. Das Verbot, das bis 1988 gelten sollte, entfernte das Gros der bekannten Politiker von der politischen Bühne.

Nachdem auf diese Weise sowie durch Änderung des Parteiengesetzes, der Wahlgesetze und des Gesetzes über die Finanzierung politischer Aktivitäten aus der Sicht der Militärs hinreichend überschaubare Verhältnisse geschaffen worden waren, wurden ab 22. November 1980 politische Versammlungen in geschlossenen Räumen erlaubt und mit Wirkung vom 24. Januar 1981 das Kriegsrecht aufgehoben. Die in aller Eile neugebildeten politischen Parteien mußten sich bereits am 11. Februar den Wahlen zum Präsidentschaftskollegium stellen, dem auf mehr als 5000 Mitglieder verdoppelten Nachfolger von Park Chung Hees Nationalkonferenz für die Wiedervereinigung. Bei einer Wahlbeteiligung von 78,1 Prozent gewann die Demokratische Gerechtigkeitspartei (DJP – Minjong-Dang) von Präsident Chun kaum überraschend 3676 (69,9 Prozent) Sitze. Die größte Oppositionspartei, die Demokratische Korea-Partei (DKP – Minhan-Dang) brachte es nur auf 411 (7,8 Prozent) Mandate. Am 25. Februar 1981 wurde Chun Doo Hwan von diesem Gremium mit 4755 oder 90,2 Prozent aller Delegiertenstimmen für eine einmalige Amtsperiode von sieben Jahren zum Präsidenten der sogenannten Fünften Republik »gewählt«.

Am 25. März folgten die Neuwahlen zur Nationalversammlung. Von zwölf zugelassenen Parteien schafften acht den Sprung ins Parlament, aber nur drei erreichten Fraktionsstärke. Die Regierungspartei DJP errang 90 der insgesamt 276 Sitze in direkter Wahl. Außerdem wurden ihr aufgrund eines Wahlsystems, das die stärkste Partei überproportional begünstigt, weitere 61 Listenplätze zugeteilt, so daß die DJP sich mit einem Stimmenanteil von nur 35,6 Prozent eine absolute Mehrheit von 151 (54,7 Prozent) sicherte. Die oppositionelle DKP kam mit einem Stimmenanteil von 21,6 Prozent auf 81 Mandate, davon 57 in direkter Wahl. Eine weitere Oppositionspartei, die KNP (Koreanische Nationalpartei oder Hanguk-Dang), brachte es mit 13,3 Prozent der Stimmen auf 25 Sitze einschließlich sieben Listenmandaten.

Mit Zusammenkunft der neuen Nationalversammlung am 11. April 1981 löste sich der Gesetzgebungsrat auf. Chuns neue Ordnung hatte alle potentiellen Zentren organisierten Widerstands fest im Griff. In der Vergangenheit waren die größten Herausforderungen südkoreanischer Regierungen aus drei Richtungen gekommen: von den Studenten, vom Militär und von der parlamentarischen Opposition. Gegenüber den Studenten versuchte der zuständige Erziehungsminister Rhee Kyu Ho – der in Tübingen Philosophie studiert hat und fließend deutsch spricht – neue Formen der Kontrolle: Die Verantwortung für die Aufrechterhaltung der Ordnung auf dem gewöhnlich eingezäunten oder ummauerten Hochschulgelände wurde der Universitätsverwaltung übertragen; die Polizei sollte nur auf Anforderung des Rektors eingreifen. Allerdings wurden Polizeispitzel zur laufenden Beobachtung in die Hochschulen eingeschleust. Und sobald demonstrierende Studenten versuchten, das Universitätsgelände zu verlassen, sollten sie durch massiven Polizeieinsatz daran gehindert werden. Studenten, die wegen Teilnahme an politischen Aktionen gerichtlich verurteilt waren, wurde die spätere Rückkehr an die Hochschule verwehrt.

Mögliche Rivalen bei den Streitkräften hatte Chun Doo Hwan

schon früh aus dem aktiven Dienst entfernt. Zwar gab es immer wieder Gerüchte über allerlei Flügelbildungen in der Armee, irgendwelcher organisierter Widerstand gegen Präsident Chun ist aber niemals erkennbar geworden.

Die parlamentarische Opposition war durch die Ausschaltung ihrer bedeutendsten Führer, Kim Dae Jung und Kim Young Sam, lahmgelegt und die Presse durch die im November 1980 erzwungene »Selbsterneuerung« völlig gleichgeschaltet worden. Die Zahl der Zeitungen und Zeitschriften wurde drastisch eingeschränkt und der Nachrichtenfluß zwischen Seoul und den Provinzen durch ein ebenso einfaches wie wirksames Verfahren kontrolliert: Die Hauptstadtzeitungen durften keine Provinzredaktionen unterhalten und umgekehrt die Provinzblätter in Seoul keine eigenen Büros betreiben. Einziges Bindeglied war die auf solche Weise mit einem Nachrichtenmonopol ausgestattete Einheitsagentur Yonhap. Für die Pressezensur zuständig war ein dem Kultus- und Informationsministerium unterstellter »Koordinierungsausschuß«, dessen Abgesandte täglich in den Redaktionen erschienen und genaue Richtlinien über die Behandlung aller von der Regierung für bedeutsam erachteten Nachrichten und Kommentare mitbrachten. Einzelheiten über die Zensurmethoden des Chun-Regimes wurden bekannt, als die Untergrundzeitschrift *Mal* (Das Wort) im September 1986 beinahe 600 Einzelrichtlinien aus der Zeit von Oktober 1985 bis August 1986 abdruckte.

Auch im Rundfunkbereich schufen sich Chun Doo Hwans Zensoren eine leicht überschaubare Medienlandschaft. Die staatliche Rundfunkgesellschaft KBS (Korean Broadcasting System) schluckte fünf Privatsender. Daneben war nur eine Radio- und Fernsehgesellschaft mit landesweit ausgestrahltem Programm zugelassen, die private MBC (Munhwa Broadcasting Corporation). Und dem von protestantischen Christen betriebenen Hörfunksender CBS (Christian Broadcasting System) verbot man die Ausstrahlung aller nichtreligiösen Programme. Wie zum Ausgleich für die inhaltlichen Programmkontrollen gab die Regierung endlich die Ausstrahlung von Fernsehsendungen in Farbe frei. Schwarzweißfernsehen kannte Südkorea seit 1956, und für den Export hatte das Land seit Mitte der siebziger Jahre Farbfernseher hergestellt. Bezeichnenderweise begann das Zeitalter des Farbfernsehens in Südkorea am 1. Dezember 1980 mit der KBS-Übertragung einer Veranstaltung zum »Tag des Exports«. Die Freigabe des Farbfernsehens sollte nicht zuletzt dazu dienen, der heimischen Elektronikindustrie über eine schwere Krise hinwegzuhelfen, die durch Einfuhrbeschränkungen des Hauptabnehmers USA verursacht worden war.

Die organisierte Arbeiterschaft wurde ebenfalls an die Kette gelegt. Ausgerechnet ein ehemaliger Gewerkschaftsfunktionär, der frühere Vorsitzende der Postarbeitergewerkschaft, Kwon Joong Dong, leistete dabei Hilfestellung. Unter seiner fachkundigen Federführung wurde das ursprünglich auf das deutsche Industrieprinzip ausgerichtete Gewerkschaftsgesetz so abgeändert, daß gewerkschaftliche Aktionen nur noch auf Betriebsebene und von Betriebsangehörigen zugelassen waren. Für seine Verdienste um die Stabilisierung des Chun-Regimes wurde Kwon mit der Aufwertung seiner Arbeitsbehörde zu einem vollwertigen Ministerium belohnt und zu Südkoreas erstem Arbeitsminister ernannt.

Die christlichen Kirchen erwiesen sich als die einzige organisierte Kraft, die noch in der Lage war, Auswüchse staatlicher Machtausübung wirksam anzuprangern, politisch Verfolgte zu schützen und sich für sozial benachteiligte Schichten der Bevölkerung einzusetzen. Aus einer aktiven Minderheit hatten sich die – Ende 1985 etwa siebeneinhalb Millionen registrierten – Christen im konfuzianisch-buddhistischen Süden Koreas zu einem bedeutsamen Machtfaktor entwickelt. Und als Papst Johannes Paul II. im Mai 1984 nach Korea kam, um 93 Einheimische und 10 französische Glaubensmärtyrer heiligzusprechen – kirchengeschichtlich eine beispiellose »Massenkanonisierung«–, ließ es sich Präsident Chun nicht nehmen, den hohen Herrn aus Rom als Staatsgast zu empfangen. Kardinal Stephan Kim Su Hwan, Oberhirte der zwei Millionen Katholiken Südkoreas, wird auch außerhalb christlicher Kreise als moralische Autorität anerkannt. Unter seiner Führung hat die katholische Kirche nach Kwangju ihre traditionelle Zurückhaltung in politischen Fragen aufgegeben.

Auf protestantischer Seite gab es viele hochangesehene und aktive Kirchenführer wie den langjährigen Generalsekretär des koreanischen Kirchenrats und späteren Präsidenten des christlichen Rundfunks Kim Kwan Suk, den kämpferischen Presbyterianerpastor Pak Hyong Kyu oder den sozial engagierten Methodistenpfarrer Kim Choon Young, aber keine dominierende Gestalt wie den Kardinal. Und Kang Won Yong, dessen mit deutscher Hilfe aufgebaute Christliche Akademie unter Präsident Park bösartiger Verfolgung ausgesetzt war, geriet sogar zeitweilig in den Verdacht, sich mit dem Chun-Regime arrangiert zu haben. Die Stimme der in fast siebzig Kirchen und Sekten zersplitterten Protestanten Südkoreas war außerhalb der allgegenwärtigen Gotteshäuser am lautesten durch den christlichen Rundfunk zu vernehmen. CBS wird vom Kirchenrat getragen, Dachorganisation der sechs größten protestantischen Kirchen in Südkorea.

Anfang 1981 hatte Chun Doo Hwan seine Herrschaft so weit konsolidiert, daß er zu seiner ersten Auslandsreise als Staatsoberhaupt nach Washington aufbrechen konnte. Präsident Reagan hatte sich mit seiner Einladung an Chun über die weltweite Empörung wegen des Massakers von Kwangju hinweggesetzt und das bis dahin international isolierte Chun-Regime wieder gesellschaftsfähig gemacht. Man sollte allerdings nicht vergessen, daß die Einladung auch ein Teil jener Abmachung war, die zur Umwandlung des Todesurteils gegen Kim Dae Jung in lebenslange Haft geführt hat.

Bei den Gesprächen zwischen Reagan und Chun am 2. Februar wurden die Pläne zum Abzug der US-Streitkräfte zu Grabe getragen und die zweifelhaft gewordene Garantie für die äußere Sicherheit Südkoreas unmißverständlich bekräftigt. Die zu Carters Zeiten von gegenseitigem Mißtrauen gekennzeichneten politischen Beziehungen wurden im Geiste betont freundschaftlicher Zusammenarbeit normalisiert. Von einem Tag auf den anderen war damit das Verhältnis Seouls zu seinem wichtigsten Verbündeten wieder in Ordnung gebracht.

Die Bereitschaft Reagans, sich über die im amerikanischen Regierungsapparat zunächst beträchtlichen Vorbehalte gegen das Regime Chun Doo Hwan hinwegzusetzen und Südkorea als außenpolitisch und militärisch wichtigen Bündnispartner zu behandeln, blieb nicht ohne Wirkung auf Seouls Verhältnis zu Tokio. Japan hatte zu Präsident Park ziemlich intensive Beziehungen gepflegt, begegnete Chun jedoch mit großer Zurückhaltung. Diese Einstellung war auf Dauer nicht ohne Schaden für die japanische Sicherheit durchzuhalten, denn die Erfüllung der Verpflichtungen, die Washington in seinen Sicherheitsverträgen mit Japan und Südkorea übernommen hatte, setzte eine möglichst enge Abstimmung zwischen Tokio und Seoul voraus.

Eingedenk dieses Zusammenhangs forderte Chun nach seiner Rückkehr aus Amerika die japanische Regierung fast ultimativ auf, als Ausgleich für Südkoreas hohe Verteidigungsaufwendungen zinsgünstige Kredite aus öffentlichen Mitteln in Höhe von sechs Milliarden Dollar und weitere vier Milliarden an kommerziellen Bankkrediten zur Verfügung zu stellen. Japan lehnte das Ansinnen mit Rücksicht auf die Beschränkung seiner Verfassung rundheraus ab. Es kam zur ernsten Verstimmung in den bilateralen Beziehungen, die sich erst zu lösen schien, als Tokio seine Bereitschaft signalisierte, für eine Reihe von Großprojekten öffentliche Kredite bis zu vier Millarden Dollar zu gewähren.

Doch im Juli 1982 enstand neuer Streit zwischen den Nachbarländern. Japanische Zeitungen hatten Pläne des Erziehungsministeriums zur Revision japanischer Schulbuchtexte enthüllt, wonach das japanische Vorgehen gegenüber Korea und China in der Zeit bis 1945 beschönigt werden sollte. China protestierte sofort. In Südkorea griffen zunächst nur die Zeitungen das Thema auf. Jedoch entwickelte sich daraus rasch eine so heftige öffentliche Kampagne mit anitjapanischen Protestkundgebungen im ganzen Land, daß die Regierung sich genötigt sah, die Sache aufzugreifen und von Tokio eine Korrektur der neuen Schulbücher zu verlangen. Fünf Tage später entschied das Kabinett, ein geplantes bilaterales Treffen, bei dem Experten beider Seiten eine Einigung in der leidigen Kreditfrage vorbereiten sollten, abzusagen.

Beigelegt wurde der Schulbuchkonflikt – und zugleich der Streit über die von Seoul gewünschten Kredite – während des Besuchs von Ministerpräsident Yasuhiro Nakasone im Januar 1983. Der neue Regierungschef Japans hatte seine erste Auslandsreise bewußt nach Seoul – und nicht wie vorher üblich nach Washington – unternommen, um die Bedeutung der Beziehungen zu unterstreichen. Es war der erste normale Besuch eines japanischen Regierungschefs in Seoul. Frühere Besuche hatten förmlichen Anlässen – wie der Amtseinführung des Präsidenten oder der Teilnahme an einer Trauerfeier – gegolten. Im gemeinsamen Kommuniqué vom 12. Januar wird die Atmosphäre der Gespräche zwischen Chun und Nakasone als »sehr zuvorkommend und freundschaftlich«

und der Besuch selber als ein »Meilenstein« in den bilateralen Beziehungen bezeichnet.

Als Präsident Chun im September 1984 zum Gegenbesuch nach Tokio reiste, zog man gemeinsam einen Schlußstrich unter die trübe Vergangenheit. Japan habe in seiner Frühzeit sehr viel von Korea gelernt, schmeichelte der Tenno seinem Gast, um dann den entscheidenden Satz zu sagen: »Es ist wirklich bedauerlich, daß es trotz solcher Beziehungen für eine Zeitspanne dieses Jahrhunderts zwischen unseren beiden Ländern eine unglückliche Vergangenheit gegeben hat, und ich glaube, daß sich das nicht noch einmal wiederholen wird.« Die historische Szene wurde vom Fernsehen beider Länder direkt übertragen. Offenbar haben auch die Nordkoreaner genau zugesehen. Die *Rodong Shinmun* in Pyongyang befand jedenfalls, daß die Erklärung von Kaiser Hirohito als Entschuldigung »nicht akzeptabel« sei. In Seoul sah man das etwas anders.

Ein Schlüssel zur Einigung mit Japan in der leidigen Kreditfrage war der Anfang 1982 angelaufene neue Fünfjahresplan Südkoreas. Die Bereitschaft Seouls, über eine japanische Unterstützung einzelner Großvorhaben zu verhandeln, erlaubte es, den für Tokio aus innenpolitischen Gründen problematischen Sicherheitsaspekt in den Hintergrund zu drängen. Die zugesagten und ab 1983 in jährlich auszuhandelnden Raten zahlbaren vier Milliarden Dollar – davon 1,85 Milliarden als amtliche Entwicklungshilfe und 2,15 Milliarden in Krediten – stärkten das Vertrauen in die weitere Wirtschaftsentwicklung Südkoreas. Nach dem Katastrophenjahr 1980, das außer der Schrumpfung des Bruttosozialprodukts eine Inflationsrate von rund 30 Prozent gebracht hatte, war die Volkswirtschaft 1981 wieder gewachsen. Zugleich konnte die Zuwachsrate der Verbraucherpreise halbiert und im folgenden Jahr sogar auf weniger als 5 Prozent zurückgeführt werden. Der neue – fünfte – Fünfjahresplan (1982–1986) sah tiefgreifende Strukturreformen mit dem Ziel einer schrittweisen Liberalisierung der Wirtschaft vor. Im Zieljahr 1986 übertraf das Bruttosozialprodukt mit 95 Milliarden und das Prokopfeinkommen mit 2296 Dollar die Erwartungen. Beim Außenhandel blieben die 1986 tatsächlich erzielten Ergebnisse im Export mit 33,9 Milliarden und im Import mit 29,7 Milliarden Dollar hinter den Planwerten zurück. Doch war das alles andere als ein Unglück, weil es Südkorea 1986 schneller als vorgesehen gelungen war, erstmals Überschüsse in seiner Handels-, Leistungs- und Zahlungsbilanz zu erzielen, und zwar gleich in der beachtlichen Höhe von 4,2 und 4,6 sowie 1,7 Milliarden Dollar.

Das versetzte die Regierung in Seoul in die Lage, einige ihrer Auslandsschulden vorzeitig zurückzuzahlen. Der Ende 1985 auf die Rekordhöhe von 46,8 Millarden angewachsene Schuldenberg konnte 1986 auf 44,5 Millarden abgebaut werden und verlor dadurch viel von seinem Schrecken. 1986 erwies sich als das Wendejahr zur außenwirtschaftlichen Gesundung. Südkorea hatte sich zu einem Überschußland gemausert. Die glänzenden Ergebnisse von 1987 – Wirtschaftswachstum um reale 12 Prozent auf 118,6 Milliarden Dollar insgesamt oder 2826 Dollar pro Kopf der Bevölkerung, Überschüsse in der Handels- und Leistungsbilanz von 7,5 und 9,8 Milliarden Dollar sowie eine drastische Verminderung der Auslandsschulden auf 35,5 Milliarden Dollar – haben bewiesen, daß es sich im Jahr zuvor nicht um einen einmaligen Glückstreffer, sondern um den Beginn einer neuen Phase des wirtschaftlichen Aufstiegs von Südkorea gehandelt hatte.

Waren die wirtschaftlichen Schwierigkeiten von 1979/80 in bemerkenswert kurzer Zeit überwunden und auch außenpolitisch bald beachtliche Erfolge erzielt worden, so fiel es Chun Doo Hwan sehr viel schwerer, eine innenpolitische Aussöhnung herbeizuführen. Der Schock von Kwangju saß tief. Mit einer Reihe von Maßnahmen versuchte der Präsident, seinem Regime mehr Zustimmung in der Bevölkerung zu verschaffen. Das Ergebnis war mäßig. Ein Beispiel ist die Erziehungsreform. Die Militärjunta hatte im Juli 1980 angekündigt, sie wolle den Zugang zu den Hochschulen durch Vereinfachung der Aufnahmeprüfung und Einführung eines Quotensystems erleichtern. Dadurch solle die Notwendigkeit privater Paukschulen und Seminare zur Vorbereitung auf die Prüfung entfallen. Außerdem sollten an den vielfach von Skandalen geplagten Privathochschulen durch Trennung von Besitz und Verwaltung klare Verhältnisse geschaffen und die Lehrpläne aller Schulen, vom Kindergarten bis zur Oberschule, reformiert werden. Die ehrgeizigen Pläne wurden ab 1981 energisch in die Tat umgesetzt. Die Kindergärten nahmen 1981 gegenüber dem Vorjahr drastisch zu, bis 1986 hatte sich ihre Zahl auf 7233 belaufen, in denen fast 345 000 Kinder betreut wurden.

Das Schulsystem in Südkorea folgt dem amerikanischen Aufbau: auf sechs Jahre Grundschule folgen je drei Jahre Mittel- und Oberschule. Schulpflicht besteht bisher nur für die Grundschule und soll ab 1992 auf die Mittelschule ausgedehnt werden. Tatsächlich aber besuchen schon jetzt 92 Prozent der Jungen und 86 Prozent der Mädchen entsprechender Altersgruppen die Mittel- und Oberschule. Das Regelstudium dauert vier Jahre (Medizin- und Zahnmedizin sechs), doch gibt es auch viele zweijährige Fach- und sonstige Kurzhochschulen. Der Besuch einer Graduiertenschule, die den Magister- und Doktorgrad vergibt, setzt den Abschluß eines Vollstudiums (4 bis 6 Jahre) voraus.

Die größte Aufmerksamkeit unter den Reformplänen für das Erziehungssystem fanden die Maßnahmen zur Reform des Hochschulwesens und hier besonders eine Neuregelung des Hochschulzugangs, die sich jedoch nicht bewährte. Seit 1988 gilt wiederum ein neues Prüfungssystem, das den Bewerbern freistellt, bei welcher Hochschule sie sich um Aufnahme bemühen wollen, und den Hochschulen Freiheit bei der Festlegung ihrer Prüfungsbedingungen gibt. Allerdings bedürfen die Prüfungsfragen staatlicher Genehmigung. Ob diese Regelung ein Wiederaufleben der privaten Paukschulen und Seminare zur Folge hat, bleibt abzuwarten. Sie waren 1981 einfach verboten und Zuwiderhandlungen mit Strafen und sonstigen Sanktionen belegt worden. Diese Maßnahme hatte mit einem Schlag ein blühendes Gewerbe beseitigt, aber zugleich die Eltern von der Bürde erheblicher Nebenkosten für die Erziehung ihrer Kinder befreit.

Mit der Neuregelung der Hochschulverfassung in den zahlreichen privaten Bildungsinstitutionen, die immerhin mehr als 70 Prozent aller Studenten aufnehmen, wurde 1981 der direkte – und oft mißbrauchte – Einfluß der Stifterfamilien ausgeschaltet und Verwaltung und Studienbetrieb einem Hochschulpräsidenten und den Fakultätsdekanen unter Beteiligung der Professoren übertragen. Natürlich hatte das neue System eine Verstärkung der staatlichen Aufsicht zur Folge, was weniger willkommmen war. Auf eindeutige Ablehnung stießen andere Teile der Hochschulreform, die offensichtlich den Zweck verfolgten, die politischen Aktivitäten der Studenten zu überwachen und zu beschränken.

Einmal abgesehen von der Reaktion der Betroffenen bleibt festzuhalten, daß Zahl und Anteil der Studenten ständig und kräftig zugenommen haben. 1983 überschritt die Gesamtzahl aller Studenten und Fachhochschulbesucher in Südkorea die Millionengrenze – bei einer Bevölkerung von genau 40 Millionen eine beachtliche Leistung, zumal die Hochschulen keineswegs gebührenfrei sind. Bisher ist nur der gesetzlich vorgeschriebene Besuch der sechsjährigen Grundschule kostenlos. Jede weiterführende Erziehung müssen die Eltern oder Familien finanzieren, oft unter großen Opfern. Bis Ende 1986 hatte sich die Zahl aller Hochschulbesucher in Südkorea bereits auf 1,33 Millionen erhöht (bei mittlerweile 41,6 Millionen Einwohnern). In der Altersgruppe von 20 bis 24 Jahren besuchen 36,6 Prozent der Männer und 15,8 Prozent der Frauen eine Hochschule. Der Anteil der Frauen beläuft sich insgesamt auf 28,8 Prozent. Dabei gibt es allerdings beträchtliche Unterschiede je nach Hochschultyp. Unter den Vollstudenten, die fast 74 Prozent der Gesamtzahl stellen, halten sie 26,8 Prozent. An den Fach- und sonstigen Kurzhochschulen (gut 19 Prozent aller Studenten) sind sie überdurchschnittlich mit 36 Prozent vertreten. An den pädagogischen Hochschulen für die Ausbildung der Grundschullehrer (1,4 Prozent) stellen sie mit 72,9 Prozent bei weitem die größte Gruppe. Andererseits beträgt der Anteil der Frauen an den Graduiertenschulen (5,4 Prozent) lediglich 18,3 Prozent. In absoluten Zahlen sind das mehr als 12 000 Kandidatinnen für den Magister- oder Doktorgrad. Von der Gesamtbevölkerung stellten die Frauen Ende 1985 mit 49,9 Prozent fast genau die Hälfte. Und im Durchschnitt des ganzen Erziehungssystems – vom Kindergarten bis zur Hochschule – 45,8 Prozent.

Die Erziehungsreform hat manche Probleme gelöst, andere erst hervorgerufen. Zumindest an den Hochschulen hat sie der Regierung kaum neue Freunde verschafft. Seit 1983 demonstrierten die Studenten wieder häufiger und heftiger. Breite Zustimmung fand hingegen die Aufhebung der ursprünglich von den Japanern eingeführten und besonders in der Ära Park streng gehandhabten Vorschriften über die an Mittel- und Oberschulen zulässige Haartracht – Kahlrasur oder militärisch kurzer Schnitt für Jungen, genau geregelte Haarlänge und Standardfrisuren bei Mädchen. Das Zeitalter der »Haar-Freiheit« begann mit dem Schuljahr 1982. Ein Jahr später wurde auch der Uniformzwang für die Mittel- und Oberschulen aufgehoben. Speziell an junge Männer wandte sich der Widerruf des Verbots von Auslandsreisen vor Ableistung des

Wehrdienstes. Die größte Breitenwirkung aber hatte die im Januar 1982 verfügte Aufhebung der seit 1945 geltenden Sperrstunde von Mitternacht bis vier Uhr früh.

Präsident Chun Doo Hwan hat ungewöhnlich viele Amnestien gewährt. Allein 1981 gab es fünf. Sie kamen vor allem gewöhnlichen Straffälligen zugute. Immerhin befanden sich unter den 7543 Begünstigten auch 245 politische Häftlinge. 1982 erfolgten zwei Amnestien. Anfang März wurden in 2863 Fällen Strafen herabgesetzt – unter anderem für Kim Dae Jung von lebenslänglich auf zwanzig Jahre – oder erlassen, Häftlinge freigelassen oder die bürgerlichen Ehrenrechte bereits entlassener wiederhergestellt. Und am Heiligabend entließ die Regierung 1206 Gefängnisinsassen, darunter 48 politische Häftlinge. Einer von ihnen war Kim Dae Jung. Der Oppositionspolitiker durfte »zur ärztlichen Behandlung« zusammen mit seiner Familie nach Amerika ausreisen. Auch 1983 und 1984 gab es mehrere große Amnestien.

Im Februar 1983 hob Präsident Chun bei 250 Personen das seit November 1980 bestehende Verbot politischer Betätigung auf, im Februar und November 1984 bei weiteren 202 und 84 Betroffenen. Von der Liste der 567 mit dem Verbot Belegten blieben nur noch 15 übrig – unter ihnen die drei Kims –, die anderen waren in der Zwischenzeit gestorben. Anfang Februar 1985 durfte Kim Dae Jung aus Amerika zurückkehren. Wenige Tage später, bei den Parlamentswahlen vom 12. Februar, gewann die erst im Januar gegründete Oppositionspartei NKDP (Neue Koreanische Demokratische Partei – Shinmin-Dang) auf Anhieb 50 Direktmandate und 29 Prozent der Stimmen, so daß sie in der Nationalversammlung mit den Listenplätzen auf 67 Sitze kam. Die neue Partei galt als Sprachrohr von Kim Dae Jung und Kim Young Sam und war im wesentlichen von früheren Abgeordneten der alten NDP gegründet worden. NKDP-Vorsitzender Lee Min Woo hatte schon vor der Wahl eine Verfassungsänderung zur Wiederherstellung der Direktwahl des Präsidenten gefordert und damit dem Regime offen den Kampf angesagt.

Die Regierungspartei DJP hatte mit 35,4 Prozent und 87 Direktmandaten (drei weniger als 1981) ihre Stellung einigermaßen behaupten können, erhielt dank dem Wahlsystem unverändert 61 Listenplätze zugeschlagen und kontrollierte mit zusammen 148 Abgeordneten wieder eine absolute Mehrheit (von 53,6 Prozent) der 276 Nationalversammlungssitze. Aber der Regierung stand nun statt einer gezähmten, ihrer maßgeblichen Führer beraubten Opposition wieder ein unerschrockener politischer Gegner gegenüber. Die Zeit der unbestrittenen Allmacht von Chun Doo Hwan ging zu Ende. Der Präsident trug der veränderten Lage Rechnung, indem er seinen engsten Vertrauten und Putschkameraden Roh Tae Woo am 23. Februar zum geschäftsführenden Vorsitzenden der Regierungspartei ernannte, und gab damit öffentlich zu erkennen, daß Roh sein Nachfolger werden sollte. Außerdem hob Chun am 6. März 1985 für die verbliebenen 15 Betroffenen das Verbot der politischen Betätigung auf. Damit waren fast fünf Jahre nach dem gewaltsamen Abbruch des letzten Demokratisierungsversuchs, auch die drei Kims wieder rehabilitiert. Allerdings blieb Kim Dae Jungs rechtliche Stellung in der Schwebe, weil in seinem Fall nur der Strafvollzug ausgesetzt war. Auch galt die im Urteil ausgesprochene Aberkennung der bürgerlichen Ehrenrecht – einschließlich des aktiven und passiven Wahlrechts – weiter.

Die Rückkehr von Kim Dae Jung und Kim Young Sam auf die politische Bühne Südkoreas und der spontane Erfolg der NKDP führten zu einer Reorganisation des Oppositionslagers: Die meisten Abgeordneten der bei den Wahlen vom 12. Februar abgeschlagenen DKP – diese vor den Wahlen führende Oppositionspartei hatte zwar noch 19,7 Prozent der Stimmen, aber nur 26 Direktmandate gewonnen, so daß sie insgesamt auf 35 Sitze kam gegenüber 81 bei der Wahl von 1981 – wechselten zur NKDP über, deren Fraktionsstärke dadurch und dank weiteren Zugängen zeitweilig auf über 100 Abgeordnete anschwoll. Damit vertrat die neue Oppositionspartei sehr viel mehr Wählerstimmen als die regierende DJP, deren Sitzmehrheit im Parlament auf der an Manipulation grenzenden Verteilung der Listenplätze beruhte, also rein wahlrechtstechnischer Natur war.

Noch schwieriger als das Verhältnis zur Opposition gestalteten sich für das Chun-Regime die Beziehungen zu den koreanischen Kommunisten im Norden. Pyongyang hatte im Sommer 1980 die Kontakte zum Süden abgebrochen. Zahlreiche Vorschläge Seouls zur Wiederaufnahme von Gesprächen wurden abgelehnt oder blieben ohne Echo. Am 9. Oktober 1983, als sich Präsident Chun auf Staatsbesuch in Birma befand, explodierte kurz vor seinem Eintreffen am Mausoleum der Märtyrer in Rangun eine ferngesteuerte Sprengladung und tötete zwanzig Menschen, davon 17 Südkoreaner. Weitere 47 wurden verletzt. Bei dem offensichtlich gegen Chun Doo Hwan gerichteten Attentat verloren vier südkoreanische Kabinettsmitglieder, Südkoreas Botschafter in Rangun und weitere Mitglieder der offiziellen Delegation ihr Leben.

Die birmanische Regierung, die diplomatische Beziehungen zu beiden koreanischen Staaten unterhielt, stellte in ihrem abschließenden Untersuchungsbericht fest, daß das Attentat von drei nordkoreanischen Agenten verübt worden sei, von denen zwei gefaßt werden konnten und einer auf der Flucht erschossen wurde. Rangun brach draufhin alle amtlichen Beziehungen zu Pyongyang ab, entzog Nordkorea die Anerkennung als Staat und verwies dessen Botschafter samt Personal des Landes. Die Attentäter wurden nachfolgend von birmanischen Gerichten zum Tode verurteilt. Das sozialistische Birma hatte sich im weltweiten Ost-West-Konflikt neutral verhalten und in der koreanischen Nord-Süd-Konfrontation politisch eher dem Norden zugeneigt. Ranguns Feststellung über die Verantwortung für den Bombenanschlag konnte daher als vertrauenswürdig gelten. Nordkorea war damit als terroristischer Staat bloßgestellt. In den Vereinten Nationen wurde Pyongyang nicht einmal von den Vertretern Chinas und der Sowjetunion in Schutz genommen. Viele blockfreie Länder gingen auf Abstand.

Wohl um diese Isolierung zu überwinden, fand sich Pyongyang im April 1984 zu Gesprächen über einen Vorschlag Seouls bereit, eine gemeinsame Mannschaft für die Olympischen Spiele in Los Angeles zu bilden. Zwar konnte man sich in drei Gesprächsrunden nicht einigen, doch kam es ab Oktober 1985 in Lausanne durch Vermittlung des Internationalen Olympischen Komitees (IOC) zu weiteren Sportkontakten, diesmal über die Frage einer Beteiligung Nordkoreas an den Olympischen Spielen 1988 in Seoul. Die von Pyongyang gewünschte gemeinsame und gleichberechtigte Veranstaltung der Spiele durch Nord- und Südkorea war von Seoul sowie von IOC-Präsident Antonio Samaranch schon im Sommer 1984 als mit der Olympischen Charta unvereinbar abgelehnt worden: Die Olympiade war 1981 nicht an Südkorea, sondern an die Stadt Seoul vergeben worden, und Pyongyang hatte sich damals nicht einmal beworben.

Doch war man bereit, den Nordkoreanern entgegenzukommen

und bot ihnen an, einige der Wettbewerbe in Pyongyang auszutragen. Der Norden schien darauf einzugehen, forderte aber sehr viel mehr, als ihm geboten wurde. Daß sich Nordkorea zumindest zeitweilig ernsthafte Hoffnungen auf eine Beteiligung an der Ausrichtung der Spiele gemacht hatte, konnte man an den laufenden Bauarbeiten für die riesigen Sportanlagen in Pyongyang erkennen: etwa einem Stadion für 150000 Zuschauer – 50000 mehr als das Olympiastadion in Seoul. Doch bis zum Ablauf der Frist – am 17. Januar 1988 – lag aus Pyongyang weder eine Anmeldung noch eine verbindliche Annahmeerklärung des abschließenden IOC-Angebots vor. Andererseits war Nordkorea mit seiner Boykottdrohung ziemlich alleingeblieben. Die Sowjetunion und ihre osteuropäischen Verbündeten sowie China und Vietnam hatten zugesagt. Die zusammen 161 Anmeldungen waren in jedem Fall ein olympischer Rekord.

Die von Präsident Park eingeleiteten Bemühungen um bessere Beziehungen zu Moskau und Peking wurden unter Chun Doo Hwan fortgesetzt. Seouls Verhältnis zu den beiden kommunistischen Großmächten nahm jedoch wegen verschiedener Zwischenfälle eine recht unterschiedliche Entwicklung. In der Nacht vom 31. August zum 1. September 1983 wurde eine Boeing 747 der südkoreanischen Fluggesellschaft Korean Air Lines (KAL) mit 269 Menschen an Bord in der Nähe der Insel Sachalin von einem sowjetischen Kampfflugzeug abgeschossen und stürzte ins Meer. Alle Fluggäste und die Besatzung kamen ums Leben. Die KAL-Maschine war aus bis heute nicht eindeutig geklärten Gründen von der vorgeschriebenen Flugroute stark abgewichen und in den sowjetischen Luftraum eingedrungen. Der Zwischenfall löste eine internationale Krise aus und hat die Entwicklung in den gegenseitigen Beziehungen um Jahre zurückgeworfen. Im Vorfeld der Olympiade 1988 sind sich Seoul und Moskau wieder nähergekommen, und die sowjetische Bereitschaft, trotz der Vorbehalte Pyongyangs an den Olympischen Spielen in Südkorea teilzunehmen, hat dort einigen Groll abgebaut.

Als ein »Geschenk des Himmels« erwies sich hingegen ein anderer Luftzwischenfall: Die Entführung eines chinesischen Passagierflugzeugs mit 105 Menschen an Bord am 5. Mai 1983. Sechs Chinesen, die nach Taiwan fliehen wollten, zwangen den Piloten, auf seinem Linienflug von Shenyang (früher Mukden) nach

Shanghai Kurs auf Südkorea zu nehmen, wo die Maschine von Abfangjägern zu einem Luftwaffenstützpunkt geleitet wurde. China, das bis dahin alle amtlichen Kontakte zu Südkorea vermieden hatte, entschloß sich überraschend, den Generaldirektor seiner zivilen Luftfahrtbehörde zu Verhandlungen nach Seoul zu schicken. Die Südkoreaner waren hocherfreut. Nach vier Tagen hatte man sich auf ein Memorandum geeinigt, das die Rückführung von Flugzeug, Besatzung und Passagieren regelte, aber kein Wort über den Verbleib der Entführer enthielt. Im übrigen gelobten beide Seiten, bei zukünftigen Notfällen an dem diesmal praktizierten »Geist der Zusammenarbeit« festzuhalten.

Mangels diplomatischer Beziehungen diente Hongkong hinfort als Brückenkopf für solche politischen Gespräche zwischen Seoul und Peking, wobei das südkoreanische Generalkonsulat und die Niederlassung der amtlichen chinesischen Nachrichtenagentur Xinhua als Kontaktstellen fungierten. Sie nahmen erstmals im März 1985 Verbindung zueinander auf, als ein Torpedoboot der chinesischen Marine nach einer Meuterei an Bord in südkoreanische Hoheitsgewässer abgetrieben war. Nach weiteren Zwischenfällen wurden diese Direktverhandlungen allmählich zur Routine.

Die zu China angeknüpften Kontakte wurden bald weiter ausgebaut. Südkoreanische Beamte durften – zu Veranstaltungen der Vereinten Nationen – in die Volksrepublik einreisen, in China lebende Koreaner erhielten die Erlaubnis, ihre Verwandten in Südkorea zu besuchen, einige konnten sogar endgültig dorthin übersiedeln. 1984 begann ein reger Sportverkehr. Und als die südkoreanische Mannschaft im Oktober die asiatischen Basketballmeisterschaften der Frauen in Shanghai gewann, erklang in China zum erstenmal die Nationalhymne der Republik Korea. Bei den in Seoul im Mai 1985 ausgetragenen asiatischen Jugendturnmeisterschaften gewannen die Sportler aus der Volksrepublik so viele Medaillen, daß die früher verpönte chinesische Nationalhymne den Südkoreanern zu einem vertrauten Klang wurde. Und zu den Asiatischen Spielen im Herbst 1986, der Generalprobe für die Olympiade, entsandte China eine Riesendelegation aus 520 Sportlern und 120 Funktionären und Journalisten nach Seoul. Die Chinesen gewannen die meisten Goldmedaillen, aber nur eine mehr als die Südkoreaner, die zur allgemeinen Überraschung in der Gesamtzahl der Medaillen siegten.

In der entkrampfteren Atmosphäre entwickelten sich auch die Handelsbeziehungen kräftig, das Volumen des indirekten Warenaustauschs über Hongkong verdoppelte sich 1984 auf 345 Millionen Dollar und stieg bis 1987 auf 1,2 Millarden. Der direkte Handelsverkehr mit Südkorea ist für die Volksrepublik nicht mehr tabu. Frachtschiffe verkehren unmittelbar zwischen Häfen an der chinesischen Ostküste und der südkoreanischen Westküste, nur die Frachtpapiere tragen noch die Stempel chinesischer oder japanischer Mittelsmänner in Hongkong. Darauf wird indes zunehmend verzichtet. Die Entfernung zwischen Qingdao auf der Shandong-Halbinsel – dem alten Tsingtau in Schantung – und Inchon oder Kunsan, aber auch zwischen Shanghai und Mokpo am Südwestzipfel Koreas beträgt wenig mehr als fünfhundert Kilometer. Inzwischen spricht man bereits über südkoreanische Investitionen in den chinesischen Küstenprovinzen. Südkoreaner mit japanischen oder amerikanischen Pässen sind die Vorreiter.

Im Frühjahr 1986 rundete Präsident Chun den Bogen seiner außenpolitischen Initiativen mit einer Reise nach Westeuropa ab. Sie führte das südkoreanische Staatsoberhaupt offiziell nach England, Deutschland, Frankreich und Belgien, außerdem suchte Chun in Brüssel das Hauptquartier der Europäischen Gemeinschaft auf und machte zwischen seinen Besuchen in Bonn und Paris einen Abstecher ins schweizerische Lausanne.

England und Frankreich pflegen seit über hundert Jahren diplomatische Beziehungen zu Korea, doch der Besuch von Präsident Chun war die erste Gelegenheit zu bilateralen »Gipfeltreffen«. Die Bundesrepublik Deutschland und Südkorea hatten schon in den sechziger Jahren den politischen Dialog aufgenommen. Die Bundesrepublik ist auch Südkoreas größter Handelspartner in Westeuropa (mit einem Handelsvolumen von 3,8 Milliarden DM für 1987, davon 1,6 Milliarden Export und 2,2 Milliarden Import), wobei die Überschüsse der Südkoreaner zunehmen. Beim Warenaustausch mit der Europäischen Gemeinschaft hat sich Südkoreas Überschuß 1987 im Vergleich zum Vorjahr auf 2 Milliarden Dollar verdoppelt. Die Gemeinschaft nahm 1987 6,6 Milliarden Dollar oder fast 14 Prozent aller südkoreanischen Exporte ab und lieferte Waren im Wert von 4,6 Milliarden Dollar nach Südkorea, was gut 11 Prozent aller Importe des Landes entsprach.

Präsident Chuns Besuch in Bonn am 10. und 11. April 1986

bestand nicht allein im Austausch von Freundlichkeiten. Sowohl Bundespräsident Richard von Weizsäcker als auch Bundeskanzler Helmut Kohl sprachen in ihren Tischreden – in diplomatisch-höfliche Worte gekleidet, aber unmißverständlich – das Thema Menschenrechte und Demokratie in Südkorea an. Das gemeinsame Schicksal der Teilung und die regen wirtschaftlichen sowie die beachtlichen kulturellen Beziehungen sollten nicht dazu herhalten, gravierende Systemunterschiede zu verschleiern. Die 17000 in der Bundesrepublik lebenden Südkoreaner, von denen so mancher aus politischen Gründen nicht in die Heimat zurückgekehrt war, die unvergessene Entführungsaffäre von 1967 und eine ziemlich intensive Berichterstattung von Presse und Fernsehen über die innenpolitischen Auseinandersetzungen in Südkorea hatten dafür gesorgt, daß man in der interessierten Öffentlichkeit der Bundesrepublik bei allem Respekt vor den wirtschaftlichen Aufbauleistungen Südkoreas und dem kulturellen Erbe des Landes dem Regime von Chun Doo Hwan recht kritisch gegenüberstand.

Am Tage seiner Abreise nach Europa hatte die Opposition Chun erneut herausgefordert und ihre Kampagne nach Taegu, die Hauptstadt der Heimatprovinz des Präsidenten, getragen. Mit der Sammlung von zehn Millionen Unterschriften, wollte die NKDP dem Präsidenten noch während seiner Amtszeit eine Verfassungsänderung abringen, so daß sein Nachfolger gemäß der neuen Verfassung direkt vom Volk gewählt werden könnte. Auf seiner Neujahrspressekonferenz hatte Chun dies zurückgewiesen. Im Februar hatten Kriminalbeamte das Hauptquartier der NKDP und des von Kim Dae Jung und Kim Young Sam gemeinsam gesteuerten Rats zur Förderung der Demokratie durchsucht und eine Liste mit den ersten 217 Unterschriften beschlagnahmt.

Die Opposition ließ sich jedoch nicht einschüchtern. Nach seiner Rückkehr aus Europa lenkte Chun Doo Hwan ein und erklärte sich am 30. April bereit, eine Änderung der Verfassung in der laufenden Amtszeit zu akzeptieren, falls die Parteien sich in der Nationalversammlung über einen entsprechenden Entwurf einig werden.

Im August legte die NKDP den Entwurf einer Verfassungsänderung vor, zwei Wochen später präsentierte die DJP ihren Gegenentwurf. Im Kern forderte die Opposition die Wiederherstellung der zuletzt 1971 praktizierten Direktwahl des Präsidenten, wäh-

rend die Regierungsseite das politische Schwergewicht vom Staatspräsidenten auf den Ministerpräsidenten verlagern wollte. Die DJP übernahm also das unter Ministerpräsident Chang Myon vorübergehend praktizierte Konzept einer Kabinettsverfassung, während die Opposition an der Präsidialverfassung festhalten, aber den Präsidenten wieder direkt von der Bevölkerung wählen lassen wollte. Beide Entwürfe waren offensichtlich das Ergebnis pragmatischer Überlegungen: Die DJP war sich nicht sicher, daß ihr geschäftsführender Vorsitzender Roh Tae Woo eine direkte Präsidentschaftswahl gewinnen konnte, glaubte aber, ihre Mehrheit im Parlament behaupten zu können. Und die NKDP verfügte in den beiden Kims gleich über zwei führende Politiker, die sich im Fall einer Direktwahl des Staatsoberhaupts gute Erfolgschancen ausrechnen konnten.
Während die Parteien um die zukünftige Verfassung stritten, verbarrikadierten sich im Oktober zirka 2000 Studenten, die zu einer Protestkundgebung aus allen Teilen Südkoreas in die Hauptstadt gekommen waren, in der Konguk-Universität. Nach viertägiger Besetzung stürmten Tausende von Bereitschaftspolizisten in einer quasimilitärischen Operation die Hochschule und nahmen über 1400 Studenten fest. Nach Ausmaß, Heftigkeit und Zahl der Verhafteten war es der schwerste Zusammenstoß zwischen Regimekritikern und staatlichen Sicherheitskräften seit dem Volksaufstand in Kwangju. Als Organisator der Besetzung benannten die Ermittlungsbehörden einen Kampfausschuß patriotischer Studenten gegen Fremdherrschaft und Diktatur. In der Berichterstattung des staatlichen Fernsehens wurde besonders herausgestellt, daß sich die Studenten nordkoreanischer Propaganda bedient und die These verbreitet hätten, der Koreakrieg sei von Südkorea und Amerika angezettelt worden. Die Opposition distanzierte sich von der Hochschulbesetzung. In der öffentlichen Diskussion wurde fast unwidersprochen die Auffassung vertreten, die Studenten hätten die Unterstützung des Mittelstandes verloren.

Die Massenbasis war schon im Frühjahr 1987 wiederhergestellt, nachdem die Regierung zugeben mußte, daß ein ohne Haftbefehl festgenommener Student, der 21jährige Pak Chong Chol, am 14. Januar von polizeilichen Vernehmungsbeamten zu Tode gefoltert worden war. Pak war mitnichten der »unvorhergesehene«

Einzelfall, zu dem Präsident Chun ihn in einer öffentlichen Entschuldigung deklarieren wollte, sondern nur das jüngste Glied in einer langen Kette von Opfern des grausamen Polizei- und Geheimdienstapparats.

Natürlich hatte bei Pak die wahre Todesursache vertuscht werden sollen. Aber ein von der Polizei hinzugezogener Arzt, der Wiederbelebungsversuche unternehmen sollte, hatte den Mut, seine Erkenntnisse nicht für sich zu behalten. Und die Presse – durch Veröffentlichung der Zensurrichtlinien in der Untergrundzeitschrift *Mal* im September und die Verhaftung der dafür verantwortlichen Journalisten im Dezember 1986 beunruhigt und herausgefordert – erkannte ihre Chance und die Angreifbarkeit der Regierung. Sie griff den Fall auf. Die Lawine kam ins Rollen. Eine öffentliche Diskussion über die Folter setzte ein, wie sie Südkorea noch nicht erlebt hatte. Die Nationalversammlung hielt eine mehrtägige Sondersitzung ab, in der noch eine Reihe angeblicher »Selbstmorde« politischer Gefangener sowie das spurlose Verschwinden von mehr als fünfzig Personen während der letzten drei Monate zur Sprache kamen. Selbst Abgeordnete der Regierungspartei stellten bohrende Fragen. Und die Presse berichtete ausführlich. Das Tabu war durchbrochen.

Die Regierung versuchte auf ihre Weise, den Schaden für sich zu begrenzen. Der Polizeichef und der Innenminister traten zurück. Doch als die Opposition den 7. Februar zum nationalen Trauertag für den toten Studenten erklärte, setzte die Regierung landesweit 70000 Bereitschaftspolizisten ein – die Hälfte davon in Seoul –, um öffentliche Kundgebungen zu verhindern. Wie nicht anders zu erwarten, kam es zu zahlreichen Straßenschlachten. Die alte Koalition aus Studenten und Opposition war gekittet, die Sympathien des Mittelstands neigten sich erneut den Regimegegnern zu.

Inzwischen war die parlamentarische Opposition in Schwierigkeiten geraten. NKDP-Vorsitzender Lee Min Woo hatte im Dezember ohne Absprache mit den beiden Kims erklärt, seine Partei sei bereit, über die von der DJP vorgeschlagene Kabinettsverfassung mit sich reden zu lassen, sofern bestimmte Rahmenbedingungen geschaffen würden – vor allem ein faires Wahlgesetz, Pressefreiheit, kommunale Selbstverwaltung, Sicherung der Grundrechte und eine unabhängige Justiz. Die Regierung horchte auf und vereinbarte ein Treffen mit Lee. Für Kim Dae Jung und Kim Young Sam war die Forderung nach Wiederherstellung der Direktwahl des Präsidenten bei Aufrechterhaltung der Präsidialverfassung unverzichtbar. Als der NKDP-Vorsitzende es ablehnte, seine Vorschläge zurückzunehmen, zogen die beiden Kims die Konsequenzen: Anfang April verließen ihre Anhänger – etwa zwei Drittel der mittlerweile auf unter 90 Abgeordnete geschrumpften Partei – die NKDP, um eine neue Partei zu gründen.

Präsident Chun sah den Streit in der Opposition als günstige Gelegenheit, doch noch seinen Willen zu bekommen. Am 13. April erklärte er die Verfassungsdebatte für beendet. Da sich die Parteien nicht auf eine gemeinsame Empfehlung für die geplante Verfassungsänderung geeinigt hätten und bis zum Ende seiner Amtszeit im Februar 1988 nicht mehr genügend Zeit zur Verfügung stünde, werde sein Nachfolger nach der geltenden Verfassung gewählt und die Debatte über eine Verfassungsänderung nach Abschluß der Olympiade wiederaufgenommen.

Chun hatte sich verrechnet. Die Schwäche der zerstrittenen Opposition wurde dank dem Paukenschlag vom 13. April rasch überwunden. Am 1. Mai konnte die neue Partei aus der Taufe gehoben werden. Die Demokratische Wiedervereinigungspartei (RDP – Tongmin-Dang oder häufiger Minju-Dang, womit an den Namen der alten Demokratischen Partei angeknüpft wurde) hatte fast 70 Abgeordnete in der Nationalversammlung. Mit Kim Young Sam als Vorsitzendem war sie die führende Kraft der Opposition. Kim Dae Jung konnte wegen der fortdauernden Aberkennung seiner bürgerlichen Ehrenrechte kein Amt übernehmen. Doch stellten seine Anhänger vier von sieben Stellvertretern des Vorsitzenden, und die übrigen Posten wurden gleichmäßig unter den Gefolgsleuten der beiden Kims aufgeteilt. Die neue Partei nahm den Kampf um die Verfassungsreform unverzüglich auf und forderte, der Präsident solle seine Entscheidung vom 13. April zurücknehmen.

Doch Chun Doo Hwan scherte sich nicht mehr um die Opposition. Am 10. Juni nominierte seine DJP ihren geschäftsführenden Vorsitzenden Roh Tae Woo auf einem Sonderparteitag zum Präsidentschaftskandidaten. Für die Opposition und für die Studenten war dies das Startsignal für eine breitangelegte Protestkampagne von Demonstrationen und Kundgebungen, die in kurzer Zeit alles in den Schatten stellte, was Südkorea seit vielen Jahren erlebt hatte. Sehr schnell wurde offenbar, daß nicht nur der Mittelstand, sondern die Masse der Bevölkerung diese Demonstrationen unterstützte. Die Parole »Stürzt die Diktatur« – auf koreanisch in vier Silben *Tok Chae Ta Do* skandiert – wurde von Büroangestellten und Verkäuferinnen, von Hausfrauen und sogar von kleinen Kindern so eifrig und selbstverständlich gerufen, als handele es sich um einen Schlagerrefrain. Während der Straßenkämpfe in Seoul konnte man beobachten, wie Ladenbesitzer ihre Eisengitter hochzogen, um fliehende Demonstranten hereinzulassen, und sie dann schnell wieder herunterließen, bevor die Polizei eintraf.

Am 24. Juni fand sich der Präsident zu einem Treffen mit dem RDP-Vorsitzenden Kim Young Sam bereit. Kandidat Roh hatte sich nach einer ungewöhnlich stürmischen Aussprache mit den Abgeordneten seiner DJP für eine »politische Lösung« des Konflikts ausgesprochen. Kim Young Sam meinte nach seinem Zwiegespräch mit dem Präsidenten, Chun habe den Ernst der Lage und die kritische Stimmung in der Bevölkerung noch nicht ganz begriffen. Immerhin hob Chun den gegen Kim Dae Jung verhängten Hausarrest auf, stellte eine Überprüfung der seit dem 10. Juni vorgenommenen Verhaftungen in Aussicht und stimmte einer Wiederaufnahme der Verfassungsdebatte zu. Das war der Opposition nun nicht mehr genug: Sie forderte eine Volksabstimmung über die Direktwahl des Präsidenten und organisierte weitere Großkundgebungen.

Am 29. Juni kam die Stunde von Roh Tae Woo. Im Anschluß an eine Vorstandssitzung der Regierungspartei verlas ihr Vorsitzender und Präsidentschaftskandidat eine »Sondererklärung zur großen Volksversöhnung«, in der er sich praktisch sämtliche Forderungen der Opposition zu eigen machte und seinen Rücktritt von allen öffentlichen Ämtern für den Fall abot, daß Präsident Chun diese Vorschläge nicht akzeptieren sollte. Die vom DJP-Vorstand einstimmig gebilligten Vorschläge sahen im einzelnen vor:

1. Eine Verfassungsreform zur Wiederherstellung der Direktwahl des Präsidenten, wobei bereits die Wahl von Chuns Nachfolger nach Maßgabe der neuen Verfassung erfolgen solle, 2. Änderung des Präsidentenwahlgesetzes und Gewährleistung einer freien und fairen Durchführung der Wahl, 3. volle Amnestie für Kim Dae Jung einschließlich der Wiederherstellung seiner bürger-

lichen Ehrenrechte, 4. Stärkung der Grund- und Menschenrechte einschließlich einer drastischen Erweiterung des Schutzes der persönlichen Freiheit, 5. grundlegende Änderung des Pressegesetzes und Aufhebung der Beschränkungen für journalistische Betätigung, 6. Einführung der kommunalen Selbstverwaltung und Gewährleistung der Hochschulautonomie, 7. Herstellung eines gesünderen Klimas für die gewaltfreie Entfaltung der politischen Parteien und einen demokratischen Dialog zwischen Regierung und Opposition, 8. mutige gesellschaftliche Reformen für eine »saubere und ehrliche Gesellschaft« ohne regionale Feindschaft und Schwarzweißgegensätze.

Rohs sensationelle acht Punkte wurden von Kim Dae Jung als »großer Schritt nach vorn von Herzen begrüßt«. Auch Kim Young Sam äußerte sich sehr befriedigt. In der Öffentlichkeit löste die Erklärung ungläubiges Staunen aus. Erst als Präsident Chun zwei Tage später Rohs Vorschläge in einer Fernsehansprache absegnete, ging ein großes Aufatmen durch die Nation. Die Regierung wagte den Sprung nach vorn – vermutlich, um den Verlust der Olympischen Spiele nicht zu riskieren.

Am 9. Juli verkündete die Regierung eine große Amnestie, die 2335 politischen Häftlingen zugute kam. Kim Dae Jung war sieben Jahre nach seiner Verhaftung und Verurteilung nun vollständig rehabilitiert. Dem Oppositionslager stand mit dieser Rehabilitierung nun ein zweiter potentieller Präsidentschaftskandidat zur Verfügung. Zwar hatte Kim mehrfach erklärt, er wolle auf eine Kandidatur verzichten, falls die Regierung einer Direktwahl des Präsidenten zustimmt. Aber nach der Amnestie berief er sich darauf, für ihn sei eine neue Lage entstanden. Der Sinneswandel trug ihm von Anhängern Kim Young Sams, aus dem Regierungslager sowie von Teilen der Bevölkerung den Tadel ein, er habe sein Wort gebrochen. Roh Tae Woo dürfte diese Entwicklung der Dinge nicht traurig gestimmt haben. Sein entschiedener Einsatz für eine volle Rehabilitierung von Kim Dae Jung war wohl wesentlich durch die Hoffnung motiviert gewesen, auf diese Weise das Oppositionslager zu spalten.

Roh Tae Woos politisches Versöhnungsangebot an die Opposition blieb auch für die Wirtschaft nicht ohne Folgen. Südkoreas lange unterdrückte und ausgenutzte Arbeitnehmer erkannten und nutzten die Chance, um ihre Lage zu verbessern. Anfang Juli kam es überall im Lande zu Arbeitsniederlegungen. In spontan organisierten Betriebsversammlungen forderten die Arbeiter Lohnerhöhungen zwischen 10 und 30 Prozent sowie Anerkennung ihrer neugebildeten Gewerkschaften. Wie ein Steppenbrand erfaßten die Arbeitskämpfe bald Hunderte, schließlich Tausende von Betrieben. Hatte es im ersten Halbjahr 124 Arbeitskämpfe gegeben, ermittelte das Arbeitsministerium für das Gesamtjahr 1987 mehr als 3300 bestreikte Unternehmen. Viele Arbeitgeber stellten sich zunächst stur. Daran gewöhnt, von der Regierung notfalls durch die Entsendung von Polizei unterstützt zu werden, lehnten sie die Forderungen ihrer Arbeitnehmer entweder vollständig ab oder boten minimale Lohnaufbesserungen an. Auch weigerten sie sich, unter dem Druck illegaler Streiks mit nicht zugelassenen Gewerkschaften zu verhandeln. Tatsächlich verstieß das Vorgehen der Arbeiter in fast allen Fällen gegen die geltenden Gesetze.

Die Streikenden beharrten auf ihren Forderungen, und die Regierung mobilisierte nicht gleich die Bereitschaftspolizei. Statt dessen äußerte Roh Tae Woo Verständnis für das Anliegen der Arbeiter: Es sei an der Zeit, daß die Arbeitgeber angemessene Löhne zahlten. Das waren neue Töne aus dem Regierungslager. Die Behörden sollten sich auch nicht mehr ohne Not in die Beilegung der Arbeitskämpfe einschalten. Grundsätzlich hätten die Tarifparteien die Arbeitsbedingungen selber untereinander auszuhandeln, erklärte das Arbeitsministerium, das in der Vergangenheit für jeden Industriezweig detaillierte Richtlinien erlassen hatte. Wo die Regierung die Grenzen ziehen wollte, demonstrierte sie Mitte August am Beispiel des Hyundai-Konzerns. Dort drohte der Arbeitskampf in größere Unruhen umzuschlagen, nachdem der alte Firmengründer Chung Ju Yung den Streik mit Aussperrung beantwortet hatte und Zehntausende von Werftarbeitern demonstrierend durch Ulsan zogen. Staatssekretär Han Chin Hi vom Arbeitsministerium begab sich in die Industriestadt und verhandelte unmittelbar mit fünf von den streikenden Arbeitern gewählten Sprechern. Das Ergebnis war ein Kompromiß, der zur Wiederaufnahme der Arbeit und zur Anerkennung der neuen Gewerkschaftsführung führte. Unternehmungsleitung und Gewerkschaft wurden verpflichtet, sich bis zum Monatsende über eine angemessene Lohnerhöhung zu einigen. Als die Frist ohne Einigung verstrich, flammten Streiks und Demonstrationen erneut auf, und es kam zu mehreren Zusammenstößen mit der Polizei. Mit einer Lohnerhöhung von rund 15 Prozent wurde der Konflikt schließlich beigelegt.

Alles in allem hatte die neue Flexibilität und weitgehende Neutralität der Regierung beachtliche Ergebnisse erbracht. Es kam zu keiner allgemeinen Politisierung der Arbeitskämpfe, die befürchtete Solidarisierung von Studenten und Arbeitern blieb aus. Die vereinbarten Lohnerhöhungen erreichten im Durchschnitt 17,2 Prozent, mehr als das Doppelte dessen, was die amtlichen Wirtschaftsplaner für 1987 veranschlagt hatten. Viele neue Gewerkschaften entstanden, oder es wurde die Führung bestehender Betriebsgewerkschaften ausgewechselt. Dadurch erhielt Südkoreas Gewerkschaftsbewegung neue Impulse. Selbst im gewerkschaftlichen Dachverband FKTU (Federation of Korean Trade Unions), der durch die strengen Arbeitsgesetze von wirklicher Gewerkschaftsarbeit weitgehend ausgeschlossen war und von vielen Arbeitern als arbeitgeberfreundlich und regierungsnah angesehen wurde, regte sich hier und da ein neuer Geist des Widerstands. Auch die Mitgliederzahl der dem FKTU angeschlossenen über 2500 Betriebsgewerkschaften soll seit dem Sommer 1987 von 1,1 auf 1,5 Millionen sprunghaft zugenommen haben. Bei etwa 16 Millionen Arbeitnehmern sind das immer noch weniger als 10 Prozent. Zum Vergleich: In der Bundesrepublik sind über 40 Prozent aller Arbeitnehmer gewerkschaftlich organisiert.

Die Streikwelle veranlaßte die Regierung zu einigen Änderungen des geltenden Arbeits- und Gewerkschaftsrechts. Die Neuregelungen traten 1988 in Kraft und sahen unter anderem eine Lockerung der Bestimmungen über die Gründung von Gewerkschaften und die Durchführung von Streiks vor und beseitigten das Recht der Regierung, Gewerkschaften aufzulösen oder eine Neuwahl ihrer Funktionäre zu verlangen. War die Regierung zuvor gehalten, alles zu tun, »um Arbeitskämpfe zu verhindern«, so soll sie sich hinfort für eine »schnelle und faire Beilegung von Arbeitskämpfen« einsetzen. Ein neues Gesetz verfügte die Gleichbehandlung der Geschlechter bei Einstellung, Ausbildung, Beförderung und Kündigung – nicht aber bei der Entlohnung –, verbot die Kündigung weiblicher Arbeitnehmer im Fall von Heirat, Schwangerschaft oder der Geburt eines Kindes und führte einen Mutterschaftsurlaub von sechzig Tagen sowie für Arbeitnehmerinnen mit einem Kind unter einem Jahr das Recht auf einjährigen (unbezahlten) Urlaub ein.

Die allgemeinen Arbeitsbedingungen schrieben als anzustrebende Zielwerte zwölf Überstunden pro Woche und eine durchschnittliche Wochenarbeitszeit von 48 Stunden vor. Überstundenzuschlag ist ab der neunten Stunde zu gewähren, er soll 50 Prozent des normalen Stundenlohns betragen. Die Wirklichkeit sieht noch ganz anders aus. In Betrieben mit zehn und mehr Beschäftigten wurde 1986 im Jahresschnitt 25 Tage (oder 221,6 Stunden) pro Monat gearbeitet, und das praktisch ohne Urlaub. In einzelnen Branchen – etwa der Textilindustrie – sowie in Kleinstbetrieben mit weniger als zehn Beschäftigten wird länger gearbeitet. Im produzierenden Gewerbe lag Südkorea nach dem Jahrbuch 1985 der Internationalen Arbeitsorganisation mit 54,3 Arbeitsstunden pro Woche weltweit an der Spitze.

Eine der wichtigsten Neuerungen im Arbeitsrecht war die Festsetzung verbindlicher Mindestlöhne für Betriebe mit zehn und mehr Beschäftigten des produzierenden Gewerbes. Die Mindestlöhne gelten ab Januar 1988 und betragen in der niedrigeren von zwei Kategorien, zu der unter anderem die Branchen Textil und Bekleidung, Schuhe und Lebensmittel gehören, monatlich 110 000 Won. Das sind weniger als 250 DM. In der anderen Kategorie mit Industriezweigen wie Elektrogeräte und Maschinenbau wurde der Mindestlohn auf 117 000 Won oder rund 260 DM festgesetzt. Aufschlußreich ist, daß die Arbeitgeberseite Beträge zwischen 100 000 und 105 000 Won vorgeschlagen hatte, und ein Sprecher ihres Verbandes meinte, die vom Arbeitsministerium festgesetzten Mindestlöhne würden viele kleine Zulieferfirmen in »ernste finanzielle Schwierigkeiten bringen«. Der Gewerkschaftsverband hatte 149 000 und 159 000 Won (ungefähr 330 bis 350 DM) gefordert. Nach einer Untersuchung des FKTU brauchte ein alleinstehender Arbeiter Anfang 1988 monatlich 222 000 Won zum Leben.

Nach den Erhebungen des Arbeitsministeriums wurden in Betrieben des produzierenden Gewerbes mit zehn und mehr Beschäftigten 1986 Monatslöhne von durchschnittlich 300 000 Won einschließlich Überstunden und Bonusanteil gezahlt, in der Schuh- und Bekleidungsindustrie ungefähr 200 000 Won. 1986 betrug der Wechselkurs gut 400 Won für eine DM. Diese Löhne entsprachen also 750 und 500 DM. Eine von der Deutsch-Koreanischen Industrie- und Handelskammer in Seoul veröffentlichte Untersuchung ergab, daß von zehn befragten deutschen Industrieunternehmen in Südkorea 1985 im Durchschnitt folgende Monatslöhne (ohne Bonus) gezahlt wurden: ungelernte Arbeiterin 123 300 Won, ungelernter Arbeiter 169 500 Won, Facharbeiter/-in 260 000 Won, weibliche Büroangestellte 194 100 Won, männlicher Büroangestellter 277 000 Won, Angestellte/r im Vertrieb 333 500 Won, zusätzlich erhielten Arbeiter wie Angestellte pro Jahr vier Monatslöhne/-gehälter als Bonus, Arbeiter und Angestellte arbeiteten rund 46 Stunden pro Woche, hatten Anspruch auf ungefähr 17 Tage Urlaub im Jahr, von dem sie aber nur sieben Tage in Anspruch nahmen. Außerdem fehlten sie drei bis vier Tage im Jahr wegen Krankheit. 1985 betrug der Gegenwert für eine DM etwa 300 Won, so daß der Monatslohn für eine ungelernte Arbeiterin mehr als 400 DM entsprach.

Am 1. Januar 1988 trat auch das Altersrentengesetz in Kraft, das einen je zur Hälfte vom Arbeitgeber und Arbeitnehmer zu zahlenden Rentenbeitrag von 3 Prozent vorsieht. Die traditionelle Alterssicherung besteht aus einer einmaligen Abfindung, die bei Beendigung des Arbeitsverhältnisses zu zahlen ist und gewöhnlich ein Monatsgehalt pro Beschäftigungsjahr beträgt. Ein Krankenversicherungsgesetz mit Beiträgen in Höhe von zusammen ebenfalls 3 Prozent nimmt Betriebe mit mindestens fünf Beschäftigten seit 1977 in die Pflicht. Der Beitritt zur Unfallversicherung wurde für diese Betriebe ab 1986 zur Pflicht.

Nachdem die Regierung in der Kernfrage der Präsidentenwahl nachgegeben hatte, verzichtete die Opposition ihrerseits auf weitere Maximalforderungen. In ungewöhnlich sachlicher und von Kompromißbereitschaft beider Seiten gekennzeichneter Atmosphäre einigte man sich im Verfassungsstreit auf einen gemeinsamen Entwurf, der am 12. Oktober mit der überwältigenden Mehrheit von 254 zu vier Stimmen von der Nationalversammlung verabschiedet wurde. Bei der Volksabstimmung billigten 93,1 Prozent – von 78,2 Prozent Stimmberechtigten, die von ihrem Stimmrecht Gebrauch gemacht hatten – die Verfassungsänderung, und diesmal war das Abstimmungsergebnis nicht manipuliert.

Der Geist der neuen Verfassung kam schon in ihrer Präambel

zum Ausdruck. Darin sind als Wurzeln demokratisch-republikanischer Tradition die Unabhängigkeitsbewegung vom 1. März 1919, die daraus hervorgegangene provisorische (Exil-)Regierung in China sowie der von Studenten angeführte Aufstand vom 19. April 1960 anerkannt. Die Direktwahl des Präsidenten wurde wiedereingeführt und seine Amtszeit auf fünf Jahre ohne die Möglichkeit einer Wiederwahl begrenzt. Die Notstandsbefugnisse des Präsidenten wurden eingeschränkt und ihm das Recht zur Auflösung der Nationalversammlung genommen, während das Parlament zusätzliche Kontrollfunktionen gegenüber der Regierung erhielt. Erstmals wurden die Streitkräfte zu politischer Neutralität verpflichtet. Die Pressezensur wurde ausdrücklich verboten und das persönliche Freiheitsrecht konkretisiert: Wer festgenommen wird, ist über den Grund der Festnahme zu unterrichten und hat Anspruch auf sofortigen Rechtsbeistand, auch sind die nächsten Angehörigen unverzüglich über Zeit, Ort und Grund der Festnahme zu verständigen. Die Einhaltung der verfassungsmäßigen Ordnung soll ein neu geschaffenes, dem obersten Gerichtshof nachgeordnetes Verfassungsgericht gewährleisten. Die Ernennung aller Richter des obersten Gerichtshofs – durch den Präsidenten – bedarf der Zustimmung durch die Nationalversammlung. Bei den übrigen Richtern, die wie bisher vom Vorsitzenden des obersten Gerichtshofs ernannt werden, ist nun die Zustimmung der Konferenz der obersten Richter erforderlich.

Wieviel von den Buchstaben der Verfassung in die Wirklichkeit umgesetzt wird, bleibt abzuwarten, und Mißtrauen ist die erste Bürgerpflicht. Denn auch die alte Verfassung enthielt viele wohlklingende Garantien von Grund- und Bürgerrechten – zum Beispiel das unmißverständliche und absolute Folterverbot –, die gleichwohl von den Organen des Staates ständig verletzt wurden.

Am selben Tag, als die Annahme der neuen Verfassung bekanntgegeben wurde, teilte Kim Dae Jung seinen Austritt aus der RPD und Gründung einer eigenen Partei, der Demokratischen Friedenspartei (PPD – Pyongmin-Dang), mit. Darüber hinaus kündigte er seine Kandidatur bei der Präsidentschaftswahl an. Da Kim Young Sam vorher schon seine Anwartschaft angemeldet hatte, bedeutete dies die Spaltung der Opposition.

Roh Tae Woos Rechnung war aufgegangen. Nun konnte sich der Kandidat der Regierungspartei Hoffnungen machen, als gewählter Präsident die Nachfolge von Chun Doo Hwan anzutreten. Zwar bekam Roh noch Konkurrenz von Exgeneral Kim Jong Pil, der sich als Vorsitzender der NDRP (Neue Demokratisch-Republikanische Partei – Shinminkong-Dang), einer Neuauflage der Regierungspartei der Park-Ära, zum Teil an dieselben Wählerschichten richtete. Doch Rohs Hauptgegner waren ohne Zweifel die beiden Kims mit ihrer ungleich größeren Gefolgschaft.

Der Wahlkampf zu den Präsidentschaftswahlen am 16. Dezember 1987 war die offenste politische Auseinandersetzung, die Südkorea seit Jahrzehnten erlebt hatte. Hunderttausende drängten zu den Wahlversammlungen, jeder der drei Hauptkandidaten hatte seine »Millionenkundgebungen«. Die Presse konnte fast unbehindert berichten und bemühte sich um Ausgewogenheit. Abgesehen von der Wahlberichterstattung in den Nachrichten und sonstigen politischen Sendungen konnte jeder Kandidat im Verlauf des Wahlkampfes bis zu fünfmal zwanzig Minuten im Fernsehen zum Wähler sprechen. Auch wenn über Roh Tae Woo als Vorsitzenden der Regierungspartei und Inhaber verschiedener anderer Funktionen im Umfeld der Regierung sicherlich häufiger berichtet wurde als über jeden einzelnen Oppositionskandidaten, so kamen diese zumindest gemeinsam doch auf ein verlgeichbares Berichtsvolumen.

Natürlich wäre es voreilig, daraus den Schluß zu ziehen, beide Seiten hätten etwa gleiche Chancen gehabt und die Wahlen seien daher insgesamt fair gewesen. Die Regierungspartei verfügte nicht nur über ungleich größere Finanzmittel, sie konnte auch große Teile des Staatsapparats zur Mobilisierung oder Einschüchterung der Wähler einsetzen. Und sie war in der Lage, die Stimmauszählung und damit den Wahlausgang auf vielfältige Weise zu beeinflussen. Dennoch hatte die Opposition durchaus Aussichten, diese Wahl zu gewinnen. Sie hat sie verspielt, weil sie sich nicht zu einem gemeinsamen Kandidaten durchringen konnte.

Roh Tae Woo gewann die Wahlen mit einer relativen Mehrheit von 35,9 Prozent aus 25,87 Millionen Wahlberechtigten. Kim Young Sam wurde mit 27,5 Prozent zweiter, gefolgt von Kim Dae Jung mit 26,5 Prozent. Kim Jong Pil erhielt 7,9 Prozent der Stimmen. Die beiden Kims von der Opposition hatten es zusammen auf 54 Prozent der Stimmen gebracht.

Roh hat die Präsidentschaft dank der Spaltung des Oppositionslagers gewonnen. Der Abstand zu Kim Young Sam war so groß (1,9 Millionen Stimmen), daß der Aufschrei der Opposition, ihr sei der Sieg auch diesmal durch Wahlfälschung genommen worden, nicht verfing. So begannen alsbald die beiden Kims – und besonders deren Anhänger –, sich gegenseitig die Schuld an der vermeidbaren Niederlage zuzuschieben: jeweils der andere hätte auf die Kandidatur verzichten sollen und war daher für den gemeinsamen Untergang verantwortlich.

Im Verlauf dieser unerfreulichen Querelen legten schließlich beide Kims den Vorsitz ihrer Parteien nieder, behielten allerdings das Steuer weiter in der Hand. Beide Parteien – die PPD noch mehr als die RDP – sind Führerparteien, ein wirklicher Verzicht auf den Vorsitzenden wäre gleichbedeutend mit dem Verlust der Identität. Und die war durchaus verschieden. Kim Young Sam, ein Mann aus dem Establishment, kämpfte mutig, energisch und oft recht wirksam, aber ohne festen ideologischen Standpunkt um den Zugang zur Macht. Kim Dae Jung hatte sich auch gesellschaftlich erst hochkämpfen müssen, er war ein Außenseiter und sah sich als Vertreter der wirtschaftlichen schwächeren Schichten, denen er zu größerem Wohlstand verhelfen wollte. Solange es ums bloße Überleben der Opposition ging, ließen sich diese Unterschiede überdecken. In dem seit Roh Tae Woos Versöhnungsangebot milderen Klima der politischen Auseinandersetzungen erwies sich das Trennende als stärker. So traten RDP und PPD bei der Neuwahl zur Nationalversammlung im April 1988 wiederum getrennt an. Ging es ihnen jetzt doch darum, stärkste Oppositionspartei zu werden. Die enttäuschten Wähler verpaßten ihnen einen Denkzettel. Dennoch siegte die Opposition. Eine neues und gerechteres Wahlsystem verhalf ihr mit weniger Stimmen zu mehr Sitzen, und die Regierungspartei verlor zur allgmeinen Überraschung ihre Mehrheit. Mit einem Stimmenanteil von 33,7 Prozent gewann Roh Tae Woos DJP nur 87 Direktmandate und brachte es zusammen mit den Listenplätzen auf 125 Sitze – 25 weniger als die Mehrheit und nur 41,8 Prozent der insgesamt 299 Abgeordneten. Stärkste Oppositionspartei wurde Kim Dae Jungs PPD, die mit nur 19 Prozent der Stimmen 54 der neuen Ein-Mann-Wahlkreise eroberte und zusammen mit den Listenplätzen 70 – oder 23,4 Prozent – Mandate erhielt. Kim Young Sams RDP erzielte mit 23,6 Prozent der Stimmen 59 – oder 19,7 Prozent – der Sitze, davon 46 Direktmandate. Den größten Erfolg sowohl nach Stimmen als auch nach Sitzen konnte Kim Jong Pils NDRP verbuchen, die mit 15,3 Prozent Stimmenanteil 27 Direktmandate errang, was ihr insgesamt 35 (11,7 Prozent) Sitze eintrug. Von zehn parteilosen Abgordneten schloß sich je einer der PPD und RDP an. Acht Jahre nach ihrem erzwungenen Abgang von der politischen Bühne zogen die »drei Kims« als Sieger in die Nationalversammlung ein.

Nun muß der Minderheitspräsident Roh Tae Woo mit einem Parlament regieren, in dem die Opposition die Mehrheit hat – jedenfalls solange die »drei Kims« zusammenhalten. Wer glaubt, ein Land wie Südkorea könne »nur mit starker Hand« regiert werden, mag das beklagen. Aber vielleicht liegt gerade in der Schwäche des Präsidenten die Chance zur Entwicklung von Regierungsformen, in denen Befehl und Gehorsam durch ein Geben und Nehmen beider Seiten ersetzt wird, nämlich durch die Kunst des politischen Kompromisses. Auch ohne mehrheitliche Unterstützung verfügt Präsident Roh jedenfalls über mehr demokratische Legitimation, als sein Vorgänger je besaß. Schon hat er begonnen, sich von Chun Doo Hwan abzusetzen. Einige Kernsätze aus Rohs Rede bei der Amtsübernahme am 25. Februar 1988 ließen an Deutlichkeit nichts zu wünschen übrig. Die Zeit der Mißachtung von Freiheit und Menschenrechten im Namen des Wirtschaftswachstums oder der nationalen Sicherheit sei vorüber. Zu Ende sei auch die Zeit, in der »Unterdrückung durch Gewalt oder Folter in Geheimkammern zulässig waren«. Es solle keinen Amtsmißbrauch zur persönlichen Bereicherung mehr geben, die Regierung wolle »ehrenhaft und aufrichtig« sein, gelobte Roh. Wenn es Roh gelingt, das Trauma von Kwangju zu überwinden und das Militär von erneuten Einmischungsversuchen in die südkoreanische Politik abzuhalten, könnte er im Laufe seiner fünfjährigen Amtszeit jene breite Unterstützung in der Bevölkerung finden, die seinem Vorgänger bis zuletzt versagt blieb.

Südkorea heute

Wer die Hauptstadt Südkoreas von früher kennt, gerät schon auf der Fahrt vom Flughafen Kimpo ins Zentrum der Zehnmillionen-Metropole ins Staunen: der Han, diese braune, breite Kloake aus Industrieabwässern und menschlichem Unrat hat sich in einen vorzeigbaren Fluß verwandelt, dessen Wassermassen bei strahlendem Sonnenschein sogar etwas Himmelsblau widerspiegeln. An der Uferböschung sieht man hier und da ein paar Angler – ein Zeichen dafür, daß die Fische den Strom nicht länger meiden. Weiße Ausflugsboote und einzelne bunte Segel gleiten wie Vorboten einer noch fernen Freizeitgesellschaft auf den Wellen dahin. Neue, gepflegte Parkanlagen mit Wanderwegen, Sport- und Spielplätzen zieren die früher schmucklos verwilderten Ufer.

Die Kulisse der Flußinsel Yoi (Yoi-Do), durch den Gegensatz zwischen dem wuchtigen Kuppelbau der Nationalversammlung und dem wie ein schlanker Finger sechzig Stockwerke in den Himmel ragenden Taehan Saengmyong-Wolkenkratzer bestimmt, füllt sich allmählich mit zum Teil recht eigenwilligen Hochhausneubauten. Die Fassaden der Bürogebäude und Luxushotels im Stadtzentrum werden immer aufwendiger. An den breiten Hauptstraßen sind die Bürgersteige erweitert und verschönert worden. Bäume und Sträucher werden angepflanzt und Blumenbottiche aufgestellt. Seoul hat die Olympiade dazu genutzt, sich in eine schmucke moderne Großstadt zu verwandeln, ohne dabei den Reiz seiner asiatisch bunten Märkte, trutzig-dekorativen Festungstore und prächtigen alten Königspaläste zu verlieren.

Hügel und Berge lockern die Stadtlandschaft auf und sorgen dafür, daß das unendliche Häusermeer der Hauptstadt nicht zu einer unförmigen und trostlosen Wohn- und Industrielandschaft zerfließt. Das Nebeneinander buddhistischer Tempel, konfuzianischer Schreine und einer unglaublichen Vielzahl christlicher Kirchen verrät kulturelle Vielfalt und religiösen Eifer, aber auch ein gehöriges Maß an Toleranz. Bei der jüngsten Volksbefragung im November 1985 bekannten sich 42,6 Prozent der Bevölkerung von Südkorea – 49,9 Prozent in Seoul – zu einer Religion. Unter ihnen bildeten die Christen mit zusammen 48,5 Prozent – 37,7 Protestanten und 10,8 Katholiken – bereits die größte Gruppe, gefolgt von den Buddhisten mit 46,8 Prozent. Die Konfuzianer brachten es als drittgrößte Gruppe nur auf 2,8 Prozent. Allerdings übersteigt der kulturelle und gesellschaftlich-familiäre Einfluß des Konfuzianismus bei weitem seine bescheidene Rolle als Religionsgemeinschaft.

Auffallend viel Jugend bevölkert die Straßen der Hauptstadt: Die über fünfzig Hochschulen Seouls locken einen ständigen Strom ehrgeiziger junger Leute aus allen Teilen des Landes an. Die Hoffnung auf einen Arbeitsplatz zieht besonders viele junge Frauen nach Seoul. Fast 60 Prozenzt der Einwohner stammen von auswärts. Mit einem Durchschnittsalter von nur 27,7 Jahren sind die Südkoreaner jung. Nur 4,3 Prozent der Bevölkerung sind 65 Jahre oder älter (im Vergleich zu über 15 Prozent in der Bundesrepublik).

Seoul hat viele Gesichter. Aus der Welt moderner Bürohäuser und westlicher Hotels, lärmender Hochstraßen und verstopfter, abgasverseuchter Verkehrsadern, aus dem Menschengewühl der Kaufhäuser, Großmärkte und unterirdischen Einkaufszentren gelangt man über winklige, ungepflasterte Gassen in die stille Abgeschiedenheit der älteren Wohnviertel, wo sich hinter hohen Mauern und stattlichen Toren zweistöckige Backstein- und Betonvillen verbergen oder einstöckige Lehmhäuser im traditionellen Baustil sich mit ihren geschwungenen Ziegeldächern gleichsam dem Boden anzuschmiegen scheinen. Reishändler mit einem breiten Sortiment an Getreidearten und an Hülsenfrüchten, Obst- und Gemüseverkäufer, die ihr Tagesangebot zu kleinen Bergen geschichtet oder in handliche Portionen gebündelt haben, Fisch- und Fleischläden, vielleicht eine Bäckerei, Stoff- und Schuhgeschäfte, Frisiersalons, ein Fotoatelier, das mit dem Bild eines festlich herausgeputzten Babys wirbt, das sich durch seinen stolz zur Schau gestellten kleinen Penis als willkommener Stammhalter zu erkennen gibt, eine Wäscherei, kleine Eß- und Trinklokale, Teestuben, ein Badehaus – diese und andere gewöhnlich als Familienunternehmen betriebene Einrichtungen versorgen die Nachbarschaft bis zum späten Abend mit allem Lebensnotwendigen. Wandernde Händler ergänzen das Angebot. Und der Altwarensammler, seinen zweirädrigen Karren wie ein Zugtier durch die Straßen schleppend, klappert unentwegt mit einer Blechschere, um auf sich aufmerksam zu machen.

Rudel von Bussen, Herden von Taxis, ein leistungsfähiges U-Bahn-Netz von mittlerweile mehr als 116 Kilometer Länge und nicht weniger als 18 Brücken verbinden den alten Stadtkern mit den ausgedehnten Neubauvierteln auf der Südseite des Han-Flusses. Dort liegen sieben der 17 Bezirke der Hauptstadt. In Kangnam (wörtlich: südlich des Flusses) reihen sich, ähnlich wie auf Yoi-Do, mit großen Ziffern markierte Blöcke vielstöckiger moderner Wohnhäuser kasernenartig aneinander. Hier leben in teuren, geräumigen Eigentumswohnungen die Aufsteiger und Erfolgreichen der aufstrebenden Industrienation. Sie sehen sich selber gern als den neuen Mittelstand des allmählich zu Wohlstand gelangenden Landes. In den Augen der meisten Südkoreaner gehören sie – noch oder schon – zur neureichen Oberschicht, die vielfach kritisiert, aber noch mehr beneidet wird: so weit möchten es viele bringen, ihr Traumziel ist die Gegend um den U-Bahnhof Apkujong. Das gegenüberliegende Hyundai-Kaufhaus dient der Kundschaft aus der näheren Umgebung und Strömen von Besuchern aus anderen Stadtvierteln gleichermaßen als Tempel des gehobenen Verbrauchs.

Rund ein Viertel der Bevölkerung Südkoreas lebt in Seoul, das pro Quadratkilometer fast 16 000 Menschen beherbergt – mehr als Tokio. Dennoch wirkt Seoul nicht so erstickend dicht besiedelt wie die japanische Hauptstadt, was wohl mit den zahlreicheren breiten Straßen und weitläufigen Plätzen sowie mit der planmäßigen Entwicklung von Yoi-Do und dem Südufer des Han zusammenhängt. Zwei Drittel aller Südkoreaner (65,4 Prozent) wohnen in Städten, davon fast 17 Millionen in den Millionenstädten Seoul, Pusan, Taegu und Inchon. Das Bauernvolk von einst hat sich in eine Nation von Stadtbewohnern verwandelt.

Die alte Großfamilie, das Ideal der Konfuzianer, ist am Aussterben. 1985 gab es nur noch 40 000 Haushalte mit vier Generationen unter einem Dach, und in wenig mehr als 14 Prozent der 9,6 Millionen Haushalte lebten drei Generationen zusammen. Über 80 Prozent der Haushalte teilten sich Eltern mit ihren Kindern, also nur zwei Generationen. Diese Kernfamilie ist im heutigen Südkorea die Norm, wobei der Durchschnittshaushalt statistisch aus 4,2 Personen besteht. 1975 waren es noch fünf gewesen. Ohne die Rückenstärkung durch die eigenen Eltern verliert auch die traditionelle Vorherrschaft des Mannes in der Familie langsam an

Gewicht. Im Alltag der Kernfamilie setzt sich der stärkere Teil unter den Eheleuten durch. In fast 16 Prozent aller Haushalte ist eine Frau Haushaltsvorstand. Bemerkenswert ist auch, daß die Südkoreaner deutlich später heiraten als früher. Hatte das durchschnittliche Heiratsalter 1960 für Frauen bei 21,6 und für Männer bei 25,4 Jahren gelegen, so heiratete die Südkoreanerin 1985 erst mit 24,7 Jahren und der Südkoreaner gar mit 27,8 Jahren. Eine Erklärung hierfür dürfte in den längeren Bildungswegen zu suchen sein, insbesondere beim häufigeren Hochschulbesuch.

Die Tendenz zur Kernfamilie hat die Wohnungsprobleme verschärft. Der Wohnungsbau kann mit der Gründung neuer Haushalte nicht Schritt halten. 1985 verfügten weniger als 72 Prozent aller Haushalte über eine abgeschlossene Wohnung, 1960 waren es 84 Prozent gewesen. Nur ein gutes Drittel aller Haushalte bewohnt drei oder mehr Räume, fast ein Drittel muß sich mit einem Zimmer zufriedengeben. Mit der Abwanderung in die Städte sinkt auch der Anteil an Haus- oder Wohnungseigentum. Während in den Provinzen etwa 80 Prozent der Haushalte in den eigenen vier Wänden leben, sind es in Seoul nur gut 51 Prozent. Gemessen an den durchschnittlich 42 Prozent für die Bundesrepublik ist das allerdings immer noch hoch. Dank den Neubauvierteln sind die Wohnungen in Seoul mit durchschnittlich 90 Quadratmetern landesweit am größten. Hier unterscheidet sich die Entwicklung in Südkorea deutlich von den Wohnverhältnissen im benachbarten Japan mit seinen berüchtigten »Kaninchenställen« in Tokio und anderen Großstädten. Die Ausstattung vieler Wohnungen in Südkorea läßt hingegen noch zu wünschen übrig: erst ein Drittel verfügt über ein eigenes Bad – die öffentlichen Badehäuser erfüllen weiterhin eine wichtige Aufgabe – und eine Toilette mit Wasserspülung, und nur 20 Prozent haben fließend warmes Wasser. Immerhin gab es hier in den letzten Jahren sehr kräftige Zuwachsraten, außerdem dürften die Anteile in Seoul wesentlich höher liegen.

Im Familienleben der Koreaner spielen Name und Stammbaum eine hervorragende Rolle, und die Ahnenforschung hat eine lange Tradition. Koreaner haben gewöhnlich drei Namen. Dem Familiennamen folgt der persönliche Rufname und diesem ein vom Familienrat ausgewählter Generationsname. So heißt der im Februar 1988 aus dem Amt geschiedene frühere Staatspräsident

Chun Doo Hwan, sein bald darauf unter Korruptionsverdacht verhafteter jüngerer Bruder Chun Kyung Hwan und der älteste Bruder Chun Ki Hwan. Der Generationsname gibt Auskunft über die relative Rangordnung in der Familie. Familienmitglieder können also am Namen ablesen, wie sie sich zueinander zu verhalten haben, auch wenn sie bisher gar nichts voneinander wußten. In der konfuzianischen Familienhierarchie ist die frühere Generation der späteren übergeordnet. Das Kind aus früheren Generationen steht also über dem Erwachsenen aus späterer Generation.

Nach der Volksbefragung von 1985 gibt es in Südkorea nur 274 Familiennamen. Darunter werden 44 von weniger als hundert Personen getragen, so daß die Zahl der häufiger anzutreffenden Namen weiter auf bloße 230 schrumpft. 21,7 Prozent der Bevölkerung oder fast neun Millionen Südkoreaner heißen Kim, und 14,8 Prozent oder mehr als sechs Millionen Lee. Dritthäufigster Familienname ist Pak (Park) mit 8,5 Prozent oder ungefähr dreieinhalb Millionen. Die zehn am meisten verwendeten Familiennamen machten 1985 fast zwei Drittel der Gesamtbevölkerung Südkoreas aus, abgesehen von den schon genannten waren das in der Reihenfolge ihrer Häufigkeit die Namen Choi, Chung, Kang, Cho, Yun, Chang und Lim.

Angesichts solcher Zahlen büßt der Name die ihm zugedachte Unterscheidungsfunktion weitgehend ein. Bei den stärker verbreiteten Familiennamen ist es daher üblich, zwischen verschiedenen Zweigen der Familie zu unterscheiden. Dabei bringen es die Kims auf 498 Zweige, von denen die Kimhae Kims – die ihre Herkunft auf einen Kim aus dem Ort Kimhae in der Nähe der Hafenstadt Pusan zurückführen – mit ungefähr fünf Millionen Namensträgern wiederum so zahlreich sind, daß auch die Unterscheidung nach der geographischen Herkunft des Stammvaters kaum weiterhilft.

Der bedeutendste unter den 451 Zweigen der Familie Lee ist jener der Lees aus Chonju, einer Stadt in Cholla Pukto. Mit knapp vier Millionen Angehörigen sind sie die zweitgrößte Familie Südkoreas. Die Chonju Lees halten sich nicht ohne Grund für etwas Besonderes. »Wir haben in unserer Familie 27 Könige oder Königinnen«, erzählte Lee Un Pyo, ein Staatsbeamter im Ruhestand, dem Verfasser bei einem Gespräch im Stadtbüro seiner Sippe in Seoul. Lee wurde zum Vorstandsmitglied und Leiter der Zeremonienabteilung des im Vereinsregister eingetragenen Familienverbands gewählt und sagte von sich selber, »Ich gehöre zur 45. Generation unserer Familie.« Angeblich in der 18. Generation haben die Lees den Heerführer Yi Song Kye, den Begründer der Yi-Dynastie hervorgebracht, die bis zu ihrem Sturz durch die Japaner im 20. Jahrhundert alle koreanischen Herrscher gestellt hat. Yi ist – ebenso wie Rhee, Rhi, Li oder Ea – eine der westlichen Schreibweisen für das chinesische Schriftzeichen, das heute in Südkorea zumeist mit Lee wiedergegeben wird.

Zum Nachweis seiner illustren Herkunft holte Herr Lee ein etwa dreihundert Seiten starkes Büchlein aus der Tasche, einen Auszug aus dem Familienstammbuch, *Chokpo*, der Chonju Lees. Das älteste erhaltene private Stammbuch Koreas wurde 1476 gedruckt und befindet sich im Besitz der Familie Kwon aus Andong. Als dynastische Familie nahmen die Lees aus Chonju eine Sonderstellung ein: Ihre Familiengeschichte wurde schon sehr viel früher in der Chronik des Königshofes aufgezeichnet. Ob die Familie sich wirklich 45 Generationen lang nachweisen läßt, darf allerdings bezweifelt werden. Nach dem Stammbuchauszug zu urteilen, sind die ersten 16 Generationen ziemlich spärlich dokumentiert. Stammvater der Chonju Lees soll ein Astrologe der im 10. Jahrhundert gestürzten Shilla-Dynastie gewesen sein.

Außerhalb des Königshauses führten zunächst nur die Adelsfamilien der Yangban eigene Stammbücher. Ordnungsgemäß geführte Chokpo gaben Auskunft über die Rangordnung innerhalb der Familie, über eheliche oder uneheliche Abkunft, hervorragende Leistungen oder über die genaue Lage der Gräber. Die Eintragungen im Chokpo – oder ihre Unterlassung – waren oft Anlaß zu bitteren Familienzwistigkeiten. Um in den Genuß von Adelsprivilegien wie der Befreiung vom Militärdienst zu gelangen, erkauften sich später Angehörige anderer Stände eine Eintragung in ein adliges Chokpo oder erwarben sogar von bedürftigen Adelsfamilien deren Stammbücher. Der Handel mit Chokpos und die Herstellung von Fälschungen entwickelte sich in der Spätphase der Yi-Dynastie zu einem blühenden Geschäft. Wenn Koreaner heute geltend machen, von irgendeinem berühmten Vorfahr abzustammen, so muß man solche Ansprüche nicht immer ernst nehmen, tut aber gut daran, seine Zweifel nicht allzu direkt zu äußern. Echte alte Chokpos sind ziemlich selten und können als wertvolle historische Quelle dienen.

Rechtlich haben die traditionellen Familienstammbücher ihre Verbindlichkeit verloren. Gesellschaftlich spielen sie weiterhin eine Rolle. Und als Beweismittel bei familienrechtlichen Streitigkeiten haben die Chokpos Gewicht. Zum Beispiel, wenn es ums Heiraten geht. Das Bürgerliche Gesetzbuch Südkoreas verbietet die Eheschließung zwischen Verwandten bis zum achten Grad. Das gilt sowohl für Verwandte, die in gerader Linie voneinander abstammen, als auch für Verwandte in der Seitenlinie. Ehen, die entgegen diesem Verbot geschlossen werden, sind nichtig. Kinder aus solchen Ehen gelten als unehelich. Aufgrund von Einführungsbestimmungen zum Bürgerlichen Gesetzbuch hat außerdem das noch strengere Eheverbot der alten konfuzianischen Gesetze weiterhin Rechtskraft. Danach dürfen Personen nicht heiraten, die denselben Familiennamen tragen und ihre Herkunft auf denselben Stammvater mit demselben Stammsitz zurückführen, und zwar ohne Rücksicht darauf, wie viele Generationen zwischen ihnen und dem – in den meisten Fällen wohl fiktiven – Stammvater liegen. Das gilt selbst für die großen Sippen mit mehreren Millionen Angehörigen wie die Kimhae Kims oder die Chonju Lees. Bei kleineren Sippen, die nicht in Familienzweige unterteilt sind, erfaßt das Heiratsverbot sogar alle Namensträger.

Wiederholte Versuche, das Eherecht zu ändern, sind am entschlossenen Widerstand konfuzianischer Traditionalisten gescheitert, zuletzt 1987. Lee Dong Choon, der Verwaltungsratsvorsitzende des Toegye-Hak-Instituts zum Studium der Schriften des berühmten konfuzianischen Gelehrten Lee Toe Gye, begründete das verbissene Festhalten am überlieferten Eherecht mit der Feststellung: »Wenn Verwandte heiraten dürfen, was unterscheidet die Menschen dann noch von den Hunden?« In der Hoffnung auf eine Lockerung der gesetzlichen Bestimmungen leben viele Südkoreaner in wilder Ehe zusammen. Einige Tausend dieser Fälle wurden in mehreren zeitlich begrenzten Amnestien nachträglich legalisiert. Das grundlegende Problem aber besteht weiter, solange die Reform des Eherechts nicht durchgesetzt werden kann.

Noch viel strenger als das Gesetz ist die Gesellschaft: »Ein Mädchen, das Kim heißt, darf einen Freund namens Kim erst gar nicht nach Hause bringen«, sagt Albert Schmid, ein in Seoul lebender Deutscher, der mit einer Koreanerin aus dem Sangsan-Zweig der Kim-Sippe verheiratet ist. Wer sich über die gesellschaftlichen

Konventionen hinwegsetzt, muß damit rechnen, daß die Beziehung als Inzucht diffarmiert wird und beide der Anerkennung ihres jeweiligen Familienverbands verlustig gehen. Das bedeutet Statuseinbußen und den Verlust der Geborgenheit in der Großfamilie, auch begibt man sich der Unterstützung im beruflichen Fortkommen oder in Notfällen. Die unmittelbar Betroffenen stellt das vor schwierige Entscheidungen. Mancher zerbricht daran.

Für die Konfuzianer bestand der Zweck der Heirat nicht im Glück der Eheleute, sondern in der Stammerhaltung. Die Frau hatte vor allem die Aufgabe, einen männlichen Nachfolger zu gebären. Wie sehr die Ehefrau nur als Mittel zu diesem Zweck angesehen wurde, kam auch darin zum Ausdruck, daß sie trotz Heirat den eigenen Familiennamen behielt, also nicht vollständig in die Familie des Mannes aufgenommen wurde. Brachte die Frau keinen Buben zur Welt, konnte der Mann sie verstoßen oder sein Glück mit einer Nebenfrau versuchen. Diese Möglichkeit wurde während der japanischen Kolonialzeit mit dem Verbot von Polygamie und Konkubinat beseitigt. Zugleich aber führten die Kolonialherren eine eigene Methode der Stammerhaltung ein: die Adoption des Schwiegersohns. Formell wurde damit nur der Name erhalten. Durch die Hintertür brachte diese Lösung der Koreanerin jedoch ein Stück Gleichberechtigung. Denn in diesen Fällen wurden die Blutsbande zwischen dem Schwiegervater und einem Sohn der Eheleute einzig durch die Frau vermittelt. Diese Regelung wurde in das Bürgerliche Gesetzbuch von Südkorea übernommen und damit ausdrücklich anerkannt, daß auch eine Frau den Stammbaum einer Familie fortführen kann, sofern kein männlicher Erbe vorhanden ist. Heiratet die Frau, so nimmt der Mann ihren Namen an und wird, ebenso wie Kinder aus dieser Ehe, in das Familienstammbuch der Frau eingetragen.

In der Gegenwart kann der Umstand, daß die Koreanerin nach der Eheschließung ihren Namen beibehält, als ein Stück Gleichberechtigung neu interpretiert werden. Aber das setzt voraus, daß auch ihre rechtliche Stellung in der Ehe, bei einer Scheidung oder im Todesfall des Ehegatten der des Mannes angeglichen wird. Diese Reform steht in Südkorea in wesentlichen Punkten noch aus. Abgesehen von einer Begrenzung des Eheverbots auf die Fälle echter Blutsverwandtschaft, einer besseren Ausgestaltung der Vermögens- und Erziehungsrechte der Frau in der Ehe und wesentlichen Verbesserungen im Scheidungs- und Erbrecht geht es dabei um die Beseitigung einer Bestimmung, wonach die Frau die Eintragung eines von ihrem Mann außerehelich gezeugten Kindes als ehelich geboren hinnehmen muß. Die Vorschrift spielt vor allem bei männlichen Stammhaltern eine Rolle. Der Frau, sollte sie selber ein außerehelich gezeugtes Kind zur Welt bringen, wird kein entsprechendes Recht zugebilligt. Vielleicht bringen die politischen Veränderungen seit dem Sommer 1987 und besonders nach den Parlamentswahlen vom April 1988, die eine sehr viel pluralistischere Parteienlandschaft hervorgebracht haben, hier endlich einen Wandel. In Nordkorea ist man da schon ein Stück weiter. Wie weit sich dort die gesetzlich verankerte Gleichberechtigung der Geschlechter – die abstrakt auch in den Artikeln 11 und 36 der südkoreanischen Verfassung vorgeschrieben ist – in der Praxis wirklich durchgesetzt hat, ist angesichts der spärlichen Informationen aus dem Reich Kim Il Sungs schwer zu beurteilen. Die öffentliche Anerkennung der Frau scheint auch im Norden nicht sehr weit fortgeschritten zu sein. Jedenfalls sind dort alle wichtigen Führungspositionen genauso wie im Süden mit Männern besetzt.

Die Diskriminierung der Frau beschränkt sich in Südkorea nicht auf die Rechtsstellung in der Familie. Auch im Berufsleben sind die Frauen erheblich schlechter gestellt als ihre männlichen Kollegen. Die frühen Exporterfolge der Textil- und Schuhindustrie wurden durch die schamlose Ausbeutung junger Arbeiterinnen ermöglicht. Bemühungen, ihr Los durch gemeinsame Aktionen oder Hilfe von außen zu verbessern, wurden unter den Präsidenten Park Chung Hee und Chun Doo Hwan mit oft großer Brutalität unterdrückt. Inzwischen zeichnen sich hier manche positiven Veränderungen ab. Aber die Bezahlung weiblicher Arbeitskräfte bleibt nach wie vor weit hinter der der Männer zurück. Auch bestehen für Frauen im produzierenden Gewerbe kaum Aufstiegschancen, andererseits wird ihnen schneller gekündigt. Besser steht die Frau in Landwirtschaft und Handel da. Eine wachsende Zahl von Bauernhöfen wird heute von Frauen allein bewirtschaftet, während die Männer in der Fabrik arbeiten. Koreanische Marktfrauen sind eine Klasse für sich: Sie lassen sich nicht »unterbuttern«. Frauen sind nicht nur im Verkauf tätig, sondern als Geschäftsführer oder Inhaber. In der Modebranche treten sie zunehmend als Modeschöpfer hervor. Das Vergnügungsgewerbe bleibt ein – weitgespanntes – Betätigungsfeld mit vielen Schattenseiten.

Unverändert schwierig ist es für Hochschulabsolventinnen, eine angemessene Beschäftigung zu finden. Zumeist müssen sie mit einer Tätigkeit als einfache Büroangestellte vorliebnehmen, mit etwas Glück kommen sie als Sekretärin bei einer ausländischen Firma unter. Ausnahmen gibt es in bestimmten Berufszweigen wie dem Lehrberuf, in erster Linie an den staatlichen Volksschulen, in wesentlich geringerem Umfang an höheren Lehranstalten bis hin zur Universität. Die Krankenschwester zählt in Südkorea bereits zu den Eliteberufen, seit ihre Ausbildung an Fachhochschulen erfolgt. Vor allem die christlichen Kirchen bieten Tätigkeiten in verschiedenen Sozialberufen. Es gibt inzwischen auch eine nicht mehr ganz unbeachtliche Zahl von Ärztinnen und Rechtsanwältinnen.

Berühmt und international hervorgetreten ist die im Kampf um die Gleichberechtigung der Frau ergraute Lee Tae Young, Jahrgang 1914 und Südkoreas erste Volljuristin. Die Ehefrau und Mutter konnte erst nach 1945 ihr Rechststudium aufnehmen, nachdem ihr Mann, der spätere Oppositionsabgeordnete Chong Il Hyong, aus japanischer Haft befreit wurde. Dr. Lee hat über das Thema »Scheidung in Korea« promoviert und war später viele Jahre Dekan der Juristischen Fakultät der Ewha-Frauenuniversität. Das von ihr 1956 gegründete und seither geleitete Rechtshilfezentrum für Familienbeziehungen, das 1976 ein aus Spenden finanziertes eigenes Gebäude auf Yoi-Do in Seoul beziehen konnte, hat in den ersten 25 Jahren seiner Existenz über 150 000 Frauen kostenlos beraten und war die treibende Kraft bei den Familienrechtsreformen von 1957 und 1977 sowie bei dem 1987 gescheiterten dritten Reformversuch.

An Studentendemonstrationen in Südkorea nehmen auch immer viele Studentinnen teil. Unter den insgesamt 1446 in Zusammenhang mit der Besetzung der Konguk-Universität im Oktober 1986 Verhafteten befanden sich nach Angaben der Polizei 406 Frauen. Schon bei den Unabhängigkeitsdemonstrationen im März 1919 waren junge Koreanerinnen zu Tausenden mitmarschiert. Auch im Mai 1980, als die Bürger von Kwangju gegen das Kriegsrecht protestierten, waren die Frauen dabeigewesen, zuerst als Demonstranten und dann als Opfer. Unter den weiblichen Politikern Südkoreas hat es Madame Pak Sun Chon am weitesten gebracht. Sie war in den sechziger Jahren zeitweilig Oppositionsführerin und gehörte bis 1971 dem Parlament an. Bei den Präsidentschaftswahlen vom Dezember 1987 bewarb sie sich als Kandidat der kleinen Sozialdemokratischen Partei auch eine Frau: Madame Hong Suk Cha, eine promovierte Politologin, die seit 1985 Vorsitzende des Nationalen Frauenrats ist, des Dachverbands südkoreanischer Frauenverbände. In der Endphase des Wahlkampfs verzichtete Dr. Hong zugunsten von Kim Young Sam.

Frauen spielen eine bedeutende Rolle in der modernen Literatur Koreas. 1986 gewann die Schriftstellerin Hahn Moo Sook, Jahrgang 1918, mit ihrem Roman *Begegnung* den jährlich in Seoul vergebenen Nationalpreis für Literatur in der allgemeinen Kategorie. Hahn ist eine von mehreren schreibenden Frauen, deren erste Erfolge in die dreißiger Jahre zurückreichen und die noch heute im südkoreanischen Literaturbetrieb eine führende Rolle spielen. Andere sind Pak Hwa Song, Jahrgang 1904, die sich mit einer Vielzahl sozialkritischer Romane einen Namen gemacht hat, die besonders durch autobiographische Romane hervorgetretene Choe Chong Hui, Jahrgang 1912, sowie Im Ok In, Jahrgang 1915, deren Spezialität Kurzgeschichten und Romane über Frauen sind. Die Zahl der erstmals nach 1945 und besonders nach dem Koreakrieg hervorgetretenen Schriftstellerinnen ist beeindruckend. Eine Auswahl zu treffen und vorzustellen, überstiege die Kompetenz des Verfassers.

Die Stellung der Frau in Familie und Gesellschaft ist ein Indiz für Ausmaß wie Grenzen der in Südkorea verwirklichten Modernisierung. Dabei sind die Frauen zwangsläufig in Gegensatz zu den konfuzianischen Traditionalisten geraten, die mit ihrer patriarchalischen Gesellschaftsordnung zugleich männliche Privilegien aus der Feudalzeit verteidigen. »Achtet auf die Frauen Koreas«, hat Lee Tae Young gesagt, »wir sind den Männern weit voraus.«

Der Kampf um Gleichberechtigung ist notgedrungen auch ein Kampf gegen die Großfamilie. Nach dem Bürgerlichen Gesetzbuch von Südkorea kann jeder Volljährige einen neuen Familienzweig gründen. Rechtlich ist mit Vollendung des zwanzigsten Lebensjahrs die Möglichkeit gegeben, sich den Beschränkungen der

Großfamilie zu entziehen. Mit der Entwicklung zur Kernfamilie und zunehmender Verstädterung Südkoreas verliert das konfuzianische Familienbrauchtum an Gewicht. Was davon noch allgemein praktiziert wird, beschränkt sich auf wenige Anlässe: den ersten und den sechzigsten Geburtstag, die Hochzeit und den Tod. Daneben gibt es eine Reihe von jahreszeitlichen Festtagen, die zugleich im Familienleben eine Rolle spielen: Neujahr, das Frühjahrsfest *Hanshik*, das Sommerfest *Tano* – das ebenso wie Hanshik kein gesetzlicher Feiertag ist – und das Herbstfest *Chusok*.

Außer dem ersten Geburtstag, dem *Tol*, wird in manchen Familien der hundertste Tag nach der Geburt noch besonders gefeiert. Beide Feste hängen mit der hohen Kindersterblichkeit in alten Zeiten zusammen. Wenn ein Kind die ersten hundert Tage überlebt hatte, konnte man hoffen, daß es keiner der vielen Infektionskrankheiten zum Opfer fallen würde, und nach einem Jahr war es wohl aus dem Schlimmsten heraus. Wirklich groß gefeiert wurde früher nur, wenn das Kind ein Junge, ein Stammhalter, war. Heute bekommen in den meisten Familien auch die kleinen Mädchen ihre große Geburtstagsparty, wenn sie ihr erstes Lebensjahr vollendet haben. Wie die Buben werden sie in die traditionell bunten Festkleider gesteckt und auf den Ehrenplatz gesetzt – einen Tisch voller Geschenke vor sich. Darauf finden sich neben vielem anderen Reiskuchen, Obst, Schreibutensilien, Garn und Bargeld. Die Familie und ihre Gäste beobachten gemeinsam, was das Kind als erstes ergreift. Man meint, daran seinen Charakter erkennen und seinen zukünftigen Lebensweg vorhersagen zu können. Übrigens sind es die Fotos von dieser ersten Geburtstagsfeier, welche die Schaufenster so vieler Fotoläden zieren.

Hwangap, der sechzigste Geburtstag, markiert die Vollendung des Lebenszyklus aus fünf mal zwölf Jahren, entsprechend den heute noch in den Ländern Ostasiens gebräuchlichen zwölf Tierkreiszeichen der chinesischen Kosmologie. Sechzig ist ein Alter, das in früheren Zeiten nicht viele Menschen erreichten. Wer es so weit gebracht hatte, wurde mit einem großen Familienfest geehrt. Danach zog sich der Jubilar aufs Altenteil zurück und ließ sich für den Rest des Lebens von den Kindern versorgen. In der Großfamilie gab die Frau erst in diesem Alter die Leitung des Haushalts an die Schwiegertochter ab, genauer gesagt: an die Frau des ältesten Sohnes, von dem erwartet wurde, daß er bei den Eltern lebte. In ländlichen Familien oder bei Inhabern von Familienbetrieben ist diese Tradition ungebrochen. Für die großstädtische Kernfamilie ist der sechzigste Geburtstag von Vater oder Mutter ein Anlaß, die Eltern zu besuchen und mit ihnen und anderen Verwandten ausgiebig zu feiern. Die durchschnittliche Lebenserwartung der Südkoreaner beträgt für einen 1987 geborenen Mann 65,3 Jahre und für eine Frau 71,8 Jahre.

Die konfuzianischen Heiratsbräuche waren so aufwendig, daß sich viele Familien in große Schulden stürzen mußten, um ihren Kindern eine »standesgemäße« Hochzeit auszurichten. Während der Herrschaft von Präsident Park wurden strenge Vorschriften zur Begrenzung dieses die wirtschaftlichen Verhältnisse der betroffenen Familien zumeist übersteigenden Aufwands erlassen. Heute werden Hochzeiten gewöhnlich in sogenannten Hochzeitshallen nach pseudoamerikanischem Muster mit Variationen organisiert. Der wachsende Wohlstand hat allerdings in den letzten Jahren zu einer Wiederbelebung zumindest des dekorativen Teils der alten Hochzeitsgebräuche geführt. Folklore gilt inzwischen auch in Südkorea als schick. Die Brautleute legen »traditionelle« und sehr farbenprächtige Hochzeitsgewänder an – grün und rot mit Goldstickereien für die Braut, rot und blau für den Bräutigam – und absolvieren ein paar konfuzianische Riten. Die Gewänder, nach der Vorlage adliger Hochzeitskleidung während der Yi-Dynastie geschneidert, können von der Hochzeitshalle gemietet werden. Als Erinnerung bleiben die Fotos.

Gelegentlich tun sich Traditionalisten und Folkloristen zusammen, um eine »echte« konfuzianische Hochzeit oder ein »authentisches« konfuzianisches Begräbnis zu feiern. Am 30. Januar 1988 fand im Kreis Hapchon in der Kyongsang-Südprovinz für den im Alter von 89 Jahren gestorbenen konfuzianischen Gelehrten Kwon Yong Hyon eine solche Trauerfeier im alten Stil statt. Etwa 2000 Menschen nahmen daran teil. Viele von ihnen waren von weither angereist. Den Toten hatte man 23 Tage lang im Garten seines Hauses in einem aus Strohmatten errichteten Zelt aufgebahrt. Die Trauerzeit ist in den konfuzianischen Riten genau geregelt, ihre Länge hängt von der Stellung des Verstorbenen in Gesellschaft und Familie ab. Je bedeutender der Tote, desto länger die Frist zwischen Tod und Begräbnis – und um so höher die Begräbniskosten für die Familie. Denn während dieser Zeitspanne müssen die Trauergäste untergebracht und verpflegt werden. Heutzutage ist eine Trauerzeit von drei, höchstens fünf Tagen üblich. Dem toten Kwon wurden vorschriftsmäßig jeden Morgen und Abend Speisen und Getränke in sein Zelt gebracht, allabendlich vor dem Sarg das Bettzeug ausgebreitet und morgens wieder weggeräumt, so als lebte er noch. Jeden Morgen verbeugten sich die Hinterbliebenen vor dem Leichnam.

Fast einen Kilometer lang war der Trauerzug, als der Tote nach Ablauf der Trauerzeit zu seiner nach allerlei geomantischen Regeln sorgfältig ausgewählten Grabstätte gebracht wurde. Vorneweg trug man eine in bunte Fetzen gekleidete und mit einem Holzschwert bewaffnete Strohpuppe zur Vertreibung böser Geister. Ihr folgte die mit Namen und Titel des Verstorbenen bemalte Begräbnisfahne und eine leere Bahre für seine Seele. Dahinter schritten Hunderte von Trauergästen, die jeder einen mit Versen beschrifteten, roten, gelben oder weißen Wimpel in die Luft hielten. Nun erst kamen die Sargträger mit den sterblichen Überresten in dem unter weißen und gelben Blüten verborgenen Sarg. Im Anschluß daran gaben die Hinterbliebenen in der Reihenfolge der Familienhierarchie und in Trauergewänder aus hellem Hanftuch gehüllt, das letzte Geleit.

Die Koreaner begraben ihre Toten am liebsten auf sonnenbestrahlten Hügeln in landschaftlich schöner Lage. Die koreanischen Grabhügel sind rund wie in China. Damit sie ihre Form behalten, werden sie mit Gras bepflanzt. Die südkoreanische Landschaft ist übersät mit solchen Hügelgräbern, kleinen für gewöhnliche Sterbliche und größeren für Leute von Macht, Einfluß oder großem Vermögen.

In den Großstädten und ihrer Umgebung wird fast ausschließlich auf Friedhöfen bestattet. Die Regierung ist dabei, die Umstellung von der traditionellen Erdbestattung auf die Feuerbestattung durchzusetzen. Das kräftige Bevölkerungswachstum und die immer dichtere Besiedlung des Landes erzwingen solche Maßnahmen. Seit dem Ende des Koreakrieges hat sich die Bevölkerung Südkoreas verdoppelt. 1987 lebten dort mit gut 42 Millionen genauso viele Menschen wie 1966 auf der gesamten koreanischen Halbinsel. Und Nordkorea zählt mittlerweile auch 21 Millionen Einwohner.

Mindestens zweimal im Jahr, zu Hanshik im Frühjahr und zu

Chusok im Herbst, strömen die Koreaner zu den Gräbern ihrer Vorfahren. Da die Verstädterung eine ziemlich neue Entwicklung ist, haben die meisten Stadtbewohner ihre Familiengräber noch in der ländlichen Heimat. So kommt es zu regelrechten Völkerwanderungen aufs Land. Besonders Seoul ist an diesen Tagen so angenehm menschenleer, daß man mit dem Auto ungestört durch sonst oft verstopfte Straßen fahren und die Museen, Paläste und Parks ohne Gedränge besichtigen kann.

Die Daten vieler traditioneller Feiertage richten sich nach dem Mondkalender, ändern sich also bei der heute üblichen westlichen Zeitrechnung von Jahr zu Jahr. Hanshik – koreanisch »kalte Speisen«, weil an diesem Tag seit alters zur Herrichtung des Essens, aber auch der Opfergaben für die Ahnen kein Feuer verwendet werden durfte – fällt meistens in den April, Chusok, die koreanische Version unseres Erntedankfestes, in den September oder Oktober. Zu Hanshik werden die Gräber vom Winterschmutz gereinigt und mit Gebeten und Opfergaben der Segen der Ahnen erfleht. Zu Chusok legen die Koreaner festliche Kleidung an und danken den Vorfahren mit Ernteopfern, die auf einem provisorischen Altar dargeboten werden. Bei schönem Wetter gibt's anschließend oft ein Picknick am Familiengrab, oder man besucht Sportfeste und kulturelle Veranstaltungen, die an diesem Tag in bunter Fülle geboten werden.

Ganz den Lebenden dienen die Neujahrsfeiern, die in Südkorea gleich mehrfach begangen werden: zu Beginn des neuen Kalenderjahrs, wobei in der Regel drei Tage lang nicht gearbeitet wird, obwohl nur der 1. Januar ein amtlicher Feiertag ist, ferner am Jahresanfang des Mondkalenders, der 1985 wieder zu einem gesetzlichen Feiertag erklärt wurde und in die Zeit zwischen Ende Januar und Februar fällt, sowie am ersten Vollmondtag des Mondkalenders, im Februar oder Anfang März gelegen und *Taeborum* genannt. Zu Neujahr werden traditionelle Speisen zubereitet, die Kinder und Enkel verbeugen sich vor ihren Eltern und Großeltern, um ihnen Gesundheit und langes Leben zu wünschen und ihr Wohlwollen im neuen Jahr zu erbitten. Dieser Neujahrsgruß ist eine sehr förmliche Angelegenheit, bei der die Jungen vor den Alten knien – beide Seiten festlich gekleidet – und sich so tief verneigen, bis der Kopf die auf dem Boden flach übereinanderliegenden Hände berührt. Zu Taeborum werden Nüsse geknackt, ein besonderes Reisgericht aus fünf Getreidesorten (Ogokpap) gegessen und kalter Reiswein (Imyongju) getrunken. Die Jungen lassen Drachen steigen. In Wettbewerben, an denen sich gern erwachsene Männer beteiligen, versucht ein jeder, die Drachen der anderen zum Absturz zu bringen. Abends geht man hinaus, um den Mondaufgang zu bewundern. Das soll Glück bringen. Auf dem Lande steigen die jungen Leute dazu mit Fackeln auf die Berge.

Die Neujahrstage werden fröhlich gefeiert, auch mit Besuchen bei Freunden und Verwandten. Auf der Straße und in öffentlichen Anlagen sieht man dann besonders viele Koreaner in traditioneller Tracht – ein Fest für die Augen. Diese Gewänder im überlieferten Stil sind unter dem Sammelbegriff *Hanbok* (koreanische Kleidung) bekannt und bei jüngeren Frauen und Kindern sehr farbenprächtig, während ältere Frauen Weiß, Beige, helles Rosa, mattes Hellblau oder Grau tragen und die Männer verschiedene Grautöne oder Braun bevorzugen, manchmal aber auch in hellblauen oder goldgelben Jacken oder rosafarbenen Hosen anzutreffen sind. Die buddhistischen Mönche erkennt man an ihren taubengrauen oder braunen Kutten und den kahlgeschorenen Köpfen.

Hanbok besteht aus einem jackenartigen Oberteil (Chogori), das vorne mit einer Schleife zugebunden wird und bei Frauen oft sehr kurz ist, und einem bodenlangen weiten Frauenrock (Chima) oder den um Leib und an Fersen zugebundenen Pluderhosen (Paji) der Männer. Diese tragen unter ihrem Chogori häufig noch eine Zierweste (Chokki). Als Mantel dient eine lockere Überjacke (Turumagi). Die kanuförmigen Schuhe (Komushin) sind heutzutage meist aus Gummi hergestellt. Die Frauen tragen dazu enge Socken aus festem Stoff (Poson). Auch verbergen sie ihre Beine unter mehreren Lagen langer Unterkleidung. Als Stoffe verwendeten die Koreaner früher nur Hanf- und Baumwolltuch sowie Seide. Wolle war nicht gebräuchlich. Heute werden zur Herstellung von Hanbok alle verfügbaren Materialien benutzt, einschließlich Kunststoffgarne. Die prächtigeren Frauengewänder sind nach Vorlagen von Kleidern geschneidert, die früher adligen Frauen, Hofdamen oder Prinzessinen vorbehalten waren. Auch die im Choson der Yi-Dynastie nach Stand und Anlaß genau geregelte Verwendung der Farben bleibt heute zumeist dem Geschmack der Kundschaft überlassen. Allerdings gelten Weiß und das Strohgelb von ungefärbtem Hanf weiterhin als Trauerfarben. In ganz alter

Zeit war weiße Kleidung allgemein so gebräuchlich, daß die Koreaner in früheren chinesischen Quellen auch als »Volk der Weißgekleideten« bezeichnet wurden und sich später selber so (Paegui Minjok) nannten. Auf dem Lande trifft man auch außerhalb der Feiertage alte Leute in traditioneller Kleidung. Doch tragen die Männer zumeist westliche Hüte und westliche Schuhe.

Wer Trachten ohne westliche Accessoires sehen will, sollte abends das Fernsehen einschalten, wo ständig irgendwelche historischen oder pseudohistorischen Stücke laufen, oder einen Tagesausflug zum koreanischen Folklore-Dorf (Hanguk Minsok-Chon) vierzig Kilometer südlich von Seoul nahe der Autobahnausfahrt Suwon machen. Dort hat man Mitte der siebziger Jahre ein Dorf mit typischen alten Häusern der verschiedenen Stände und Regionen Chosons zur Zeit der Yi-Dynastie sowie alten Schulen, Tempeln und Schreinen, Handwerksbetrieben und einem Rathaus rekonstruiert. Das Dorf ist mit Koreanern aller Altersgruppen bevölkert, die dort in koreanischer Tracht traditionelles Leben vorführen, einschließlich einer Hochzeit pro Tag und Bauerntänzen auf der Freilichtbühne. Von Seoul aus verkehren Direktbusse, man kann aber auch mit der U-Bahn ab Rathausplatz Seoul nach Suwon fahren und dort ein Taxi nehmen.

Zu den großen Feiertagen des Jahres gehört nach der Tradition, aber nicht von Gesetzes wegen, auch das *Tano*-Fest. Nach dem Mondkalender fällt es auf den fünften Tag des fünften Monats, im westlichen Kalender in die Sommermonate Juni oder Juli. An diesem Tag werden vor allem sportliche Wettkämpfe ausgetragen, besonders in den überlieferten Sportarten wie Ringkampf (Ssirum) für die Jungen und Schaukeln vor allem für die Mädchen. Das Schaukeln erfordert einigen Mut, da man auf den mit langen Seilen an Bäumen befestigten Schaukelbrettern (Kune) stehend möglichst hoch schwingen muß. Im konfuzianischen Choson, wo die jungen Frauen der oberen Stände tagsüber kaum ausgehen durften, war dies für sie eine der wenigen Gelegenheiten, etwas von der Außenwelt zu sehen. Demselben Zweck diente offenbar das zu Neujahr und beim Tano-Fest gepflegte Wippen: Ein kräftiges Brett wird über einen Sack voll Reishäcksel gelegt. Während ein Mädchen sich zur Stabilisierung auf die Brettmitte setzt, springen zwei andere abwechselnd auf die Außenenden, um ihr Gegenüber möglichst hoch in die Luft zu schleudern.

Südkorea hat zwei rein religiöse Feiertage, die gesetzlich anerkannt sind und nichts mit dem Konfuzianismus zu tun haben: Buddhas Geburtstag und das christliche Weihnachten. Nach dem Mondkalender fällt der Geburtstag des indischen Religionsstifters auf den achten Tag des vierten Mondes, was ungefähr Mitte Mai im westlichen Kalender entspricht. Weil aus diesem Anlaß Abertausende von Gläubigen nachts mit bunten Lampions überall im Lande zu den buddhistischen Tempeln ziehen, heißt dieser Feiertag auch Laternenfest. Weihnachtsfeiertag ist der 25. Dezember.

Seit den frühen achtziger Jahren wird in Südkorea der Versuch unternommen, mit Hilfe zahlungskräftiger Unternehmensgruppen regelmäßige Ringkampfturniere abzuhalten, um *Ssirum* zu einem Berufssport aufzubauen. Die bekannteste unter den traditionellen Sportarten Koreas, der Kampfsport *Taekwondo*, soll in mehr als hundert Ländern von über 20 Millionen Anhängern ausgeübt werden. Auch in der Bundesrepublik gibt es zahlreiche Taekwondo-Schulen und -Kurse. 1987 waren mehr als 3000 südkoreanische Taekwondo-Meister im Ausland tätig. Der Taekwondo-Weltverband besteht seit 1973. Unter den aus dem Westen eingeführten modernen Sportarten hat sich Fußball zum größten Massensport Südkoreas entwickelt. Ende 1981 wurde eine Landesliga für Baseball mit sechs Berufsmannschaften gegründet. Seit 1982 werden jährlich Meisterschaften in diesem bisher vor allem in Amerika und Japan populären Sport durchgeführt. Die 1986 mit großem Aufwand in Seoul ausgetragenen Asiatischen Spiele und die Olympiade von 1988 haben auch einer Vielzahl anderer Sportarten beträchtlichen Auftrieb gegeben.

Von der alten Wohnkultur hat sich in den modernen Großstadtwohnungen Südkoreas die *Ondol*-Fußbodenheizung erhalten, die dort aber nicht wie in traditionellen Ondol-Häusern individuell und mit Holz oder Kohle betrieben wird, sondern zentral und mit Gas oder Öl. Auch ist es in vielen Fällen gelungen, die Anonymität der städtischen Wohnblocks zu durchbrechen und über nachbarschaftliche Beziehungen etwas vom dörflichen Gemeinschaftsgeist ins Stadtleben hinüberzuretten, zum Beispiel durch die gemeinsame Zubereitung von *Kimchi*, dem (oft sehr) scharfen Einlegegemüse, das in der koreanischen Ernährung eine ähnliche Aufgabe erfüllt wie bei uns früher das Sauerkraut: dem menschlichen Körper auch im Winter die in Frischgemüse enthaltenen Nährstoffe zuzuführen.

Allerdings leistet das koreanische Kimchi weit mehr als deutsches Sauerkraut: es ist in seinen zahlreichen Variationen Beilage und Würze fast aller koreanischen Gerichte, und zwar das ganze Jahr hindurch. Grundbestandteile sind chinesischer Weißkohl und Rettich, Knoblauch, rote Pfefferschoten, Zwiebeln und Ingwerwurzeln, außerdem eine Reihe von Gewürzen. Ganze Berge von Kohl und Rettich werden im Herbst für die Wintermonate verarbeitet und in großen Steinkrügen angesetzt. Im Frühjahr und Sommer, wenn die Vorräte verbraucht sind, gibt es Kimchi aus Gurken und anderem Frischgemüse zum baldigen Verzehr. Selbst Fisch, Muscheln oder Austern eignen sich zur Kimchi-Verwertung. Der Phantasie sind keine Grenzen gesetzt. Selbstgemachtes Kimchi ist die Visitenkarte der koreanischen Hausfrau. In der koreanischen Küche ist Kimchi das Maß aller Dinge. Wer mehr darüber wissen will, kann sich seit 1986 im Stadtviertel Pil-Dong von Seoul nördlich vom Nam-San im neuen Kimchi-Museum informieren.

Eine ordentliche koreanische Mahlzeit besteht immer aus mehreren Gängen, die in schneller Folge oder gleichzeitig serviert werden, so daß der Eßtisch bald eine bunte Palette von Schüsseln und Tellern bildet: Reis und Nudeln, gebratene Scheiben Fleisch, gebackener oder roher Fisch, Gemüse und Salate, etwas Sojabohnenkäse, eine Suppe, verschiedene Sorten Kimchi und als Nachtisch Obst und Tee. Beliebte Fleischgerichte sind *Pulgogi* und *Kalbi*, mariniertes Rindfleisch, das in dünnen Scheiben oder als Rippchen auf den Tisch kommt – mit diversen Beilagen, versteht sich – und dort auf einem Holzkohlengrill geröstet wird. Ähnlich wie Schweizer Fondue, jedoch in einer Brühe gekocht und wiederum durch Beilagen ergänzt wird das Eintopfgericht *Shinsollo*, dessen Zutaten Fleisch und Fisch, verschiedene Gemüse und Sojabohnenkäse sind. Natürlich gibt es auch Einzelgerichte, zum Beispiel eine Art Reiseintopf namens *Pibimbap* oder das im Sommer geschätzte *Naengmyon*, eine Schüssel gekühlter Buchweizennudeln mit verschiedenen Beilagen garniert. Auch dazu bekommt man Kimchi extra. Für koreanische Hausfrauen ist die heimische Küche eine arge Belastung, da drei warme Mahlzeiten am Tag üblich sind. Mitteleuropäische Zungen empfinden koreanisches Essen als recht scharf gewürzt. Diese Schärfe kommt fast ausschließlich vom reichlichen Gebrauch der roten Pfefferschoten im Kimchi und in bestimmten Soßen oder Pasten, die aber sämtlich gesondert serviert werden. Jeder kann also selbst bestimmen, wie scharf er essen will. Allgemein läßt sich sagen, daß zu Hause weniger scharf gegessen wird als draußen im Lokal. Das schärfer gewürzte Restaurantessen soll wohl auch den Alkoholumsatz fördern. Gängige alkoholische Getränke sind *Soju*, ein klarer Reisschnaps mit etwa 25 Prozent Alkohlgehalt, und der milchige, nur leicht vergorene Reiswein *Makkolli*, ferner Bier und Whisky, in neuerer Zeit auch Wein. Es wird ziemlich viel getrunken in Südkorea, besonders von den Männern.

Wer sich nach einem feuchtfröhlichen Abend schließlich auf den Heimweg macht, begegnet unterwegs wahrscheinlich einer der vielen Militärstreifen, die hauptsächlich nachts häufig anzutreffen sind. Alle großen Brücken in Seoul und die Zufahrtswege zur Innenstadt, aber ebenso die wichtigen Einrichtungen in anderen Städten und auf dem Lande sowie die Küsten Südkoreas werden ständig bewacht. Ein hohes Maß an militärischer Bereitschaft kennzeichnet das Alltagsleben. Vom 17. Lebensjahr an werden alle Männer bis zur Vollendung des fünfzigsten Lebensjahrs regelmäßig zu militärischen Übungen herangezogen: Oberschüler und Studenten in einer »Jugendwehr«, die Wehrpflichtigen in den regulären Streitkräften oder der Bereitschaftspolizei, danach bis zum 35. (Offiziere: 45.) Lebensjahr in der Heimatschutztruppe, alle übrigen im Zivilschutzdienst. Jeweils am 15. des Monats finden überall im Land Luftschutz- und sonstige Zivildienstübungen für die gesamte Bevölkerung statt. Für die Südkoreaner sind diese Übungen längst zur Routine geworden. Der Besucher aus dem Ausland aber schreckt auf, wenn aus heiterem Himmel die Sirenen ertönen, die Autos am Strßenrand anhalten und die Leute in Keller, Tiefgaragen und andere designierte Luftschutzräume strömen. Man wird abrupt daran erinnert, daß Korea ein geteiltes Land ist, dessen zwei Teilstaaten sich dreieinhalb Jahrzehnte nach dem Ende des Koreakrieges noch in feindseligem Mißtrauen gegenüberstehen. 1953 wurde nur ein Waffenstillstand vereinbart.

Glaubt man den öffentlichen Erklärungen der Regierungen in Seoul und Pyongyang, so fühlen sich Süd und Nord von der jeweils anderen Seite militärisch bedroht. Das Ausmaß der wirklichen Bedrohung hängt neben den militärischen Kräfteverhältnissen von deren Einschätzung sowie von den Absichten der politischen und militärischen Führung ab. Für einen objektiven Kräftevergleich fehlen hinreichend zuverlässige Daten. Die häufig angestellten Zahlenvergleiche von Mannschaftsstärken und Truppenausrüstung hält der Verfasser für weitgehend wertlos. Bedenkt man jedoch, daß die Bevölkerung Südkoreas doppelt so groß ist wie die des Nordens und berücksichtigt man die stürmische Wirtschaftsentwicklung des Südens, so kann der Norden selbst durch größte Anstrengungen nicht verhindern, daß er schließlich auch militärisch ins Hintertreffen gerät. Ob dieser Zustand schon eingetreten ist, vermag der Verfasser nicht zu beurteilen. Doch dürfte nach nun bald zwei Jahrzehnten gezielter Aufrüstung des Südens zumindest so etwas wie ein militärisches Gleichgewicht erreicht worden sein, und zwar ohne Einbeziehung der amerikanischen Streitkräfte in Südkorea. Deren Anwesenheit wird durch die sowjetische Militärhilfe an Nordkorea mehr oder weniger ausgeglichen.

Ein ungefähres militärisches Gleichgewicht könnte die Grundlage für eine dauerhafte Stabilität auf der koreanischen Halbinsel bilden, jedenfalls für die Zeit bis zu jenem Tag X, an dem sich Süd und Nord zu ernsthaften Verhandlungen über ihre Wiedervereinigung an einen Tisch setzen. Eine weitere Voraussetzung für Stabilität in Korea ist die politische Berechenbarkeit auf beiden Seiten. Im Süden ist seit dem Sommer 1987 eine Entwicklung eingetreten, die man als dritten Anlauf zur Demokratisierung umschreiben kann. Die beiden ersten Versuche waren von Park Chung Hee und Chun Doo Hwan mit Hilfe des Militärs unterbunden worden. Inzwischen wird der Einfluß des Militärs auf die Politik Schritt für Schritt zurückgedrängt: zwar wurde Exgeneral Roh Tae Woo zum neuen Präsidenten gewählt, aber nur mit 36 Prozent der Stimmen. Roh ist ein Minderheitspräsident. Und bei den Parlamentswahlen im April 1988 verlor die Regierungspartei in der Nationalversammlung ihre Mehrheit. Damit ist die Macht im Land pluralistisch verteilt. Diese »Kohabitation auf südkoreanisch« zwingt Regierung und Opposition, Kompromisse zu schließen. Daraus kann politische Reife erwachsen oder neues Chaos.

Die Entwicklung in Nordkorea bleibt für die Außenwelt weiterhin undurchsichtig. Das dortige Herrschaftssystem ist ganz auf den Staats- und Parteichef Kim Il Sung zugeschnitten, der im April 1988 seinen 76. Geburtstag beging. Ob Kims Versuch gelingt, die Macht an seinen seit Mitte der siebziger Jahre zum Nachfolger aufgebauten Sohn Kim Jong Il zu übergeben, ist völlig ungewiß. Man kann's nur abwarten und hoffen, daß Korea neue militärische Abenteuer erspart bleiben.

Erläuterungen zu Schreibweise und Aussprache:

Bei der Umschreibung koreanischer Namen und Ausdrücke wird auf eine Eindeutschung verzichtet und die international übliche englische Fassung verwendet, also Seoul statt Söul, Pyongyang statt Pjöngjang.

Bei den Personennamen wird in der Regel die in Korea übliche Reihenfolge eingehalten, wobei der Familienname am Anfang steht und die nachfolgenden, gewöhnlich zwei persönlichen (westlich: Vor-)Namen gesondert und ohne Bindestrich geschrieben werden. Ausnahmen gelten für Syngman Rhee, den ersten Präsidenten Südkoreas, sowie einige dauerhaft im Ausland lebende Koreaner wie den in Westberlin ansässigen Komponisten Isang Yun, bei denen die westliche Reihenfolge mit dem Familiennamen am Ende und die Zusammenschreibung der Vornamen (mit oder ohne Bindestrich) fest etabliert sind; bei Zitaten wird die tatsächlich verwendete Schreibweise benutzt.

Bei Namen verwenden die Koreaner selber oft verschiedene Umschreibungen, was für Ausländer sehr verwirrend ist. Hier wird, sofern eine bestimmte Schreibweise etabliert ist, diese, sonst die Standardschreibweise verwendet.

Die Aussprache der Konsonanten entspricht dem Englischen. Das *s* wird daher grundsätzlich scharf gesprochen, während das *z* dem weichen *s* im Deutschen entspricht; *si* wird *shi* ausgesprochen und sollte dementsprechend umgeschrieben werden (also Shilla, nicht Silla). Ein *chi* ist wie *tsch* auszusprechen, ein *j* ähnlich wie *dsch*, während das deutsche *j* mit *y* wiedergegeben wird (wie in Pyongyang).

Im Koreanischen wird das harte *k* mit demselben Zeichen geschrieben wie das weiche *g*, entsprechendes gilt für *t*, *d* und *p,b* sowie *ch,j*. Bei der Umschreibung ins Alphabet kann als Faustregel gelten, daß diese Konsonanten am Wortanfang im allgemeinen hart ausgesprochen werden. Daher werden hier grundsätzlich am Wortanfang nur *k*, *t*, *p* und *ch* verwendet. Die Koreaner selber haben dies zu verschiedenen Zeiten unterschiedlich gehandhabt und zum Beispiel die Hafenstadt *P*usan mal so und manchmal *B*usan buchstabiert. Bei Personennamen läßt sich dieser Grundsatz aber nicht immer durchhalten, wenn eine abweichende Schreibweise schon fest etabliert ist, wie bei dem südkoreanischen Oppositionspolitiker Kim Dae Jung, dessen persönliche Namen eigentlich *Tae Chung* umgeschrieben werden sollten. Die »Weichschreibung« hängt damit zusammen, daß die drei Namensbestandteile in einem Atemzug, also wie ein Wort, gesprochen werden, so daß die Ausspracheregeln für Konsonanten innerhalb von Worten gelten.

Ein weiteres Problem bildet die Umschreibung des im Alphabet alternativ mit *n* oder *r* wiedergegebenen koreanischen Konsonanten. Dieser wird am Wortanfang in Südkorea wie *n*, hingegen in Nordkorea wie *r* ausgesprochen, so daß das kommunistische Parteiorgan Nordkoreas, die Zeitung der Arbeit, in Pyongyang *Rodong Shinmun*, in Seoul aber *Nodong Shinmun* umgeschrieben wird. Bei Namen gibt es viele Abweichungen. Für den neuen Präsidenten von Südkorea hat sich die Schreibweise *R*oh Tae Woo eingebürgert, obwohl sein Name im Süden *N*o Tae U ausgesprochen wird. In der Wortmitte wird der *n*/*r*-Konsonant auch in Südkorea häufig wie *r* ausgesprochen und dann entsprechend wiedergegeben.

Bei der Umschreibung von Vokalen ist besonders die Verwendung von *e* vor *o* und *u* irreführend. Es gibt je zwei *o*- und *u*-Laute, einen offenen, mit rundem Mund gesprochenen und einen mit halbgeschlossenem Mund gesprochenen. Das vorgestellte *e* bezeichnete früher den halbgeschlossenen *o*- oder *u*-Laut. Seit 1984 gilt offiziell ein neues Umschreibsystem, wobei das *e* durch einen Akzent (einen nach oben geöffneten Bogen über dem *o* oder *u*) ersetzt wird oder ganz fortfällt. Einige etablierte Namen (z. B. Seoul) werden aber wie bisher umgeschrieben, auch findet sich die alte Schreibweise weiterhin auf Karten und Schildern sowie bei Personennamen.

Die Hauptstadt Seoul wird nicht etwa Se-ul ausgesprochen, sondern So-ul, wobei das *o* mit halbgeschlossenem Mund gesprochen wird (wie das Anfangs-*o* in Oktober) und das *u* offen und rund (wie in U-Bahn). Beim schnellen Sprechen werden die beiden Silben zu einer zusammengezogen und klingen dann ähnlich wie das englische *soul* (Seele).

Die Insel Yoi-Do im Han-Fluß in Seoul wird oft noch Yeoi-Do geschrieben, manchmal noch komplizierter Yeoui-Do. Ein halbgeschlossenes *u* vor *i* wird nur am Wortanfang leicht angesprochen (z. B. in dem Ortsnamen Uijongbu) und fällt mitten im Wort unter den Tisch (z. B. bei dem persönlichen Namen Hui, der auch Hie, Hi oder Hee wie in Park Chung Hee geschrieben wird). Bei der Umschreibung sollte man deshalb darauf verzichten, vielleicht mit Ausnahme von Personennamen.

Ee wird wie ein deutsches *i* oder *ie* ausgesprochen, *oo* wie das deutsche *u* in U-Bahn. *Ae* oder *oe* sind wie die entsprechenden deutschen Umlaute auszusprechen, sollten aber in der Schreibweise nicht eingedeutscht werden.

Verwirrend ist auch die Umschreibung von *o*- und *u*-Lauten, weil das halbgeschlossene *o* oft mit *u* wiedergegeben wird, zum Beispiel bei dem früheren südkoreanischen Präsidenten Chun Doo Hwan, dessen Name eigentlich *Chon Tu Hwan* geschrieben werden sollte. Entsprechendes gilt für den Namen Chung, der in den meisten Fällen Chong zu schreiben wäre.

Beim *ou* in Personennamen – wie in Kim Young Sam –, handelt es sich um ein halbgeschlossenes *o*, so daß die reguläre Umschreibung *Yong* wäre (mit oder ohne Akzent).

Kategoriebezeichnungen in Namen wie Tempel, Fluß, Insel, Partei und ähnliches werden hier durch einen Bindestrich abgetrennt, um deutlich zu machen, welches der eigentliche Name ist, also Nam-*San* für den Südberg in Seoul oder Pulguk-*Sa* für den Pulguk-Tempel in Kyongju. Da im Gespräch aber die Bezeichnungen zusammen mit dem Namen wie ein Wort gesprochen werden, verändern sich bei der Aussprache oft auch die Konsonanten. Hier werden die Bezeichnungen entsprechend ihrer jeweiligen Aussprache wiedergegeben, zum Beispiel Yoi-*Do* (nicht: Yoi-To) für die Insel Yoi in Seoul, Minju-*Dang* (nicht: Minju-Tang) für Demokratische Partei oder Han-*Gang* (nicht: Han-Kang) für den Fluß Han. Das gilt auch für Provinzen wie in Kyonggi-*Do* (also nicht: Kyonggi-To), jedoch mit der Besonderheit, daß bei der häufigen Aufteilung in Nord- und Südprovinz diese Bezeichnung wie im koreanischen Sprachgebrauch üblich zusammen mit der geographischen Bestimmung als eine Worteinheit ohne Bindestrich wiedergegeben wird, also *Namdo* für Südprovinz und *Pukto* für Nordprovinz (z. B. Cholla Namdo für die Südprovinz Cholla).

Literaturverzeichnis

Benutzte Quellen in deutscher Sprache:

Chon Tuk Chu, *Südkorea in der geteilten Welt 1961–1976*, Verlag Uni-Druck, München 1977

Deutsche Botschafter in Japan, hrsg. von Hans Schwalbe und Heinrich Seemann, Deutsche Gesellschaft für Natur- und Völkerkunde Ostasiens (OAG), Tokio 1974

George H. Dunne, *Das große Exempel: Die Chinamission der Jesuiten*, Schwabenverlag, Stuttgart 1965

Max Eli, *Wirtschaftliche Entwicklungsstrukturen der Republik Korea*, Mitteilungen des Instituts für Asienkunde, Hamburg 1979

Ingeborg Göthel, *Geschichte Koreas: Vom 17. Jahrhundert bis zur Gegenwart*, VEB Deutscher Verlag der Wissenschaften, Berlin 1978

Jürgen Kleiner, *Korea: Betrachtungen über ein fernes Land*, R. G. Fischer Verlag, Frankfurt/Main 1980

Kleines Wörterbuch der Japanologie, hrsg. von Bruno Lewin, Otto Harrassowitz, Wiesbaden 1968

Korea: Land und Wirtschaft, hrsg. von der Deutsch-Koreanischen Industrie- und Handelskammer, Seoul 1982

Luise Rinser, Isang Yun, *Der verwundete Drache:* Dialog über Leben und Werk des Komponisten, S. Fischer Verlag 1977

Norbert Weber, *Im Land der Morgenstille*, Missionsverlag St. Ottilien, Oberbayern 1923

Wettbewerbsfähigkeit von Joint Ventures in Korea 1986, hrsg. von der Deutsch-Koreanischen Industrie- und Handelskammer, Seoul 1986

Benutzte Quellen in englischer Sprache:

Edward B. Adams, *Palaces of Seoul: Yi Dynasty Palaces in Korea's Capital City*, Taewon Publishing Company, Seoul 1972

The Ancient Arts of Korea, hrsg. vom Ministry of Culture and Information, Seoul 1972

Asian Security, hrsg. vom Research Institute for Peace and Security, Tokio, erscheint jährlich seit 1979

Baik Bong, *Kim Il Sung*: Biography (I), (II), (III), Übersetzung hrsg. vom Comittee for the Translation of »Kim Il Sung: Biography«, Mirai-Sha, Tokio 1969 (I), 1970 (II) und (III)

Chiang Kai Shek, *Sovjet Russia in China: A Summing-up at Seventy*, China Publishing Company, Taipei 1969 (rev. erw. Neuaufl.)

China Directory, hrsg. vom Verlag Radiopress Inc., Tokio, erscheint jährlich seit 1971

China Yearbook, China Publishing Company, Taipei, erscheint jährlich

Harold F. Cook in Zusammenarbeit mit Royal Asiatic Society, Korea Branch, *Korea's 1884 Incident: Its Background and Kim Ok Kyun's Elusive Dream*, Verlag Taewon Publishing Company, Seoul 1972

Michael Cooper, *Rodrigues the Interpreter: An Early Jesuit in Japan and China*, Weatherhill, New York – Tokio 1974

Jon Carter Covell and Alan Covell, *Korean Impact on Japanese Culture*, Hollym International Corporation, Elizabeth, New Jersey – Seoul 1986, (2. Aufl.)

Foreign Relations of the United States, 1949, Volume VII, The Far East and Australia, Part 2, Government Printing Office, Washington 1976

Andrew J. Grajdanzev, *Modern Korea*, RAS Korea Reprint Series, Kyung-In Publishing Company, Seoul 1975 (Nachdruck des Originals von 1944)

Han Woo-Keun (Han U Kun), *The History of Korea*, Eul-Yoo Publishing House, Seoul 1986 (17. Aufl.)

A Handbook of Korea, hrsg. von Korean Overseas Information Service, Ministry of Culture and Information, Seoul, erscheint jährlich

Gregory Henderson, *Korea: The Politics of the Vortex*, Harvard University Press, Cambridge, Massachusetts 1968

William E. Henthorn, *A History of Korea*, The Free Press, Macmillan Publishing House, New York 1974

The History of the United Nations Forces in the Korean War, hrsg. vom Ministry of National Defense, Eigenverlag, Seoul 1972

Inside Guides: Republic of Korea, hrsg. von Leonard Lueras, Nedra Chung und Jennifer Kang, APA Productions, Hongkong 1986

Wanne J. Joe (Cho Won Chae), *Traditional Korea: A Cultural History*, Chungang University Press, Seoul 1977 (2. Aufl.)

Kim Chum-Kon, *The Korean War*, Kwangmyong Publishing Company, Seoul 1973

C. I. Eugene Kim / Han-Kyo Kim, *Korea and the Politics of Imperialism 1876–1910*, University of California Press, Berkeley-Los Angeles 1967

Kim Dae Jung, *Mass-Participatory Economy: A Democratic Alternative for Korea*, published by Center for International Affairs, Harvard University, and University Press of America, Lanham, Maryland – London 1985

Kim Han Gil, *Modern History of Korea*, Foreign Languages Publishing House, Pyongyang 1979

Kwan Bong Kim (Kim Kwan Bong), *The Korean-Japan Treaty Crisis and the Instability of the Korean Political System*, Praeger Publishers, New York – London 1971

Byung Chul Koh (Koh Byung Chul), *The Foreign Policy of North Korea*, Frederick A. Praeger Publishers, New York – Washington – London 1969

Korea Annual, hrsg. von Hapdong News Agency, ab 1981 von Yonhap News Agency, Seoul, erscheint jährlich

Korea Buddhism, hrsg. vom Korea Buddhism Chogye Order, Seoul 1986

Korean Ancient Palaces (Serie: (1) Kyongbok-Kung (2) Changdok-Kung (3) Changgyong-Gung (4) Toksu-Gung (5) Chongmyo, hrsg. in Zusammenarbeit mit Office of Cultural Properties, Ministry of Culture and Information, Verlag Youl Hwa Dang Publishing Company, Seoul 1986

Ki-Baik Lee (Lee Ki Paek), *A New History of Korea*, Ilchokak Publishers, Seoul 1984

Major Economic Indicators 1957–1968 and 1958–1969, hrsg. vom Economic Planning Board, Seoul 1969 und 1970

Nanjung Ilgi: *War Diary of Admiral Yi Sun-Sin* (Yi Sun Shin), übersetzt von Ha Tae-Hung (Ha Tae Hung) und redigiert von Sohn Pow-Key (Son Po Ki), Yonsei University Press, Seoul 1977

National Museum of Korea (Katalog), Seoul 1972 (4. Auflage)

Nihongi: Chronicles of Japan from the Earliest Times to A. D. 697, übersetzt von W. G. Aston, Charles E. Tuttle Company, Rutland, Vermont – Tokio 1972

North Korea Today, hrsg. von Robert A. Scalapino, Frederick A. Praeger Publisher, New York – London 1963

Robert T. Oliver, *Syngman Rhee: The Man Behind The Myth*, Dodd Mead and Company, New York 1954

E. Papinot, *Historical and Geographical Dictionary of Japan*, Charles E. Tuttle Company, Rutland, Vermont – Tokio 1972

Park Chung Hee, *A New Horizon in Asia*, Bände I–III, Hollym Corporation Publishers, Seoul 1972 (Band I, 2. Aufl.), 1970 (Band II, 2. Aufl.), 1970 (Band III)

Samguk Yusa: Legends and History of the Three Kingdoms of Ancient Korea, von Ilyon (im 13. Jhdt.), übersetzt von Tae-Hung Ha (Ha Tae Hung) und Grafton K. Mintz, Yonsei University Press, Seoul 1972

Statistical Data on Korea (1962–1979), hrsg. vom Korean Overseas Information Service, Seoul

Dae-Sook Suh, *The Korean Communist Movement 1918–1948*, Princeton University Press, Princeton, New Jersey 1967

Two Koreas – One Future? hrsg. von John A. Sullivan und Roberta Voss in Zusammenarbeit mit dem American Friends Service Committee, University Press of America, Lanham, Maryland – London 1987

A White Paper on South-North Dialogue in Korea, hrsg. von The South-North Coordinating Committee (Seoul Side), Eigenverlag 1979

Women of Korea: A History from Ancient Times to 1945, hrsg. von Yung-Chung Kim (Kim Yung Chung) und The Committee for the Compilation of the History of Korean Women, Ewha Woman's University Press, Seoul 1977

Benutzte Quellen in koreanischer Sprache:

Kungnip Chungang Pangmulkwan (Zentrales Nationalmuseum, Katalog), Seoul, Ausgabe 1986

Benutzte Quellen in japanischer Sprache:

Asahi Nenkan (Jahrbuch der Tageszeitung *Asahi Shimbun*), Asahi Shimbun-Sha, Tokio, erscheint jährlich

Chosen / Kankoku O Shiru Hon (Wissenswertes über Nord- und Südkorea), hrsg. von Shinji Ishii, Verlag JICC Shuppankyoku, Tokio 1985 (6. Aufl.)

Chosen No Rekishi (Geschichte Koreas), hrsg. von Chosen-Shi Kenkyukai, Verlag Sanshodo, Tokio 1981 (12. Aufl.)

Chosen Yoran (Korea-Überblick), hrsg. von Gendai Chosen Kenkyukai, Verlag Jiji Tsushin-Sha, Tokio 1978

Ienaga Saburo, *Shinnihonshi* (Geschichtslehrbuch Japan von Ienaga), Verlag Sanshodo, Tokio 1970 (3. korr. Aufl.)

Kankoku, Kita Chosen ((Süd-)Korea, Nordkorea), hrsg. vom Gaimusho Asia-Kyoku Hokuto Asia-Ka, Verlag Nihon Kokusai Mondai Kenkyujo, Tokio 1986

Kankoku, Kotsu Kosha No Rururbu-Guide 11 (Korea, Reiseführer Süd-Korea), hrsg. von Nihon Kotsu Kosha im Eigenverlag, Tokio 1983

Kankoku Bijutsu 5000 Nen-Ten (Ausstellungskatalog 5000 Jahre Koreanische Kunst), hrsg. von Kim Won Yong u. a., Verlag Asahi Shimbun-Sha, Tokio 1976

Kankoku No Tabi (Reise nach Korea), hrsg. von N. Shintani, Verlag World Photo Press, Tokio 1985 (2. Aufl.)

Sabetsu Hahusho (Weißbuch über Diskriminierung, 2 Bände), hrsg. von Zainihon Daikanminkoku Kyoryu Mindan Chuo Honbu (Koreaner-Organisation in Japan, Pro-Seoul), Eigenverlag, Tokio 1978 (2. Aufl.)

Shiba Ryotaro, *Kokyo Bojigataku Soro* (Dokumentarische Erzählung von Shiba), Verlag Bungei Shunju (Bunshun Bunko), Tokio 1987 (19. Aufl.)

Takarazuki Keigo u. a., *Nihonshi* (Geschichtslehrbuch Japan von Takarazuki u. a.), Verlag Yamakawa Shuppansha, 1971 (Korr. Neuaufl.)

Benutzte Zeitschriften und Broschüren:

Europa Archiv, hrsg. von der Deutschen Gesellschaft für Auswärtige Politik, Verlag für Internationale Politik, Heft 10 (25. 5.), 1982

Far Eastern Economic Review, Eigenverlag, Hongkong seit 1946, wöchentlich

Kammer-Report, hrsg. von der Deutsch-Koreanischen Industrie- und Handelskammer, Seoul von 1981 bis 1986, mehrmals jährlich

Korea Business World, Eigenverlag, Seoul seit 1985, monatlich

Korea-Europe Economic Report, hrsg. von der Deutsch-Koreanischen Industrie- und Handelskammer, Seoul 1986/87, monatlich

Korea Journal, hrsg. von Korean National Commission for UNESCO, seit September 1971, monatlich

Korea Newsreview, hrsg. von Korea Herald, Seoul seit 1972, wöchentlich

Monthly Statistical Bulletin, hrsg. von The Bank of Korea, Seoul

Monthly Statistics of Korea, hrsg. vom Economic Planning Board, Seoul

Preliminary Outline of the Fifth Five-Year Economic Social and Development Plan of the Republic of Korea, hrsg. vom Economic Planning Board, Seoul 1981

Seoul: The Magazine of Korea Illustrated, hrsg. von Hek Communications, Seoul, monatlich

Transactions, hrsg. von Royal Asiatic Society (RAS), Korea Branch, Eigenverlag, Seoul, jährlich, insbesondere Band 56, 1981

Personen- und Sachregister

Bildnachweis

13 Fotos von Lukas Schwarzacher, Tokio
1 Karte © C. H. Beck'sche Verlagsbuchhandlung

Piper Panoramen der Welt

Willy Guggenheim
30mal Israel
Überarb. und aktualisierte Neuausgabe.
461 Seiten mit 30 Fotos. Serie Piper 5108

Erich Helmensdorfer
54mal Ägypten
Erweiterte und aktualisierte Aufl.
326 Seiten mit 28 Fotos. Serie Piper 5115

Arnold Hottinger
7mal Naher Osten
Überarb. und aktualisierte Neuausgabe.
421 Seiten mit 16 Fotos. Serie Piper 5127

Toni Kienlechner
12mal Italien
458 Seiten mit 17 Fotos. Serie Piper 5110

Catherine Krahmer/Josef Müller-Marein
21mal Frankreich
449 Seiten mit 17 Fotos. Geb.

Rudolf Walter Leonhardt
77mal England
Panorama einer Insel.
442 Seiten mit 33 Fotos. Serie Piper 5112

Eka von Merveldt
4mal Florenz
Überarbeitete Neuausgabe.
383 Seiten mit 20 Fotos. Serie Piper 5130

James Morris
3mal Venedig
360 Seiten mit 24 Fotos. Geb.

Piper Panoramen der Welt

Heinz Ohff
2mal Berlin
363 Seiten mit 38 Fotos. Geb.

Alan Riding
18mal Mexiko
Aus dem Amerikanischen von Bernd Rullkötter.
512 Seiten mit 25 Fotos. Serie Piper 5111

Dietmar Rothermund
5mal Indien
459 Seiten mit 22 Fotos. Geb.

Rüdiger Siebert
5mal Indonesien
Annäherung an einen Archipel.
531 Seiten mit 32 Fotos. Serie Piper 5116

Klaus Viedebantt
30mal Australien
Überarb. und aktualisierte Neuausgabe.
358 Seiten mit 29 Fotos. Serie Piper 5126

Klaus Viedebantt
33mal Neuseeland und Polynesien
408 Seiten mit 21 Fotos. Geb.

Rudolf Woller
6mal Kanada
398 Seiten mit 16 Fotos und 2 Karten. Geb.